中国事业单位发展报告（2019）

REPORT ON THE DEVELOPMENT OF PUBLIC SERVICE UNIT IN CHINA (2019)

主　编／余兴安
副主编／熊通成

主要编撰者简介

余兴安　全国政协委员，中国人事科学研究院院长，研究员。历任中国人事科学研究院研究室主任、人事部人才流动开发司副司长、人力资源和社会保障部人力资源市场司副司长、山东省日照市副市长。兼任国际行政科学学会副主席、中国人才研究会常务副会长、中国行政管理学会副会长等。主要从事行政管理体制改革、人事制度改革与人才资源开发等研究。

熊通成　中国人事科学研究院事业单位管理研究室主任，研究员，中国人才研究会工资福利专业委员会秘书长。历任中国人事科学研究院事业单位管理研究室副主任（主持工作）、工资福利研究室副主任，中国－马来西亚钦州产业园区管委会组织人事处副处长，广西钦州市钦南区常委、副区长。长期从事事业单位人事制度改革、公务员工资制度改革、事业单位工资制度改革等方面研究。

中国人事科学研究院

中国人事科学研究院（简称“人科院”）隶属于中华人民共和国人力资源和社会保障部，是我国干部人事改革、人才资源开发、人力资源管理和公共行政学研究的唯一国家级专业研究机构，是中央人才工作协调小组办公室命名的“人才理论研究基地”。

人科院肇端于1982年6月国家劳动人事部成立的人才资源研究所、1984年11月成立的行政管理科学研究所及1988年9月国家人事部成立的国家公务员研究所，在经多次机构改革与职能调整后，于1994年7月正式成立。历经三十余年的发展，人科院积累了丰富的科研资源，培养了一支素质优良的科研队伍，形成了较完备的学术研究体系，产生了一大批具有较大影响力的科研成果，发挥了应有的参谋智囊作用，同时也成为全国人事与人才科学研究的合作交流中心。王通讯、吴江等知名学者曾先后担任院长之职，现任院长为全国政协委员余兴安研究员。

多年来，人科院围绕大局、服务中心，研究领域涉及行政管理体制改革、人才队伍建设、公务员制度、事业单位人事制度改革、企业人力资源管理、收入分配制度改革、就业与创业、人才流动与人力资源服务业发展等多方面。曾参与《公务员法》《事业单位人事管理条例》《国家中长期人才发展规划纲要》等重大政策法规的调研与起草，推动了相关领域诸多重大、关键性改革事业的发展。人科院每年承担中央单位和各省市下达或委托的数十项课题研究任务，出版十余部著作，发表百余篇学术论文，并编辑出版《中国人事科学》（月刊）、《国际行政科学评论》（季刊）、《中国人力资源发展报告》（年度出版）、《中国事业单位发展报告》（年度出版）、《中国人力资源市场分析报告》（年度出版）、《中国企业人力资源发展报告》（年度出版)、《中国人事科学研究报告》(年度出版) 等学术期刊和年度报告。

人科院是我国在国际行政科学学术交流与科研合作领域的重要组织与牵头单位，是国际行政科学学会（IIAS)、东部地区行政组织（EROPA）及亚洲公共行政网络（AGPA）的中国秘书处所在地。通过多年努力，人科院在国际行政科学研究领域的作用与地位不断提升，2016 年承办了国际行政科学学会（IIAS）联合大会，余兴安院长当选为国际行政科学学会副主席。

人科院注重与国家部委、地方政府、高等院校和科研院所的交流与合作，积极搭建学术交流平台，成立了“全国人事与人才科研合作网”，建立了十余家科研基地，每年举办多场有一定规模的学术研讨会，组织科研协作攻关。还与中国人民大学、首都经济贸易大学等院校联合招收硕士、博士研究生，设有公共管理学科博士后工作站。

前　言

事业单位行业分布广泛，从业人员数量庞大，是政府公共服务供给的主要力量，在推动社会事业发展、满足人民群众公共服务需求方面起着十分重要的作用。事业单位改革是推进国家治理体系和治理能力现代化的重要组成部分。党的十九大报告中强调，要深化事业单位改革，强化公益属性，推进政事分开、事企分开、管办分离。十九届三中全会通过的《中共中央关于深化党和国家机构改革的决定》，进一步提出要加快推进事业单位改革，强化公益属性，破除逐利机制。如何改革和发展事业单位，成为社会关注的热点。

在此背景下，中国人事科学研究院于2018年开始组织编写《中国事业单位发展报告》（年度报告，以下简称《报告》），力争将《报告》打造成为我国事业单位改革发展的成果展示平台、经验共享平台、信息交流平台。《中国事业单位发展报告（2018）》推出之后，各方反映良好。2019年《报告》的编撰工作更是受到各地各部门的大力支持，许多政府相关管理部门、事业单位和专家学者积极投稿，极大程度地丰富了《报告》内容。《中国事业单位发展报告（2019）》延续了2018年的编排框架，以过去一年事业单位管理政策创新、事业单位改革实践探索以及对事业单位管理的理论研究为主体，尽可能充分展示我国事业单位改革发展的实践探索，为今后进一步深化事业单位改革提供借鉴和参考。

《中国事业单位发展报告（2019）》主要包括以下部分。

一是总报告。以2018年7月至2019年6月为主要研究时段，对一年来我国事业单位机构编制、干部人事制度、收入分配制度、财政经费管理、行业体制改革等方面的举措进行了回顾和总结。

二是政策创新篇。本篇共收录54篇文章，主要是关于不同地区在事业单位管理某一方面的重要举措，涉及综合性的人事制度改革、岗位管理、公开招聘、人才引进、培养和评价、绩效工资等方面。报告涵盖了13个省（自治区、直辖市）的事业单位改革经验。

三是管理探索篇。本篇共收录21篇文章，主要是关于具体单位的改革实践和探索，涉及科研机构、学校、公立医院和文艺院团等事业单位管理，人事制度改革，人才引进、交流、培养和评价，绩效管理，职称改革等。

四是理论研究篇。本篇共收录20篇文章，主要是关于事业单位改革的研究论文，涉及事业单位人事政策、人才队伍建设、岗位管理、绩效评价、薪酬制度、编外人员管理、信息化建设等。

五是大事记。对近一年事业单位改革中的主要事件进行整理。

《中国事业单位发展报告（2019）》的组织编写得到各地各有关部门的大力支持，特别感谢北京、天津、上海、重庆、安徽、福建、广东、海南、河北、江苏、江西、青海、山东、浙江、四川、山西、湖北、甘肃、内蒙古、宁夏、新疆等省（自治区、直辖市）人力资源和社会保障厅的积极组稿。

《中国事业单位发展报告（2019）》收录的文章均是针对事业单位改革发展进行的经验总结和研究，值得事业单位相关从业者和研究者一读。需要说明的是，本书仅是《中国事业单位发展报告》的第二部成果，编纂工作仍处于摸索阶段。虽然编著者已为此付出了辛勤劳动，但缺点和不足在所难免。恳请广大读者理解并提出宝贵意见。

目　录

Ⅰ　总报告

Ⅱ　政策创新篇

Ⅲ　管理探索篇

Ⅳ 理论研究篇

Ⅴ 大事记

总 报 告

ℝ.1
2018 ~2019年我国事业单位改革的主要进展与发展趋向

熊通成 胡轶俊 甘亚雯 毕苏波*

中国特色社会主义进入新时代，事业单位改革也进入新的历史阶段。党的十九大明确提出，要深化事业单位改革，强化公益属性。十九届三中全会对加快推进事业单位改革进一步作出全面部署，为我国加快推进事业单位改革指明方向。从十九届三中全会召开到2019年上半年，一年多来我国事业单位改革取得了积极的进展。

* 熊通成，中国人事科学研究院事业单位管理研究室主任，研究员；胡轶俊，中国人事科学研究院事业单位管理研究室助理研究员；甘亚雯，中国人事科学研究院事业单位管理研究室研究助理；毕苏波，中国人事科学研究院事业单位管理研究室研究助理。

一　积极开展事业单位机构编制改革

2018～2019年，结合党和国家机构改革，针对近年来事业单位机构编制中存在的问题，我国积极开展了事业单位机构编制改革。

（一）国家层面统一部署机构编制改革

2019年2月28日，党的十九届三中全会审议通过的《中共中央关于深化党和国家机构改革的决定》，对加快推进事业单位改革进一步作出全面部署。2019年8月5日，中共中央施行《中国共产党机构编制工作条例》，以此加强党对机构编制工作的统一领导，规范党和国家机构编制工作，强化党治国理政的组织基础。该条例明确提出要坚持机构编制瘦身与健身相结合的原则，并对机构编制工作基本程序——动议、论证、审议决定、组织实施等重要环节作出规范。

（二）地方积极探索创新机构编制改革

多个地方在事业单位机构改革方面，进行了积极的创新探索，比较典型的有辽宁、山东、海南等地。

辽宁事业单位改革力度较大。针对改革前“有人没事干、有事没人干”以及“多、小、散”等问题，2018年6月1日，辽宁省委、省政府召开省直事业单位改革方案实施动员大会，并印发了《省直公益性事业单位优化整合方案》和《省直经营性事业单位转企改制组建企业集团方案》，重新分析服务需求，梳理机构职能，进行大规模归并、优化、整合。最终，将省直机构659家公益性事业单位依据单位职能整合为65家大型事业单位。同时，将经营性事业单位转企改制组建企业集团，通过依法赋予转制单位法人财产权和经营自主权，实现事企分开，把本应由市场配置资源的经营活动交给市场。

山东省主要开展了根除“事业局”的改革。2018年10月1日，党中央、国务院批准了《山东省机构改革方案》。2018年10月8日，山东省委审议通过《关于山东省省级机构改革的实施意见》，其中事业单位的改革亮点在于根除“事业局”。“事业局”是指承担行政职能的事业单位，是事业单位改革和历次机构改革的难点问题。这次机构改革，山东省将承担行政职能的事业单位全部纳入改革范围，严格按照中央要求分类改革。除行政执法机构外，山东省的事业单位将不再承担行政职能。

海南省也对直属事业单位行政职能进行了清理。2018 年 9 月 13 日，党中央、国务院批准了《海南省机构改革方案》，明确要求全面梳理各部门下属事业单位，按照党政机构撤并组建和职能调整情况，同步调整相关事业单位隶属关系，全面清理省直事业单位承担的行政职能。

二　加速推进事业单位干部人事制度改革

2018 ~2019 年，我国在事业单位工作人员的录用与选拔、考核与奖惩、教育培训、人才评价、人才引进等方面颁布了一系列政策文件，事业单位人事制度改革在加速推进。

（一）加强事业单位党政领导干部管理

2019 年 3 月 17 日，为了贯彻落实习近平新时代中国特色社会主义思想，中共中央修订并印发《党政领导干部选拔任用工作条例》，在突出政治标准方面提出了要求，在落实从严要求方面作出了规定，在激励干部担当作为、拓宽选人用人视野、体现精准科学、推动干部工作更加务实高效方面提出了要求，在“分析研判和动议”环节调整充实了内容，对“公开选拔、竞争上岗”做了修改，对民主推荐做了调整。2019 年 4 月 21 日，中共中央办公厅印发《党政领导干部考核工作条例》，在党的法规制度建设史上第一次以条例的形式对干部考核工作作出总体规范。

2018 年 11 月 28 日，中共中央办公厅印发《干部人事档案工作条例》，明确新时代干部人事档案工作定位，加强顶层设计，突出全面从严要求，注重效用发挥，为今后一个时期全国各级各类干部人事档案工作提供了基本遵循，有利于解决干部人事档案工作中存在的突出问题，有力促进营造风清气正的选人用人环境。

（二）出台事业单位人员招录、奖励等规章

国家层面推出了多个事业单位人事管理政策。2018 年 12 月 18 日，中共中央组织部、人力资源和社会保障部印发《事业单位工作人员奖励规定》，填补了当前事业单位人事管理的制度空白，是贯彻实施《事业单位人事管理条例》的又一个重要举措，划分了定期奖励与及时奖励，明确提出奖励经费不计入所在单位绩效工资总额。2018 年 12 月 27 日，人力资源和社会保障部、应急管理部印发《国家综合性消防救援队伍消防员招录办法（试行）》。2019 年 1 月 18 日，中共中央组织部办公厅、人力资源和社会保障部办公厅印发了《事业单位工作人员申诉案件办理规则》，从提高申诉案件办理效能出发，针对申诉案件办理中存在的矛盾和问题，完善了具体申诉案件办理程序。

多个行业细化了事业单位人事管理政策。2018 年 8 月 7 日，教育部办公厅印发《关于开展人工智能助推教师队伍建设行动试点工作的通知》，推动教师主动适应信息化、人工智能等新技术变革，积极有效开展教育教学。2018 年 9 月 4 日，国家林业和草原局办公室等下发《关于开展 2018 年度建档立卡贫困人口生态护林员选聘工作的通知》，确保贫困人口转为护林员的选聘工作有序展开。2018 年 9 月 25 日，国家卫生健康委员会印发《关于第五批卫生健康行业经济管理领军人才选拔面试的通知》。2018 年 11 月 9 日，国家卫生健康委办公厅、国家中医药局办公室发布了《关于优化医疗机构和医护人员准入服务的通知》，进一步优化和规范医护准入服务行为，切实提高服务效率和质量。

（三）开展县以下事业单位管理岗位职员等级晋升制度试点

2018 年 7 月 6 日，习近平总书记主持召开中央全面深化改革委员会第三次会议，会议审议通过了《关于开展县以下事业单位管理岗位职员等级

晋升制度试点工作的实施意见》，并在全国部分地区开始试点工作，为事业单位管理岗位职员的发展打开了晋升通道。

（四）细化职称制度改革

从2018年7月到2019年6月，人力资源和社会保障部联合住房和城乡建设部、交通运输部、水利部、财政部、工业和信息化部、中国民用航空局、科技部、教育部等部委与单位相继发布了《造价工程师职业资格制度规定》《造价工程师职业资格考试实施办法》《深化会计人员职称制度改革的指导意见》《关于深化工程技术人才职称制度改革的指导意见》《关于深化民用航空飞行技术人员职称制度改革的指导意见》《深化自然科学研究人员职称制度改革的指导意见》《关于深化经济专业人员职称制度改革的指导意见》，完善了各行业的职称体系。另外，职业资格和职称制度得到了进一步贯通。2018年11月25日，人力资源和社会保障部发布了《关于在工程技术领域实现高技能人才与工程技术人才职业发展贯通的意见（试行）》。

（五）有序推进人才工作

2018～2019年，我国在人才评价、职业发展贯通、职称制度、人才培养等方面出台一系列政策。

人才评价的科学性得到了加强。2018年7月4日，中共中央办公厅、国务院办公厅印发《关于深化项目评审、人才评价、机构评估改革的意见》；2018年10月15日，科技部、教育部、人力资源和社会保障部等联合印发《关于开展清理“唯论文、唯职称、唯学历、唯奖项”专项行动的通知》；2018年11月7日，教育部开展清理“唯论文、唯帽子、唯职称、唯学历、唯奖项”专项行动。

人才培养工作全面推进。2018年9～10月，教育部联合农业农村部、国家林业和草原局、工业和信息化部、中国工程院、中央政法委、中共中央宣传部、国家卫生健康委员会、国家中医药管理局等多部委与单位发布了各行业卓越人才培养计划，包括《卓越教师培养计划2.0》《卓越农林人才教育培养计划2.0》《卓越工程师教育培养计划2.0》《卓越法治人才教育培养计划2.0》《卓越新闻传播人才教育培养计划2.0》《卓越医生教育培养计划2.0》；2018年9月27日，教育部办公厅印发通知开展2018年全国青少年校园足球教练员国家级专项培训。2019年4月26日，中共中央组织部办公厅、农业农村部办公厅下达2019年农村实用人才带头人和大学生村官示范培训计划。2018年11月2日，国家卫生健康委办公厅公布第五批卫生健康行业经济管理领军人才培养学员名单和开展集中培训的通知。2019年3月26日，文化和旅游部印发《2019年全国基层文化和旅游公共服务队伍培训工作计划》。

三　有力开展事业单位收入分配制度改革

2018年机构改革后，人力资源和社会保障部工资福利司职能进行调整，职能包括拟订事业单位工作人员和机关工勤人员工资收入分配、福利和离退休政策，组织拟订事业单位驻外非外交人员等的工资政策，承担中央事业单位绩效工资总量管理工作。事业单位收入分配制度改革也进入新的阶段。

（一）提高事业单位基本工资标准

2018年11月，国务院办公厅转发人力资源和社会保障部关于调整机关事业单位工作人员基本工资标准和增加机关事业单位离休人员离休费三个实施方案通知，提高了事业单位基本工资标准。同时，2018年调资时，为义务教育教师单独制定了工资标准，进一步加大倾斜力度。

（二）提高艰苦边远地区津贴标准

2018年1月，人社部、财政部联合印发《关于调整艰苦边远地区津贴标准的通知》，提高了事业单位艰苦边远地区津贴的标准。2018年8月31日，人社部印发《打赢人力资源社会保障扶贫攻坚战三年行动方案》的通知，要求适时调整事业单位工作人员艰苦边远地区津贴标准，适当向高类区和低岗位人员倾斜，扶持贫困地区事业单位提高工资收入水平。完善西藏事业单位工作人员西藏特殊津贴实施办法，建立动态增长机制，及时调整西藏特殊津贴标准。继续指导四省份提高四省份藏区事业单位工作人员工资收入水平。适时调整南疆四地州事业单位工作人员南疆工作补贴标准。

（三）推进医疗卫生行业薪酬制度改革

2018～2019年，全国2800多家公立医院正在稳步实施公立医院薪酬制度改革试点，取得了积极效果。2019年5月23日，《国务院办公厅关于印发深化医药卫生体制改革2019年重点工作任务的通知》要求2019年12月底前制定完成公立医院薪酬制度改革的指导性文件。

2018年1月24日，国务院办公厅印发《关于改革完善全科医生培养与使用激励机制的意见》，提出按照“允许医疗卫生机构突破现行事业单位工资调控水平，允许医疗服务收入扣除成本并按规定提取各项基金后主要用于人员奖励”的要求，合理核定政府办基层医疗卫生机构绩效工资总量，提升基层医疗卫生机构全科医生工资水平，使其工资水平与当地县区级综合医院同等条件临床医师工资水平相衔接。2018年3月，人社部、财政部、国家卫计委印发《关于完善基层医疗卫生机构绩效工资政策保障家庭医生签约服务工作的通知》，允许在基层医疗卫生机构绩效工资内部分配时设立全科医生津贴项目，在绩效工资中单列。2019年5月15日，国家卫生健康委等印发《关于推进紧密型县域医疗卫生共同体建设的通知》，要求按照“两个允许”的要求，推进基层医疗卫生机构逐步建立“公益一类保障与公益二类激励相结合”的运行新机制，进一步完善基层医疗卫生机构绩效工资政策，逐步建立符合医疗卫生行业特点、有利于人才下沉和医共体发展的薪酬制度。

（四）进一步保障教师工资

党和国家历来高度重视教师工作，把教师工作置于教育事业发展的重要支持战略领域。2018年1月，中共中央、国务院印发《关于全面深化新时代教师队伍建设改革的意见》，明确提出要不断提高教师地位、待遇，确保中小学教师平均工资收入水平不低于或高于当地公务员平均工资收入水平。2018 年 8 月，《国务院办公厅关于进一步调整优化结构提高教育经费使用效益的意见》则提出了力争用三年时间解决义务教育阶段教师工资待遇问题，凡未达到要求的地区要限期整改达标，财力较强的省份要加快进度。2019 年 2 月 23 日，中共中央办公厅、国务院办公厅印发《加快推进教育现代化实施方案（2018 ~ 2022 年）》，提出需保障教师工资待遇，健全中小学教师工资长效联动机制，核定绩效工资总量时统筹考虑当地公务员实际收入水平，实现与当地公务员工资收入同步调整，完善中小学教师绩效工资总量核定分配办法和内部分配办法。

（五）推出促进科研创新的工资政策

2019 年 9 月 12 日，科技部印发《关于促进新型研发机构发展的指导意见的通知》，指出新型研发机构聚焦科技创新需求，新型研发机构应采用市场化用人机制、薪酬制度，充分发挥市场机制在配置创新资源中的决定性作用，自主面向社会公开招聘人员，对标市场化薪酬合理确定职工工资水平，建立与创新能力和创新绩效相匹配的收入分配机制。

四　积极实施事业单位财政经费管理改革

党的十九大报告明确提出要加快建立现代财政制度。2018 ~ 2019 年，我国在事业单位财政经费管理上进行多方面的改革。

（一）推行事业单位预算绩效管理

为建立全面规范透明、标准科学、约束有力的预算制度，全面实施绩效管理，2018 年 7 月 18 日，国务院印发《关于优化科研管理提升科研绩效若干措施的通知》，提出建立健全事业单位预算绩效管理。2018 年 9 月 1 日，《中共中央 国务院关于全面实施预算绩效管理的意见》明确将部门和单位预算收支全面纳入绩效管理，赋予部门和资金使用单位更多的管理自主权。

（二）规范事业单位资产管理政策

为切实加强和改进资产管理，更好地保障行政单位有效运转和促进各项事业发展，2018 年 12 月 26 日，财政部印发《关于进一步加强和改进行政事业单位国有资产管理工作的通知》，规范了资产配置、使用、处置等各环节管理，提出探索建立长期低效运转、闲置资产的共享共用和调剂机制。2018 年 12 月 24 日，财政部印发《中央行政事业单位国有资产配置管理办法》，进一步规范和加强中央行政事业单位国有资产配置管理，推进资产管理与预算管理相结合。

（三）提出鼓励科研创新的政策

为充分激发科研人员创新活力，切实减轻科研人员负担，进一步明确责任、简化流程，2019 年 3 月 28 日，国家自然科学基金委员会、财政部印发《关于进一步完善科学基金项目和资金管理的通知》，赋予科研单位项目经费管理使用自主权。科学基金项目资金直接费用中除设备费外，其他科目预算调剂权全部下放给依托单位。2018 年 7 月 26 日，科技部、财政部、国家税务总局下发《关于科技人员取得职务科技成果转化现金奖励信息公示办法的通知》，规范科技人员取得职务科技成果转化现金奖励有关个人所得税缴纳，确保现金奖励相关信息公开、透明。2019 年 5 月 18 日，国务院印发《关于推进国家级经济技术开发区创新提升打造改革开放新高地的意见》，指出国家级经开区内科研院所转化职务发明成果收益给予参与研发的科技人员的现金奖励，符合税收政策相关规定的，可减按 50% 计入科技人员工资、薪金所得缴纳个人所得税。2019 年 3 月 29 日，财政部发布《财政部关于修改〈事业单位国有资产管理暂行办法〉的决定》，明确国家设立的研究开发机构、高等院校可以自主决定转让、许可或者作价投资，不需报主管部门、财政部门审批或备案，转化科技成果所获得的收入全部留归本单位。

（四）实施支持教育发展的政策

为全面加强教育经费投入使用管理，加快推进教育现代化，2018 年 8 月 17 日，国务院办公厅印发《关于进一步调整优化结构提高教育经费使用效益的意见》，明确需改革完善教育经费投入使用管理体制机制，持续保障财政投入，全面建立生均拨款制度，保证国家财政性教育经费支出占国内生产总值比例一般不低于 4%，并确保一般公共预算教育支出逐年只增不减，确保按在校学生人数平均的一般公共预算教育支出逐年只增不减。2019 年 4 月 13 日，财政部、教育部发布《关于下达 2019 年现代职业教育质量提升计划专项资金预算的通知》，提出要建立与办学规模、培养成本、办学质量等相适应的财政职业教育投入机制，巩固提高高职院校生均拨款水平，着力缩小省域内高职院校生均财政拨款水平差距。

五　不断深化多个行业事业单位体制改革

党的十九大报告强调要推进政事分开、政企分开、管办分离。在这一指导思想的引领下，2018～2019 年，多个行业事业单位的体制改革稳步推进。

（一）深化教育、科技行业事业单位改革

结合“放管服”改革的部署，为转变政府管理方式，调整和规范政事关系，破除束缚事业单位发展的体制机制障碍，激发高校和科研院所的活力和积极性，针对高校、科研领域事业单位的体制改革，主要朝事业单位放权、松绑、减负的方向进行。

鼓励创新创业政策逐步升级。在总结了上一轮“大众创业、万众创新”推进工作的成效与不足后，2018 年 9 月 26 日，国务院办公厅印发《关于推动创新创业高质量发展打造“双创”升级版的意见》，对鼓励高校、科研事业单位的专业技术人员创新创业提出了新的要求，在事业单位管理工作上进行了新的部署。

赋予高校、科研机构和人员更大自主权。2018年12月26日，国务院办公厅印发《关于抓好赋予科研机构和人员更大自主权有关文件贯彻落实工作的通知》，要求各地区、各部门、各单位根据已有政策制定具体管理办法，保障单位采购权、项目管理权和科研人员技术路线决策权。其中特别提出有关部门要落实“科研人员获得的职务科技成果转化现金奖励计入当年本单位绩效工资总量，但不受总量限制，不纳入总量基数”的要求。2019年的政府工作报告中，再次提出要“扩大科研机构和高校科研自主权，改进科研项目和经费管理，深化科技成果权益管理改革”。2019年3月19日，人社部、科技部等6部门联合印发《关于扩大高校和科研院所科研相关自主权的若干意见》，提出要简化科研项目管理流程，完善科研经费管理机制，改进科研仪器设备耗材采购管理，赋予创新领军人才更大科研自主权，改革科技成果管理制度等14项具体改革举措。2019年3月29日，财政部公布了《关于修改〈事业单位国有资产管理暂行办法〉的决定》，赋予了国家设立的研究开发机构、高校对其持有的科技成果自主管理的权限。

强化师德建设，健全职业行为规范。2018～2019年，教育行业不断强化师德建设。2018年11月6日，教育部开展师德建设长效机制贯彻落实情况专项督查。2018年11月，教育部连发《新时代高校教师职业行为十项准则》《新时代中小学教师职业行为十项准则》《新时代幼儿园教师职业行为十项准则》《幼儿园教师违反职业道德行为处理办法》《中小学教师违反职业道德行为处理办法》《教育部关于高校教师师德失范行为处理的指导意见》《新时代教师职业行为十项准则》等文件。

针对本年发生的多起学术不端事件，2018～2019年，科技领域也出台了一系列办法。2018年5月30日，中共中央办公厅、国务院办公厅印发《关于进一步加强科研诚信建设的若干意见》，指出要严肃查处严重违背科研诚信要求的行为，坚持零容忍，保持对严重违背科研诚信要求行为严厉打击的高压态势，并依法依规对严重违背科研诚信要求行为实行终身追究制。

（二）进一步推进医疗卫生体制改革

2018～2019 年，医疗卫生领域的事业单位改革更加强调回归公益属性，破除逐利机制，有力推进了分级诊疗制度、现代医院管理制度、全民医保制度等多方面改革。

明确部署了下一阶段医疗卫生体制改革任务。2019 年 6 月，《健康中国行动（2019～2030 年）》出台。2019 年 7 月 9 日，国务院成立健康中国行动推进委员会，负责统筹推进《健康中国行动（2019～2030 年）》组织实施、监测和考核相关工作。2018 年 8 月 27 日，全国医改工作电视电话会议在京召开，国务院总理李克强作出重要批示，孙春兰副总理特别提出要优化医疗资源配置，推进区域医疗中心。2018 年 8 月 29 日，国务院办公厅印发《深化医药卫生体制改革 2018 年下半年重点工作任务》，对七大领域作了重点工作任务安排。2019 年 1 月 10 日，国家卫健委发布《深化医药卫生体制改革 2019 年重点工作任务》明确要研究制定 15 个文件，提出 21 项具体工作。

针对医改的不同方面，出台了一些具体文件。2018 年 3 月 20 日，国家卫计委、人社部等六部门印发《关于巩固破除以药补医成果持续深化公立医院综合改革的通知》，要求巩固完善公立医院补偿新机制，全面落实医疗服务体系规划，深化医疗服务价格改革、推进医保支付方式改革、深化药品耗材领域改革等。2019 年 1 月 16 日，国务院办公厅印发《关于加强三级公立医院绩效考核工作的意见》，要求三级公立医院先行建立绩效考核指标体系，同时逐步推开对所有医疗机构的绩效考核。2019 年 5 月，国家卫健委公开《关于推进紧密型县域医疗卫生共同体建设的通知》和《关于开展紧密型县域医疗卫生共同体建设试点的指导方案》。2019 年 6 月 10 日，十部委联合发布的《关于印发促进社会办医持续健康规范发展的意见》从加大政府支持力度、简化审批服务等 6 个方面入手，提出 22 项政策措施。

（三）强化文化体制改革

2018～2019 年，文化事业单位体制改革也在积极开展。2018 年 12 月 18

日，国务院办公厅印发《文化体制改革中经营性文化事业单位转制为企业的规定》和《进一步支持文化企业发展的规定》，对经营性文化事业单位转制为企业中关于公司制股份制改革、国有文化资产管理、资产和土地处置、收入分配、社会保障、人员安置、财政税收、法人登记、党的建设等多方面做了明确规定。2019 年 2 月 16 日，财政部等三部委颁布《关于继续实施文化体制改革中经营性文化事业单位转制为企业若干税收政策的通知》，对转制文化企业所应获得的税收优惠的内容、条件和形式进行规定。

对保留在事业体制内的国有文艺院团，进一步强化了社会效益评价。2019 年 1 月 15 日，中宣部、人社部等 4 部委联合印发了《国有文艺院团社会效益评价考核试行办法》，突出强调社会效益评价考核占比权重须高于 50%，以推动国有文艺院团把社会效益放在首位。

六 总结与趋势展望

2018～2019 年，我国事业单位在行业体制、机构编制、人事制度、收入分配、财政经费管理等方面都作出了积极的改革探索，出台了若干制度和政策，实施了多方面的改革，为下一步深化事业单位改革奠定了基础，并呈现如下特点和趋势。

（一）落实机构改革决定，事业单位分类改革正在继续深化

按照《中共中央关于深化党和国家机构改革的决定》的要求，加大了承担行政职能的事业单位和从事改革经营活动事业单位改革力度。例如，在文化领域逐步推进经营性事业单位的转企改制，并通过配套的税收政策激励文化体制改革；在辽宁等省份的事业单位改革中，取消了承担行政职能的事业单位，实现了行政职能与事业单位的剥离。下一步，我国将区分情况实施公益类事业单位改革，将对面向社会提供公益服务的事业单位和主要为机关提供支持保障的事业单位，出台更加具体的政策。

（二）落实“放管服”要求，对事业单位放权与规范管理正在并行开展

在“放管服”改革持续推进背景下，事业单位改革通过落实单位自主权，调动各类人才的积极性、主动性、创造性，激发事业单位活力。例如：保障事业单位采购权、项目和经费管理权和科研人员技术路线决策权，以增强带动科技创新力和产业发展活力；细化事业单位相关人事制度，规范人员行为，引导人才的成长和发展；出台了一系列的人才评价制度、职称制度和人才培养计划。下一步，我国将会进一步落实事业单位自主权，赋予事业单位更大的权限，同时也会强化监督，对可能影响公平公正的若干方面进一步规范管理。

（三）适应社会主要矛盾的变化，强化事业单位公益属性成为改革重点

事业单位改革的最终目的是促进公益事业更好更快发展，解决人民日益增长的美好生活需要和不平衡不充分的发展之间的矛盾。强化公益属性，破除逐利机制，成为近年来事业单位改革的重点，例如，公立医院改革着眼于破除逐利机制，回归公益属性，以保障公民基本的生命权和健康权；基础教育领域，保障义务教育教师工资待遇，以此确保基本公共服务的供给。下一步，我国将更加强调强化事业单位的社会效益，将出台一系列强化事业单位公益属性的具体政策和措施。

（四）落实公共服务均等化战略部署，更加重视公共资源的均衡配置

公共服务的均等化是新时代人民的基本需求，我国事业单位改革也更加重视公共资源的合理分配，各种政策更加注重向基层、向艰苦边远地区倾斜。例如，调整了艰苦边远地区津贴标准；建立医共体、区域医疗中心优化医疗资源配置等。下一步，我国将更加强调对基层、中西部地区、艰苦边远地区等的资源倾斜，引导资源和人才向这些地区流动。

（五）注重多部门形成合力，更加强调事业单位改革的协同落实

过去一年，事业单位改革政策的制定和落实比较注重部门间的协同性，注重行业体制改革和编制、人事、财政等制度改革的协调性。例如，公立医院薪酬制度改革文件由人力资源和社会保障部等四部委共同印发；关于印发促进社会办医持续健康规范发展的意见则由十部委联合发布。下一步，我国将更加注重事业单位改革的协同性，会更加注重多部门的政策形成合力。

总之，2018~2019年，是以习近平新时代中国特色社会主义思想为指导，深入贯彻落实党的十九大和十九届三中全会精神，逐步深化事业单位改革的重要年份。展望未来，我国事业单位改革必将更加强化公益属性，促进事业单位提供更充分、更平衡、更高质量的公共服务，更好地满足人民群众日益增长的美好生活需要。

政策创新篇

R.2 北京市事业单位“双创”政策的实践探索

郭承广 *

2017 年 6 月，北京市人力资源和社会保障局印发《关于支持和鼓励高校、科研机构等事业单位专业技术人员创新创业的实施意见》（以下简称《实施意见》），对高校、科研机构的专业技术人员“六种模式”下的创新创业，集中出台组合式支持政策，破除事业单位人员流动壁垒，启动专业技术人才“共享”新机制，进一步激发人才创新创业活力，实现“出得去、回得来、用得活、管得好”，助力北京全国科创中心建设，着力打造北京发展新高地。

一　专业技术人员创新创业可采用“六种模式”

本次集中出台的组合式创新创业支持政策，明确了支持和鼓励高校、科

* 郭承广，北京市人力资源和社会保障局。

研机构专业技术人员创新创业的“六种模式”，即兼职、在职创办企业、在岗创业、到企业挂职、参与项目合作、离岗创业。

其中，兼职、在职创办企业，是指高校、科研机构等事业单位的专业技术人员，在履行本单位岗位职责、完成本职工作的前提下，可以利用本人及其所在团队的科技成果，在业余时间到与本单位业务领域相近的企事业单位、社会组织等机构兼职，或是在职创办企业。

在岗创业，是指高校、科研机构等事业单位根据自身工作需要，专门设立科技成果转化岗位，让本单位的科研人员进行应用技术研究、项目开发与技术合作、成果推广转化，与企业进行产业化合作等工作。

到企业挂职、参与项目合作，是指高校、科研机构等事业单位，按照创新创业要求和与本单位业务领域相近企业的需求，与企业合作，建立科技创新及转化平台和机制，选派和鼓励符合条件的专技人员到企业挂职，或参与项目合作。

离岗创业，是指高校、科研机构等事业单位专技人员，携带科研项目和成果，离岗创办科技型企业，或是到企业开展创新创业工作。离岗创业期限一般为3年，因特殊需要可延长到5年。

二 破除人才体制壁垒，人才共享，创业无忧

本次出台的《实施意见》，坚持首善标准，突破人才体制壁垒，打破对人才的束缚，让人才流动起来，真正实现人才不为所有但为所用的“共享模式”。同时，组合式支持政策明确详尽，让专业技术人员在创新创业时轻装上阵，再无后顾之忧。

《实施意见》明确，创新创业的人员范围，是以高校、科研机构为主的事业单位专业技术人员。有专业技术职务的领导人员辞去领导职务的，从事科技管理工作、具有科技成果推广转化能力的管理人员，都可以离岗创业，充分发挥高校、科研机构人才和科技资源优势，加快科技创新。

专业技术人员进行兼职、在职创办企业、在岗创业等创新创业活动，可

以兼职取酬，获得成果转化收益。离岗创业人员离岗期间，可保留相应的人事关系、基本工资待遇和社保相关待遇。

在此基础上，《实施意见》还进一步细化考核管理措施，对兼职、在职创办企业及离岗创业人员，只需向单位提出书面申请，经批准，与单位签订协议后即可创新创业。创新创业期间取得的业绩，可以作为创业人员职称评审、岗位晋升、考核奖励的重要依据，与其他在职人员一样，在专业技术职务评聘、岗位等级晋升方面，享受同等待遇，免除创新创业人员的后顾之忧。

三 创新人才流动机制，双向流动，来去有序

本次出台的《实施意见》既鼓励人才“走出去”，也支持“引进来”，畅通了人才进、出事业单位的通道，破除了人才流动的体制机制障碍，建立了科研人才在高校、科研机构与企业、社会间的双向流动机制，促进专业技术人员来去自由、合理流动。

《实施意见》鼓励专业技术人员“走出去”创新创业，高校、科研机构等事业单位也可以根据工作需要，设置流动岗位或特设岗位，聘用有创新实践经验的企业家、科技人才、管理人才、海外高水平创新人才到本单位兼职，对急需紧缺人才采取“柔性吸引”的方法，为人才的双向流动畅通了渠道。

《实施意见》还为创新创业人员建立了托底机制，一旦创业不成功，这些人员还可以选择返回原单位，仍可按本人的专业技术职务进行相应的岗位聘用。创业期间，个人自愿流动到兼职单位或所创办企业的，原单位将按规定为专业技术人员办理解除合同等手续，保障其流动及调出。

四 取得的成果

近两年来，已有 132 人在信息技术、新材料、新能源、节能环保、文化艺术等领域创新创业，其中离岗创业 31 人。这些人才具有高学历、高职称，年富力强，实践经验丰富，具有自主知识产权，有较强的创业意愿，创新创业活动取得初步成效。

R.3

天津市公立医院薪酬制度改革试点的基本情况与创新实践

张 菡 常向梅 张臣曦*

党中央、国务院高度重视公立医院薪酬制度改革工作。党的十八届三中、五中全会以及《国民经济和社会发展第十三个五年规划纲要》提出，要加快公立医院综合改革，建立适应医疗行业特点的人事薪酬制度。习近平总书记在党的十九大报告中提出，实施健康中国战略，深化医药卫生体制改革，全面建立中国特色基本医疗卫生制度、医疗保障制度和优质高效的医疗卫生服务体系，健全现代医院管理制度。开展公立医院薪酬制度改革试点，探索建立更加科学合理的薪酬制度，是贯彻落实党中央、国务院决策部署的重要举措，对于加快推进公立医院综合改革进程、促进公立医院健康发展、充分调动医务人员的积极性具有重要意义。本文对天津市现行公立医院收入分配政策和薪酬水平、开展公立医院薪酬制度改革试点基本情况和主要问题、国际经验及其启示、推进公立医院薪酬制度改革的具体举措和配套措施建议四个方面进行了探讨研究。

一 天津市现行公立医院收入分配政策和薪酬水平

（一）现行收入分配政策

天津市公立医院工作人员实行全国统一的岗位绩效工资制度。工资包括

* 张菡、常向梅、张臣曦，天津市人力资源和社会保障局。

基本工资（岗位工资、薪级工资）、绩效工资（基础性绩效工资、奖励性绩效工资）、保留津贴补贴。其中，基本工资按照所聘任的岗位执行国家统一规定的标准；绩效工资水平按照隶属关系，根据经济发展、财力状况、物价消费水平、城镇单位在岗职工年平均工资水平、上年度收入水平等因素和规范后的津贴补贴分别由市、区两级人社、财政部门核准；保留津贴补贴按照国家和天津市统一标准执行。天津市公立医院从2010年1月1日起实行统一的绩效工资制度。2017年天津市人力资源和社会保障局（简称“人社局”）、市财政局印发了《关于进一步做好其他事业单位绩效工资工作的通知》，明确了绩效工资总量调控水平和年度增幅率，扩大了公立医院收入分配自主权，在核定的绩效工资总量内可自行确定基础性、奖励性绩效工资占比。

（二）天津市公立医院薪酬水平

2017年天津市公立医院426个，分三个等级。2017年市属三级公立医院年人均总收入17.34万元。自2012年实施绩效工资以来，市属三级公立医院年收入增长率平均达到9.2%。区属公立医院收入水平由各区根据本区实际情况确定。参加试点的25家区属公立医院2017年年人均收入水平12.15万元。基层医疗卫生机构从2010年1月1日起执行其他事业单位实施绩效工资制度。工资收入除基本工资、津补贴、绩效工资外，还有家庭签约服务费。基层医疗卫生机构收入水平与公务员水平相当，另外还有家庭签约服务费。

二　天津市公立医院薪酬制度改革试点基本情况和主要问题

为进一步推动公立医院综合改革深入推进，增强公立医院的公益性，充分体现以知识价值为导向的公立医院薪酬制度，实现多劳多得和优绩优酬，有效调动广大医务人员积极性、主动性和创造性，自2017年起，全国开展了公立医院薪酬制度改革试点工作。天津市按照国家的统一部署和要求，开展了区属公立医院薪酬制度改革试点。

（一）天津市公立医院薪酬制度改革总体进展情况

2017 年 1 月，人力资源社会保障部、财政部、国家卫生计生委、国家中医药管理局印发了《关于开展公立医院薪酬制度改革试点工作的指导意见》。按照国家四部委和天津市委市政府的统一部署和要求，天津市选定北辰区北辰医院和北辰中医医院两家公立医院开展了薪酬制度改革试点工作。2017 年 12 月，国家四部委又印发了《关于扩大公立医院薪酬制度改革试点的通知》。经天津市政府同意，市人社局、财政局、卫计委印发了《关于进一步扩大公立医院薪酬制度改革试点工作实施方案的通知》，并对全市公立医院薪酬制度改革扩大试点工作进行部署。在 2017 年北辰区试点基础上进一步扩大试点范围，各区建立了工作机制，成立了区公立医院薪酬制度改革试点领导小组，明确了责任分工，确定了试点医院名单。各区领导小组结合实际制定了本区试点的具体实施办法并经天津市公立医院薪酬制度改革领导小组批复后实施。

目前，天津市公立医院薪酬制度改革试点主要政策措施如下：一是调整现行工资调控水平，试点公立医院的收入调控线可在市统一政策的基础上上浮 20%，即可达到天津市公务员可比收入的 3 倍水平；二是提高现行工资增幅比例，收入增幅最高可达到 15%，高于全市 12% 的增幅规定；三是建立和完善区公立医院、公立医院主要负责人、公立医院内部三个层次考核评价办法，考核结果与医院薪酬水平挂钩，对绩效考核评价结果为“优秀”的医院，次年薪酬水平年增长幅度原则上在 15% 以内，“良好”的次年薪酬水平年增长幅度原则上在 12% 以内，“合格”的原则上不予提高，“不合格”的次年薪酬水平下降 5%；四是落实内部分配自主权，医院可在核定的绩效工资总量内自主确定基础性和奖励性绩效工资占比。2018 年各区改革试点工作取得了阶段性成果，除河东区（不具备试点条件）外，全市 15 个区 25 家公立医院 1 万余名区属公立医院医护人员参与改革，年人均工资收入水平 13. 1 万元，比上年增加 0. 95 万元。

（二）存在的主要问题

1. 医护人员对短期内收入增长预期过高

根据各区确定的 20% 和 15% 的两项浮动比例，从长期来看，医护人员薪酬水平将远远超过其他事业单位水平，但部分医护人员认为薪酬浮动比例偏低，与短期内增资水平心理预期存在差距。也有部分职工对本单位效益和收入的未来增长前景表现不同程度担忧，对改革试点工作的积极性不高。

2. 试点医院工资支出压力较大

一是随着医院收入不足而成本增加，资金出现缺口。部分区属公立医院管理能力、医疗水平和服务质量等不及市属公立医院，难以满足群众的医疗服务需求，不能吸引更多的患者到医院就诊，导致医院就诊率低，医疗服务收入不高。而实行药品零差率，药品价格以及治疗费用的调整等相关医改政策出台，对部分公立医院医疗服务收入有一定影响。另外部分医院成本管理和费用控制不够精细，管理比较粗放，同时随着国家调整基本工资、养老保险制度改革等政策出台，医院刚性支出增加，导致医院费用支出呈逐年上升趋势。虽然天津对于试点改革给予了政策倾斜，但部分试点医院没有足够的收支结余空间用于改革，整体运营无法达到允许的薪酬水平，难以有收入增量来推动薪酬制度改革。二是试点医院现有核定编制人数不能满足医院需求。近年来，医院门诊和住院工作量逐年提高，编制多年未调整，编制内人员严重不足难以满足患者需求，医院聘用了大量编制外人员作为补充，编制外人员的使用增加了医院费用的支出，挤占了医务人员薪酬水平的提升空间。三是区属公立医院存在专业人才队伍不足。区属公立医院缺乏对高端及实用型人才的吸引力，可持续发展压力不断增加，造成其业务发展受到限制，发展空间减少，导致区属公立医院总体医疗服务收入水平不高。

3. 公立医院收入中可用于工作人员收入分配的资金管理的顶层政策需要进一步明确

2016 年，习近平总书记在全国卫生与健康大会提出“允许医疗卫生机构突破现行事业单位工资调控水平，允许医疗服务收入扣除成本并按规定提取各项基金后主要用于人员奖励”。而现行的事业单位财务规则规定，非财政拨款结余可以按照国家有关规定提取职工福利基金，剩余部分作为事业基金用于弥补以后年度单位收支差额。因此，收入扣除成本提取基金的政策需要进一步明确。

4. 医改政策尚未全部到位，薪酬制度改革工作落实起来难度大

薪酬制度改革是医疗卫生体制改革的重要组成部分，涉及医院管理、人事制度管理、价格管理、财务制度、经费来源保障、机构编制管理等多项配套管理制度的同步跟进。公立医院回归公益性，发挥其公益性质和主体作用，仅通过单一薪酬改革保障及改善民生不能很好实现。

三　公立医院薪酬激励制度的国际经验及其启示

（一）发达国家（地区）医生的薪酬水平较高，受雇专科医生的薪酬一般为社会平均工资的2～4倍

2012 年英国医生的平均年收入是英国全职工作者平均收入的 2.6 倍，在当年收入的职业排名中列第 11 位，而 2013 年高居职业排名第 4 位。2013 年法国医院医生平均税后工资是社会平均工资的 2.44 倍，属于全国收入最高的 5% 群体。日本医生的年收入在职业排行中列第 2 位，为社会平均工资的 3 倍左右。我国台湾地区一般医生的月均薪酬约为社会平均工资的 4 倍左右，是教师工资的 2.5 倍左右。这样的收入水平足以让医生过上较为体面的生活。

（二）大多数发达国家公立医院医生薪酬实行以职称、岗位、年资为基础的固定工资制，辅以加班、夜班、管理职责等津贴补贴

固定工资制：英国的基本工资标准是全国统一的，只有伦敦地区因为生活成本过高而在基本工资标准基础上增加 20% 的权重，而且英国医院各个科别的工资标准都是一样的，但是英国的固定工资制并不是“大锅饭”，也有很好的激励，只是不像我国这样与医疗服务收入挂钩，一般是与工作时间挂钩。日本公立医院的医师实行的也是固定工资制，但没有全国统一的标准，由各医院自主设立工资标准，日本财政对偏远、不营利地区的医院给予较多运营补贴，结果使不营利地区的医院医师工资反而高于营利的地区的医师。日本还对年轻医师发放“初任工资调整补贴”，即医科大学毕业后 15

年内享受每月 306000 日元的补贴，此后逐年递减，一直到毕业后第 34 年，以解决医师短缺问题。

津贴补贴：英国、法国、日本等国对于承担加班、夜班、随叫随到的轮班任务以及承担管理职责的医生都有额外的津贴。英国医生超时或非常规工作时间获得的补贴，通常是基本工资的 20% ~50%；科室主任和大部主任因担任管理职位，额外平均获得 1.5 万 ~3 万英镑的津贴。法国医生每周上一个夜班且每月一次周末加班，就可以得到每月 1300 欧元（相当于平均基本工资的 25%）的津贴。日本年轻的医师可以享受“初任工资调整补助”，如果加上加班补助，很多情况下会超过高职位等级医师的工资。

（三）发达国家（地区）公立医院很少有短期的绩效奖励或奖金，但部分国家有注重中长期绩效的奖励，相当于我国的加几级工资或多发几个月工资

英国政府设立了“临床卓越奖”，奖励在医疗方面作出突出贡献或超出国民健康服务预期要求的医生。这是英国唯一承认的经济激励，分地方级和国家级奖励金。地方级奖励金由医院从获得的服务收入中支出，国家级奖励金由国家卫生部单独拨付。公立医院中大约有 50% 的医生能获得临床卓越奖。目前这一奖项一旦获得即可终身享受，且可计入养老金计发基数，相当于国内加几级工资。日本医师的薪酬中，有期末津贴和勤勉津贴，这是以本人工资为基础，依据考勤结果、管理职责等来发放，一般按年或半年考核，相当于多发几个月工资。

（四）发达国家公立医院医生有一定的私人执业空间，但需要满足一定条件，实际比例并不高

公立医院医生实际进行私人执业比例不高。在英国私人执业医师必须在执行合同规定的时间基础上再为医院额外提供一个标准时间段（4 小时）的工作，如果拒绝可能会受到推迟其薪酬提升的惩罚。在法国，公立医院全职医生不能为私立医院或诊所工作，但是兼职医生和合同医生可以。大学教授 -

医院医师只为公立医院工作，但可以在公立医院内部进行私人执业，医生必须与自己所在公立医院签订5年合同。该合同必须由地区医院管理机构批准，且私人执业最多只能占用20%的工作时间。而且医生必须向医院支付私人执业费用（即利用场所和设备的费用），费率标准从15%（门诊）到60%（放射）不等。私人执业时医生可以自己开价，但必须告知病人。实际结果表明在符合私人执业标准的医生中只有10%选择私人执业，法国还对不从事私人执业的医生给予公共服务津贴500欧元/月。

（五）发达国家有对医生工作环境、科研环境等方面的非经济激励

在英国、法国、日本等国家医院的盈余是不能用来发奖金的，但是盈余可以用来购买办公设备、仪器等，特别是用来优先改善综合效益较好的科室及个人的工作环境和科研环境。不少公立医院承担了许多科研职能，他们的科研环境比私立医院好。除此之外在公立医院工作的医生的声誉和社会地位一般也高于私立医院。这些都是私立医院薪酬高于公立医院，而不少医生仍愿意待在公立医院工作的原因。

四　推进天津市公立医院薪酬制度改革的几点建议

基于以上情况，提出对公立医院薪酬制度改革制度构想和一些措施建议。

（一）制度构想

根据医疗卫生机构行业特点和医护人员职业特点，公立医院薪酬制度改革应遵循保障较高薪酬水平，弱化短期激励、强化中长期激励机制的原则，建议构架模式：将医生工资标准独立于其他事业单位单独确定，根据医疗卫生行业特点和卫生事业发展制定工资标准，适度提高基本工资水平；医护人员基本工资标准拟定在当地社会平均工资的4倍左右，同时遏制灰色收入。参考英国、法国、日本等国家做法，薪酬构成以岗位、职称、年资等基本工

资为主（占70%），可设计岗位系数、职称系数、学历系数、工龄系数等，以鼓励医护人员提高自身专业技术水平，同时以超时超额完成工作的绩效工资为辅（占30%），另外，附加中长期奖励性工资（如英国的临床卓越奖）。例如某市社平工资每月为5000元，则医生人均工资水平可达到2万元，剩下30%通过超时超额工作、承担管理职责等方面予以补充。这将成为年轻医生薪酬的一个重要组成部分，可以从超时、超额工作中得到报酬，既体现了技术性强的优势，又体现了多劳多得、优绩优酬的原则。同时建议借鉴英国卓越贡献奖的做法，建立中长期激励机制，对工作卓越、技术高超的医生赋予奖励，制度设计可覆盖40%～50%的医生群体，水平为社平工资的1～2倍，故对部分骨干医生的薪酬水平至少可达到社平工资的5倍到6倍，保证绝大多数医生能够有一个有体面尊严的收入保证，调动医护人员积极性。这些都要求我们要将医院的工资总额与其公共服务绩效考核相挂钩，建立最严格的考核制度，根据考核结果来确定工资总额的高低和增减。

按照习近平总书记提出的“两个允许”要求，需要进一步研究分析公立医院医疗服务收入、成本项目组成结构，明确提取基金的具体比例，准确评估医院未来事业发展需求，为科学核算可用于人员奖励的经费提供政策依据。建议收入减成本提取基金的结余主要用于奖励，可作为其主要的筹资来源；同时对医院实施合理的诊疗后节约的大量的医疗支出，建议在保持医保基金向医院支付的总量不减少的情况下，将上述节省的资金也作为增加医生薪酬的筹资来源；对于偏远地区服务量小的医院，医生的薪酬可由财政给予额外补贴进行保障。

同时，综合运用非经济激励手段，提高医生的职业地位和社会信任。一是为医生创造良好的职业环境。通过建立法律保障体系、职业风险防范保护制度等手段，严厉打击“医闹”，保证医生人身安全，同时，严厉打击非法收入，以控制医生收入预期，让医生安心执业。二是为医生创造良好的科研环境。为他们提供更好的条件开展科学研究、学术交流、业务培训、出国深造等，让医生稳定执业。三是为医生创造良好的社会环境。增强群众对医生的社会信任，重建公共服务部门的职业道德，形成良好的社会氛围。

（二）同步实施的改革措施

薪酬制度改革是医疗卫生体制改革的重要组成部分，涉及多项管理制度的协调促进。积极推进编制、人事、卫生、财政、医保、物价等政府多方面联动改革，努力探索各部门配套改革政策，形成改革合力，才能使薪酬制度改革具有生命力和可持续性。

1. 要控制大医院医生的收入预期

在制度设计中，医生的薪酬相对于其他职业的水平已经较高，但还要与各地区的自身经济发展水平相适应，否则财政无法承受。对于过度医疗、滥用药品并收取灰色收入的行为要严肃处理，对严重者要吊销执业资格，通过依法严惩的方式控制医生不合理的收入预期。同时在制度设计时，也应考虑好医务人员收入增长预期和医院公益性之间的平衡问题，在保证医务人员薪酬达到一定水平的同时，也要做到总量控制，把利益关在“笼子里”，避免医疗服务收入提高致使人员收入水平就能无限制提高的做法。

2. 加强对医生、医院行为的监管和奖惩

一是医院的主管部门要会同医保部门，充分利用医院信息管理系统和医疗保险结算监控信息系统，控制医药费用不合理增长，控制不合理治疗对国民健康的损害，加大对医生和医院行为的监管和惩处。二是推进公立医院财务公开，接受外部审计。公立医院作为公共服务部门，应实现财务公开，定期接受外部审计，同时加强内部成本核算和成本控制，规范各项支出，不断降低医疗成本，防止从“以药养医”变成“以检查养医”。

3. 对公立医院实施综合绩效考核

国家应出台相关指导意见，对医学安全、服务质量、费用控制、服务效率等多方面进行综合考核，引导公立医院的综合绩效考核以及对医院负责人和管理者的激励考核，坚持按工作业绩取酬而不是按医院收入取酬，合理拉开收入差距。

4. 编制、人事、财务、物价等制度改革应与薪酬制度改革同步推进

一是医院现有核定编制人数不能满足医院需求。医院聘用了大量编制外

人员作为补充，编制外人员的使用增加了医院费用的支出，需要编制部门适应形势的需要进行改革。

二是加大人事制度改革，赋予医院更大的用人自主权。基层医务人员专业技术水平参差不齐，应推行较大力度的人事制度改革，进行全员聘用制，实现竞争上岗、合同聘用、岗位管理，优化专业技术人员结构，提高人员素质，逐步分流不符合要求的人员，做到基层医生能看病、能治病，为薪酬制度改革打下重要基础。同时建议继续加强对全科医生的培养，并把大学生就业与加强基层医疗卫生队伍建设结合起来，通过薪酬等宏观政策手段，吸引高学历医科毕业生以及三级公立医院优秀青年骨干医生来充实基层医疗卫生机构，保证医生与医院技术水平上整体均衡，保证全科医生能够提供基本医疗服务，让人民群众能够就近就医。大医院只能通过基层的全科医生才能接受转诊，避免患者蜂拥至大医院就诊，这样公立医院之间竞争就不体现在争抢病源上，而是如何尽量控制成本，在有限的预算、医保资金下高效地开展工作。

三是政府财政投入、医疗服务价格的调整等配套改革举措也应同步跟进，否则在资金不足的情况下，公立医院薪酬制度改革将很难推动。特别是在不增加群众整体负担的情况下，医疗服务价格调整等配套改革举措应同步跟进，通过提高医务人员技术劳务价值占价格政策中的比重，降低药品价格、检查费用来优化医疗收入结构，实现医院收入可持续增长。

四是加快信息化建设，提高管理和服务水平。建立统一高效、互联互通、信息共享的电子病历和健康档案基础数据库，避免重复检查，实现公民健康信息档案与门诊病历信息共享，实现医疗信息和医疗技术有效地整合，使信息化建设成为改善医疗服务的强有力支撑。

R.4

天津市和平区事业单位岗位管理制度的实践探索

肖毅 庞君*

为全面贯彻落实《事业单位人事管理条例》，进一步深化事业单位人事制度改革，建立健全事业单位岗位管理制度，使岗位管理制度成为公开招聘、竞聘上岗、考核奖惩、收入分配的基础和依据，切实建立起按需设岗、按岗竞聘、按岗考核、按岗定薪的用人新机制，促进事业单位人事管理的规范化、精细化、科学化。近年来，和平区按照《天津市事业单位实行人员聘用制实施办法》及《天津市事业单位岗位设置管理实施办法》的要求，在区委、区政府的领导下，通过加强领导、健全机制、周密实施、科学管理，扎实做好事业单位岗位管理工作，有效促进了全区事业单位工作人员队伍能力素质的提升。

一　和平区事业单位岗位管理基本情况

“十二五”期间，和平区顺利推进了事业单位岗位的综合管理。2011年，全区顺利完成了全区事业单位岗位设置工作，且兑现了工资待遇，启用了《和平区事业单位岗位管理信息系统》，为事业单位人事管理工作打下了坚实的基础；2013 年全区实施了事业单位工作人员竞聘上岗工作，调动了事业单位工作人员的积极性与创造性，初步建立起能上能下的管理体制；2012 年、2014 年、2016 年分别开展了全区事业单位聘用合同大检查，使聘用合同管理更加规范，聘用程序更加严谨。结合“十二五”期间全区岗位

* 肖毅、庞君，天津市和平区人力资源和社会保障局。

管理的整体情况，2016 年 3 月初区委组织部、区人力资源和社会保障局（简称“区人社局”）又联合出台了《和平区事业单位岗位动态管理实施意见》，实现了事业单位人事管理工作的新跨越。

截至 2019 年 2 月，和平区有事业单位 149 个，其中财政补助 119 个，自收自支 30 个。全区编制核定数为 10387 个，实际岗位总量为 9497 个，各单位均能按照平等自愿、协商一致的原则签署聘用合同，确定聘用关系，合同签订率达 100%。

表　2019 年全区各系统三类岗位人员一览（现有在岗人数）

单位：个，人

	类别	单位数	管理岗	专技岗	工勤岗	岗位总数
系统岗位分布	教育系统	52	438	4784	444	5666
	卫生系统	14	72	815	68	955
	城管委系统	15	82	54	328	464
	文化系统	8	29	88	71	188
	其他	60	675	525	1024	2224
	合计	149	1296	6266	1935	9497

二　主要做法

在事业单位岗位管理工作中，和平区探索建立了以岗位为核心，适应事业单位特点的人力资源管理体系。由 2011 年单纯性的岗位设置，逐渐形成依据岗位管理人才，打破人们所固有的事业单位“铁饭碗”的思维，实行“能者上、庸者下”的激励机制，营造人尽其才、才尽其用的氛围。

（一）加强组织领导，充分认识岗位管理工作的重要性

岗位管理是事业单位人事管理工作中一项重要内容。它不仅关系事业单位的发展，而且为事业单位工作人员的成长勾画蓝图。加强组织领导，明确责任至关重要。2008 年，和平区就成立了由区委、区政府主要领导挂帅，区

委组织部、区人社局、区编办等部门主要负责人参加的事业单位岗位设置工作领导小组。“十二五”期间从三部门方案会审，到不定期对岗位管理工作的重大问题研究，始终坚持“统一管理、统一组织、统一监督”的工作要求，较好地促进了事业单位岗位管理工作健康有序发展。在此期间，全区各事业单位主管部门在实施改革过程中也都建立了由法定代表人负总责的领导小组和具体办事机构及议事机构，形成逐级负责的领导工作体系，从而使各项改革任务在实施中有了组织保证，做到统一部署、周密安排、扎实推进、富有实效。2011 年正式启用了和平区自主研发的和平区事业单位岗位管理信息系统，对事业单位工作人员招聘、调动、晋升、辞职、辞退、退休等情况进行实时操作。“十二五”期间，岗位管理工作实现了“岗位调整从不间断、岗位管理不断完善”的格局。事业单位岗位管理不仅使工作人员明确了工作职责，更重要的是通过岗位管理为考核奖惩、薪绩管理提供了科学的依据。

（二）建立健全机制，构建科学的岗位管理工作制度

一方面，完善工作制度。“十二五”初期，全区事业单位根据所承担的社会服务、职责任务，对核准的岗位进行分解和细化，明确各类各级岗位的职责、任职条件和基本要求，制定岗位设置方案。在岗位管理过程中，我们通过岗位动态管理，优化人力资源配置。结合五年岗位管理工作中的经验与不足，在“十三五”初期，制定并下发了《和平区岗位动态管理实施意见》，对全区事业单位岗位管理进行进一步规范，为深化人事制度改革打下了坚实的基础。另一方面，规范运行程序。在岗位管理工作上实行“三个统一”。一是人员变动与岗位管理相统一。要求全区事业单位工作人员新增、减少、调动、退休、死亡均进行实时登记，确保信息系统的准确性。二是招聘竞聘与岗位管理相统一。无论是公开招聘还是竞聘上岗均需在有岗的情况下进行，避免无岗、超岗现象发生。三是考核奖惩与岗位管理相统一。人员考核依据考核相关文件，参照岗位说明书中工作任务签订聘用合同，进行年度考核。通过健全完善管理方法、职责清晰、动态管理、业绩公开的管理机制，调动了事业单位工作人员工作积极性与创造性。

（三）严密组织实施，确保岗位管理工作高效有序进行

按照“以点到面、点面共进”的工作思路，将岗位管理工作作为事业单位人事管理工作的核心点，以此带动公开招聘、竞聘上岗、年度考核等各个方面的有序开展。

公开招聘以岗位管理为依据。在招聘计划方案的审核过程中，实行招聘岗位以现岗位上是否有空岗为依据；招聘条件以岗位说明书设定为依据；岗位简介以岗位说明书描述为依据。就以上内容不详尽的地方，招聘单位对公开招聘方案进行调整，并酌情对岗位说明书进行完善。

竞聘上岗以岗位管理为前提。事业单位在空缺岗位的前提下，方可面向本单位或本系统聘用人员实行竞聘上岗。在竞聘上岗工作中，和平区着重“三严一督”。“三严”：一是审岗严，无论管理岗晋升还是专技岗晋级、晋档，评定职称必须先审岗；二是方案严，“竞聘上岗方案”注重竞聘岗位、任职条件是否与岗位说明书相一致；三是考察严，人社局成立考察组，到竞聘上岗单位进行实际考察，组织召开民主座谈会、听取群众意见、现场组织投票“一监督”：建立竞聘上岗监督电话，24 小时接收群众举报，同时延长公示期到七个工作日，确保人员聘用管理上的公开、公正、公平、透明。

年度考核以岗位管理为基础。在年度考核上，和平区以《天津市事业单位工作人员考核办法（试行）》为主旨，实行区人社局统一掌控，各系统各单位根据实际依据现岗情况及相应岗位的要求进行考核。在考核工作中，采取以年度考核为主，其他考核方式为辅的形式，同时自 2013 年起对优秀人员实现了统一备案。

（四）强化政策宣传，促进事业单位岗位科学化管理

自 2013 年以来，和平区坚持开展“基层行”活动。由区人社局领导带队，随时深入各系统、各事业单位宣讲事业单位人事管理政策。以岗位管理为依托，从岗位设定到人员聘用，从岗位职责到年度考核，采取调研、座谈、答疑、咨询等形式加强与各系统、各单位及事业单位工作人员之间的沟

通。重点解决了事业单位人事管理过程中，因岗位管理衍射到的人员晋升、职称评定、合同管理及内部人事管理等方面存在的疑难问题，并建立了定期调研、定期沟通机制，使活动不断深化，深受事业单位工作人员的好评。“十二五”期间，结合岗位管理工作，和平区还开展“聘用合同大检查”活动，审查各单位是否按岗位签订聘用合同、明确岗位职责，是否建立了完善的聘用程序。通过讲解、座谈，职工全面系统地了解了事业单位岗位管理及聘用制的详细内容和程序。

三　几点体会

（一）坚定信心，以人为本，是做好事业单位岗位管理的前提条件

事业单位岗位管理无论是对事业单位的生存和发展，还是对促进高素质人才队伍的建设都是势在必行的，必须树立信心、决心，而不能一味求稳怕乱，有畏难情绪。在操作过程中要牢固树立“以人为本”的思想，始终把对人的能力培养和积极性发挥放在头等重要的位置，关心人、尊重人、满足人的合理需求，调动人的积极性。在思想观念上要树立人事管理不仅仅是单位行政管理的一个职能，更重要的是为单位和员工在人力资源方面提供服务的意识。

（二）稳慎推进，创新管理，是做好事业单位岗位管理的重要环节

事业单位岗位管理工作政策法规性强，程序复杂，涉及职工的切身利益。因此，在开展岗位管理工作中，要坚决贯彻“稳慎实施，创新管理”的原则，正确把握和处理好六个方面的关系，即原则性与灵活性的关系、管理与服务的关系、未来与现实的关系、普遍性与特殊性的关系、典型与全面的关系、管与放的关系。作为区县人事部门要把着力点放在对全区有影响的难点、重点和突出问题上，在坚持原则的基础上，把握好各项政策要求，确保事业单位岗位管理政策的平衡性。

（三）坚持原则，严抓细抠，是做好事业单位岗位管理的关键所在

事业单位岗位设置是岗位管理过程中的重要环节，也是人事管理的基础。随着机构改革的不断深入，各单位岗位设置方案的重新调整应坚持按需设岗、科学设岗，重点把握以下三个原则：一是因事设岗原则，坚持以工作实际需要确定岗位和职务层次，明确岗位职责，做到有事有岗有责；二是按编制设岗的原则，保证设岗在编制数额内进行；三是优化结构的原则，切实通过岗位的合理设置促进人员结构的优化。在岗位管理中，要坚持做到“四个不准”：不准违反规定突破现有的职务数额聘用人员，不准在无岗无编的情况下调入或招聘工作人员，不准因聘用人员原因变更岗位设置方案，不准在无监督的情况下私自提拔干部。打消单位的“三个念头”——突破机构编制的念头，突破结构比例的念头，突破双岗聘用的念头，确保岗位管理的规范性。

（四）规范流程，严格制度，是做好事业单位岗位管理的重要保证

岗位设置条件严格，政策性强。规范操作是岗位设置工作顺利实施的重要保证。在管理过程中要把握好四个环节，即摸清情况是前提，吃透政策是关键，健全机制是重点，公平公正是保证。人事制度改革历来是组织关心、群众关注的大事，涉及方方面面的利益，只有通过严密、严谨、严肃的制度和公平、公正、公开、透明的程序才能使改革工作达到满足事业发展需求、满足干部职工需要的双赢效果。

四　意见建议

（一）科学调整结构比例

原人事局《〈事业单位岗位设置管理试行办法〉的实施意见》的通知文件，明确了专业技术高级、中级、初级岗位之间的结构比例全国总体控制目

标为1∶3∶6。高级、中级、初级岗位内部不同等级岗位之间的结构比例全国总体控制目标：二级、三级、四级岗位之间的比例为1∶3∶6，五级、六级、七级岗位之间的比例为2∶4∶4，八级、九级、十级岗位之间的比例为3∶4∶3，十一级、十二级岗位之间的比例为5∶5。此比例的设定已10年之久。2017年，天津市率先调整了中小学教师系列专业技术职称结构比例设置。但图书资料、群众文化、工程等特殊专业岗位结构比例设定也已有20年了。在这十年、二十年间，中国经济飞速发展，国民的综合素质也在不断提高，20年前事业单位招聘本科生很难，而如今招聘的最基本要求就是本科生，招聘研究生的比比皆是。本科生在专业技术岗位上从事1年工作就可以评聘相应系列的初级职称；而研究生毕业后有3年工作经历就可以直接评聘相应系列的中级职称。有学历、有职称、有技术的人员数量在增加，而最终聘任到相应专业技术岗位的人员占少数，故而现行的结构比例在一定程度上阻碍了事业单位专业技术人员的发展。加之2018年事业单位延退政策的实施，高级岗位晋升空间缩小，工作人员内部晋升速度减缓，逐渐会形成“一潭死水”。所以应对现行的高级、中级、初级岗位之间的结构比例进行科学调整，适当增加一定比例的高、中级岗位职数，给每名专业技术人员广阔的发展空间，使人才梯队建设效益最大化，更好地发挥专业技术人员的特长，为建设“美丽天津”做出积极的贡献。

（二）推行管理岗职员制

我国事业单位工作人员被划分为专业技术人员、管理人员和工勤人员三大类，而事业单位职员制则是针对事业单位中的管理人员提出的一种新型人力资源管理思路。人社部新闻发言人李忠就曾针对事业单位人事制度改革过程中，深入贯彻实施《事业单位人事管理条例》，完善并启动职员制试点工作进行了阐述。推进事业单位职员制的目的在于加速事业单位去行政化，为事业单位管理人员建立了一个独立且更顺畅的职业发展通道，破解事业单位管理人员的薪酬待遇与职务挂钩过于紧密的困境，更重要的是通过管理岗职员制的实施建立一套专业化、职业化的管理队伍建设机制，彻底将“双肩挑”人员进行消化，使职称只是从事管理岗职务的必要条件，并非兑现工资的筹码。

（三）建立有效的激励机制

传统人事管理所采取的激励方式，基本上以物质激励为主，激励手段单一，远远不能适应单位发展的需要。马斯洛的需求层次论告诉我们，人有生理、安全、社交、自尊和自我实现五个层次的需要，应根据不同的需求，采取不同激励方式，使合理的需求都能得到相应的满足。人事管理工作的一项重要任务就是要建立一个有效的多维交叉的激励机制，激发和调动工作人员的积极性。第一，要建立有效的人员配置机制。第二，要建立合理的薪酬机制。第三，要形成高效准确的考核机制。第四，要用单位和工作人员个人职业生涯前景激励员工。第五，要建立有效的精神激励机制。

ℝ.5

天津市西青区经济发达镇干部人事制度改革进展

刘月华*

为贯彻中共中央办公厅、国务院办公厅《关于深入推进经济发达镇行政管理体制改革的指导意见》精神，2017 年 4 月，天津市委办公厅、市政府办公厅印发了《天津市经济发达镇行政管理体制改革实施意见》。天津市共有 9 个镇被列为经济发达镇改革试点范围，包括北辰区双街镇、天穆镇，津南区咸水沽镇，静海区大邱庄镇，滨海新区中塘镇以及西青区的大寺镇、杨柳青镇、中北镇和张家窝镇。2017 年 12 月，西青区印发《大寺镇行政管理体制改革实施方案》。作为首批试点单位，大寺镇率先进入改革实施阶段。2018 年 4 月，西青区根据经济发达镇改革要求，制定了《西青区大寺镇事业单位管理岗位职员等级晋升实施办法（试行）》，建立了事业单位管理岗位职员等级晋升制度。2018 年 9 月，同意批复大寺镇首批次职员等级晋升的实施方案，因机构改革及主要领导调整等尚未具体实施。杨柳青镇、中北镇和张家窝镇的行政管理体制改革实施方案已于 2019 年 1 月印发，干部人事制度改革正在研究推动过程中。

一 基本情况

大寺镇原有行政编 43 个，科级领导职数 16 个，试点后新组建了党政办公室、党建办公室等八大办公室，行政编制数量和科级领导职数在数量上没

* 刘月华，天津市西青区人力资源和社会保障局。

有变化；在大寺镇原有的7个事业单位的基础上，新成立了综合便民服务中心，为副处级事业单位，编制由68个调整为50个，科级领导职数由16个调整为13个；在原综合执法大队和统计办的基础上，新组建了综合执法局，编制由22个调整为42个，科级领导职数由4个调整为13个，其中，原22个参公编制保留，新增加的20个编制尚未明确参公性质。

杨柳青镇原有行政编53个，科级领导职数24个，试点后新组建了党政办公室、党建办公室等八大办公室，行政编制数量没有变化，科级领导职数调整为21个；在杨柳青镇原有的6个事业单位的基础上，新成立了综合便民服务中心，为副处级事业单位，编制由66个调整为50个，科级领导职数由16个调整为13个；在原综合执法大队和统计办的基础上，新组建了综合执法局，编制由33个调整为50个，科级领导职数由4个调整为13个，其中，原33个参公编制保留，新增加的27个编制尚未明确参公性质。

中北镇原有行政编43个，科级领导职数17个，试点后新组建了党政办公室、党建办公室等八大办公室，行政编制数量没有变化，科级领导职数调整为16个；在中北镇原有的9个事业单位的基础上，新成立了综合便民服务中心，为副处级事业单位，编制由82个调整为60个，科级领导职数由21个调整为13个；在原综合执法大队和统计办的基础上，新组建了综合执法局，编制由25个调整为44个，科级领导职数由5个调整为13个，其中，原25个参公编制保留，新增加的19个编制尚未明确参公性质。

张家窝镇原有行政编43个，科级领导职数17个，试点后新组建了党政办公室、党建办公室等八大办公室，行政编制数量没有变化，科级领导职数调整为16个；在张家窝镇原有的6个事业单位的基础上，新成立了综合便民服务中心，为副处级事业单位，编制由59个调整为42个，科级领导职数由16个调整为13个；在原综合执法大队和统计办的基础上，新组建了综合执法局，编制由23个调整为41个，科级领导职数由4个调整为13个，其中，原23个参公编制保留，新增加的18个编制尚未明确参公性质。

2019年6月，根据西青区委机构编制委员会《关于为各街镇增加行政事业编制的通知》（津西党编发〔2019〕58号），为落实市委、区委关于

“战区制、主官上、权下放”的总体部署要求，为各街镇增拨行政事业编制。经济发达镇增编情况分别为：为中北镇、杨柳青镇各增加行政编制7个；为大寺镇、张家窝镇各增加行政编制6个；为中北镇增加事业编制16个；为杨柳青镇增加事业编制15个；为大寺镇、张家窝镇各增加事业编制10个。调整后中北镇行政编制由43个增至50个，事业编制由104个增至120个；杨柳青镇行政编制由53个增至60个，事业编制由100个增至115个；大寺镇行政编制由43个增至49个，事业编制由93个增至103个；张家窝镇行政编制由43个增至49个，事业编制由83个增至93个。同时要求各街镇结合工作实际，自主调配增加的编制，具体使用报区委编办备案。同时，根据《天津市事业单位岗位设置管理实施办法》（津党办发〔2008〕2号）第三十九条规定，考虑机构编制调整的实际，四个经济发达镇下属事业单位的岗位设置方案正在重新制定中。

二　主要做法

（一）打破单位和身份界限，激发干部队伍活力

为落实中央、市委有关要求，西青区研究制定了《关于大寺镇经济发达镇改革人员配置有关问题的意见》，允许大寺镇在人员配置和使用上，可以打破单位和身份界限，将原有行政、事业编制人员统筹使用、分类管理。对涉及打破身份界限交叉任职的事业编制干部，按原身份对应的工资结构兑现工资待遇。与公务员有关绩效奖金、车补、十三薪等差额问题，由大寺镇党委研究制定有关考核奖励办法，在年度预算内安排奖励基金予以适当解决。截至2019年6月，共有11名干部交叉任职，其中6名事业编制干部到行政科室任职，3名事业编制干部到参公单位任职，1名行政编制干部到参公单位任职，1名参公编制干部到行政科室任职。杨柳青镇、中北镇、张家窝镇也将涉及大批干部交叉任职。真正实现了以岗选人、人岗相适的用人原则，使混编混岗的干部有目标、有盼头、有干劲，进一步激发了干部队伍整体活力。

（二）开辟职员等级晋升通道，完善正向激励体系

按照《天津市经济发达镇行政管理体制改革实施意见》中“推行事业单位管理岗位职员等级晋升制度”的要求，西青区出台了《西青区大寺镇事业单位管理岗位职员等级晋升实施办法（试行）》，大寺镇可核定六级职员2个（相当于副处级），打破了事业编干部晋升的“天花板”；可核定七级职员17个，八级职员17个，加上新设置的26个科级领导职数，总数比原来增加275%，事业编干部的职业发展空间得到极大拓展。同时，职员可以提任上一级领导职务，也可以转任同级或者兼任下级领导职务，领导职务也可以晋升职员等级，事业单位管理岗位晋升通道初步建立，正向激励体系进一步完善。

（三）严格晋升条件，树立良好的选人用人导向

参照《党政领导干部选拔任用工作条例》规定，制定了职级晋升程序，包括制定方案、民主推荐、组织考察、确定拟晋升职员等级人选、公示、审批备案等环节，确保程序严格。将事业单位职员等级晋升与年度考核结果挂钩，考核优秀的可以缩短晋升年限，考核不称职的延长晋升年限，受到纪律处分或者组织处理的当年内、处分期或影响期内不得晋升职员等级，充分体现奖优罚劣、竞争择优。允许单位结合实际制定优先晋升的原则，比如，在大寺镇首次晋升的实施方案中明确：在拆违治乱、维稳信访、“创文”等重点工作中有突出工作表现的人员，在符合条件情况下应优先考虑晋升职员等级。避免了平均主义、大锅饭，进一步树立了重实绩、重一线的用人导向。在开展职员等级晋升工作中，注重统筹把握好各层次的职数使用，合理确定晋升比例，坚决杜绝“寅吃卯粮”、当“老好人”的现象，大寺镇首批拟晋升六级职员2名、七级职员1名、八级职员6名，预留了充足的晋升空间，确保了持续激励，考虑机构改革后职能调整的情况，该实施方案目前正在由区委组织部相关科室审核中。

三 存在的问题及意见建议

（一）实际人员配置使用与机构设置不匹配问题

经济发达镇改革后，组建了八大办公室，但是在实际运行过程中人员配置使用与机构设置存在一定差距。比如，原党办、政办整合为党政办，但是为了方便与上级部门对接，同时考虑实际工作需要，党办、政办仍独立办公。再比如，建设和管理办公室（公共安全管理办公室）的职能包括建设管理、市容环卫、环境保护、公共安全等，每项职能都非常重要，而且分属不同的班子成员管理，整合难度大，在实际中仍然独立办公。经济发达镇改革的初衷就是打破单位和身份界限，统筹使用，分类管理，建立务实高效的用编用人制度，建议：为方便工作开展，对于党政办、建设和管理办公室等部门，在人员配置使用上以街镇实际需要为主。

（二）关于大寺镇综合执法局新增编制性质问题

大寺镇综合执法局在原综合执法大队和统计办公室 22 个参公编制的基础上新增加了 20 个编制。大寺镇综合执法局设有参公和事业两个工资账户。新增的编制是否能够确定为参公编制尚无明确说法，暂时作为事业编制与综合便民服务中心事业编制统筹使用，纳入职员等级数量的计算基数。建议：将执法局明确为参公管理单位，现有的事业编制人员占用参公编制仍保留事业身份，逐步消化。

（三）职员等级晋升后工资待遇有关问题

目前对于晋升职员等级后的工资待遇，西青区只是确定了整体的原则，比如，管理岗位职员比照相应领导职务确定工资标准，同时通过奖励性绩效工资体现与领导职务的区别。这是否符合政策规定？对于实际操作中，是否与现有工资系统相匹配？以及使用奖励基金的方式将管理岗位人员工资与同等级别公务员拉平的做法是否可行？同时交叉任职的事业编制人员退休后与公务员身份退休后的待遇如果存在较大差距，会心里不平衡，导致不稳定因素。

（四）单位合并产生的任职回避问题

大寺镇原来 7 个事业单位的 56 人中，有 49 人（含 12 名专技人员）纳入综合便民服务中心，导致部分存在亲属关系但原来不在同一个事业单位、不构成回避的人员产生了应回避情形。杨柳青镇、中北镇、张家窝镇的改革进入实施阶段后，也会产生此类情况。建议：由列入试点的四个街镇梳理单位内部亲属关系，明确需要回避的人员，进行统一调配。

（五）专业技术人员岗位设置问题

原农业服务中心、社区建设服务中心等专技人员较多的事业单位撤销，相关职能纳入行政机关，新成立的综合便民服务中心主要负责行政审批事务和公共服务。因此大寺镇对专业技术人员的实际需求大幅减少，只保留了 12 个专技岗位满足现有专业技术人员的聘用需求。建议：杨柳青镇、中北镇、张家窝镇的专业技术岗位设置参考大寺镇，以满足现有需求为主，不再设置过多的专业技术岗位。

下一步，西青区将指导督促大寺镇尽快做好奖励基金设立等有关工作，推动做好杨柳青镇、中北镇、张家窝镇经济发达镇干部人事制度改革有关工作。

R.6

重庆市事业单位岗位聘用考核与“能上能下”机制的实践探索

杨尚彬　蒲　实*

近年来，国家高度重视事业单位人事制度改革，以《事业单位人事管理条例》为核心，以岗位管理、公开招聘和聘用合同三大制度为支柱，以奖励、处分、申诉等配套制度为辅助的人事管理体系日趋健全。但随着改革的不断深入，事业单位人事管理趋于行政化、用人机制不灵活、身份终身制、工作效率不高等问题仍然普遍存在，“管理失之过宽”“只进不出、只上不下”等人事管理弊端不仅严重制约了事业单位及人员队伍发展，还在一定程度上影响了岗位设置和聘用合同制度的推行，迫切需要进一步加快改革的步伐，大胆创新，勇于突破，将改革向纵深推进。

一　推进事业单位人事制度改革的问题和困境

重庆市自2008年在全国范围率先推行岗位管理制度以来，事业单位已全面实现了岗位设置管理，树立了岗位管理意识，按照“按需设岗，按岗聘用，竞聘上岗，合同管理”要求，事业单位人事管理科学化水平不断提升，有力地促进了事业单位和重庆市经济社会发展。但是，随着事业单位人事制度改革的不断深入，一些制约改革、影响发展的问题和不足逐步显现，主要表现如下。

---

* 杨尚彬、蒲实，重庆市人力资源和社会保障局。

（一）岗位设置因人设岗，主辅系列分布不均

部分事业单位在拟定岗位设置方案时为规避矛盾，较多考虑和依据现有工作人员的情况拟定设岗方案，岗位任职条件也与现有人员的条件相当，确保人人有岗、人人有位，导致岗位设置方案脱离单位实际情况和发展需要。部分事业单位未对本单位主、辅系列岗位进行区分，任职条件也未做针对性的细化完善。以部分卫生事业单位为例，档案、护理等辅系列与卫生主系列任职资格相比，评审条件较低，竞争压力较小，通过比例较高，导致辅系列中、高级人员占比逐年攀高，压缩了临床等主系列人员晋升空间，阻碍了单位主职主业的发展。此外，由于种种原因，一些取得高级职称的人员也不断流向机关职能科室，导致机关职能科室中、高级比例高于临床一线科室，挫伤了一线职工的工作积极性。

（二）竞聘上岗论资排辈，岗位聘用“只上不下”

早在2000年，中央便下发了《深化干部人事制度改革纲要》《关于加快推进事业单位人事制度改革的意见》等重要改革文件，明确提出要以推行聘用制度和岗位管理制度为重点，逐步建立适应不同类型事业单位特点的人事管理制度，引导形成“岗位能上能下、人员能进能出、待遇能高能低”的事业单位新型用人机制。但近20年过去了，“能上能下”的口号喊了多年，总是雷声大雨点小，受到制度、思想、观念、人员等多方面的制约，其成效与改革初衷相去甚远。从人员“向上通道”来看，单纯比拼年龄、资历、学历仍是部分单位的主流做法，岗位聘用沦为“先到先得”“论资排辈”，影响了中青年人才积极性；从人员“向下通道”来看，除因受到开除、降级等处分外，人员“出口”“下口”并不畅通，人事管理“终身制”现象仍然普遍存在。

（三）结构比例节节攀升，人员活力难以激发

由于“能上能下”机制的“失灵”和“空转”，部分事业单位人员把

评聘高级职称作为事业发展的终极目标，一旦“理想”实现，便认为已经端上了“金饭碗”，失去了进取的动力和压力，人才的作用没有得到充分发挥，既无紧迫感也无危机感和责任感，“职称一到手，工资跟着走，评过就要聘，能上不能下”的现象，给人才贴上了“永久牌”标签，制约了事业单位长远发展。同时，由于高等级岗位人员“能上不能下”，优秀的中青年人才缺乏上升通道，面对迫切的人才晋升需求，事业单位只能一味通过增加中高级岗位结构比例的办法来化解矛盾，有的单位已从最初的“金字塔”形调整到了“橄榄球”形，但仍觉不够，甚至有希望向“倒金字塔”形发展的诉求，岗位数量一增再增，结构比例一调再调，却不能满足人才队伍发展需要，始终难以激发人才干事创业活力，岗位设置管理陷入“死循环”。

（四）聘用合同流于形式，考核作用发挥不足

部分事业单位聘用合同制的实施还停留在签订合同层面，盖章签字后就草草了事，流于形式，没有在合同中约定工作任务、工作目标、考核办法等具体内容，聘用合同的制度先进性没有得到体现。人员签订合同后，由于考核机制不健全，聘后管理不到位，对聘用合同到期的，要么不予考核，直接续签，聘用合同成为一纸空文，要么形式考核，人人达标，对个人和单位缺乏约束，也难以作为事业单位人员续聘、解聘的依据，聘期成了聘用合同的固定格式内容，没有真正实现从固定用人到合同用人的转变。还有的单位在合同到期后，未及时与职工续签合同，合同意识淡薄，损害了职工合法权益，导致单位和个人之间的人事纠纷无法得到有效裁决，影响了事业单位稳定。

二　推进事业单位人事制度改革的探索与实践

面对这些困境和问题，近年来，重庆市按照党的十九大关于深化事业单位改革的要求，紧紧围绕事业单位人事管理的“堵点”“难点”问题，坚持

问题导向，突出刀口向内，深入基层广泛调研后，从2017年起，先后在高等院校、科研院所、中职学校和公立医院中选取重庆社会科学院、重庆市畜牧科学院、重庆水利电力职业技术学院、沙坪坝区中西医结合医院、石柱县人民医院、重庆市工业高级技工学校等11家单位开展事业单位岗位聘用考核机制试点，紧扣“谁来考”“怎么考”“考什么”“怎么用”四个关键环节，系统完善用人机制、岗位设置、竞聘上岗、职称评审和岗位考核等配套制度，有效解决了事业单位岗位聘用考核主体明确难、指标设定难、量化评价难、实践操作难、结果应用难、长期坚持难等一系列问题，实现了“岗位能上能下、待遇能高能低、人员能进能出”的目的，为进一步深化事业单位人事制度改革积累了经验，探索了路径。

（一）突出用人自主，明确“谁来考”

鞋合不合适，只有脚知道。明确岗位聘用考核实施主体在单位，支持试点单位“五项自主”，即自主拟定岗位设置方案、自主确定岗位结构分布、自主制定岗位任职条件和考核办法、自主实施人员竞聘上岗、自主开展人员岗位考核，将政府部门的政策指导、宏观监管和事业单位用人自主权相结合，充分调动和激发事业单位参与改革的积极性、创造性。

同时，将“同行评同行、内行考内行”作为考核评价的核心要求，通过选拔、测试、培训、签订责任书等程序，建立由单位领导、专业人才、纪检人事和职工代表共同组成的岗位聘用考核委员会，尽可能避免“人情分”“关系牌”对聘用考核结果的影响。

（二）量化岗位评价，明确“怎么考”

在试点单位探索推行职称评审和岗位聘用适度分开，将职称与岗位等级、工资待遇“脱钩”，让其回归人才水平能力评价的本职。剥离职称制度附着的“终身制”属性，由试点单位按一定比例差额推荐人员申报上一级专业技术任职资格，不受岗位设置限制，打造中、高级人才“蓄水池”。

对取得任职资格人员，指导试点单位建立以业绩为核心的量化积分法，将工作中的“软指标”变为“硬杠杠”，按照定性与定量相结合、当前与长远相结合的原则，对其思想政治、学历年资、科研成果、工作业绩等进行客观量化，按完成情况赋予相应分值，根据量化积分高低排序择优确定聘用岗位，让考核“看得见”“摸得着”，解决“干多干少一个样”、人人都吃“大锅饭”问题。

（三）紧扣事业发展，明确“考什么”

在考核标准制定上，以“分类”作为关键词，坚持围绕中心、服务大局，指导试点单位将中心工作、重点工作，以数量、质量、时限、效果等考核指标的形式分解落实，对不同行业、不同领域、不同工作性质的人才细分考核评价标准，切实引导人才投入专业研究中，鼓励教师上讲台，医生到临床，工程师到实验室、厂房工地，农业技术人才到田间地头，在火热的基层一线建功立业。

针对部分单位“重学历轻能力”“重资历轻业绩”“重论文轻贡献”的现象，指导试点单位树立不看文凭看水平、不看资历看业绩、不看年龄看素质、不看数量看质量的人才考核评价导向，以“实绩”为导向，以“贡献”为重点，进一步提升人才考核评价的精准性。如重庆市畜牧科学院，过去选派科研人才下乡蹲点是单位“老大难”问题。改革后，对下乡蹲点人员给予较高的分值，结果大家为了“挣分”，纷纷抢着干。此举让整个单位的风气为之一新。

（四）结果逼真碰硬，明确“怎么用”

在考核程序和方式上，着重推行聘用期满重新竞聘，对聘用期满人员，探索试行“量化考核，重新竞聘”办法，组织人员依据最近一个聘期的业绩成果量化积分，人员按照量化考核结果，在岗位限额内重新开展竞聘上岗，实现岗位聘用的“重新洗牌”。

在考核结果上，着重突出“奖勤罚懒”“能上能下”，对考核分值突出的，支持有突出贡献的优秀青年人才越级竞聘，对考核分值靠后的，实行末位淘汰，根据分值降低岗位等级聘用，并按照“以岗定薪，岗变薪变”原则，重新确定工资福利待遇，降岗幅度最大可以从高级职称岗位降至中、初级，真正使业绩突出的有荣誉，业绩一般的有压力，业绩较差的有危机，让人才始终处于职业生涯的进取状态。

三　推进事业单位岗位聘用考核的成效与体会

（一）改革成效

“木受绳则直，金就砺则利。”通过事业单位岗位聘用考核机制的推行，一定程度上实现了让合理的“上”提升干事创业的“动力”、常态的“下”传递从严管理的“压力”，真正起到了“激浊扬清，奖优罚劣”的效果，引起了广大专业技术人员的广泛关注。在强大的竞争机制下，这场改革取得了令人耳目一新的成果。

1. 畅通人才晋升通道

在试点单位暂停执行专业技术人员逐级晋升和按年限晋升限制，支持量化考核成绩突出、做出突出贡献的优秀青年人才越级竞聘，充分调动各个年龄段人才的工作积极性。

2. 打破岗位聘用终身制

在强大的竞争机制下，改革实现了岗位聘用能上能下的效果。如重庆社会科学研究院在试点中，有 14 名业绩突出的青年人才脱颖而出，实现了越级竞聘，其中最优秀的 2 人直接跨 5 级晋升聘用，另有 3 人跨 3 级晋升聘用，有 9 人跨 2 级晋升聘用，与之相对应的是，有 7 名业绩考核较差的人员被降级使用，其中有 2 名四级教授被直接降聘为七级副教授；又如，重庆市工业学校，制定了“专业技术人员岗位等级竞聘实施方案”，对专业技术岗位等级实行动态管理，每三年重新洗牌一次，实行全员重新竞聘。在学校第七轮岗位竞聘工作中，153 名专业技术人员全部重新竞聘上岗，其中 35 人升级，21 人降级，7 人未达指标分降级留用；在学校第八轮岗位竞聘工作中，191 名专业技术人员中有 16 人升级，14 人降级，13 人未达指标分降级留用；还如重庆市畜牧科学院有 9 名同志因业绩完成不理想，量化积分排名靠后被降低岗位等级聘用，其中 1 人从正高降到副高，1 人从副高降到中级，1 人从中级降到初级。

3. 激发人才干事活力

此次改革引起试点单位人员强烈反响，被形象地称为“全体起立，重新入座”。那些原以为“有个职称就可以安度时光”的人逐渐清醒过来——“新时代真的到来了”，以后“不能再混了”，也“不再好混了”。重庆市畜牧科学院在考核后的第二天，便有降岗人员主动提出调岗到工作任务较重的岗位上挣“工分”。全院科研项目申报数量也得到快速提升，一年之内就从 133 项增加到 194 项，切实增强了事业单位人员的“危机感”，激发了人才干事创业活力。

改革的持续推进，也得到重庆市委、市政府的高度重视，在 2018 年被重庆市委改革领导小组列入全市“为改革开放四十周年献礼全力攻坚突破二十项改革任务”清单，在市委改革办、市委宣传部主办的“我最喜欢的改革”评选活动中荣获第 6 名（共 20 项）。《重庆日报》头版头条对改革进行专题报道，重庆电视台据此制播的《打破“人才聘用终身制”我市试点事业单位“能上能下”人事制度改革》被评为电视消息一等奖，且作为重庆市电视信息唯一代表作品送评中国新闻奖。《中国组织人事报》、人社部官方微信连续多次对改革进行专题报道，为改革的深入推进营造了良好的舆论氛围。

（二）心得体会

建立事业单位岗位聘用考核机制，是对现有人员利益的重大调整，不可能一蹴而就。改革中，有如下三点体会。

1. 务必要处理好能上和能下的关系

推行岗位聘用能上能下是深化事业单位人事制度改革的方向，但受到传统思维的影响，加之对政策方向、目的的不了解，部分单位一定程度上存在怕先搞多吃亏、怕改不到位吃“夹生饭”、怕搞得不好成“回锅肉”、怕激发矛盾出乱子的“四怕”心理。针对这种情况，要加大政策宣传力度，旗帜鲜明地指出，推行能上能下强调的是“上”不是“下”，目的不在于要下多少人，更不是要人为设置所谓的“低聘率”，而是应该把着眼点和落脚点放在机制建设上，即通过岗位设置，竞聘上岗，岗位考核等人事管理体制机制的建立完善，建立岗位能上能下、待遇能高能低、人员能进能出的事业单位新型用人机制，让老同志有“压力”，让年轻人有“动力”，促进优秀人才脱颖而出，实现事业及人才发展。

2. 务必要处理好数量和质量的关系

推行岗位聘用能上能下必须要有一套科学、规范、有效的操作程序，其中，量化考核办法的科学性与合理性是实施岗位聘用的关键。量化考核要坚持定性与定量相结合，当前与长远相结合，个人与团队相结合，确保实用性和操作性，通过量化计分办法的使用，大大降低聘用中的主观性，使结果更加科学客观。但量化是一把“双刃剑”，单一、过度地使用量化，也容易造成“精致的计分主义者”，即人员在工作时围绕计分细则转，有分则干，无分则躲，对许多无法量化的工作，消极对待，避重就轻。同时，为追求更多的分值，可能导致部分专业技术人员有意识地通过一些低水平的重复劳动、追求一些“短平快”的计分项目，产生工作上的短视和功利行为。因此，在量化积分中既要重视“数量”的因素，也要加强对“质量”的考核评比，以更加贴合单位发展需要，引导人员将主要精力放在解决实际问题上。

3. 务必要处理好改革和稳定的关系

推行能上能下涉及多方利益的重新调整，牵一发而动全身，必须稳妥处理好改革中出现的问题和矛盾。在具体实施过程中，要充分征求职工意见，寻求改革大局与个人权益的“最大公约数”，既坚持改革的方向不动摇、力度不减弱，也要有一些人性化的考虑，比如，对本单位本行业工作经历和年限较长的老同志，要一定程度考虑其过往的年资贡献，而不是全盘否定；对临近退休人员，以及选派支援、对口帮扶、病假产假、妊娠期哺乳期等特殊人群，应注意给予一定的政策保障；对降聘、落聘人员，要做好思想工作，在肯定他们成绩的同时要指出他们存在的不足，鼓励他们努力工作，振作精神；对解聘、辞聘人员，要健全社会保障机制，进一步推进事业单位养老保险制度改革，真正消除解聘辞聘人员的后顾之忧，实现人员进出的良性循环和人才资源的社会化配置，减小改革的阻力，减轻压力，让改革带着“温度”落地。

下一步，重庆市将在前期分行业试点的基础上，继续按照“试点先行、以点带面、先易后难、稳步推开”的原则，进一步扩大试点范围，尤其注重把握好改革的次序、节奏和力度，首先从高校、科研院所、公立医院、中职学校、教学教研机构等单位入手，从专业技术岗位入手，逐步向其他为政府提供支持保障的事业单位和管理、工勤岗位推广，确保改革平稳有序稳步推进。同时，持续优化试点方案和相关政策，研究制定全市事业单位岗位聘用考核实施意见，实行分类分级逐步推开聘用考核机制，不忘初心、牢记使命，努力将全市事业单位人事制度改革向纵深推进！

R.7

江苏南京市事业单位工作人员及时奖励工作的实践探索

吕从杰*

2018年12月18日，中共中央组织部、人力资源和社会保障部印发了《事业单位工作人员奖励规定》（以下简称《奖励规定》），对事业单位工作人员奖励工作的基本原则、条件种类、权限程序、实施要求等作出规定，为激励广大事业单位工作人员担当作为、干事创业，加强高素质专业化事业单位队伍建设提供了制度支撑。

目前，南京作为江苏省政治、经济、文化中心，云集各大科研院所和专业人才。在国家、省、市重大活动、重大赛事、重大政治任务以及突发抢险救灾工作中，部分事业单位集体及个人都承担了大量的工作和任务，做出巨大的贡献和牺牲。因此，为进一步提高南京省会城市功能和中心城市首位度，切实发挥奖励制度正向激励作用，南京市拟以事业单位工作人员及时奖励工作为切入口，对事业单位工作人员奖励工作中的条件标准、权限程序、奖励形式等做初步探讨。现报告如下。

一 南京市事业单位工作人员奖励工作实际情况

目前南京市共有事业单位2539家，事业单位工作人员130502人。通过走访座谈，笔者发现多年来部分行业、单位对工作表现突出的集体和个人还是给予了一定形式的奖励以示鼓励。主要有四种类型。

---

* 吕从杰，江苏省南京市人力资源和社会保障局。

（一）事业单位内部奖励

事业单位内部奖励主要存在于部分自收自支或差额拨款事业单位，在经费使用相对灵活的前提下，由事业单位自行对其所属人员进行奖励，属于单位内部管理制度。如南京市鼓楼医院为了对部分承担国际、国家重大科研项目并取得一定成果的团队、科室、科主任进行鼓励表扬，医院专门设置了“院长嘉奖”奖励，每年度评比1～2个名额，个人奖金为2万～5万元，集体奖金为10万～20万元。

（二）行业系统奖励

行业系统奖励主要存在于专业技术人员较为集中并承担大量社会公益服务的行业，与相关职能部门联合开展的奖励。如2017年市教育局和市财政局共同印发了《南京市中小学教师政府专项奖励实施办法》（宁教人〔2017〕15号），目的是对优秀校长、院长、教师以及在特殊岗位（特殊教育、乡村学校）、高中阶段做出特殊贡献的老师予以鼓励，并明确了奖励范围、奖励条件、奖励类型和奖金标准等。

（三）部分项目奖励

部分项目奖励主要目的是在全市层面为推动某些重点工作，并经市委市政府或有关职能部门报备审批的奖励。如从2016年起，依据《关于完善市政府重点工作督查奖惩机制的实施意见（试行）》（宁政发〔2016〕152号）明确的11件突出贡献事项，市政府办公厅为鼓励先进，发扬成绩，对突出贡献事项中做出突出成绩的同志予以嘉奖及三等功的奖励。再如2019年，为总结表彰南京市成功创建“国家社会信用体系建设示范城市”，经市委办公厅和市公务员管理部门同意，市信用办对全市51名在此项工作中有显著成绩和贡献的个人予以嘉奖。这些专项奖励人员名单中均包含事业单位工作人员。

（四）与年度考核相关的奖励

与年度考核相关的奖励主要是部门主管部门或事业单位为保持内部平衡，自行参照机关公务员年度考核优秀等次予以嘉奖的政策标准，在事业单位绩效工资总额中单列一笔奖励费用，对事业单位年度考核优秀人员进行奖励。

以上形式奖励有其存在的合理性和必要性，并在一段历史时期和一定程度上切实增强了事业单位工作人员荣誉感、责任感和获得感，从而进一步提高公共服务效率和质量。从奖励条件和情形看，除第四种外，其他均属于及时奖励的范畴，属于在处理突发事件和承担专项重要工作中做出显出成绩和贡献的奖励，因此，及时奖励工作将是事业单位工作人员奖励的一个重难点。

二　及时奖励工作中可能存在的问题

根据上述及时奖励类型，结合《奖励规定》有关要求，下一步南京市在具体实施过程中，可能存在以下三个主要问题。

（一）奖励条件不明晰

虽然《奖励规定》里结合主要行业特点，规定了 7 个方面的奖励情形和一个兜底条款，但对具体行为、表现、贡献的重要程度仍属于定性的描述，未能予以量化，在明确奖励种类时，可能会有一定的困惑和自由裁量权。尤其对及时奖励，每次的突发事件和重大任务均存在类型和内容上的变化，如何确保在变化中保持不变，保持“一把尺子量到底”，关系到奖励工作的权威性。

（二）审批过程缺监督

《奖励规定》明确事业单位、主管机关（部门）和各级事业单位人事综合管理部门是事业单位奖励工作实施的责任主体。按照奖励权限和种类，嘉奖可由市级事业单位和主管部门作出，1 个月内将奖励决定报同级人力资源和社会保障（简称“人社”）部门备案。奖励权力的下放充分体现了事业单位人事管理的用人自主权，有利于调动各方积极性。但是在奖励工作实施初期，尤其是对注重奖励时效性的及时奖励来说，能否在短时间内严把程序关、标准关、尺度关、公正关，防止奖励抓手作用的泛化，防止平均主义、“轮流坐庄”或过于集中，仍需慎重考量。虽然在《奖励规定》中明确了监督工作，但其基本上属于事后监督，缺乏审批过程中的第三方监督，这关系到奖励工作的严肃性、纪律性和真实性。

（三）奖励形式偏单一

现有的事业单位奖励包括及时奖励的具体形式主要是奖励证书和一次性奖金，奖金标准基本上是参考机关公务员的奖金标准。虽然这些形式也取得了一定的激励作用，但是对于事业单位中学历层次偏高、技能要求全面、公益服务量大的专业技术人员而言，与文化、风貌相关联的精神奖励的具体形式还是偏少，难以满足职工成长需求、知识更新需求和精神荣誉需求。因此，奖励结果的合理有效运用关系到奖励作为激励机制的有效性。

三　完善及时奖励工作的建议

针对上述在奖励工作中可能出现的问题，结合事业单位人事管理有关制度和现状，提出如下建议。

（一）坚持事业单位人事管理基本原则

国家对事业单位工作人员实行分级分类管理，随着事业单位人事制度改革不断深化，教育、卫生体制改革不断推进，为进一步彰显事业单位公益性、专业性和技术性的特点，事业单位人事管理应体现精细化管理理念。

1. 出台行业规定

建议可参考事业单位岗位设置分行业管理的模式，可由部分省级行业主管部门和省人社部门出台有关行业内的具体奖励情形和标准，类似行业指导意见。尤其对教育、卫生、体育等专业技术人员集中，重大赛事、突发情况较多的行业部门，可制定具体的及时奖励条件和标准。

2. 制定通用标准

对以管理岗位为主体的事业单位或人数较少的事业单位，可按奖励权限由事业单位人事综合管理部门围绕本市本地区重点工作、重大任务等制定通用类的及时奖励条件标准，标准宜粗不宜细，可供单位或主管部门在框架内自主开展奖励工作，在框架内充分享有人事自主权。

3. 保持动态更新

随着事业发展，对于及时奖励而言，突发事件、重点工作、重大事项等具有一定的“不确定”性。因此为保持衡量标准的一致性，及时奖励应根据国家、省、市的重点工作、中心工作、改革创新工作等变化，定期调整、完善、变更有关及时奖励情形和条件，以体现尺度的一致性和奖励的时效性。

（二）完善奖励评审过程中的全程监督

事业单位奖励属于行政管理内部范畴，应细化程序内容，提升权力运用的规范性。

1. 明确奖励决定单位审批的内容和范围

就及时奖励而言，一要审查奖励的种类、名称、权限和程序等是否符合《奖励规定》。二要审查拟奖励人员的身份性质、日常工作表现、违纪违规等基本信息。三要审查先进事迹是否属实，是否符合奖励情形。审查可通过现场考察、座谈交流等方式进行，避免审查程序依靠材料，流于形式。

2. 创建拟奖励人员推荐工作委员会

尤其对“嘉奖”以上的及时奖励，由于其专业性强、具体情形不一，建议可由行业主管部门建立由纪检、人事、行业专家等部门和人员构成的推荐工作委员会，共同负责奖励建议名单的拟定，并对奖励建议名单负有推荐责任。

3. 有效利用现代信息技术

依托大数据、云计算、政务办公 OA 系统等现代信息技术，建立市区上下联动，组织、纪检、编制、人社、财政等部门合作模式，将评定、审批、公示等环节整合到一个系统内，便于统一操作和管理，也有利于加强外部监督，以进一步优化审批程序，提高工作效率。

（三）丰富奖励形式，注重结果运用

奖励结果应当落实到具体的多元的形式和内容，要坚持精神奖励和物质奖励相结合、以精神奖励为主的原则，使事业单位工作人员树立正确的思想观念和工作态度。

1. 灵活奖金标准

目前南京市事业单位工作人员奖励奖金标准主要参考公务员奖金标准，而此次《奖励规定》中也未对各类奖金标准做统一，只明确可由各省（市）、自治区、直辖市结合经济实际制定实施细则。从调研情况看，部分教育、卫生、科研等专业技术人员集中的行业建议奖金政策能有灵活性或自主性，而各区人社部门则从面上稳定考虑，建议奖金能统一标准，各区之间保持一致，公务员和事业单位工作人员保持一致。两种建议均应予以充分考虑，按照分类管理原则，教育、卫生等奖金标准可在行业指导意见中予以明确，其他类事业单位可制定全省统一标准。但仍要注意与公务员奖金标准间的平衡，同时不能将奖励作为一种变相的工资福利待遇。

2. 开展健康休养

2019 年，南京市首次开展了事业单位优秀工作人员健康休养有关工作，主要对象为市属事业单位中年度考核结果累计三次优秀或连续两次优秀，或经所在单位认定做出突出贡献的在编在册工作人员。健康休养属于福利工作的一项重要内容，但健康休养人员与定期奖励人员存在一定程度的重合，从报名情况看，颇受事业单位工作人员的欢迎和支持。下一步也尝试考虑将受到奖励的事业单位工作人员一并纳入健康休养的范畴。

3. 提供业务培训

根据《事业单位人事管理条例》，事业单位工作人员应当参加岗前培训、在岗培训、转岗培训和专项培训等。事业单位工作人员大都以专业技术人员为主，职业成长过程中需不断加强业务学习，掌握新技术新信息，以提高业务能力，更高质地为社会提供公益性服务。因此，建议对获奖励的事业单位工作人员，可经批准，由主管部门或单位统筹安排，提供出资深造或赴外交流学习培训等机会。

4. 形成晋升机制

事业单位人事管理因事设岗、竞聘上岗、按岗聘用、岗变薪变。建议事业单位可在竞聘上岗过程中，对受奖励人员，在同等条件下予以优先聘用或缩短任职年限提前参与竞岗。这种奖励形式既增强了工作人员责任感和荣誉感，也提高了其政治待遇和物质待遇，是能满足精神奖励和物质奖励双重需要的，激励效果最强的一种奖励结果的运用。

5. 加强典型宣传

可以通过官方网站、官方微博、宣讲会等方式宣传受奖人员的先进事迹，引导事业单位工作人员向其看齐，发挥先锋模范带头作用。对个人而言，这是一种精神奖励和政治荣誉，让先进人物不再默默无闻，让其切实感受到认可与肯定。对单位集体或社会层面而言，宣传典型人物事迹，学习典型人物精神，可树立正确的人生观、价值观，端正工作态度，改进工作作风，进一步弘扬新时代正能量。

及时奖励是事业单位工作人员奖励的重要组成部分，是对定期奖励的有力补充，两者侧重不同，及时奖励更凸显时效性和及时性。目前部分区、主管部门和事业单位高度关注南京市“及时奖励”工作的具体开展，除上述讨论的问题外，受关注内容还涉及奖励频次、奖励与处分、申诉等其他人事制度之间的关系等。由于事业单位奖励制度刚刚起步，随着事业单位人事制度改革的不断深化，如何建立一套科学合理的激励机制，实现事业单位人力资源的优化配置，进一步提升管理效率将是当前事业单位人事管理一个任重而道远的课题。

R.8

江苏常州市体现行业特点的绩效工资改革探索

冯 琰 周 艳*

事业单位自实施绩效工资制度以来，逐步建立了总量管理、自主分配的制度，取得了收入分配秩序不断规范、不合理收入差距不断缩小、考核激励机制不断建立等成效。但是，随着经济形势的发展，绩效工资政策激励机制不精准、不充分、不健全等问题日益凸显，直接影响单位可持续性发展和人员工作积极性，难题亟须破解。

常州市自2016年起，积极探索，主动作为，聚焦薪酬制度不合理、激励不精准、作用不明显等难点，大力推进事业单位薪酬制度改革，从卫计、教育、规划等多个系统试点切入，打造常州特色绩效工资分类管理范本，率先提出绩效工资“1+X”新型激励模式，取得了显著成效，从基层实践层面为迈入深水区的事业单位绩效工资改革提供有益经验和有效探索。

事业单位实施绩效工资是工资制度改革的重要内容。绩效工资制度是以岗位责任为重点、以绩效考核为核心，把员工的工资收入与其工作岗位和绩效挂钩，实行“以岗定薪、岗变薪变、多劳多得、优绩优酬”的工资分配制度。国家对绩效工资分配实行总量调控和政策指导，事业单位在核定的绩效工资总量内，按照规范的分配程序和要求，采取灵活多样的分配形式和办法，自主决定本单位绩效工资分配。

随着事业单位绩效工资制度改革的不断推进，深入研究事业单位绩效工资分配问题，建立完善的绩效工资分配激励体系，对调动事业单位工作人员

* 冯琰、周艳，江苏省常州市人力资源和社会保障局。

积极性和主动性、提高事业单位公共服务质量、促进单位健康发展具有重要的意义。

一　改革的紧迫性和必要性

（一）改革背景

自2009年起，国家明确事业单位绩效工资改革“三步走”的总体方向。近年来，国家陆续出台富民增收七大激励计划、增加知识价值为导向的分配政策、激励科研人员创新创业、公立医院薪酬制度改革、高校科研院所薪酬制度改革、新时代教师队伍建设等相关一系列政策文件，逐步建立分行业分系统的薪酬激励体系，鼓励创新驱动、创优发展，明确要进一步激发人才活力，促进科技成果转化，体现按劳分配，注重统筹兼顾，突出行业特点，加强绩效考核，扩大自主分配权，强化激励导向，健全约束机制，坚持量力而行，合理有序增长。这为常州市深入推进事业单位绩效工资改革奠定了理论基础。

（二）常州市现状

常州市自2009年起，逐步对义务教育学校、公共卫生与基层医疗卫生事业单位、其他事业单位制定下发了绩效工资实施办法。同步出台了《常州市市属事业单位绩效工资总量管理暂行办法》，有效规范了事业单位收入分配秩序，促进事业单位健康、有序发展。

1. 初步实现分类管理

绩效工资的实施，是在全面清理核查事业单位津贴补贴和奖金基础上，为进一步理顺收入分配关系、规范收入分配秩序而实施的一项收入分配制度改革。常州市根据省统一部署，结合自身实际，从2009年开始分步推行事业单位实施绩效工资制度，分系统、分行业、分层次全面清理各类事业单位前三年津贴补贴和奖金发放情况，根据事业单位性质、社会功能、人员知识和技能结构、经费来源等不同情况，实行绩效工资总量固定和浮动的分类管理模式，分层设立了不同性质事业单位绩效工资控高线。在尊重历史、兼顾公平的基础上，合理调控事业单位收入差距。目前市本级实行绩效工资总量浮动管理的单位有 91 家，总量固定管理的单位有 170 家。

2. 建立三级考核体系

事业单位实施绩效工资后，常州市逐步建立了多层次、全方位的事业单位三级考核体系。市人社、财政部门根据单位类别、人员结构、岗位设置、事业发展、经费来源等因素，重点考察事业单位公益目标任务完成情况和绩效考核结果，科学核定单位绩效工资总量。各主管部门按照“重点突出、合理可行、细化实化、可比可测”的要求，加强对所属事业单位绩效考核工作的指导，同步制定程序规范、方法科学、操作简便的考核评价办法，整合各类考评资源，综合运用现有评议结果，合理确定下属事业单位考核等次。各事业单位自主制定内部绩效工资分配方案，形成有针对性、科学性、规范性的考核指标体系。坚持定性与定量结合、内部考评与外部评价结合、日常考评与年度考核结合的原则，通过过程管控、日常考评、年终考核等方式，形成多劳多得、不劳不得、优绩优酬的分配体系。

3. 形成动态调整机制

绩效工资的实施，绩效管理的推行，有效提高了事业单位工作人员的履职意识和管理意识，工作作风得到切实改进，岗位意识得到充分体现，服务水平得到明显提升。为进一步提升单位公共服务水平和创新创优能力，充分调动职工积极性，常州市在绩效工资实施后，每年根据考核结果，动态调整核定事业单位绩效工资总量。据统计，2018 年，常州市实行绩效工资总量浮动管理的 91 家事业单位，有 55 家绩效工资总量同比上浮，30 家维持上年度总量，6 家总量下降。同时，对实行总量固定管理的事业单位，人均增核 2. 6 万元至 3. 6 万元的专项绩效奖励。通过实行与考核结果挂钩的绩效总量浮动管理和专项绩效奖励激励的方式，充分激发了单位活力。

现有成绩的取得，为常州市进一步深化绩效工资改革，实施更为精准的有效激励奠定了实践基础。

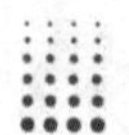

（三）存在的问题

事业单位绩效工资制度实施以来，通过绩效工资与岗位职责、工作业绩、实际贡献等挂钩，有效激发了工作人员的积极性和创造性，为事业发展提供了新的动力。但是，不可否认的是，在绩效工资分配制度逐步完善的过程中，仍然存在一些突出矛盾和问题。

1. 分配不平衡问题

首先是机关事业单位之间的不平衡问题。机关、事业单位虽然执行不同类型的工资制度，但是整体上还是一脉相承、紧密联系的。近年来，机关逐步开始实施绩效管理和综合考核奖励，而事业单位没有相关配套政策，导致一定程度上事业单位与机关收入之间形成若干差距，造成不平衡。

其次是事业单位之间的不平衡问题。常州市前期对事业单位的管理，更多的还是基于单位性质、拨款形式、行业系统等分类原则，主管部门负责宏观管理，事业单位负责微观实施。就现状来看，这种模式未能充分考虑不同行业不同特点、同一行业不同体系单位之间差异问题。事实上，从系统外部看，未充分考虑各单位基础条件、发展阶段、行业特性不同，收入分配不尽合理；从系统内部看，各单位职责风险、人才层次、辛苦程度不同，收入分配不尽公平。这就造成事业单位之间的不平衡问题。因此事业单位绩效工资改革既面临普遍共性需求，又面临差异化个性诉求。

2. 工作无动力问题

相比机关，事业单位更倡导多劳多得、优绩优酬的收入分配激励导向，但实际收入分配中，由于薪酬结构粗放、内部分配求稳等因素，单位内部收入分配中的“大锅饭”现象也比较严重。

（1）内部分配方案不合理

绩效工资制度结构缺陷是导致内部分配平均主义严重的重要原因。由于用于内部自主分配的奖励性绩效工资是根据职工本人基础性绩效工资标准倒算计算总量，职工普遍认为倒算的奖励性绩效就是本人应得的工资，内部分配方案差距一拉大职代会就无法通过，导致奖励性绩效工资无法拉开差距。

另外，事业单位受论资排辈思想影响，在制定奖励性工资内部分配方案时，岗位设定系数、管理职务的大小、专业技术职称的高低、任职期限的长短等仍然在绩效分配中起决定性作用，这对基层一线工作表现优秀、能力突出的工作人员来说，就存在不公平性，不能充分体现个人服务质量、工作能力、业绩表现和对单位的实际贡献，严重影响了职工的积极性。据不完全统计，常州市事业单位中，绝大部分单位 80% 左右的奖励性绩效工资仍以岗位设定系数进行分配。

同时，领导的奖励性绩效工资由主管部门考核发放，但计入单位绩效总量，对人数较少的事业单位造成领导与职工奖励性绩效工资的分配矛盾，这给单位的有序发展和平稳团结带来较大的障碍。据调查，50% 以上的事业单位领导认为领导对单位绩效工资总量的分配不合理。

（2）分配激励方式不科学

近两年，国家在公立医院、高校科研院所薪酬制度改革时，逐步放开对高层次人才、科研人员的年薪制、协议工资制等模式，但对基层事业单位来说，更迫切希望出台符合单位实际的薪酬激励模式，如针对长期值班加班人员的补贴政策、学校兼课老师的兼课补贴政策等，特别是针对现在的医联体、集体化办学人才柔性流动的相关薪酬激励政策。虽然绩效工资文件中明确可以在总量内单位自主分配，但由于这些激励分配大部分只是单位个别符合条件的职工享受，单位在分配时从所有职工的绩效总量盘子里切分，困难重重。这些政策指导意见的缺失，从单位层面来说，单位思想固化，不肯破局，只依据现有文件确定内部分配，没有针对特殊群体出台有力薪酬激励措施，职工超量付出等积极性不高，影响单位工作的开展；从市级层面来说，由于市区财政保障体制的不一致，市级、区级人员分级管理，导致人才无法合理流动，医联体、集团化办学这些政策的推动进入瓶颈期。所以，如何根据基层单位实际，指导单位采取有效薪酬激励方式，也是政策制定部门需要摆上议事日程的重要课题。

3. 考核实效低问题

常州市之前采用的考核指标体系模式，是主管部门根据下属各事业单位情况进行综合评议，制定本系统综合目标绩效考核方案；各单位根据职能性质、承担职责、目标任务、综合管理、创新创优等内容，建立内部考核指标体系。

作为主管部门，只依据本系统内部单位的差异性、平衡性来制定考核方案，求大同存小异，未能充分体现行业特色和业务分类，造成同一行业、不同系统、类似单位之间存在一定分配差异。

作为事业单位，仍然存在维稳、维平、维简的思想，在设定考核指标时以经营性指标为主，其他指标涉及较少；以易完成、易达标、易得分的占优，对工作难度大、风险大、压力重的部门或个人倾斜力度小，导致绩效工资激励作用明显削弱。一些单位对考核的定位模糊，缺乏明确目标，仅仅是为了考核而考核。一些事业单位由于性质、职能的因素，目标任务不能进行量化考核，对考核目标设置过于狭窄，只能用“德、能、勤、绩”等方面的内容进行定性化考核，标准笼统，可操作性不强，科学性和严谨性还有所欠缺。

另外，事业单位的绩效考核大部分仍然只限于年度、季度考核等几种形式，考核周期单一，对一些阶段性的目标任务或者是临时性的重点工作不能在考核结果中得以体现。考核环节简化，一般只有个人总结、单位评分等程序，对日常工作业绩的动态跟踪和重点工作的关键评价不足。而考核评估的主体目前也比较单一，考核中缺乏科学的衡量机制，领导本位、主观评价等因素成为影响考核结果的关键要素，直接导致考核结果平均化、绩效考核流于形式。

考核指标体系建设的不完善给绩效工资总量的科学核定带来了难度。有些系统优胜单位“轮流坐庄”，有些系统则年年“一枝独秀”；有些单位以对内服务为主，有些单位则以提供技术支撑为先。这些对根据系统考核结果来核定单位年度绩效工资总量都带来直接的影响，为单位合理设置内部分配方案埋下隐患。

二　改革的创新性和实效性

面对新形势和要求，在逐步做大蛋糕的同时如何分好蛋糕、如何从“依靠制度管起来”走向“创新机制优起来”，是常州市面临的新的改革任务。

常州市坚持“目标导向和问题导向相统一”“顶层设计与分类施策相结合”的改革原则，从创新管理体制、完善运行机制入手，立足实际，统筹兼顾，全方位、立体式推动改革向前迈步。

（一）转变理念，分类改革，解决“分配不公平”难点

促进机关和事业单位、不同类型的事业单位之间形成合理的收入水平梯度，建立合理的收入分配关系，是薪酬制度公平合理与否的标志之一。为改变事业单位在一定程度上存在的“大一统”“大锅饭”的现象，我们坚定走绩效工资分类管理改革之路。

首先，确立机关事业单位收入平衡关系。为平衡机关事业单位收入水平，在考虑机关综合考核奖的同时，统筹考虑增核事业专项绩效奖励，通过几年政策完善，已初步建立机关综合考核奖和事业单位专项绩效奖励的平衡关系。2018 年，市本级事业单位专项绩效奖励水平按机关综合考核奖基数的 80% 确定。

其次，实行事业单位之间专项绩效奖励分类管理。为改变事业单位收入取决于单位经费来源现状，2017 年，市人社局会同市委组织部、市编办、财政四部门对市本级近 300 家事业单位按“行业特性、技术含量、职责风险、艰苦程度”建立 A、B、C、D 四类分类清单。2018 年四类事业单位实行不同的专项绩效奖励标准，各类之间形成人均 1500 ~ 10000 元的级差。

最后，平衡行业内部事业单位之间收入水平。为促进行业内部单位之间的收入公平合理，常州加大主管部门统筹管理权限，明确行业主管部门为薪酬管理主体，承担统筹本行业事业单位薪酬待遇水平职责。将专项绩效奖励总量核至主管部门，由主管部门统筹后具体分配至各单位，在一定程度上缓解了同一系统内收入分配不平衡不合理的矛盾。

（二）创新办法，精准激励，解决“工作无动力”痛点

要解决单位内部收入分配中的“大锅饭”问题，必须抓住提总量有增

量的契机推进改革，既做大蛋糕，更分好蛋糕。在前期调研基础上，常州市分行业、分系统积极探索优化事业单位薪酬结构、激励重点特殊群体的专项绩效核定新办法，提出常州特色的“1+X”绩效工资管理新模式，其中“1”为公益绩效，即基准线绩效和增核的奖励性绩效，主要反映行业共性特点，根据单位履行公益情况确定绩效工资总量水平；“X”为增核的各类专项绩效，主要针对不同规模、不同功能定位的单位特点而单独设定的专项绩效，包括管理绩效、超时绩效、人才绩效、科研绩效、贡献绩效、履职绩效等。联合卫计、教育、规划系统分别出台《关于进一步完善常州市卫计委直属公立医院绩效工资管理办法的通知》《关于深化常州市教育局直属学校绩效工资改革的实施办法》《常州市规划局进一步完善部分事业单位绩效工资核定办法的通知》，三个系统分别建立符合本系统行业特点的绩效工资“1+X”模式，有效提升人员积极性，形成良性正向激励导向。

1. 向高层次人才倾斜，以体现知识价值的激励导向

为鼓励事业单位引进和培养高层次人才，引导事业单位对经认定的高层次人才实行年薪制、项目工资制、协议工资制等多元化分配方式。在全省率先开展卫生系统人才倾斜激励落地新政，出台《常州市公立医院高层次人才薪酬分配指导意见》《常州市公立医院总会计师年薪制实施意见》等。同时，为加快推动市优秀教师队伍建设，推出全市教育系统“三名工程”激励政策，出台《常州优秀教育人才奖励办法（试行）》《2018 年常州市教师队伍建设专项经费使用和管理办法》等。

2. 向科研创新人员倾斜，以体现成果贡献的激励导向

为鼓励科研人员开展科技创新，推动科技成果转化，一方面设立科研创新专项绩效，另一方面明确科技成果转化收入奖励个人比例。目前常州工学院、卫生系统下属 8 家公立医院、规划系统下属测绘院、规划设计院等单位均单独核定了科研奖励绩效。下一步，这一政策将逐步在符合条件的系统扩大试点。

3. 向核心管理团队倾斜，以体现管理出效益的激励导向

为推动事业单位建立现代管理制度，落实单位主要领导全面负责制，促

进单位领导班子建设，探索实施对事业单位领导班子单独核定绩效工资的办法。目前，常州市已对公立医院领导班子按本单绩效工资平均水平的300%和270%单独核定总量。教育系统出台《关于进一步完善市教育局直属学校领导班子成员薪酬激励机制的实施办法》，校长职级制薪酬体系已初步建立。

4. 向"苦脏累险"人员倾斜，体现多劳多得的激励导向

对"苦脏累险"人员多的单位单独核定超工作量专项绩效。2016年，公立医院和公卫单独按绩效工资10%～15%核定加班费。2018年，已推广到教育系统高中、民政系统苦脏累单位等实施。

5. 向新兴业务人员倾斜，以体现鼓励做强做大的激励导向

鼓励高职校、技工院校开展产教融合、校企合作和社会培训，发挥提升劳动者技能素养的作用。目前，9家职校已按校外培训收入的30%左右的比例单独核定编内老师的兼课金。

（三）完善机制，考奖挂钩，解决"考核实效低"痒点

常州市以公益性为导向，坚持激励与约束并重，不断完善考核评价机制，注重发挥绩效考核"风向标""指挥棒""导航仪"的激励约束作用，推动考核结果与薪酬紧密挂钩，考核成效显著。

1. 建立"双考核"机制

结合考核的公益性和全面性，建立综合绩效考核机制。根据《常州市市属事业单位绩效工资管理和综合考核工作暂行办法》文件规定，进一步完善对下属事业单位的绩效考核评价机制，设置符合行业特点、切合单位职责的定性和定量考核指标。主管部门需对设置的各类专项绩效，建立科学合理的考核评价机制，制定具体奖励办法。

以公立医院为例，建立公立医院综合绩效、专项绩效两个考核办法。从外部考核来说，根据公立医院公益职能定位，设定六个方面26项绩效指标，体现考核的综合全面性；同时，根据医院管理职能定位，建立专项绩效考核机制，针对医院的改革任务和管理短板设定关键绩效指标，体现考核的特色和差异性。从内部考核来看，各医院积极推进考核激励改革。市第二人民医

院自主研发了“质量管控系统”，引进美国哈佛大学研究提出的 RBRVS 评价体系，建立与质量考核、工作量考核双挂钩的绩效考核分配体系。通过质量管控系统，实时监控重点医疗事件、医护工作质量、医护交接班等，按照医、护、技、药、管不同岗位特点，多维度评价工作量、工作难度、风险度等，实行与考核结果相挂钩的二级奖金分配制度。

2. 建立“双挂钩”机制

明确综合绩效考核结果与核定绩效工资总量水平挂钩，从而完善收入增长机制，提高事业单位工作人员收入水平。同时，明确专项绩效考核结果与专项绩效奖励挂钩，从而提高单位管理水平，强化“比学赶超”“优绩优酬”的激励导向。一方面落实主管部门对事业单位的管理考核，将事业单位薪酬待遇与单位考核结果直接挂钩。另一方面加大单位内部分配自主权，完善内部考核制度，将个人考核结果与本人收入直接挂钩。

3. 取得“双提升”成效

一方面，单位管理效率不断提升。支持鼓励试点单位建立科学合理的内部绩效考核评价体系，优化单位收入结构，改善运行情况，提升管理效能。以公立医院为例，2017 年试点医院药占比 33.5%，同比下降 3 个百分点；门诊人均费用 294.85 元，同比上升 0.61%。而作为核定兼课金的单位，如市委党校培训收入增幅明显，从上一年度的 150 万元增加到 259 万元，增幅达 106%。另一方面，群众满意度不断提升。2017 年试点医院住院人均费用 12231.03 元，同比下降 5.58%，其中市二院门诊均次药品收入从 120 元降至 116 元，住院均次药品收入从 4443 元降至 3908 元。在 2017 年三级医疗机构患者满意度调查中，该市患者满意度达到 94.81%，高出全省平均水平 0.13 个百分点。

三　改革的配套性和可持续性

事业单位绩效工资改革是一项系统性工程，不仅需要结合其他相关改革，做好顶层设计，还需要配套落实措施，部门协同推进，做到“三个强化”。

1. 强化制度衔接，做好顶层设计

为缓解事业单位养老保险收不抵缴、养老待遇差距拉大等矛盾，完善薪酬顶层设计，在卫生、教育等行业试行绩效工资“1 + X”模式的基础上，在全省养老保险缴费政策口径尚不明确的情况下，向重点和特殊群体倾斜的“X”专项绩效部分暂不纳入养老保险基数，以缓解养老保险矛盾。

2. 强化政策落地，配套实施细则

为促进政策落地见效，举办全市公立医院院长政策培训班，解读政策出台背景、具体内涵、职责权限等，明确单位需要出台的配套政策。各公立医院积极制定内部实施细则，着力将政策落实到位，待遇落实到人。召开教育系统推进教师待遇保障工作专题会议，解读国家、省、市政策文件精神，介绍市本级教育系统绩效工资改革整体部署和实施现状，为辖市区推进工作提供模板。

3. 强化稳步推进，统筹可持续发展

“1 + X”创新模式在试点单位取得实效后，常州市积极加大推进力度，逐步扩大试点范围，2019 年拟在文广新、住建等系统推开。同时，将出台《关于进一步完善常州市市属事业单位绩效工资管理的指导意见（试行）》，全面完善事业单位绩效工资管理，在所有系统中鼓励实施“1 + X”绩效工资激励新模式。下一步，常州市还将指导有条件的系统部门结合实际，积极探索以系统为单位的“X”共性激励模式和以单位为个体的“X”个性激励需求。

自 2016 年至今，常州市在绩效工资改革完善路上不断探索，通过绩效工资分类管理，打破“大锅饭”现象，初步体现了薪酬激励的公平导向；通过优化薪酬结构，将“才华”变“财富”、凭“业绩”兑“奖励”的薪酬激励机制正在逐步建立。常州市将深入贯彻党中央、国务院关于收入分配工作的决策部署，进一步运用习近平新时代中国特色社会主义思想指导事业单位收入分配制度改革，推动常州市事业单位高质量发展。

ℝ.9

江苏苏州市事业单位岗位设置管理的创新实践

沈　伟*

建立岗位设置管理制度，是推进和深化事业单位人事制度改革的重大创新，是完善单位用人机制的重要基础，是推动单位由身份管理向岗位管理过渡的主要手段。近年来，苏州市紧密结合实际，因地制宜，积极探索，岗位设置管理工作取得了一些成效。

一　推行岗位设置管理的基本做法

（一）健全制度，逐步规范

在深入调研和试点的基础上，苏州市出台了《苏州市事业单位岗位设置管理实施意见》《苏州市事业单位专业技术岗位基本任职条件指导意见》等规范性文件，对岗位设置的实施范围、基本原则、设置程序、任职资格等相关问题作出规定，从制度层面保证了岗位设置管理工作规范有序运行。

（二）立足职能，科学设岗

苏州根据事业单位的社会功能、职责任务、工作需要和人员结构等因素，坚持因事设岗。管理岗位条件的设置突出单位的管理职能为第一要

* 沈伟，江苏省苏州市人力资源和社会保障局。

务，专技岗位条件的设置突出专业技术工作的规律和特点，工勤技能岗位条件的设置突出操作维护技能，从而保证了岗位的设置与单位职能、任务相匹配。

（三）突出重点，稳步推进

在贯彻实施过程中，苏州坚持因地制宜，循序渐进，按照“先入轨，后完善”的原则，抓住主要矛盾。对一些情况复杂、需要其他制度改革相配套、一时又难以解决的问题，暂时按照现行规定执行，留待相关制度改革时统一解决。同时，在推进岗位设置和聘用过程中，坚持以人为本，深入做好人员思想工作，采取积极有效措施，切实解决实施过程中的实际问题。

（四）因地制宜，分类实施

在岗位设置推行过程中，苏州市紧密结合地区情况，根据事业单位行业、单位特点，因地制宜，不搞平均分布，在满足实际需要、从严控制总量和总结构比例的基础上，实行不同的行业及单位岗位结构比例，优先向教育、卫生系统、科研机构倾斜，力求精简高效、科学合理。

（五）建立平台，动态管理

根据国家和省关于事业单位岗位设置管理实施意见的要求，苏州市自主研发了人事管理信息平台，将事业单位岗位设置和人员聘用工作全部纳入信息系统管理。通过人事管理信息系统，规范工作流程，实现了对工作人员“进、管、出”的动态实时管理，实现了岗位设置管理的科学化、规范化、信息化。

岗位设置管理制度实施以来，整体上呈现以下几个特点。一是三类岗位总体呈现“二升一降”趋势。管理岗位同比增加 1.4%，专技岗位同比增加 2.9%，工勤岗位同比减少 4.4%。二是管理岗位中双肩挑人员呈明显减少趋势，但比例仍较高。三是专技岗位中高级岗位呈较大增长趋势，同比增加了6.3%，高、中、初结构比例面临较多压力。四是工勤岗位总体占比下降，但高级工以上岗位同比增加了12.5%，结构性矛盾突出。

二　存在的问题及制约因素

苏州事业单位岗位设置管理工作，经过多年的贯彻实施，从无到有，从不规范到逐步规范，从不完善到逐步健全，积累了一些经验和做法，但还有许多深层次的问题亟待进一步研究和探索。

（一）科学设岗与现行岗位结构比例不合理的矛盾

我国现行的事业单位岗位设置管理制度是根据单位的职能和编制情况进行设定。在初次岗位设置过程中，由于经验不足和单位的实际聘用情况差别，往往存在粗放式设置，仅考虑现有人员的聘用，未考虑到将来人员的晋升，多年后这种矛盾逐步突显。事业单位普遍存在个人晋升年限满足了，但由于单位没有空岗，一时聘不了的问题。

（二）岗位设置管理流于形式的矛盾

少数事业单位在岗位设置管理过程中，方案、岗位说明书都做了，单位现有人员也聘到位了，然后所有的制度、文件开始被束之高阁，后续的管理、晋升工作，不是按照岗位职责要求进行，而是根据主观意愿或原有的传统管理模式开展。“因人设岗”“量体裁衣”现象普遍，没有按照岗位的职责要求进行考核，造成岗位管理流于形式。

（三）各类岗位内部管理困难的矛盾

基层事业单位一般为科级以下单位，管理岗位晋升因受单位领导职数和岗位等级设置的限制，空间有限。受现行薪酬制度设计影响，管理岗位人员与资历相当的专业技术人员待遇差距较大，导致身在领导岗位仍然兼任专业技术工作的“双肩挑”现象较为普遍。

三　针对性创新举措

针对事业单位岗位设置管理中碰到的问题和不足，结合普遍存在的人才引不进、留不住现象，苏州市深入开展调研，主动与相关部门研究会商，推出了以下三项创新举措。

（一）制订定岗特选计划

为提高事业单位岗位“入口”层次，成立了苏州市专业化青年人才定岗特选工作领导小组，市委组织部、市人力资源和社会保障局（简称“人社局”）、市国资委等部门参加，办公室设在人社局事业单位人事管理处。制定了《苏州市专业化青年人才定岗特选计划》，主动吸引全国“双一流”建设高校硕士研究生和国外知名大学优秀留学生。具体办法是简化选聘程序，取消笔试，设置综合能力素质评价、面试两个考核环节。2018 年一次性录用了 304 名高层次人才，清华大学、北京大学等一流大学建设高校 171 人，用人单位非常满意。

（二）创立特设岗位

根据上级文件精神，结合苏州实际，研究制定《苏州市事业单位特设岗位设置管理意见》，率先探索通过设置特设岗位来增加事业单位高层次人才的使用渠道和途径。特设岗位不受事业单位岗位总量、最高等级和结构比例限制，有利于突破事业单位岗位总量瓶颈，化解因岗位受限而导致的人才引进困难。特设岗位政策实施以来，深受教育、文广、质监等专技人才较为集中的部门欢迎。

（三）完善公立医院岗位设置管理办法

制定出台《关于加强苏州市属公立医院岗位设置管理的实施意见》，实行“按需设岗、按岗聘用、以岗定薪、同岗同酬”原则，完善公立医疗卫生机构岗位设置管理办法。主要内容是将医疗卫生机构事业编制人员和编外聘用人员纳入岗位总量管理范围，按实际开放病床床位数和病床使用率等综合进行测算，科学确定岗位总量与结构比例，建立“能进能出、能上能下”的人员流动机制。新办法的实施，解决了高层次专技岗位不足的问题，让公立医院可以放心引进各类人才。

四　优化事业单位岗位设置管理的思路

（一）重视学习宣传，进一步提高认识

把贯彻实施岗位设置管理工作与规范事业单位建设和管理相结合，将岗位设置管理工作与公开招聘、聘用管理、竞争上岗、考核奖惩等工作相配合，转变事业单位工作人员的思想观念，增强依法履职的自觉性，提高依法管理的水平。同时，要及时总结推广经验。如市教育系统在岗位设置管理工作中积极探索“评聘结合、良性竞争”工作方式，经及时推广成效显著。

（二）逐步完善政策，进一步健全法规

建议在《事业单位人事管理条例》基础上，尽快制定、完善贯穿于事业单位工作人员“进、管、出”各个环节的配套制度。事业单位在制定招聘方案时应以岗位说明书为规范，根据单位设置的岗位、空编情况以及岗位对人才的要求做出具体规定，岗位条件的要求必须与单位的工作职能相吻合，既体现用人单位的自主权，又防止用人单位在岗位条件设置过程中的随意性，为后续的岗位设置管理奠定基础。

（三）积极探索创新，进一步提升效能

紧贴实际，探索创新，是实现岗位设置管理工作良性发展的必然路径。管理岗位应探索逐步取消事业单位行政级别，建立独立的职员职级序列，摆脱行政级别的束缚，解除职级晋升“天花板”。专技岗位可探索以系统为单位整体设置岗位，如乡镇事业单位，可采取以乡镇政府为主管部门，合并设

岗，破解因编制少而中高级岗位无法设置的难题。工勤岗位应在总量和结构比例控制的前提下，探索社会化服务路径。

（四）努力整合资源，进一步形成合力

人社部门是事业单位人事工作的综合管理部门，在推行岗位设置管理工作中，应切实转变职能，加强宏观管理，组织、协调好本地区的事业单位人事管理工作。充分发挥主管部门、事业单位在岗位设置管理中的主动性，对事业单位岗位设置的目标、政策、步骤、方法精心设计。在组织岗位聘任工作过程中，全面准确贯彻民主、公开、竞争、择优原则，重视员工个人发展，实现单位与员工的“双赢”。

ℝ.10 江苏连云港市事业单位公开招聘制度的现状分析

王传群　王海峰*

《江苏省事业单位公开招聘人员办法》（以下简称《招聘办法》）自2012年1月1日实施以来，连云港市公开招聘制度在各级各类事业单位实现了全覆盖。围绕《招聘办法》实施后连云港市事业单位公开招聘基本情况、主要做法、存在的问题，本文进行了深入研究，并提出了对策建议。

一　基本情况

《招聘办法》出台后，连云港市及时修订完善了连云港市事业单位公开招聘办法及具体细则，自2012年1月1日起，将全市各级各类事业单位全部纳入公开招聘制度范围，并持续抓好公开招聘制度落实，确保《招聘办法》全面入轨运行。《招聘办法》实施以来，连云港市共发布招聘公告496份，公布招聘岗位12624个，涉及招聘单位2777个，通过公开招聘为事业单位平稳有序补充工作人员10009名，其中，应届毕业生5326人，社会人员4683人。公开招聘作为事业单位新进人员的主渠道，得到了用人单位及社会各界的广泛认可。

二　主要做法

事业单位公开招聘，既事关国家公职人员队伍建设，又事关群众平等就

* 王传群、王海峰，江苏省连云港市人力资源和社会保障局。

业，事关社会公平正义，一直是社会各界高度关注的重点领域。自2012年以来，连云港市加强规范管理，创新思路举措，不断提升公开招聘规范化、科学化水平，打造了公开招聘公信力品牌，取得了“应聘人员认可、社会各界信任、各级组织放心”的良好效果。

（一）夯实三个基础，着力实现公开招聘工作规范化

规范化是落实《招聘办法》的最基本要求。自2012年以来，连云港市下大气力重抓基础工作，推动了公开招聘由粗放式向规范化转变。

1. 筑牢政策基础，促公开招聘有章可循

健全制度是做好公开招聘工作的首要基础。《招聘办法》出台后，连云港市于2012年以市“两办”名义出台《连云港市事业单位公开招聘人员办法》，并于同年以市委组织部、市人力资源和社会保障局（简称“市人社局”）名义联合出台《连云港市事业单位公开招聘人员有关问题的处理意见》，以市纪委、市委组织部、市人社局和市监察局名义出台《连云港市事业单位公开招聘工作纪律规定》，对公开招聘职责分工、条件设置、组织实施、纪律监督等作出明确规定，实现了事业单位公开招聘有章可循、有据可依。2017年6月，连云港市又在省内率先出台事业单位公开招聘工作人员考察办法，填补了全省公开招聘领域考察环节的政策真空，助力公开招聘制度更加科学完善。

2. 筑牢责任基础，促公开招聘组织规范

责任只有压实才能落实。在公开招聘中，连云港市注重抓紧压实事业单位主管部门、应聘人员、面试评委、考务人员等各方责任，列出责任清单，明晰各方责任。在这其中，事业单位主管部门的主体责任，是落实其他责任的基础，连云港市始终紧抓主体责任不放，确保事业单位主管部门增强责任意识、推动责任落实。在公开招聘启动之初，市公开招聘综合管理部门与事业单位主管部门签订“公开招聘责任书”，并下发“公开招聘告知书”，明确工作职责，告知各环节注意事项，强调工作纪律。在报名、资格复审、技能测试、体检考察等环节启动之前，公开招聘综合管理部门注重召集事业单

位主管部门开展业务培训，解读典型案例，讲明注意事项、工作纪律和工作责任，确保责任明确到位，风险提醒到位。

3. 筑牢审查基础，促公开招聘周密严谨

做好公开招聘方案核准备案等事前审查工作，是确保公开招聘依法合规严谨的重要前提。自 2012 年以来，连云港市狠抓公开招聘方案核准备案，全市发布的 496 份招聘公告，均经过市公开招聘综合管理部门审核。在审核中，既抓招聘流程等全面性审查，更突出条件设置等必要性审查，严防“量身定制”或设置歧视性条件。鉴于近年来事业单位公开招聘舆情高发的态势，对专业等条件设置进一步加强审查，要求管理类岗位和通用类专技岗位按专业大类设置，部分专业性较强的岗位如设置具体专业，要详细撰写“专业设置情况说明”，科学研判专业划分，明确审核责任及法律责任。与此同时，严格做好笔试、技能测试、面试方案事前审查工作，及时反馈审查意见，确保考试工作严谨、顺畅。

（二）严把三个关口，着力提升公开招聘工作公信力

事业单位公开招聘的公信力事关党和政府形象。自 2012 年以来，连云港市狠抓关键环节，维护公平公正，打造了公开招聘公信力品牌。

1. 把好公开关，以阳光操作维护公平公正

公开是最好的防腐剂，公开是树立公信的前提。连云港市认真贯彻《招聘办法》“增强事业单位公开招聘工作透明度”的要求，加大阳光操作力度。在信息公开上，凡是与招聘岗位和人员直接关联的信息，只要不涉及个人隐私的，能公开的全部公开，公开招聘公告、政策咨询和投诉举报电话均在市公开招聘综合管理部门网站及有关媒介上发布，努力扩大知晓面。在过程公开上，公开招聘各个环节注意事项等只要不是涉密范围的，都在网站上发布，同时积极邀请纪检部门、人大代表、政协委员及行风监督员参加笔试、技能测试、面试等环节监督。在结果公开上，拟聘用人员的信息，包括招聘单位、岗位名称、拟聘用人员姓名、现工作或学习单位、招聘考试的各项成绩、总成绩、排名等全部面向社会公开，广泛接受监督。

2. 把好考试关，以严格管理维护公平公正

考试是公开招聘的核心环节，考风考纪直接影响公开招聘的公信力。在笔试、面试工作中，连云港市尽可能安排在标准化考场。针对面试工作主观性强，容易受到人情关系干扰的实际，重点加强对面试工作的管理。一方面，严把面试评委选派关。加大面试评委培养力度，自 2012 年以来举办三期评委培训班，新增事业单位评委 760 人，为评委选派奠定基础。在评委选派中，注重选派公道正派、业务精通的评委，并加大异地评委交流力度，在面试前找关系托请评委现象得到有效遏制。另一方面，严把面试过程控制关。在面试中，严格实行候试、面试区域隔离管理，并细化操作流程，明确责任分工，面试工作人员各司其职、相互协作，确保面试工作环环紧扣、高效进行。

3. 把好督查关，以全程监督维护公平公正

公开招聘综合管理部门认真履行考试指导、监督检查等职责，全程做好监督指导，保证公开招聘有序、规范开展。在招聘工作实施前，加强招聘方案、考试方案审核把关，把苗头性风险化解在源头。在招聘工作实施过程中，加大巡视力度，实现巡视制度全覆盖，并及时介入突发事件处理，将问题化解在萌芽状态。同时，在招聘工作实施全过程，及时受理各类咨询及投诉举报，做到有问必答、举报必查、违规必究，妥善处置各类矛盾。2012 年以来，全市未发生因公开招聘引起的重大舆情事件。

（三）突出三个重点，着力增强公开招聘工作科学性

公开招聘从规范到科学，是一个复杂而渐进的过程。连云港市在公开招聘中，注重从三个方面入手，积极创新探索，不断破解公开招聘科学性难题。

1. 突出多样性，完善考核评价方式

考试内容、考试形式，事关用人单位选人用人的科学性。在保证公平公正的前提下，连云港市大胆探索实践，突出“干什么考什么”的原则，合理设置考试内容，不断丰富考试形式。在考试内容上，做到既考综合知识又考专业知识，对一般事业单位岗位重点考察业务理论知识和岗位相关知识，

对卫计、教育等行业部分专业技术岗位，实行分行业统一笔试，提升专业笔试试卷的命题质量。在考试形式上，既有结构化面试又有实践技能操作，对教育、卫生、文化等事业单位招聘增加实践测试环节，注重实际业务能力的考察。此外，根据体育、文化等行业的特点，还采取“带队训练”“现场展示”等符合行业工作实际且灵活多样的考试形式，确保为事业单位选拔可用之才。为提升专业化面试、技能测试准确度，连云港市还在省内率先开展事业单位专业面试评委培训，组织部分高级职称人员参加培训，组建了教育、卫生、文化等行业评委专家库。

2. 突出便捷性，服务引才聚才大局

事业单位是引进人才的重要载体。自 2012 年以来，连云港市积极推动公开招聘与引进人才有机融合，努力为引进优秀人才提供高效便捷的服务。创新公开招聘方式，在保证公平公正的基础上，积极探索“校园招聘”等人才招聘新举措，自 2012 年起，组织用人单位赴高校开展现场招聘 43 场次。加大高层次人才招聘力度，对亟须引进的高层次人才、紧缺专业人才、创新团队，赋予用人单位更多的自主权。“选什么”“怎么选”“何时选”由招聘单位根据实际情况自主决定，由公开招聘综合管理部门积极开辟“绿色通道”。在招聘公告发布、报名结束后，简化程序，采取直接面试或考核的方式开展招聘工作，不仅满足了招聘单位的用人需求，还大大提高了招聘的效率和质量，受到了广大用人单位的一致好评。自 2012 年以来，连云港市事业单位引进硕士研究生及以上高层次人才 1686 名。

3. 突出灵活性，满足基层实际需求

破解基层招人难问题，需做到原则性与灵活性相结合。连云港市在公开招聘中，针对基层事业单位普遍存在的招人难现象，给予基层单位实施特殊的优惠政策。如针对基层事业单位岗位吸引力较小的问题，对紧缺专业技术岗位，根据实际报名情况，适当予以降低开考比例，2012 年至今，累计降低开考比例岗位达 391 个。对基层事业单位放开户籍等限制后，通过两次以上公开招聘仍未招聘到人员的岗位，组织开展校园招聘，赴相关高校简化程序，招聘本科及以上应届毕业生。

三 存在的问题

《招聘办法》出台后，连云港市在事业单位公开招聘中取得了一些成绩，但在实际运行过程中，还存在一些问题，具体如下。

（一）部分用人单位思想重视程度不够

部分用人单位对公开招聘政策的严肃性认识不够，片面地认为公开招聘程序复杂、周期较长，招聘人员费时费力，还在一定程度上限制了单位的用人自主权。少数单位在招聘工作中存在侥幸心理，有盲目突破招聘政策的冲动，在招聘工作组织、招聘条件设置等方面不够严谨细致。

（二）招聘工作职责划分不清晰

虽然《招聘办法》明确了招聘工作的职责分工，但是公开招聘具体实施过程中，经常会出现综合管理部门与招聘单位主管部门（招聘单位）责任划分不清情况。综合管理部门的监督、指导职能如何发挥到位也很难把握。“管”的太多，单位有意见，认为影响用人自主权；“管”的太少，一旦出现问题，综合管理部门也要共同面对。

（三）考试内容专业性、针对性有待提高

事业单位各种岗位差异性较大，专业技能要求高，需要的人才多种多样。这种特点决定了事业单位公开招聘人员，不能完全采用公务员招考各岗位统一组织、统一命题、统一考试的模式。虽然近年来，事业单位考试引入了专业考试、技能测试等多种测试专业知识的考试形式，但是离“干什么考什么”还有一定的差距。

（四）招聘专业难界定

近年来，因公开招聘专业审查引发的舆情事件，凸显了公开招聘专业界

定之尴尬境地。公务员招考专业目录与教育部门设置的专业目录不一致，学校设置的专业与教育部门设置的专业目录也不对应。高校专业设置存在的问题，最终导致招聘单位设置专业、审查专业十分被动，既怕专业设置不全，给专业审核带来麻烦；又怕专业设置太宽，招来的人难以胜任工作。

（五）最低服务期无限制导致队伍不够稳定

事业单位公开招聘对于应聘人员最低服务期限没有明确限定，导致一些应聘人员应聘成功后“骑驴找马”，频繁参加各级各类事业单位公开招聘考试。此种现象，一方面，不利于应聘人员安心做好手头工作；另一方面，人才流动过快，也给招聘单位正常工作带来很大的被动。

四　对策建议

做好事业单位公开招聘工作是一个不断完善的过程。针对当前事业单位公开招聘存在的问题，建议可从以下几个方面进行完善，以不断提升公开招聘科学化水平。

（一）加强公开招聘政策宣传

采取举办培训班、制作宣传资料、网上或现场答疑等方式，有针对性地开展《招聘办法》等公开招聘政策宣传，多角度、全方位解读招聘政策。通过政策宣传，让事业单位主管部门及事业单位负责人全面了解公开招聘政策，既知晓政策的严肃性和规范性，又知晓政策的灵活性和科学性，从而正确理解、科学运用公开招聘政策，为有序做好事业单位公开招聘工作提供重要保障。

（二）厘清公开招聘职责分工

按照《招聘办法》有关规定，进一步厘清事业单位、事业单位主管部门、事业单位综合管理部门在公开招聘中的职责分工，划分责任范围，形成工作合力。明确事业单位在招聘中负直接责任，进一步做好招聘岗位设置、条件设置、考试内容及形式等方面的科学论证，确保经得起组织检验和社会检验。明确事业单位主管部门在招聘中负主体责任，进一步做好条件设置、资格审查、考试组织等方面的工作，确保公开招聘平稳有序。明确公开招聘综合管理部门在公开招聘中负监督责任，进一步做好核准备案、考试指导和监督检查等综合管理工作。

（三）丰富公开招聘考试内容

在现有的笔试、面试、技能测试基础上，按照“干什么考什么”的原则，进一步创新考试形式，丰富考试内容，切实做到考实、考准，进一步提升公开招聘考试的科学性，更好地选拔优秀适岗人才。其中，对实践技能要求较高的岗位，如教师、医生、护士、文艺表演者等，可采取“演课”、“说课”、实际操作、现场表演等形式选拔人才；对具备条件的岗位，积极推行分专业笔试。同时，加大命题评委和专业评委培养选拔力度，为开展专业笔试、专业面试、技能测试提供人才支撑。

（四）完善公开招聘专业界定

进一步压实公开招聘专业设置及审查责任，专业设置及审查权限在用人单位及主管部门，必须承担相应的法律责任。督促用人单位及主管部门，结合招聘岗位需求，参考教育部门的专业目录及公务员招考专业目录，厘清一级学科、二级学科关系以及不同专业之间的关系，经过充分论证后，按从宽确定专业的原则，审慎设置招聘专业，确保专业设置科学、严谨。在设置专业的同时，认真研究制定专业审查标准，在专业审查中做到尺度统一、有理有据，有效应对各类复杂疑难问题，积极化解因专业问题引发的各种矛盾。

（五）设定公开招聘服务期限

事业单位新招聘工作人员过快流动，不利于人才成长，也不利于事业单位人才队伍建设。建议省级适时修订《招聘办法》，参照公务员考录有关做法，规定新聘用人员最低服务期为三年（含试用期），服务期未满人员，不得再报名参加各级各类事业单位公开招聘考试。在省级层面尚未出台此项规定之前，各用人单位可在聘用合同中，与新招聘工作人员约定最低服务期限和违约责任，通过合同规范新招聘工作人员的行为，防止因人员过快流动，给用人单位工作带来较大的被动。

ℝ.11

江苏镇江市事业单位阳光招聘新模式

何　钧*

近年来，镇江市认真贯彻国家和省有关政策规定，以提高事业单位公开招聘公平性、科学性为目标，结合镇江实际，对事业单位公开招聘办法进行了积极探索和完善创新，实现了全市各级各类事业单位公开招聘“全覆盖”。近年来，镇江市共公开招聘事业单位工作人员4400余名，其特色做法得到社会好评和群众认可。

一　统分结合，组织运行流畅有序

事业单位公开招聘政策性强，社会关注度高，组织实施要求严。镇江市根据事业单位的特点，突出分类，创新事业单位公开招聘组织实施的方式方法，按照分类确定考试考核方式和事业单位招聘组织形式，做到“统而不死，放而不乱”。

一是实行市级机关事业单位统一招考。将大部分市级机关事业单位全部纳入事业单位公开招聘范围，原则上由市组织、人力资源和社会保障部门（简称“人社部门”）每年上半年集中组织1次。市组织、人社部门根据上半年招聘效果及事业单位人员需求，视情况集中组织开展校园招聘。

二是允许教育、卫生系统及市属高校单独招考。遵循行业专业特点，教育、卫生系统及市属高校由于招聘数量大，专业性强，经组织人社部门审核同意，可单独开展招聘工作。公开招聘综合管理部门重点做好招聘方案的审

* 何钧，江苏省镇江市人力资源和社会保障局。

核、政策指导和监督管理等工作。同时，为确保考试安全，节约考试成本，减少基层辖市区各自独立招考带来的人财物耗费，鼓励教育系统进行行业联动招聘，探索辖市区同步招聘考试模式。

三是支持辖市区创新招考模式。允许辖市区探索适合本地事业单位招聘特点的招聘模式。按人事管理权限，经报市组织、人社部门核准同意后，辖市区所属事业单位公开招聘可由同级公开招聘综合管理部门组织实施。鼓励各辖市区事业单位招聘与省、市事业单位集中公开招聘同步跟考。对辖市区招聘比较困难的基层卫生医疗行业等专业人才，实行不限开考比例。支持辖市区探索开展教育行业的校园招聘。

二　完善制度，方法程序明确规范

根据国家和省有关政策规定，结合镇江市实际，进一步明确事业单位招聘公告发布、报名审核、考试考核、体检考察、公示聘用等各环节招聘程序。在具体实施过程中，按照公开招聘工作总体要求，细化操作机制和配套措施，实现三个“分类”。

一是分类确定岗位设置。针对事业单位专业技术、管理、工勤三类岗位，分 ABC 三类（A 类为管理职位，主要是指担负领导职责或管理任务，从事社会公共事务或单位内部机构和人员组织管理等事务；B 类为一般性专技职位，是指从事一般性专业技术工作，具有相应专业知识水平和能力的岗位；C 类为特殊专技职位和工勤职位）分别设计考试考核方式内容。A 类职位可参照公务员考录模式组织，考试由笔试和结构化面试两部分组成，有特殊要求的职位可加专业科目测试。B 类职位一般由公共科目笔试、专业科目测试和结构化面试三部分组成。专业科目测试可采取笔试、面试、答辩等方式，由用人单位制定考试工作方案，经公开招聘主管部门审核同意后实施。C 类职位由笔试和专业面试或专业技能测试等部分组成。笔试内容可根据不同岗位需要采用岗位专业知识考试。专业面试内容为招聘职位所需的专业知识和业务能力，专业技能测试的内容为招聘岗位所必需的工作技能。

通过岗位的分类，在公开招聘工作的组织形式上体现了统分结合，扩大了用人单位的参与度。

二是分类确定实施主体。公共科目笔试和结构化面试由事业单位公开招聘主管部门所属的专业考试机构统一组织；专业科目测试、专业面试、专业技能测试由用人单位和主管部门自行组织，考试考核由用人单位制定方案经公开招聘主管部门审核同意后组织实施，组织、人社、纪检监察部门进行监督。

三是分类确定测试方式。在考试科目的设置中，加大专业知识和业务技能的测试，充分体现事业单位用人的专业性。专业面试、专业技能测试内容中，用人单位可以采用实践操作、上台讲课、技能展示、演讲答辩等更加灵活的方式。对工勤岗位招聘，由于其岗位特点重点在于操作性，可简化考试方式，更加突出技能操作水平。对于亟须引进的高层次人才和紧缺专业人才，可降低开考竞争比例，使其直接进入面试考核环节，考核的方式可以有专业答辩、专业评审、专业技能操作、专业技术成果演示等。

三　严格审核，业务指导全程跟踪

镇江市委组织部、人社部门发挥牵头抓总作用，及时沟通会商，并协同市编制、卫生、教育等职能部门，有序落实好事业单位公开招聘集中组织和审核指导工作。一是完善审核程序。市级事业单位结合用人需求提出事业人员招聘计划，经申报编制部门同意后编制具体职位，市委组织部、人社部门在招聘过程中强化全程审核指导。二是严把审核重点。市组织、人社部门高度重视职位条件设置的规范性、科学性，围绕职位设置的性别年龄、学历专业、技术资格等进行审核规范，经市委组织部、人社等部门联合会审同意后实施，重点审核是否设置歧视性条件。在报名过程中，各主管部门和招聘单位共同参与，对照招聘公告和岗位对报名资格进行初审。突出强化辖市区、教育卫生系统等自主实施招聘方案审核，跟踪做好政策指导、监督管理。三是强化审核指导。统筹指导事业单位组织专业科目和专业技能测试，采取实践操作、上台讲课、技能展示、演讲答辩等更加灵活的方式，注重测试考生专业知识及技能，探索指导教育系统职位面试前置等创新举措，提高招聘考试针对性和科学性。

四　接受监督，阳光招聘公正透明

“公开、公平、公正”是事业单位公开招聘的核心要义。在事业单位公开招聘规范实施基础上，主动引入外部监督，将“公开、公平、公正”主线贯穿招聘全过程中。

一是实行全过程公开。从事业单位招聘公告发布、职位简介、岗位计划核减、笔试成绩公布到拟聘用人员名单公示等，做到信息公开、过程公开、结果公开，增加工作透明度，实现招聘全过程在阳光下操作。

二是接受全方位监督。自觉接受社会监督，突出加强考试监督。建立监督员队伍，在笔试、面试过程中，主动邀请纪检部门、人大代表、政协委员和新闻媒体进行全过程监督。注重听取社情民意，畅通投诉渠道，积极妥善处理群众反映的问题，营造良好的公开招聘舆论环境。

三是强化全覆盖监管。市、区人社部门切实履行好事业单位公开招聘工作综合管理部门的职责，按照管理权限，分级做好事业单位招聘的监督管理工作，建立严格的制度，加强管理，强化监督，指导事业单位依法行使用人自主权。严格执行回避制度、保密制度，杜绝“内部招聘”、“萝卜招聘”、试题泄露、考试舞弊等各种违法违规事件，维护社会公平正义。

R.12

江苏南通市港闸区实施“岗位统筹”与推进“区管校聘”的实践探索

吴桂顺*

为深入贯彻中共中央、国务院《关于全面深化新时代教师队伍建设改革的意见》,《省政府关于统筹推进城乡义务教育一体化促进优质均衡发展的若干意见》（苏政发〔2017〕1号），人力资源和社会保障部、教育部《关于深化中小学教师职称制度改革的指导意见》（人社部发〔2015〕79号），教育部、财政部、人力资源和社会保障部《关于推进县（区）域内义务教育学校校长教师交流轮岗的意见》（教师〔2014〕4号），《江苏省幼儿园、中小学、中等职业学校岗位设置管理实施意见的通知》（苏人社发〔2017〕427号）等文件精神，切实解决全区事业单位教师队伍中岗位晋级的突出矛盾，激励广大教师爱岗敬业，安心从教，经区人力资源和社会保障局（简称“人社局”）、教育局充分调研，反复论证，并借鉴其他地区的工作经验，拟在全区开展教师“岗位晋级”统筹工作，现将有关情况汇报如下。

一　矛盾突出，开展“岗位晋级”全区统筹势在必行

近几年，岗位晋级问题矛盾突出，个别学校退休教师因未能晋级，和政府对簿公堂。部分学校教师因晋岗无望，工作积极性消退，职业倦怠心理严重。主要问题体现在如下方面。

* 吴桂顺，江苏省南通市港闸区教师管理中心。

（一）校际岗位不平衡矛盾突出

随着港闸城市化进程的推进，部分新建学校岗位空缺，部分学校办学规模扩大，教师只要满足条件即能晋岗，少数学校尤其是边远学校、薄弱学校，办学规模偏小，学科结构、人员结构不合理，岗位被挤占，向上通道拥堵。部分学校部分岗位连续几年无岗位空缺，全区有 38 名 2012 年已评未聘 10 级岗教师（小学 16 名、中学 20 名、幼儿园 2 名）晋岗无望。

（二）校际教师晋岗梯队不平衡

部分有空岗的学校，无论教师业绩好差，“轮到生日就吃面”，按时晋岗；缺岗的学校，教师业绩再突出，晋岗晋级也是奢望。空岗学校晋岗教师无论教龄、职龄还是业绩，很多已落后于未能晋岗的老师。部分边远学校（含幼儿园）临退休教师，因学校无岗，岗位仍处在低等级（9 级、10 级），退休前晋岗无望；部分缺岗学校中青年教师因为岗位晋级看不到希望，情绪低落，缺少工作积极性。

（三）教师交流工作难以推进

教师交流是推进教育优质均衡发展的重要举措，边远学校人员结构老化，晋岗缓慢，教师流不进来。新校、大校岗位多，导致少数教师趋之若鹜，利用各种关系调入，阻碍交流正向开展。少数教师因晋岗无望，缺少参与交流的积极性。

综上所述，开展岗位统筹，是在事业单位管理中破解这一矛盾的有力举措，能够在区级层面形成公平竞争、有序流动、促进区域教育优质均衡的局面。

二　明晰思路，构思“岗位统筹”总体框架

经对省内及南通市相关地区“区管校聘”岗位统筹的了解和借鉴，结

合港闸区实际，全区岗位统筹拟按初中、小学和幼儿园三个学段进行。每年，根据编办核定的全区编制总数，结合《江苏省幼儿园、中小学、中等职业学校岗位设置管理实施意见的通知》，按比例确定各等级岗位总数，结合现有岗位人数，测算各等级空岗数。在纪委的全程监督下，通过第三方服务，组织晋岗评审工作，在各学段内按照统一的评分标准进行量化评分，按照得分高低确定晋岗人数。2018 年作为全区岗位统筹的初始年，在教师节前公布方案，10 月底前完成整体工作；自 2019 年起，每年 4 月部署，5 月完成。

三　细化方案，稳步推进“岗位统筹”顺利实施

教育改革是事关全区教育内涵发展、高质量发展的推进剂。教师系统管理是事业单位管理中至关重要的一环，教育改革只能成功，不能失败。面对港闸教师队伍建设的现状，区人社集中思路，对全区教师岗位现状进行调研、排摸，提出“岗位统筹”的大致思路，并结合外地探索经验，结合港闸实际，初步拟定实施方案。

方案围绕工作年限、岗位聘用年限、支教经历、学历提升、工作效能、工作量、管理业绩、专业技能、科研业绩、荣誉表彰、加分项目、一票否决项目等 12 个维度，分别赋予不同分值，从不同侧面对教师从教工作进行全面考量，切实做到统筹兼顾，充分发挥政策导向功能，将校长教师交流轮岗、发挥学校用人自主权结合，充分调动中小学校长、教师参与学校教育教学和优质均衡的积极性，切实维护教师权益，激发教师队伍活力。围绕坚决打破论资排辈的岗位晋级怪圈，激励教师争先创优，兼顾临退休人员岗位现状，有序、稳妥推进晋岗（级）工作，促进全区教育系统事业人员管理良性发展。

为确保方案接地气、可实施、稳操作，港闸区按照“从基层中来、到基层中去”的工作思路，采取邀请部分校（园）长参与修订实施方案，全区各中小学校长参与方案研讨，各学校对照方案进行内部模拟测试，邀请专家论证、研讨等举措，几易其稿，不断丰富和完善思路，确保方案的可行性。

四　强化管理，确保“岗位统筹”的正向引领

经报区政府主要领导同意后，区人社局将按照方案的要求，组织落实。为确保岗位统筹工作的顺利实施，区人社局会同教育局将加强领导，局、校层面均成立以单位负责人为组长的各层面竞岗领导小组；加强宣传，组织多个层面的宣传和对方案的解读，确保“全员知晓”，认可率达95%以上；加强管理，认真做好岗位统筹各个环节的组织工作，确保晋岗公平、公正、规范，阳光操作，拟通过纪委监督、购买第三方服务的方式组织晋岗评审。2018年作为岗位统筹的第一年，全区释放的岗位总数不少于岗位统筹前各单位的岗位数之和，扎实推进“岗位统筹”，确保工作稳妥、有序。

区政府分管领导对区管校聘工作高度负责，多次听取意见并提出建议，在方案形成后，又组织区机构编制委员会办公室、人社局、法制办公室、教育局等部门再次对方案进行论证、细化。该方案得到区各相关部门和基层学校的普遍认可，经前期的基层调研和相关文稿的讨论，本次改革方案已在全区基层教师中产生较大影响。有校长反映，2018年暑期教师交流由原来的不想交流、不愿交流变为要求交流、争相交流；学校由原来的动员做班主任变为要求做班主任、竞聘做班主任；部分老教师的工作由原来的不愿教、想少教变为要求满工作量，争相进位的意识明显增强。

相信通过“区管校聘”岗位统筹的持久深入，港闸区事业单位人员管理可以真正做到“活”起来，教师队伍的活力会得以进一步增强，教师职业倦怠的现象会有效化解，教师队伍的整体素质会得到有效提升。

ℝ.13
江苏如皋市校长职级制改革探索

胡晓勇　张　俊　梁军民*

公务员实行职务与职级并行改革，引发了人们对在事业单位推行职级制改革的呼声。公立学校的校长们这一群体在事业单位中占有不小的分量，他们的岗位比较特殊，既从事教学管理工作，又要兼任具体教学工作。他们工作的主要精力应该在教学管理方面，因而在教师专业技术评审方面处于劣势，从而挫折了他们的积极性。在目前国家大的政策背景下，我们就如何进行校长职级制的改革做了如下思考。

一　政策背景

国家文件相继印发，明确提出“推行中小学校长职级制改革，拓展职业发展空间，促进校长队伍专业化建设。”

①教育部《关于认真做好“两基”验收后巩固提高工作的若干意见》（1998 年）：“逐步试行校长职级制。”

②《国家中长期教育改革和发展规划纲要（2010—2020 年）》：“推行校长职级制。”

③《国务院办公厅关于开展国家教育体制改革试点的通知》：“探索中小学校长职级制，深化中小学教师职称制度改革。”

④《国务院关于印发国家教育事业发展“十三五”规划的通知》：“出台中小学校领导人员管理暂行办法，明确任职资格条件，规范选拔任用工

* 胡晓勇，江苏省如皋市人力资源和社会保障局；张俊、梁军民，江苏省如皋市教育局。

作，完善考核评价机制，加强激励保障，建立和推行中小学校长职级制；支持学校领导人员依法依规履行职责，鼓励在实践中大胆探索创新，形成教学特色和办学风格，造就一批优秀中小学校长和教育家。”

⑤《中共中央组织部 教育部关于印发〈中小学校领导人员管理暂行办法〉的通知》：“加快推行中小学校长职级制改革，拓宽职业发展空间，促进校长队伍专业化建设。”“实行校长职级制的，可以根据实际情况探索相应的收入分配办法。”

⑥《中共中央 国务院关于全面深化新时代教师队伍建设改革的意见》：“推行中小学校长职级制改革，拓展职业发展空间，促进校长队伍专业化建设。”

二 全国各地实施情况

我国最早实施校长职级制改革的是上海市。20 世纪 90 年代中期，上海市在静安、卢湾等区进行试点，并逐步全面推开。2004 年，山东省潍坊市、广东省中山市开始推行校长职级制度。目前，上海市、山东省均已全面推行校长职级制改革。进入 21 世纪，北京、山西晋中、安徽马鞍山、重庆、陕西延安、浙江温州、江苏苏州，以及吉林、甘肃等省份部分地区数百个县市区均陆续开始探索。近年来，校长职级制改革如井喷之势，开始席卷全国。

较之于以上情况，江苏省并没有出台相应的实施细则，对于这项改革仍处于不声不响的态势。

进入“十二五”后，如皋市曾有探索校长职级制改革的想法，但最终没有实施。2013 年，市委办、市政府办出台《关于进一步加强校长队伍建设的意见》，提出“建立校长星级制”，后因种种原因也未能实施。

三 校长职级制改革的发展

校长职级制改革的触因一定程度上是学校去行政化，让校长潜心办学。

一些地方的学校行政化，导致教育行政管理不畅，校长精力被过多的所谓的行政占用，一些不懂教育的人进入校长群体。去行政化也就成了校长职级制改革的最初目的。

触动校长职级制改革进一步推进的原因是校长职业发展通道不畅。校长作为教师，是专业技术人员出身，担任校长后成为管理者。教师有专业技术职务晋升通道，而校长的管理层级通道狭窄。作为管理者的校长，还要尴尬地去与教师挤职称发展通道，这也导致校长的专业化不够。所以 2010 年国家教育体制改革试点发文是将校长职级制改革和教师职称改革放在一句话中表述的。

各地在探索中进一步发现，校长要职业化、专业化，办好学校需要落实、扩大办学自主权，放权的同时就要加强“依法”办学，就要加强民主监督，进而提出了实施现代学校制度。山东目前提出校长职级制改革 3.0，就是这一意思。

四　如皋市校长队伍建设现状

2013 年，市委办公厅、市政府办公厅出台《关于进一步加强校长队伍建设的意见》。虽然“校长星级制”未能探索实施，但在校长队伍建设上，尤其是在建立校长任职资格制、落实校长负责制、健全校长考核机制、加强校长流动管理、实施校长培训工程等方面做了有益的探索，取得了一定的进展。但同样，如皋市校长队伍也出现了校长职业通道不畅、专业化不够，现代学校制度还有较大提升空间的问题。不仅如此，一些校长还出现了因事情繁杂、责任较大，而自主权不够、待遇不高，不能思考形成办学思想，积极性不大的现象，甚至不少人萌生退意。长此以往，必将影响如皋教育的发展。

所以，无论是从贯彻上级推行校长职级制的要求，顺应全国纷纷探索改革的形势，还是从如皋教育的地位以及自身实际，如皋推行校长职级制势在必行。

五　如皋市校长职级制改革实施方案的设想

探索实施校长职级制改革，要以习近平新时代中国特色社会主义思想为指导，深入贯彻党的十九大精神，全面落实党中央、国务院关于全面深化新时代教师队伍建设改革、深化教育体制机制改革决策部署，大力实施科教兴市和人才强市行动计划。按照公平公正、积极稳妥、专业发展的要求，建立完善以职级制为核心的校长管理体制，调动中小学校长办学积极性，促进校长专业发展，落实学校办学自主权，加快构建现代学校制度，完善教育治理体系，提升教育治理能力，努力形成教育家办学的政策导向和激励机制，造就一支高素质、专业化的中小学校长队伍，办好人民满意的教育。

探索实施校长职级制改革，目的是以此为抓手，加强校长管理，提高校长办学积极性，适当提高校长待遇，使其权责利相当，同时也避免干群利益矛盾。

要提高校长的待遇，除了经济待遇外，更要考虑让其在职业通道中得到提升（国家在明确教育体制改革试点任务时，就是要求探索校长职级制，深化教师职称改革，将两者并列在一起）。要解决校长职业通道问题，在现行全员岗位聘用下，就得考虑校长职级的合理设置并与岗位聘用相接轨的问题。因此，校长职级制改革是一项系统性工程，关联性、耦合性强，需要一系列的制度架构来促进和保障。

结合如皋市实际，形成了如皋市推行校长职级制改革初步设想，涉及如下 7 个方面：实施范围、职级设置、评定条件、考核评价、职级升降、职级评审、职级薪酬。

（一）实施范围

目前仅考虑中小学、幼儿园正职校长、书记 180 多人。

（二）职级设置

首先考虑将校长的职级设计为与教师职称相并列的两个序列，与行政级别无关。校长职级设置五级八等，即特级、正高级、副高级（一等、二等）、中级（一等、二等）、初级（一等、二等）。校长职级各级比例按橄榄型控制，特级、正高级比例一般分别控制在 3%、10% 以内，副高级、中级比例一般分别控制在 35%、45% 左右。

（三）考核评价

实施校长职级的考核前置，拟从建立任期目标责任制、业绩评价制度、办学满意度评价制度以及监督约束四个方面考虑。

（四）职级升降

校长职级晋升拟考虑分为评审晋升、奖励晋升和自然晋升三种方式。同时建立“诫勉降”等制度。

（五）职级评审

拟考虑首次晋评于 2020 年 9 月进行，以后每年开评一次。今后校长职级定级实行逐级晋升制度，在下一个职级任满 4 年的可申报晋级，特别优秀的可以适当缩短任职年限或跳一级申报破格评审。

（六）职级薪酬

主要是两条，一是按认定的校长职级模拟对应教师专业技术岗位三至十级予以聘用，并按岗兑现基本工资和基础性绩效工资，按规定缴纳社会保险、住房公积金等。二是实施职级制校长奖励制度，经认定职级校长的人均奖励性绩效工资由市人力资源和社会保障局、财政局按全市教职工人均奖励性绩效工资的 2 倍划拨市教育局。市教育局按其校长职级及考核情况予以发放。

以上是如皋探索校长职级制改革的几点思考，还相当肤浅，希望能起到抛砖引玉的作用。

ℝ.14

江苏海安市公益性文化事业单位专技岗竞聘的实践探索

张　勇*

专业技术岗位竞聘上岗是加强专业技术人员的绩效管理，充分调动专业技术人员工作的主动性和积极性，促进专业技术人员队伍稳定发展的重要手段。近年来，海安市公益性文化事业单位遵循人才成长规律，建立专业技术人员岗位竞聘的加分评价模式，不断完善科学的人才评价机制，坚持把品德、知识、能力和业绩作为衡量人才的主要标准，进行综合评价，择优聘用。

一　岗位设置的基本情况

事业单位岗位分为管理岗位、专业技术岗位和工勤技能岗位三种类别。海安市公益性文化事业单位包括文化艺术中心、图书馆、博物馆，按照2017年的岗位变更方案，公益性文化事业单位设置岗位总量41个，其中，管理岗位3个，专业技术岗位38个。主体岗位是专业技术岗位，占岗位总量的92.68%。专业技术岗位主系列是初级系列，主系列专业技术岗位设置数是21个，占专业技术岗位设置总量的55.26%，辅系列岗位为中级系列和高级系列，中级系列岗位设置数是14个，占专业技术岗位设置总量的36.84%，高级系列岗位设置数是3个，占专业技术岗位设置总量的7.89%，辅系列岗位最高等级为六级。

* 张勇，江苏省海安市文化广电和旅游局。

二　专技岗位竞聘加分评价模式的主要做法

（一）主要背景

随着文化事业的不断发展，专业技术岗位的空缺岗位数已经不能满足日益增长的人才队伍需要。为了最大限度发挥专技人员特长，激发专技人员工作积极性，适应专业技术职务评聘新形势，打破聘任终身制，努力构建以岗位职责为基础，以品德、能力、业绩为导向，形成竞争择优、能上能下，优秀人才脱颖而出的用人机制，逐步探索出这套加分评价模式。

（二）基本原则

按照民主集中、公开透明的原则，文化主管部门通过了《专业技术人员岗位竞聘暂行办法》。坚持择优聘任的原则，明确了各专业技术岗位等级的工作要求和聘用条件。结合岗位特点制定了易于量化的评分标准和考核指标，竞聘人员根据自身实际情况在核定的空岗内实现岗位申报和聘任。

（三）基本内容及指标体系

该模式包含基础指标、学术业绩和工作业绩三项内容。每项内容由若干个指标要素构成，同时对各要素进行加分。按加分后的总分高低最终确定聘任人选。竞聘模式将个人专业知识、学术水平、科研能力和工作能力等要素纳入评价内容。基础指标包括专业学历、工作经历、任职年限等要素；学术业绩包括论文、课题和主持继续教育项目等要素；工作业绩对其工作业绩按德、能、勤、绩、廉等进行综合考评。同时，根据其任现职以来的工作表现，在上述量化条件中未提及的业绩，由个人提供有关佐证材料。

（四）考评方法

1. 资格年限

按获得职称资格之月起至聘用上岗时获得职称资格年数计，每年计 2

分；不足一年的按半年计 1 分。

2. 职务级别

担任部门（科室）正职（含主持工作）每 1 年计 3 分，担任部门（科室）副职每 1 年计 2 分，一般专技人员每 1 年计 1 分。任职时间不满 1 年的按半年对半计分（任职时间以任命文件为准）。

3. 刊载论文

在国家、省、地市级期刊有论文发表的分别计 4 分、2 分、1 分，在国家核心期刊刊载的另加 2 分，省级核心期刊刊载的论文另加 1 分。

4. 奖惩激励

取得职称资格后的表彰范围为海安市委市政府及以上党政机关对个人业务方面的表彰，以文件或奖励证书原件为依据；处分范围为取得职称资格后所受到的党内、行政各类处分，原则上近三年受到处分的不考虑新聘岗位。

获得表彰评分设置：受海安市机关部门表彰的加 0.2 分，受海安市委市政府表彰的加 0.5 分，受南通市部门、市政府表彰的分别加 0.5 分、1 分，受省部门、省政府表彰的分别加 1 分、2 分，受国家部门表彰的加 3 分。作品参加县、市、省、国家等各级政府层面的比赛获奖的，分别加 0.5 分、1 分、2 分、3 分，作品须为独立创作，联合创作的第一作者加相应分值的 70%，第二作者加相应分值的 30%。

5. 年终考核

年度考核均在合格以上；有一年考核优秀加 1 分，连续 3 年考核优秀加 2 分。

6. 局领导班子综合评议

局领导班子根据专技人员实际工作表现开展民主评议，10 分为满分，按领导班子成员打分的平均分计分。

7. 在同等分值情况下，以进入文广新系统工作时间顺序进行聘用，以先进入者优先聘用

三　专技岗位竞聘加分模式的思考

（一）增加岗位实时调整

随着新时代文化需求日益增加，海安文化事业发生较大变化。2016 年，文化艺术中心建成开放，总建筑面积 5.78 万平方米，南通市机构编制委员会（简称“编委会”）同意成立副科级事业单位文化艺术中心，增加 3 名编制。2019 年，图书馆新馆开放，增加 2 名编制。博物馆新馆即将建成开放，增加 4 名编制。青墩遗址博物馆试运行，海安市编委会讨论通过增加 2 名编制。随着编制数量变化，事业岗位应及时作出调整完善，以此提高广大专业技术人员的工作积极性，以保证公共文化阵地高质量开放。

（二）注重群众全程参与

在实施岗位竞聘过程中，单位在严把政策关的同时，坚持公开、公正、竞争、择优的原则，统筹协调和妥善处理各方面的利益关系。岗位竞聘方案制定过程中广泛听取专业技术人员的意见，增强工作的透明度和科学性，保证群众的知情权、参与权、选择权和监督权，维护广大职工的切身利益。

（三）科学制定考核指标

专业技术人员岗位竞聘考核指标要不断完善、突出重点、抓住关键和便于量化。单位在制定专技岗位竞聘模式时，申报竞聘人员基础指标、学术业绩和工作业绩三个方面的内容均确定具体的考核标准和考核方法。从客观性、可行性角度出发不断优化岗位竞聘考核内容的量化标准。考核指标进行动态管理，根据实践情况进行优化与调整。

（四）营造良性竞争氛围

在专业技术人员岗位竞聘中，建立激励导向，营造良好的竞争氛围。按照要求公布竞聘岗位、竞聘数量、竞聘条件、竞聘流程等内容，制定体现鼓励优秀人才，突出重点学科与专业，重视关键岗位的政策，形成尊重知识和尊重人才的好风气，最终促使专业技术人员在竞争中提升单位核心竞争力。

（五）加强岗位聘后管理

一直以来专业技术人员职称评聘工作“重评审、轻管理”的现象比较普遍。加强岗位聘后管理，就是要把竞争激励机制融入专业技术岗位聘用工作的全过程，进一步规范和落实专业技术人员年度考核，对专业技术人员实行动态管理，建立起能上能下、优胜劣汰的用人机制。

（六）实施“青蓝对接工程”

“青蓝对接工程”即从优秀专技人员中选聘艺术名家，有针对性地对年轻专技人员进行指导培训，最大限度发挥艺术名家价值，助推青年技术人才成长。“艺术名家”是各个“艺术名家工作室”的负责人，主要职责为：制订“艺术名家工作室”三年工作规划、年度工作计划，指导学员制订三年发展规划，认真有序地实施到位。每位“艺术名家”每年创作完成不少于3件作品，其中不少于2件作品在市级以上政府性赛事中获奖，并能够冲刺省“五个一工程奖”、省“五星工程奖”或省“文华奖”。每位“艺术名家”用3年时间带出至少1名具有独立策划、创作、编剧、导演全市重点题材文艺作品的文艺新人。每位“艺术名家”每年开展“艺术大师堂”讲座或培训不少于4场。指导学员开展大型活动策划、文艺创作创意等工作，在培养周期内有效提高学员的业务能力和工作水平。组织和带领工作室学员开展理论研究，每年有2篇以上课题研究文章或调查研究报告在市级以上刊物发表。根据全市文化建设重点工作安排，完成主管部门交办的其他工作任务，为全市文化事业的繁荣发展提供建设性意见。每三年编印一本《“艺术名家工作室”年度成果汇编》，展示工作成效，发挥示范辐射作用；周期内举办一次工作室成果展示会。探索本工作室的运作特色，打造具有本工作室独特个性的运作品牌，及时总结、宣传、推广工作经验。

结对学员主要任务为：认真设计具体、明确、切实可行的个人三年发展规划和年度工作计划。刻苦学习，努力提升艺术素养，不断丰厚理论功底。每年至少有1件作品在市级以上政府性赛事中获奖；有1篇课题研究论文或调查研究报告在市级以上刊物发表。每年在全市基层文化干部培训班或艺术生产研讨会上做一次讲座；每季度完成1件创作创意文本；每季度向所在工作室负责人提交一篇学习心得。积极参与“艺术名家工作室”的建设和管理，争当优秀学员。

R.15

江苏如东县学校岗位设置集中调控与集中管理的做法与成效

杨　兵*

一　问题的成因

2013 年，如东县教育系统根据上级统一部署，全县中小学、幼儿园实行岗位设置管理。当时，根据规定，岗位设置以学校为单位进行设置。

2014 年，为贯彻党的十八届三中全会关于校长教师交流轮岗的决策部署，全面落实《国家中长期教育改革和发展规划纲要（2010—2020 年）》《国务院关于加强教师队伍建设的意见》，教育部、财政部、人力资源和社会保障部印发《关于推进县（区）域内义务教育学校校长教师交流轮岗的意见》（教师〔2014〕4 号）。根据教师〔2014〕4 号文件规定，义务教育阶段公办学校在编在岗教师在同一所学校连续任教达到地方教育行政部门规定年限（江苏省规定的年限为 6 年）的专任教师均应交流轮岗。且城镇学校、优质学校每学年教师交流轮岗的比例不低于符合交流条件教师总数的 10%，其中骨干教师交流轮岗应不低于交流总数的 20%。同时，义务教育阶段公办学校校长、副校长在同一所学校连续任满两届后，原则上应交流。

此后，如东县根据规定每年均组织义务教育学校校长教师交流。事业单位岗位设置、管理制度设置与校长教师交流轮岗政策设置不相一致，导致中小学以校为单位的岗位设置管理成为教师交流的制度瓶颈，使义务教育学校校长教师交流轮岗工作有较大的政策障碍，制约了义务教育学校优质均衡发展。

---

* 杨兵，江苏省如东县教育体育局。

为此，如东县教育主管部门与人力资源主管部门解放思想，从2016年起，实行全县中小学、公办幼儿园岗位设置分学段集中调控集中管理，有效破解了以校为单位岗位设置管理对义务教育学校校长教师交流带来的制度约束，有力助推了义务教育学校校长教师优质均衡配置，促进了如东县教育城乡一体化发展。

二　具体的做法

（一）岗位集中管理

全县义务教育学校岗位设置按初中、小学分学段进行集中调控、集中管理（普通高中、职业高中、公办幼儿园参照进行），由县教育局根据编制员额，统一设置各学段管理岗位、专业技术岗位和工勤技能岗位总量，并报经县人力资源和社会保障局核准。

（二）岗位总量控制

县人力资源和社会保障局宏观管理全县中小学、公办幼儿园各等级岗位总量，实行总量控制。县教育局在核定的各等级岗位总量内，按各学校教师队伍结构实际适当调剂，实行微观管理。

（三）统一使用岗位

县教育局在核定的岗位总量、岗位结构范围内，根据各学校、公办幼儿园教师结构，按统一比例下达各单位岗位使用指标。在核定各单位岗位数量时，教师系列中、高级专业技术岗位适当向农村学校倾斜。

三　成效与特色

一是全县岗位设置集中管理后，由于岗位总量大，高等级岗位总量多于分校设置时的总量，使更多教师有了晋升高等级岗位的机会，调动了教师的积极性。二是有效克服了以学校为单位进行岗位设置带来的各单位教师队伍结构、质量与岗位数量限制的矛盾，避免了部分学校教师连续几年没有竞岗和职称评审机会的现象。三是有利于促进教师队伍均衡发展。全县所有学校按同一比例确定空缺岗位数量并适当向农村学校倾斜，农村学校教师竞岗和获评职称机会增多，使得农村学校教师安心在农村学校工作。四是有效破解了以学校为单位岗位设置管理给校长教师交流轮岗的制度瓶颈，在同一学段交流轮岗的校长教师不再因交流轮岗单位岗位设置受到制约。五是有力推进了义务教育学校教师“县管校聘”管理机制改革，提高学校的用人自主权。真正形成了全县岗位集中管理，由学校组织聘用教师的义务教育学校教师“县管校聘”的管理机制。目前如东县中小学均在上级文件规定的大前提下，根据本校教师管理和教师队伍现状的实际，制定了校本化的教师竞岗条件和职称推荐实施办法。学校有了实实在在对教师的管理自主权，有利于学校对教师的教育和管理。

2017 年，如东县“实行岗位设置全县集中调控、集中管理，有力推进教师‘县管校聘’管理机制改革”工作案例，获评江苏省教师工作优秀案例一等奖。

ℝ.16

江苏淮安市清浦区[*]“县管校聘”新型人事管理模式改革实践

刘晶晶[**]

为深化事业单位人事管理制度改革，原人事部《关于印发〈事业单位岗位设置管理试行办法〉的通知》（国人部发〔2006〕70 号）要求在事业单位推行聘用制度和岗位管理制度，建立健全事业单位岗位设置管理制度。2011 年，淮安市市政府专题召开了全市事业单位人事管理工作会议，在全市范围内开展事业单位岗位设置管理工作。市直和县区各中小学校根据相关文件，申报岗位设置方案，控制岗位总量和结构比例。

但是多年来，城乡、区域教育发展不平衡，教育资源分配不均，城区学校岗位普遍不足，控制专业技术结构比例压力较大，乡镇学校岗位较为富余，高中级专技岗位可聘人员不足，给教育系统推行和实施人员聘用制度带来了一定阻力和矛盾。教育是民生工程，教师是教育事业的第一资源和核心要素，教师队伍建设在教育改革发展总体格局中处于优先的战略地位。党的十八届三中全会要求“统筹城乡义务教育资源均衡配置，实行公办学校标准化建设，促进义务教育学校校长教师交流轮岗”。在教育系统推行岗位设置管理制度过程中如何科学合理设置岗位，控制岗位结构比例，化解人员聘用矛盾，调动教育人员的积极性，积极探索新型教育管理模式是放在人社部门面前的大课题。

清浦区针对教育系统的特殊情况，于 2014 年把教育综合改革列为全区

---

* 清浦区已与清河区于 2016 年 6 月获国务院批复合并为清江浦区。本文内容与数据仅限于原清浦区范围，故本文仍使用“清浦区”。

** 刘晶晶，江苏省淮安市人力资源和社会保障局。

四大改革之一，实施以“推动校长和教师轮岗交流、完善学校办学效益和教师绩效考核评价体系”为主要内容的“2+2”教育综合改革。同时在全市率先提出“县管校聘”的管理模式，即通过政策引导和制度设计，将学校由行政管理模式向去行政化管理模式转变，岗位由学校专项管理向系统统筹管理转变，教师由“学校人”向“系统人”转变，人员使用由身份管理向岗位管理转变，建立一套新的适应教育事业发展的机构编制人事管理机制。

一　清浦区改革背景

清浦区地处淮安市南大门，半城半乡。全区现有高中1所，完会中学1所，初中4所，小学6所，九年一贯制学校6所，教学点4个，在校生2.65万人，教职工1795人，其中专任教师1736人；公办幼儿园11所，民办园5所，在园幼儿6671人，公办园教职工374人，其中专任教师249人。多年来学校实行行政化管理模式，不同学校校长行政级别职务等级不一，相互调动存有阻力。校长长期在一个学校工作，缺乏工作激情，创新动力不足。城乡校际教师年龄、职称、学科等结构失衡，优质学校名优教师“扎堆”，偏远学校骨干教师不足，教师“一进学校门，一校定终身”，流动不畅。学校办学水平差异较大，择校择师现象非常普遍，人民群众教育成本、生活压力增大，迫切期望就近享受优质教育资源。

清浦区半城半乡的特殊辖区结构为“县管校聘”管理模式提供了较好的基础，同时也提出了更高的要求。此次，清浦区以事业单位人事管理制度改革为契机，审时度势，强力推进教育公平，坚持优先发展教育，打造“学在清浦”教育名区，实现教育高位均衡发展。

二　主要推进措施

（一）积极探索义务教育学校去行政化改革

义务教育学校改革的目的是着力构建教育均衡体系，体现社会公平，而已形成的机构级别、城乡差别是制约校长资源配置的重大障碍。通过义务教育学校去行政化改革，打破了校长交流的级别、校别、地域障碍，为全面实施校长交流制度奠定了基础。主要措施如下。一是全面取消义务教育学校行政级别。采用“老人老办法、新人新办法”，改革前已任校长的行政级别保持不变，享受相应待遇，此后新聘任校长不再有行政级别。二是建立校长聘任制度。义务教育阶段学校校长由教育局按程序进行岗位聘任，学校副校长和中层干部职数依据办学规模核定，人选由校长提名，经教育局考察和公示后，由学校聘任，聘期与校长一致。三是建立校长定期轮岗制度。遵行“人岗相适、梯度调配、促进发展”的原则，推行校长定期轮岗制度。校长实行聘期管理，聘用周期为3年，在同一学校连续任满6年必须进行交流，全区2014年21所义务教育学校校长全部进行了轮岗。四是建立校长后备人才库。通过竞聘上岗等多种方式，设立新任义务教育学校校长必须具有农村学校3年以上工作经历等条件，或是直接选拔优秀人才到农村学校任职，促进优秀人才向农村倾斜，了解农村学校情况，积累丰富经验，组建校长后备人才库，为选拔聘用校长提供保障。

（二）实行岗位由主管局统筹管理和单位动态管理模式

促进教育均衡发展，充分发挥岗位设置的正向引导作用，通过岗位设置杠杆，促进教师的合理流动。在岗位设置管理上的措施如下，一是建立岗位区管校用制度。岗位总量由区教育局统一管理，人员由区教育局合理配置，考核由区教育局统一进行，防止学校争岗位、城区学校过热、农村学校过冷的不均衡现象。在人事关系上实行区管校聘，实现“学校人”向“系统人”的转变。二是实行城乡统一的定岗标准。为改变农村教育“先天”不足的问题，考虑清浦的城乡发展现状，实行城乡统一定岗标准，保证农村学校各个学科教师的基本需求，从岗位设置的制度设计上实现城乡公平。三是实行岗位的动态管理。各学校根据办学规模，适时调整岗位结构，防止岗位与办学规模脱节、城区学校与农村学校岗位失调的现象。四是用好存量岗位。根据教育事业发展的需要，将中小学精简的编制、岗位用于创办幼儿教育事业，在全区创办11所公办幼儿园，核定编制249人。五是建立双向选择和教师轮岗机制。由教育主管部门召开教师轮岗动员推介会，由各校校长宣讲自己的办学理念，推介自己的学校。由教师选学校、校长选教师，实行“全员聘用、双向选择”。合理配置骨干教师、学科教师人数，有效保障骨干教师、班均教师数等关键指标基本一致，从而大大提升了薄弱学校的管理和教学水平。人社部门根据教育系统人员流动情况，进行备案，实时调整人事管理信息系统。

（三）配套建立评价体系，实施绩效管理

“县管校聘”新型管理模式能否达到预期成效，要看是否有利于提升学校的办学水平，能否建立公平的教育体系，保证每个孩子都能充分享受优质教育资源。具体实施过程中，必须建立配套的评价体系，及时发现和修正偏离改革目标的政策行为，在改革中印证改革成果，保障政策目标的顺利实现。一是建立学校办学水平评估体系。实施统一办学评估，加快城乡、校际均衡发展，激励和推动不同办学基础、不同发展阶段的学校提升办学水平，让改革惠及民生。二是建立教育考核评价体系。由教育局出台指导意见，各学校加强对教师的全面考核，考核结果与绩效工资、职称评定、岗位聘用、评优评先、培养培训挂钩，不断激发教师的工作活力，建立农村教师津贴和一线骨干教师津贴制度等，让改革惠及教师。

三　取得的重要成效

（一）群众满意度明显提高

清浦区义务教育阶段学校的择校比例大幅下降，“择校热”明显降温。位于城乡接合部的城南乡中心小学，2010年仅招收2个班新生，施教区就读学生比例仅为22%。2014年新校长和骨干教师交流到位后，一年级新生猛增到7个班，施教区就读学生比例高达90%以上。盐河镇中心学校小学

部在2014年9月不但无一名学生外出择校，还有19名学生返乡就读；2015年3月开学后，又有14名学生返乡就读。全区农村中小学和教学点均出现了学生回流现象。

（二）办学水平整体提升

从学年年度评估结果看，优质学校继续高位运行。浦东实验学校和人民小学综合得分均在900分（满分1000分）以上，办学水平继续在全区领跑。薄弱学校迅速提升。盐河、和平、纪家楼等原薄弱学校办学水平大幅提升，与优质学校差距明显缩小。城南小学和延安路小学办学水平整体显著提升。在小学毕业学业水平测试中，延安路小学总分比2014年提高15分。在三年级英语质量监测中，延安路小学名列第五，提升的幅度非常明显。义务教育阶段学校强校办学水平持续走高，薄弱学校办学水平迅速提升，消除了外界对教育改革可能出现“削峰填谷”现象的顾虑。

（三）教师交流合理有序，机构管理精简效能

2014年，清浦区有1123名教师进行了“双向选择”，301名教师选择了异校交流，交流比例达26.8%。教师积极到农村任教，乡村学校教师资源配备得到优化，师资结构得以改善，初步实现了全区义务教育基本均衡。全区校长全面交流，现有副校长和中层干部分别比原来减少50%和17%，全区储备了一支素质较强的校长后备人才库队伍。

（四）教育影响不断扩大

2015年6月，教育部发文确认清浦区为全国首批19个义务教育教师队伍“县管校聘”管理改革示范区。清浦区教育局主持的“义务教育教师队伍‘县管校用’政策研究”课题，被省教育厅列为第四批教育改革和发展战略性与政策性研究课题，是全省入围的唯一县区。江西鹰潭市、湖北武穴市、徐州市、连云港市、盐城市等多市前来考察学习，提升了清浦教育的影响力和知名度。

四　不断完善，加快发展

通过一系列有力举措，“县管校聘”模式有效打破了义务教育学校因体制机制形成的壁垒，极大地促进了优质教育资源的合理配置和教育事业的均衡发展。但是“县管校聘”模式作为一种新型的人事管理制度，还需要在实践中不断完善不断发展。

（一）加强教师队伍建设，改善职称评定结构

全区小学每年有近 30 名教师退休，临时代课教师比重逐年扩大，教师群体不稳定因素逐渐增加，影响了学校教学质量的提高。教师职称结构不够合理，部分教师因岗位不足无法获得高一级职称工资，不利于教师积极性的带动。今后将启动实施教师岗位档内分级晋升机制，改善职称评定结构，建立人才梯队，提升教师队伍整体素质，调动广大教师的工作激情。

（二）进一步完善教师交流常态机制

随着教师退休和学校办学规模的不断变化，学校教师的数量和岗位也相应随之调整。每年暑期定期对学校教师和岗位进行适当调整，以保持师资配置动态均衡。通过引导和“双向选择”到农村学校任教的教师，要做到“下得去”，还要做到“留得住”和“用得好”。这需要在政策方面进一步完善教师交流的常态机制，彻底搞活用好教师轮岗制度，保持政策的连续性和稳定性，为到偏远农村学校工作的教师解决后顾之忧。

（三）实时更新完善评估体系，提高教育管理水平

在实践中不断修订完善评估体系，适应实际发展需要，做到与时俱进。进一步提高教育管理水平，加强以校长为首的学校管理团队建设，探索校长责任制，任期目标、权力清单、监督机制、考核奖惩等措施多效并举，努力达到校长管理效能的最大化，保持学校高效运作。

“县管校聘”管理模式是人事制度改革创新的成果之一，响应了教育均衡发展的时代号召，也是促进教育均衡发展的内在需要。“县管校聘”模式在实践操作中需要各部门的通力协作和坚定意志，还需要在不断的实践摸索中研讨问题、克服困难、提高水平，真正为人事管理制度的改革提供成功经验和案例。

R.17

浙江省规范事业单位人事管理有关问题的探索

甄培芳　章　晶*

我国事业单位人员聘用制度从推行到现在有17年了。自2014年《事业单位人事管理条例》出台后，相关配套政策未及时跟进，现阶段形势变化，给事业单位聘用工作带来不小挑战。根据事业单位人事管理工作实际，现就如何规范合同期限、违约金及工作人员辞聘等问题提出如下对策建议。

一　关于合同期限、服务期限问题

（一）合同期限

《事业单位人事管理条例》第十二条明确“事业单位与工作人员订立的聘用合同，期限一般不低于3年”。《事业单位人事管理条例》第十四条明确“事业单位工作人员在本单位连续工作满10年且距法定退休年龄不足10年，提出订立聘用至退休的合同的，事业单位应当与其订立聘用至退休的合同”。《浙江省事业单位人员聘用制度试行细则》第十六条明确“聘用合同期限分为有固定期限、无固定期限和以完成一定的工作为期限。聘用合同期限由聘用单位与受聘人员协商确定，但最长不得超过应聘人员达到国家规定退休年龄的年限”。《浙江省事业单位人员聘用制度试行细则》第十七

* 甄培芳、章晶，浙江省湖州市人力资源和社会保障局。

条明确“受聘人员有下列情形之一，如果提出订立聘用合同至退休的，聘用单位应当与其订立聘用至退休的合同：①连续工龄满 25 年；②在本单位连续工作满 10 年且距国家规定的退休年龄不足 10 年（和《事业单位人事管理条例》第 14 条是一致的）；③患职业病或者因工负伤，经劳动能力鉴定机构鉴定为大部分丧失劳动能力；④国家规定的其他条件”。从以上这几条政策规定可以看出，国家只规定了最低的事业单位聘用合同年限和应当签长期合同的情形，其他则由单位自由裁量。

在实际操作中，事业单位聘用合同双方签订的聘用期限大都为 3 年，少部分年纪大的人员聘用合同签到退休；但也有些单位，不论什么情况，一律三年一签；还有个别人数多的单位，为了减轻工作量，不管是谁，只要进这个单位，全部签到退休，一劳永逸。上述聘用合同签订方式，虽未违反相关政策规定，但和现行政策是背道而驰的。从法律上来说，合同期限是个人和单位两者之间的磨合期，合同到期后，个人和单位又有一次互相选择的机会，个人可以离开单位，单位也可以不再续聘，如此才能建立一个人员聘用工作良性制度，也是推行聘任制度的真正意义。诚然，我们现在的事业单位聘用工作一般合同到期后单位基本上是无条件和个人续签的，不少单位对不符合岗位要求人员的解聘退出也很难实施。但目前浙江省个别省属事业单位进行了探索尝试，在人员招聘公告上明确经考核不符合要求情况下的解聘条款。事业单位要建立一个良性的制度来规范人员聘用工作，这样既符合政策规定，同时又能减轻单位的工作量。

（二）服务期限

《浙江省事业单位人员聘用制度试行细则》第十九条明确“聘用合同当事人可以对由聘用单位出资招聘、培训或者提供其他特殊待遇的受聘人员的服务期作出约定”。《浙江省人事厅关于执行〈浙江省事业单位人员聘用制度试行细则〉若干问题的意见》第十条明确“聘用单位因招聘工作人员而发生的工作费用，不属于出资招聘的费用”。以上条款说明，服务期不是对任何人都可以约定，只有出资招聘、培训、提供其他特殊待遇这三类人员，才能约定服务期。

目前，有的医院、学校通过校园招聘，聘用了大学毕业生，在未出资招聘、提供特殊培训、提供特殊待遇的情况下，竟然在聘用合同上约定5年服务期，人员如果不到5年离开，需支付违约金5万元。这明显违反聘用制度规定。在2017年的事业单位人事管理检查调研时发现，有些单位因违规约定服务期，在个人申请仲裁或向法院起诉中均败诉。因此，事业单位在和工作人员约定服务期时，一定要清楚其是否属于约定范围。

（三）两者关系

《浙江省人事厅关于执行〈浙江省事业单位人员聘用制度试行细则〉若干问题的意见》第十一条明确“聘用合同当事人按照《试行细则》第十九条的规定约定服务期的，服务期应当与聘用合同期限一致。聘用合同期限届满，聘用单位要求受聘人员继续履行服务期的，双方当事人应当及时续订聘用合同”。从这里，可看出服务期与合同期限应该是一致的。从实际情况看，如果合同期限大于等于服务期，单位就主动。如果合同期少于服务期，合同期满，服务期没满，单位就很被动——想走的人，肯定不会主动续签的。如新进人员，合同期限是3年，但服务期限是5年，那就很不合理。

二　关于违约金问题

（一）政策依据

《浙江省事业单位人员聘用制度试行细则》第二十一条明确“聘用合同对受聘人员的违约行为设定违约金的，仅限于下列情形：①违反服务期约定的；②违反保守商业秘密约定的；③法律、法规规定可以设定违约金的其他情形”。《浙江省人事厅关于执行〈浙江省事业单位人员聘用制度试行细则〉若干问题的意见》第十二条明确“聘用合同当事人就违反服务期约定违约金的，违约金数额不得超过单位因出资招聘、培训或者提供其他特殊待遇而发生的实际支出。受聘人员违反服务期约定，其应当承担的违约金按照实际支出发生后受聘人员在本单位的服务年限平均逐年递减”。《浙江省事业单位人员聘用制度试行细则》第四十八条明确“聘用合同对培训费用没有约定的，受聘人员经聘用单位出资培训后解除合同，聘用单位不得收取培训费用；有约定的，按约定收取，但不得超过为受聘人员培训的实际支出，并按受聘人员培训后回单位服务年限，以每年递减培训费用20%的比例计算”。《浙江省事业单位人员聘用制度试行细则》第二十二条明确“聘用单位与受聘人员订立聘用合同时，不得收取任何形式的押金、抵押物或者其他财物，不得扣押各种有效证件”。

（二）设定特点

目前聘用制度有关违约金设定的政策规定倾向保护个人，主要有三方面问题。一是适用范围窄。支付违约金的人员只有两种情况，违反服务期约定和违反保守商业秘密约定。二是违约金额低。违约金只是对单位实际支出的一些补偿，而不是对个人违约行为的一种惩罚。为了控制违约金数额，政策要求服务年限逐年递减，如单位给引进高级专家的特殊待遇是房子，房子不能以现在金额来确定，只能以当时价值来确定违约金。一些事业单位制定的高额违约金其实是对个人违约行为的一种惩罚，这在指导思想上和聘用制度是完全对立的。三是执行力度弱。违约金的支付靠个人自觉和诚信，目前单位没有手段或制约措施，扣档案、扣证件、扣押金都是违规的。现在社会的个人诚信体系尚未完全建立，靠个人诚信实现违约金条款的执行对单位来说确实是很难。

（三）相关建议

违约金的政策规定，对单位有诸多限制，也对事业单位工作的方式方法提出更高要求。针对如何降低单位损失，建议从三方面入手。一是设定政策依据。对某些不诚信的人，违约金也许就是个纸老虎，但也得在政策规定的范围内画，否则会很被动。一些事业单位让辞职人员出违约金，因约定的违约金无政策依据，不管个人到仲裁院申请仲裁，还是到法院起诉，用人单位统统败诉。二是改进工作方法。湖州师院针对最早引进博士研究生时直接给房子这一做法遇到的问题，吸取经验教训，将房子先无偿给引进的人才住，等服务期满了再办过户手续。若服务期不满时人员要辞职，房子是也拿不走的，单位亏损就小。三是运用法律武器。对那些应该支付违约金而不支付或不全额支付的工作人员，事业单位要运用法律武器，让法院通过媒体公布其不诚信记录，并限时促其改正。

三　关于工作人员辞聘问题

（一）政策规定

《事业单位人事管理条例》第十七条规定明确“事业单位工作人员提前30日书面通知事业单位，可以解除聘用合同。但是，双方对解除聘用合同另有约定的除外”。《浙江省事业单位人员聘用制度试行细则》第三十二条明确“有下列情形之一的，受聘人员可以随时解除聘用合同，并书面通知聘用单位：①在试用期内的；②考入全日制普通高等院校的；③被录用或者选调到国家机关工作的；④依法服兵役的；⑤聘用单位未按照聘用合同约定支付工资报酬、提供工作条件和福利待遇的；⑥聘用单位以暴力、威胁或者非法限制人身自由的手段强迫工作的”。《浙江省事业单位人员聘用制度试行细则》第三十八条明确“聘用合同解除或者终止，聘用单位应当出具解除或者终止聘用合同的有效证明，并在解除或者终止聘用合同之日起15日内为解除、终止聘用合同的人员办理人事档案、社会保险关系的封存或者转移手续”。从以上几个规定可以看出，政策规定是倾向保护个人的——个人一旦想走，单位还得在15天内为他们办理好各种手续。

（二）辞聘情况

近年来，事业单位工作人员流动比较频繁，单位要招聘到合适的工作人员也实属不易。人员频繁流动影响了单位的整体工作，为此一些单位制定了高额的违约金，如对不辞而别的人进行开除处分，这些办法都不可取。人员流动是大势所趋，国家是鼓励人才流动的。不仅事业单位，近几年公务员辞职也有不少。同时，在聘用制度中，个人是弱势的，国家要保护弱势，因此，聘用制度的设计在这方面对单位限制较多，有些条款对用人单位来说也是不公平的，使用人单位的合理诉求得不到政策支持。

（三）规范建议

一是建立科学合理的违约金设定制度。目前我国的聘用制度在工作人员辞聘方面是倾向个人的，如单位提前解聘工作人员，要给工作人员以经济补偿，而个人提前和单位解聘（只要不在服务期内）就不负违约责任等。建议上级部门抓紧修订聘用制度细则，对事业单位工作人员不讲诚信提前解聘的，也可设定违约金，给单位适当的经济补偿。二是建立起具有前瞻性的人才培养制度。一些单位或科室中，拔尖的人才往往是一枝独秀。建议事业单位要建立起具有前瞻性的人才培养制度，一旦出现优秀人才呈现一枝独秀的情况，及时物色后备人员，加紧培训，同时对优秀的医生增加传帮带。三是用待遇和事业来留人。自 2017 年以来，全国二三线城市不同程度释放出台“抢人才”大战，引起了社会不同程度反响。“抢人才”现象的出现标志着社会进入依靠软实力竞争的时代，“人才推动城市发展”理念被社会广泛公认。真正抢人才离不开两个要素，即待遇和事业。待遇留人是前提，事业留人是关键。各级政府和事业单位要想尽一切办法让人才引得进来、留得下来、用得起来。

R.18

浙江绍兴市事业单位人员离岗创业创新的探索

王 幸　仇亚雯*

近年来，国家不断从创新创业、科技体制改革、人才体制机制创新等不同角度提出了鼓励科研人员创业的政策。2015 年 4 月，《国务院关于进一步做好新形势下就业创业工作的意见》指出“探索高校、科研院所等事业单位专业技术人员在职创业、离岗创业有关政策。对于离岗创业的，经原单位同意，可在 3 年内保留人事关系，与原单位其他在岗人员同等享有参加职称评聘、岗位等级晋升和社会保险等方面的权利”。2017 年 3 月，人力资源和社会保障部《关于支持和鼓励事业单位专业技术人员创新创业的指导意见》（人社部规〔2017〕4 号）指出“要解放思想，大胆创新，结合本地区本部门实际，细化相关政策，研究具体措施，做到真正切实管用”。根据这两个意见，全国一些省市相继出台了事业单位工作人员创新创业的政策、办法及配套制度。根据《关于印发〈浙江省鼓励支持事业单位科研人员离岗创业创新实施办法（试行）〉的通知》（浙人社发〔2016〕134 号），绍兴市于 2017 年出台了《鼓励支持事业单位科研人员离岗创业创新实施细则》（绍市人社发〔2017〕48 号），进一步贯彻落实相关政策，推动绍兴市创业创新工作的开展。然而，相关政策实行一年多时间以来，绍兴市事业单位科研人员离岗创业创新的成果并不理想，仍有许多阻碍亟待破除。我们结合目前绍兴市事业单位科研人员离岗创业创新现状及抽样调查报告，对如何“破冰”事业单位科研人员离岗创业创新提出一些思考与建议，形成了本调研报告。

* 王幸、仇亚雯，浙江省绍兴市人力资源和社会保障局。

一　绍兴市事业单位科研人员离岗创业创新现状

（一）政策基本情况

为大力推进事业单位人事制度改革和人才工作体制机制改革，加大创新创业人才培养支持力度，打破体制机制障碍，引导以专业技术人才为主的各类优秀人才向科技生产一线流动，最大限度调动和激发优秀人才创新创业活力，助推科技型企业发展，促进科技成果、知识产权转化，绍兴市于 2017 年出台了《鼓励支持事业单位科研人员离岗创业创新实施细则》（绍市人社发〔2017〕48 号），对携带科研项目、成果或技术到绍兴市行政区域内的企业从事科技研究、科技开发和科技服务工作或在绍兴市行政区域内创办企业的全市事业单位在编在岗科研人员实行离岗创业创新的鼓励政策。

本文件对事业单位科研人员离岗创业创新提出了诸多优惠政策，如离岗创业创新的事业单位科研人员在最长不超过 6 年的离岗期限内，保留人事关系不变；离岗人员享有所在单位其他在岗人员同等的专业技术职务评聘和岗位等级晋升权利，其聘任岗位不占所在单位专业技术岗位结构比例；离岗人员可按规定继续参加机关事业单位社会保险，社会保险费用（含职业年金，不含工伤保险）由所在单位负责缴纳；允许距法定退休年龄不足 5 年（含 5 年）且工作年限满 20 年或工作年限满 30 年的离岗创业创新人员提前办理退休手续，享受事业退休待遇；离岗人员返回所在单位工作时，若原聘专业技术岗位结构比例已达上限，可暂时突破结构比例聘用，并逐步消化；具有高级专业技术职务或博士学位的离岗人员在解除或终止聘用合同之日起 5 年内，需重新流动到同行业事业单位的，按照“工作需要、岗位空缺、专业对口”原则，经主管部门和同级人事综合管理部门同意后直接考核聘用，相关信息应予公开。

可以发现，绍兴市人社部门对于事业单位科研人员离岗创业创新的态度基本是“鼓励离岗创业，放宽准出条件，维护在岗利益，保障返岗权利”，可谓“形式多样化，保障齐全化”。

鼓励事业单位科研人员离岗创业创新，是基于整个社会“大众创业，万众创新”的大环境制定的政策，对于社会经济、单位和个人的发展来说都是有积极作用的。

1. 对社会经济发展来说

科研人员的创业意愿得到鼓励，会有更多的科研成果转化为实用技术或产品，并能让科研人员真正享受到科技研成果转化为技术或产品的经济效益。科研有成果，企业有需求，产品有市场，形成“三赢”局面。

2. 对单位发展来说

短期内可能丧失了部分优秀人才，但从长期来看，岗位的流动性大大加强，激发了更多科研人员的工作热情和竞争意识；另外，离岗人员从社会回来后，体会到兼职、创业的辛苦，体会到去有些机关事业单位办事的不易，重新走上工作岗位，就能在实际工作中予以改进，对于规避官僚主义、形式主义有一定帮助。

3. 对个人发展来说

一是有助于专业技术人员实现自我价值的提升。在一个环境里工作时间久了普遍存在不同程度的职业倦怠，职业倦怠感直接导致人的空虚感增加，甚至自我否定，对于自身职业胜任力和自身的知识体系更新程度产生怀疑，这些情况直接影响科研工作的开展。创新创业政策的落实，给专业技术人提供了新的实现自我价值的渠道，满足了其更高层次的需要。二是有助于专业技术人员重视专业素养的提高。离岗创新创业是对专业技术人员本身知识体系、知识面广度和知识结构宽度的挑战，在离岗创新创业的过程中科研人员能够直面自己知识和能力的局限，在更广阔的环境中接受知识体系的更新和职业能力的提升。

（二）离岗创业创新人员基本情况

自鼓励支持事业单位离岗创业创新科研人员各项政策实施以来，目前全市事业单位离岗创业创新科研人员共9名，其中市直事业单位5名，上虞区1名，越城区1名，嵊州市1名，柯桥区有1名正在申请。

（三）问卷调查情况

为进一步了解事业单位工作人员对离岗创业创新政策的了解程度和意见建议，笔者单位针对事业单位工作人员下发了一份关于离岗创业创新政策的调查问卷。调研发现了以下一些现象和问题。

1. 事业单位人员有创业创新的需求

接受调研的事业单位人员当中，有接近半数的人员正有或者有过创业的想法和打算，认同或想要尝试有关部门实施的鼓励事业单位科研人员离岗创业创新的相关政策的人员超过80%，说明事业单位人员有创新创业的需求，但这与实际申请离岗创业创新的人数是不匹配的。

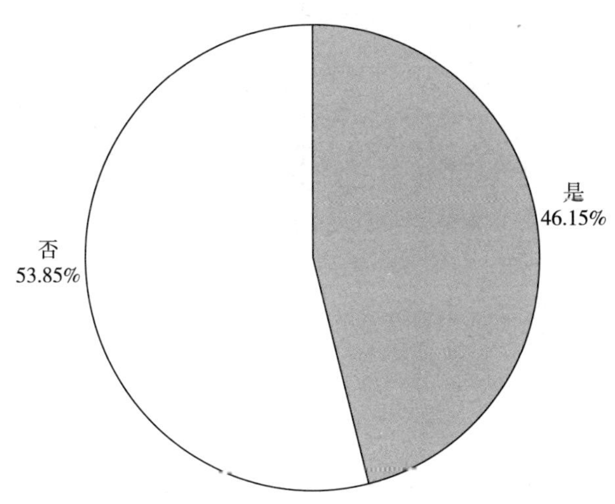

图1　您是否正有或者有过创业的想法或打算

2. 事业单位人员对离岗创业创新政策了解程度不够

调查结果显示，超过3/5的事业单位人员并不了解浙江省及绍兴市关于鼓励事业单位科研人员离岗创业创新的相关政策，而大部分人员对于一些详细的政策规定的了解程度主要还是集中在“听说过”和“不太了解”。

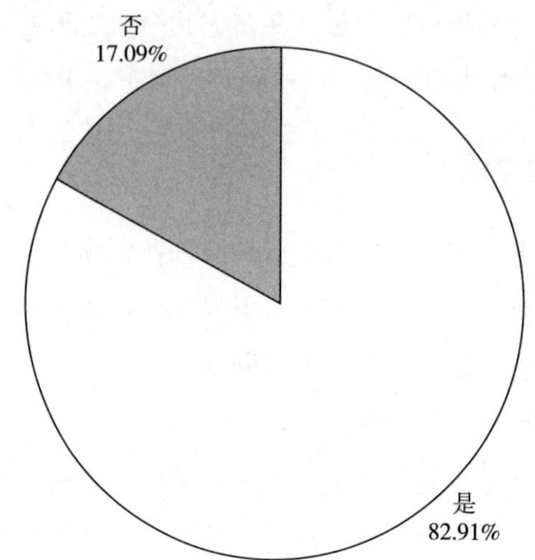

图 2　您是否认同或想要尝试有关部门实施的鼓励

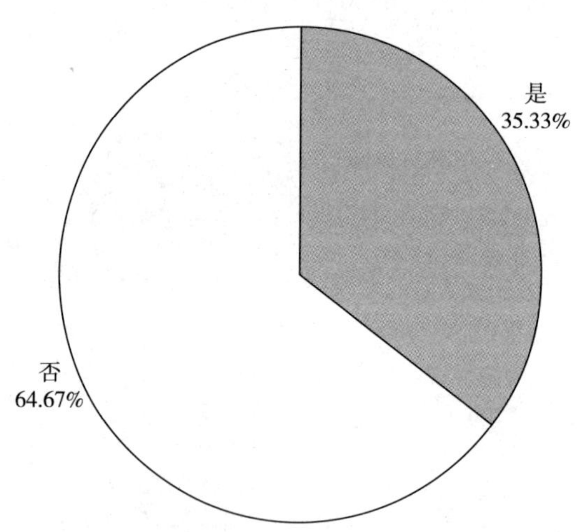

图 3　您是否了解浙江省及绍兴市关于鼓励事业单位科研人员离岗创业创新的相关政策

二　离岗创业创新政策实施问题分析

绍兴市事业单位工作人员离岗创业创新政策实施一年多以来，取得了一定成效。许多事业人员来电来人咨询怎样可以享受政策离岗创业创新。他们

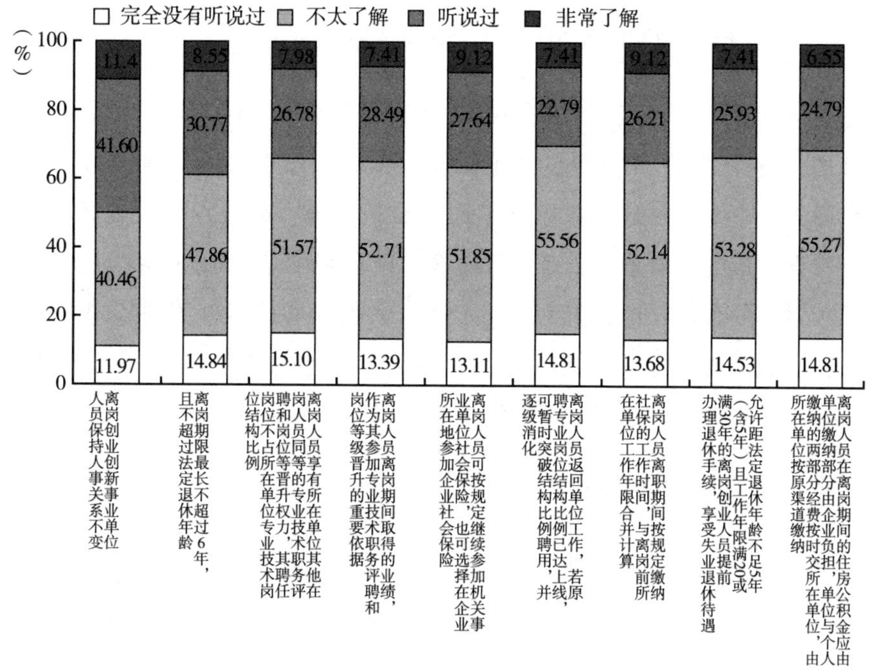

图4　您对离岗创业创新相关政策的了解程度

有的是已拿到获奖证书，有的是已有发明专利，有的正在研发科技项目，有的已与企业在洽谈项目合作，想依据文件精神离岗创业创新。文件出台使科研人员有了努力方向，激发了研究科学技术的动力。但还应看到，此项政策提出的时间不长，实践探索还处于初步阶段，与实际工作的需求和科研人员的期待相比，还存在一定的差距。

（一）基层对于政策的适用理解不一

如关于政策中浙江省“事业单位在编在岗科研人员”的定义，有些单位认为只限于高校、科研院所的科研人员；在办理离岗手续过程中，对于“科技成果证明、成果产业化可行性报告”的认定机构，以及携带的科研项目、成果或技术的认定办法，成果产业化可行性报告，企业合作意向书等的界定范围，基层在操作上也比较困惑。

（二）符合条件的人员较少，科研人员“不敢创”

在区（县、市）级、乡镇一级层面的事业单位工作人员，主要从事一般性的公益性工作，而文件的实施对象为携带科研项目、成果或技术在编在岗科研人员，大部分的事业单位工作人员基本上不符合省里政策规定。另外，符合政策的事业单位科研人员通常有较强的科研能力，能够胜任与企业科研项目等的合作，但是针对创办企业，往往缺少企业运营和企业管理经验，科研人员普遍存在不敢“创”的现象。目前全市事业单位科研人员离岗创业创新共 7 名，全部为离岗到企业创新，没有创办企业。

（三）创业创新动机不端正

文件中有一条优惠政策为：“允许距法定退休年龄不足 5 年（含 5 年）且工作年限满 20 年或工作年限满 30 年的离岗创业创新人员提前办理退休手续，享受事业退休待遇。”个别有意向离岗创业的人，本意并非去创业创新，特别是临近退休的工作人员，想在享受养老保障（提前退休）的基础上，再赚取一份额外的收入，这与此项政策的精神和初衷都是相违背的。

（四）主管部门及单位支持不力

此项政策对于事业单位来讲，会造成人才流失和管理成本增加的情况，因此，事业单位对此政策支持力度有限，在单位内部的宣传力度不够；主管部门怕承担责任，对离岗创业的相关政策也不够支持。从目前反馈的 360 份调查问卷反映出来的情况来看，大部分人员对于各项政策的了解程度主要还是集中在“听说过”和“不太了解”。

（五）政策的针对性和实用性不强

符合此项政策的事业单位人员大部分是高等学校的教师以及科研院所的研究人员，但事实上，这些事业单位的人员早已是“来去自由”了。高校科研人员不离岗也能在企业任职、兼职、创业创新。而且根据走访调研的反馈，不少事业单位科研人员提出希望能够在现单位在岗创业，认为事业单位工作人员的头衔更加有助于他们的创业创新，也能使其更安心。因此，他们对此项政策的需求并不强。

三 优化完善离岗创业创新政策的建议

离岗创业和在岗创业都是激发事业单位科研人员干事创业活力的重要载体，关键是如何有效实施，让科研人员安业、事业单位安心。为激发和释放体制内人才活力，继续有序有效地推进事业单位科研人员离岗创业创新，本文提出以下建议。

（一）解放思想，明确政策导向性

事业单位科研人员离岗创业创新政策能否落地见效，关键看政策导向是否明确有力。

一是主动解放思想与加强引导。主管部门和事业单位要顾大局、识大势，积极制定本单位科研人员离岗创新创业的支持意见。不仅要支持创业创新，更要鼓励单位班子成员和离岗创业创新科研人才“一对一”或“多对一”结对子，跟踪帮扶科研人员尽早融入创新创业环境。

二是加大对事业单位的政策支持。如对离岗创业创新人员原所聘岗位空缺后可以在离岗阶段用予现在岗事业人员，等回单位后一定时期内可突破岗位总数聘用，自然减岗；针对事业单位人才流失和管理成本的增加，国家和地方应适当给予比如税收政策上的倾斜或相应的补偿机制，平衡人才引进和人才流动，建立健全人才“进、管、出”机制。

三是完善相关政策与实施细则。如在加强组织实施、做好跟踪服务、规范管理、强化考核和监督指导等方面加以引导和规范。设立统一的机构或以专家论证小组的形式对提出离岗创业创新人员的科技项目、成果、技术进行认定。完善一些针对基层科技人员的相关政策和细则，从而真正激发大家的创业创新激情，为“大众创业、万众创新”提供切实可行的政策依据。

四是健全事业单位内部管理制度。如对于离岗创业创新的事业人员的条件和协议在单位内部公开公示，以取得全单位职工的信任和支持。对创业创新取得的成果和收益适当予以公布，一则可以保护创业创新人员合法收益，二则可以取得宣传和效仿效应，以进一步激发同类人员离岗位创业创新；建立分类评价体系，对于离岗在岗创业人员在考核、评价、晋级等方面给予政策倾斜，同时，采用选派专业技术人员到企业挂职、参与项目合作、兼职创新或在职创办企业，既调动起科研人员创业的积极性，又能让真正适合创业的人员发挥其自身价值。

（二）夯实信息平台，突出支撑有效性

事业单位自身性质决定其科研人员创新创业无论在信息、资金等方面都存在先天不足的情况。从调研结果中也可以发现，政策对事业单位人员离岗创业创新已经不构成阻碍，更多的是在创业风险上的顾忌、资金和项目的缺乏。政府应大力培育创新主体，积极推进创新创业体系建设，进一步健全和完善服务组织和共享机制建设、创业融资和风险分担等服务。此外，在行政许可、实验室、服务平台建设等方面予以一定的政策支持，着力营造鼓励创新、宽容失败的社会氛围。

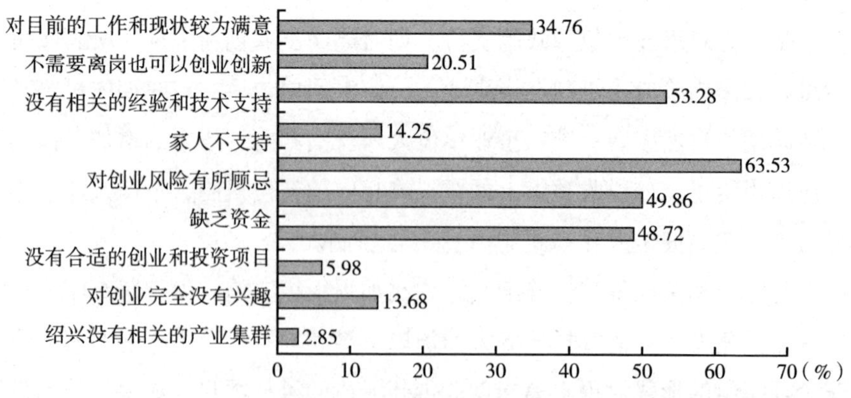

图 5　您不支持或者不愿意离岗创业创新，是出于哪方面的考虑

因此，推动事业单位科研人员离岗创业创新，要从科研人员急需所求出发，打造多样化支撑平台。

一是设置数据平台。摸清本地区各级各类事业单位总体人数、分布情况、结构形成及创新创业意向，掌握本地区产业、企业发展需求及地方发展规划。在此基础上，建立起事业单位专业技术人才分类数据库、与企业意向配对库，并构建动态调整机制，适时研判创新创业形势、趋势，为各行业、领域、区域事业单位专技人才高效对接、高效产出提供参考依据。同时，对其创新创业遇到的疑难问题，及时给予协调解决，对离岗创新创业到期未成功者，及时予以劝退回岗。

二是拓展项目平台，大力整合本地人才项目资源，及时将离岗创新创业的事业单位专技人才纳入人才项目申报范畴，实行事业单位专业技术人才与其他类型人才同等层次相应待遇，必要时成立事业单位科研人才离岗创新创业专项，加大对离岗创新创业科研人才的支持力度。

三是创新金融平台，联合银行、风投机构等，探索推行人才投、人才保、人才贷，鼓励地方以发放“创新券”“创业券”的形式，为离岗人才提供资金支持。用好孵化平台，依托本地产业链、园区、开发区等人才企业设置专技人才技术孵化转化环节，鼓励事业单位离岗科研人才带技能技术到产业园区、开发区等进行孵化转化，零距离融入产业行业企业的创新发展，提高创新创业成功率。

（三）营造氛围，突出服务精准性

事业单位工作人员因其“铁饭碗”身份往往在离岗后的创业创新过程中遭到诸多“非议”，因此打造良好的生态环境，使他们放心离岗、潜心创业显得尤为重要，十分必要。

一要加大宣传。重点瞄准家人不赞成、同事不支持、同行不理解等情况现象，有的放矢利用广播电视、微信等新老媒体，大力宣传“大众创业、万众创新”的国家战略，营造“人人都可创业、人人都能成才”的浓厚氛围。挖掘一批事业单位以往离岗或辞职创业的成功典型，深入宣传他们的创业事迹，必要时邀请他们为创业新人现场传经授宝，切实为体制内专技人才离岗创新创业立起标杆，放好样子。

二要加强培训。按照人才成长规律，建立健全事业单位专业技术人才培养长效机制，要严格依据产业行业相似类似情况，开展事业单位创新创业人才与本地千人计划专家、高校教授等高精尖人才“一对一”或“一对多”结成对子，或由地方或专技人才所在事业单位牵头，在高校集中地区、研发中心区或知名企业集聚地，联合共建事业单位专业技术人才培育基地，不断提升专技人才的创新能力和创业水平，确保人才创新创业底气足。

三要深化考核。树立“算大账”意识，加大对事业单位离岗创新创业取得成绩的考核力度。在年初任务部署、考核指标设置等关键环节，适当提高赋分权重，激励事业单位不断重视科研人才离岗创新创业工作，从而确保科研人才大胆走出来，放手干得好，在离岗创新创业获得更多支持，既有用武之地，更无后顾之忧。

ℝ.19

浙江衢州市事业单位公开招聘制度的实践探索

巫春英*

公开招聘制度是事业单位人事管理制度的重要组成部分，也是事业单位人事管理制度实施过程中的重要环节。衢州市自2007年正式实行事业单位公开招聘制度以来，经过十余年探索实践，为事业单位补充大量的“新鲜血液”，对提升事业单位人员素质、优化人员结构起到积极作用。同时，在实际工作中，也难以避免地遇到困难和挑战。本文以衢州市市属事业单位公开招聘实施情况为例，总结近年来开展的有益探索，浅析当前事业单位公开招聘制度实施中遇到的问题与挑战，对进一步做好事业单位公开招聘工作提出对策建议。

一　衢州市事业单位公开招聘制度实施基本情况

衢州市自2003年起开始进行事业单位选人用人工作改革，参照公务员考试录用模式，试行事业单位公开考试录用办法，积累了一定招考组织工作经验。2007年，根据《事业单位公开招聘人员暂行规定》（人事部令6号）、《浙江省事业单位公开招聘人员暂行办法》（浙人才〔2007〕184号）文件，结合本地实际，制定出台了《衢州市市属事业单位公开招聘人员实施细则》（衢委办〔2007〕90号），从当年10月1日起正式施行，标志着衢州市公开招聘工作步入科学化、规范化、制度化的轨道。据统计，2007

* 巫春英，浙江省衢州市人力资源和社会保障局。

年10月以来全市通过公开招聘途径取得事业单位编制的工作人员共计17629人，其中市属事业单位2846人（硕士研究生以上学历187人，占比6.57%；本科学历1963人，占比68.97%；专科以下学历696人，占比24.45%）。

为说明现行招聘有关情况，对2016～2018年面向社会公开招聘的相关数据进行统计如下（见表1）。

表1　2016～2018年市衢州市属事业单位公开招聘有关数据统计

年份	招聘批次	计划岗位数	户籍放宽岗位数（全省+全国）	报名人数	核减岗位数	招录人数	考录比	备注
2016	公共岗位第一期	51	20+3	—	9	39	—	未采用网上报名系统前，报名人数未做统计
	公共岗位第二期	16	3+3	—	3	12	—	
	市直卫计单位	199	0+12	—	46	148	—	
	市直学校	56	0	—	12	43	—	
	艺术类人才招聘	2	2+0	—	0	2	—	
	小计5期	324	25+18	—	70	244	—	
2017	公共岗位第一期	56	11+5	1091	3	52	21	
	公共岗位第二期	12	4+1	1056	0	12	88	
	市直学校第一期	54	0+54	936	5	49	19	
	市直学校第二期	10	0+10	152	2	8	19	
	市直卫计单位	186	0+19	520	46	134	4	
	小计5期	318	15+89	3755	56	255	—	
2018	公共岗位	36	0+16	2753	5	30	92	
	市直卫计单位	162	0+162	1234	3	33	37	
	市直学校	39	0+39	547	33	134	4	
	市广电传媒集团	8	0+8	73	0	8	9	
	小计4期	245	0+225	4607	41	205	—	
合计	14期	887	40+332	—	167	704	—	

据表1数据分析，近年来，事业单位公开招聘工作呈现以下特点和趋势。一是社会关注度越来越高。事业单位保障稳定，招聘方式开放公平。近年来，大中专院校毕业生除选择进入公务员队伍外，将进入事业单位工作也作为就业的佳选，这使事业单位招聘工作受到了社会的广泛关注。从表1数

据可见，公共岗位公开招聘2017年第一期、2017年第二期、2018年的报名人数及岗位招录比分别为21、88、92，逐期增长。二是公开透明度越来越高。在招聘过程中，突出“三个公开”，即信息公开、过程公开、结果公开，通过每个招聘环节的公开公示，自觉接受新闻媒介和社会的监督，以此保障公民平等竞争权利。三是工作难度越来越大。报名人数增加导致工作量越来越大，招聘成本也越来越高，以2018年市统战与宗教事务服务中心“综合文字”岗为例，单个岗位报名人数达935人，报名资格审查工作量很大，仅笔试考场就安排31个，笔试成本也很高。同时，因社会关注度高，社会网络舆论压力也非常大。

二 近年来主要工作探索

衢州市事业单位公开招聘工作，在公开、平等、竞争、择优原则的指导下，以为用人单位选拔优秀适岗人才为目标，力争工作无差错、无投诉、无争议，不断改革探索，创新实施多元化招聘方式，得到了社会、用人单位及广大考生的充分肯定。

（一）组织管理突出“严”，确保流程规范

严格按照《事业单位公开招聘人员暂行规定》、省公开招聘暂行办法以及市实施细则规范操作，以落实责任为着力点，强化统筹协调，突出抓好组织管理，将“严格严谨”贯穿招聘始终，使招聘充分体现机会公平、规则公平，确保公开招聘工作规范有序。

1. 严把岗位关

在设置报考筛选条件时，通过三个“关联”，将招考的范围、年龄、学历、户籍等限制规定清楚，严防“萝卜招聘”。第一，将招聘岗位设计与单位职责关联，事业单位提出岗位需求时，要求按照三定方案，对照单位的职能与工作目标设置岗位需求；第二，将岗位职责与招聘条件紧密关联，严格按照岗位职责设置专业、能力等报考条件，明确不得设置歧视性、指向性和

无关性招聘条件；第三，将招聘条件与岗位设置关联，岗位晋升时对照招聘提供的岗位说明书开展聘任。

2. 严把程序关

在公开招聘公告中对招聘程序、步骤、方法等进行详细说明，明确工作内容、职责及相关责任单位。重点抓住三个关键环节。一是抓报考资格审查关，由用人单位、主管部门、政府人事管理部门共同对报考人员资格进行网上初审，现场复审，严格按照公示的岗位条件进行报名资格审查。二是抓考试关。根据岗位确定事业考试内容，根据行业、专业及岗位特点确定笔试内容和面试考察方式。根据《浙江省人事考试考务工作规程（试行）》的有关规定，在整个考试过程中，对命题、运卷、考官抽取、考官封闭、考生分组、顺序抽签等都严格按规范操作。采取异地体检的方式，随机抽取有资质的医院进行体检，坚决杜绝各种违纪事件的发生。三是抓考察政审关。每期招聘都会就专门召开培训会，通过典型案例讲解、文件解读等形式，就考察内容、重要事项开展专门培训强调，明确要求，强化责任，严明纪律。

3. 严把监督关

整个公开招聘工作由招聘单位、主管部门和政府人事管理部门参加，互相监督；通过纪检部门的全程参与，及时发现和纠正存在问题；通过每个招聘环节的公示公开，设立举报电话，自觉接受舆论监督、群众监督和社会监督，防止暗箱操作。在招考和聘用过程中，通过与工作人员签订保密责任书，层层压实责任；实行公务回避制度等，加强廉政建设，严明招聘纪律。

衢州市事业单位公开招聘工作在全省属最规范管理地市之一，多年运行下来从未在社会上造成任何不良反响。

（二）招聘范围突出“广”，力求更多选择

从多方面入手，合理放宽报名资格条件，吸引更多的人才来报考，广纳人才。

1. 专业要求放宽

对于用人单位设置专业条件时，要求结合岗位需要从宽确定，适合岗位

要求的专业都应列入报考专业。近年来，可以以“类”报考的岗位越来越多。另外，对专业参考目录未列出的新专业可根据实际情况研究确定审核意见，对部分专业涉及名称更改的，新旧专业可认定为同一专业，专业名称不一致，但所学课程相同相近的，一般可接受报考。

2. 户籍要求放宽

全国范围内，为优先满足本行政区划范围内的就业率，事业单位招聘对许多岗位都要求具有当地常住户口，同时，为吸引优秀人才，对具有硕士研究生以上人员不设户口限制。从表 1 可见，近年来衢州市市属事业单位公开招聘逐步放宽户籍要求，2016 年户籍放宽面向全省及以上（含全国）的占比 13%；2017 年户籍放宽面向全省及以上（含全国）占比 33%；2018 年面向全国户籍占比达 92%。

3. 急需紧缺岗位条件放宽

根据单位的发展情况和用人需求，进行充分调研，确定年度事业单位急需紧缺岗位，对急需紧缺专业岗位在户籍、年龄、学历等资格条件上予以放宽。近两年，对市直卫生医疗单位“儿科医师”“急诊科医师”“麻醉科医生”“超声科医师”，市文化单位的“小生演员”“花旦演员”，市广电传媒集团的“播音主持”等 20 多个岗位放宽了资格条件，80% 急需紧缺岗位招录成功。

（三）考试形式突出“活”，力求选出适岗人才

按照“干什么、考什么”原则，探索体现行业、专业及岗位特点的事业单位公开招聘方式方法，采用灵活多样、实际实用的测试方式，全面测试应聘者的实际工作能力和综合素质，满足不同行业、不同岗位用人需求。

1. 按岗位分类采用考试内容及形式

探索建立了管理岗位、专业技术岗位不同的考评办法。自 2018 年开始，在笔试阶段，管理岗位统一采用“综合应用能力卷”，专技岗位分别采用专业卷。面试阶段，管理岗位采用无领导小组面试方式，可直观地对考生的行为、能力进行横向比较，评价维度更广泛，评价结果更公平全面。

2. 针对岗位需求设置考试形式

笔试采用专业卷和公共卷相结合的方式，在测试考生综合素质及专业理论水平的基础上，对注重实际操作能力要求的岗位增加现场测评、技能加试环节，合理分配分数比例，确保招录人员与岗位要求相适应。

3. 探索创新招聘形式

在充分调研、广泛宣传基础上，走进高校现场，缩短招聘期限，加大对高校优秀应届毕业生的招聘力度。根据用人单位需求及往年选用人才的使用反馈，洽谈选取专业适合、培养质量高的高校参加专场招聘会，采用现场招聘方式，把资格审查、笔试、面试、签约环节全部放在现场，1～2天内完成所有程序，流程短，针对性强，效果显著。2017～2018年，市直学校、医疗卫生单位、托管高校、人防工程管理站等单位到东北师大、浙师大、温医大、南京陆军工程学院等高校专场招聘14次，招录优秀应届生毕业生105人。

三　现阶段遇到的主要矛盾与问题

通过十多年的实践探索，衢州市逐步建立了组织有序、分工明确、程序严谨、操作规范、监督有力的招聘工作机制，公开招聘已成为当前事业单位进人的最主要方式。然而随着公开招聘工作受关注程度越来越高，事业单位多样化、个性化需求日益增长，在具体工作实践中，公开招聘工作不断面临新的矛盾和问题。当前主要矛盾体现在以下几个方面。

（一）用人单位自主权的需求增长与人事干部能力不足的矛盾

《事业单位公开招聘人员暂行规定》明确“公开招聘要坚持政府宏观管理与落实单位用人自主权相结合”。在实际操作中，政府宏观管理与用人单位自主权结合点的准确把握难度较大。随着招聘工作的深入推进，招聘工作的全过程需要公开、公平、公正，不得有因人设岗、“萝卜招聘”现象。作为政府人事部门，必须按照这一标准开展工作，维护社会的公平正义。但事业单位情况不同，用人需求多样，一些招聘岗位还受历史和现实的因素影响，用人单位在岗位条件设置等方面更想体现自主权。近年来，衢州市在用人单位自主权落实方面开展了一定探索，取得一定成效，公开招聘方面，在教育、卫生部门所属事业单位及两所委托管理高校实现了自主招聘。

然而，在深化落实单位用人自主权的过程中发现，除了教育、卫生、交通、住建等事业单位工作人员集中的部门和单位，大部分事业单位规模小，人数少，招聘工作几年才开展一次，甚至有 11 年来从未开展过公开招聘工作的单位存在。这些单位不同程度地存在人事部门人员少、人员不稳定或者兼职做人事的情况，人事干部工作能力、经验已然不能适应当前事业单位发展和公开招聘工作需求。这个问题在设置招聘岗位时尤为明显，由于缺乏人力资源管理的专业知识和技术，事业单位人事部门无法准确提炼岗位所需的关键要素，并据此设置相应的岗位条件。如果政府人事部门不及时给予干预指导，很容易导致招聘岗位针对性不强，实际招聘人选与岗位工作不相匹配。在公开招聘的各个环节，人事干部处理问题不科学、不及时，也会给公开招聘工作带来更大的压力和挑战。

（二）事业单位对考试多样化的需求增长与考试科学性仍有待提高的矛盾

目前来说，考试仍是最公平、最易操作的测评方式。事业单位各种岗位设置差异性大，专业技能要求高，需要的人才多种多样。这种特点决定了事业单位公开招聘人员不可能完全采用公务员的招考方式，即统一组织、统一命题、统一考试。为更好地满足事业需求，近年来衢州市在完善专业化试卷命题、多样化面试方式、增加技能加试环节等方面开展了有益探索，一定程度上更好地考察了应试者的能力、素养和品行，但距离全面、准确、科学地考察人才，满足用人单位人才需求的目标仍有差距，考试组织的矛盾与困难也日益显现，目前面临的主要问题如下。

1. 复杂多样的岗位需求导致考试科目设置缺乏统一可参照标准的问题

由于事业单位工作类型和岗位复杂多样，因此在公开招聘考试时，就面临复杂的考试科目设置情况。目前，全国范围对事业单位公开招聘考试科目的设置缺乏统一、科学、可参照的标准。浙江省现有的笔试只有《职业能力倾向测验》和《综合应用能力》两个科目，《综合应用能力》分为综合管理类（A类）与自然科学专技类（B类），两类试卷显然仍然不能适应各事业单位复杂的岗位需求。

2. 自主命题带来考试组织工作量大、命题成本高的问题

为更好地满足事业单位多元化、个性化的人才需求，相比浙江省其他很多地市直接参加全省事业单位招聘统一笔试，衢州市坚持由市级政府人事管理部门组织笔试，根据岗位需求、委托专业机构分类命题。这样一来，工作量非常大，从前文2016～2018年公开招聘有关数据统计表可见，每年通过公开招聘的岗位需求都在300个左右，自主命题的成本高，同时，由于对笔试出题机构的认定也缺乏官方标准，导致在选择笔试出题机构方面的不可控因素。

3. 参加考试人员受培训痕迹明显带来考试测查结果有效性降低

随着事业单位公开招聘的关注度越来越高，竞争日益激烈。市场上一批考试培训机构专门研究事业单位公开招聘考试，在培训内容、培训形式、收费方式方面探索改进，吸引一大批对象参加培训。因区域内事业单位招聘笔试题型具有一定同质性，全国范围面试形式单一，测评要素相对固定，多数考生通过专业培训机构辅导，反复训练题型，学习答题技巧和套路，短期内可以提高自己的答题技巧，不能如实反映考生的工作能力和素质。这样招聘的人才可能达不到用人单位需要的实际工作能力。衢州市因笔试单独命题在笔试方面一定程度避免了这方面的问题，但是面试方面也同样不可避免地面对这个问题。

4. 面试考官管理有待加强

考官在整个面试环节非常关键，直接关系面试的公正性、真实性和面试效果。目前衢州市事业单位面试考官库是在公务员面试考官库的基础上发展建立的，由于缺乏统筹等原因，该考官库的管理仍显不足。针对事业单位各个领域专业技术需求的分门类专业考官库仍不健全。在系统化、专业化培训

方面，甚至有部分考生通过多次考试及培训，现实中可能存在考生参加培训的次数甚至比考官参加专业培训的次数更多的情况。

（三）专业放宽及随之带来的审查难度加大的问题

目前事业单位公开招聘设置和审查专业时，和公务员招考一样，参照的都是教育部2012年颁布的《本科新旧专业（对照）目录和研究生学科（含1997年专业及专业硕士）目录综合对照表》。近年来，在公开招聘的审核专业实践中，发现此目录并未覆盖所有专业，同时为了扩大招聘范围，目前在专业要求上也尽快放宽，所以在资格审核时，专业方面的审核问题较多。每次公开招聘关于专业的咨询与投诉件也最多。

实践中遇到的主要问题有以下几个方面。一是教育部专业设置覆盖不全，更新滞后，导致部分岗位对专业设置的覆盖不全，专业审核期间常有相近专业未覆盖，修读相近课程的专业考生审核不通过不切合工作实际，但是审核通过的话，依据也不充分。二是少部分高校设置专业不规范。在实践中，经常遇到考生毕业证书上的专业与报考条件设置的专业不符，但考生认为自己专业只是名称不同，符合报考专业要求。三是留学归国人员的专业认定较难，用人单位不敢轻易审核通过。由于中外教育制度上的实际差异，国外专业名称与国内专业设置名称不尽相同，教育部留学人员服务中心认证只是单纯对国外专业翻译，而没有参照国内的专业进行归类，导致审核时只能根据国内外课程进行对比，大大增加了工作量和审核难度，有些被取消资格的考生也表示不理解。四是国内一批高校双专业、辅修专业、双学位的设置不尽规范，这类人员报考给专业审查带来一定挑战。

三 对策建议

随着国家机构改革工作的不断深入，事业单位对优秀人才的需求不断提升，事业单位公开招聘一段时期内仍将是人才进入的主要途径。作为市级政府人事部门，应加强问题调研和经验总结，深化改革实践，细化落实政策，切实承担职责，推进公开招聘制度更加规范完善，公开招聘工作更加科学有效。

（一）进一步加强人事干部培训，提升人事干部能力，深化落实用人单位自主权

1. 要加强对人事干部人力资源管理方面的专业培训与指导

通过培训指导，强化人力资源管理的技能，掌握科学的工作方法，使其能够根据人员结构进行人力资源规划、岗位分析，从而明确招聘人员专业、学历层次、数量等，最终合理确定用人计划，有针对性地进行招聘，从而逐步放权由用人单位自主招聘。

2. 要继续深化落实用人单位自主权

要明晰事业单位公开招聘综合管理部门、主管部门和事业单位的责任，强化公开招聘各类主体和相关工作人员的责任意识。一方面，进一步强调事业单位的用人主体责任，坚决落实用人单位在招聘方案制定与组织实施、人员资格审查、考试考核、人员聘用等方面的自主权，促进用人单位依法用权，依法管理。另一方面，明确政府人事综合管理部门的指导、监督责任，认真履行职责，实行有效监管，加快转变职能，切实加强事中事后监管，放管结合，优化服务。

（二）进一步加强考试研究，丰富考试形式和内容，逐步提高考试科学性

1. 推动建立更科学的考试规范

积极向上汇报，争取国家、省级层面加强政策与业务指导，推进全国全省层面构建更加科学的、符合事业单位特点的试题规范与评价体系，提高考试组织的效率，降低各地考试组织成本。

2. 研究建立更贴合实际的试题框架

注重对历次考试试题进行分析，科学评价试题信度、效度及区分度，更加科学选择命题机构。加大研究及投入，开发培养本地优秀的出题专家，提

升自主命题的能力水平；加强区域合作，丰富试题来源，根据衢州市事业单位实际，逐步探索建立分行业、分系统、真正适合事业单位公开招聘考试的试题库。

3. 探索采用更加灵活的考试形式

为全面、系统地了解应聘者，考试要保持一定的灵活性和多样性，尽量避免考试题型和形式单一导致的培训痕迹明显、影响测查效果的问题。要结合实际，根据事业单位岗位特点合理选择测试内容。加强试题研究，分析如何能更全面地考察应聘者的能力，不断提高试卷的信度、效度及区分度。根据岗位需求，公开招聘还可以探索增加心理测试，对应聘者的职业兴趣、动机态度、抗压能力等进行测试，为招聘岗位寻找最适合人选。也可通过对考试形式、流程等的改革，进一步节约成本，提高招聘效率。

4. 加快建立更规范的考官管理制度

实行面试考官持证上岗制度，建立面试考官库。强化统筹协调，进一步加强事业单位公开招聘面试考官库管理。建立实行定期轮训、进入、退出、回避等机制，推进考官在地区间、单位间的交叉使用，以保证面试的科学性、客观性、公正性、透明性。

（三）进一步完善审查办法，强化规范操作，切实做好专业审查工作

1. 研究完善专业审查操作办法

要在现行做法的基础上，总结经验，加强与上级部门的沟通，注重各地先进做法的学习，参照公务员招考的做法，研究建立一套涵盖相近相关专业审核、双学历及双学位人员以第二专业报考的审核、国外学历人员的毕业专业审核等内容的专业审查办法。

2. 强化规范操作

根据每次公开招聘工作实际，制定相应的专业资格审查办法并与招聘公告一并公布，供报考人员查阅。要强化用人单位、主管部门人事干部的培训，在专业审查中，要求用人单位把握专业条件结合岗位从宽确定原则的同

时，对未列出的新专业审核要求经过政府人事主管部门备案确认，并对备案确认的新专业要列入下一期同岗位招聘的专业范围。

3. 推动建立规范统一的专业目录及审查办法

对事业单位公开招聘审核专业中遇到的有关问题，应及时向上级部门进行汇报，建议教育部自上而下规范高校学科专业目录。建议国家、省级政府人事部门对各地专业审查中遇到的问题、经典的案例搜集整理，汇编成册，研究制定统一的事业单位招聘专业目录及审查办法。

总而言之，当前衢州市事业单位公开招聘工作仍存在亟待完善的内容，随着实践深入也会面临新的问题和矛盾。做好事业单位公开招聘并非一项一蹴而就的工作，应充分联系实际循序渐进，不断探索建立完善科学的招聘制度、规范的操作办法、有效的招聘方式，最大限度地发挥公开招聘作用，从而确保事业单位人才充足、健康发展。

ℝ.20

浙江常山县以全员岗位设置激发医共体建设活力的实践与创新

朱璋　尹俊*

近年来，浙江省衢州市常山县在推进县域医共体建设过程中，围绕全员岗位管理工作，积极探索，大胆创新，促使岗位人员匹配更优、医务人员干事更实、医疗机构活力更足、群众满意度更高，努力实现群众、医院、医务人员三方共赢。

一　主要做法

1. 全员设岗

在充分调研的基础上，开展全员岗位设定。根据医共体总院和分院的工作需求、服务人口等客观因素，综合当前需求和未来发展需求，制订三年岗位设置规划，规划中预留20%的岗位作为今后医院发展的增岗空间。通过全员岗位设定，实现了不同分院干部职工的统一化管理，变“单位人”为“系统人”。2018年，基层分院设岗425个，岗位设置数较编制核定数少106个，专技岗占比90%以上。

2. 合理定岗

岗位设定后，根据岗位等级、岗位类别制作岗位说明书，明确临床、护理、医技、管理等8类不同岗位的工作标准、聘用条件并予以公示。制定岗位说明书，分院建立全员兼职制度并采用“1+N”的模式定岗。“1”是指

* 朱璋、尹俊，浙江省常山县卫生健康局。

在职称晋升时，各分院岗位聚合成同一岗位池，在职称评聘时，可统一打包使用；“N”是指各分院根据单位运行需要，可设立N个不同岗位。截至2018年底，各医共体分院编制岗位说明书377份，聘岗377人。

3. 因才聘岗

按照岗位说明书推行全员岗位聘任制，岗位三年一聘，人员薪酬发放跟着岗位走，即按照所聘岗位发放奖励性绩效，增加岗位聘任的吸引力。同时，在医共体内实行聘期考核，在聘期内工作业绩不佳、工作态度不优的医务人员根据具体考核情况在下一聘期中予以降格（职称降低）或降级（职级降低）聘任。通过全员岗位聘任实现待遇能上能下、岗位能高能低、人员能进能出。2018年，分院23名医务人员岗位进行了调整。

4. 科学并岗

医共体实施前，基层分院普遍存在工作人员和工作总量相对不足的问题。医共体实施后，从分院与分院间同类岗位、分院内部岗位两个层面入手，将工作量相对不足的岗位进行合并。例如，分院内部将血地防医生岗位与公卫医生的岗位进行合并。2018年，通过并岗，节省岗位人员25人，其中财务岗位人员减少16人。

5. 全力腾岗

实施医共体前，医疗机构中后勤人员主要通过工勤人员编制招考或招聘协议人员来招录。实施医共体推进后，统一实行后勤服务社会化，除在聘岗位外，不再设安保、物业、保洁等工勤岗位，如有需要，一律以购买服务形式实现，将更多编制用于医疗专技人员的招聘。2018年，医共体腾出安保、物业、保洁等工勤岗位47个，让分院岗位更加专业化。

6. 按需顶岗

推进医共体内人员按需顶岗。顶岗主要分为总院专家到分院顶岗上班，分院职工到总院短期进修、轮训，分院职工内部顶岗三种方式。主要破解分院部分岗位需求较高且内部无法满足的问题，分院职工能力不足的问题及分院因职工生育、病假等因素造成的人员中短期不足的问题。实施医共体内统一排班，总院根据各分院业务发展和群众需求，采用长驻和临时派驻相结合的方式，安排总院专家到各分院上班。截至 2018 年底，医共体内安排 9 人在分院间按需顶岗；实行医共体统一排班 4 期次，推动总院专家到分院执业 978 人次。

二　取得的成效

1. 医务人员干事热情得激发

全员岗位设置后，岗位职责、工作标准更明确，岗位和人员更匹配，工作效率、工作质量得到大幅度提升。2018 年，基层医共体分院门诊人次，住院人次和一、二级手术同比分别增长 5.57%、36.8% 和 62.1%。按照“两个允许”政策出台的薪酬分配新办法，充分激发了医务人员的干事热情，愿意干事、主动找事、努力干成事的氛围逐步浓厚，医务人员整体薪酬同比提高 12%。整体收入的提升，既激发了医务人员的干事热情也稳固了人才队，减少了人员外流，2018 年，医共体内人员外流同比下降 72.7%，首次出现 3 名外流中高级职称医务人员回流。

2. 基层医疗服务能力得提升

通过全员岗位设置变身份管理为岗位管理，人员岗位匹配度更优，工作效率更高。医共体总院承担起医共体内分院管理、医疗业务提升、人员招录培训、公共卫生服务提升等工作职责，不断推进总分院间管理一体化、服务同质化，基层分院的服务水平得到有力提升。2018 年，总院指导分院开展新技术新项目 63 项，县域就诊率同比上升 2 个百分点。

3. 群众就医满意度得提高

通过全员岗位设置、医共体统一排班，更多的总院专家到分院门诊坐诊、手术带教、教学查房，参与家庭医生签约服务和开展健康宣教等工作。群众切实感受到基层医疗服务水平提高了，服务态度更好了，看病就诊方便了，群众健康获得感有效提升。2018 年，群众对医院满意度达 98%，同比提高 3 个百分点。

ℝ.21

河北省人才政策的创新与实践

赵砚文*

人才政策创新是指各级政府为了适应人才创新发展需要，更好地引进和留住人才，对原有人才政策进行改革、完善以及制定和实施新的人才政策的活动过程。党的十九大报告明确提出要“实行更加积极、更加开放、更加有效的人才政策”。在2018年全国两会期间，习近平总书记讲道：“强起来靠创新，创新靠人才。人才政策、创新机制都是下一步改革的重点。”目前，河北省的人才政策在积极性、开放性、有效性上仍存有较大的提升空间，决策者应进一步转变观念，积极培育正向激励的“政策土壤”，结合本地实际精准发力，重点施策，让人才政策创新实绩更有“厚度”，人才发展环境更有“温度”。

一　人才政策创新的实践

党的十八大以来，河北省相继出台的宏观人才政策，涵盖了人才引进、培养、激励和评价等各个环节，可以归纳为以下几个主要方面。

（一）鼓励人才创新创业，加大对各类人才的激励力度

党的十八大以来，习近平总书记多次强调实施创新驱动发展战略的重要性，并明确指出：“创新驱动实质上是人才驱动。”2015年3月李克强总理在政府工作报告中提出，要通过推进“大众创业、万众创新”等措施推动

* 赵砚文，河北省社会科学院。

我国经济提质增效升级。为了落实国家发展战略，河北省相继出台多项鼓励、吸引和集聚各类人才的优惠政策，进一步加大对人才创新创业的扶持激励力度，如2015年10月和2016年7月分别发布的《河北省人民政府关于大力推进大众创业万众创新若干政策措施的实施意见》和《中共河北省委河北省人民政府关于加快科技创新建设创新型河北的决定》等。为了更有效激励高层次人才创新创业，省科技厅、省发展改革委、省财政厅、省人力资源和社会保障厅等多部门重磅出台扶持高层次创新团队配套实施细则的“政策组合包”，其中包含了16个含金量高、操作性强的政策文件，大幅增加了资助资金额度，而且在信贷、税收等方面也给予高层次人才创业极大的便利和优惠。石家庄、保定、廊坊等各地市纷纷通过多种方式鼓励各类科技人才创新创业，着力将创新创业活动落到实处。在国家支持大学生创新创业政策框架基础上，河北省积极出台了一系列扶持大学生创新创业的配套政策，客观上与中央一道联动助力“双创”，为大学生创新创业插上了腾飞的“翅膀”。

（二）深化人才发展体制机制改革，营造更好的创新氛围

中央发布的《关于深化人才发展体制机制改革的意见》，前所未有地从国家发展和党的建设制度改革的高度，在人才管理、引进、培养、激励、评价和创新创业等各个环节以及建立人才优先发展保障机制、深化体制机制改革等方面提出了更高要求。根据中央改革精神要求，结合河北发展战略定位的实际需要，2016年7月，河北省委、省政府发布了《关于深化人才发展体制机制改革的实施意见》（以下简称《意见》）。《意见》作为河北省人才发展体制机制改革的综合指导性文件，首次从制度的层面探索如何为人才营造更好的创新发展环境。《意见》从人才管理体制和人才引进、培养、评价、流动、激励等方面提出了具体改革方案，同时，在加快建立京津冀人才一体化发展、充分发挥市场在人才资源配置中的决定性作用以及构建符合创新驱动发展规律的创新创业机制等方面颁布了一系列创新举措，并围绕建设经济强省美丽河北的目标，对深化人才发展体制机制改革，培育壮大符合创新发展要求的人才队伍制定了具体措施。2017～2018年，河北省11个地市

和相关部门围绕落实《意见》精神，相继出台了多项改革政策和配套文件，涵盖了各个领域和各行业人才，优化了人才创新环境，以体制机制之“变”换来人才创新创业之“便”。

（三）进一步向用人主体放权，激发科技人才创新活力

按照习近平总书记在第十二届全国人大四次会议上提出的“人才政策，手脚还要放开一些”的要求，河北省的人才政策在进一步开放方面进行了积极探索和大胆尝试。《关于深化人才发展体制机制改革的实施意见》中在“支持机关事业单位人才离岗创业”方面的政策创新内容受到了社会各界的高度关注，引起了积极反响。河北省鼓励高校、科研院所人员到企业兼职兼薪，并对高校、科研院所等事业单位科研人员离岗创业或开展科技成果转化期间的人事关系、社会保险和住房公积金、档案工资和专业技术职务晋升等管理制度进行了大胆改革，突破了原有管理体制的束缚，进一步向用人主体放权，为人才松绑，充分激发了人才活力。2018 年，河北省事业单位专业技术人员有 500 余人离岗创业，其中自主创办或入股创办科技型企业的 448 人，到企业从事科技成果转化的 45 人。为完善科研人员收入分配机制，2017 年 9 月河北省委、省政府发布了《关于落实以增加知识价值为导向分配政策的实施意见》，通过收入分配政策的激励引导作用，让科技人才的智力劳动得到合理回报，真正实现“名利双收”。在人才评价方面，省科技厅在充分调研基础上，广泛征求专家学者意见，2018 年 6 月发布了《关于加快推进科技人才评价机制改革的实施意见》，健全了河北省不同领域和岗位科技人才的评价标准，要求在同行评价基础上，注重引入市场评价和社会评价，建立和完善以科技人才的创新能力、成果质量、个人贡献和绩效为导向的科技人才评价体系，让人才价值得到充分尊重和体现。

二　人才政策创新面临的挑战

近年来，河北省在推进人才政策创新及深化体制机制改革层面，取得了

显著成效，但是，河北省的人才政策在配套制度的完善和部门协同等方面还存在一些问题需要加以解决。

（一）政策实施过程中的协同保障问题

河北省的人才政策在实施过程中一般会涉及两个以上的部门，如省级和地方政府、不同的政府部门、企事业单位等用人主体，这些部门或组织都会介入人才工作的各种任务环境中，使人才工作的政策整合问题更加突出。从横向看，人才政策一般会涉及人社、教育、财政、科技、公安和税务等多个政府部门，这些部门在制定和实施本部门人才政策的过程中会出现碎片化现象，有些政策目标会重叠，有些政策的衔接和流程会出现问题，各部门的人才政策互补性不强甚至有些政策会发生“冲突”。比较典型的问题是“中梗阻”，即领导有认识，政策有意图，人才有意愿，但中间环节难以打通。如引进的高层次人才其子女在入学时由于户籍问题而受到教育部门限制；对科技人才的项目资金支持，由于一些不科学的财务管理制度，科研经费使用困难；引进的领军人才，其医疗、社会保障、经费管理、住房等是由不同部门分别管理，执行不同步，各部门政策也不协调，很多问题长期无法落实等。从纵向看，由于政策实施过程中的沟通和激励机制不完善，政策落地难，导致人才政策难以取得预期的实施效果。

（二）政策特殊性与普惠性的关系问题

改革开放以来，经济社会的快速发展，政策价值导向更多地体现为对发展速度和工作效率的关注。在这样的大背景下，人才政策也表现出同样的情况。虽然河北省在《河北省中长期人才发展规划纲要（2010～2020）》中明确指出：“以促进人的全面发展为根本方针，把充分发挥各类人才的作用作为人才工作的根本任务，为各类人才成长与发挥作用提供良好平台和环境。”但是，在实践中，有些用人单位为了发挥高层次人才或学术学科带头人的引领作用，人才政策的对象更多地集中在高端和紧缺等少数人才身上。如河北大学、河北师范大学和燕山大学等多所高校引进科研领军人才的年薪均在 90 万 ~160 万元，安家费是 180 万 ~500 万元，除此之外，还有科研启动费和科研平台建设费等，这与河北省高校青年教师年均 5 万元的工资收入形成了鲜明对比。2016 年统计显示，河北大学具有专业技术职称的教师 1881 人，其中引进的高层次人才（年薪制和协议工资制）是 31 人，仅占 1.5%。长此以往，人才政策实施过程就会面临公平和效率、特殊性和普惠性的关系问题。另外，在政策资金来源和使用程序方面，由于人才政策的经费多数来源于省财政经费，而省财政经费一般应该用于公共服务的提供与改善，如果用于个人或小群体创新创业活动的资助，则需要足够的证据证明其合乎全体纳税人福利水平的提高，否则就会带来政策资源使用方面的问题。而且政府资助的个人或企业一旦失败，就会造成政府公共经费的损失，就会使这一问题更加突出，因此，这一点必须引起政策制定部门的重视和反思。

（三）政策的政府主导模式与市场作用发挥问题

长期以来，河北省在人才引进、评价、激励等关键环节，政府都发挥着举足轻重的作用。政府行政主导的人才政策模式，一方面表现为政府行政力量对人才工作的强力推动，同时也容易形成短期成效或“象征性执行”。如果省级层面在制定政策时没有充分考虑到各地市的实际差异，政策的弹性较小，地方政策可能会出现“向上对齐”的现象。另一方面则表现为市场机制作用不能充分发挥，势必会导致人才政策的效率递减，难以满足人才创新创业等多样化的服务需求。加上政府自下而上的政策扩散能力有限，虽然省直有关部门每年进行多次调研走访工作，在调研中会发现一些亟待解决的突出问题，而这些问题有时不能及时转化为人才政策，就是同一项人才政策在不同的地、市实施过程中也会存在差异。有些地方的政府决策者善于总结经验和教训，能够利用各种形式加强学习，及时调整和细化政策内容，而有的地方政府行动迟缓，调整较慢，使政策实施难以适应不断变化的社会环境。另外，数据库的建立与共享方面，也存在信息难以整合、资源共享不畅等问题。全省各级政府部门应充分发挥市场在人才评价和激励等方面的作用，改变政府过多干预人才工作具体环节的旧模式，鼓励市场主体和社会资金对人才创新创业投资和服务的支持力度。政府要着重加强人才工作的监管，优化人才公共服务，保障用人主体和各级各类人才在市场上公平竞争，为人才的创新创业提供良好的发展环境。

三 人才政策创新的思考与建议

人才政策的不断调整、细化和完善应始终贯穿政策创新的过程中。浙江省、上海市和北京市为了更好地制定和完善人才政策，经常开展多种形式的交流活动，人才工作的网站也在及时更新，不断改进，使人才政策创新更有实效性，最终形成良性循环。河北省人才政策的决策者和参与者，应从省内外实践中获得启示，在实践中汲取经验，通过政策创新带动体制机制创新，营造良好的人才政策环境。

（一）增强政策普惠性，建设“双创”专业服务平台

创新驱动实质上是人才驱动，河北省在人才政策创新上，应增强创新创业相关政策的普惠性，以创新创业服务平台载体建设为抓手，多措并举，全面提升服务人才创新创业的能力和水平。“普惠”包括两层含义，一是在政策对象上体现全面覆盖性；二是人才能够真正享受到工作生活各方面的基础政策保障。随着“大众创业、万众创新”工作的深入开展，在涉及人才创新创业以及工作生活的基础性问题上，应出台具有普遍性的支持政策。在创新创业人才政策扶持对象的门槛设定上，只要是符合创新创业工作要求的，都可以享受统一的政策支持，体现政策的公平性和普惠性。近年来，河北省人才政策重点关注高层次人才创新创业问题，相关鼓励政策的惠及对象也多是各领域的高层次人才。在鼓励“大众创业、万众创新”和实施创新驱动发展战略的新形势下，建议各级政府将享受创新创业政策利好的对象范围逐渐扩大，做好不同群体之间创新创业优惠和支持政策的有效衔接，完善政策导向的公平机制，这既是推进“双创”工作深入开展的重要举措，也是新时期人才创新创业政策的发展趋势。各级政府应尽快建立人才数据库，方便

用人单位精准引进各类“对口、管用”的人才。同时，在人才政策制定过程中，要逐步把公众参与、风险评估、集体讨论、合法性审查、专家论证等民主决策机制引入政策制定中，关注政策的普适性价值，真正营造一个良好的、宽松的政策环境。

着力建设创新创业专业服务平台。为了更好地推进“大众创业、万众创新”，2015 年 1 月，李克强总理召开国务院常务会议，研究制定发展众创空间服务创新创业的政策。2015 年 3 月 11 日，国务院办公厅印发了《关于发展众创空间推进大众创新创业的指导意见》，提出了加快构建众创空间等具有较强专业化服务能力的新型创业服务平台的发展任务。近年来，在中央的大力推动下，河北省政府及相关部门出台了一系列发展众创空间支持创新创业的政策，取得了显著成效。为推进这项工作持续开展，河北省发改委制定了 2018 年全省《“双创”示范基地培育活动实施方案》，提出 2018 年河北将扎实抓好省级以上“双创”载体平台建设，全年推进建设 24 个省级以上“双创”示范基地。同时，推进开展市级“双创”示范基地建设工作，年内每个设区市建设市级以上“双创”示范基地 2～3 个，定州市、辛集市各建设市级以上“双创”示范基地 1～2 个。建议各级政府部门要以创新创业服务平台载体建设为抓手，制定具体实施措施，吸引集聚各类创新创业人才，把“双创”服务平台建设各项工作真正落地落实。

（二）发挥多元主体作用，构建人才发展治理体系

“构建科学规范、开放包容、运行高效的人才发展治理体系”是深化人才发展体制机制改革的重要目标。治理和管理的本质区别在于政府职能的转变，治理强调的是政府、市场、社会等各类主体共同参与其中，充分发挥多元主体的积极作用。构建人才发展治理体系，需要改革一直以来由政府主导的人才管理模式，发挥用人单位、社会组织及各类人才在人才发展治理中的应有作用。

为人才松绑。一直以来，河北省的人才政策在配套制度的完善和部门协同保障等方面仍存在很多问题，科技人才所受到的一些束缚依然没有完全消

除。如科技人才反映强烈的科研经费管理办法不合理问题；科研院所等事业单位科研人员考核评价不科学、激励不充分问题等。这些不科学、不合理的政策规定，束缚了人才创新创业积极性的更好发挥。为人才松绑要“放好、放活、放到位”，人才政策就需要调整再细化，事业平台需要全面优化，真正让政策从部门“兜里”落到人才“手里”。

向用人主体放权。在法律允许范围内，用人单位在人才引进、培养、激励和评价等方面的自主权应得到充分的尊重，政府不再干预人才管理过程中的具体事务，给用人主体足够的自主权。河北省近年来出台的人才政策在下放用人单位自主权方面虽然解决了一些突出矛盾，但是缺乏配套的具体实施细则，可操作性不强。建议落实向用人主体放权和完善高校和科研机构内部治理同步推进，同时成立人才评估、认定的第三方组织和机构，打造更加专业化、社会化的人才评价体系。

发挥社会组织的积极作用。随着政府审批制度改革的深入推进，政府人才管理的职能转变也取得了明显成效。2015 年河北省政府印发了《关于推进简政放权放管结合转变政府职能的工作方案》，对政府部门保留的多项非行政许可审批事项进行了清理。政府取消职业资格认定等人才管理事项，要求有相应的社会组织转接之前由政府部门主管的人才工作事务。这就需要大力扶持和规范各个专业学会和行业协会等社会组织，提升其在人才评价等方面的权威性，发挥社会组织的积极作用。河北省《关于改革社会组织管理制度促进社会组织健康有序发展的实施意见》将“完善社会组织人才政策”作为优化社会组织发展环境的一个重要方面，建议各级政府尽快落实行业协会与行政机关脱钩的配套文件，完善财政税收支持政策，建立公开透明的行业协会各项管理制度。

充分发挥市场在人才资源配置中的决定性作用。随着人才发展体制机制改革的不断深化，市场机制在人才评价和人才创新创业支持等方面的作用日益受到重视。在这方面河北省应学习上海、北京等地做法，在深化人才发展体制机制改革政策中明确提出引进人才的业绩要经过市场检验，并且要求市场价值达到一定水平，通过人才流动和评价突出市场机制的作用，达到用人制度的市场化改革的目的。建议各级政府部门改变过去的一些做法，不要过多干预人才工作具体环节，充分发挥市场在人才流动和使用等方面的作用，鼓励市场主体和社会资金对人才创新创业投资和服务的支持。

提高政府的管理和服务水平。河北省在《关于进一步加强人才工作的若干意见》中明确提出，政府要按照管宏观、管政策、管协调、管服务的要求，搞好统筹规划，完善政策措施，整合工作力量，提供有效服务。在当前深化人才发展体制机制改革的新形势下，政府人才管理职能转变对更好地发挥人才管理和服务作用提出了更高的要求。一方面，政府要做好人才工作的规划和政策制定，总体谋划人才发展大局；另一方面，在人才政策实施过程中，还需要形成相关职能部门各司其职、密切配合、通力合作的政府人才工作总体格局。建议各级政府在出台政策后要狠抓政策落地，政策应与市场一起发挥作用，以吸引和留住人才。同时还要避免“跟风”出台政策，要从长远出发制定完整的、可持续的政策体系，形成人才发展长效机制，避免人才政策成为“中看不中用”的政绩秀。

（三）加强人才立法工作，为人才发展提供有力保障

法制是人才工作中最具执行力、最有效率、最强有力的支撑保障。在全国人才工作实践中，厦门和珠海等地通过人才立法推进人才工作，取得了明显成效，深圳、南京等地人才立法工作也走在了全国前列。河北省中长期人才发展规划纲要提出要“完善人才政策法规体系”，“研究制定人才促进条例及人才权益保护、人才市场管理、人才继续教育和职业资格管理、人才安全保障、事业单位人事管理等方面地方法规”，对河北省人才立法工作提出了明确要求。2018 年 8 月石家庄市第十四届人民代表大会常务委员会第十三次会议通过了《石家庄市人才发展促进条例》，为全省人才立法工作开了个好头，其他地市也应在条件成熟时尽快制定人才工作条例，同时清理影响人才创新发展以及不合时宜的政策和规定，把经过实践检验、效果较好的人才政策上升为法律法规，为人才工作科学化提供法律保障。

ℝ.22

山东青岛市市北区事业单位人员聘用网办一体化的实践探索

王伊莲*

青岛市市北区以深化改革和规范管理为主线，以创新发展和提升服务为目标，不断探索事业单位人事管理的规范途径，优化人事管理制度，通过精细化流程再造、规范化聘用制度和科学化聘后管理，从严管理事业单位岗位，建立灵活有序的事业单位人员聘用制度，针对岗位管理，规范专业技术人员交流程序，创新规范管理制度，建立一支充满活力的事业单位工作人员队伍。

一 基本情况

高度重视事业单位管理，市北区研究制定了《市北区事业单位人员岗位聘用暂行办法》《市北区科级及以下人员管理暂定规定》，编订《事业单位人事管理业务指导手册》，建立和健全了科学化的聘后管理制度。为规范事业单位岗位聘用及日常管理工作，2016 年，依托工资“e 网平台”，研发了专门用于事业单位人员聘用管理的“事业单位人事信息管理系统”。

二 主要做法

2016 年，突破传统工作模式，充分利用信息技术和现有信息资源，在全市首创“事业单位人事信息管理系统”。该系统依托“青岛市市北区人力

* 王伊莲，青岛市市北区人力资源和社会保障局。

资源 e 网平台”人事管理业务办公网，通过事业人员历次聘用信息的录入、完善，建立市北区事业单位人员人事信息库，用于市北区事业单位人员信息查询、岗位变动、晋级审批等，填补了事业单位管理工作无纸化办公的空白，深化了事业单位聘后成果，形成事业单位管理信息数据共享、网上一站式业务办理模式。

（一）深入调研，制定方案，合力研发系统平台

为切实提升工作效能，使数据库更好地服务于事业单位人事管理工作，在深入走访调研、多方学习经验、广泛采纳建议的基础上，研发事业单位人事管理信息系统。一是通过走访调研、召开座谈会等方式，认真听取基层事业单位对岗位聘后工作的意见和建议。按照省、市相关政策规定，结合各事业单位提出的合理需求，梳理市北区在设岗、新进人员、聘用备案、调动、减员、退休等业务流程和所需指标。二是加强与市人力资源和社会保障局（简称“人社局”）和其他兄弟区市的沟通交流，积极对标先进城市，总结事业单位人事管理工作中的好经验好方法，结合市北区目前的实际情况，围绕信息化建设、优化办事流程等方面，研究制定行之有效的实施方案。三是在与软件公司合力研发系统的过程中，不断摸索、修订数据库程序，确保系统设计规范化、标准化，涵盖内容全面化、精细化，兼顾可操作性和灵活性。联动“青岛市市北区人力资源 e 网平台”人事管理业务办公网采集事业单位在编人员信息数据，在大大缩短系统研发周期的同时，更大程度地保障了信息库数据的全面、准确。四是做好系统安全设计工作，根据青岛市电子政务业务系统建设的有关规定，设置程序，避免各种可能存在的风险。

（二）规范应用，试点推广，初步建立数据库

人事管理信息系统于 2016 年 5 月开始研发，同年 10 月正式投入使用。为使系统运行顺畅，各单位使用方便，在反复论证、桌面推演的基础上，规范业务流程，优选事业单位试点运行，初步推广人事管理信息系统，建立人员聘用数据库。一是制定并下发人事管理信息系统使用手册和

业务操作明白纸，方便各事业单位及主管部门学习掌握；同时开办业务培训大讲堂，对信息系统的构成、使用方法和最新的人事管理制度进行讲解。二是挑选优质主管部门和事业单位，经沟通协调，在市北区人社局、审计局、财政局所属的12家事业单位首批启用人事管理信息系统，对单位在编在岗事业人员自2013年以来的聘用信息进行采集，通过系统开展事业单位岗位聘用工作。经过不断地对接和实践，系统使用反馈顺畅，未发现系统漏洞等程序方面的不良反应，系统运行顺利，人员聘用数据库初步建立。

（三）优化升级，全面覆盖，实现聘用网办一体化

在系统试点成功的基础上，不断优化升级系统，扩大使用范围，通过2年时间，实现信息系统全覆盖，转正定级，到聘用备案、调动、辞职解聘等人员聘用业务网办一体化。一是听取各试点单位的反馈意见，及时归纳总结实际操作中的经验和不足，根据实际需求进一步优化、完善系统，完成新聘备案、转正定级、辞职解聘、人员调动、人员退休、个人聘任经历查询六大功能模块的研发启用。二是根据主管部门行政类别、业务职能、是否合设、人员数量的具体情况进行分类，分7批对68家主管部门196家事业单位（合设）内启用人事信息管理系统。随着教师队伍的不断壮大，教育系统聘用基数大、核算困难的问题日渐凸显。将初中、小学两个大基数合设事业单位作为人员管理信息化建设的重点单位，按照先培训、再试点、后推广的方式，指导教育局制订系统启用计划，按计划组织教育系统各事业单位启用人事信息管理系统。三是通过优化系统、全面推广，全方位增强系统覆盖力，将系统审批环节贯穿整个聘用工作，系统的使用覆盖全区各主管部门，逐步实现事业单位人员聘用业务网办一体化。

三　工作成效

紧紧围绕省、市关于事业单位聘用管理工作的最新精神和发展方向，在

推行事业单位聘后管理工作的道路上稳步前行，通过不断总结提炼、学优创新、实现突破，人员聘用管理工作更加高效规范。

（一）事业单位聘后管理机制更科学

一是实现了人才合理配置上的突破，按照公开、平等、竞争、择优的原则，实行竞争上岗，择优聘用，签订聘约，使事业单位的人事管理由身份管理向岗位管理转变，达到人、岗的最佳配置和优化组合。二是实现了人员聘用管理法治化的突破，推行事业岗位设置，实现了事业单位中的管理岗位、专业技术岗位和工勤岗位的全员聘用制，以聘任合同形式，明确双方权利、义务、职责、任期以及岗位条件和薪酬等相关事项，建立符合自身特点、科学分类、管理自主、充满生机和活力的合同管理制度，逐步走向了合同化、法制化的管理轨道。三是实现了人员管理规范化的突破，完善了适合本单位管理人员、专业技术人员、工勤人员工作和岗位特点的考核指标体系和实施办法，考核结果与职务晋升、工资分配、奖惩等个人利益挂钩，考核结果作为单位对个人续聘、解聘、辞职的重要依据，充分调动了广大职工的积极性和创造性。

（二）事业单位聘后管理模式更高效

事业单位聘后管理工作在具体实践过程中，存在信息采集量大、校对环节复杂、审核报批烦琐等影响工作进度的制约因素，因此，为克服这一现实问题，经过两年的调研创建、试点完善后，全区范围内启用了“事业单位人事信息管理系统”数据库。系统依托“青岛市市北区人力资源e网平台”人事管理业务办公网，将事业单位人员的姓名、所在单位、任职情况、工资待遇等基础信息数据库导入新建的系统内，并设置聘用管理工作业务的申报和审批环节，为聘后管理提供了真实、可靠的前置环节。“事业单位人事信息管理系统”的建立填补了事业单位管理工作无纸化办公的空白，深化了事业单位聘后成果，形成事业单位管理信息数据共享、网上一站式业务办理模式，时刻保持政策和信息的统一性和连贯性，充分发挥政府信息化办公的功能化、智能化、高效化的优势，为顺利推进事业单位聘后管理工作起到积极的作用。

ℝ.23

山东青岛市优化事业单位选人用人和绩效评价机制的探索

李鸿心　厉　峰　李申华*

2018年5月，中共中央办公厅印发《关于进一步激励广大干部新时代新担当新作为的意见》，对新时代健全完善干部的选拔任用、考核评价等机制提出了新的更高要求。青岛市事业单位人事管理起步较早，于2010~2011年分别制定出台了《青岛市事业单位人员竞争上岗暂行办法》、《青岛市事业单位工作人员转岗聘任工作实施意见》和《青岛市事业单位人员绩效考核工作指导意见》等政策文件。自实施以来，国家和山东省陆续出台了有关规定，且青岛市在相关政策的实施过程中，也遇到一些实际问题和合理诉求亟须通过健全完善有关政策予以解决。在此背景下，青岛市坚持问题导向、简政放权、分类指导、突出特点等思路，修订完善有关政策，进一步优化青岛市事业单位选人用人和绩效评价机制。

一　新机制的创新点和领先性

（一）进一步体现"能上能下"的选人用人导向

引导具备条件的事业单位结合聘期考核，采取"全出全竞"的方式组织岗位竞聘，并进一步强化考核结果在岗位管理中的运用，规定年度考核结果和聘期考核结果被评为不合格等次或连续两年度考核结果被评为基本合格等次的人员，降一个或一个以上岗位等级聘用。

* 李鸿心、厉峰、李申华，青岛市人力资源和社会保障局。

（二）进一步体现“放权搞活”的岗位聘用要求

本着适应岗位实际需要的原则，不再对竞聘上岗的流程、方法做硬性要求，并放宽了管理、专技、工勤三类人员竞聘和转岗聘任的条件、比例要求等。强化兼岗管理，首次要求兼岗人员所具备的专业技术任职资格须与其所从事的管理岗位工作密切相关，并应完成主管部门规定的同等级专业技术岗位人员应完成的专业技术工作量。

（三）进一步突出“分类指导”的绩效评价要求

强化了岗位说明书的运用，要求“针对不同类别、不同等级岗位的差异化要求，科学合理制定考核指标和岗位说明书”。并要求事业单位根据行业特点和不同类别、不同等级岗位对“德、能、勤、绩、廉”的不同要求，科学构建平时考核、年度考核和聘期考核指标体系并赋予合理权重。

（四）进一步突出“工作实绩”“服务对象”评价的权重比例和工作指导

要求“绩”的赋分权重一般不低于60%，允许“德、廉”采取一票否决制，不纳人评分管理，由事业单位制定不得确定为优秀、合格、基本合格等次的具体标准，倡导“勤”采取打卡等客观评价制度。明确“能、绩”的主要评价机构（人员）为参考考核人员所在部门领导和其他工作人员、事业单位分管领导和主要领导、服务对象或第三方机构赋分评价，服务对象或第三方机构赋分权重一般不低于“能、绩”总分值的50%。

二　主要成效

（一）有利于扩大和落实各主管部门和事业单位的用人自主权

修订后的事业单位竞聘上岗办法，通过放宽岗位竞聘资格条件，能进一步平衡管理、专技人员的参与竞聘的资格要求，扩大参与竞聘的人员范围，强化竞争氛围，并通过放宽岗位竞聘组织实施流程要求等，进一步体现岗位竞聘的差异性、多元化特点，扩大和落实各级主管部门和事业单位选人用人的自主权。

（二）有利于形成“能上能下”的竞聘氛围

以往，事业单位人事管理“能上不能下”的问题相对突出，修订后的事业单位竞聘上岗办法，引导具备条件的事业单位定期采取“全出全竞”的方式组织竞聘，并通过将考核结果与聘任挂钩，对考核不合格和基本合格的人员降低岗位聘用，有利于形成打破“铁饭碗”，形成“能上也能下”的岗位竞聘氛围，符合新时代、新担当、新作为的选人用人标准。

（三）有利于更加准确评价事业单位工作人员的实绩表现

以往，事业单位考核工作参照机关公务员考核，因事业单位岗位类型多样且各具特点，考核难以真正公正、客观评价事业单位工作人员的工作实绩，修订后的事业单位工作人员绩效考核意见，突出“分类指导”的评价要求，并强化“工作实绩”和“服务对象”评价的权重比例，有利于进一步体现不同行业、不同类别的事业单位岗位特点，加强针对性，全面、准确、客观、公正评价事业单位工作人员的实绩表现。

ℝ.24

山东青岛市以增加知识价值为导向创新事业单位高层次人才收入分配机制

陆昕浩　郑永涛　李申华*

近年来，青岛市以激发高层次人才创新创造活力为切入口，不断强化知识价值导向，提高技术要素在收入分配中的比重，初步形成了符合事业单位人才特点、灵活高效、规范有序的高层次人才收入分配激励机制，有效激发了人才创新创造活力，为打造开放、现代、活力、时尚的国际化大都市提供了有力的人才支撑。主要做法如下。

一　坚持尊重人才，形成事业单位高层次人才收入分配知识价值导向

（一）对知识人才密集型事业单位实行绩效工资倾斜

对知识或技术密集、人才贡献率高、社会公益性强、社会效益和经济效益较好的事业单位，青岛在核定绩效工资总量时予以倾斜。对事业单位按规定实行协议工资、项目工资、年薪制等分配形式所需要的经费，单独核增纳入绩效工资总量。对科技成果转化所获得的收入中直接用于人员奖励部分计入绩效工资总量。绩效工资倾斜政策为事业单位创新高层次人才分配机制提供了切实保障。

* 陆昕浩、郑永涛、李申华，青岛市人力资源和社会保障局。

（二）具体分配中充分体现人才价值导向

经过几年探索，青岛市许多事业单位形成了尊重知识、尊重人才的良好氛围，各单位在收入分配方面引入市场分配机制，对只要是在关键岗位起关键作用、单位发展急需、具有独特技能、能为单位带来效益的人才，都合理确定收入水平，予以倾斜。比如青岛市市立医院对重点学科带头人等高端人才实行协议工资等倾斜政策的同时，将部分长期在临床一线工作、成绩突出的业务骨干也纳入高层次人才管理。该院一名泌尿系结石治疗医师仅有本科学历，但水平能力为同行和患者认可，医院对其进行收入倾斜，极大提高了他的积极性，使其成长为业内闻名的“碎石专家”。

（三）采取高层次人才离岗创业等形式，激励人才在更广阔空间创造更大价值

对事业单位专业技术人才带着科研项目和成果离岗创业的，由单位发放国家规定的基本工资，解除他们的后顾之忧。在医疗卫生行业大力推进“医联体”建设，医联体内统筹薪酬分配，在不同等级、不同类型医疗机构间建立与岗位职责、工作业绩、实际贡献紧密联系的分配激励机制，医务人员在医联体内其他医疗机构产生的绩效工资纳入医院绩效工资总量，充分调动了医务人员积极性，拓展了医务人员职业发展空间。

二　坚持放权搞活，形成了符合高层次人才特点的分配模式

（一）“一人一策”模式

对紧缺急需的高端人才，部分事业单位按照“一人一策”的模式，通过协议工资、年薪制、项目工资等形式进行分配，迅速吸引集聚了一批高层次人才。单位根据拟聘用人员的能力水平、市场价位，并综合考虑预期效益

及其周期性、引进人才的生活成本、提高单位引进人才的吸引力等因素确定薪酬水平，并根据考核进行发放。比如国家海洋试点实验室主任委员会成员均为院士等高端人才，对其薪酬分配，由实验室、原单位和本人签订三方协议，实行协议工资制。主任委员会成员带领实验室高效运转，不断创新，取得了一系列重大科研成果。青岛交响乐团对从国内一流乐团特聘的艺术总监实行年薪制，在该艺术总监带领下，交响乐团迈进国内一流城市乐团行列。

（二）及时激励模式

部分单位建立了人才奖励制度，对在工作中完成重大研究课题、获得重要奖项、取得优异成绩的人才，给予及时激励，充分肯定和激发了人才的价值。比如，青岛市技师学院对参加职业技能比赛并获得奖励的个人或团队，按照世界级、国家级、省级、市级四个级别，制定办法发放一次性奖金；几家大型市属公立医院也普遍对获得国家、省、市科研成果及采用新技术、新业务或取得特定荣誉的专业人员，根据成果和荣誉的价值和效益给予一次性奖励。

（三）人才津贴模式

部分事业单位对行业拔尖人才、学科带头人、科研教学人员及青年后备人才等，研究建立人才津贴制度，以优厚的待遇激励人才持续创新。比如青岛市勘察测绘研究院对选拔、培养、引进的达到国际国内先进水平的科技领军人才和优秀科技人才分别发放领军人才津贴和高岗人才津贴。青岛市妇儿医院建立了首席专家、国家重点学科带头人等制度，设置管理期，实行动态管理，在管理期内发放人才津贴。

三　坚持政策引导，形成了规范有序的高层次人才收入分配格局

（一）加强政策规划引导

青岛市委市政府对事业单位高层次人才收入分配一贯高度重视，对事业

单位收入分配特别是高层次人才收入分配改革多次专题研究。2011 年，青岛市出台了《关于建立事业单位特殊人才收入分配激励机制的试行意见》，突破事业单位高层次人才收入分配的政策瓶颈。近几年，青岛市不断探索创新，又结合人才体制机制改革、新旧动能转换重大工程、科技成果转化、公立医院薪酬制度改革等方面，推出了一系列事业单位高层次人才收入分配激励政策，进一步加强了对事业单位高层次人才收入分配的规划和引导。

（二）加强内部分配的统筹平衡

青岛市对事业单位在高层次人才收入分配方面的积极探索给予大力支持，充分放权，充分发挥主管部门的主导作用和单位的主体责任，指导各单位在内部分配中做到程序公平、制度公平、结果公平。各单位的高层次人才分配方案都是在广泛征求职工意见、单位集体研究的基础上形成并报主管部门同意，经人力资源和社会保障部门备案后实施。分配中较好地兼顾高层次人才与其他工作人员之间的收入分配关系，既增强了高层次人才荣誉感和获得感，又激发了普通职工向上的动力。

（三）增强分配的有效性

各单位都把绩效考核作为高层次人才收入分配的重要依据，依据不同的分配形式，建立健全高层次人才效益考核评估制度，切实将高层次人才的报酬与实际业绩、贡献结合起来。对经考核取得预期目标、实现预期效益的，兑现相应的薪酬待遇，对因个人原因未能履行相关义务的，降低待遇或不再实行高层次人才收入分配办法，实现了有效激励，带动和促进了事业发展。

R.25

山东青岛崂山区基层卫生事业单位人才队伍建设的创新

蔡学民*

近年来，青岛市崂山区树立科学人才观，抓住人才吸引、培养、使用等重要环节，大力加强基层卫生事业单位专业队伍建设，提高社区卫生人才队伍素质，为社区卫生事业的发展提供人才支持和智力支撑。

一　建立和完善符合当地卫生人才发展内在规律、充满生机与活力的人才工作机制

崂山区共有常住人口约44.59万人，截至2018年底有3家社区卫生服务中心、2家卫生院、29家民营社区卫生服务站、96家一体化卫生室。崂山区4家政府办基层医疗机构有编制278人，实有工作人员435人，其中事业编在编在岗人员261人，其余为政府雇员。

一是根据青岛市人力资源和社会保障局《关于开展2018年度青岛市卫生、基层卫生高级专业技术职务任职资格评审工作的通知》《关于全市基层卫生专业技术岗位设置改革有关问题的通知》等文件要求，制定出台崂山区《关于开展基层卫生高级专业技术岗位评审试点情况有关说明的通知》，科学核定和设置基层医疗卫生人员编制和岗位。根据青岛市委组织部、市机构编制委员会办公室等7部门下发的《关于印发〈青岛市加强基层卫生人才队伍建设的意见〉的通知》要求，崂山区将利用1~3年的时间，逐步将

* 蔡学民，青岛市崂山区社区卫生服务中心。

社区卫生服务中心按照1%的配置标准核定和设置编制和岗位，卫生专技人员不低于总量的90%，全科医生和中医药专业医生比例分别达到20%、10%以上。

二是在山东省率先制定下发了《崂山区农村订单定向医学生免费培养的实施意见》，从2016年开始实施。凡是崂山区招录的毕业生、免费培养的农村订单定向医学生签订定向就业协议，可享受“两免一补”，即免学费、免住宿费、补助生活费，并发放定额交通补贴。

三是针对基层医务人员普遍存在工资待遇不高、工作量大，基层医务人员对待遇的满意度逐年下降，造成部分医务人员感觉干多干少一样，未能体现多劳多得、优绩优酬的激励机制，导致人才流失现象严重这一现状，区卫生健康局、区财政局和区人社局抢抓机遇，大胆创新，根据全区医改工作专题会议《关于在崂山区社区卫生服务中心开展财政定额补助试点的专题汇报》（〔2015〕36号）确定事项，并经过多方调研论证，于2015年12月4日联合下文印发《崂山区社区卫生服务中心财政补助体制试点实施方案（试行）》。内容包括对增量部分实施激励补助，建立增人增资同步增长机制，对收支结余实行月、年两次核算，按比例纳入奖励性绩效工资总额，收支结余的40%部分实行正式在编职工与政府雇员同工同酬。

二　抓住人才培养、吸引、使用和激励四个环节，提高卫生人才队伍的整体素质

（一）加强人才引进和培养，不断提高社区卫生服务从业人员的技术水平和专业素质

1. 加强专业人才队伍建设

社区卫生服务中心（简称“中心”）运行以来，先后面向全国、全省引进中高级专业技术人才16名，其中副高职称5名，中级职称9名，硕士研究生2名。

2. 积极开展高层次交流学习

与北京阜外心血管医院、北京西苑医院、上海复旦大学附属中山医院、齐鲁医院等国内一流医院以及青大附院、市立医院、市海慈医院等省市级一流医院建立了业务联系，常年有上述医院的专家到中心坐诊、会诊、授课和带教。外聘山东中医药大学教授，中国中医科学院北京西苑医院教授，市海慈医院医生等国家级、省、市级知名中医专家常年坐诊。中心还培养了 2 名省级基层名中医。市立医疗集团、青岛开泰耳鼻喉专科医院专家每周一、四上午到中心坐诊。眼科门诊由原市骨伤医院眼科副主任医师和原内分泌糖尿病医院主治医师坐诊，开展眼科常见疾病的诊治，验光配镜和进口角膜塑形镜及眼保健知识科普宣传等服务。同时，选派管理人员和业务骨干到国内相关领域的知名医院进修学习，不断提升管理和医疗技术服务水平。

3. 健全全科医学规范化培训制度

一方面，与山东高等医学专科学校等专业院校合作，招收辖区内立志从医的高中毕业生定向委托培养全科医生，签订合同，毕业后充实到社区卫生服务中心或卫生室工作，优化人才队伍。另一方面，加大现有临床医生的全科医生转岗培训，逐步缓解全科医生缺乏的困境。

（二）强化人才意识，为人才脱颖而出搭建平台

一是“请进来”。与青大附院、齐鲁医院青岛院区、海慈医院、市立医院、市第八人民医院等省市级知名医院建立医联体，并发挥山东省卫生强基工程和青岛市卫生支农工程专家的资源优势，开展院内培训、带教、考核，提升临床医疗水平。

二是“走出去”。每年选派部分临床医务人员到北京西苑医院、阜外医院、齐鲁医院、青大附院、市立医院等轮训进修，开阔视野，提升能力。

三是积极组织参加国家、省、市、区举办的各种技能竞赛，以赛代训，引导医务人员树立勇争一流的进取意识。近年来，选派的参赛队伍先后获得全国慢病知识竞赛一等奖、青岛市公共卫生技能比赛团体第一名和个人第一名、山东省公共卫生技能比赛团体三等奖和个人三等奖等优异成绩。

（三）实施科研科教带动，促进中心整体服务能力提升

一是自2013年以来，连续6年在基层社区卫生服务机构举办国家及省市级继续医学教育培训班，实现了青岛市在基层医疗机构开展全科医学类继续医学教育的新突破，也使崂山区的卫生科教工作迈上新台阶。上报的"'科联体'提升基层全科服务能力，实现家医签约一条龙服务""全科医生实训基地建设对于全科医师服务能力提升的实证研究""崂山区进一步降低老年人群体检年龄段的成效分析"，分别获得山东省基层卫生协会第一届科研创新项目二、三等奖。

二是积极开展科研课题申报。与北京阜外医院开展了"年轻高血压基因检测及遗传性心源性猝死基因检测"调研课题。参与崂山区H型高血压规范管理项目方案制定，承担区内医疗实施方案的拟定和业务培训工作。上报的"基于口腔菌群纵向追踪的儿童龋病病因学研究"获批市级科研课题项目，开创了青岛市基层医疗机构承担科研课题的先河。

三是承担中国中医科学院北京西苑医院"2000例冠心病血运重建术后中医药干预"科研课题。

四是承担着众多的教学和带教任务。中心是齐鲁医院和青岛市立医院的国家住院医师规范化培训全科医师社区实践基地，截至2018年底具有20名各级规培教学师资，2017~2018年已先后培养了40余名全科医学规培学员，于2017年被评为"青岛大学医学部优秀社区实践基地"。中心连续八年带教淄博科技职业学院临床医学大专班学员，同时还承担着青岛市全科医师转岗培训社区实践基地的教学职能。

（四）实施财政定额补助和调整绩效考核改革试点工作，稳定人才队伍

一是实行财政定额补助。按照"不超过2014年财政补助标准"的总体原则，对试点单位实行财政定额补助。其他专项补助按照系统内标准统一拨付（如中医药、名医下乡，卫生支农等专项补助）。

二是建立增人增资同步增长机制。自 2015 年 1 月 1 日起，试点单位新增人员的工资、养老保险金、职业年金，以及在职人员和离退休人员普增的工资、津补贴、精神文明奖、带薪年假及考核奖等按照系统内的统一标准由区财政统一补足，不在定额补助额度内。

三是根据崂山区科学发展观考核结果（优秀、良好、合格），分别实行业务收支结余的 40%、35% 和 30% 纳入奖励性绩效工资总额，充分调动积极性，同时也营造有利于留住人才和吸引人才的良好环境，稳定并不断壮大社区卫生服务人才队伍。

三　取得的成效

（一）基层吸引力增强，高层次人才得以留在基层

自 2017 年起增设 16 个基层卫生高级岗位，其中正高级岗位 7 个，副高级岗位 9 个。崂山区基层卫生高级专业技术岗位实行专岗专用，仅用于取得相应基层卫生高级专业技术职务资格的人员。增设的基层卫生正高级专业技术岗位仅用于全科医生的评审推荐和聘任，副高级专业技术岗位不做专业限制。2018 年度，又增设 11 个基层卫生高级专业技术岗（5 个基层卫生正高级专业技术岗、6 个基层卫生副高级专业技术岗）。以崂山区社区卫生服务中心为例，2017 年至今，共增加基层正高级岗位 3 个，基层副高级岗位 3 个。

（二）卫生人才培养水平和服务能力持续提升

利用 5 年的时间，实现 80% 的村卫生室医生具备专科及以上学历或执业助理医师及以上资格，年龄、学历、执业资格结构更加合理，建成一支素质较高、适应农村需要的职业化队伍。同时鼓励省、市级医院下沉基层，促进基层学科发展，提升基层服务能力，让群众信任基层医疗机构，首诊选择基层，实现分级诊疗、医保控费，解决群众看病难、看病贵的医改目标。

（三）财政定额补助实施增量激励，激发医疗单位活力，提升群众满意度

一是试点单位分配自主权扩大后，激励机制明显增强，为管理层实施有效管理提供有力抓手，提升管理水平。

二是初步实现多劳多得、优绩优酬，持续有效地调动职工工作积极性，稳定了医务人员队伍，改变职工的精神面貌。

三是增加基层医疗机构岗位的吸引力，吸引更多的上级医院专家来崂山区坐诊执业。

四是提高在职职工的危机感，强化岗位责任意识，在提升服务质量的同时，使服务对象的满意度、获得感持续增强。

中心先后被授予中华医学会健康管理分会社区健康管理指导中心实践基地、中华医学会精准心血管病分会诊疗基地、青岛市住院医师规范化培养全科医师培训基地、青岛大学社区医学实践教学基地；先后获得全国示范社区卫生服务中心、全国群众满意的社区卫生服务机构、全国百强社区卫生服务中心、全国科研能力百强中心、全国优质服务示范社区卫生服务中心、“全国基层医疗机构呼吸疾病规范化防诊治体系与能力建设项目评审优秀单位”等荣誉称号。

ℝ.26

山东平度市事业单位实施多元化招聘制度的探索

朱建升*

近年来，山东平度市不断创新事业单位公开招聘方式方法，在前几年传统招聘的基础上，积极探索实施多元化招聘，取得了较好的效果。但随着形势的发展和用人单位的实际需要，实际招聘过程中凸显了一些问题，如招聘方式单一，高层次和紧缺人才招不进来等问题。新形势下如何更好地做好事业单位工作人员的多元化招聘工作，成为我们当前需要探究的一个课题。

一　全市事业单位公开招聘总体情况

1997 年，山东平度市打破事业单位原有的进人体制，率先探索公开透明的“公招”新形式，并自 2000 年起在事业单位补充新进人员方面全面实行了公开招聘制度。十几年来，山东省平度市人力资源和社会保障局（简称“平度市人社局”）作为事业单位公开招聘的主管部门，在教育、卫生等相关部门和单位积极配合下，截至 2019 年，累计为平度市事业单位选拔优秀人才 6359 人，有效改善了事业单位的人员结构，实现了“政府满意、用人单位满意、考生满意、社会满意”的目标。

事业单位公开招聘涉及面广，社会关注度高，在当前就业形势，特别是大学生就业形势十分严峻的背景下，公开招聘无疑是社会公平正义最重要、最鲜明的体现。平度市人社局坚持把公开透明贯穿于工作始终，让招聘的各

* 朱建升，山东省平度市人力资源和社会保障局。

个环节都在阳光下运行，广泛接受社会各界的监督。在招聘过程中，真正做到了信息公开、过程公开和结果公开。通过公开招聘，不仅选拔了一批优秀人才，更树立了政府公平公正的良好形象。从编制管理角度看，从源头上规范了管理，做到了从严控制，按编进人；从选人的标准看，公开招聘明确每个岗位要求，实现了因人设岗到按岗选人的转变，使应聘者的知识和能力与岗位的要求更加匹配；从用人单位的权益看，公开招聘堵塞了过去领导批条、关系进人等现象，更好地落实了单位用人的自主权；从取得的社会效益看，把公开、公平、公正的原则渗透在实施工作的各个环节，采用统一命题、统一考试、统一阅卷、统一登分、统一体检、统一公示、统一聘用的“七统一”办法，进一步增强了公开招聘的透明度和公信力。

二　存在的问题

虽然工作中取得了一定的成绩，但也存在不少问题，主要有以下几个方面。

（一）招聘方式比较单一，专业要求不尽合理

虽然通过不断创新招聘方式实施多元化招聘，但从招聘人员总量来看，多元化招聘计划人数较少，固定的统一笔试和面试方式往往占用大部分招聘计划，已经满足不了现在用人单位的人才需求。另外，通过分析多年来各用人单位上报的招聘资格条件，可以看到，在当前各单位用人需求大、编制部门用人计划日益紧缩的大背景下，各单位在设置招聘条件中的专业要求时存在不科学的现象。一是各用人单位偏好汉语言文学类、财会类、计算机类专业，而其他专业需求较少；二是能源、安全等专业性强、替代性低的专业，报考人数往往较少，难以形成有效竞争，最终录用人员综合素质有待提高。当前事业单位工作人员混岗使用情况比较普遍，一些专业人才往往难以发挥自身特长，在文字写作、财务管理等方面能力又欠佳的情况下，就不能快速进入工作角色。

（二）人才总量不足，高层次人才缺乏

从人才总量上来看，全市事业单位现有的各类人才总量19033人，只占全市总人口数的1.5%，低于全国、全省平均水平，远不能满足各项事业发展对人才的需求。高学历高层次人才、创新型人才、复合型人才较少。如全市卫生类的事业单位共52个3175人，占事业单位人才的16.7%，占全市总人口的0.24%。硕士研究生只有149人，占从事卫生事业单位人员的4.7%。而从事科学研究和科技开发的人才更是凤毛麟角，有实际操作能力的适用型人才、技能型人才紧缺。

（三）事业单位公开招聘人员流失比较严重

全市经济发展在周边区市中相对落后，特别是乡镇地处偏远，工作环境较差，这些先天基础条件对人才尤其是高端人才的吸引力不强。且近几年，全市事业单位公开招聘对大多数岗位放开户籍限制，外地毕业生参加事业单位公开招聘只是将平度市有限的岗位作为“跳板”，一旦有更好的机会就会辞职离开。

（四）近年来全市公开招聘人员男女结构比例严重失衡

由于事业单位公开招聘对女考生的吸引力高于男考生，且女考生往往学习认真、语言表达能力强，全市每年事业单位公开招聘男女的报名比例大约1∶3，录取比例大约为1∶5，男女比例严重失衡。

三　事业单位实行多元化招聘的探索与思考

2014年，青岛市人力资源和社会保障局专门印发了《关于事业单位公开招聘试行多元化办法的通知》（青人社字〔2014〕19号），要求进行多元化招聘。近期，国家人社部及省人社厅的领导也多次表示，事业单位招聘的科学性在于转变观念，应放权教育、卫生等主管部门采取多元化招聘的方式

进行，鼓励实行多种方式面试。根据上级部门要求，结合实际情况，在实践中不断创新招聘方式，完善多元化招聘程序，取得了较好的效果。近两年来在教育、卫生等所属事业单位公开招聘工作中，授权教育、卫生等部门依法依规自主招聘，采取“面试前置”“技能测试＋面试”等多种招聘方式，为用人单位招聘了一批技能过硬、综合素质较高的专业技术人员和技能人才，受到了用人单位的一致好评。

（一）进一步创新招聘方式，实行多元化招聘

授权教育、卫生等主管部门依法依规自主招聘的方式进行，主要采取以下三种方式进行：在教育类高中阶段、卫生类公立医院主要采取“面试前置”“校园招聘”等方式进行招聘；在高级技校、职教中心主要采取“技能测试＋面试”等方式进行招聘；在综合类、教育类中小学和幼儿园、卫生类乡镇卫生院等其他事业单位招聘中按照省统一部署，主要采取“笔试＋面试”等方式进行。确保所招聘人才符合岗位需求，真正做到人尽其用。

（二）强化政策措施，吸引人才在平度发展

目前，全市人才引进在本科层次有了长足的发展，但是在某些专业要求强的区域，对高层次、急需和特殊人员仍急需，例如医院。这就需要完善人才政策，凡不合时宜的，门槛过高的，操作性不强的，都要进行必要的修改完善。对专业知识要求强的要在不违背政策的前提下，采取灵活多变的招聘方式，在人员编制、资金扶持、人才服务等方面解放思想，创新突破，支持高层次人才来平度工作。适当限制事业单位在编在职人员报考比例，允许基层事业单位增加户籍限制，多招本地生源毕业生，减少人才流失的数量。

（三）适当设置公开招聘男女比例

全市每年事业单位公开招聘男女的报名比例大约1∶3，录取比例大约为1∶5。建议今后公开招聘时，根据用人单位近几年进人情况及单位男女比例构成，结合岗位工作所需，允许用人单位设置一定的男女比例。

（四）进一步加强组织领导，明确工作分工

成立以分管副市长为组长，人社、教育、卫生等单位为成员的事业单位公开招聘领导小组。市人社局牵头做好事业单位公开招聘的监督、指导和协调工作，授权教育、卫生等主管部门依法依规自主招聘，确保招聘的效果。

自 2018 年开始，经市政府研究同意，平度市人社局已进一步规范了事业单位招聘工作，并明确了工作分工。已开始实施多元化的招聘工作，技工学校实作教师的技能测试前置招聘、高中教师的校园招聘都取得了较好的效果，各项招聘工作正在规范有序推进和实施中。

事业单位公开招聘工作政策性强，涉及面广，社会关注度高。在下一步的招聘工作中，平度市人社局一定要进一步强化政治意识、大局意识、责任意识，切实加强组织领导，工作中不断总结经验做法，不断改进优化工作流程，采取有效措施，积极稳妥做好事业单位公开招聘工作。

ℝ.27

安徽省推进事业单位人事制度改革和聘后管理的实践探索

庄雪峰*

党的十九大提出，实行更加积极、更加开放、更加有效的人才政策。全国人力资源和社会保障工作会议强调，要深化事业单位人事制度改革。近几年，安徽省深入贯彻落实习近平新时代中国特色社会主义思想，坚持以新发展理念为引领，以强化公益属性为基点，以激发队伍活力为牵引，围绕全省人力资源和社会保障（简称“人社”）领域改革中涉及事业单位人事管理和人事制度改革目标任务，主动想办法，着力解难题，努力在现代化五大发展美好安徽建设中寻找切入点，打造创新点，奋力推动新时代事业单位人事制度改革踏上新征程，取得了明显成效。

一　改革探索实践

（一）岗位管理推行五个统筹，搞活用人机制

坚持“控制总量、盘活存量、优化结构、增减平衡”原则，从区域布局、行业发展、结构优化、人才激励、岗位绩效五个方面，创新岗位统筹管理模式，优化了岗位资源配置，拓宽了岗位晋升通道，强化了公共服务供给，有效突破事业单位人才流动不畅、人岗不相匹配、人员聘任与岗位相对紧张等机制性障碍，推动建立健全按需设岗、动态调控、统筹调度工作机

* 庄雪峰，安徽省人力资源和社会保障厅事业单位人事管理处。

制，进一步落实事业单位用人自主权，激发各类人才干事创业活力。统筹区域布局，整合岗位资源配置。在不增加编制总量前提下，打破岗位设置管理条块分割格局，进行同类型、同系统、同行业整合，在核准的岗位总量、结构比例限额内采取有增有减、互补余缺的办法统筹使用岗位资源。统筹行业发展，拓展公共服务供给。改变岗位高、中、低职称比例“一刀切”管理模式，建立岗位管理动态调控机制，对承担重要公共服务的教育、科研、卫生等行业，给予重点倾斜，对从事管理、后勤服务保障的岗位适当降低标准。统筹优化结构，促进整体能力提升。优先保证专业技术主体岗位结构比例设置和人员配备，专业技术上一级空缺岗位可调剂到下一级使用，采取“退二聘一”“退三聘二”等办法缓解超岗单位人员聘用问题。统筹各类人才，拓宽岗位等级晋升通道。完善聘后管理措施，落实基层倾斜政策，树立正确的用人导向，切实发挥岗位等级晋升对人才积极性的调动作用。统筹岗位绩效，强化薪酬分配激励作用。建立与岗位职责目标相统一的收入分配激励机制，赋予事业单位更大的内部分配自主权，提高奖励性绩效工资比重，重点向高层次人才、业务骨干倾斜。

（二）人员聘任实行管用分离，促进人才流动

县域内乡镇卫生院、公办中小学校推行“县管乡用”“县管校聘”人才管理新模式，由县统筹管理基层编制、岗位设置和人员调配，用人单位负责人员聘用、绩效考核，着力破解基层人才交流难、留人难问题。着力推动“县管校聘”。县（市、区）域内中小学根据编制、财政部门备案后分配到中小学的具体编制数量，按照相关规定制定岗位设置方案，明确各学校专业技术岗位数。县级人力资源和社会保障部门会同教育部门按照“统一标准、岗位统筹、分类核定、职数统管”的原则，采取区分学段、打包核定的办法，将县（市、区）域内同类型学校专业技术岗位进行整合，分别对照现行中小学专业技术岗位结构比例控制标准，统一核定县（市、区）域内不同类型高中（完中）、初中、小学及幼儿园的高、中、初级岗位总量，打破岗位资源校际壁垒，实行集中管理，统筹使用。建立县域内各类中小学教师

分布和岗位职数使用情况台账，实现县域内各类中小学教师职称评审与岗位聘任的有机结合。县级教育行政部门在核定的不同类型学校专业技术岗位总量内，根据教职工编制、人员结构、教育教学改革需要等情况拟订具体分配意见，报同级人力资源和社会保障部门与财政部门备案后实施，原则上可以学年度为周期实行动态调整。试点开展“县管乡用”。由县级主管部门在核定的编制总额内，统筹分配基层医疗卫生机构人员编制，实行余缺调剂、动态调整；建立编制周转池制度，采取区域统筹、保障急需、人编捆绑、周转使用的办法，满足临时急需和阶段性用编需求；人员统一招聘，在基层岗位总量及结构比例范围内，县级主管部门统一制定招聘计划方案并组织实施，招聘结果确定后统筹分配去向，签订三方聘用合同；岗位统一使用，按照分类核定、职数统管原则，对照现行岗位结构比例控制标准，统一核定基层单位岗位总量，建立职数台账，打破单位壁垒，实行集中管理，统筹使用；人才统一调配。县级主管部门有计划地组织交流轮岗，促进人才在县域内顺畅流动。县级医院中符合条件的在岗不在编人员，经考试可安排到乡镇卫生院工作，纳入编制和岗位管理，促进人才“下得去”；对服务满 5 年的乡镇卫生院人员，经考核合格，可回到县级医院工作，保证人才“上得来”。

（三）细化措施促进创新创业，实现才智共享

坚持围绕中心、服务大局，着力推动技工大省和制造大省建设，努力畅通企业人才到高校院所兼职通道，进一步促进高校院所与企业深度融合，明确高校科研院所设立流动岗位的相关政策，鼓励高校院所设立流动岗位，引进企业专业技术人员和高技能人才从事实训指导、课程教学、科学研究工作。推动校企合作、研企对接、合作共赢，着力推进企业和事业单位人才双向交流。坚持“面向企业，自主设立”，流动岗位坚持面向企业设立，由高校院所根据工作和事业发展需要自主设置、增减。具体人选可由高校院所与企业自主协商后确定，也可面向社会统一招聘。坚持“科学论证，按需设岗”，流动岗位拟聘人员为各种类型的企业中符合条件的专业技术人员和高技能人员，具体包括从事实训指导、课程教学、研究生指导的教师岗位和从

事技术推广（应用）、软科学及战略研究的科研岗位。坚持“协商自愿，人岗相宜”，流动岗位引进企业人才，坚持协商自愿，体现竞争择优。对成绩突出的给予奖励，对不能胜任的按规定解除协议。拟聘人选由高校院所与企业自主商定，符合引进条件的，可按规定办理调动手续，纳入岗位管理。设立流动岗位的高校院所可按规定申请调整工资总额，用于发放流动岗位人员报酬。出台支持和鼓励事业单位专业技术人员创新创业的贯彻意见，引导事业单位专业技术人员到企业挂职，参与项目合作，兼职创新，离岗创业，发挥事业单位在科技创新和“大众创业、万众创新”中的示范引导作用，激发事业单位专业技术人员科技创新活力和干事创业热情。建立事业单位离岗创业专业技术人员人事管理新机制，规范和保障离岗创业人员参加职称评聘、岗位晋升、社会保险、返回岗位的权利、待遇，将创办企业运营情况作为对离岗人员考核的重要依据，保证考核制度有效落实，解除科研人员后顾无忧。

（四）基层招聘实行优惠政策，“炒热”基层岗位

提高基层事业单位人才招聘的针对性和适用性，对国家级、省级扶贫开发工作重点县和大别山集中连片特困地区县乡事业单位公开招聘，实行优惠政策，提高基层岗位的吸引力，破解艰苦边远地区招人难、留人难的问题。明确政策实施范围。将国家扶贫开发工作重点县、省扶贫开发工作重点县、大别山集中连片特困地区等 32 个县区列入艰苦边远地区县乡事业单位公开招聘政策实施范围，适当放宽招聘条件。管理人员和初级专技岗位报考人员年龄放宽至 40 周岁，中、高级专技岗位放宽至 45 周岁；乡镇事业单位职位最低学历降低至高中、中专，管理岗位不做专业限制；拿出不超过 30% 的岗位面向本地户籍人员招聘。创新招聘方式方法。乡镇招聘本科生、县级招聘中级以上专技人员或研究生，以及急需紧缺专业人才，可直接采取面试、考察等方式进行。采取统一考试方式招聘的，可适当降低笔试最低分数控制线和开考比例。完善激励保障措施。对艰苦边远地区县乡事业单位工作人员在职称评审、岗位聘用、工资待遇和职业发展空间等方面给予政策倾斜，引导鼓励优秀人才扎根基层干事创业。

（五）单列岗位推广定向评聘，拓宽发展空间

在水利系统先行开展水利水电工程专业高、中级职称“定向评价、定向使用”评聘试点，拓宽基层专业技术人员职业发展空间。确定评聘对象为工作地点在县城以外乡镇及以下水利单位，符合申报水利水电专业高级工程师、工程师职称条件的专业技术人员。核定定向岗位。定向岗位按照同层次专业技术岗位总数的25%设置，实行总量控制、比例单列，不占本单位专业技术岗位结构比例。注重工作实绩。定向岗位实行定向评价，淡化论文、著作等要求，可用本专业岗位工作总结、技术推广总结、工程项目方案等能够体现专业技术业绩和水平的成果替代。规范聘用管理。对取得定向评价高中级工程师专业技术资格的专业技术人员，按照核准岗位实行定向聘用，并兑现相应岗位工资待遇。同时，对于定向评价取得的专业技术资格，仅限在乡镇及以下基层单位内适用，不得借调到县级以上单位工作。聘用后调离的，不保留定向评价专业技术资格，按新聘岗位执行待遇。试点经验将在专业技术人才较为集中的农业、林业和医疗卫生系统基层事业单位推广，使更多基层一线专业技术人员通过定向评聘取得更高层次的专业技术职务和待遇，进一步激励事业单位广大专业技术人员，为现代化五大发展美好安徽建设建功立业。

二　主要工作体会

经过这几年的努力，安徽省在事业单位人事制度改革和聘后管理方面取得了明显的成效。在改革和各项工作实践中，做好事业单位人事管理工作，必须正确处理“三个关系”，实现“三个做到”。

正确处理政府宏观管理与落实单位自主权的关系，做到管放结合、张弛有度。要坚持在把握制度规范的基础上，发挥单位岗位设置、聘用人员等方面的用人自主权，最大限度激发事业单位活力。

正确处理事业单位人事制度改革与行业体制改革的关系，做到立足基本、统筹兼顾。要坚持在整体改革政策框架下，整合改革政策，保证大体平

衡，既要突出行业特色，又应防止差距悬殊引起攀比，妥善解决行业改革中的合理政策诉求。

正确处理维护社会公平正义与建立符合单位特点人事管理制度的关系，做到方向不偏、底线不破。要在坚持维护政府公信力、保证公平性底线前提下，兼顾行业及人才需求的特点，采取校园招聘、简化程序等多种方式，提高公开招聘工作科学性。

三　改革面临困难

随着干部人事制度改革、人才发展体制机制改革、全面深化改革及事业单位分类改革的不断深化，深层次的矛盾和问题也将不断显现。当前事业单位人事管理体制机制还不能完全适应新形势和新要求；工作中面临的最大压力是事业单位的创新活力不足、公共服务不够；分类改革需要进一步突破，还存在一些亟待解决的现实问题和矛盾。这都需要我们在改革的实践中不断探索，深入研究，寻求有效的解决办法。主要体现在以下几方面。

（一）待完善的法规体系，制约着依法行政水平的提升

《事业单位人事管理条例》的颁布实施，标志着我国事业单位人事管理走上了有法可依的法制化轨道。但是，考核、竞聘上岗、特设岗位等单项规定尚未修订出台，影响事业单位人事管理依法行政的水平。

（二）深水区的改革攻坚，随着利益诉求日趋激烈

随着事业单位人事制度改革和行业体制改革的深入推进，分流人员的诉求和安置政策之间存在矛盾，再加上历史遗留问题较多，维稳压力增大。比如，从事生产经营活动事业单位转企改制政策虽然明确，但是涉及专职经费、人员安置等方面现实问题，推进不够均衡；还有承担行政职能事业单位改革过程中，不少高级专业技术人员按规定登记为公务员的，受到职数的影响，也面临工资收入降低的问题。

（三）深层次的现实难题，影响着用人机制根本转换

人员管理机制不活，身份管理向岗位管理的转变尚未真正实现，能上不能下的问题仍然突出。聘用合同的规范和效力不足，合同范本严重老化，人事关系聘用和岗位聘用未能分清，聘期管理、违约管理、经济补偿金等政策亟须明确，事业单位聘用合同规范化、标准化需要加快推进，固定用人向合同用人的转变尚未取得实质的突破。事业单位专业门类众多，公开招聘形式的多样化、专业设置的个性化要求，产生许多社会争议。人员“进口”科学性与公平性的把握难以兼顾，使得招聘难度不断增大。

（四）结构性的收入差距，阻碍基层发展空间

当前基层事业单位管理人员，受到事业单位规格影响，收入水平与专业技术人员差距较大。尽管通过允许“双肩挑”、设置政工岗等办法，一定程度上缓解了上述问题，但是随着公务员职级与职务并行政策实施，事业单位管理人员与专业技术人员待遇差的矛盾更加凸显，造成基层事业单位管理人员的攀比，引发矛盾。

四　重点工作谋划

立足新时代，着眼新形势，事业单位人事制度改革及聘后管理工作必须立足高站位，谋求新发展。应当紧紧围绕深化改革这一工作主线，以转换用人机制和搞活用人制度为核心，以政策创新为重点，逐步形成事业单位依法自主用人、人事综合管理部门和主管部门依法监管的具有事业单位特色的人事管理制度。

（一）贯彻落实党的十九大精神，着力提升人事管理层次

今后一个时期总的工作思路是贯彻落实党的十九大精神，以强化公益属性为方向，加强制度体系建设，以高素质专业化为目标，加强事业单位队伍建设，以改革创新为动力，深化事业单位人事制度改革，进一步调动专业技

术人员积极性和创造性，为现代化五大发展美好安徽建设作出新贡献。要深入学习贯彻党的十九大精神，进一步加强安徽省系统内事业单位人事管理工作人员业务培训，提高工作人员理论水平和业务能力。贯彻落实《事业单位人事管理条例》以及人社部即将陆续出台的单项规章，围绕五大发展，深入调查研究，并结合安徽省实际，研究重点领域的改革政策，创新事业单位人事管理方式。

（二）注重激发事业单位活力，积极促进专技人员创新创业

人社部《关于支持和鼓励事业单位专业技术人员创新创业的指导意见》，十九大提出的“三个更加”的人才思想（建立更加积极、更加开放、更加有效的人才政策），安徽省委、省政府根据党的十九大精神重新修改的五大发展行动计划和全创改实施方案，都为做好事业单位人才队伍建设提供了遵循和抓手。积极贯彻中央和省委省政府决策部署，细化政策措施，充分激发事业单位工作人员科技创新活力和干事创业热情。

（三）积极完成行业体制改革任务，持续推进分类改革进程

党的十九大提出了深化事业单位分类改革的新要求，按照国家关于深化高校、公立医院、科研院所人事制度改革指导意见，结合安徽作为改革试点省的实际，研究贯彻实施意见，扎实做好分类改革中人员过渡安置、医改试点中人事制度改革配套及盐业体制改革、车改等重点领域的改革工作。

（四）健全完善统筹管理机制，不断优化聘后管理水平

着眼破解上述体制机制弊端，密切跟踪教育、卫生、水利等行业事业单位人事制度改革进程，调整岗位结构比例标准，完善聘后管理措施，坚持问题导向，创新岗位管理，不断深化改革、探索经验，着力破除当前制约事业发展的体制机制弊端，让更多的基层人员收益，强化基层专业技术人才队伍力量。不断加强队伍建设，提升公开招聘工作质量。继续加大基层艰苦边远地区公开招聘政策的贯彻落实力度，允许不在国贫县和省贫县范围的其他地

处边远、条件艰苦、“招人难、留人难”问题特别突出的乡镇事业单位按规定程序可参照执行。同时，切实把准自身角色定位，坚持管宏观、管政策，以政策指导和过程监督为重点，充分发挥主管部门和用人单位职能作用，尤其是在条件设置及专业测试环节，要求用人部门充分参与，结合岗位实际，创新测试方式，拓宽测试内容，不断提高招聘工作科学性。

R.28

安徽马鞍山市事业单位公开招聘实践总结

荀 峰*

马鞍山市现辖三县三区，面积4049平方公里，人口约230万，位于安徽省东部，横跨长江两岸，毗邻南京、合肥两大省会城市，是长三角经济协调会成员城市、南京都市圈核心层城市和皖江城市带承接产业转移示范区核心城市，经济社会发展水平位于省内前列。

一 马鞍山市事业单位公开招聘工作基本情况

2018年，马鞍山市有1067个事业单位，事业单位工作人员36851人（其中，在编人员29769人、编外人员7082人）。

作为安徽省内较早开展事业单位公开招聘工作的地级市，2003年，马鞍山市就制定了《马鞍山市事业单位进人实行考试考核的实施意见（试行）》，开展事业单位公开招聘试点工作，先后为原市人事局、劳动局、招商局、司法局、文化局等所属事业单位公开招聘工作人员120名。原人事部《事业单位公开招聘人员暂行规定》《安徽省事业单位公开招聘人员暂行办法》颁布后，2011年，马鞍山市出台了《马鞍山市事业单位公开招聘人员实施办法》。

2006~2014年，马鞍山市事业单位共面向社会公开招聘5155人，年均573人（其中，2011~2014年，因事业单位分类改革等原因，马鞍山市直和

* 荀峰，安徽省马鞍山市人力资源和社会保障局。

市辖区事业单位公开招聘工作暂停实施）。2015～2018年，马鞍山市事业单位共面向社会公开招聘2763人，年均691人。

二　马鞍山市事业单位公开招聘实践

自2015年起，马鞍山市直和市辖区事业单位公开招聘工作重启实施并进行了新的实践。在严格按照国家、省、市事业单位公开招聘有关规定和要求的基础上，充分吸收和借鉴近年来安徽省以及其他省市事业单位公开招聘、公务员考录等有关经验和教训，针对事业单位用人需求，立足人事考试组织能力，以招聘公平、招聘安全为基础，着力提高招聘科学性和针对性，事业单位公开招聘工作取得了新成效。

（一）健全招聘组织

建立双重领导体制，确保招聘工作公正、规范、有序进行。马鞍山市成立了由组织、机构编制、人社、财政等部门主要负责人组成的全市招聘工作领导小组。领导小组办公室设在事业单位人事综合管理部门，及时研究和处理招聘工作中的重大问题，指导和推进全市事业单位公开招聘工作顺利实施。各招聘单位主管部门成立由主要领导、分管领导、组织人事、招聘单位负责人等组成的本部门招聘工作领导小组，负责相应招聘工作。在实施过程中，市、县、区人社部门主动加强对招聘主管部门的指导，及时沟通处置相关问题，建立相互联动、配合协调的工作机制。

（二）分级分类管理

分级分类管理是事业单位人事管理的重要原则，在招聘中实行分级分类管理，有利于提高招聘工作的科学性和灵活性。事业单位承担着社会公益服务的任务，其行业类别多，单位数量多，工作人员岗位要求多。各级各类事业单位对人才的需求层次不一，类型多样，差异明显。为满足多样化的用人需求，在公开招聘工作中，马鞍山市始终坚持分级分类管理。分级负责，主要是指市直事业单位公开招聘工作由市本级负责，同时因区属事业单位招聘人数较少，一并由市本级组织。而市辖县事业单位公开招聘工作由各县自行组织，其招聘方案需要由市级部门进行前置审核。分类管理，教育、卫生事业单位招聘由市教育局和卫生健康委分别牵头组织实施，体现其鲜明的行业特点和专业需要。

（三）规范招聘流程

精心拟制招聘工作方案，将招聘计划申报、招聘方案拟定、报名及资格初审、笔试、资格复审、专业测试、体检与考察、公示和聘用手续办理等各环节职责进行细化分解，做到权限清晰、分工明确、责任到人。同时要求市辖县事业单位招聘方案须经市组织、人社部门核准。从严控制事业单位进人规模，事业单位招聘人员计划必须由市机构编制部门进行前置审核。

（四）强化全程监督

将纪律挺在前面。组织招聘部门反复学习《事业单位公开招聘违纪违规行为处理规定》等规章，强化纪律意识，杜绝违纪行为。坚持信息公开、过程公开、结果公开，招聘各环节信息及时在市县级媒体和相关网站上公布并严格执行。及时发布招聘公告，及时公布报名、资格审查、笔试、专业测试、体检、考察、公示、确定拟聘人选等环节进展情况，将招聘过程置于社会有效监督之下，杜绝招聘过程“暗箱操作”。

为维护事业单位公开招聘的权威性、严肃性，提高公信度，公开招聘工作全程接受纪检监察机关和社会监督。人社部门和纪检监察机关联合下发指导意见，主管部门的纪检监察人员全程参与监督。在具体环节上，对报名资格审查、笔试现场、考官确定、考生抽签、评分计分以及体检与考察等重要环节，实行现场监督；对考生和社会质询按政策解答；对群众投诉举报认真调查核实，及时回应社会舆情，认真落实招聘工作的公开制度、回避制度、考试保密制度。对违反招聘规定的，按照“谁主管、谁负责”的原则，严格实行责任制和责任追究制。

三　马鞍山市事业单位公开招聘制度的经验

（一）合理编制招聘计划

马鞍山市招聘计划编制工作，主要由机构编制部门牵头，按照2012年底在编人数只减不增原则，根据单位工作需要，结合现有空编情况和人员年龄结构等核定。同时，在公立医院实行周转池编制试点工作，根据床位数等指标核定自建池、周转池、员额池编制总量，统筹考虑编内、编外用人情况。在中小学校，按照师生比等指标重新核定编制，由于学生数阶段性减少，考虑单位实际需要，在空编少的情况下，将当年退休教师数作为招聘计划编制的重要依据，基本满足了用人需求。同时，承担行政职能的事业单位按国家、省有关要求停止新进人员，列入改革和部分社会公益职能弱化即将整合的事业单位一律不许新进人员。

（二）按需设置招聘条件

在确定招聘计划后，人社部门组织招聘部门集中开展各岗位条件设置工作，在设置时严格按照《关于事业单位公开招聘岗位条件设置有关问题的通知》要求，科学合理地设置招聘岗位条件，除法律法规明确规定外，不允许设置指向性、排他性或与岗位无关的歧视性条件。在此原则下，反复与招聘单位沟通，摸准其用人需求，结合本地和周边各专业人力资源现状，不盲目追求人才“高消费”，避免过于重视学历、资历等硬件因素，指导招聘单位按需设置招聘条件。招聘条件设置时，市区以本科起点为主，县级以大专起点为主；专业设置中参考教育部门专业目录，管理岗位设置以类、门类为主，专业技术岗位设置以专业、类为主，专业设置时一般将相邻、相近专业一并列入；年龄一般以35周岁及以下为主，高层次人才、急需紧缺人才或基层医疗卫生人才可以放宽至40周岁；没有特殊需求的，一般不设置工作经历、职称、职业资格等资历条件，确需设置的需要说明原因。以满足单位需求为基础，尽可能扩大选人用人范围。

（三）充分用活现有考试资源

笔试作为公开招聘的主要甄选方法，直接影响招聘的实际效果。2015年，马鞍山市人事考试机构充分调动社会资源，采取统一委托异地相关机构命题、制卷、阅卷，面试命题的方式，参考安徽省直事业单位公开招聘笔试范围，探索分专业分岗位命制笔试试题。管理岗位笔试科目采用《公共基础知识》和《申论》的形式，专业技术岗位笔试科目采取《公共基础知识》和《专业科目》结合的方式，但受命题能力所限，仅命制了财会类、预防医学类、医学基础知识、计算机类、水利类等五科专业试题，其余半数以上专业技术岗位仅笔试一门《公共基础知识》。2016年以后，马鞍山市在安徽省首批参加人力资源和社会保障部人事考试中心搭建的全国“事业单位公开招聘分类考试公共科目笔试命题服务试点工作”平台。该平台将考试类别分为综合管理类、社会科学类、自然科学专技类、中小学教师类、医疗卫生类等五大类，考试科目为各类别《职业能力倾向测验》和《综合应用能力》，与以往事业单位招考测试内容有根本性变化。以往偏重基础技能和文字水平，而国家考试更加注重人员职业倾向等潜质的测试，更加权威、规范，明显提高了针对性和科学性，更加有助于实现事业单位选人用人考试评价目标。由于国家平台提供的是公共科目，安徽省人事考试院立足自身实际，提供了财会类、计算机类、法律类、土木类等多个专业科目命题服务，进一步提高了考试的科学性和针对性。

在专业测试方面，多采用结构化面试，命题由人事考试机构委托异地命题。2019年事业单位专业测试中，经过与教育、卫生等有关部门的反复沟通，在人社部门指导下，幼儿园、中职、高职高专学校，市委党校、马鞍山广播电视台、马鞍山日报社、马鞍山职业技术学院、市区卫生健康委等单位采取针对本单位岗位特点的专业测试方式，如专任教师岗位采取“现场备课 + 无生上课”，幼儿园教师采取“试讲 + 才艺展示”，马鞍山广播电视台根据不同岗位分别采取新闻编辑、电视节目制作、播音主持情景模拟等方式，马鞍山日报社采取“面试 + 专业笔试”，市区卫生健康委采取符合医疗卫生岗位工作实际的结构化面试。这些专业测试方式紧贴岗位特点，基本实现了“干什么、考什么”的要求，有效解决了以往一律结构化面试，难以科学甄选人才，难以满足用人单位的不同用人需求的弊病。

（四）合力加快招聘进程

招聘公告发布后，在保证规定程序到位的基础上，化繁为简，采用集中和分散相结合的方式，与招聘单位密切协作，合力推进招聘进程，尽可能缩短招聘周期，收到了很好的效果。如 2015 年招聘中，2015 年 12 月发布招聘公告，2016 年 1 月笔试，2016 年 3 月面试均由市招聘领导小组集中组织，后续体检、考察等环节均由事业单位主管部门按规定组织，明显提高了招聘效率，2016 年 4 月即有事业单位完成了规定程序，新进人员到岗工作，实际用时不到 4 个月时间。2016 年以后招聘，由于国家统一笔试周期（1 个月）等因素，招聘周期也在 4 ~5 个月时间。

（五）基本满足用人单位需求

马鞍山市事业单位公开招聘组织严密、程序规范，基本能够按照分类原则设置报考资格条件和考试科目，充分依托现有资源组织笔试、面试命题工作，尤其是参加国家考试平台后，考试针对性更高，人员甄选效果明显改进，组织方式采取集中和分散相结合的方式，较为灵活，受到广大考生和用人单位的认可。新进人员整体素质较高用人单位普遍感到满意。这既说明事业单位公开招聘公平性、科学性有所加强，也反映出马鞍山市区事业单位招聘岗位中，常规性岗位居多，人才需求差异性不大，符合招聘岗位条件人员多数都已满足现有岗位需求，既已能满足“人岗相适”，无须更精细地加以区分，而事业单位公开招聘工作重点就在满足社会对就业公平地诉求，给应聘人员一个公平竞争的机会。

四　事业单位公开招聘工作面临的问题

（一）事业单位公开招聘法规亟须健全

近年来，在国家层面，《事业单位人事管理条例》《事业单位公开招聘暂行规定》《事业单位公开招聘违纪违规行为处理规定》《关于事业单位公开招聘岗位条件设置有关问题的通知》等陆续出台，为规范开展事业单位公开招聘工作打下了很好的基础。但具体环节仍不够完备。如岗位资格条件设置，笔试、面试命题和专业测试考官的选取和资格认定、体检标准设置，考察内容，新进人员有关职级待遇等方面均缺乏针对事业单位特点的有效法规保障，往往是借鉴或参照公务员考录等有关规定执行。由于招聘过程不可逆，在招聘中一旦出现争议，如何维护招聘单位、考生双方的权益，缺少快速、有效、公认的处理方式，需要建立相应的法规制度予以规范。

（二）事业单位公开招聘实施能力有待提高

公开招聘工作受关注程度高，组织大规模招聘压力大，公开招聘中笔试、专业测试环节的“考什么、怎么考”，需要较高的实施能力作为支撑。如《安徽省事业单位公开招聘暂行办法》中虽然规定“面试可采取结构化面试、无领导小组讨论、说课、答辩、情景模拟、技能操作等多种方式进行”，但实际上事业单位仍多采用结构化面试或专业面试的方式进行，而领导小组讨论、情景模拟等现代大型企业人力资源部门常采用的面试方式，因组织难度大、社会认可度低，在事业单位公开招聘中极少被采用。

招聘实施能力的提高，重点是要加强招聘笔试、专业测试的命题能力。从现状来看，能够准确掌握事业单位岗位需求、熟悉现代人才测评技术方法、具有一定命题能力的专家型人才较为缺乏。同时，囿于各地专家资源限制，市县能够承接招聘笔试、专业测试命题工作的资源稀缺。同时，在专业测试中，考官往往由本系统内、本领域内专家或是具备高级专业技术职称人员担任，专业优势较为明显，但由于其往往并非人力资源专家，在人才甄别能力上相对逊色，加强面试考官队伍的人才甄别能力就尤为重要。

（三）事业单位公开招聘流程需要优化

事业单位公开招聘程序一般为拟定招聘方案、发布招聘公告、报名和资格审核、笔试、专业测试、体检、考察、确定聘用人选、公示、办理聘用手续等规定程序，组织方式较为简单，但其程序繁杂，周期漫长，尤其是集中组织的大规模事业单位公开招聘工作，从计划组织到完成招聘工作，少则2～3个月，多则半年以上。招聘全程中，招聘主管部门投入了大量的人力、物力、财力，而考生也投入了许多时间、精力以及经济成本。

五　事业单位公开招聘工作的思考

（一）完善事业单位公开招聘法规体系

在国家、安徽省现有原则性制度框架基础上，需要结合本地实际，借鉴同为“公职人员”招录考试的公务员考录制度体系，从资格条件设置、考试考务、专业测试、考官管理与培训、体检、考察、录用、任职、试用期、争议处理等诸多方面逐一细化规范，保证事业单位公开招聘制度全流程有法可依、有据可循。在制度规范完善过程中，上位法规制度应为下一层级事业单位执行赋予一定的自主权，通过设置科学合理的报备程序，允许下一层级在坚持“民主、公开、竞争、择优”的事业单位公开招聘原则下，制定符合本地域事业单位用人特点的实施办法。

（二）加强事业单位公开招聘实施能力

加强本地区事业单位人力资源规划。可以依托国家、省、市人才发展纲要（规划），结合各地区人才队伍状况，着眼招聘单位现阶段及今后一段时间内用人需求，明确各个岗位具体任职资格条件，构建事业单位岗位胜任力模型，以此作为事业单位制定公开招聘计划指标和资格条件设置的主要依据。

引进符合事业单位用人特点的现代人才测评技术。综合运用包括能力测验、心理测验、笔试、面试、技能操作、情景模拟技术和评价中心技术等现代人才测评技术。一个人知识水平难以反映工作能力以及职业成就，就事业单位公开招聘而言，虽能在一定程度上考察应聘者的综合素质或专业素质，但是因其模式较为单一，容易被应聘者有针对性地通过培训加以准备，无论是笔试还是专业测试最终应聘者的应试能力高低成为脱颖而出的决定性因素。现代人才测评技术中能力测验、情景模拟技术和评价中心技术等，在事业单位公开招聘中特别是高层次人才引进中有着广泛的应用前景。

完善事业单位分级分类招考。不仅区分岗位、专业类别，针对同一专业不同学历水平、专业技术水平人员，不同层级事业单位人员需求差异，应设置难易程度不同、针对性强的考试科目；针对紧缺专业、高层次人才招聘，应细化高层次人才岗位任职资格条件，重视履历测评技术在公开招聘中的作用，简化招聘程序；针对部分岗位专业性强，笔试命题、专业面试组织难度大等实际，可以依托省一级行业主管部门的专业力量集中开展招聘工作，或跨地区统一命题、统一时间联合组织招聘，提高“干什么、考什么”的岗位比例，提高招聘实效。

（三）创新公开招聘组织实施方式

事业单位公开招聘组织实施程序环节多，招聘周期长，招聘成本高，人才测评方式较为单一，测评效果有限。现阶段，公开招聘工作之所以能得到用人单位、应聘人员、社会舆论的普遍欢迎，是因为较以往计划分配、进人不公开等做法有巨大进步。随着“公开、公平、公正”得到基本保证，无论是用人单位还是应聘人员、社会舆论，所关注的重点不仅仅是形式上的公正，今后必将接受社会更严格的检验和用人单位不断提高的用人需求。

创新事业单位公开招聘组织实施方式，如果脱离了地方事业单位人事管理现状，就将成为“无本之木”“无源之水”。一方面要建设一支高素质的事业单位人事管理队伍，另一方面，要尽可能地找准“堵点”和“痛点”，进行具有可行性、受社会和用人单位认可的创新，以提高事业单位公开招聘的实效性。同时，要赋予事业单位用人自主权。事业单位改革及其人事制度改革的发展方向，就是实现“政事分开”“管办分离”，赋予事业单位包括用人方面的自主权。特别是，随着事业单位人事制度改革深入推进，事业单位人员流动性将显著增强，僵化单一、集中组织的招聘模式将难以适应事业单位提供社会公益服务的需要。事业单位人事管理部门应该通过制定规范、培训指导、加强监督来进行事业单位公开招聘的宏观管理，充分发挥事业单位在新进人员中的主体作用，增强招聘组织的灵活性。

ℝ.29

安徽淮北市事业单位岗位管理工作实践

张　华*

事业单位岗位管理工作是事业单位人事制度改革重要内容，直接关系到广大事业单位工作人员切身利益。近年来，淮北市认真贯彻落实国家和省相关政策规定，紧密结合本市实际，稳慎推进，积极创新，不断规范和完善事业单位岗位管理制度，逐步实现了事业单位人事管理的科学化、规范化、制度化。

一　主要做法

从2009年至2019年，按照“先入轨、后规范、再完善”9个字的要求，淮北市事业单位岗位设置和聘用管理工作实现从平稳入轨到规范和完善管理阶段，取得显著成效。

（一）科学合理设岗

1. 坚持按需设岗，加强动态管理

在事业单位设岗的过程中，淮北市严格按照政策文件规定，认真调查研究，依据事业单位机构编制、职能任务，结合单位实际情况，对履行职能任务的岗位进行细化分解，提高岗位设置的匹配程度。针对事业单位随时有编制变化、单位整合、机构更名等情况，随时对该事业单位进行动态岗位设

* 张华，安徽省淮北市人力资源和社会保障局。

置。对事业单位岗位设置，重点做好事业单位主管部门“初审关”、市人社局“审核关”。通过严格把关，努力做到事业单位岗位设置工作“政策不变通、比例不突破、工作不走样”，实现岗位设置工作科学化设置、动态化管理。

2. 创新岗位管理，完善岗位统筹

为加强岗位资源的有效利用，落实事业单位自主权，按照省人社厅《关于完善事业单位岗位统筹管理机制的指导意见》，淮北市积极探索，建立健全事业单位岗位统筹管理机制。2017 年，在县区范围内，配合中小学“无校籍管理”，全部实行了岗位总量管理，不再核岗到校；还先后对农、林、水等乡镇事业单位以及一些规模小、人员少、较分散的事业单位，统一合并设岗，实行岗位总量调控，集中管理。以上措施有利于科学调剂区域、行业岗位资源，有效集约使用好事业单位岗位资源，积极促进了人才流动。此外，着眼事业发展，建立岗位结构比例动态调控机制，岗位上一级有空缺的，可调剂到下一级岗位聘用；不同层级内高等级岗位有空缺的，可用于该层级低等级岗位聘用。现有人员结构比例已经超过核准的岗位结构比例的，可通过自然减员、调出、低聘或解聘等办法，逐步达到规定的结构比例；对超结构比例严重的单位，采取“退二聘一”“退三聘二”办法实施调控。

（二）规范人员聘用

1. 坚持按岗聘用，严把聘用条件

事业单位按照核准的岗位设置方案，根据按需设岗、按岗聘用的原则进行人员聘用。淮北一直严把事业单位人员聘用基本条件，首先，事业单位要岗位空缺，这是前提和基础，除首次设岗后的聘用允许超岗聘用、慢慢消化外，以后的人员聘用必须有岗位空缺才可以聘用；其次，拟聘人员必须具备岗位任职条件，要有相应的学历、职称、年限等资格条件，有的岗位还应有行业准入资格控制条件；最后，拟聘人员办理岗位聘用要按人事管理权限经过组织研究认定。对于工作需要而进行人员交流或三类岗位之间转换的，坚持“岗变薪变”的政策，实现岗位与人员的有效衔接。

2. 规范聘用程序，严格审核备案

在事业单位人员岗位聘用上规范操作，严格执行认定备案制度，严格按照申报、审核和认定三个程序进行。一是各事业单位提出拟聘岗位意见，经主管部门审核，报政府人社部门提出认定申请，提交聘用材料。二是政府人社部门对事业单位申报材料进行审核，对申报材料不完整的应补齐后再行审查。三是政府人社部门根据事业单位主管部门的审核意见和审核结果，对岗位聘用工作进行认定备案。各事业单位根据政府人社部门的认定备案意见，正式办理岗位聘用手续，方可兑现岗位聘用人员相应的岗位工资待遇。

（三）加强聘后管理

1. 加强聘期考核，规范合同管理

在聘后管理上，强化突出聘期考核。聘期考核包括年度聘期考核和聘期期满考核。聘期考核结果分为合格、不合格两个等次。事业单位专业技术人员年度聘期考核为合格等次的，正常聘用；年度聘期考核为不合格等次的，当年年度考核结果不能定为优秀等次，不得晋升岗位等级，不得晋升职称。聘期期满考核合格的，给予正常续聘；聘期期满考核不合格的，给予解聘或降低岗位等级聘用。聘用制度是事业单位的基本用人制度，必须建立以合同管理为主要内容的用人新机制。淮北市要求除了按照干部管理权限由上级部门任命的单位主要负责人外，凡与事业单位建立人事关系的工作人员，均须与本单位签订聘用合同。事业单位工作人员的招聘、晋升、考核、辞职、辞退均以聘用合同为依据。事业单位未按规定与受聘人员签订聘用合同并经审核备案的，人社部门不予确认岗位等级，不予核定工资标准，从源头实施管理。同时，严格规范合同的订立、变更、续订等重点环节，淡化身份，强化岗位，初步建立以聘用合同为基本依据的人事管理新制度。目前淮北市事业单位工作人员聘用合同签订率已达100%，已形成了合同用人、合同管人的理念，实现了人员聘用向契约化、法制化的转变。

2. 利用信息支撑，提高管理水平

为切实做好岗位管理制度入轨后的各项工作，淮北市积极探索，创新管理方式，建立事业单位聘用人员实名制信息数据库。针对事业单位工作人员多、流动性大及聘用合同期满部分单位不能及时续签等情况，建立事业单位聘用人员动态管理信息数据库，对聘用人员进行动态管理。数据库主要包括姓名、所学专业、毕业院校、现任职务（职称）及聘用时间等 19 项指标。每次事业单位岗位变动时，数据库都要随时进行更新。事业单位数据库的建立确保了人员聘用合同签订的连续性和及时掌握事业单位三类人员的岗位聘任及退休人员情况等。2018 年，淮北市作为全省试点市，利用事业单位人事管理信息平台，对事业单位岗位设置和人员聘用数据全部入库，规范开展岗位聘用管理。如今，事业单位人事管理信息系统运行良好，岗位人员聘用等业务实现了网上办理，提升了事业单位人事管理工作规范化、信息化、科学化水平。

二　存在问题

近年来，淮北市在完善事业单位岗位设置及聘后管理等方面取得了一定的成绩，但在具体的推进实施过程中也遇到一些难点和问题。

（一）岗位设置不够科学合理

事业单位岗位设置是事业单位公开招聘和聘用制度实施的前提，因此科学合理设置岗位的重要性不言而喻。首先，岗位设置还不能完全体现“因事设岗”。岗位设置的主要依据是单位“三定”方案，其中工作职能是岗位职责设置管理的重要依据。新时代、新形势、新常态下，很多的单位的职能发生了变化，尤其党的十九大以后新一轮党政机关机构改革后，不少下属事业单位职能也发生了变化，然而不能根据工作任务和发展需要对其职能、工作主体进行规范评估和分析。在实践操作中，部分单位只考虑现有人员，进行管理类、专业技术类、工勤类岗位的简单划分，岗位设置和内容不是客观非工作实际需要的结果，存在岗位分析不到位、岗位设置标准不够明细，岗位设置合理性和科学性不高的问题。此外，设置岗位职责不够明确细化。由于对岗位设置的整体把控不够，对岗位职责的理解不充分，部分事业单位未能建立完善的岗位评估和分析体系，在设岗时简化操作，岗位说明书中没有体现不同岗位的差异性，岗位职责区分度不高，高级岗位和中级、初级岗位的职责内容同质化严重，考核指标相差不大，不能很好地实现岗位职能的有效衔接。

（二）竞聘机制未能充分运用

事业单位基本上按照政策规定设置竞聘上岗机制，但是由于照顾现有人员利益需要，也因为缺乏相应经验，建立的竞聘制度相对简单。岗位说明中往往偏向因人设岗，简化任职条件，虽然减小了上岗压力，但是给岗位竞聘工作增加了难度。此外，竞聘上岗缺乏规范的操作程序，部分事业单位没有把政策向单位职工宣传清楚，操作过程缺少必要的公开和监督，竞争上岗机制被削弱。在推行竞聘上岗制度时，实际操作时，因单位空缺的岗位有限，符合条件的人员相对较多，岗位数量与待聘人员之间的矛盾日益突出。有些单位在竞聘岗位时，为避免矛盾激化，简单地采取直接按年龄和工龄的方式确定人选，极大挫伤了年轻同志的积极性，也导致岗位竞聘流于形式。

（三）管理岗位晋升机制不畅

2009 年推行事业单位岗位设置工作以来，事业单位管理人员晋升渠道不畅的问题一直备受关注，基层单位对此反映强烈。目前执行的事业单位工资制度，总体情况是管理岗位待遇水平明显低于专业技术人员岗位待遇水平。在基层尤其是县乡事业单位，受事业单位的规格限制，大多数事业单位负责人仅为九级职员或八级职员，管理岗位的设置的总体情况是低级别岗位占绝大多数。单位规格越低，情况越明显，管理岗位晋升的空间相对较小。由于管理工作任务重、责任大，不但要求有较高的知识水平和较强的综合协调与管理能力，而且要求有较强的服务意识，不容易出成绩，待遇又偏低，容易形成“能力高的人不愿意干，能力低的人又干不好”的不利局面，很难达到管理岗位要适应增强单位运转效能、提高工作效率、提升管理水平的要求。事业单位管理岗位的“双肩挑”人员要兼顾管理和专业技术工作，需要付出更多的精力和时间。这些人员在担任管理职务时，因岗位待遇问题，在选择主要岗位时继续执行专业技术岗位待遇，势必挤占其他专业技术人员的晋升空间，不利于调动单位专业技术人员工作的积极性和主动性。

（四）聘用合同发挥作用不够

一些事业单位对聘后管理工作没有引起高度重视，在首聘期满以后，没有及时对本单位人员进行续聘和签订聘用合同，仍然存在“终身聘用”现象。按照政策规定，合同期满前，甲乙双方协商一致，可以按照规定的程序续签聘用合同。续签聘用合同应当在聘用合同期满前 30 日内办理，但事实上很多不能及时办理。聘用合同虽然在事业单位推行多年，单位与职工聘用合同三年或五年一签，明确规定了双方的权利和义务，双方签字，并到人社部门备案，好像是完美无缺，程序一样不少。但是，无论单位还是职工，都没有真正重视合同这项工作，只是履行了一项工作程序。职工认为反正我是国家正式在编职工，只要不犯大的错误，就不会被开除。聘用合同在很多时候形同虚设。

（五）考核与聘用未有效挂钩

大部分的事业单位设岗完成后，没有利用考核机制做好后期的管理工作，具体反映在：考核认识不到位，单位职工思想上排斥考核，导致考核流于形式；管理者也未能认识到考核的重要性，没有把岗位晋升工作与岗位职责考核结合起来。首先，考核办法过于简单，考核指标不具体，体现不出岗位特点，用“同一标准”考核所有岗位、所有人，缺乏合理性和可比性，不能全面真实准确地反映工作人员业务能力和工作业绩，容易造成队伍内部不和谐。其次，考核结果没有充分运用，没有作为职工岗位晋升和继续聘用的主要依据，往往只能导致部分单位聘用人员“能上不能下”，严重挫伤了一部分工作真正能干、考核优秀工作人员的工作积极性。

三　思考与对策

针对以上岗位管理工作实践中出现的问题，经认真思考分析，提出如下对策与建议。

（一）完善岗位设置制度

一是合理完善岗位设置，实现人岗更匹配。对新成立单位、空编单位或自然减员出现的空岗单位，一定要严格按照本单位的职能及发展需要，做好岗位规划及岗位分析，按规划好的岗位要求进行人员流动和补充。二是科学明细岗位职责，优化岗位内部结构。遵循职业分工细化的趋势，依据单位实际发展需要进行岗位优化设置。科学合理地制定分工细致、分工明确的专业技术岗位、管理岗位和工勤岗位细则，优化人才梯次结构，因事设岗，使岗位管理发挥配置人力资源的基础性作用，成为选人用人的基本管理制度。

（二）规范竞聘上岗机制

全面实行平等竞争、择优上岗、动态聘用，进一步完善竞争激励机制，最大限度地激发各类人才的积极性。首先要健全程序，保证竞聘上岗的公开性和参与性。严格按照“公开、平等、竞争、择优”的原则，健全竞聘上岗的各项程序，对竞聘方案的制定、人选条件的确定、竞聘结果等应做到全程公开，坚决剔除“人为操作”“人情”因素。其次，健全机制，保证竞聘考核的科学性。制定综合科学的考核方案，充分利用笔试、面试、群众测评等形式，科学选拔优秀人才。

（三）拓宽管理岗位通道

目前，为了解决事业单位管理人员岗位待遇问题，大部分事业单位普遍实行了“双肩挑”制度，但因挤占了其他专业技术人员的岗位职数，单位矛盾很大。为有效解决事业单位尤其是基层事业单位管理人员晋升问题，可以考虑按照一定比例设置“兼职岗”。此类岗位不占用单位专业技术岗位职数，可以正常晋升专业技术岗位等级。此外，建议上级部门总结部门地区实行事业单位管理职业等级制度试点经验的基础上，适时稳慎推广，提高事业单位管理人员的待遇水平。

（四）完善聘用合同制度

按照《事业单位人事管理条例》，结合工作实际，规范合同管理，真正变单位用人为合同用人，建立能进能出灵活的用人机制。坚持观念引导。引导广大事业人员消除人员身份性质终身制的传统观念，通过单位与职工签订聘用合同形式，确立双方的权利和义务，形成契约关系，从制度上打破“铁饭碗”的根基。坚持合同续签。及时提醒督促事业单位做好与职工的聘用合同续签工作，做到合同签订不间断，确保聘用合同签订率始终保持100%。坚持合同管理。加强以合同为依据管人管事，人员考核、人员流动、合同终止和解除，以及人事纠纷处理等都严格按照聘用合同制度来进行操作实施。

（五）强化考核聘用挂钩

要把人员考核与岗位聘用紧密挂钩，对事业单位工作人员实行定期考核、动态管理。首先，建立分类考核机制，在考核内容、标准和考核程序上体现分类。在全面考核德、能、勤、绩的基础上，根据管理、专业技术、工勤技能三类岗位职责，提出不同岗位类别工作人员的考核重点和内容。其次，要强化年度考核和聘期期满考核结果在岗位晋升、竞聘上岗、岗位聘用的使用导向，加强聘后考核管理，对考核优秀的优先晋升岗位等级，对不能履行岗位职责或违反有关政策规定的人员，及时取消岗位聘用资格。通过考核与岗位聘用的挂钩，充分调动事业单位工作人员的积极心和创造性，解决人员“能上不能下”的问题。

ℝ.30

江西抚州市规范完善事业单位公开招聘工作探索

陈　韬*

事业单位既是政府服务民生的重要载体，也是促进社会就业十分重要的领域，其选人方式历来受到社会普遍关注。抚州市将事业单位公开招聘作为体现公平正义的“阳光工程”来建设，坚持公开、公平、公正原则，不断充实政策制度，创新招聘方式，逐步建立了适合抚州市实际和事业单位特点的选拔新进人员机制，得到了社会的广泛关注和普遍认同，事业单位公开招聘的公信力不断提升。

一　在健全完善制度中确保公开招聘有章有序

抚州市坚持把制度建设作为规范公开招聘的前提和基础，通过构建立体化的制度体系，确保事业单位公开招聘工作规范安全。

（一）做到省市的无缝衔接

2005 年人事部第 6 号令、2006 年《江西省事业单位公开招聘人员实施办法（试行）》下发后，抚州市顺势而上，及时梳理和总结过去的做法，结合本地实际，制定出台了相应的实施办法。尤其是 2012 年，省厅要求事业单位公开招聘由市本级统一组织实施以来，抚州市以市委办、市政府办名义下发了《抚州市事业单位公开招聘人员办法》，以文件制度形式要求市、

* 陈韬，江西省抚州市人力资源和社会保障局。

县、乡三级事业单位公开招聘由市里统一组织，市县乡三级联考格局形成，为抚州市的事业单位公开招聘工作构建了有力的政策框架。

（二）做到市县的联动合作

在“公开”的核心要求下，处理好“统”和“分”的关系：“统”主要是把握好政策导向、把握制度“底线”，制定好规则，坚持“三级联考”不动摇。“分”是分类参与。从2014年事业单位公开招聘开始，在政策范围内，抚州市将事业招聘的权限尽量下放，尽最大可能增加县（区）对公开招聘的参与度。除笔试、面试环节统一由市里组织外，在公开招聘岗位的设置、资格审查、体检、考核政审等环节，按照统一部署，均由县（区）分别组织实施。

（三）做到内控的环环相扣

近年来，随着形势的变化和工作精细化的要求，抚州市分别从岗位计划征集、条件审核、笔试、面试、体检等五方面建立完善了实施细则、操作样本和流程图，每个环节都由专人负责、专人操作。为今后执行工作有章可循，有据可查，抚州市将近年来制定出台的实施细则、操作样本进一步梳理、修订和完善，并编印成操作手册，使一切行为都在规程中。

二　在创新操作中确保公开招聘成效实效

事业单位招聘，既要体现全市统一招聘的共性，又要考虑不同类型事业单位的特性。为此，在深入事业单位进行调研的基础上，围绕如何解决“招得进，留得住，用得上”难题，进一步改进抚州市事业单位公开招聘工作。

（一）解决“招得进”问题

考虑到偏远山区、经济欠发达县岗位时常出现“流招”的实际，推行了

“增加笔试后调剂环节，调整开考的比例”的做法，即笔试环节不设3∶1的开考比例。在笔试结束后，对第一批未达到3∶1面试比例的岗位，增加网上公开调剂环节，允许未入围第一批面试的人员参加网上公开调剂。经过考生自愿调剂，使一些入围不了市直单位的考生可调剂到县以下基层单位工作，对于调剂后仍达不到3∶1面试比例的岗位，将面试开考比例调整为最低2∶1；特别是对于笔试成绩超出招聘职位合格线20%（含）以上的1∶1等额人员，也允许该职位进行面试，尽可能让职位招到人，较好地解决了资源分布不均和对人才吸引力不一的难题。

（二）解决“留得住”问题

从2015年招聘开始，借鉴公务员考试做法，对报考条件要求为大专及以下的县以下乡镇岗位可限本市户籍。由于本地户籍的人员对当地语言、生活习惯等较适应，且大部分社会关系都在当地，能够安得下心来扎根当地工作。另外，规定最低服务年限，避免出现“考进来留不住”的现象，确定事业单位一个聘期为三年，实行聘期管理。同时，对事业单位工作人员在现单位服务年限（含试用期）未满三年的，不得再次报考。

（三）解决“用得上”问题

为缓解考试试题的单一性与岗位要求多样性的矛盾，避免出现“所招非所用”的情况。针对事业单位的行业特点、岗位要求，从2015年招聘开始，将岗位分为偏管理岗位、偏专业技术岗位。偏管理岗位笔试采取综合知识和申论的方式进行；偏专业技术岗位笔试采取综合知识和专业知识的方式进行，专业知识卷最多达十多门。分类别确定笔试专业科目虽然极大地增加了工作量和工作成本，但真正实现了按岗选人、按需择人，充分满足了事业单位的实际工作需要。在面试形式上，根据职位的具体要求，对偏重管理性质的岗位采取结构化面试的形式，对专技岗位和工勤技能岗位则推行专业测试、实际操作等方式。对部分单位招聘岗位专业的特殊性（如文化系统的电视台播音员），在确定总成绩时，向专业科目倾斜，专业分数所占比重为

60%～70%。在2016年事业单位电视台播音员招聘工作中，对报考这类岗位的考生，采取先面试后笔试的形式进行，按面试成绩以一定的比例进入笔试，最后按照总成绩从高分到低分录用，进一步保证了选用岗位需求的人才，取得了良好效果。另外，为解决基层单位男女比例失衡问题，在部分对性别要求强的单位，如招聘岗位2个及以上的，可分别设置，其招聘男女比例各占50%。

三　在严格把关中确保公开招聘公平公正

近年来，为维护社会公平正义，充分发挥政府统筹、部门参与、单位配合的联动优势，抚州市率先在全省建立了以市政府常务副市长为总召集人，市人力资源和社会保障局（简称“人社局”）局长为召集人，市委组织部、市委宣传部、市纪委监察局、市公安局、市无线电管理局及相关部门为成员单位的抚州市人事考试联席会议制度，负责协调组织重要考试及处置突发事件，并出台了考试突发事件应急处置预案。通过建立以保障考试安全为核心，上下联动、密切配合的快速响应机制，实现人事考试工作有序运转。在具体操作中，抚州市严守“三关”，筑牢防护墙，确保“零差错”“零事故”。

（一）守好笔试关

一是考前加大综合治理力度，消除各种风险和安全隐患。近年来，抚州市多部门协助配合，主动作为，破获打掉了数个专门针对人事考试的网上兜售考试作弊器材的犯罪团伙，抓获多名犯罪嫌疑人，有力地净化了考试环境。二是“人防”向“技防”升级。加大硬件设施升级投入，提高防范高科技作弊能力，为实现平安考试提供技术支撑。考试期间，考务部门不仅在考场内配备了巡考、监考人员，且所有考场均配备了身份证识别仪、金属探测仪、无线电干扰设备等防作弊仪器，所有考生在进入考场前均要接受手柄式金属探测器的“安检”，防止考生携带高科技作弊工具进入考场。同时，在考场外利用无线电监测车对可疑信号实施监测和压制，及时阻断作弊信号，防范和打击利用无线传送设备作弊的违规违法行为。三是启动雷同试卷甄别制度。考试结束后，启动雷同试卷甄别鉴定程序，对使用高科技设备作弊的行为进行筛查、认定和处理。对于认定为雷同试卷的，均按照违纪违规处理办法，视情节轻重，分别给予取消考试资格且3年内不得报考等处理。另外，改变以往命题结构，增加主观题型的占分比值，也在一定程度上防范了高科技作弊。

（二）守好审核关

一是建立“双审制”。即由用人单位和人社部门组成资格审查小组，在资格审查时由各用人单位先进行审查，再由人社部门进行资格复查。“双审制”的建立既保证了资格审查的高效准确性，更增强了招聘工作的公开透明度。二是建立“会审制”。针对部分招聘岗位专业模糊，招聘条件难界定的，建立了“会审制”，即对于审查中出现的疑难问题、不能把握的条件审查，逐级汇总上报，由市人社部门会同各县（区）人社部门和用人单位及主管部门在纪检部门参与下进行“会审”，之后再给予答复，防止政策执行不统一和“走调变样”，确保公平对待每名考生。

（三）守好面试关

一是面试考官异地选派制度。面试考官全部从其他市的考官中选派，抚州市从两个其他地市邀请考官，各地市按“需多少派出多少”的原则派出主考官和普通考官，而且是在面试前由被委托方通知考官，并不得透露具体地点。考官上车出发其手机按要求上交，并用专车直接送到居住场所，考官入住后封闭在居住场所，场所的电话、网线全部拆除，设有信号屏蔽器，封闭评委的楼层由公安民警24小时站岗值班，实施全程封闭管理，确保了考官与外界的隔绝。二是成立了由人大代表、政协委员、特邀监督员组成的监督小组。负责对各环节的全程监督。考点由市纪委驻市委组织部纪检组和局机关党委派出考点纪律巡视员，负责对整个考点所有人员的监督，开考后任何人不得擅自进入（候）考场。每个候考室及考场均设置监督员1名，负责对面试各环节的全程监督。在面试考场，各考场监督员对本面试考场室考官履行职责情况、考生答题情况进行现场监督。且每个面试考场均装备监控摄像头进行全程摄像。三是实施“三个不确定”制度。首先，考场不确定。面试考场是面试当天，在监督小组的监督下由工作人员临时抽签确定候考室所对应面试考场。其次，考官不确定。主考官和其他考官分别抽签，开考前即时确定其所在面试考场，且每个面试考场均由两个地市的考官组成考官组。最后，考生不确定。考生在面试当天抽签确定其面试顺序。考生进入面试考场只能报告自己的面试序号。同时，考生面试成绩当场宣布并由考生本人签字确认，最大限度地保证公平公正性。

R.31

江西新余市实施绩效工资制度的实践探索

龚 筱*

完善收入分配关系是建设和谐社会的需要，也是调动事业单位人员工作积极性的需要。新余市从2009年10月开始，按照国家有关政策及省里的具体要求，积极分类推行事业单位绩效工资制度。对实施过程中遇到的实际问题大胆实践，积极探索。总体来说绩效工资工作开展有序，平稳有效，调动了事业单位人员的工作积极性。回顾近年来的主要做法、成效、问题，面对如何进一步做好绩效工资实施工作，引发了几点思考。

一 实施绩效工资的主要做法

2009年10月至2011年底，新余市分三步走，先后对义务教育学校、公共医疗卫生单位、其他类事业单位实施绩效工资，涉及全市791个事业单位21251名在职人员。按照与全市公务员规范后津贴人均水平基本持平的原则，核定事业单位绩效工资总量。同时，对全市财政全额补助事业单位离退休人员的生活补贴，按离退休时职务统一了标准，并由财政统一发放，解决了退休人员的后顾之忧。新余市主要做好了以下几方面工作。

（一）广泛宣传解释绩效工资政策

2010年，按照江西省实施绩效工资电视电话会议要求，新余市高度重

* 龚筱，江西省新余市人力资源和社会保障局。

视，成立了以分管副市长为组长的绩效工资领导小组，召开专题会议，研究部署实施工作。先后召开义务教育学校、公共卫生与基层医疗卫生单位、其他事业单位绩效工资工作实施布置会。广泛宣传解释绩效工资政策，印发宣传提纲和实施工作问答，宣传实施绩效工资的目的、意义，让全体事业单位人员积极支持、配合和参与。

（二）结合实际确定绩效工资实施原则

在规范全市机关公务员津贴补贴后，分步实施了事业单位绩效工资。结合实际，明确实施绩效工资具体原则：一是事业单位绩效工资与清理规范津贴补贴工作同步实施。二是事业单位绩效工资实行属地化管理原则。三是对不同事业单位实行不同的绩效工资管理办法，对事业单位现执行的绩效工资标准达到或高于规范后绩效工资标准的，财政不给予补助；对现执行的绩效工资标准低于规范后的绩效工资标准的，财政给予适当补助，相应提高到新的发放标准。四是各事业单位要以绩效考核的结果为依据，规范分配程序。新余市先后分类制定了义务教育、公共卫生与基层医疗卫生事业单位、其他事业单位三个绩效工资的实施意见。

（三）细化不同岗位人员基础性绩效工资标准

为了稳妥实施，减少矛盾，事业单位绩效工资基准线水平按公务员规范后津贴补贴年人均水平标准确定。分类细划了不同岗位不同层次人员 70% 或 60% 的基础性绩效工资和退休人员的生活补贴标准。

（四）落实分配自主权

奖励性工资分配办法由主管部门组织指导所属单位实施。要求事业单位对 30% 或 40% 的奖励性绩效工资采取灵活多样的分配形式和办法，合理拉开收入差距，但最高与最低人均差距不得超过 3 倍。分配方案由各主管部门备案批准后，由单位根据年终考核结果发放到个人。同时，鼓励有条件的事业单位，自主确定基础性绩效工资和奖励性工资占比。

（五）及时调整绩效工资基本标准线

新余市在综合考虑经济发展、财力状况、物价消费水平等因素的基础上，根据近几年事业单位实际发放津贴补贴平均水平，参考公务员规范津贴补贴的做法、标准和其他设区市的水平，制定并及时调整绩效工资基本标准线。

（六）加强督促指导

指导各事业单位完善绩效考核措施，制定奖励性绩效工资内部分配办法。在实施中，经常召集相关单位参加座谈会，及时了解事业单位职工收入情况和绩效工资执行情况，讨论出现的问题，做到有问题早发现、早化解，把好事办好。同时，还将绩效工资的发放作为维稳工作的重要内容来抓，将财政全额补助单位的基础性绩效工资财政统一发放一段时间过渡，以确保财政全额补助单位基础性工资不被单位挪用或不及时发放。

二　实施绩效工资的主要成效

新余市实施事业单位绩效工资以来，结合实际，不断实践探索，主要成效体现在以下几方面。

（一）绩效工资分配办法更趋合理

根据行业和岗位特点，教育、卫生等事业单位制定不同的绩效考核办法时，能够向一线倾斜，向重点岗位倾斜，充分发挥绩效工资的激励导向作用。确保事业单位绩效工资顺利实施。各事业单位都能根据自身实际，制定并不断完善绩效工资考核分配办法。

（二）激励导向作用初步显现

奖励性绩效工资分配建立了按实绩和贡献分配的激励机制，充分调动了事业单位各类人员的积极性。实施绩效工资制度后，教育系统出现了“三多”现象：主动要求担任班主任的多了，愿意增加教学工作量的多了，争做教育能手的多了。医疗行业出现了“四多”现象：愿意值夜班的多了，争做手术的多了，对患接诊的热情多了，愿意担任科室主任的多了。

（三）收入差距得到有效控制

事业单位奖励性绩效工资分配允许合理拉开差距，但是最高与最低人均水平差距不得超过3倍。同地区单位之间人均收入差距也在逐渐缩小，对于一些公益性质、收入水平较低、津贴补贴水平低于基本标准线的事业单位，财政给予了适当的补助。

三　存在的主要问题

（一）思想认识不足

存在少数事业单位与个人把绩效工资等同于公务员津补贴，出现攀比；认为实施绩效工资就是加工资；绩效工资水平与职工的期望值存在一定差距，职工积极性不高；领导怕得罪人，对绩效工资分配采取平均分配等现象。由于思想认识不足，绩效工资激励作用不够。

（二）考核、分配办法不够完善

在职人数较多的事业单位实行绩效工资效果比较好，考核、分配办法都比较完善，也有操作性，起到了调动干部职工积极性的作用；但是，对于那些在职人员较少（少数独立法人事业单位甚至只有1~2人）、事业单位人员与局机关人员混岗的事业单位，存在工作量难量化、考核指标难细化、分配难拉开距离等实际问题。领导也怕得罪人，有每月发放全额绩效工资或年终考核结果出来后平均发放现象。实施绩效工资起不到激励作用，也失去意义。

（三）经费不足单位实施效果不够理想

对经济效益较差、创收能力不足的事业单位，实施绩效工资的经费得不到保障，干部职工意见比较大。如乡镇基层医疗卫生院经费由乡镇财政统筹，主要靠县、区财政支持，由于大部分乡镇财政吃紧，乡镇基层卫生院的经费不足，绩效工资实施效果不够理想。

四　对实施绩效工资后的几点思考

对如何进一步推进事业单位绩效工资的实施，建立科学合理的绩效工资制度。本文认为应从以下几个方面进行探索。

（一）进一步完善绩效考核制度

根据行业特点，指导各主管部门对所属事业单位建立健全绩效考核指标体系，将绩效考核与岗位聘用结合，与年度考核相衔接，不断改进考核方法，提高考核水平和质量，使绩效考核结果成为绩效工资分配的科学依据，真正体现优绩优酬，多劳多得，充分调动干部职工的工作积极性。

（二）进一步建立科学合理的分配激励机制

在考核基础上搞活单位内部分配，防止新的平均主义思想滋生。制定奖励性绩效工资分配办法时，充分发扬民主，广泛征求意见，紧密结合行业特点和单位实际，结合岗位职责、工作业绩和实际贡献等诸因素，逐步形成更加科学的分配制度，以增强激励功能。

（三）进一步明确细化实施范围

根据事业单位财政补助性质、人员多少、岗位特点等，从国家层面至少从省级层面，进一步明确细化事业单位绩效工资实施办法，不搞“一刀切”。一是人员在 20 人以下的事业单位每月可全额发放绩效工资（即绩效工资全额发放，不分基础性绩效工资部分和奖励性绩效部分发放），20～40人的事业单位可以参照20人以下单位的做法，也可以自行制定奖励性绩效工资分配办法；二是财政全额补助事业单位绩效工资总量人均水平按公务员规范后津贴补贴水平确定基准线；三是财政差额补助和自收自支事业单位的绩效工资总量按其创收能力由所属主管部门在国家绩效工资实施办法的框架下自行确定。

（四）进一步加大财政保障力度

按照义务教育学校教师平均工资水平不低于当地公务员平均工资水平，公共卫生和基层卫生事业单位绩效工资水平与当地事业单位工作人员平均水平相衔接，以及“限高、稳中、托低”的调节尺度原则，做好两个统筹考虑。一是统筹考虑好退休人员退休费水平与其他事业单位人员工资收入的关系，根据地区经济发展水平，探索形成较为科学的绩效工资标准线调节机制。二是统筹考虑好公务员津贴补贴水平与事业单位绩效工资水平关系，在增加公务员津贴补贴的同时，进一步加大财政保障力度，确保事业单位工资收入水平稳步提高。

（五）进一步密切配合齐抓共管

事业单位实施绩效工资时，政府各职能部门要密切配合，齐抓共管。人社部门是牵头部门，应充分发挥职能作用，加强对县区的政策指导，与财政、教育、卫生等行业部门联系，及时掌握情况，解决实施中出现的新问题。财政部门应对实施绩效工资所需经费测算，积极筹措实施绩效工资所需补助经费，按规定将保障经费足额拨付到位。教育、卫生等行业主管部门要指导、督促所属事业单位研究制定并不断完善本单位奖励性绩效工资考核分配办法，严格审核所属事业单位奖励性绩效工资分配办法。人社、财政、主管等部门既做到各司其职，分工明确，又密切配合，通力合作，才能确保绩效工资工作稳妥实施。

ℝ.32

四川绵阳市事业单位绩效工资总额管理的实践与探索

周关平 *

绵阳于2011年在市属事业单位实施了绩效工资总额管理，人社和财政部门核定各单位绩效工资总额，各单位在总额内自主分配。通过近年来的实践，绩效工资总额管理在激发不同类型事业单位的活力、调动事业单位工作人员积极性等方面取得了一些成效。然而，随着机关事业单位养老保险制度的实施、公务员目标奖没有规范性政策等新情况、新问题的出现，绩效工资总额管理方式又面临诸多矛盾和问题。对此，绵阳积极探索优化绩效工资总额管理的办法，其中2017年报市政府研究11次。探索遇到的问题、提出解决的办法以及相关建议，对于进一步研究完善绩效工资总额管理方式具有一定的参考作用。

按照原人事部、财政部关于印发《事业单位工作人员收入分配制度改革实施办法》的通知（国人部发〔2006〕59号），绵阳于2011年在市属事业单位实施了绩效工资总额管理。经过近年来的实践，取得了初步成效，比如规范了津补贴的发放，单位绩效工资基本上能严格控制在核定的绩效总量范围内；一定程度上增强事业单位活力，激发了工作人员积极性；为进一步深化事业单位改革，建立更加科学、灵活的薪酬激励制度奠定了基础。但随着机关事业单位养老保险制度的实施，公务员目标奖没有规范性政策等新情况、新问题的出现，绩效工资总额管理又出现一些亟待研究解决的问题。2017年和2018年以来，绵阳积极探索优化绩效工资总额管理的办法，通过

* 周关平，四川省绵阳市人力资源和社会保障局。

深入调研、外出考察、市政府多次研究，厘清了存在的问题，并提出了一些解决问题的思路和建议。

一　基本做法及取得的效果

（一）分类核定绩效工资总额

2011 年绵阳根据国家和省有关绩效工资的政策出台了《绵阳市市属其他事业单位绩效工资实施方案》（绵人社发〔2011〕108 号）、《绵阳市其他事业单位绩效工资实施办法》（绵人社发〔2011〕87 号），在其他事业单位实施绩效工资总额管理。市人社局会同市财政局，对市属事业单位分 5 类确定绩效工资水平控制线：对义务教育学校按市级公务员津贴标准；对纯公益性、无收入来源的核定了人均基准线；对有部分收入的按不超过平均水平的 1.3 倍；对知识技术密集、高层次人才集中的按不超过平均水平 2.5 倍；对经费自理的按平均水平的 2.5 ~2.8 倍控制。此后通过 2013 年、2014 年两次调整以及 2014 年、2016 年基本工资调标相应扣减绩效工资标准，现基准线为年人均 3.2 万元。目前处于基准线的 70 余个单位约占 50%，3.2 万 ~4 万元的有 9 个单位，4 万 ~5 万元的有 44 个单位，5 万 ~6 万元的有 14 个单位，6 万 ~9.8 万元的有 7 个单位。

（二）事业单位在绩效工资总额内实施自主分配

市属事业单位按照绩效工资管理的相关政策制定绩效考核办法、绩效工资分配办法，经职工大会讨论通过，报主管部门审核同意后实施。一般事业单位将绩效工资分为基础性绩效和奖励性绩效两部分，基础性绩效按月发放，奖励性绩效考核后发放。单位在自主分配上主要有四种方式：一是直接与经济收入挂钩，如市场监督管理局下属的特种设备检验检测所、民政局下属的殡仪馆等一些以经济收入为主的事业单位，以及薪酬制度改革试点前的公立医院，将经济指标作为主要考核指标；二是与量化的任务挂钩，如血站、学校和部分工作易于量化的单位，按绩效考核结果发放绩效工资，体现了“多劳多得，按劳分配”的原则；三是制定固定的标准进行分配，如与机关工作特点相近的事业单位，对应岗位等级明确基础绩效工资具体标准，奖励性绩效工资差距也不大；四是按工作任务进行分配，如市水利规划设计院等单位，将业务量的争取和完成承包给职工，绩效工资实行包干分配。

（三）探索绩效工资总额外激励关键少数优秀人才的系列制度

2017 年以来，绵阳积极探索在绩效工资总额外实施激励的办法，精准针对少数关键优秀人才进行激励，出台了《绵阳市扩大高等学校科研院所医疗卫生机构人事自主权十条政策》（绵人社发〔2017〕17 号）、《关于激励企事业单位创新人才双向流动的试点方案》（绵人社办〔2016〕313 号），被列为全国唯一开展科研人员激励计划试点的城市后又出台了《绵阳市国家科研人员激励计划试点工作方案》（绵委办〔2018〕59 号）。这些办法明确了科研院所和高校可采用年薪制、协议工资制、项目工资等方式引进高层次人才，经认定后所需绩效工资计入当年单位绩效工资总额，不作为绩效工资总额基数；对高校、科研院所高层次人才允许兼职，取得的报酬原则上归个人，兼职收入不受试点单位绩效工资总量限制；对从科技成果转化、技术开发、技术咨询、技术服务等活动和专利奖励、政府及社会组织科技进步奖励等所获得的经费中，给予科研人员的报酬、奖励等支出，由主管部门专项据实核增计入当年单位绩效工资总额，不作为绩效工资总额基数。绵阳正在研究出台高层次人才绩效工资倾斜的政策，拟对单位副高以上专业技术人员一定比例（暂定 20%）的优秀人才，绩效工资可在其原有水平上适应倾斜，倾斜部分不纳入绩效工资总额管理，同时出台具体的操作办法。

（四）开展公立医院薪酬制度改革试点

按照省人社厅、财政厅、卫健委安排，2017 年绵阳被列为全省公立医院薪酬改革四个试点市之一，2018 年又继续深化试点工作。试点中，出台了《市属公立医院薪酬总额核定办法（试行）》（绵人社办〔2017〕244 号）、《市属公立医院薪酬总额动态调整办法（试行）》（绵人社办〔2018〕303 号），核定了各公立医院在编人员绩效工资总额。同时，出台了《市属公立医院内部薪酬分配的指导意见》（绵人社办〔2018〕301 号），要求公立医院制定的分配办法一般应设置体现岗位职责板块、工作效能板块、综合目标完成情况板块、人才专项激励板块。在分配中不得直接与科室收入挂钩，可以按系数法、定档法、计分法、浮动法、等级描述法、标准等级择一法等办法进行分配，在绩效考核的基础上建立“宽带薪酬激励体系”，使与薪酬挂钩的因素不仅限于职务、职称、科室收入等，增加了工作量、风险系数、技术难度、患者满意度等绩效考核因素。医院进一步细化了以岗位工作量、服务质量、病种难易度、成本控制、医德医风、患者满意等多要素为核心的新的绩效考核指标体系，使薪酬分配不断向“扁平化”发展，逐步突显医疗卫生行业的特点。

（五）探索优化事业单位绩效工资管理的办法

2017 年和 2018 年，绵阳针对绩效工资总额管理中存在相互攀比的不平衡矛盾，尤其是因机关目标奖导致教师待遇与公务员有较大差距等问题，下大力气探索优化办法。先后对市属事业单位开展了针对性调研，广泛征求事业单位对绩效工资总额管理的意见和建议，同时组团赴杭州、无锡、重庆等地考察，形成优化绩效工资的方案报市政府进行了多次研究。由于目标奖不规范、财力不足以及单位之间不平衡等原因，暂没有形成科学的管理办法，但通过多次研究厘清了目前绩效工资总额管理中存在的一系列问题，提出了多个角度的解决办法。尤其是贯彻落实国家关于利用三年时间实现教师待遇不低于公务员的要求，提出结合绩效工资和公务员年终奖分年度缩小教师与公务员差距的办法。2018 年，进一步加大研究力度，提出优化绩效工资总额管理的办法报市政府研究。

二　存在的主要问题

（一）总额不平衡相互攀比

2011年首次核定绩效工资总额时对事业单位分五个类别进行核定，总体上是按照“限高、稳中、托低”的原则划定绩效工资水平调控线，并以单位上报的历史数据为基础进行核定。总额核定过程更多是承认单位历史待遇的过程。收入高、有钱发的单位就核定得高。不少处于基准线的单位对此反映强烈，认为“能收费是政府给的职能，不能因此待遇高几万”。同类单位差异很大，同一个主管部门下属事业单位水平差异较大。同时，由于对超出基准线的单位征收调节金制度后来没有执行，更使不平衡问题显得突出，单位相互攀比。

（二）调整缺机制，难与业绩挂钩

绩效工资总额受公务员的地方规范津补贴多年的影响难以调整，总额确定后一般只能随之调整，但近年来公务员津补贴没有调整，绩效工资总额也就没有进行过普遍调整。由于主管部门考核难，无论单位完成目标的情况如何，都按照最初核定的绩效工资总量执行。没有与单位的业绩挂钩，与完成的社会公益目标任务没有有效关联。同时，个别需要进行的调整，也主要依靠事业单位向人社和财政部门申请，通过反复沟通才可能个别实现。其过程还是靠主观判断，而缺乏科学的动态调整办法。随着信息的公开化和单位相互攀比，不调整有矛盾，调整起来更容易出矛盾的尴尬情况不断出现，加之近年来机关事业单位的目标奖与年终奖一直在等待规范的实际，也影响绩效工资总额动态调整机制的建立。

（三）绩效管理的可操作性需要探索

一方面，体现在多数事业单位与行政机关工作特点相近，绩效考核难以有可操作性强的量化指标，难以落实“多劳多得、优绩优酬”的分配原则。要体现不同事业单位的特点，按绩效考核进行分配还存在标准笼统、可操作性不强的问题，短时间内离制度设计初衷还有较长的路要走。尤其是对公务员职务标准的分配方式直接影响到事业单位分配。多数单位虽然名义上是自主分配，实际上只能参照公务员考核方式进行考核，为每个岗位等级确定固定的标准进行分配。所了解多数市州和绵阳市所有县市区以及本文考察的重庆、杭州等地，均由人社与财政明确各岗位等级的标准作为基础绩效工资。实际操作中也仅有少数单位拉开了一定差距，多数单位奖励性绩效也按岗位等级分配。另一方面，越往基层或单位越小越难以落实绩效总额管理。有的市属事业单位规模小只有几人，工作都是相互配合，相互补充，难以实施绩效考核。这类事业单位普遍按标准分配，也不希望拉开差距。县上由于公务员与事业人员普遍混岗使用，普遍做法是为每一个岗位等级核定固定的基础绩效标准，再按相应的比例推定奖励性绩效标准。乡镇事业单位人员与公务员更是混岗使用，无法开展专门的绩效考核，只能参照公务员按固定的标准进行分配。

（四）对高层次人才激励不充分

按人均核定单位绩效总额存在人员岗位等级晋升后，由于总量不变会拉低其他人员的待遇的问题。如市委党校总额为基准线 3.2 万元的水平，教授晋升后其他人员绩效会被拉低，只有随时调整分配指数，矛盾突出。同时一些高职称集中的单位总额与职称低但经济效益突出的单位收入比较，高职称待遇反而较低，体现不出知识价值。科研院所高层次人才引进、激励缺乏有效机制，缺乏像杭州等地对副高以上一定比例的人员进行绩效工资倾斜的机制。

（五）纳入养老保险缴费基数影响公平

按照机关事业单位养老保险政策，事业单位绩效工资纳入养老保险缴费基数。而采取绩效工资总额管理的方式，事业单位之间差异巨大，最高的高过基准线的 3 倍，也远高于公务员水平，致使退休后养老金差异巨大。多数单位反映，作为都是财政供养人员依靠财政缴纳养老保险费，参照企业养老保险多缴多得的方式不太科学。而按岗位等级核定绩效工资具体标准的多数市州或县市区，均不存在这一矛盾。采取统一明确一个固定基数作为缴费标准的方式，与社保缴费政策不符，高于基数的单位也有意见。

三　存在问题的原因分析

（一）绩效工资总额管理的顶层设计偏宏观

原人事部、财政部印发的《事业单位工作人员分配制度改革实施办法》（国人部发〔2006〕59 号）规定："国家对事业单位绩效工资分配实行总量调控和政策指导。各地区、各部门根据国家有关政策和规定，结合本地区、本部门实际，制定绩效工资分配的实施办法。"实践中，虽然国家和省对绩效工资总额核定明确了依据，但由于事业单位类别复杂，市县人社、财政部门在核定具体单位的总额时缺乏可操作的依据，且工作推进力度不同，各地在落实上差异就很大，加之历史遗留的既成事实，造成不平衡的矛盾。此外，还缺乏从顶层设计的、刚性的、细化的指导政策。

（二）不同类型事业单位的复杂性

事业单位种类多，工作内容存在较大的差异，岗位差别很大，还难以制定出事业单位普遍认同的总额管理办法。尤其是事业单位公益性特点，不同事业单位的公益性更难以用一把尺子量化。近年来一直寄希望于编办对事业单位的分类管理，但当分类管理结果出来后，按"公益一类""公益二类"分类的办法过于宏观，无法运用在绩效工资总额管理上，还需要继续研究普遍认同的分类办法，在分类的基础上实行总额管理。

（三）绩效考核本身的难度

考核评价本来是管理中最难的环节，在各行各业都存在难度。不完善的考核制度影响绩效工资激励作用的发挥。作为事业单位主管部门近年来普遍难以制定自身的考核办法，对事业单位的指导力度自然很小。多数单位考核手段单一，在量化指标上，仅能从考勤、被纪委处理等硬指标入手；在考核时间上，一般只有年度考核、季度考核；在考核环节上，一般是以“德、能、勤、绩、廉”作为定性考核内容，以主观印象评分作为定量考核；考核办法又受制于单位主要领导的工作能力、责任担当等因素。同时一些事业单位忙于主要业务，缺乏绩效考核和分配意识，更缺乏考核的科学办法。

（四）缺乏绩效激励的大环境

绩效工资制度本意上是发挥其激励导向作用，但是由于公务员考核和分配没有形成激励的导向和氛围，事业单位多数也采取对应公务员确定标准的方式，这样一来就多与职务职称挂钩。同时由于没有制度执行的环境，一些单位要有效执行，拉开收入差距，还会遇到较大的矛盾。单位领导班子也没有加强对绩效工资制度的内涵、功能、目标和任务的认识，深刻理解绩效工资制度在人事管理和单位长远发展中的重要地位和作用。同时，人社部门近年来因人员紧张，也疏于培训事业单位人事干部提升绩效工资制度的运用能力，更难以加强指导和监督，致使绩效考核和分配的作用一度被简单化。

（五）绩效工资总额管理的配套政策滞后

比如机关目标奖一直没有得到规范，打破了事业单位绩效工资总额管理的平衡，因为事业单位参照机关发的目标奖既不属于绩效工资又没有新的名目，同时单位发放水平差异较大，导致绩效工资管理出现混乱；养老保险缴费基数将绩效工资整体纳入，没有充分考虑实行绩效总额管理后各单位之间的较大差距导致退休后退休待遇的差距，没有考虑按企业养老保险多缴多得的理念在财政供养人员中的特殊情况；国家 2014 年和 2016 年两次调整基本工资标准同时扣减绩效工资的政策，在已经实行由单位自主分配的情况下，还明确了按岗位等级扣减，使实施绩效分配机制又导向按岗位等级分配，使单位自主分配更难以不按固定标准分配。

四　思考及建议

（一）建立事业单位普遍认同的分类机制

针对事业单位种类多、情况复杂的问题，只有通过科学的分类才能解决。分类是核定和动态调整绩效工资总额的基础。但按“公益一类”“公益二类”或财政全额拨款、定额补助、自收自支等分类方式，作为总额核定和调整的依据又显得过于宏观，缺乏普遍认同，可操作性不强。因此，重新针对事业单位的行业特点、工作性质、服务对象等因素合理分类，显得十分必要。可以分为以下类别。

1. 一般事业单位

主要特点是工作性质、考核方式近似机关，近年来在实施绩效工资分配的过程中一直参照机关考核方式进行考核，参照机关按固定的标准确定岗位等级标准进行分配。市属这类单位占65%，其中绩效工资处于基准线的又占市属单位的45%。

2. 以经济收入为主的单位

主要特点是工作突出经济效益，包括从事特殊行业的单位也以经济效益为主。其绩效工资总额可以超出一般事业单位，但须通过财政调控拨付运行经费的方式进行管理。

3. 义教幼教学校

主要特点是工作有规律，工作任务相对固定，突出的特点是按政策规定教师不低于公务员工资水平。

4. 高中学校

主要特点是工作时间长，有早晚自习、补课等情况，工作相对义务教育学校更辛苦，有一定的知识价值体现。包括纯高中学校和高中初中混合的学校。

5. 科研院所和高校

主要特点是高层次人才集中，充分体现了知识价值，有科研项目和课题，加之国家又有专门的激励政策。

6. 公立医院

主要特点是既体现公益性，又需要依靠自身经济收入运转和发展，同时工作也辛苦，综合体现了知识价值、岗位风险等特点，国家专门开展了薪酬改革试点，绵阳市属所有公立医院已经开展了公立医院薪酬制度改革试点，核定了绩效工资人均水平和薪酬支出总额。

（二）根据分类建立较简单的绩效总额管理机制

1. 对一般事业单位和义教幼教学校

可直接按机关的方式进行管理，对应公务员地方规范津补贴水平明确各岗位等级的标准。根据每个岗位对应的标准之和、第 12 个月份基本工资之和、公务员的奖励比例及标准之和，按三个因素核定总额。存在的问题是有 30 余个单位高于基准线，如果按机关确定岗位等级实际收入水平会降低，尤其是水平接近 5 万元的矛盾可能较大。

2. 对高中学校

按义务教育各岗位等级标准的 1. 2 倍，以总额的方式核定给学校，由学校自主分配，财政保障其经费。学校也可以按不超过基础绩效水平的 2 ~ 2. 5 倍发放绩效工资，但财政只保障基准线部分。

3. 对以经济收入为主的单位

可以实行总额申报制，对基准线的财政全额保障经费。凡超出基准线的财政按不同比例保障经费：超出 1 万元的财政拨款按基准线的 90% 保障，每 0. 5 万元再按 10% 递减，直至不拨款。

4. 对科研院所和高校

按照义务教育各岗位等级标准的 1. 3 倍确定各岗位等级标准。对引进的高层次人才、科研成果转化收益等按有关规定执行。

（三）建立较复杂量化的绩效总额管理机制

条件允许的地方，可以打破按人均水平、按岗位等级标准的方式，引入多项量化参数，探索量化核定绩效工资总额的方式，促进总额核定更加科学。

1. 按人才结构量化

在岗位等级确定具体标准的基础上，再赋予一定量化系数，使岗位等级仅占总额核定和绩效分配的一部分，引导单位不只按岗位等级的简单分配办法，同时引导职工弱化按岗位等级享受待遇的“铁饭碗”意识。按岗位等级核定的额度占绩效总额度的30%。各岗位等级的系数按确定的各岗位等级标准乘以30%确定。

2. 按岗位特点量化

打破普遍按岗位等级确定标准的办法，同时解决评定了职称因岗位不足无法聘用，多年难以晋升岗位等级的问题，实行按正职、副职、中层（核心骨干）、一般等分类核定的方式，便于引导职工按岗位等级分配的意识。赋予各类人员一定系数，此项系数占绩效总额度的30%。正职、副职、中层（核心、骨干）、一般人员之比为12∶8∶6∶4。各层次人员按单位人数比确定，正职、副职、中层的人数按领导干部职数管理规定确定，骨干、中层占单位人数的50%，具体人员由单位自行确定。

3. 按工作量量化

按35%直接核定在总额中，由单位根据职工的实际工作量、辛苦程度、风险程度等，自主确定每个岗位的工作量系数。可按系数法、定档法、计分法、浮动法、等级描述法、标准等级择一法等办法自主选择方式，自主分配。

4. 按年功性量化

参照江苏等地的做法，对每工作一定年限的职工予以倾斜，解决事业单位多年难以晋升的问题。由于事业单位受岗位总量限制的原因，有的职工十几年无法晋升。可以在绩效工资上对每工作5年或8年的人员且年度考核至少3次优秀的人员，给予一定年功性激励。年功性激励占单位绩效工资总额的5%。

5. 按单位分类量化

在总额核定上，根据事业单位分类，对一般事业单位、义务幼教作为基准线确定，财政全额保障经费。对其他类单位按一定系数适当提高，如对高中可按1.2，对科研院所和高校可按1.3，对以经济收入为主的单位可1.1～3。但财政经费的保障再按每增加0.5个系数减少10%经费支付，直到不保障经费。

（四）细化绩效工资总额管理

一是要掌握单位分配情况以便更好地指导监督。近年来实践证明，由于核定绩效工资总额后，无法掌握单位分配情况以及激励情况，单位实际操作上以及效果并不好，因此人社部门需要进一步掌握单位绩效工资分配情况，以便加强指导和分析，促进绩效工资真正达到制度设计的理想效果。二是要建立绩效工资统计评估机制。可聘请专家对单位的绩效考核和分配办法进行评估，针对一些事业单位怕矛盾，绩效分配办法流于形式，调动不了单位人员积极性的情况，研究与绩效考核和分配办法相关联的总额评估办法，加强政策指导，推进事业单位内部管理，激发职工活力。三是要加强绩效工资的备案管理。当前的方式实行绩效工资总额管理基本上核定一个总额就不管了，而有的地方对绩效工资是先审核再发放，有的是备案制，因此还要加强备案管理，以免单位突破总额。

（五）落实绩效工资动态调整

制定绩效工资动态调整办法，对与机关工作性质相近的单位，调整按公务员的津补贴水平同步调整；对以经济收入为主的单位，其绩效工资总量增长不得高于经济总收入的增长，职工年人均工资增长率不高于经济效益增长率，以此作依据调整其绩效总额。对于学校和科研院所，重点从高层次人才绩效倾斜的角度和单项据实核增等方面落实鼓励性政策。还要建立绩效工资总额调减的办法，对经主管部门考核后，上年度单位公益目标任务未完成或任务完成效果不好的、绩效考核评价结果不合格的、超标准发放绩效工资的均应调减。

（六）重新明确作为养老保险缴费基数的绩效工资标准

由于实行绩效工资总额管理存在缴费基数的差异，有的地方没有办法，只得自行明确仅将基准线纳入缴费基数。这显得比较公平合理，但由基层明确的方式与国家政策不符合。建议由部里明确纳入缴费基数的绩效工资水平按基准线确定或由各地确定。

（七）尽快规范机关年终目标奖

机关年终目标奖决定着事业单位是否比照发年终奖的问题。但事业单位工资结构中是没有年终奖的，因此打破了绩效工资管理，这还需要从国家的层面出台规范性的政策。建议如果机关继续保持年终目标奖，事业单位应在绩效工资基础上增设年终奖。

（八）加强绩效考核的研究和指导

目前对事业单位考核虽然明确了主管部门，但涉及的量化指标、考核办法等操作性不强，加之对机关公务员的考核也缺乏可操作的手段，导致工资的激励作用发挥不明显，干事与待遇无法有效挂钩。建议从顶层设计的角度加强对绩效考核评价办法的研究，可以委托第三方机构进行课题攻关，逐步进行试点，总结出绩效考核和评价的可操作方法，从而加强对事业单位的指导和引导，真正发挥绩效考核和绩效分配在激励中的重要作用。

ℝ.33

甘肃兰州市事业单位竞聘上岗机制的创新与实践

金伟明*

竞聘上岗是深化事业单位人事制度改革的重要举措。2014 年，国务院公布了《事业单位人事管理条例》，明确规定了“在事业单位推行竞聘上岗”。兰州市在 2013 年 5 月出台了《事业单位工作人员竞聘上岗暂行办法》，先于卫生系统和教育系统进行试点，2015 年 3 月在全市全面推行。并于 2019 年 5 月重新修订出台了《兰州市事业单位工作人员竞聘上岗办法》。通过近几年的制度运行，事业单位形成了公平竞争、优胜劣汰、能上能下的用人机制。

一　竞聘上岗是对传统干部选拔任用制度的创新

从 2013 年兰州市出台《事业单位工作人员竞聘上岗暂行办法》后，市属有 343 家事业单位 11333 人次实施了竞聘上岗，特别是教育、卫生、农业系统实施较好，基本实现了单位内部产生空缺岗位都通过竞聘上岗的方式予以解决，取得了较好效果。

（一）打破了旧的任职观念

通过竞争上岗工作的实施，兰州市事业单位职工的思想观念发生了较大的变化。一直以来，单位中存在“大锅饭”“铁饭碗”的思想。事业单位工

* 金伟明，甘肃省兰州市人力资源和社会保障局。

作人员竞聘上岗是事业单位用人制度改革的一种突破，破除了论资排辈的旧观念，形成了公平竞争、唯才是举的新观念；破除了思想守旧、害怕竞争的旧观念，形成了勇于进取、敢于竞争的新观念；破除了吃老本、故步自封的旧观念，形成了不进则退、知危思进的新观念。可以说，事业单位工作人员竞聘工作的实施，对转变职工观念起到积极作用。

（二）树立了新的用人机制

推行事业单位工作人员竞争上岗，按照德才兼备、注重实绩、群众公认的原则选人用人，改变了以前圈子小、透明度低、群众参与度不高，由少数人选人和在少数人中选人的用人机制。实行公开空缺岗位、制定竞聘办法、实施岗位竞聘、公示竞聘结果，实现了让多数人选人，在多数人中选人，有利于人才脱颖而出，真正做到能者上、平者让、庸者下，群众满意度高，建立了事业单位新的用人机制。

（三）优化了人才队伍结构

由于历史原因，兰州市的事业单位普遍存在职工年龄结构、专业知识结构不合理的现状，例如，所属教育系统的各学校副高级以上专业人才存在年龄偏大、专业知识更新偏慢，进一步提升专业技能层次动能不足等问题。实施竞聘上岗以后，让更多年富力强、专业能力强、知识结构新的教师脱颖而出，对于提升教师队伍整体素质，优化人才队伍结构，增强学校内部活力，提高学校教育教学质量起到了积极作用。

（四）形成了良好的工作作风

以教育系统为例，在实施事业单位工作人员竞聘上岗前，学校的主流是好的，但也有个别教师责任感、紧迫感、危机感不够强，有些老同志还抱有“船到码头车到站”的思想，有的年轻同志则安于现状，进取精神不强。通过事业单位工作人员竞聘上岗，老同志有了危机感，年轻同志有了进取心，形成了良好的工作作风。

（五）扩大了用人自主权

通过竞聘上岗，事业单位可在上级编制部门下达的人员编制范围内，根据事业发展需要科学合理地设置管理、专业技术、工勤等各类岗位，逐步使事业单位学科、岗位结构趋于合理。同时，事业单位根据需要自主提出本单位的人员招聘计划，公开招录和引进各类急需人才，使人才资源配置趋于合理，使闲置人才得以流动使用，人员素质结构有了较大改善。

二　竞聘上岗实施过程中存在的问题及分析

（一）陈旧思想的束缚

截至 2019 年，已组织开展竞聘上岗的事业单位中，80% 以上属于“岗多人少”，即空出一岗只有一人符合竞聘条件，或者空出的岗位多而符合竞聘条件的人较少，在实际运行中并没有突出“竞”。究其主要原因，职工和领导依旧受“论资排辈”的陈旧思想束缚。具体表现为，一些单位对全面推行事业单位工作人员岗位竞聘积极性不高，单位部分职工，特别是年龄偏大的职工对推行全面竞聘上岗工作存在抵触情绪。有些单位求稳怕乱，为避免矛盾，对“岗少人多”的岗位暂不组织竞聘上岗，通过几年的内部消化在岗位足够多或者矛盾不那么尖锐的时候再组织竞聘。这样虽然缓冲了矛盾却将“竞聘上岗”的制度优势大打折扣。

（二）组织程序不够严谨

事业单位开展竞聘上岗一般经过下列程序：制定并公布竞聘上岗实施方案，报名与资格审查，组织竞聘，单位负责人员集体研究确定拟聘人选，公示拟聘人选，订立或变更聘用合同，办理聘用手续。已经组织竞聘的事业单位基本具备这些要素，主要在实施细节方面出现纰漏，如没有开展广泛深入的宣传动员工作，实施方案制定不完善细致，竞聘手段单一，职工参与程度低等。程序的不严谨必然会导致竞聘工作的不严肃，影响竞聘工作的效率和效果。

（三）竞聘方式单一

已实施竞聘上岗的单位多为“岗多人少”“缺一聘一”，所采取的测试方式也较为单一，或只采取组织考察，或民主评议与组织考察相结合。组织竞聘上岗，主要目的是发现优秀人才，竞聘手段过于单一，竞聘方式落后能否测试出竞聘者的真实才能值得商榷。以教育系统为例，大多数学校采取民主评议与组织考察相结合的方式，组织较为严密的学校在民主评议环节还能对德、能、勤、绩、廉等各项指标列出具体内容与分值，有些学校则只有一项评分内容，即教师的教龄。这是“论资排辈”观念指导下对竞聘工作的异化。一些事业单位竞聘上岗规模较小，直接对竞聘者组织考察，进行公众投票。很早以前，诺贝尔经济奖得主阿罗就指出，公众民主投票选择的结果几乎必然不是最优的。

（四）配套措施不完善

从绩效考核来看，现阶段实行的《甘肃省事业单位工作人员考核暂行办法》对于事业单位的管理岗位、专业技术岗位和工勤岗位虽然分类考核，但制定的考核标准大同小异。聘期考核参照年度考核结果和程序，考核没有针对性，也就意味着考核结果利用率不高。从岗位管理来看，岗位设置不科学，具体表现为，对岗位分析不足，岗位设置与现实需求相脱节；岗位管理不明晰，缺乏明确的规章制度；岗位设置不合理，部分岗位冗余，职工工作效率低下。以教育系统为例，内部各单位之间、同一种岗位或同一层次专业技术岗位之间存在冷热不均状况，个别单位专业技术岗位设置相对现有人员呈富裕状态，但大部分专业技术岗位，特别是副高级以上专业技术岗位较少，阻碍了人员的晋升，影响了工作积极性的发挥。从聘用管理来看，还存在聘后管理不到位的问题。部分单位仅仅把聘用作为一种辅助的、补充的形式，简单地以聘代管，没有把深化改革和加强管理有机地结合起来。

三 规范完善竞聘上岗的意见建议

事业单位实行岗位竞聘，是事业单位改革的重要内容。竞聘上岗，对于调动事业单位从业人员的积极性、主动性和创造性以及建立现代的事业单位人事管理制度具有非常重要的意义。因此，应大力做好做实事业单位竞聘上岗工作。

（一）转变观念，真正把“竞聘上岗”作为选人用人的重要方式用好用实

各事业单位主要领导要把“竞聘上岗”作为深化事业单位人事制度改革的重要途径，选拔人才、使用人才的重要方式来认识和对待，排除外界干扰，认真落实好《兰州市事业单位工作人员竞聘上岗办法》等相关规定。除了对涉密岗位等不宜进行竞聘的岗位不组织竞聘外，其他岗位都应该实行竞聘上岗。在组织实施的过程中要勇于改革、敢于创新、打破现状，努力把最合适的人才聘用到最合适的岗位，实现人尽其才、才得其用，这样才能有力推动各项工作有效开展。

（二）总结推广，确保竞聘上岗工作的开展扎实有效

2013 年，兰州市农研中心开展的竞聘上岗工作组织严密，效果明显，其成功经验值得推广。一是领导重视，措施得力。市农研中心的竞聘上岗工作得到了市农委的大力支持，多次听取中心班子成员汇报，并就具体工作及细节进行指导，为工作的顺利开展奠定了坚实基础。二是组织得当，程序严密。农研中心为组织好竞聘，班子成员多次召开会议研究部署，就具体实施方案字斟句酌，在方案实施前召开科以上干部讨论会并要求各部门学习讨论，听取全体职工对方案实施的意见和建议，统一认识，使全体职工对竞聘工作有了更进一步的了解和认知。三是领导深入基层，广泛动员。在中心各部门讨论实施方案过程中，班子成员参加各部门的讨论会，并就单位专业技术岗位方面存在的实际问题，以及中心各方面努力争取上级部门的支持等诸

多问题进行说明。班子成员与职工面对面进行交流，使每一个职工做到心中有数，对竞聘工作的顺利进行起到了推动作用。四是严格办事，事事公开。从竞聘工作开始实施，每一个步骤都严格按照实施方案逐步推进，而且对竞聘人的所有得分情况，在中心公示栏中进行公示。为体现公正、公平、公开的原则，答辩当日以抽签决定答辩顺序，监督小组监督全过程，并全程录像，作为档案留存。五是人人参与，多级评分。为体现竞聘工作的严肃性，中心采用全体职工参与的民主测评分、正科级干部参与的中层测评分、班子成员参与的领导班子测评分、专家级测评分评分规则。并采用“三同时”，即现场同时评分、现场同时记分、现场同时公布综合得分，真正体现了公开、公平、公正的原则，得到了全体职工的认可。总结农研中心的实施经验，其可贵之处就在于领导重视、组织严密、程序严谨，做到了公开、公平、公正。

（三）科学测试，确保通过竞聘实现才得其用

《党政领导干部选拔任用工作条例》中提到“公开选拔、竞争上岗应当结合岗位特点，坚持组织把关，突出政治素质、专业素养、工作实绩和一贯表现，防止简单以分数、票数取人”，是我们党对深化干部人事制度改革提出的新要求，同样适用于事业单位人事制度改革。在组织竞聘的过程中，要尽量避免测试模式呆板、考核内容单一、考察内容不能与工作实际相结合等问题。一方面，要将“德、能、勤、绩、廉”的指标进行分解细化，根据岗位特点设置多个层级的刚性指标。以“绩”这个指标为例，在实践过程中，有单位将其分解为目标任务完成情况、临时任务完成情况、工作质量、工作创新、业务建设等项目；并进一步细化分解，将“工作质量”分解为差错率、工作时效、工作成本等二级指标，通过细化硬性指标分项计分，增强测试的科学性。另一方面，丰富测试手段。如前所述，大部分事业单位组织竞聘的方式较为单一，难以反映出竞聘者的综合素质。应当结合岗位性质和特点以多种方式相结合的形式开展测评，尽量避免仅以民主投票的方式决定测试结果。

（四）健全机制，不断强化制度保障

完善考核奖惩实施办法，无论是年度考核还是聘期考核都应当全面反映职工的各个方面，将考核结果切实与工作人员续聘、解聘等切身利益挂钩，特别是要作为职工参加竞聘的一项重要指标。明确岗位需求，对岗位进行分析，了解岗位特点与所需要的员工素质，真正做到按需选人、按岗选人。规范聘用合同管理，聘用单位和受聘人员应严格按照有关规定，及时办理合同签订、变更、续签、终止和解除手续，维护聘用合同合法性、权威性。探索建立能上能下的动态管理机制。事业单位可根据现有岗位人员结构状况，对专业技术岗位及工勤岗位尝试实行三年、五年或十年一聘，形成能上能下动态管理机制，加快人才选拔与流动速度，实现用人制度的良性循环。

R.34

甘肃嘉峪关市公立医院薪酬制度试点工作实践

王康军*

根据《甘肃省扩大公立医院薪酬制度改革试点工作实施意见的通知》（甘人社通〔2018〕52号）文件精神，嘉峪关市第一人民医院被列为公立医院薪酬制度改革试点单位。按照深化医药卫生体制改革和收入分配制度改革的总体部署，嘉峪关市积极探索建立适应医疗卫生行业特点的薪酬制度，健全激励约束机制，规范收入分配秩序，逐步实现嘉峪关市公立医院收入分配的科学化和规范化。以下将嘉峪关市公立医院薪酬制度改革试点工作经验汇报如下。

一　改革试点工作推进情况

（一）高度重视，成立工作领导小组

为切实加强公立医院薪酬制度改革试点工作，嘉峪关市成立了以主管副市长为组长，以人社、财政、卫计委主要领导为副组长的工作领导小组，全面落实公立医院薪酬制度改革工作的安排部署，统筹推进改革工作，确保改革工作顺利实施。

（二）统筹兼顾，稳步推进

在考虑嘉峪关市第一人民医院管理体制、人事管理、运行机制、医保支

* 王康军，甘肃省嘉峪关市人力资源和社会保障局。

付、服务价格调整、绩效工资分配激励机制等各种因素以及医院医疗队伍稳定发展的情况下，借鉴其他省市公立医院薪酬制度改革的先进经验和做法，结合市第一人民医院近三年财务收支状况，在深入调研和反复摸底测算、讨论的基础上，制定了《嘉峪关市公立医院薪酬制度改革试点工作实施方案(试行)》，并于2018年5月25日上报市政府，提交市政府常务会议讨论。市政府于2018年6月28日印发，并下发至相关单位。

二 推进改革工作的主要做法

（一）完善岗位绩效工资制度，优化薪酬结构

结合医院公益性定位、工作特点、现实情况，以及医、护、技、药、管等不同岗位职责要求，合理确定医院薪酬结构，建立医务人员长期激励机制。

医院职工工资实行国家和甘肃省政策规定的岗位绩效工资制度，岗位绩效工资由基本工资、绩效工资和津贴补贴三部分组成。按照国家和甘肃省工资政策以及医院内部奖励绩效分配办法，对各类津贴补贴进行全面核算后，在确保国家和甘肃省现行事业单位工资福利政策不变的基础上，从以下三个方面优化薪酬结构。

第一，按照国家和甘肃省政策规定，合理提高医务人员收入水平，依据医院经费收入来源和发放办法，对医院二次分配发放的各类奖励绩效等进行审核认定。

第二，医院根据上一年度考核结果及医院财务状况合理确定绩效工资总量，上报市人社局、市财政局核定。核定后的绩效工资总量，分为基础绩效工资和激励绩效工资，激励绩效工资原则上不低于绩效工资总量的60%。

第三，确保基层一线护理人员在不降低服务质量的前提下，工资待遇不低于改革前。

根据国家和甘肃省公立医院薪酬制度改革实施意见，优化薪酬结构后，

医院职工工资由三部分构成，基本工资部分：岗位工资、薪级工资提高10%，根据国家政策调整；绩效工资部分：将市人社局按国家和甘肃省政策规定核准的绩效工资部分及原由医院内部二次分配发放的奖励绩效部分进行合并，绩效工资总量按考核结果调整；津贴补贴部分：工资区类差、保留补贴、高原补贴、艰边津贴等，根据国家政策调整。

（二）实行总量调控，合理确定绩效薪酬水平

根据医院财务状况、工作量、服务质量、公益目标完成情况、成本控制、绩效考核结果等，按照“允许医疗卫生机构突破现行事业单位工资调控水平，允许医疗服务收入扣除成本并按规定提取各项基金后主要用于人员奖励”的要求，逐步提高医务人员薪酬水平，医务人员基本工资、津贴补贴按国家有关政策调整，绩效工资总量按医院和院长年度绩效考核结果动态调整。

结合医院运行和发展实际，按照“允许医疗服务收入扣除成本并按规定提取各项基金后主要用于人员奖励”的要求，依据医院上年度绩效工资水平审批绩效工资总量。今后医院绩效工资总量增减幅度根据每年医院和院长的年度绩效考核情况以及全市事业单位人员工资收入增长幅度为标准动态增减，由医院根据实际情况提出，经市人社局、财政局、市卫计委研究审定。

（三）注重长期激励，提出院长年薪制

在医院院长近三年收入水平的基础上，依据医院职工绩效工资总量增长幅度，合理确定院长年度绩效工资，提出院长年薪制。院长年薪由基础年薪、绩效年薪和任期激励收入三部分组成。基础年薪按照国家和甘肃省政策规定的标准执行，按月发放。绩效年薪为医院按照内部考核分配办法自行发放的奖励绩效（奖金），按年度考核结果一次性兑现。绩效年薪按在岗职工上年年度平均绩效工资的3～5倍确定，具体标准由医院根据院长近三年的总收入变化情况及上年度在岗职工的平均工资提出测算数据，经市人社局、

市财政局、市卫计委审定。正职领导绩效年薪按院长绩效年薪确定，副职领导绩效年薪按院长绩效年薪的70% ~90%确定，根据年度考核结果确定绩效年薪比例并一次性兑现。任期激励由上级部门根据院长任期和任期考核评价结果确定。相关办法正在制定完善中。

（四）健全考核评价机制，着力完善医院内部分配

医院综合考虑医务人员岗位工作量、服务质量、行为规范、技术能力、医德医风和患者满意度等因素，制定医院绩效考核办法，将日常考核结果与医务人员薪酬挂钩。在市人社局、市财政局核定的绩效工资总量内，进行绩效工资内部分配时，要兼顾内部不同科室、学科之间的实际，合理确定标准，体现医务人员知识、技术、劳务、管理等要素的价值。在制定单位内部绩效工资发放项目时，可通过设立岗位津贴、生活补贴、科研津贴、医疗卫生职业津贴、延时加班补贴、值班补贴、夜班补贴等符合行业特点的项目，以充分体现行业和单位特点。重点向临床一线、关键岗位、业务骨干、风险度高和贡献突出等医务人员倾斜。不设定创收指标，不得将医务人员的收入与药品、检查、治疗等收入挂钩。

在制定绩效工资分配办法时，充分发扬民主，广泛征求职工意见，分配办法由单位领导班子集体研究后，报人社、财政、卫计委批准备案，并在本单位公开。

（五）完善分配制度，加大高层次卫生人才薪酬分配力度

对学术技术带头人以及引进急需高、中级职称人才，医学类博士、硕士等人才，其薪酬待遇与岗位职责、工作业绩、实际贡献以及成果转化产生的效益等因素直接挂钩，并在绩效工资分配时适当倾斜。对关键和紧缺岗位、高风险和高强度岗位、高层次人才等可实行年薪制、协议工资制等多种模式。对通过特聘、兼职、课题攻关、合作研究等多种方式引进的高层次医务人员，其薪酬待遇可根据医院同类人员收入水平，并综合考虑引进人才原单位的收入水平与其协议确定。

职工取得发明成果的，可按转让收益的一定比例，对科研负责人、骨干技术人员等重要贡献人员和团队进行奖励，奖励部分不纳入医院绩效工资总量。

（六）落实财务管理制度，规范收入分配秩序

绩效工资的考核和分配要公开，建立长效机制。按照相关制度、规定，设立专门账簿进行核算管理，发放给医务人员的收入一律纳入专门账簿核算，不得账外列支。建立医务人员个人工资银行账户，收入支付必须以银行卡的形式发放，不得发放现金。严格执行国家的政策规定，一律不得在国家收入分配政策以及工资列支渠道之外，直接或变相发放津贴、补贴和奖金。严格财务收支管理，切实维护收入分配政策的合理性、严肃性。

（七）完善人事管理制度，推进医院人事制度改革

落实医院编制总量备案制，赋予医院用人自主权，畅通用人渠道。综合考虑医院的功能定位、服务人口、床位规模等因素核定医院编制总额，在编制总额范围内，核定高、中、初级专业技术人员数量。落实《事业单位人事管理条例》，全面推行岗位管理制、全员聘用制、公开招聘制，实行竞聘上岗、按岗聘用、合同管理，建立能进能出、能上能下的灵活用人机制。以医、护、技、药等专业技术人员为主体岗位，严禁因人设岗。落实医院用人自主权，畅通人才引进绿色通道，在编制控制总量内，遵循公开、公平、公正的原则，采取公开考核方式，招聘急需的高层次人才和紧缺专业技术人才，市人社局加强指导与监督，负责招聘计划的审核、招聘人员的审批工作。鼓励医院后勤服务社会化，已实现社会化服务的一般性劳务工作，不再设置相应的工勤技能岗位。

（八）强化经费保障措施，确保薪酬制度改革顺利推进

公立医院薪酬制度改革试点工作所需经费，通过原渠道解决，专项资金不得用于工资发放，允许医疗服务收入扣除成本并按规定提取各项基金后，可用于人员绩效工资，不断完善公立医院收入中可用于工作人员收入分配的资金管理政策。

三　推进改革工作取得的阶段性成效

在市领导的高度重视下，市人社局积极推进公立医院薪酬制度改革试点工作，与财政、卫计委多次联合召开安排部署会、协调推进会、方案研究会，组织相关人员到酒泉市医院进行调研学习，通过制定完善《嘉峪关市第一人民医院关于开展公立医院薪酬制度改革试点工作的实施方案》，充分调动了广大员工的工作积极性和创造性，打破了平均主义，实现了按劳分配原则。在薪酬制度改革工作中，通过改革试点医院每月定期的绩效考核，将考核成绩与员工绩效工资收入挂钩，有力地冲击了“不患寡而患不均”的传统思想观念，有效地解决了“干多干少都一样，干好干坏都一样”的平均主义弊端，使绩优者得到肯定和激励，绩差者受到鞭策，在真正意义上实现了“多劳多得、少劳少得”。

四　推进改革工作中存在的问题

虽然公立医院薪酬制度改革试点工作取得了阶段性成效，但在工作推进过程中，也存在以下困难和问题。

（一）经费来源紧张

按照嘉峪关市公立医院薪酬制度改革试点工作的实施方案要求，“薪酬制度改革试点工作所需经费，通过原渠道解决”，“允许医疗服务收入扣除成本并按规定提取各项基金后，可用于人员绩效工资”，但嘉峪关市改革试点医院由于近年新院区建设投入较多，加之医保政策性亏损，医院职工职业年金及养老金经费来源尚未明确，导致医院财务经费紧张。因此，改革试点医院希望由原来医院负担的职工职业年金及“五险一金”的经费由财政部门负担，以减轻经费压力。

（二）实现编制内外人员同工同酬有难度

人社部等 4 部委下发的《关于开展公立医院薪酬制度改革试点工作的

指导意见》，明确统筹考虑编制内外人员薪酬待遇实现同工同酬，但嘉峪关市公立医院目前编外人员的待遇不尽相同，医院经费渠道也不相同。从外出调研学习的情况来看，各地财政的补贴方式和标准也有差异，因此，在接下来的工作中还需要继续探讨和研究，争取早日全部实现同工同酬。

（三）绩效考核体系还需要不断健全完善

虽然嘉峪关市已经制定了医院和院长的绩效考核办法，但与医院实际情况仍有不匹配的地方，考核体系还需要在实际应用中边推广边修订。

五　下一步的工作打算

嘉峪关市公立医院薪酬制度改革试点工作虽然取得了一定成效，但推进医改工作永远在路上，有些工作刚刚起步，正在探索实施阶段，还存在很多缺点和不足。下一步，嘉峪关市将继续调研公立医院收入和支出情况以及绩效工资分配办法，不断完善薪酬制度改革方案，围绕“公立医院回归公益性质，医生回归看病角色”的内涵要求，建立以公益性为导向的公立医院薪酬分配机制。

（一）继续完善公立医院薪酬制度改革方案

在深入研究，认真贯彻落实国家、省上薪酬制度改革政策的基础上，不断总结公立医院薪酬制度改革中的好做法，认真研究暴露出的各类问题，对照公立医院薪酬制度改革要求，不断完善公立医院薪酬制度改革方案。

（二）继续对公立医院薪酬制度改革工作跟踪督促

发挥好领导小组工作职能，督促抓好各项具体工作任务的推进落实，进一步强化公立医院财务和预算管理，为下一步科学核定医务人员绩效工资提供坚实的数据支撑。同时，积极与兄弟市州加强沟通交流，学习借鉴它们的好经验好做法，助推公立医院薪酬制度改革试点工作取得巨大成效。

ℝ.35

甘肃嘉峪关市教师队伍建设工作中人事管理典型经验

何福杰*

一　基本情况

嘉峪关市现有普通中小学29所，其中小学18所（含3个农村教学点），初中8所（含九年一贯制学校2所），高中3所（含完全中学1所）；公办幼儿园9所；职教中心（含电大）1所；特殊教育学校1所，特殊教育指导中心1个。在校学生36945名，教职工2297人。

二　典型经验做法

（一）统筹兼顾，科学合理配置教师资源

嘉峪关市不设县区，按照"县管校聘"管理办法，所属学校由教育局直接管理，学校聘任。为科学合理配置教师资源，提高人才使用效益，市教育局先后制定卜发了《关于教师交流的意见》、《关于开展联盟校教师交流的通知》、《关于对农村教师进行顶岗培训的通知》和《关于进一步优化教师资源配置的意见》等相关文件，鼓励城乡之间、联盟校之间开展教师交流，农村幼儿教师到市内省级示范幼儿园顶岗培训等，充分发挥市区优质资源的示范、引领、辐射作用，以市区带农村，以强校带弱校，不断提高农村

* 何福杰，甘肃省嘉峪关市教育局。

教师队伍整体素质，促进城乡教育均衡发展。一是在编制只减不增、教师十分紧张的情况下，采取有效措施，充分挖掘内部潜力，优化资源配置，缓解教师紧缺问题。二是会同编制部门，进一步健全人员编制动态管理机制。以在校学生数变化情况为基本依据，兼顾学科结构、农村教学点等因素，每两年核定一次学校教职工编制，除解决学科结构性矛盾外，对人员超编学校实行教职工只减不增政策，引导教师根据学生变化由超编、超岗单位向缺编、缺岗单位流动，促进教师资源合理布局。三是实行中小学教师交流机制，不再申报用编进人计划，由教育局根据学校布局、学生增减变化、学科需求等情况合理调配，用足用好现有教师编制和人力资源。

（二）提高待遇，建立表彰激励机制

一是坚持每两年一次的园丁奖、促进教育事业发展特殊贡献奖评选活动。通过评选，激励先进，树立典型，调动广大教师的工作积极性和创造性。二是实施教育“双名工程”。根据市委、市政府《关于深化人才发展体制机制改革的若干意见（试行）》文件，未来五年，全市培养选拔“雄关名师”100 名，名班主任 50 名。被评为“雄关名师”、名班主任者分别一次性奖励 1 万元、5000 元。被评为“陇原名师”者，一次性奖励 1 万元；建立名师工作室（学科基地），每年给予 2 万元经费资助。三是不断提高教师待遇。大幅提升班主任费，人均每月补贴达到 500 元；将农村义务教育学校绩效工资总量提高 15%，把农村教师纳入乡镇人员补助范围，农村“三支一扶”项目无编教师全员享受“四险一金”待遇。四是坚持教师体检、走访慰问、病困救助等各项制度，积极帮助教师解决工作生活中存在的各种困难。

（三）用好政策，做好公费师范生招聘工作

根据甘肃省教育厅、甘肃省编办、甘肃省财政厅、甘肃省人社厅《关于做好教育部直属师范大学免费师范生就业工作的实施意见》（甘教厅〔2011〕8 号）和嘉峪关市委、市政府《关于深化人才发展体制机制改革的

若干意见（试行）》中“进一步做好教育部直属免费师范生招聘工作”和“建立人才引进绿色通道”相关规定，采取“走出去、引进来”等方式，由人社、教育局组成招聘组，赴教育部直属六所师范院校开展公费师范生招聘工作，近三年，共招聘公费师范生60名。

（四）多措并举，推动教师培养培训全覆盖

将教师培训作为教师队伍建设的关键性、基础性工作，制定和实施校园长、教师培训五年规划，不断强化师德师能培训工作。一是加强基础培训。制订和实施全员培训计划，大规模开展二级培训和校本培训，每5年对全市教师轮训一遍。二是拓展合作培训。与北师大、陕西师大、华东师大等教育部直属6所师范院校签署教师培训合作协议，在部分院校建立教师培训基地，实施针对性订单式培养。三是推出特色项目培训。根据教师成长的个性化需要，先后实施了“学科骨干教师网络远程研修”“教学方法研究培训”“心理健康教育培训”等多个培训项目。近三年，嘉峪关市教师参加各级各类培训项目112项，参培2万余人次，其中国家级450余人次，省级9300余人次，市级1.1万余人次。

三　存在的主要问题

（一）师资不足和机构不健全并存

受机构编制和财政供养人员两个“只减不增”影响，尽管全市事业编制已向教师队伍倾斜，但教师总量不足和结构性短缺等问题依然突出。教师“退一补一”长效补充机制和退出机制没有完全建立。

（二）教育资源总量不足

全市教育资源总量进一步扩大，但部分学校校园用地面积、建筑面积、体育活动场地不足的问题仍然存在，制约着嘉峪关市义务教育实现优质均衡

发展。优质公办学前教育资源总量不足，与群众日益增长的对优质学前教育的需求存在一定差距。

（三）改善办学条件经费缺口大

随着经济下行压力加大和企业发展不景气，地方财政困难，各项教育建设工程投资大，财政资金配套面临很大压力。

四 今后努力方向

（一）坚持优先发展战略，增强教育保障能力

严格履行教育投入法定责任，优先保障教育支出。持续推进教育基本建设，加大教育装备投入力度，进一步改善各级各类学校办学条件。更加重视教师制度改革，不断提升教师队伍的综合素质和专业化水平。

（二）坚持立德树人根本任务，促进学生全面健康成长

坚持立德树人根本任务，加强理想信念和道德法制教育。突出学生创新意识和实践能力培养，强化体育艺术工作和美育教育，促进青少年身心健康、体魄强健，引导学生全面个性发展。

（三）坚持深化教育改革，激发教育发展活力

牢固树立“教育强市”和“人才兴市”思想，系统推进育人方式、办学模式、保障机制改革，调整布局结构，优化资源配置，不断完善教育发展体系和服务体系。加强普通高中育人方式创新，稳妥推进高考改革。加快现代职业教育体系建设，推进产教融合、校企合作、集团化办学。强化教育督导，规范社会力量兴办教育，提高校园安全管理水平。

ℝ.36

甘肃天水市科学合理管理岗位的探索

杨婷婷*

党的十九大报告指出："人才是实现民族振兴、赢得国际竞争主动的战略资源。要坚持党管人才原则，聚天下英才而用之，加快建设人才强国。"近年来，天水市把人才强市战略作为发展之本，不断完善创新政策机制，积极引进紧缺人才，大力培育现有人才，推动各类人才在产业发展、脱贫攻坚等重点工作和重要领域发挥作用。同时，依托各种资源，统筹开展各类人才培训项目，培养和造就了一支规模较大、结构优化、布局合理、素质优良，能够适应天水市经济社会发展需要的人才队伍，为全市经济社会发展提供了强有力的人才和智力保障。

一　基本情况

天水市事业单位人事制度改革自启动实施以来，严格贯彻落实国家、省市相关政策规定，不断加快以转换用人机制和搞活用人制度为重点、以推行人员聘用制、岗位设置管理和公开招聘为主要内容的事业单位人事制度改革，取得了明显成效。目前，全市已核准岗位设置方案的事业单位 2648 个，占应实施岗位设置管理事业单位总数的 100%；已实行人员聘用制度事业单位 2648 个，占事业单位总数的 100%。

* 杨婷婷，甘肃省天水市人力资源和社会保障局。

二 主要做法

（一）逐步完善事业单位岗位设置管理

根据省上的要求，事业单位岗位设置管理的政策规定由省上统一制定，市以下不再制定具体的实施办法。天水市事业单位岗位设置管理工作的政策规定由“1+5”文件构成，即《甘肃省事业单位岗位设置管理实施意见》（省委办发〔2008〕66号）及《甘肃省事业单位岗位结构比例管理试行办法》等5个事业单位岗位设置管理的配套文件。同时，原人事部与教育、卫生、文化、科技等部门印发的11个行业性文件是指导该行业实施改革的政策性规定。

自天水市2008年10月启动实施事业单位岗位设置管理工作以来，严格按照“1+5”文件精神，紧密结合天水市实际，制定了全面具体、简明扼要、可操作性较强的“天水市事业单位首次岗位设置管理流程图”“天水市事业单位岗位设置管理工作具体操作程序与时间安排”“天水市事业单位岗位设置方案参考样本”，按照操作程序和时间要求划分为岗位结构比例核准阶段、岗位等级认定阶段、岗位人员聘用阶段；按行业系统划分教育系统、卫生系统、文化体育宣传系统、农业系统、其他综合等，进行分类，分阶段、分行业逐步展开，层层推进。

1. 紧抓时机，着力解决岗位设置管理的难点工作

2014年，甘肃省人社通印发《关于进一步完善事业单位人事管理服务工作的意见》（甘人社通〔2014〕314号）文件，对艰苦地区基层事业单位发展给予倾斜支持。为此，天水市紧抓时机，破解难题，通过对秦州区中、高级岗位结构比例提高5%，其余一区五县岗位结构比例提高6%，稳妥有效地解决了各县区岗位中、高级岗位结构比例不足的问题。

2. 理顺岗位等级认定工作管理权限

深入贯彻党的十九大精神，认真落实省委、省政府关于深化事业单位人

事制度放管服改革的部署要求和全省人才工作会议精神，结合实际，严格按照事业单位岗位设置管理工作相关政策规定，先后下发《关于进一步规范事业单位人事管理工作有关问题的通知》（天人社发〔2018〕104 号）和《关于下放事业单位岗位等级认定部分管理权限的通知》（天人社发〔2018〕523 号），下放部分岗位等级认定权限，确定天水市的事业单位管理岗位科级以上由组织部门认定，职员由市、县（区）人社部门认定；专业技术副高及以上岗位由市人社局认定，中级、初级岗位由县（区）人社部门、市直单位主管部门认定并报市人社局复核；工勤岗位由工资科认定。首次岗位设置时，凡是事业单位正式在册人员，天水市采取全部认定、兑现待遇，以后通过自然减员的方式逐年消化。

（二）普遍订立聘用合同

事业单位实行聘用制度，是干部人事制度改革的重要组成部分，对调动事业单位工作人员的积极性和创造性，增强事业单位的生机与活力具有重要作用。岗位设置管理工作开始以来，天水市事业单位全面实行聘用制度。

一是把订立聘用合同作为人社部门的重要工作来抓，贯彻落实《甘肃省事业单位实行聘用合同制管理办法》要求，及时将“甘肃省事业单位聘用合同”发放至各县区，督促全市事业单位聘用合同应签尽签。

二是将聘用合同履行情况与考核工作挂钩，将合同履行情况作为各县区人社部门年底目标责任制考核和市直事业单位工作人员年度考核的重要内容。

（三）积极推进事业单位竞聘上岗

全面贯彻落实条例关于事业单位人员“能进能出”、岗位“能上能下”、待遇“能高能低”的目标，进一步搞活用人制度。条例对竞聘上岗程序做了明确要求，但由于事业单位分类改革工作量大面宽，国家、省上尚未出台相应指导意见，未对竞聘范围、竞聘条件、组织实施、监督管理等方面做详细指导。为不断优化事业单位人才成长环境，调动工作人员积极性，这两年来，天水市借鉴公务员队伍管理，以及其他地方管理经验，进一步加强与省厅的沟通衔接，积极探索并撰拟事业单位竞聘上岗暂行办法，预期将有效指导全市各事业单位规范组织、分类实施竞聘上岗工作。由于正值机构改革，办法暂未提交有关层面正式研究出台，但通过竞聘上岗制度，能够切实树立事业单位正确的用人导向，摒除陈旧认识和观念，逐步完善人才约束激励机制，促进优秀人才脱颖而出，全力推动全市事业单位分类改革工作平稳有序发展。

（四）进一步规范内部岗位晋升

事业单位专业技术岗位分高、中、初三个层级，共 13 个等级，内部岗位主要指各层级之间对应的岗位等级。事业单位工作人员内部岗位晋升不仅关系到个人工资待遇水平的实现，而且对调动事业单位各类人员的积极性、创造性具有十分重要的意义。天水市结合省人社厅内部岗位晋升相关政策，除具备基本的德才素质和业绩条件外，提出了具体的 5 个晋升原则。

1. 逐级晋升原则

专业技术内部等级晋升，原则应逐级晋升。对个别业务能力特别强、业绩成果特别突出、品德特别优秀的专业技术人员，可以直接晋升，即由七级岗位晋升到五级岗位，由十级岗位晋升到八级岗位。

2. 晋升坚持分类管理、按岗聘用、竞争上岗的原则

事业单位内部岗位等级晋升要满足相应系列（专业）专业技术内部等级岗位任职条件，同时在人事行政部门核准的专业技术岗位数范围内，按照竞聘上岗办法进行。

3. 坚持公开、平等、竞争、择优的原则

各事业单位要公开、公正、稳妥推进专业技术岗位内部等级晋升工作，工作方法采取“成熟一批、审核一批、批准一批”的方式进行，按事业人员管理权限报主管单位或人事行政部门审批。

4. 坚持重业绩、重能力、向一线人员倾斜的原则

对长期在艰苦偏远地区和基层一线工作的专业技术人才，应优先晋升内

部岗位等级。

5. 能上能下原则

岗位等级晋升后的人员，如果不服从工作安排和组织管理，工作懈怠，或违纪、违规，或道德品质有问题，应降低岗位等级，聘用到低层级岗位。降低岗位等级需经所在单位研究决定，报行政部门批准，降低级别视违纪、违规情况而定。

三　取得的成效

开展岗位设置管理工作后，事业单位人员结构更加清晰，干部身份、人事关系及归属更加明确，人事管理更加科学，单位职责、职能、分工更加明确和清晰，工作人员的使用更加合理，单位业务开展更加高效。事业单位人员实现了由身份管理向岗位管理的转变。由于实行竞争上岗、择优上岗机制，在单位干部中形成危机意识和竞争意识，人人都需要努力工作，积极进取才能在竞争中获得优势，良性竞争提高了工作人员工作热情和工作效率，同时也增强了单位的活力。

事业单位是各类人才的聚集地，是增强综合竞争力的主要领域，也是实施科教兴市的主要阵地。尖端的科学技术出自事业单位，一流的人才出自事业单位。积极推进事业单位人事制度改革，着力加强事业单位人事管理，是激发事业单位生机与活力、促进各类优秀人才脱颖而出的需要。尤其是科学合理地设置事业单位岗位，为各类人才提供人尽其才的岗位，促使各类优秀人才能够最大限度地发挥潜能并取得巨大成绩，为经济社会发展提供强劲的动力。

ℝ.37

甘肃张掖市专业人才服务方式的创新

杜国明　郭永铭*

近年来，张掖市蔬菜、食用菌、畜禽养殖、旅游文化、生态工业等重点产业蓬勃发展。但随着产业的不断壮大，一些深层次的技术和管理难题也逐渐呈现，并在一定程度上制约了产业的升级。针对重点产业发展中的人才智力需求，2017年市上积极创新高层次专业人才服务方式，从市内外企事业单位中选聘49名高层次人才，分行业组建了蔬菜产业、食用菌产业、畜禽养殖业、旅游文化产业、生态工业5个专家服务团，让高层次专业人才组团直接到基层和产业一线“会诊把脉”，通过点对点、面对面、一对一、零距离指导解决产业“点”上的“疑难杂症”，逐步破解产业“面”上的发展瓶颈问题。

一　政策激励——保障专家干事创业

同步制定出台了《张掖市重点产业专家服务团实施方案》和《张掖市重点产业专家服务团管理办法》，对专家服务团的管理、服务、考核、奖励、政策待遇、经费保障等事项做了明确规定，保障专家服务团及其成员有效服务重点产业发展。

在日常管理上，专家服务团实行团长负责制，团长由市委人才办会同市人社局从专家服务团成员中指定。专家服务团每团由9~10名知名专家组成，聘期2年，颁发聘书，并根据工作需要、工作业绩、工作变动、身体状

* 杜国明、郭永铭，甘肃省张掖市人力资源和社会保障局。

况等情况动态管理。市委人才办、市人社局与专家服务团团长签订年度目标管理责任书，各成员与专家服务团团长签订年度服务协议。

在服务方式上，各团围绕各自工作任务，由团长主持制订年度服务计划，统筹、高效、灵活开展工作。在服务过程中建立问题清单和工作台账，翔实记载记录开展服务、解答咨询、解决难题等工作情况，并由服务对象进行评价和签字确认。

在激励措施上，市委人才办、市人社局会同各行业主管部门，对专家服务团及成员进行半年督查、年度考核和期满考核。对年度考核结果为优秀等次的专家服务团，给予一次性10000元的奖励，作为本团开展专项活动的补助经费；对年度考核结果为优秀等次的专家服务团成员，给予个人一次性2000元的奖励。对期满考核结果为优秀的专家服务团，授予“优秀专家服务团”荣誉称号；对期满考核结果为优秀的专家服务团成员，颁发荣誉证书，每人奖励现金3000元。

在政策待遇上，出台6条政策支持专家服务基层。一是年度考核为优秀等次的，优先列入国务院特殊津贴专家、省优专家、省领军人才、市管拔尖人才、青年精英人才、省领军后备人才、专家智库、培训名师的推荐人选；在本单位干部年度考核中直接确定为优秀等次，不占单位优秀等次限额。二是经考核特别优秀的市外专家服务团成员，可入选张掖市管拔尖人才、青年精英人才、省领军后备人才、专家智库、培训名师，享受相关激励政策。三是同等条件下优先作为市县（区）党代会代表、人大代表和政协委员建议人选。四是优先支持专家服务团成员在农村、企业设立科研工作站，进行试验示范，加快科研成果转化，产研成果显著的，按相关政策享受成果转化收益。五是在本市事业单位工作的专家服务团成员，可按照相关规定与龙头企业、种养大户、专业合作社等经济组织以技术入股方式参与收益分配；连续两年考核为优秀等次的，可不受单位岗位限制，纳入限额外聘任或评审高一级职务（正高级除外）。六是年度考核确定为合格以上等次的，服务期限可作为职称评审的基层工作经历。

在经费保障上，各团工作经费从全市人才工作经费中列支，依据各团年度服务计划，每年为每个专家服务团预算15万~20万元工作经费。工作经费依托各自行业主管部门单列管理、专款专用，主要用于引进市外专家技术服务费、授课费、食宿费、差旅费、保险费、考核奖励、工作经费等。经费使用由团长审批，经市委人才办、市人社局审核后，由行业主管部门据实报销。结余经费结转使用，不足部分次年追加。

二　定职明责——引导专家精准服务

根据全市重点产业发展现状、发展方向、发展思路，综合确定了专家服务团的总体任务和各团的具体任务。专家服务团的总体任务是制订年度服务计划，开展技术指导，着力解决产业发展的关键性技术难题；开展技术培训，全面提升基层技术人才队伍整体素质和创业创新能力；开展咨询服务，为产业发展提供先进的市场营销和管理服务；推广新技术、新品种、新工艺、新方法，促进科技成果转化，切实提高重点产业发展的质量效益；针对影响和制约重点产业发展的突出问题，及时向市委、市政府和相关部门提出意见建议。

蔬菜产业专家服务团重点围绕高原夏菜和设施蔬菜、花卉、瓜果生产体系建设，深入农村乡镇、种植大户和产业示范园区，组织开展技术服务和技术培训，解决技术难题，培养实用技术人才，切实提高种植水平，增加经济效益。

食用菌产业专家服务团重点围绕食用菌的栽培、加工、保鲜、销售等环节，深入农村乡镇、产业大户和示范点，组织开展科技培训和指导服务，培养技术人才，解决技术难题，做大做强食用菌产业。

畜禽养殖业专家服务团重点围绕畜禽养殖、疫病防治、饲草料种植加工和利用转化，特别是围绕牛羊品种选育、畜禽产品的精深加工，深入养殖大户、加工企业和产业示范点，进行技术培训、指导服务和市场营销策划，不断提高产品附加值。

旅游文化产业专家服务团重点围绕旅游服务项目、文化产业项目的规划、申报，旅游、文化创意产品开发，从业人员培训等，深入旅游景区、旅游文化企业，进行项目策划推介、景区及旅游文化产品包装升级、产品开发营销指导服务，不断延伸产业链条，规范服务行为，提升服务质量，提高旅游企业经营管理水平，增强文化旅游融合度，推进全域旅游产业发展。

生态工业专家服务团主要在全市生态工业“两新一特”重点产业发展及战略性新型产业培育方面，特别是发展绿色有机食品工业主攻方向上，提出建设性和创新性的意见建议；参与全市有关生态工业发展规划、实施方案、政策措施、法规规章、标准规范的研究、起草、论证工作，提出解决行业共性难题的办法、措施；对生态工业重点工程、重大项目的可行性分析、立项、论证、风险评价、实施，提供咨询、技术、指导服务；围绕工业传统产业转型升级和技术改造，应邀参与相关部门或企业组织的新建项目、技术改造项目实施和科技成果推广项目而进行的可行性分析论证，并提供指导服务；对创业创新企业和项目提供评估论证、跟踪指导和后续服务，提高创业成功率。

三　团队会诊——合力解决产业难题

专家服务团充分发挥团队专业优势和技术优势，采取现场服务、技术指导、技术培训、技术推广、试验示范、人才培养、专题报告、辅导讲座和“传帮带”、“师带徒”等形式，深入田间地头、种植基地、养殖小区、旅游景区、园区企业一线灵活开展工作。两年多来，共举办各类培训服务活动197场次，培训各类人才9470人次，印发培训教材及宣传资料34800份。发表论文34篇，形成调研报告17篇，申报发明和实用新型专利24件。建立各类试验示范点83个，建立第二批基层专家科研工作站15个。选派25名3A级以上旅游景区中高层管理人员赴外省市8家5A级旅游景区挂职锻炼，选派10名文化产业经营管理骨干赴外省市10家文化传媒公司挂职锻炼。举办了全市肉牛养殖加工营销人才创新创业能力提升和旅游文化产业骨干人才赴外培训班。同时，配合开展了“人社部专家服务团甘肃张掖行”

活动，会同人社部 8 名专家对张掖市筛选的 16 个项目中的代表性问题精准诊断，现场指导 21 场次，解决技术难题 48 个，座谈交流 14 场次，开展培训 300 人次，提出合理化意见建议 57 条，受到了项目企业、干部群众和一线技术人员的好评。

蔬菜产业专家服务团通过对全市从事蔬菜产业的技术干部、种植大户进行系统培训和技术指导，选派成员到全市 13 家重点蔬菜生产企业驻点指导，与东南沿海城市蔬菜协会和批发市场建立合作关系，开展新品种新技术引进推广和试验示范等服务活动，进一步优化了全市蔬菜产业的种植结构和品种结构，提高了蔬菜产区农民收入，带动全市供港蔬菜面积稳中有增，其中鸿福供港蔬菜谢家湾基地从 2017 年的 950 亩扩大到 2019 年的 2700 亩。面向南方市场销售的“金张掖夏菜”种植规模稳步扩大，种植技术日益成熟，竞争优势逐步凸显。蔬菜产区每亩露地蔬菜（正常年生产成本 850 元）可节约成本 100 元以上，每座大棚（正常年生产成本 2500 元）可节约成本 300 元以上。

食用菌产业专家服务团通过举办各类生产技术培训班、现场技术指导、蹲点试验示范、联合技术攻关等服务活动，努力提升全市食用菌产业从业人员生产技术水平和企业经济效益。全市已建成食用菌工厂化基地 16 个，带动食用菌种植面积 1.01 万亩，总产量 5.83 万吨，总产值 4.1 亿元。已形成“企业 + 合作社 + 基地 + 农户”的生产模式和“市上食用菌专家服务团 + 县聘专家 + 乡镇技术干部 + 农民技术员 + 龙头公司技术力量”的五级技术服务体系，为产业发展提供了强有力的技术支撑。其中在张掖贯党珍稀菇业有限公司等企业建立 4 个试验示范点，安排专家点对点地进行技术指导，帮助企业解决生产技术难题，实现扭亏为盈并进入良性发展阶段。

畜禽养殖业专家服务团通过举办技术讲座、发放科技图书资料、开展技术咨询、现场指导解决技术难题等多种形式，为广大农民群众提供科技服务。两年来，指导 26 个新建或续建规模养殖场完成设施建设工作，指导 22 个肉牛、肉羊规模养殖场生产加工农作物秸秆青贮、黄贮饲料 70.6 万吨，指导 7 个饲料企业加工各类畜禽配合饲料 15.3 万吨。推广新技术 23 项，培养技术人员324人，“传帮带”“师带徒”64人。印发培训教材800册，印发宣传单和科普资料32000份，将300个规模养殖企业负责人列入“12316”“三农”综合信息服务平台短信服务对象，利用市畜牧兽医局微信公众号和新浪微博向农牧民和养殖企业发送信息1252条，受到了农牧民群众的欢迎。配合市人才培训中心在河南省南阳市举办全市肉牛养殖加工营销企业人才创新创业能力提升赴外培训班，培训肉牛养殖加工营销企业人才40人，进一步提升全市肉牛养殖加工营销企业人才创新创业能力。

旅游文化产业专家服务团紧紧围绕丹霞景区创建国家5A级景区、大景区建设、创建全域旅游示范区等工作开展前期调研、项目评审等工作。专家团成员在全市导游员和景区讲解员培训班、旅游执法人员培训班、乡村旅游管理及从业人员等培训班上做了3期专题讲座，与复旦大学专家考察了县区部分文化旅游产业项目，提出了进一步推动全市文化旅游产业融合发展的意见和建议。配合人社部专家服务团4名旅游文化专家赴民乐、临泽、甘州等地开展实地考察、项目对接、座谈讨论等调研指导工作，对8个重点旅游文化项目进行了现场指导和发展研讨，形成了极具实操性的意见建议。参与评审了《张掖智慧旅游建设规划》和《张掖七彩丹霞景区创建国家5A级旅游景区提升规划》，对《张掖市旅游业发展“十三五”发展规划》实施情况进行了中期评估，提出了内涵丰富、指导性强的提升意见报告。

生态工业专家服务团深入开展产业研究，形成有质量的调研报告，向市委、市政府和工业主管部门提出企业创业创新、转型升级、重点产业发展方面的建议意见。广泛征集180家企业的需求进行精准对接，并确定52家企业开展点对点指导服务，解决企业难题80余项。在张掖经济技术开发区和民乐生态工业园区建立专家服务基地开展经常性服务活动。举办农产品加工（食品工业）诚信体系培训、工业企业新形势下安全生产知识培训、“互联网金融VS传统金融”等专题辅导班，培训工业企业负责人892人次。组织专家开展现场服务17场次，深入企业服务127场次，进园区企业集中宣讲企业家精神5场次。

R.38

甘肃定西市通渭县教育事业管理体制改革创新

龚维宏*

定西市通渭县现有各级各类学校229所，在校学生47955人，教职工5754人，其中专任教师5291人。近年来，通渭县教育系统深入实施教育优先发展战略，不断夯实基层基础，优化师资结构，推进教育改革，规范办学行为，深入开展教育教学质量提升工程，着力打造特色教育和特色学校，努力办好新时代通渭县人民满意的教育。

一 优化布局结构，改善办学条件

通渭县准确研判学龄人口流动趋势和教育发展态势，制定了《通渭县2017~2020年中小学布局调整规划方案》，稳步推进中小学布局调整工作。城区迁建通渭县职专，新建义务教育阶段学校4所、幼儿园4所，形成3所高中、2所初中、2所九年制学校、4所小学、5所幼儿园、1所职业学校、1所特殊教育学校的新格局，优质教育资源不断扩大。文庙街小学、西关小学在校学生人数2016年为3118人、2411人，2017年为2340人、1739人，2018年为2069人、1480人，逐年下降。全县义务教育阶段小学、初中平均班额分别控制在了45人以内、50人以内，大规模学校、大班额问题彻底得到解决。同时，撤销3所乡村职业中学，将部分九年制学校和村级小学调整为教学点，撤并生源过少村级教学点。

* 龚维宏，甘肃省定西市人力资源和社会保障局。

依托行政村幼儿园建设项目、义务教育改善薄弱学校办学条件项目、高中改善办学条件等教育项目，改造薄弱学校校舍，改善办学条件。2015 年以来，新建行政村幼儿园 118 个，累计为 250 所薄弱学校投入资金 3.5 亿元，新建维修校舍 12.22 万平方米，改造运动场 14.48 万平方米，改善 36 所寄宿制学校食宿、饮用水等条件。另外，购置生活设施 1.2 万台件套、教学仪器设备 0.3 万台件套、课桌椅 3.6 万单人套、图书 6.4 万册。2018 年，全县县域义务教育顺利通过省级验收和国家评估。

二 聚焦重点任务，加强队伍建设

（一）创优师德师风，精细日常管理

通渭县坚持把党的政治建设摆在首位，充分发挥教师党支部教育管理监督党员和宣传引导凝聚师生的战斗堡垒作用，充分发挥党员教师的先锋模范作用。重视师德师风建设，先后开展了师德师风建设年、政风行风建设年、教育规范管理年活动和“三查三治”纪律作风专项整治行动，开学前三天和放学后三天定期开展师德师风专项学习。学校通过教职工会议、年级组会议、教研组会议等多种形式，组织教师深入学习习近平新时代中国特色社会主义思想，特别是教育思想，学习新时代中小学（幼儿园）教师职业行为十项准则，牢固树立“四个意识”，增强“四个自信”，做到“四个相统”，自觉做“四有好老师”。制定《通渭县教育系统聘任行风监督员工作实施意见》，并聘任 246 名教育行风监督员，构建党委政府领导、上级教育主管部门业务指导、人大依法监督、政协民主监督、行风社会监督的教育治理格局。推行精细化管理，严格执行电子签到和请销假制度，制定了《通渭县中小学精细化管理指导意见》《通渭县教育系统教职工请销假暂行办法》等规章制度，加强对学校教育教学工作、学生学习生活、教师上班上课的管理，建立精细化管理机制。

（二）锻造“三支队伍”，优化师资结构

制定《通渭县签约引进普通高校毕业生实施方案》《通渭县中小学校长教师交流轮岗实施办法（试行）》《通渭县支教教师和顶岗教师考核办法（试行）》《通渭县中小学校校长暨中层管理人员选拔任用管理办法（试行）》《通渭县选派城区学校优秀管理人员、骨干教师到农村学校挂职工作实施方案》《通渭县中小学幼儿园实习支教工作管理办法（试行）》，加大教师招聘和引进力度。实行县域内校长教师定期轮岗交流和城区教师下乡支教制度，扎实做好学校管理人员的选拔任用和挂职锻炼工作。近三年签约引进紧缺专业研究生 6 人、本科师范院校毕业生 16 人，补充录用教师 312 名，为义务教育阶段调整调配教师 549 名，2019 年意向签约普通高校毕业生 12 人（硕士研究生 4 人、本科 8 人）；共交流调整学区校长 18 人次，学区所属中小学校校长、副校长、幼儿园园长 182 人次，县直学校校长、副校长及中层管理人员 130 人次；每学年定期举办暑期校长培训班，开展校长任职培训；共选派 76 名城区骨干优秀教师到农村学校支教，同时安排受教学校 51 名教师到城区顶岗学习，双向交流。坚持评优选先向一线教师倾斜，近三年共推荐评选省园丁 5 人、省骨干 10 人、省农村骨干教师 59 人，市优秀教育工作者 9 人、优秀教师 42 人、优秀班主任 17 人，市学科带头人 4 人、骨干教师 29 人，评选表彰县级优秀教育工作者 60 人、优秀教师 210 人、优秀班主任 180 人，县骨干教师 249 人。

（三）开展教师练兵，提升专业技能

积极开展教师大练兵大比武、“一师一优课、一课一名师”和课堂教学能手评选等活动。依托国培、省培、市培、东西部扶贫协作及公益基金组织的教师培训项目，全覆盖培训教师。注重培训跟踪，强化二次培训，针对基础教育现状，组织各类县级培训；抓实质量监测，对教学问诊把脉，明确努力方向。通过初赛、复赛、决赛，连续举办六届“课堂教学能手”评选活动，评选课堂教学能手 672 人，有力地促进了青年教师成长和学科教研活动的开展。

（四）提高教师待遇，激发工作活力

按照《通渭县教育教学质量考核奖惩办法》《通渭县乡村教师生活补助实施方案（试行）》《通渭县乡村教师支持计划实施办法》《通渭县教育系统教职工绩效工资考核发放实施意见（试行）》《通渭县教育系统先进个人评选管理办法（试行）》的规定，全面落实教职工工资福利待遇和奖惩激励制度，严格落实绩效考核，充分调动教师工作积极性。乡村教师生活补助从2019年起按人均每月400元的标准发放。提高各类学校补助标准，并为村级小学校长每月发放100元岗位津贴。县财政每年拨付约130万元专项资金用于提高班主任津贴，2015～2018年，共发放班主任津贴516.3万元，人月均67元。

三　丰富学校内涵，凸显办学特色

（一）重视和加强艺术教育

依托深厚的书画艺术文化底蕴，通渭县成立了通渭教育书画协会，与西北师范大学书法艺术研究院、改琴书法基金会共同组织全县书法教师培训班8期450余人参加，为学校开展书画艺术教育培养了一大批优秀师资。该协会将书画艺术教育渗透到常规教学管理、课堂教学、文体活动、教案撰写、作业批阅、校园文化创建等各项教育教学活动中，每年度出台《通渭县学校体育艺术教育实施方案》，在全县各级各类学校开设书法课，其中小学低年级开设写字课，小学高年级和初中开设书法课。在各学校组建书画艺术兴趣小组共250多个，定期开展活动，提高学生书画技能。全县每年有3000余名少年儿童参加专业书法培训，提升书画艺术素养。各学校定期举办师生书画大赛和展览，建立书画长廊和展室，开展书写规范教案、作业评选等活动。坚持运用书画题材营造布置校园文化，创建特色校园。在每年通渭书画艺术节期间，举办全县师生书画现场大赛暨优秀作品展，累计评选出优秀师生书画作品700余幅，结集编印优秀师生书画作品集6集。书画艺术教育工

作成果丰硕，一批小书画家脱颖而出，累计有300余人在全国、省级书画大赛中获钻石、金、银、铜和佳作奖，传承了优秀传统文化，培育和储备了书画后继人才。书画艺术教育成为全县教育特色。

（二）积极开展“阳光体育”运动和经典诵读活动

通渭县秉承学校历史，依托地域文化，从武术、体育、阅读与写作、经典诵读等教育领域挖掘潜力，深化教育内涵，创办特色学校。围绕学生体质健康监测工作，规范体育课堂教学，营造浓厚的体育运动文化氛围，深入开展田径、球类传统体育运动。结合地域运动文化，组建花样跳绳、滚铁环、摇呼啦圈、打腰鼓等课外兴趣小组，推动足球、武术进校园，阳光体育运动在学校“周周有安排、班班有特色、天天有活动、生生有特长”。学校定期开展体育艺术节，县教育局每年定期举办球类、田径、武术运动比赛活动，引领和助推学校阳光体育工作，打造了一批阳光体育特色学校。以语文学科教学为中心，传承优秀传统文化，组建了经典诵读兴趣小组，习诵《三字经》《百家姓》《千字文》《弟子规》和《论语》《孟子》《大学》《中庸》四书，《诗经》《尚书》《礼记》《周易》《春秋》五经和优秀古诗文，通过经典诵读为学生人格塑造奠基，为语文素养提升奠基，为写作水平提升奠基，传承优秀传统文化，培育和塑造人文精神，打造了一批传承国学经典诵读特色学校。

（三）推进“六园”建设和学生“六大行为习惯”养成教育

自2012年开始，全县开展“平安校园、绿色校园、墨香校园、文明校园”等“四园”创建活动。2018年将其拓展深化为“文明校园、绿色校园、书香校园、科技校园、墨香校园、平安校园”“六园”建设。同时，2014年，县教育局出台了《通渭县中小学生“六大习惯”养成教育的实施意见》，从“文明礼仪、学习、健体、勤俭朴素、卫生、安全”等六大方面加强学生养成教育。“六园”建设协同“六大行为习惯”养成教育，使教育系统各级各类学校办学行为日趋规范，办学内涵逐步深化，学生德育工作得到强化。全县共有 35 所学校被县文明办命名为“文明校园”。文庙街小学在 2017 年被中央文明委命名为“全国首届文明校园”。有 16 所义务教育阶段学校被评为“甘肃省德育示范学校”，文庙街小学等 12 所学校被评为省级语言文字示范校。创建县级“平安校园”示范校 134 所、市级“平安校园”示范校 15 所。学校真正成为教书育人的主阵地、学生健康成长的摇篮，构建和形成了全县教育有特色、学校办学有内涵、学生发展有特长的良好格局，育人氛围浓厚，育人功能得到充分发挥，为国家、省、市经济社会发展和地方建设培养了一大批优秀人才，提供了智力支持。

（四）开展“小规模”学校和“小班化”教学探索

学习借鉴与自主创新相结合，创新小规模学校小班化教育管理和教学模式，创建集教育教学资源、实验操作仪器、图书音体美器材、生活用品于一室，融教师课堂教学、学生学习、教师批阅作业、辅导学生、阅读生活于一体，师生共同参与文体活动的“温馨教室”“温馨校园”“温馨学校”。小规模学校小班化教学模式成为全县教育的特色。在形式层面，专用功能室与器材进班级、进课堂并存，做到集文化课教学资源、实验仪器、电教设备、图书、音体美器材于一室，整体布置美观、和谐。在内涵层面，以美国教育家约翰·杜威的“教育即生活，学校即社会”与新课改倡导的以人为本、突出学生的主体地位为理论支撑。教室既是生活的场所，也是体现知识、展现科技、联系世界的平台，让每一个学生在普通教室中时刻熏陶感染文化、学习科技知识，以“面向每一个”为教学核心理念，将孔子倡导的因材施教真正落到实处。

ℝ.39

甘肃陇南市深化事业单位人事管理“放管服”改革工作的探索

秦学锋*

长期以来，陇南市人力资源和社会保障局（简称“人社局”）负责全市事业单位工作人员招聘和岗位设置管理工作。这种统一管理的模式，在一定时间内有助于全市事业单位人事管理的规范化和标准化。但是，大一统的管理模式也容易造成管理上的僵化和程式化，不利于事业单位充分发挥自身的优势。在国家大力推广“放管服”的背景下，放宽事业单位招聘权限、下放事业单位岗位设置管理权限，有利于发挥事业单位和县区人社部门的工作主观能动性和积极性。根据甘肃省人社厅统一部署，结合陇南市事业单位实际情况，在“放管服”改革中，陇南市人力资源和社会保障局从放宽招聘权限、下放岗位管理权限入手，着力改变事业单位“一管就死、一放就乱”的局面。

一　提高政治站位，强化“放管服”改革的使命担当

事业单位人事管理“放管服”工作启动以来，作为全市事业单位管理与服务的窗口，这一改革是人社部门践行习近平总书记民生思想的重要体现，也是全市65691名事业单位工作人员的迫切愿望和优化提升人社管理服务工作的硬任务。深化“放管服”改革、推进事业单位人事管理服务便利化，是人力资源和社会保障部统一部署要求的重大改革举措，是顺应人民群

* 秦学锋，甘肃省陇南市人力资源和社会保障局。

众对美好生活期待、全面提升新时代人社管理服务水平的必然要求，是体现人社干部新担当、展示人社干部新形象、彰显人社工作新作为的具体实践。

二　根据事业单位工作人员分布特点适度下放招聘权限

1. 陇南市事业单位工作人员基本情况

陇南市地处秦巴山区，东接陕西，南通四川，扼陕甘川三省要冲，素称“秦陇锁钥，巴蜀咽喉”。辖武都区、宕昌县、文县、康县、成县、徽县、两当县、西和县、礼县一区八县，195 个乡镇，总面积 2.79 万平方公里，总人口 287.42 万人（2017 年数据）。有事业单位工作人员 65691 人，其中管理岗位 11529 人，专业技术岗位 45604 人，工勤技能岗位 9494 人。

管理岗位 11529 名工作人员中，四级职员 2 人，五级职员 28 人，六级职员 146 人，七级职员 703 人，八级职员 1609 人，九级职员 6559 人，十级职员 2482 人；专业技术岗位 45604 名工作人员中，正高级岗位 58 人，副高级岗位 2008 人，中级岗位 12795 人，助理级 30743 人；工勤技能岗位 9494 名工作人员中，二级工勤技能岗位 252 人，三级工勤技能岗位 2038 人，四级工勤技能岗位 4213 人，五级工勤技能岗位 2468 人，普工 537 人。

2. 按照专业技术人员分布特点分行业组织招聘

经统计，全市教育行业有专业技术人员 28996 人，卫生健康行业有专业技术人员 8685 人，农业、林草行业有专业技术人员 4512 人，广电传媒行业有专业技术人员 303 人。上述行业共有专业技术人员 42496 人，占全市事业单位专业技术人员总量的 93.18%。根据陇南市专业技术人员分布行业特点，陇南市适度下放全市事业单位公开招聘权限，全市事业单位公开招聘考试采取市直行业主管部门和市县人社局分别组织相结合的方式进行。全市教育、卫生健康、农业农村、林业和草原、广播电视 5 大行业由市直行业主管部门（或事业单位）负责市本级和九个县区事业单位招聘工作，其余事业单位招聘工作按照管理权限分别由陇南市人社局和各县区人社局组织。陇南市人社局侧重招聘考试的监督管理和审核备案工作。这样，行业主管部门可以根据自身特点和精准扶贫工作需要，及时准确地招聘所需工作人员。

3. 招聘考试的对象、范围、学历、专业等条件

根据陇南市企业少，无力吸纳高校毕业生就业和高校毕业生千军万马挤独木桥参加政府组织的各类招聘考试的现状，在招聘对象上，市直和县区事业单位原则上要求陇南市生源考生报考，乡镇事业单位原则上要求本县区生源报考。年龄原则上要求18周岁以上35周岁以下。因此，有限的就业岗位既可以优中选优招聘到高质量的毕业生，又可以达到就业一人脱贫一户的双赢局面。

学历设置上，市直事业单位原则上要求全日制本科及以上学历，县区事业单位原则上要求全日制本科及以上学历，要按照岗位特点设置招聘专业；乡镇事业单位可放宽到全日制专科学历，可不限制专业。

在专业设置上，按照《教育部关于印发〈普通高等学校本科专业目录（2012年）〉〈普通高等学校本科专业设置管理规定〉等文件的通知》（教高〔2012〕9号）文件，设置具体专业，要符合单位业务范围和岗位需求，准确、规范，不得设置与岗位无关的专业。

在考试方式上，贯彻了“干什么考什么”的原则，采取公开考试与公开考核相结合的方式，实施分类招聘。既符合不同专业、不同行业、不同类型单位的具体要求，也要体现管理岗位、专业技术岗位的不同特点。采取考试方式招聘的，管理岗位应重点测试职业能力，专业技术岗位应重点测试专业知识和技能。在比例上，笔试开考比例一般不低于3∶1，达不到开考比例的，管理岗位采取减少招聘计划至达到开考比例，减少后仍达不到的，取消招聘计划；专业技术岗位在笔试前划定最低分数线，最低分数线一般为60分。笔试、面试成绩达不到最低分数线的，不得聘用。

除5大行业外，其余事业单位招聘工作人员方面，按照管理权限，市直事业单位由陇南市人社局组织，其余县区事业单位由县区人社局组织。2019年全市事业单位共招聘工作人员368人，教育类事业单位招聘62人，卫生健康类事业单位招聘148人，农业农村、林业和草原类事业单位招聘44人，广播电视类事业单位招聘11人，其余综合类事业单位招聘103人。分行业

和分级组织招聘考试，事业单位、主管部门、县区人社局都有事可干，彻底改变了招聘工作由陇南市人社局一家负责的大包大揽的局面。

三　落实分级管理原则，下放事业单位岗位管理权限

自2009年全市实施事业单位岗位设置管理以来，陇南市积极探索，大胆创新管理模式，2013年首先下放各县区专业技术十级岗位和工勤技能四级岗位以下的管理权限。但是，因科室人员紧缺，对县区的岗位管理一直是弱项和短板。结合省厅“放管服”精神，陇南市人社局及时将县区事业单位专业技术七级及以下岗位、工勤技能三级工勤岗位下放到县区人社局进行管理，市直事业单位管理岗位、专业技术岗位、工勤技能岗位管理权限不变。具体工作思路如下。

1. 已经纳入岗位设置范围的县区事业单位

管理岗位，以编制部门审批的领导职数为准进行岗位管理；专业技术岗位，按照陇南市人社局审批的首次岗位结构比例，以及按照《关于进一步完善事业单位人事管理服务工作的意见》（甘人社发〔2014〕314号）和《关于印发〈关于开展人事人才扶贫工作的指导意见〉的通知》（甘人社通〔2018〕403号）文件精神提高岗位结构比例后的岗位进行管理。其中县区事业单位专业技术七级岗位（不含七级岗位）以上岗位继续由陇南市人社局管理；工勤技能岗位按照陇南市人社局审批的首次岗位结构比例进行管理。其中县区事业单位三级以下（含三级）工勤技能岗位由县区人社局管理，二级工勤技能岗位按照《关于分解一、二级工勤技能岗位数额和提高专业技术中、高级岗位结构比例的通知》（陇人社发〔2015〕230号）精神，分解给各县区的岗位数额由陇南市人社局管理。

2. 在具体审批事项上进一步下放管理权限

事业单位首次岗位设置、县区事业单位首次设岗，由县区人社局按照陇南市人社局的审批格式自行审批，审批后报陇南市人社局备案。市直事业单位首次岗位设置，仍然由陇南市人社局审批。事业单位根据事业发展和工作

需要，在核定的结构比例内对内设机构岗位设置方案进行动态调整，单位内部出现岗位空缺聘用人员时，原则上都要进行竞聘上岗。按照分级管理的原则，县区事业岗位结构比例调整、岗位等级认定、聘任备案由县区人社局负责，陇南市人社局负责市本级事业单位首次岗位设置、岗位结构比例调整、岗位等级认定、聘任备案。对人数较少的单位，允许主管部门统一设岗、统一使用、统一管理；工勤技能岗位聘任专业技术岗位。按照分级管理原则，县区事业单位工勤技能岗位聘任专业技术岗位由县区人社局审批；市直事业单位聘任专业技术岗位由陇南市人社局审批。

这样一来，九个县区专业技术岗位当中，陇南市人社局只管理约0.2%的四级岗位专业技术人员和0.25%的二级工勤技能人员，大量的专业技术人员和工勤技能人员放到县区进行管理，减轻了陇南市人社局的工作量，使陇南市人社局从繁杂的审批事项中解脱出来，有时间和精力研究相关政策，指导县区做好岗位设置管理工作。

总之，“放管服”是一项利国利民的好政策。“放管服”改革的核心，在于化繁为简、简化办理流程；最终目的是实现一次办和尽快办，让全市广大事业单位工作人员享受到人社改革带来的便利服务。适度下放事业单位招聘权限分解和降低了事业单位招聘考试的风险，又让事业单位招聘到所需的人才；下放事业单位岗位设置权限，充分激发了事业单位用人自主权和灵活性。作为人社工作者，在实践工作中既要大胆地放，又要细心做好服务和指导工作，让广大事业单位工作人员得实惠，进一步提升人社部门服务水平和能力。

ℝ.40

甘肃甘南州乡村教师队伍建设的实践探索

王登辉*

甘肃省甘南藏族自治州（简称“甘南州”）高度重视乡村教师队伍建设工作，全面落实习近平总书记“乡村教师是办好乡村教育的关键”指示精神，深入贯彻《中共中央 国务院关于全面深化新时代教师队伍建设改革的意见》和《乡村教师支持计划（2015～2020）》精神，进一步扩充规模、提高待遇水平、加强培养培训，乡村教师队伍建设取得了明显的成效。

一 甘南州教育基本情况

甘南藏族自治州地处青藏高原东北边缘，甘肃、四川、青海三省交界处，地域辽阔，气候严寒，自然条件恶劣，交通不便，广大农牧民物质生活水平较低，教育教学质量不高。全州总面积4.5万平方公里，大部分地区海拔在3000米以上。自治州成立于1953年，现辖8个县（市）99个乡镇664个村。有藏、汉、回、蒙等24个民族，73万人口，其中藏族人口占54.2%。

截至目前，全州有各级各类学校（园）777所，其中幼儿园350所，小学378所（含教学点223所），普通中学43所（九年制学校15所、初级中学12所、完全中学11所、高级中学5所），职中4所，中专1所，特殊教育学校1所。各级各类学校在校学生（幼儿）139151名（其中幼儿园

* 王登辉，甘肃省甘南藏族自治州教育局。

26199 名，小学 64148 名，初中 29952 名，高中 17010 名，中职 1738 名，特校 104 名）。共有双语中小学 140 所，占 33.25%；双语中小学生 47010 名，占 42.31%。现有寄宿制学校 171 所，占中小学校数的 40.61%。寄宿生 80422 名，占中小学生的 72.38%。

全州现有各级各类乡村中小学 689 所，其中完全中学 1 所，初级中学 5 所，九年制学校 15 所，小学 353 所（教学点 223 所），乡村幼儿园 315 所。

二 甘南州教师队伍现状

（一）全州教师队伍现状

截至目前，全州共有教职工 13381 名，其中小学 6497 名，初中 2755 名，高中 1673 名，职中 170 名，中专 327 名，幼儿园 1931 名，特校 28 名。专任教师 12152 名。全州小学、初中、高中教师学历合格率分别为 99.98%、99.92% 和 90.46%。幼儿园、小学、初中、高中生师比分别为 17、10.61、11.39、11。

专任教师中“陇原名师”6 名，甘肃省特级教师 25 名，省级骨干教师 156 名。现有正高级职称教师 18 名，副高级职称教师 1206 名，占专任教师总数的 10%；中级职称教师 5075 名，占 41.7%。

（二）乡村教师队伍现状

全州现有乡村教师 5963 名，其中中学教师 962 名，小学教师 4313 名，幼儿园教师 688 名。乡村中学、小学、幼儿园在校学生分别为 9739 名、37624 名、7338 名，生师比分别为 10.1、8.7、10.7。乡村教师中高级职称教师 244 名，占 4.1%；中级职称教师 1506 名，占 25.3%；助理级教师 2768 名，占 46.4%；其他和未评聘职称教师 1445 名，占 24.2%。

三　加强乡村教师队伍建设的措施办法

（一）以师德教育为抓手，打牢民族团结基础

近年来，随着藏区维稳形势的变化，学校已成为甘南州维护社会稳定、促进民族团结的主阵地。加强师德教育，筑牢广大教师的思想政治防线已成为教育工作的首要任务。自 2013 年起，在全州教师中相继开展了集中学习教育整顿工作和“三个离不开”“爱祖国、反分裂、保稳定、促和谐”“以爱育爱”等主题教育活动。把主题教育活动有效融入教师工作生活中，并纳入年终考核考评，实现了思想教育工作的常态化，并成立了甘南州教育党校，培训各级各类教育干部 25 期 2200 人次，其中培训乡村学校校长教师 980 人次。州教育局又将 2019 年确定为甘南州“立师德 筑师魂”师德师风建设年，起草印发了《甘南州教育系统“立师德 筑师魂”师德师风建设年实施方案》，大力开展形式多样、内涵丰富的师德师风教育活动，使广大教师在政治上更加可靠，思想上更加过硬，作风上更加踏实，成为甘南民族教育发展的原动力。

（二）多渠道招录补充教师，扩充乡村教师队伍规模

为解决甘南州中小学音体美、“双语”教师紧缺问题，2012 年以来，州县两级政府制定出台了一系列优惠政策，共引进 619 名师范类大学本科及以上学历优秀毕业生从事教育教学工作，其中硕士研究生 34 名。这些高素质教师队伍的补充，既优化了全州教师队伍的学科结构，又为甘南州队伍建设注入了新鲜血液。同时，省教育厅在中央“特岗”计划名额下达时对甘南州予以倾斜，逐年增加招录名额。2016 年甘南州共招录“特岗”教师 137 名，2017 年招录 252 名，2018 年招录 340 名，2019 年拟招录 332 名。这些特岗教师全部补充到乡村学校任教，进一步充实了乡村学校教师队伍，改善了教师学科结构，为提高教育教学质量夯实了基础。

（三）加大教师培训力度，全面提高乡村教师队伍整体素质

在“国培计划”“省培计划”“民培计划”等各类培训项目中，积极争取增加乡村教师培训名额，特别是在音体美、信息技术等薄弱学科方面加大乡村学校教师培训力度，使其成为“一专多能”型教师。近五年来共培训乡村教师达7840人次，其中参加过最高级培训国家级培训者1962人、省级培训1646人、州级培训2196人、县级培训2036人。培训学前教育乡村幼儿园转岗教师400人次。

（四）建立县域内教师交流机制，推动城镇优秀教师向乡村学校流动

为均衡配置县域内义务教育学校教师队伍，各县市结合实际建立了县域内教师流动交流机制，采取定期交流、学区一体化管理、对口支援等多种途径和方式，推动县城学校教师到乡村学校交流轮岗，推动乡中心学校教师到村小学教学点交流轮岗，保持乡村教师队伍的稳定，提高教育教学质量。同时加大城镇学校帮教乡村学校力度，大力推动城镇教师到乡村学校支教、交流工作。自2015年以来，全州共交流校长教师1450人，占教师总数的10.8%。

（五）职称评聘、评优选先向乡村学校倾斜，着力提升乡村教师工作积极性

一是在职称限额下达时向乡村学校倾斜。为实现县域内城乡学校教师岗位结构比例总体平衡，提升乡村教师工作积极性，在限额内优先考虑乡村教师。县城中小学教师晋升高级职称要求必须具有在乡村学校任教一年以上的经历。二是开展基层中小学高级职称评审工作。2018年评审通过32名长期坚守在最基层最偏远的一线教师取得高级职称，推荐9名基层教师评审正高级职称。三是在现有岗位结构比例基础上，进一步提高中小学中、高级职称教师岗位比例，2019年将县市及以下基层中小学教师中、高级专业技术岗

位结构比例提高6%。四是在骨干教师评选、名优教师推荐中，将乡村任教经历设为一个业绩条件。

（六）提高乡村教师生活待遇，保障乡村教师队伍的稳定

为不断加强乡村教师队伍建设，让优秀教师“下得去、留得住、教得好”，根据省上统一安排，自2015年起为乡村教师发放乡村教师生活补助，并逐年提高补助标准，为打造优质乡村教师队伍提供待遇保障。2015年共发放生活补助1931万元，人均月补助标准298.2元；2016年发放生活补助2113万元，人均月补助标准311.6元；2017年发放乡村教师生活补助2062万元，人均月补助标准324.45元；2018年发放乡村教师生活补助2175万元，人均月补助标准312.27元。2019年将乡村教师生活补助标准从人均不低于300元提高到400元，截至目前全州已发放乡村教师生活补助1467.8万元，人均月补助标准达到416.9元。加上乡村教师全部享受“乡镇干部生活补贴”资金，甘南州乡村教师月平均工资比城镇同等条件的教师工资高出约700余元。

（七）加大乡村教师周转房和保障性住房建设，改善乡村教师队伍生活条件

2015～2019年投入资金4595万元，为乡村学校新建、改扩建教师周转宿舍600套，建设面积达到2.37万平方米，有效地解决了部分乡村教师住宿难问题。同时各县市将中小学和幼儿园教师住房纳入保障性住房范围，在经济适用房和廉租房申请中优先安排给乡村教师，部分县还按照教师工龄给予乡村教师一定住房补贴。

（八）开展形式多样的支教活动，有效提升乡村学校教师队伍素质

一是2014年省上启动实施了“三区”支教计划（边远贫困地区、边疆民族地区和革命老区人才支持计划教师专项计划）。根据省上安排，2014年起，张掖市教育局、武威市教育局共选派410名优秀教师来甘南州开展为期

一年的支教工作，同时，甘南州从州直学校和各县市城镇学校共选派 510 名城镇优秀骨干教师到乡村学校参加一年的支教工作，并给予一定生活补助，对乡村教师业务素质的提高起到了积极作用。二是鼓励城镇学校和乡村学校开展“结对子”“手拉手”帮扶活动。全州有 40 余所城镇学校与 100 多所乡村学校结成帮扶对子，通过开展观摩、示范、帮教等活动，充分利用城镇学校优质教育资源帮助乡村教师业务能力的提升。

ℝ.41

甘肃会宁县医疗卫生体制改革探索

张　龙*

近年来，会宁县把深化医药卫生体制改革作为保障和改善民生的重要举措，按照“保基本、强基层、建机制”的改革总体要求，以解决群众看病难、看病贵为目标，以县级公立医院改革为突破口，积极推动分级诊疗政策落实，注重发挥中医药特色优势，统筹推进基本医疗保障，完善基层医疗卫生服务体系，促进基本公共卫生服务均等化。初步建立了公益性的管理体制、激励性的绩效考核机制、规范性的药品采购机制，医药卫生体制改革成效逐步显现，城乡居民健康水平和健康意识不断提升，医疗卫生综合服务能力显著提高。2012～2016年，全县卫生计生专业技术人员由873人增加到1154人，增长32.2%；编制床位由1390张增加到2060张，增长48.2%；标准化村卫生室由26所增加到237所，增长811.5%；城乡居民健康档案建档率由22%增长到84.2%，增长62.2个百分点；孕产妇死亡率由54.76/10万下降到33.12/10万，下降39.5%；婴儿死亡率由9.49‰下降到7.1‰，下降2.39个千分点；传染病发病率由353/10万下降到323.91/10万，下降8.24%。

一　履行政府办医职责，公立医院改革成效明显

会宁县政府牵头出台了《会宁县县级公立医院综合改革试点实施方案》《会宁县公立医院后勤服务社会化改革实施方案（试行）》《会宁县县级公立医

* 张龙，甘肃省会宁县卫生健康局。

院法人治理结构试点工作实施方案》《会宁县公立医院绩效考核管理指导意见》《会宁县人民医院法人治理结构改革试点工作方案》等县级公立医院改革配套政策。在县级财政收入非常紧张的情况下，将县级公立医院退休人员工资全额纳入财政预算，每年列支100万元专门用于人才培养，新增债券项目5000万元用于县人民医院基础设施建设；县编办按照相关政策对县级公立医院人员和床位重新进行核定；积极完善医疗服务价格调整，合理提高体现医务人员技术劳务价值的医疗服务收费。已全面完成医疗后勤服务社会化改革，在公立医院法人治理结构试点工作中取得阶段性成果，成立了会宁县公立医院管理委员会，建立了医院理事会和监事会，有力保障了县级公立医院改革实施。

二　积极开展先行试点，分级诊疗经验在全省推广

2014年，会宁县在全省首先推行分级诊疗试点工作，坚持以“病人下沉、基金下沉”为目标，以减轻群众就医负担为出发点，以医师多点执业和对口支援制度为抓手，推行以“基层首诊、分级诊疗、上下联动、双向转诊”为核心内容的分级诊疗制度，逐年增加签约病种。通过“按级高比例补偿、越级降标准报销”的补偿办法引导患者合理就医。按照“超额垫付、结余归己”的拨付办法鼓励医疗机构控制费用。通过电视广播、自媒体平台、发放告知书、制作宣传专栏等多种宣传形式，让群众逐渐熟知、认可和接纳分级诊疗制度，合理分流了病人。2013～2016年，经过3年的运行，县内住院补偿基金月平均量从386.6万元上涨到761.05万元，占住院总基金比重从35.47%上涨到57.1%；县外住院补偿基金月平均量由703.3万元下降到570.46万元，占住院总基金比重从64.5%下降到42.84%；县外就诊率由26.6%下降到16.56%，较全省平均水平的19.08%低2.52个百分点，基本实现了“小病不出村，常见病不出乡，大病不出县，疑难危重再转诊”的目标。此经验在全省范围推广。

三　深化支付方式改革，基本医疗保障制度不断健全

近年来，会宁县先后推行单病种付费、按人头付费、按床日付费、总额预付及复合型付费等多种形式的支付方式改革，多项改革曾在全省乃至全国先行试点。2017 年，在全国首先实行 DRGs（按疾病诊断相关组付费）试点改革。推进 DRGs 付费制度改革，实现医疗机构自主控费，建立起“维护公益性、调动积极性、保障可持续”的医疗保障新机制。在医疗保障方面，通过建立完善基本医疗“一卡通六覆盖”改革机制，促进了医疗资源合理配置，规范了医疗服务行为，方便了群众就医。“一卡通”管理，就是实现了全县参合农户集个人缴费、看病就医、补助结算、健康信息、公共卫生和金融服务“六位一体”的健康综合管理服务。“六覆盖”，一是新农合医疗保障住院和门诊病人全覆盖。二是支付方式改革县域内医疗机构和病种全覆盖。三是“一站式”服务在县内医疗机构全覆盖。县内各定点医疗机构对符合规定条件的参合住院农民实行新农合补助和民政救助“一站式”即时垫付服务，解决了群众住院首付交不起钱的问题，极大地方便了住院群众。四是信息化管理县、乡、村三级全覆盖。县、乡级医疗卫生机构医院管理系统，新农合管理系统和城乡居民健康管理系统完成“三网合一”。五是监督管理以村为单位全覆盖。实行“四查、五公开、三公示”制度，即入院审查、住院期间督查、出院后调查、门诊抽查，公开用药目录、公开药品价格、公开医疗服务项目、公开医疗费用、公开补偿服务程序，公示基金使用、公示费用补偿、公示次均住院费用控制等情况。六是实施农村重特大疾病医疗保障全覆盖。对 50 类住院重特大疾病不设起付线，按 70% 予以补偿，不计入患者当年新农合封顶线，对 32 类门诊特殊病种按 70% 予以报销。2016 年，全县新农合参合人数 47.4 万人，参合率 98.6%，全县建档立卡贫困户参合率达到 100%。2016 年 1 ~8 月，累计为 87.03 万名门诊患者补偿 2215.7 万元，为 4 万名住院患者补偿 10652.14 万元，其中为 19398 名分级诊疗患者补偿费用 2697.85 万元，为

38861名精准扶贫住院患者提高补偿105.86万元。另外，还为3762人实现商业保险报销1074.26万元。

四 破除以药补医机制，基本药物制度实施顺利

实行计划报批、网上采购、统一配送、中心药房周转的基本药物招标采购和配送体系，积极探索建立科学补偿机制，促使药品价格合理降低，群众就医负担减轻。自2010年6月起，全县基层医疗机构全部配备国家基本药物并实施零差率销售。自2011年8月起，县级公立医疗机构在全省率先实施县级公立医院药品零差率销售，县级医院取消药品加成减少的收入通过财政投入和调整医疗服务价格进行补偿，乡镇医疗机构全部由财政予以补贴。2017年，在全省率先实行从药品生产企业到流通企业开一次票和从流通企业到医疗机构开一次票的药品流通“两票制”。“两票制”的实施，切实解决了药品流通环节过多、层层加价导致药价虚高的突出问题。

五 中医参与深度医改，用小成本解决大问题

会宁县是全国中医药先进单位和全省中医药工作先进县。近年来着力完善医疗机构中医药服务体系，全面提升中医药服务能力，实现了硬件建设与内涵建设“双丰收”。一是强化中医药服务能力建设。全县34家医疗机构设置了中医诊室和中医临床科室，其中在县人民医院和17家乡镇卫生院、社区卫生服务中心建立了中医药综合服务区或中医馆，配备了中药熏洗类、牵引类、电疗类、磁疗类、热疗类、康复类等中医诊疗设备。二是大力推进中医适宜技术。组织开展中医适宜技术全员培训，让全体医护人员掌握推拿、捏脊、熏蒸、磁疗等十多种传统疗法和“冬病夏治”贴敷治疗支气管哮喘技术等15项防治常见病、多发病的中医适宜技术。三是推进中医药人才培养。通过举办中医适宜技术培训班，对全县中医药人员分期分批进行培训，积极参加省、市举办的“西学中、中学经”培训班，扎实开展三级师承教育工作。

四是推进中西医同病同价。实施中西医同病同价，推动中医技术应用。五是推进中医健康教育进家庭活动。依托农民健康促进协会不定期举办健康沙龙，指导群众运用盐袋热敷治疗关节炎等6项食疗技术，提升民间单验方、食疗法、药膳、养生常识等中医文化知识知晓率，让居民群众切实享受到便捷价廉的中医食疗技术服务，用最小的成本解决群众最基础的健康问题。

ℝ.42

甘肃清水县事业单位改革发展实践

赵 升*

清水县事业单位改革工作开展以来，首先在县三中和县医院以推行聘用制为突破口，以深化人事制度和内部分配制度改革为重点，迈出了坚实的步伐。通过学习文件、调查摸底、制定方案、稳步推进、总结经验等五个阶段，在保持全县社会各项事业稳步发展的前提下，通过改革促发展，以发展推进改革，基本完成了改革试点工作的各项目标任务。在人事制度改革中，坚持按需设岗、按岗择人、双向选择、竞争上岗、择优选聘和“公开、公平、公正”的原则，使部分优秀人才脱颖而出，找到了适合自己专业特点的工作岗位，促进了人才的合理流动，激发了全县专业技术队伍的整体活力。在内部分配制度改革中，把津贴、岗位津贴和单位内部自筹补贴作为活动部分，通过考核评出等次，按等次制定发放标准，体现了多劳多得的分配原则，增强了干部职工的工作积极性，提高了服务质量和工作水平。从而使清水县事业单位的改革有了明确的发展方向，确立了全县其他事业单位改革的发展模式。

一 主要做法

（一）县三中以贯彻全国基础教育工作会议精神和全市事业单位改革试点工作会议精神为主线，建立了科学合理的管理体制和运行机制，以改革促发展，以发展保稳定，全面推行素质教育，提高了学校的办学水平

1. 实行以设岗分流为主要内容的教育调配制度改革

县三中在调查摸底的基础上提出了设岗定编、全员聘任的改革方案，从

* 赵升，甘肃省清水县人力资源和社会保障局。

严格落实“四定”（定编、定岗、定责、定聘任）入手，主要抓了六方面的工作。一是核定编制。严格按照省、市下达的总编制数，根据学校的学生数和班额数，将按编数核定到各个岗位。二是设置岗位。根据编制数和学校教学、管理、后勤工作实际，确定具体的工作岗位，明确岗位职责和工作任务。三是竞争聘任。以考试考核成绩为依据，并参照学生评教、征求家长意见的情况，经组织审核后公布教师工作业绩和工作能力，由个人根据各自的实际申请竞争岗位。四是分层聘任。班、级、处、校按不同的职能分级进行推荐，校长核准、提名各岗位拟聘人员，提交教代会通过后分层聘任。五是人员分流。对落聘人员分流到其他缺编学校任教，解决了一些学校缺口大、山区学校长期无公办教师的问题。六是自主用人。在教师调配制度改革中，坚持学校用人上的自主权，由学校按实际聘任教师，做到知人善任、量才用人。通过全员聘任，学校和教师建立了相互制约的新型用人关系，促进了教师的合理流动，优化了教师资源的配置。

2. 实行以校内结构工资制为主要内容的分配制度改革

在人员设岗分流的同时，实行了以校内结构工资制为主要内容的分配制度改革。具体做法是把教师的工资分为基本工资、工作量津贴和绩效津贴三部分。教师的津贴工资与工作量、绩效挂钩。每年 10 个月的津贴工资和校内补贴作为工作量津贴，把教师教育教学的工作量折合成标准课时，按所承担标准课时量的多少发放工作量津贴。在工作量的测算和核定上，注重提高优秀教师、骨干教师的课时工作量比重，坚持倾斜一线教师，适当照顾老教师，学校量力投入补贴资金。每年 2 月和 8 月的津贴与教师的教学成绩、教辅人员的工作实绩挂钩发放。工作量津贴统一测算，统筹发放，建立了津贴发放办法和相应的考核制度，形成了教师结构工资制运行的长效机制。

3. 实行以校长聘任制为主要内容的干部任用制度改革

在改革中以建立一支德才兼备、结构合理、充满活力、具有开拓创新精神的学校领导班子为目的，推行了校长聘任制改革。一是公开选聘校长。采取个人自荐、组织推荐、民主推荐等办法，拟定人选，对参聘人员德、能、勤、绩、廉等方面进行考核、民主测评。组成领导小组和专家组对参聘人员面试，询问、测试，进行现场答辩评分，然后将考核答辩结果向社会公示，接受群众监督，公示后按程序聘任。二是建立了校长考核制度。每年由教育行政部门从学校管理、教育水平、班子协作、财务公开、民主化管理、办学条件的改善、教学设备的添置、执行上级工作安排的情况及个人代课、参与教研教改等方面对校长和班子成员进行量化评估，全面、科学、准确地评价一年来校长在教学工作中的业绩，将业绩作为职称晋升、提拔使用的依据。三是建立校长职级制管理办法。取消了校长的行政级别，通过进一步探索和完善，逐步建立了与学校办学规模、办学水平和校长工资待遇、奖惩、考核、晋升等挂钩的校长职级制管理办法，充分调动校长的工作积极性和能动性，引导校长向专家型、职业型发展。

4. 实行以合同制管理为主要内容的教师聘任制改革

在实行教师调配制度、分配制度和干部制度改革的基础上，结合国家事业单位人事制度改革的趋向，进行了教师聘任制改革，制定了教师聘任合同制管理办法，确立了教师与校长之间的岗位职责与契约关系，实现由身份管理向岗位管理的转变，由行政管理向平等契约关系转变。一是按照编制合理设置学校各个层次的工作岗位，细化和明确岗位职责，由教师根据个人实际选择岗位，竞聘上岗。学校根据教师条件和实际教学水平择优聘任，实现了教师与学校和岗位的双向选择。二是制定“教职工聘任合同”，对不同工作岗位的任务、目标，如师德、教学业绩、教研、学习培训、考勤及工资待遇等方面提出量化要求，为岗位管理提供依据。三是规范聘任程序，教师与学校、岗位进行双向选择后，由校长与聘任教师签订聘任合同。四是在常规管理中严格按照聘任合同对教师的教学行为和效益进行监控、考评，兑现工资和绩效津贴。年终将教师完成合同的情况作为教师考核、职务晋升、续聘或解聘的主要依据。通过教师的合同管理，逐步建立了公正合理、职责明确、管理规范、权益保护的新型教师管理机制。

（二）县医院以推行聘任制和深化职称改革为切入点，强化人事制度改革和内部分配制度改革

1. 全面推行聘任制

制定出台了清水县人民医院《人事制度内部分配制度改革实施方案》。一是医院实行全员聘（任）用制度，在定编、定岗、定职责的基础上，按照公开聘用、平等自愿、协商一致、一级聘一级的原则，实行全员聘（任）用制。所在人员都要与医院签订聘用合同书，聘期为三年，聘期满后，经考核符合条件者可续聘。二是实行院长负责制。院长由主管局提名，组织部考查，县委常委会决定，再由主管局聘任；副院长由院长提名、聘任；党支部、团支部、工会、女工委员会等组织，按有关程序选举产生，报相关部门审批备案。三是科室负责人应具备岗位必需的学历、技术职称、专业能力等条件，公开、公正、平等竞争，择优聘任。竞聘成功后，由院长聘任，报主管局备案。四是对签合同之前在册的现有职工，根据连续考核情况聘用；对有突出贡献的专家、优秀人才可实行有别于一般岗位的聘用；对签合同之后新进人员，实行新人新办法，由医院与本人签订聘用合同，契约管理。对没有取得专业技术任职资格和执业医（护士）师证的人员，暂不聘任专业技术岗位，待考取两证后，根据工作表现再予聘任，并按岗位兑现有关待遇。五是对医院引进人才及新调入人员实行3~6个月的试用期；对医学院校毕业生试用期为一年。试用期满，经考核合格后，医院与之签订聘用合同，试用期并入聘用期内。六是加强聘后的监督管理。不断完善德、能、勤、绩考核指标体系，将其作为续聘、解聘、晋升和分配的依据。对不能认真履行聘用合同规定的责任和义务者，医院按规定程序解除聘用合同、缓聘或不再续聘。对服务质量低、服务态度差以及造成不良影响但不够解聘条件者，进行告诫，经过告诫仍不能改正者，予以解聘。聘用单位与受聘人员一方要求解除聘用合同的，要在保证不损害双方利益的前提下，对履行聘用合同的善后事宜做出妥善处理。

2. 进一步深化职称改革

一是合理设置了专业技术岗位。坚持按需设岗、精干高效的原则，充分考虑到社会需求、工作任务、医院发展、人才培养和梯队建设等多种因素，科学合理地设置岗位，制定了各类专业技术职务岗位职责说明书，作为聘任专业技术人员的依据。在评聘工作中，制定了便于操作的量化标准，将专业技术人员的科研、业绩、论文、荣誉称号、考核等量化，在全院范围内进行公示，增强了评审工作的透明度和客观公正性。二是实行评聘分开。职称改革工作的核心是实行评聘分开，为了积极稳妥地推行评聘分开工作，院党委及评聘分开工作领导小组认真调查研究，深刻分析职工现状，严格按照县委、县政府及县人事局、县卫生局等有关部门的要求，本着既要积极进取，又要保持职工队伍稳定的总体指导思想，结合医院实际，通过广泛征求意见、建议，经院评聘分开工作领导小组反复讨论后，制定出台了《清水县第一人民医院评聘分开工作实施方案》。三是做好评聘分开政策的宣传教育。评聘分开工作是实施评聘工作的重中之重，也是医院人事制度改革的热点、难点问题。医院在做好职工思想政治工作的同时，组织职工认真学习了医院评聘分工作实施方案，做到让职工了解政策、掌握政策，从而达到理解改革、支持和配合医院评聘分开改革试点工作的目的。通过学习教育，大多数职工提高了认识，转变了观念，为评聘工作的顺利进行奠定了基础。四是评聘分开工作取得了显著成效。评聘分开工作坚持“公开、公平、公正、竞争、择优”的原则，全面推行能者上、平者让、庸者下的新型用人机制。在定编、定岗、定员的基础上，公布聘任条件，实行双向选择，择优聘用。打破了职称终身制，实现了按岗定薪、岗薪一致、岗变薪变的动态激励机制。五是做好高职低聘、转岗分流人员的思想工作。合理安置落聘分流人员，给他们提供再就业机会。医院评聘分开领导小组认真贯彻落实以人为本的原则，积极构建和谐社会的科学理念，积极做好高职低聘、转岗分流人员的思想政治工作，教育他们转变观念，鼓励他们学习新知识，掌握新技能，不断提高自身素质。同时积极创造条件，尽量为他们提供再就业岗位，安排再就业，不把矛盾推向社会。

二　取得的成果

1. 人事制度改革合理配置了人才资源，建立了新型用人机制

通过改革，人才资源配置不平衡的问题得以解决，由以往人才调配上的身份管理、行政化管理转变为制度管理、岗位管理，以改革为杠杆，实现了人才的合理流动。打破了传统用人上的调配制、委任制和终身制，构建了能上能下、能进能出、择优聘用的新机制，建成了优化组合、快捷高效的人才队伍。

2. 人事制度改革的实施，增强了干部职工的岗位意识，促进了专业成长

任用制的转换增强了干部职工的岗位意识和竞争意识，提高了工作的积极性和主动性。由于分配制度与工作量、工作绩效挂钩，干部职工由以往的“推着干”变成“争着干”，由“干好干坏一个样”变成“多劳多得、优劳优酬”，竞争上岗代替了应付上岗，干部职工普遍有了压力感和责任感，极大地提高了业务自修和争先创优的积极性，工作的能动性、主动性和潜能得到极大地发挥，构建了一支充满活力的人才队伍。

3. 人事制度改革的实施，建立健全了管理制度

通过对岗位目标、常规管理、质量管理、考评制度、聘任制度等的细化和完善，建立了一套科学、可操作的管理办法，提高了单位的管理水平。随着干部任用制度的改革，选拔任用了一批年轻有为、作风正派、工作能力强、善管理、有开拓创新能力的干部管理队伍，形成了“抓制度、抓落实、抓质量”的良好氛围，促进了各项事业的科学发展。

4. 内部分配制度改革的实施，提高了干部职工工作的积极性和主动性

内部分配制度的改革体现了多劳多得和优劳优酬的分配原则，从而充分调动了专业技术人员的积极性，增强了工作的责任性、主动性和创造性，实现了社会效益和经济效益双丰收。

ℝ.43

甘肃武威市凉州区事业单位人事管理工作实践

张文山*

党的十九大以来，甘肃武威市凉州区人力资源和社会保障局（简称“人社局”）在区委、区政府的领导下，在市人社局业务指导下，深入贯彻落实党的十九大，十九届二中、三中全会精神，以习近平新时代中国特色社会主义思想为指导，全面落实习近平总书记视察甘肃重要讲话和“八个着力”重要指示精神，按照市委、市政府“努力建设经济强市、生态大市、文化旅游名市”的部署要求，围绕“全力打造生态美、产业优、百姓富的和谐凉州”总目标，坚持党管干部、党管人才、德才兼备、以德为先的原则，全面准确贯彻民主、公开、竞争、择优方针，努力建设“信念坚定、为民服务、勤政务实、敢于担当、清正廉洁”的“五好”干部队伍，在事业干部招聘、考核、奖惩、培训、交流、辞职、退休、职称评聘、工资调整等日常管理工作中认真贯彻落实《事业单位人事管理条例》等法律法规，建立健全事业单位工作人员相关管理制度，全区事业干部队伍管理工作步入制度化、规范化轨道。

一　建章立制，做到干部管理有法可依

2014年4月《事业单位人事管理条例》发布以来，凉州区严格按照中央、省、市的统一部署，结合凉州区实际，制定并下发了《关于进一步严肃纪律加强干部管理的通知》《关于加强乡镇干部队伍建设的实施意见》

* 张文山，甘肃省武威市凉州区人力资源和社会保障局。

《关于进一步加强和规范全区机关事业单位人员管理的有关规定（试行）》《凉州区乡镇、街道一般干部交流意见》《关于进一步加强和规范机关事业单位工作人员工资管理的通知》《关于进一步加强和规范全区机关事业单位工作人员请销假管理的通知》《凉州区机关事业单位工作人员调配暂行规定》等文件，扎实推进事业人员管理，使事业人员管理工作有法可依。

二　畅通渠道，确保事业单位公开招聘工作公平公正

凉州区坚持“凡进必考”的原则，严格落实事业单位公开招聘考试制度。在考试报名、笔试、面试、体检、聘用审批等方面制定相应制度和配套措施，确保事业单位公开招聘工作的顺利开展，努力为全区事业单位选拔高素质干部人才。2015～2019年，共招聘事业干部647人（含81名民生项目人员）。

三　筑巢引凤，强化急需紧缺人才引进

结合全区经济社会发展状况和人才队伍需求，根据《凉州区中长期人才发展规划（2011～2020年）》《武威市人才特区建设试点工作方案》等文件精神要求，从人才的培养开发、跟踪服务、激励保障等方面出发，凉州区先后出台了引进人才、帮带培养、跟踪服务、培训等制度，进一步健全完善了急需紧缺人才引进、管理、培养和使用等方面的政策体系，形成了以人才管理服务为载体、以人才开发培养为主线、以促进人才效能发挥为目的、统筹推进引进人才工作的良好格局，为更好地开展引进人才工作提供了强有力的制度保障。为进一步优化区专业技术人才队伍学历结构，把副高级及以上专家、“211工程”院校、“双一流”建设高校本科及以上学历的高层次人才作为引才重点，每年对全区事业单位人才需求状况进行调查，详细掌握人才需求情况，科学编制急需紧缺人才引进计划。在引才方式上，变坐等人才上门为主动上门求贤，赴省内外高等院校招聘人才或者召开急需紧缺人才招聘会，面向全国选聘优秀人才，引进了一批学历层次高、业务水平精、能力

素质好的急需紧缺人才。截至2019年，引进人才在岗工作53名（硕士研究生26名，本科学历27名），2019年已签约急需紧缺人才64名。

四　考核激励，提高事业干部工作积极性

凉州区严格按照《事业单位工作人员处分暂行规定》、《甘肃省事业单位工作人员考核暂行办法》、《中国共产党纪律处分条例》和《关于受党纪处分的党政机关工作人员年度考核有关问题的意见》等文件要求，在事业单位工作人员的日常管理和考核工作中，坚持遵循客观公正、注重实绩的原则，实行领导点评与群众测评相结合、定性考核与定量考核相结合的方法进行，重点对事业人员履行职责情况、工作任务完成情况进行全面考核。确定的考核结果作为事业单位工作人员晋升、职称评聘、评先评优、晋升工资的重要依据。对受到党纪政纪处分的事业人员，严格按照考核规定确定考核结果。2015～2019年，共有9748名一般事业干部评定为优秀等次，不合格38人，不定等次（受党政纪处分）50人。

五　优化结构，提升岗位设置比例

针对凉州区事业单位岗位设置比例较低和专业技术人员的实际情况，凉州区向上级人社部门多次汇报。2015年，经省人社厅同意，凉州区事业单位岗位设置高、中级专业技术岗位在原有的基础上分别提高5%，职称评聘矛盾稍有缓解。2018年，甘肃省在贯彻落实《关于全面深化新时代教师队伍建设改革的实施意见》中提出，要在现有岗位设置结构比例的基础上，基层中小学教师高级岗位提高5%。市委、市政府出台了贯彻落实的意见，极大地调动基层教师的积极性。新提高的岗位比例有效缓解基层教师职称评聘的矛盾。同时，从2018年起，县以下基层高级职称将首次实行单独分组、单独评审基层有效高级职务，评审数额不占单位结构比例。这将更大程度地调动基层广大专业技术人员的积极性。

六　适度从紧，有序推进职称改革

按照省、市有关职称评聘的文件精神，凉州区在专业技术人员职称评工作中，全面实行岗位管理，严格按职称评定相关政策和条件在岗位设置的标准内开展职称评聘工作。坚持公正、公开、竞争、择优的原则，坚持照顾基层、倾斜农村一线的原则，坚持实事求是、适度从紧的原则，坚持统一尺度、均衡分配的原则，保证了全区职称评聘工作的公正、透明。自 2018 年起，卫健、教育、农牧、林业专业副高级职称评审首次在“甘肃省职称申报评审管理信息系统”中审核上报评审，有 226 人通过评审取得基层有效高级职务。

七　强基固本，扎实开展事业人员思想教育培训

首先，强化政治理论学习。全区事业单位坚持集中学习制度，制订学习计划，采取集中学习与个人自学相结合的方式，通过领导讲学、干部领学、互动交流学和撰写学习心得、调研报告等多种形式，组织干部职工认真学习政治理论和业务知识，不断深化思想政治教育，切实增强贯彻党的基本路线、基本理论、基本政策的自觉性和坚定性，全面提高干部职工的政治理论水平和综合素质。其次，强化业务知识培训。结合行业培训工作，各主管部门（单位）做好业务知识培训的同时，扎实开展 2018 年度专业技术人员继续教育工作。根据省、市人社部门要求，区人社局制定下发了《2018 年凉州区专业技术人才继续教育培训暨知识更新工程任务计划》。2018 年，对全区 220 家单位 13100 名专业技术人员 2017 年度继续教育培训情况进行了学分登记和审验，验证率达 100%。

事业单位人事管理工作任重而道远，凉州区人社局将以坚定理想信念、提高履职能力、改进工作作风为重点，打造“信念坚定、为民服务、勤政务实、敢于担当、清正廉洁”的高素质专业化事业干部队伍，为努力建设经济强区、生态大区、文化旅游名区，全力打造生态美、百姓富的和谐凉州做出新的更大的贡献。

R.44

甘肃民勤县教育行业专业技术职务评聘政策创新实践

骆国益 *

事业单位实施岗位设置管理后，受岗位比例限制和基层单位规格的限制，部分单位高、中级岗位无空岗或已超岗，专业技术人员职称评聘难的问题日益凸显。为调动专业技术人员工作积极性，甘肃省民勤县结合省市有关政策文件，探索制定了《教育系统中高级专业技术职务县内评聘办法》（以下简称《办法》）。

一 《办法》制定

2018 年，省、市相继出台中小学教师职称评价条件标准等政策规定，为中小学教师中高级职称评聘工作提供了制度支撑。为进一步健全完善民勤县教育系统专业技术职务评聘制度，用足用活省市相关政策，充分发挥人才评价“指挥棒”作用，科学、客观、公正评价民勤县中小学教师的品德、能力、贡献，缓解县内中小学中高级职称评聘难的问题，县教育局多次深入全县学校调研、征求意见建议，与县人力资源和社会保障局（简称“县人社局”）组织起草了《教育系统中高级专业技术职务县内评聘办法》。2018 年 1 月，报请县政府常务会议审定后，民勤县人民政府办公室正式印发了《教育系统中高级专业技术职务县内评聘办法》（民政办发〔2018〕4 号），开始在全县中小学组织实施县内中、高级专业技术职务评聘工作。

---

* 骆国益，甘肃省民勤县人力资源和社会保障局。

二 《办法》的主要特点

《办法》围绕基本原则、评聘范围、评聘条件、评聘程序、聘后待遇及其他要求等六个方面，制定了中小学教师县内中高级职称评聘制度，具有较强的政策示范性、问题针对性和现实操作性。

（一）树立激励担当作为的鲜明用人导向

坚持把政治坚定、品德高尚、作风正派作为推荐评聘中、高级职称的首要条件并贯彻工作全过程。优先评选带头贯彻执行教育方针政策，所带班级和任教学科成绩突出，特别是在全县学科质量检测中名列前茅，在县级以上科学、体育、艺术竞赛活动获得优异成绩，承担校级及以上优质课、示范课、公开课和重点课题研究，模范遵守校纪校规的教师。充分调动广大教师立足岗位、敬业奉献主动性，形成旗帜鲜明的、激励担当作为的用人导向。

（二）强化突出工作实绩的政策引领作用

坚持突出工作实绩，突出基层一线。评聘、中高级职称向基层一线教师倾斜，加大了课堂教学、出勤率、年度考核等实践操作内容的占比，明确了承担一线满工作量教学任务，具备上一级专业技术职务所需的知识储备、业务能力等条件即可评聘中、高级职称。

（三）探索实现能上能下的动态管理模式

坚持严格管理，建立优胜劣汰、能上能下、能进能出的动态调整机制，实行“一年一评一聘”。县内评聘为中级、高级专业技术职务的教师，在聘期满后，可按规定程序续聘。聘任期间因年龄、健康等不能继续从事教学工作，或有违纪行为、发生责任事故的，立即取消其聘任资格。教师获得市县职改部门聘任后，其县内聘任的专业技术职务及工资待遇自行取消，有效促进了教师主动作为、善作善成的主观能动性。

（四）建立完善多方参与的评审评价机制

坚持实施教师量化考评和分类评价，以教学水平、教学实绩为基础，突出同行认可、同校评价和学生满意度测评。各站校评审小组组织同专业教师综合考核评价后，由学校组织教师所带班级学生进行满意度测评。满意度达到 90% 以上的方可评聘中高级职称，健全完善了科学的教师评价体系。

三 《办法》实施以来的成效

近年来，民勤县符合中、高职称条件但未能获得评聘资格的教师逐年增多。因政策因素和名额分配限制，中、高级职称评审难成为突出问题，挫伤了广大教师的工作积极性，影响了教师队伍的长远建设和教育事业的正常发展。《办法》的出台实施，补充了现有职称评聘政策的短板与不足，缓解了县教师职称应聘与实聘矛盾，有效提高和改善了教师工资和生活待遇，提升了教师职业的幸福感、获得感，有效调动了广大教师爱岗敬业、教书育人的积极性，得到了教育行业职工的一致好评。同时，对促进中小学教师队伍整体素质的提高，加强中小学教师队伍建设和管理，促进全县教育质量提升起到了重要作用。

截至目前，全县教育系统共有教职工 3340 人。自《办法》实施后，2018 年县内评聘 207 人，其中高职 11 人，中职 196 人；2019 年评聘 220 人，其中高职 16 人，中职 204 人。两年累计评聘县内中高级职称 427 人，占总教职工人数的 12.8%。

R.45

甘肃庄浪县事业单位工作人员创业创新探索

李红娥*

近年来，庄浪县事业单位创新创业工作在平凉市人社局的有力指导及县委、县政府的正确领导下，精心组织，周密部署，狠抓落实。经过扎实工作，创新创业的政策和制度环境得到有力营造，事业单位工作人员创新创业的激情热情大力提高，人才流动渠道初步畅通，“双创”工作取得了阶段性成效，现将有关情况总结如下。

一 基本情况

庄浪县以“创新驱动”战略实施为主题，充分发挥事业单位在科技创新和“大众创业、万众创新”中的示范引导作用，激发了专业技术人员科技创新活力和干事创业热情。2017 年以来，按照人力资源和社会保障部（简称“人社部”）《关于支持和鼓励事业单位专业技术人员创新创业的指导意见》和甘肃省委组织部、省人社厅《关于事业单位工作人员离岗创业有关问题的通知》规定，给 12 名自愿离岗创业的事业单位工作人员办理了离岗创业备案手续，其中，专业技术干部 4 人，事业工人 8 人；涉及住建系统 2 人，水务系统 8 人，教育系统 1 人，城市社区管理委员会 1 人。

* 李红娥，甘肃省庄浪县人力资源和社会保障局。

二　主要做法及成效

（一）加强政策宣传，营造创新创业氛围

制定下发了《庄浪县促进就业规划实施方案》《关于进一步做好新形势下就业创业工作实施意见》，印发了《庄浪县大力推进大众创业万众创新工作实施意见》，进一步激发了全社会创新潜能和创业活力。及时转发了《关于支持和鼓励事业单位专业技术人员创新创业的指导意见》（人社部规〔2017〕4号）、《平凉市人民政府关于进一步做好新形势下就业创业工作的实施意见》（平政发〔2015〕142号）、《市委组织部、市人社局关于转发〈关于事业单位工作人员离岗创业有关问题的通知〉的通知》（平人社通〔2016〕46号）等关于创新创业的相关文件，加强政策宣传，利用网络媒体、微信公众号等为有离岗创业梦想的工作人员答疑解惑，积极构建起事业单位创新创业的良好环境。

（二）严格办理程序，构筑离岗创业机制

为进一步推动全县“大众创业、万众创新”工作有序开展，在广泛征求意见的基础上，结合中央、省、市有关离岗创业政策规定，与县委组织部联合印发了《关于转发〈关于事业单位工作人员离岗创业有关问题的通知〉的通知》，明确了离岗创业对象、工资待遇、办理程序等政策，鼓励和支持事业单位中有意愿、有技术、有能力的工作人员离岗创业。

（三）保留离岗待遇，打消离岗人员顾虑

严格落实离岗人员离岗期间待遇。离岗人员离岗创业期间空出的岗位不得被挤占，保留其编制、人事关系和职务级别，离岗人员工龄、原岗位任职或聘用时间连续计算，档案工资正常晋升，与离岗前所在单位在职人员同等参加职称评定，解决了离岗人员后顾之忧，使其全身心投入创新创业中。

（四）建立管理台账，加强离岗人员管理

建立事业单位离岗创业人员管理台账，登记基本信息、离岗创业期限和离岗服务单位等资料，做到内容完善、资料齐全、动态管理、便于查询。督促用人单位建立离岗创业人员档案，一人一档，对创业期间协议履行、考核奖惩情况及时归入档案，全面掌握离岗人员离岗期间表现。

（五）强化创业培训服务

积极整合各类培训资源，有计划地举办各类创业培训班。聘请培育创业指导队伍，从县职教中心、成功企业家、职业经理人、返乡创业带头人中选拔一批创业导师，建立创业导师库，适时为事业单位有创业意愿的人员提供创业辅导。依托各级各类园区和孵化基地，建设创业实训基地，推进事业单位人员创业实训项目实施。

三　存在的问题

自“大众创业、万众创新”活动开展以来，经过全县各级部门的努力，事业单位创新创业的热潮和氛围已初步形成，但与上级部门的工作要求和离岗创业人员的创业愿望相比，还有一定的差距，主要表现如下。

（一）创业意识不强，配套措施不尽完善

部分事业单位和工作人员思想观念还不够解放，就业创业的舆论氛围不够浓厚，对离岗创业政策认识不够全面，对知识产权和科研成果的权益分配等问题顾虑重重，尤其是具有创新能力的中高层次人才，对创业仍停留在观望阶段。

（二）技术创新体系有待进一步健全

受地域的限制，产业发展不平衡，产业规模小，产业链条短。县属企业

没有自己的研发中心，创业创新意识不强，投入不足，科技成果转化及产业化率不高。对于一些事业单位及其专业人才已取得的科技成果，不能迅速转换为适用产品和生产能力。担负知识和技术传播任务的中介机构短缺，力量薄弱，服务能力差。

（三）科技人才队伍有待进一步壮大

在全县科技人员中，高层次人才和优秀科技人才缺乏，高学历、高职称人员所占比例偏小，尤其是缺乏医疗卫生、现代农业、新材料和“互联网+”等方面的专业人才。

（四）创业渠道有待进一步拓宽

目前，县上事业单位仅开展离岗创业一项业务。选派专业技术人员到企业挂职或者参与项目合作，支持和鼓励专业技术人员兼职创新或者在职创办企业以及在事业单位设置创新型岗位和流动岗位，因省、市未出台相关配套政策，暂未开展。

四　下一步工作打算

（一）加大宣传力度，确保政策知晓率

继续通过网络、电视等媒介，对离岗创业政策进行宣传。同时，畅通离岗创业渠道，简化办事流程，加快办理时限，确保有离岗创业意愿的人员能够及时创业。

（二）搭建创业平台，发挥桥梁纽带作用

充分发挥县人才交流开发服务中心职能作用，了解和掌握企业人才需求情况，建立人才供需库，及时发布企业用人信息，为有创业需求的事业单位工作人员提供准确信息，同时进一步发挥就业创业孵化基地示范引领作用，

不断提高创业孵化能力和服务水平，吸引离岗创业人员入驻孵化基地和众创空间。

（三）建立人才开发机制，加强科技队伍建设

抓住培养、引进、使用三个环节，着力造就一批解决重大企业技术难题的高级工程师和高级技师队伍，选派他们到企业挂职或参与项目合作，鼓励和支持专业技术人员兼职创新或者在职创办企业，同时在事业单位设置创新型岗位和流动岗位，促进事业单位及其专业技术人员全面参与国家创新体系建设，推动科技创新。

ℝ.46

甘肃金塔县事业单位人事人才发展创新实践

薛　莉*

人才，是先进的生产力，人才的有效开发利用，是经济社会发展水平的决定性因素。当今世界，国家之间、民族之间、地区之前的竞争，归根结底是人才的竞争。国家人才强国战略的实施，对我国当前及今后一个时期的人才工作提出了更高的要求。党的十八大以来，人才工作被列为“全面提高党的建设科学化水平”八项任务之一，这充分体现出经济新常态下党中央对人才工作的高度重视。全面做好人才工作，是深入贯彻党的十八大，十八届三中、四中、五中全会和习近平总书记系列重要讲话精神，牢固树立“创新、协调、绿色、开放、共享”五大发展理念的重大政治要求的重要方面。近年来，金塔县认真按照省、市人才工作各项决策部署，以落实人才发展规划为主线，坚持服务发展、人才优先，以用为本、创新机制，高端引领、整体开发的总体要求，着力开展“五个突出”，推动全县人才工作再上新台阶。

一　超前谋划，突出人才优先战略的发展理念

人才优先发展是人才工作的“驾辕之马”，推动人才优先发展，必须要把人才列为各类资源开发之首，使人才发展具体化、政策化、项目化。从组织领导、政策支持、资金保障方面形成抓人才工作的强劲态势。在组织领导

* 薛莉，甘肃省金塔县人力资源和社会保障局。

方面，金塔县专门成立人才工作领导小组，采取主要领导挂帅，定期召开联席会议，专题研究重点问题等手段，全力推进全县人才工作健康发展。政策支持方面，鼓励未就业高校毕业生到企业就业，全县共建立见习基地31家，累计提供就业岗位349个，成功推荐480余名毕业生参加就业见习。落实全省高校毕业生到基层企业服务为民办实事就业政策，2019年共举办两场招聘活动。网络招聘会方面，参加招聘的用工企业41家，提供就业岗位700余个，各类求职人员812人，达成就业意向协议300余人，正式签约录用103人；未就业高校毕业生、建档立卡贫困劳动力及残疾人就业招聘会方面，有60家省内外企业参会，提供就业岗位2700余个，涉及汽修、机械加工、电子商务、学前教育、互联网、信息、产品研发设计等多个岗位，参会人员共有233名，现场签约205人，签约率达88%，进一步拓宽了未就业高校毕业生的就业渠道。资金保障方面，严格按照人力资源和社会保障部、财政部《关于进一步落实就业政策 加强就业专项资金管理工作的通知》要求，2012～2019年，共拨付就业见习补助到位资金272.68万元；2014～2019年，共拨付到基层企业服务补助到位资金70.35万元。

二 夯实基础，突出人才服务经济的主体作用

围绕全县经济社会发展，立足本职，放眼全局，深入开展人才服务“十个一”活动。每季度“发一条短信、打一个电话、推荐一次工作”；每半年“注册登记一次、开展一次就业政策宣传、进行一次就业指导、跟踪回访服务一次”；全年“报名登记一次、了解一次就业意愿、进企业了解一次人才需求信息”。深入分析企业岗位需求特点，全面掌握高校毕业生的专业特长、兴趣爱好、工作能力和综合素质，实现人才和企业的无缝对接。扎实开展公共就业服务专项系列活动，搭建选人用人服务平台，积极推荐求职高校毕业生参加各类职业技能培训、创业培训，举办各类专场招聘会、专题讲座等，让各层次人才畅所欲言，献计献策，提高决策的科学化和民主化水平。

三　健全机制，突出人才引进的实践创新

紧跟经济社会发展对人才工作的新要求，优化思路，创新观念，不断健全完善人才引进机制，畅通人才引进渠道。一是扩大引进范围。放宽人才准入限制，针对金塔县专业技术人才密度相对较低的实情，创新引进方式，在以往公务员、乡镇事业单位工作人员考录的基础上，通过高校签约、考核招聘、公开招聘等方式，畅通优秀人才的输送渠道，逐步壮大专业技术人才队伍规模。二是规范引进程序。严格用人单位提交人才引进计划、审核引才计划和编制、发布引进人才信息、接受报名、资格初审和复核、考试考核、会议研究确定以及公示等程序，同时对引进人才的试用期、工资待遇予以明确细化，确保引进人才的质量。三是强化后续管理。人才引进单位切实做好适合人才发展岗位的科学安排，确保人岗相适，才尽其用。深化事业单位人事制度改革，努力形成广纳群贤、能上能下、能进能出、充满活力的选用机制。在考核、管理的基础上促进人才作用的发挥，使人才培养更加人性化、规范化、科学化。

四　注重管理，突出人才配置的规范运行

以强化政策配套为保证，不断提升人才工作科学化水平。始终坚持人才工作优先部署，人才政策优先制定落实，推动人才工作规范运行。一是完善人才配套制度。制定下发了《金塔县人才使用评估管理办法》，对党政人才、专业技术人才、企业经营管理人才、高技能技工人才、农村优秀实用人才、社会工作人才、金塔籍在外高层次人才、其他工作人才的评价标准、选拔程序、培养引进、管理使用进行规范，并明确责任，统筹兼顾，从严管理党政人才，放手使用专业技术人才，用足用活其他人才，有力地提高了人才工作整体水平。二是加强人才沟通联系。制定了《金塔县县级领导联系高层次人才暂行办法》，下发了专门的“联系手册”，通过座谈、走访、

慰问、联谊、短信反馈等灵活多样的形式，加强与各类人才的沟通联系。全县31名县级领导与125名高层次人才建立了长效联系帮扶机制，帮助人才解决实际困难和问题，促进人才成长进步，推动“人才强县”战略的深入实施。三是加大教育培养力度。以推行全员聘用制度和岗位管理为重点，鼓励专业技术人才参加各种类型的继续教育，将教育培训与本人职称评定、职务聘任、工资晋升、年度考核等有机结合起来，提高培训效益。把高层次人才队伍建设纳入全县人才培养开发总体规划，依托国家和省上实施的“百千万人才工程”、甘肃省领军人才、甘肃省优秀专家等各种高层次人才培养工程，制订培养计划，落实培养措施，不断壮大高层次人才队伍。

五　严格考核，突出建立人才工作的奖惩机制

对已引进的高层次专业技术人才，以激励为重，创造条件，确保各类人才用好、留住且发挥实际作用。一是实行人才科学化管理。建立健全人才工作目标责任制，完善人才工作目标考核体系，科学设置考核指标，对人才工作的各项任务分解落实到具体单位和具体责任人，实行人才工作目标化管理、数字化考评。二是完善激励制度。定期对经济社会发展中做出突出贡献或有重大科技发明的各类优秀专业技术人才进行表彰奖励，鼓励社会力量和企事业单位对有突出贡献的专技型人才进行重奖。坚持精神奖励与物质奖励、综合奖励与单项奖励、直接奖励与间接激励等相结合，充分调动专业技术人才的工作积极性。三是优化人才发展环境。充分发挥各类用人单位的主体作用，积极解决各类人才在子女就业、上学、户口等工作生活方面的实际困难，为他们创造便利的生活条件。鼓励探索建立区域性、行业性人才的社会保障体系，鼓励用人单位完善落实养老和医疗保险措施政策，消除人才的后顾之忧。

发展依靠科技，科技以人为本，人才支撑发展。人社部门将严格按照党的十八大精神和全国人力资源和社会保障工作会议要求，在坚持党管人才的

工作格局下，准确把握职责任务，充分发挥职能优势，全面落实科学发展观，深入实施“人才强县”战略，充分发挥专业技术人才主力军作用，建设高素质的专业技术人才队伍，共同推进金塔县人才工作各项任务落到实处，为全县社会经济全面平衡持续发展提供强有力的人才保障。

R.47

甘肃肃北蒙古族自治县人才队伍建设实践

李　娜*

肃北蒙古族自治县（简称“肃北县”）隶属于甘肃省酒泉市，位于甘肃省西北部、河西走廊西端南北两侧，县域分南山和北山两个不相连的区域，周边与1个国家、3个省区、8个县市接壤，是一个以蒙古族为主体的少数民族自治县。全县总面积6.93万平方公里，约占甘肃省总面积的14%，总人口1.18万人，辖2镇2乡26个村委会。县城所在地党城湾镇距国道215线70公里，距敦煌116公里，北部马鬃山地区由桥马边防公路与国道312线相连距离154公里。县城平均海拔约3000米。

近年来，肃北县在人才引进、培养、激励等方面进行了创新探索，推进了一系列的政策，为推动全县科技创新、培育经济增长持久动力贡献了力量。

一　人才队伍基本情况

肃北县事业单位共计146个，截至2018年12月31日，事业单位工作人员共计1261人。管理人员中：管理七级岗位49人，管理八级岗位108人，管理九级岗位307人，管理十级岗位12人；专业技术人员中：副高级岗位43人，中级岗位162人，初级岗位373人；工勤技能人员中：工勤技能二级岗位15人，三级岗位76人，四级岗位60人，五级56人。

* 李娜，甘肃省肃北蒙古族自治县人力资源和社会保障局。

二　人才队伍建设工作采取的主要措施及取得的成效

1. 强化人才工作领导机制

县委、县政府以健全工作机制为抓手，切实把人才工作摆上重要的议事日程，纳入全县人才工作的总体规划，以推进“人才特区”建设为重点，建立了牵头单位和责任单位联席会议制度，加强协调配合，共同推进人才工作重点任务的落实。

2. 强化专业技术人才工作培训机制

近年来，县委、县政府高度重视专业技术人才队伍建设工作，健全完善了人才引进培养机制、人才评价机制、优秀人才激励机制、人才联系交流机制和服务保障机制。加大了对专业技术人才培训、资金的投入力度，采取有力措施，为各系统内工作人员提供了各种学习、进修的途径，创造了接受继续教育和提高业务能力的平台，使全县的专业技术人员技术水平逐步提升。完善了继续教育学分管理办法和干部培训评估制度，将学习培训结果与上岗、聘任、考核、评优、晋级等紧密挂钩。采取“走出去、请进来”的办法，组织各类专业技术人员参加省、市继续教育。

3. 强化人才队伍建设引进机制

为深入推进“人才强县”战略，不断提升人才队伍的可持续发展能力，适应新时期各行业发展对紧缺人才的迫切需要，2014 年，县委、县政府制定出台《急需紧缺高层次人才引进工作的实施方案》，多渠道引进专业技术人才。

4. 创新人才机制改革，推进人才改革工作合力

建立人才发展保障激励机制，进一步完善人才工作管理体制。制定完善《肃北县县管拔尖人才选拔管理办法》《肃北县重点人才项目扶持管理办法》《肃北县县级领导联系高层次人才工作办法》，把识才、育才、选才、用才作为首要任务，为做好县人才工作指明了方向。加大事业单位公开招聘、校园招聘力度。在市人社局和市相关部门的统一组织下，近三年来，通过校园

招聘、公开招聘、定向培养等方法招聘各类人才117人，对填补相关领域人才紧缺，提高肃北县专业技术领域水平起到了良好的作用。

三 肃北县人才队伍建设中存在的问题

1. 经济环境缺乏吸引力

肃北县地处甘肃西北，县域经济基础差，底子薄，产业单一，尚未形成因经济的大发展和产业结构大调整而引发人才需求的大环境，一些专业人才因此流向经济发达地区。

2. 自然环境相对较差

肃北县地处高海拔偏远山区，生产生活条件差，交通运输线长，生活成本高。教育、医疗等基本保障服务水平低，对各类人才缺乏吸引力，加之与发达地区在吸引人才的优惠政策方面差距较大，高质量、高层次人才引进困难。

3. 人才结构不合理

各类人才大部分为大专及本科学历，硕士研究生以上学历人数偏少；分布不尽合理，教育行业人才居多，经济、信息技术、文化产业、城市规划、道路交通等专业人才还很紧缺；中高级专业技术人才年龄集中在46~60岁，活力不足；有成果、有建树的高层次人才匮乏，特别缺乏高技术、高能力的领军型人才。

4. 人才引进方法单一

人员补充主要通过“公开招聘”和“人才引进”两种方式。“公开招聘”中存在重公共科目考核、轻专业技术能力评判等问题，新进院校毕业生，短期内很难成为业务骨干；“人才引进”又缺乏待遇和发展环境的支撑，缺乏吸引高层次人才的硬实力，存在人才“进不来、下不去、留不住”的现象。一些单位忽视学科建设、人才培养和绩效管理，关心培养、奖惩激励办法不多，存在“吃大锅饭”问题。

四 对策建议

1. 积极探索专业技术人才定向培养机制

积极探索定向培养本科层次急需人才模式，由政府给予学费补助，实行招生与招聘并轨，确保学生在规定时限内考取执业资格证，毕业后按定向培养协议返回所在地基层机构就业，对表现优异的纳入正式编制。

2. 着力引进关键人才和智力，缓解人才、技术短缺问题

作为边远牧区和经济欠发达地区，肃北县将把引进关键人才和智力作为主攻方向，重点引进“高”“尖”“缺”“急”等高技能专业技术人才。

3. 加强人才教育培训和晋升保障，培养现有人才

坚持“走出去、请进来”的人才保障模式，加强对现有人才的专业技术继续教育。建议由省、市建立高校定向扶持委培机制，分专业、分批次对现有人才进行高层次教育培训，以提高人才业务能力和工作水平；建议健全完善人才援助机制，形成对口支援、挂职锻炼，定期组织专家、学者来肃北县现场指导、实技培训和技术传授。

4. 以制度改革为动力，建立健全选人用人新机制

一是建立科学的人才考评机制。针对事业单位不同的行业特点、不同的岗位要求，探索制定出分类分层次的人才考评标准，建立以业绩为依据，由品德、知识、能力等要素构成的各类人才考评指标体系，完善各类人才考评方法。坚持“公平、公正、公开”的原则，提高考评的科学性，确保人才考评的公开性、透明性、独立性、公正性。二是建立人才储备机制。针对肃北县部分事业单位人才年龄老化、结构不合理的突出问题，建立人才储备机制。通过考试选拔，组织推荐等方式，在中青年人才中按照一定比例确定后备人才重点培养对象，通过定向培养、送外深造、名师专带、技改攻关等方式，促进后备人才的快速成长，提高现有人员的技术水平和服务能力。

ℝ.48

甘肃镇原县专业技术人才队伍建设的实践探索

姚康康*

镇原县位于甘肃省庆阳市西南部，全县总人口53万人，是全国592个国家级贫困县之一。近年来，在镇原县委、县政府的正确领导下，该县积极实施“人才强县”战略，紧紧抓住专业技术人才培养、吸引人才和用好人才三个环节，为经济社会的发展提供了强有力的智力支撑。

一 取得的成绩和基本经验

党的十八大以来，镇原县委、县政府在对全县人才队伍调查摸底的基础上，结合县情，制定出台了《镇原县“十三五”专业技术人才发展规划(2016～2020年)》、《镇原县引进急需紧缺高层次人才暂行办法》、《镇原县领军人才管理办法》、《镇原县农村实用人才认定管理办法》、《镇原县拔尖人才选拔管理办法》、《镇原县推进人才强县战略实施拓宽人才引进渠道工作规划（2017～2020)》、《关于印发镇原县乡村教师支持计划（2015～2020年）实施办法的通知》、《关于进一步加强干部管理的意见》、《关于事业单位工作人员离岗创业有关问题的通知》及《关于支持和鼓励事业单位专业技术人员创新创业的指导意见》等一系列政策文件，从干部教育培养、管理评价、选拔、引进、流动、激励、保障机制建设等方面为全县人才队伍建设提供了制度保障。

* 姚康康，甘肃省镇原县人力资源和社会保障局。

截至2018年12月底，镇原县取得专业技术职称任职资格的共7042人。按职称等级划分，高级533人，占7.6%；中级3152人，占44.8%；初级3357人，占47.6%。按行业系统划分：教育系统取得专业技术职称任职资格的人员5877人，占83.5%；卫计系统取得专业技术职称任职资格的人员860人，占12.2%；农牧系统取得专业技术职称任职资格的人员212人，占3%；文化及新闻宣传系统取得专业技术职称任职资格的人员47人，占0.7%；林业水利系统取得专业技术职称任职资格的人员16人，占0.2%；其他系统取得专业技术职称任职资格的人员30人，占0.4%。

（一）积极出台就业创业政策，助推“大众创业、万众创新”

2014年以来，镇原县委、县政府多次召开专题会议研究部署就业创业工作，优化创业环境，鼓励自主创业，鼓励该县在外创业成功人士和返乡农民工就地转移投资兴业。全力支持非公企业发展，在巩固镇原县金龙中小企业创业示范园区、甘肃中盛农牧产业高校毕业生创业园区、开边镇现代农业创业示范园区、孟坝镇小微企业创业园区及屯字镇苹果产业创业园区的基础上，通过政府出资、企业投资、招商引资等方式，新建成天悦城商贸服务创业基地，全县创业园区累计达6处，有力地促进了全县就业创业工作。2016年镇原县委组织部、县人力资源和社会保障局（简称“人社局”）联合转发了《关于事业单位工作人员离岗创业有关问题的通知》，2017年镇原县人社局转发了《关于支持和鼓励事业单位专业技术人员创新创业的指导意见》，2018年镇原县扶贫办印发《镇原县新型经营主体招聘产业扶贫专业技术人员奖补扶持办法》，积极鼓励和支持事业单位专业技术人员离岗创业，开展精准扶贫产业帮扶，进一步激发各类人员创新创业活力和干事创业热情，促进人才在事业单位和企业间合理流动。

（二）持续推进事业单位改革，严格落实事业单位人事管理服务

严格落实事业单位薪酬分配制度，在镇原县教育、卫计系统积极实施绩效工资制度。2014年以来，在镇原县人民医院、镇原县中医医院加大薪酬分配改革工作力度，取得了比较明显的效果。积极推进公立医院人事制度改

革进程，以推行全员聘用制、岗位管理制、公开招聘制为重点，切实增强公立医院发展活力。实现由固定用人向合同用人转变，由身份管理向岗位管理转变，逐步建立起符合全县卫生工作发展规律的公立医院人事管理制度。

首次岗位设置全面完成后，该县全面进入岗位设置管理的新常态，对职能、编制发生变化的个别单位重新进行了调整，对新成立的事业单位及时上报进行岗位设置。自 2014 年以来，根据省市文件规定对中高级事业编制整体上浮 6%，及时调整了全县事业单位岗位结构比例。及时督促全县所有事业单位签订聘用合同，明确了用人单位和竞聘人员的责任和义务，坚持合同管理的原则。同时，对于长期不在岗的人员，根据其实际情况，解除聘用合同。严格落实公开招聘政策，坚持凡进必考。2014 ~ 2018 年，先后为县职业中等专业学校、镇原中学、镇原第二中学、县医院、县教研室、县城关初级中学、县南区小学、县电视台及县图书馆等事业单位公开招聘工作人员 240 余人，大力解决了人才紧缺的难题。

（三）深化专业技术人员职称改革，促进人才向基层和一线流动

2016 年，庆阳市人社局、市教育局转发《关于甘肃省深化中小学教师职称制度改革工作实施方案及配套办法的通知》。2017 年，镇原县政府印发《关于印发镇原县乡村教师支持计划（2015 ~ 2020 年）实施办法的通知》，稳步推进教师职称制度改革。2017 年，镇原县人社局转发了《甘肃省人力资源和社会保障厅关于加强基层专业技术人才队伍建设的实施意见的通知》。2018 年庆阳市委办印发《庆阳市全面深化职称制度改革实施方案》。文件惠及县级及以下专业技术人员的政策主要有：全日制硕士研究生毕业，在县属及以下基层单位工作的专业技术人员，可提前 1 年确定中级职称；县属及以下基层单位专业技术人员晋升职称，论文、计算机应用能力不做硬性要求，以及放宽对县属及以下单位评审小范围有效的高级职称的具体要求；对在村小学和教学点任教的教师，晋升中级职称不再受岗位限制。文件印发以来，镇原县严格按照省市通知落实职称改革相关措施，截至 2018 年底已惠及全县各级各类专业技术人员 2000 余人。

（四）大力引进急需紧缺和高层次人才，认真落实人才强县战略

镇原县人社局制定印发了《镇原县推进人才强县战略实施拓宽人才引进渠道工作规划（2017～2020）》，把更好地服务科学发展作为人才工作的根本出发点和落脚点，确立人才优先发展的战略地位，做到人才资源优先开发，人才结构优先调整，人才投资优先保证，人才制度优先创新，以此来促进经济社会又好又快发展。

积极鼓励和引导高校毕业生到基层就业。2014～2018 年，镇原县招考安置“三支一扶”人员 91 人、“特岗教师”474 人，引导和扶持 510 名高校毕业生到非公企业就业，有效缓解了教育、卫生、农业和扶贫领域人才紧缺的难题。县政府 2017 年聘请中央财经大学特聘研究员高飞为县政府经济顾问，对县经济发展提供政策咨询。2014 年以来，中盛公司先后引进高级管理人才 8 名，其中 2017 年引进 1 名。2017 年，县政府与天津静海区签订结对帮扶合作框架协议，先后选派 22 名教师、31 名卫生专业人员赴静海区深造学习。静海区派出医疗、农业、工业及林业领域 21 名专家来镇原县开展东西部扶贫协作人才援助活动，进一步充实了全县人才队伍，为县域经济发展注入新的力量。

（五）加大高层次人才的选拔和培养，不断提升人才工作的质量

经镇原县人社局推荐上报，该县疾控中心副主任医师刘双兰 2016 年被评为“甘肃省优秀专家”。同时，该县积极推荐优秀专业技术人员晋升正高级职称。经推荐上报，2017 年省人社厅批准该县教育系统 3 人获得正高级职称任职资格，这也是庆阳市首次通过的 3 名具有正高职称专业技术人员。2018 年省人社厅批准该县卫计系统 2 人、教育系统 1 人获得正高级职称任职资格，截至 2018 年底全县专业技术人员中正高职称人员已达 6 人，副高职称达 528 人，增幅达 98.1%，人才的学历结构、职称层次得到进一步优化。同时，该县深入实施专业技术人才知识更新工程，每年组织教育、卫生系统专业技术人员和管理人员参加继续教育培训，重点培训了创新意识和精

准扶贫方面的政策，取得了比较显著的培训效果，进一步提升了全县人才队伍的业务能力和综合素质。

二　存在的主要差距和不足

与沿海发达城市相比，镇原县人才队伍建设与实施建设人才强县战略还有一定差距，专业技术人才队伍建设存在诸多差距。

（一）专业技术人才总量不足

尽管省市民生实事项目、人才引进等多种方式渠道近年来为该县专业技术人才队伍补充了不少人才，但由于县域内各项事业的发展，对人才的需求量仍然很大。根据统计数据，该县各企事业单位专业技术人才总量仅占全县总人口的1.3%左右，人才严重匮乏，在一定程度上影响了全县经济社会的全面发展。

（二）专业技术人员整体素质不高

全县7042名专业技术人员中，研究生仅40人，占0.6%；大学本科3898人，占55.4%。虽然通过近几年的事业单位招考，各事业单位招录到一批本科及以上学历的人才，但该县本科及以上学历专技人才只占专技总数的56%。特别是在专业技术要求相对较高的某些行业，高学历人才比例更低。例如，医疗卫生行业，有相当一部分本科以上学历人员是通过在职进修、函授、自学考试等方式取得第二学历的。第一学历是全日制本科的人员相对比较少。

（三）人才分布不平衡，人才断层现象严重

人才分布不均衡。一方面表现在行业之间的差距。全县专业技术人才中，有95%的专技人才都集中在教育、卫生行业，相比较而言，农林、文化、交通、水利等行业专业技术人才缺口较大。另一方面表现在本行业系统

内部各专业方面。如教育系统中音体美教师比例较低，医疗卫生单位中的影像科、检验等科室常年处于“短板”状态。同时，高层次、高职称的骨干专业人才和学科带头人仍严重缺乏，人才出现断层现象。全县7042名专业技术人员中，高级职称533人，仅占7.6%，不少单位没有一位副高级职称人员，甚至有些单位仅有一位中级职称人员，和发达地区相比，人才总量偏少，人才结构不合理，高级职称人员占比偏低。

（四）人才晋升渠道还不够畅通

职称晋升渠道不畅通的矛盾主要体现在空缺岗位不足的问题上。教育、农牧等评审类职称系列在报送职称材料之前要求所在单位该等级专业技术岗位必须有空岗。卫生系列专业技术职务资格需参加国家统一考试，采取先考后评的政策。符合申报条件人员在通过统一的专业考试之后才有资格申报高一级职务。按政策规定，在本单位本岗位等级有空缺的情况下才允许晋升。在核算岗位数量时，根据单位编制、级别的不同，比例不同。但是，不论怎么核算，所有的依据都是现有编制数及省人社厅规定的结构比例。因此，有些单位因为编制数量过少或级别较低，中、高级岗位数量非常有限，专业技术人才职务晋升空间小，影响了工作积极性。

三　下一阶段工作的主要思路

面对全县强劲的经济发展态势，必须认清形势，抢抓机遇，迎接挑战，积极吸纳优秀人才，造就一支结构合理、素质精良的人才队伍，更好地为全县经济建设服务。

（一）加强专业技术培训，提升人才素质

继续采取送外进修、学历教育、在职继续教育、县内轮训、带教帮扶等不同方式，多渠道加强专业技术人员培训。县财政加大对专业技术培训经费的投入，成立专业技术人才培训专门机构，确保一定的培训活动场地，落实

培训经费，确定专门师资力量。制订中长期人才培训规划，有针对性地开展专业技术人才培训，建立人才培训的激励机制，全面提高全县专业技术人才队伍的整体素质，从而为经济发展提供人才支撑。

（二）完善优惠政策，优化人才环境

真正做到用事业留人、用感情留人、用待遇留人，避免现有优秀人才的外流。对优秀人才、关键岗位实行待遇从优，真正做到多劳多得，真正建立起人才优胜劣汰的竞争机制。特别是针对基层工作单位及部分特殊岗位，通过提高基层津贴或特殊岗位津贴，使其工资收入乡镇明显高于县城、县城明显高于市直。对于在本工作岗位做出重大贡献的人才要打破条条框框，予以奖励。通过完善各种优惠政策，真正做到优化人才环境，创新人才工作机制，鼓励各类人才为县域经济社会发展贡献力量。

（三）加强对优秀人才的表彰奖励，完善人才激励机制

继续做好“国家百千万人才工程人选”“享受政府特殊津贴人员”“甘肃省领军人才”“甘肃省优秀专家”入选的推荐选拔工作，抓好“镇原县拔尖人才”的评选和表彰活动。完善人才激励机制，对在本行业本系统做出特殊贡献、特殊成就的专业技术人员进行物质及精神奖励，在人才队伍中形成积极上进的良好态势。深化职称制度改革，逐步实现政府宏观调控下的个人申请、社会化评价的机制。深化事业单位人事制度改革，推行全员聘用制，实现事业单位人事由身份管理向岗位管理的转变。

（四）积极营造良好的引智纳才社会环境

充分发挥报刊、广播、电视、网络等媒体作用，采取多种形式，宣传国家、省、市、县的人才政策，特别是人才发展中长期规划，宣传各级党政人才工作方面的经验做法，宣传各行业涌现出来的优秀人才先进事迹，表彰奖励一批先进典型。通过广泛宣传，使全社会尊重知识、尊重人才的观念不断增强，努力营造人才发展的良好社会环境。

ℝ.49

甘肃岷县事业单位工作人员创新管理的实践探索

杨永强*

近年来，国家相继出台一系列政策法规，对进一步深化事业单位人事制度改革作出明确要求，提出了改革的基本目标、指导方针和原则，指明了改革的范围、内容和重点。在此背景下，岷县认真落实事业单位公开招考、岗位设置管理、事业人员聘用制要求，不断加大促进创新创业力度，各方面工作逐步规范，为建设高素质、社会化的事业单位工作人员队伍，进一步推动社会经济发展和社会全面进步进行了初步探索。

岷县共有各类事业单位436个，事业单位工作人员8801名。为适应事业单位推行人员聘用制度的需要，保护事业单位和受聘人员的合法权益，自2008年开始，全县事业单位参加了事业单位人事制度改革工作，按照每三年一个聘期，各事业单位与建立聘用关系的管理人员、专业技术人员及工勤人员均签订了聘用合同，聘用合同签订率达到100%。县上严格落实《甘肃省事业单位工作人员考核暂行规定》，切实发挥人事行政部门督促监管的作用，不留干部管理死角，不断提高考核水平。年度考核有序开展，平时考核不断加强。考核结果作为续聘、解聘、增资、晋级、奖惩等的依据，调动了各类人员的积极性，保证了聘用制度的实际效果。

在各项政策落实实践中，针对合同管理、考核评价、创新创业、激励奖惩等创新管理工作中存在的问题，积极探索，不断加大调研力度，总结成熟经验，切实提高管理的科学化、规范化水平。

* 杨永强，甘肃省岷县人力资源和社会保障局。

一 健全制度，着力提高事业单位工作人员管理的规范化水平

1. 招录选调工作公开化

为激发干部职工干事创业的活力，增强工作的积极性和主动性，通过搭建干部交流平台，按照《公务员公开遴选办法（试行）》，结合实际，制定了《岷县公开选调工作人员考察办法（试行）》。对县直事业单位需求专业性强或一次性补充人员数量较多的单位积极开展公开选调工作，通过严格资格审查、笔试、面试、组织考察等程序，先后面向全县在职干部为部分县直部门和城区学校（幼儿园）公开选调工作人员449人，并及时在县级网络平台将笔试、面试、组织考察成绩面向社会公示，实现了干部选调工作的公开化。在全省民生实事、基层服务项目招录以及全县事业单位公开招聘工作中，对拟聘（录）用人员在充分征求个人意见的基础上，按成绩高低由近至远进行分配，并及时将分配结果进行公示，做到政策公开、岗位公开、条件公开、过程公开、结果公开，切实增强了工作的透明度，提高了干部的满意度。

2. 干部管理工作制度化

从干部管理的制度化和规范化建设入手，严格干部工作纪律，在原有的管理制度基础上，制定《岷县县直机关事业单位借调工作人员管理办法（试行）》、《岷县机关事业单位工作人员调动办法（试行）》和《岷县事业单位工作人员辞聘解聘暂行办法》等规范性文件，进一步规范了干部使用管理程序。认真对照《岷县干部职工考勤管理办法》，从时间、标准、程序上进一步规范干部职工请销假日常管理制度。规范事业单位聘用合同内容，明确岗位职责要求，不断加强事业单位工作人员备案辞聘解聘工作，切实增强了干部管理工作的规范性和严肃性。

3. 解决干部困难人性化

在从严加强干部监督管理工作的同时，坚持“严管”与“厚爱”相结合，高度重视对干部的人文关怀，想方设法解决干部实际困难。将干部健康

体检纳入干部管理常规工作，每两年对全县干部开展一次健康体检。认真落实带薪休假制度，定期与干部谈心谈话，发现苗头性问题及时疏导化解。加强干部日常信息交流沟通，及时关心问候日常工作生活困难，尤其是在解决干部夫妻两地分居问题上，通过摸底调查、征求个人意见并结合岷县编制情况，商调10名教育系统工作人员和3名卫生系统工作人员到岷县工作，在一定程度上解决了夫妻两地分居的困难，激发了广大干部工作的积极性和主动性。

二　突出实绩，充分发挥考核评价的整体激励效应

1. 大力实施岗位绩效与合同履约双考核

岗位绩效考核以工作职责和目标任务为依据，围绕德、能、勤、绩、廉五个方面进行综合考核评价。合同履约考核以聘用合同为依据对聘用人员履行聘约进行综合考核评价。事业单位应该在新聘期开始前，全面完善聘用合同内容，对适合本单位岗位需求的条款加以明确，逐步建立健全规范化的岗位绩效考核和合同履约考核机制，确保考核的公平性、合理性。

2. 着力完善多元化的岗位考核机制

结合更加科学合理的考核方法，事业单位选择与本单位人员聘用管理机制相适应的考核办法开展考核工作。考核的内容要与聘用岗位的实际需要相符合，主要包括品德、能力、知识、业绩等方面，重点考核聘用岗位工作业绩。事业单位主管部门成立考核组织，将考核方案制定作为工作重点，进一步完善考核内容，以教育、卫生行业为例，在考核内容里，除了聘用岗位的具体要求外，还可以列入师德、医德、学生评价和患者评价等，对被考核对象做出客观公正的评价。乡镇事业单位的人员，应该按照本单位的岗位类别，再根据被考核对象的工作实绩、学习情况、出勤情况、服务对象评价等综合考评，评出名次后，再向主管部门报送，为主管部门提供准确的考核依据。

3. 注重岗位考核结果的综合运用

事业单位聘用人员考核结果作为续聘、解聘、辞聘、奖惩以及调整岗位

的主要依据。受聘人员考核不合格的，聘用单位可以调整该受聘人员的岗位，或者安排其离岗接受必要的培训后重新上岗或调整岗位。受聘人员无正当理由不同意调整岗位的，或者虽同意调整工作岗位，但到新岗位后考核仍不合格的，聘用单位有权单方面解除聘用合同。

单位人事管理部门应当将事业单位聘后管理工作作为今后工作的侧重点，一方面建立健全分类考核制度，有效发挥考核功能，根据专业技术人员、管理人员和工勤人员在各自岗位上的工作性质、职责任务等方面的差异，采取不同的人事管理方法，使考核更趋合理化，同时突出行业特点以提高事业单位聘后管理的科学性。另一方面建立健全事业单位登记备案制度，对全县各事业单位的基本情况、岗位设置情况、人员聘用等情况进行认真梳理核对，并掌握用人信息资料，建立完善信息库，切实加强对事业单位人员聘用管理工作的指导检查和督促。

三　科学引导，不断夯实事业单位工作人员的创新创业实践基础

1. 及时印发文件，广泛宣传政策

为全面贯彻落实“大众创业、万众创新”要求，根据《关于事业单位工作人员离岗创业有关问题的通知》（甘人社通〔2016〕49 号）、《人力资源社会保障部关于支持和鼓励事业单位专业技术人员创新创业的指导意见》（人社部规〔2017〕4 号）文件精神，岷县人力资源和社会保障局先后向全县各事业单位印发了《关于转发事业单位工作人员离岗创业有关问题的通知》（岷人社发〔2016〕47 号）和《关于转发支持和鼓励事业单位专业技术人员创新创业的指导意见的通知》（岷职改办〔2017〕14 号）等文件，通过政策广泛宣传，推动全民创业，争取多渠道、多手段支持和鼓励事业单位专业技术人员创新创业。

2. 强化政策学习，加强业务指导

局班子成员对此项政策专题学习研究，并组织局机关各股室人员对

“双创”相关政策进行认真学习，细化工作程序，及时对执行过程中的难点问题进行梳理总结，向上级部门咨询请示，确保研究政策到位，执行政策到位，服务效率到位，为落实好“双创”政策开创了良好开端。

3. 有效落实政策，力推创新创业

在政策落实过程中，以政策为依据，以服务为目的，根据全县实际情况，以离岗创业为基础，扎实认真助推双创工作。一是严格执行政策规定。能够办理离岗创业的人员必须为在编在岗的事业单位工作人员，在服务期内的“四项目人员”和进村进社人员、民生实事项目人员都不能办理离岗创业手续。在离岗创业期间，其编制、人事关系、职级、医疗和住房保障等待遇保持不变，尤其是工龄计算和工资晋升享有连续性，不因离岗创业而间断，使干部职工个人利益得到保障，使制度约束和政策鼓励相结合，确保队伍稳定，激发创业热情，较好地发挥了事业单位在科技创新和“大众创业、万众创新”的示范引领作用。二是严格离岗手续办理。离岗创业手续办理包括个人提出申请，所在单位审核并签订“离岗创业协议”，填写“定西市岷县事业单位工作人员离岗创业备案表”。经主管部门同意后，按照干部管理权限，所在单位要及时上报同级组织、人社部门批准，并从批准的次月起停发工资。制定的离岗创业办理流程，将权力下放到了各单位，最大限度地体现了个人和单位的意愿。

4. 强化日常监管，严格政策

为了防止部分人员变相搞“停薪留职”，从根本上杜绝“吃空饷”现象的发生，要求离岗创业人员离岗创业期满后，必须回离岗前所在单位报到，并如实报告离岗创业期间的有关情况，提供与企业、项目脱离的证明材料，服从单位的管理和考核。同时，对在离岗创业期间发生违法违纪行为的，依纪依规给予严肃处理；对因创业成功需要办理辞职的，按规定给予办理辞职手续；对离岗创业期满后，无故不返回原单位工作，又不办理辞职手续的，按《事业单位人事管理条例》解除聘用手续，切实发挥了单位的主体责任，确保离岗创业不走样。

ℝ.50

甘肃临夏州积石山县事业单位管理制度创新实践

马玉清*

近年来，临夏回族自治州人力资源和社会保障局坚持以科学发展观和人才观为指导，牢固树立人才资源是第一资源的观念，认真落实人才强区战略，紧紧围绕区域经济发展，加大人力资源开发，加强人才队伍建设，为全县经济社会发展提供了有力的人才保证和智力支撑。截至目前，临夏州事业单位人员共计6373人，其中专业技术人才4360人；管理人员1181人；技能人才832人，全县享受国务院和省政府特殊专项津贴4人。

一　坚持以人为本，深层次重视人才

发展是第一要务，人才是第一资源。近年来，积石山保安族东乡族撒拉族自治县（简称“积石山县”）人力资源和社会保障局（简称“人社局”）坚持“以人为本，人才优先”的工作主线，努力做到“三个坚持”，深层次重视人才。

（一）坚持强化领导，增进工作合力

始终把人才工作作为单位的重点工作来抓，坚持“一把手”抓“第一资源”的原则，成立了由局长任组长，副局长任副组长，其他各股室和二级单位负责人为成员的人才工作领导小组，明确了具体工作职责。建立了领导联系人才制度，局主要领导定期分别与各事业单位积极征求意见，解决实

* 马玉清，甘肃省积石山保安族东乡族撒拉族自治县人力资源和社会保障局。

际困难，促进其更好发挥作用。同时，主动加强与组织部、人才办协作，抓好各类人才队伍建设，形成推动人才工作的合力。

（二）坚持完善政策，构建人才框架

组织力量开展了全县人才资源普查，掌握了各类人才的分布、结构等情况。积极推进人事制度改革，实行“凡进必考”制度；全面推行专业技术职务评聘分离，建立岗位管理制度；改变事业单位用人办法，实施“合同聘用”制度；探索新型的人事管理，建立“人事代理”制度等，人才工作制度体系基本建立。

（三）坚持典型带动，营造良好氛围

大力宣传创新创业领军人才等优秀人才的先进事迹，发挥典型示范作用，努力形成“尊重劳动、尊重知识、尊重人才、尊重创造”的社会风尚。同时加强人才工作调研，及时将人才工作新经验、新典型进行宣传推介，营造重视人才的良好氛围。

二　创新工作机制，多途径激活人才

不断创新人才引进、评价、激励机制，使肯干事者有机会、能干事者有舞台、干成事者有回报。

（一）创新人才引进机制

规范人才引进范围、程序和政策。以县内重点项目和产业为依托，以创新创业人才和技能技术人才为重点，在调查研究的基础上发布紧缺人才目录，不断挖掘开发岗位，招募“三支一扶”大学生服务新农村建设，缓解各级人才紧缺问题。

（二）创新人才评价机制

实行事业单位“凡进必考”招录办法，积极开展人才评价工作，目前

全区拥有专业技术人才4360余人、国家级专家和享受国务院特殊津贴人员4名。

（三）创新人才激励机制

先后出台《事业单位岗位设置管理办法》《事业单位岗位聘任制试行办法》等规范文件。积极探索事业单位人员绩效考核制，在教育、卫生等系统开展试点，实行“事随人走，薪随岗变，能上能下”考核办法。通过实施岗位聘任、绩效考核，极大地调动了部分事业单位人员的工作积极性。

三　提高队伍素质，高质量培育人才

积石山县人社局坚持把培训作为提高人才素质的重要途径，积极倡导大培训、大教育的思路，突出“三个方面”的培训，努力培育高素质的人才队伍。

（一）抓好实用技能培训

围绕县内企业发展和农民增收，健全以县就业训练中心、县劳务办为龙头，以乡镇、村培训为支撑，以企业、单位及各类民办培训机构为补充的大培训格局。针对农村实用人才、企业技术工人开展有针对性的培训，提高他们的技能水平和就业能力。

（二）抓好继续教育培训

按照建设“学习型社会”要求，建立以县委党校为主阵地，以各乡镇为依托的培训体系，实行集中授课与网络学习相结合的培训方式，不断提高全县事业单位专业技术人员的综合素质和业务水平。近年来，开展专业技术人员培训班20期以上，培训专业技术人员2万多人次。举办知识更新培训班11期。此外，还对“三支一扶”、大学生村官、西部计划等人员开展了更新知识培训。

（三）抓好人才异地培训

根据发展外向型经济的需要，以人才外出培训为切入点，不断拓展人才培训领域，开阔各类人才的视野。紧紧抓住厦门对口帮扶积石山县的机遇，主动联系，先后在华侨大学人才外训基地对教育、卫生等专业人才进行了多次培训，提高了本土人才的素质。

四 转变工作方式，全方位服务人才

在人才服务中，进一步解放思想，重点突出“三个转变”，全方位服务人才发展。

（一）由被动向主动转变

大力开展“上门式”服务。下移工作重心，能到服务单位的到服务单位开展服务，能简化手续的尽量简化手续，强化人才服务的主动性。努力探索“全程式”服务。建立对服务对象跟踪式全程服务，落实回访制度，定期征求服务对象对人社部门工作情况的意见和建议，及时全面回应人才需求。

（二）由“事本”向“人本”转变

不断深化事业单位人事制度改革，在全县范围内全面开展岗位设置管理，完成44个事业单位岗位设置批复，设置岗位3800多个，竞聘上岗工作正在全面推行。

（三）由管理向服务转变

积极顺应形势发展和社会需求，充分发挥人事人才工作职能，在为事业单位搞好服务的基础上，努力将服务领域向民营经济组织、农村乡土人才等方面延伸。

ℝ.51

青海省县乡事业编制人员职业发展和保障的实践

吴树荣　姚静婷　雒永魁　杨　平　张　娟*

青海是全国艰苦边远地区、民族地区和经济欠发达地区。全省84%的土地面积在海拔3000米以上，地广人稀，环境艰苦。全省共辖46个县（市、区、行委）406个乡镇（街道办事处），县乡两级现有事业编制人员89300人，占全省事业编制人员总数的62%。因职责所系，绝大多数县乡事业编制人员常年工作在教育、卫生、农牧等行业的第一线，是直接为广大群众提供公共服务的主体力量。保护好县乡事业编制人员在职业发展和保障方面的切身利益，是引导人才队伍扎根基层、服务基层，实现人民群众对美好生活愿望的必需。

一　县乡事业编制人员在职业发展和保障方面的主要愿景

为摸清县乡事业编制人员在自身职业发展和保障方面的现实需求，调研组根据青海的区域特点，分城区、农区、半农半牧区和纯牧区四个类区，深入当地县乡事业单位进行抽样调查。同时，采取手机微信问卷调查方式，收集整理了1万多名县乡事业编制人员（占总数的1/8）反馈的第一手信息（见图1、图2）。从中可以看出：提高职员等级或职称等级、提高县乡岗位荣誉感、交流到县级以上事业单位、提拔为事业单位领导干部、招聘到市州

* 吴树荣、姚静婷、杨平、张娟，青海省人力资源和社会保障厅；雒永魁，青海省委组织部。

以上事业单位分别列职业发展愿景的前5位；提高工资水平、建立疗养制度、改善办公条件、加大培训力度、落实带薪休假分别列保障方面愿景的前5位。据此，调研组进一步开展针对性调研，评估近年工作成效，分析情况和问题，并结合青海实际提出了相关对策建议。

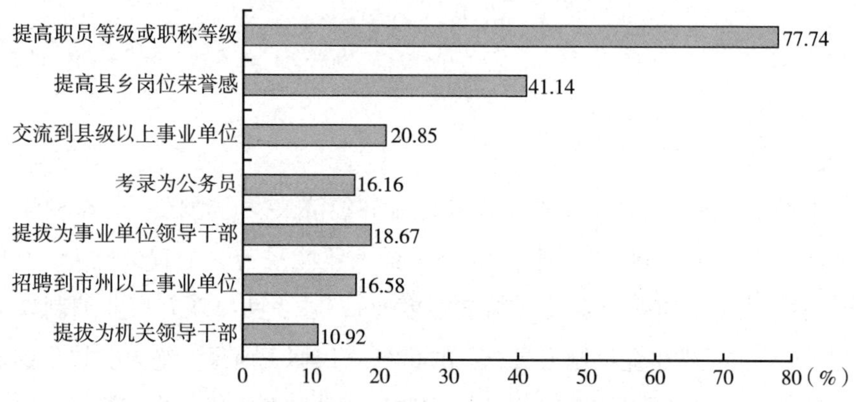

图1　县乡事业编制人员在职业发展方面的主要愿景

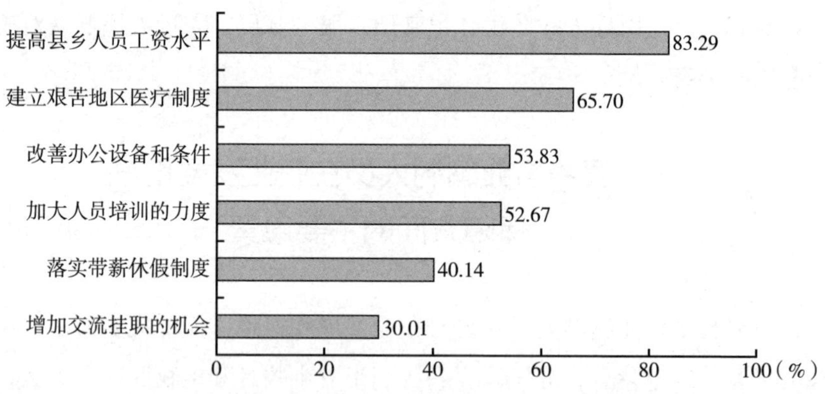

图2　县乡事业编制人员在保障方面的主要愿景

二　党的十八大以来青海县乡事业编制人员职业发展和保障方面的改善变化

党的十八大以来，青海省委、省政府积极探索，在县乡基层推进落实一系列强基固本措施，从县乡事业编制人员在职业发展和保障方面的实际需求入手，综合施策，成效初显。

（一）初步建立选拔选调机制，疏通职业上升渠道

一是选举优秀干部担任基层领导。在县乡换届期间，县乡事业单位中有经验、有作为、有担当的优秀人员可以通过选举进入县乡领导班子，进一步拓宽了事业编制人员进入公务员队伍的渠道。2013 年以来，共有 1200 多名事业编制人员通过选举方式被选拔到乡镇或县级机关担任领导。二是建立公开选调机制。从 2015 年起，根据省、市州需求，每年公开选调或定向招聘具备一定服务年限的县乡事业编制人员，初步疏通了向省、市州事业单位的流动渠道。

（二）提高中高级岗位结构比例，拓宽职业发展空间

为缓解评聘矛盾，从 2016 年起，青海分步分类提高了基层中高级专业技术岗位结构比例（见图 3、图 4、图 5）。一是总体提高了县乡事业单位中、高级专业技术岗位结构比例。二是提高了县级公立医院和乡镇卫生院（社区卫生服务中心）的中、高级专业技术岗位结构比例。三是提高了中小学教师中、高级专技岗位结构比例。从而直接拓宽了县乡专技人员的职业发展空间，稳定了人才队伍，部分地方还出现了从省和市州向县乡回流的现象。

（三）优化职称评价机制，建立实用性人才评价标准

按照国家关于深化职称制度改革的有关政策，坚持以用为本、创新机制，优化基层专业技术人才的评价标准。一是修订出台新评价标准。针对部分职称评审系列评价标准与实际不相适应的突出问题，近年来，修订了农林牧、中小学、卫生等基层专业技术人员较为集中的 13 个系列的职称评审条件，新标准突出对基层一线的倾斜。二是淡化基层论文、外语、科研要求。如农林牧行业突出新技术推广使用、科普工作等具体业绩，规定论文分值不

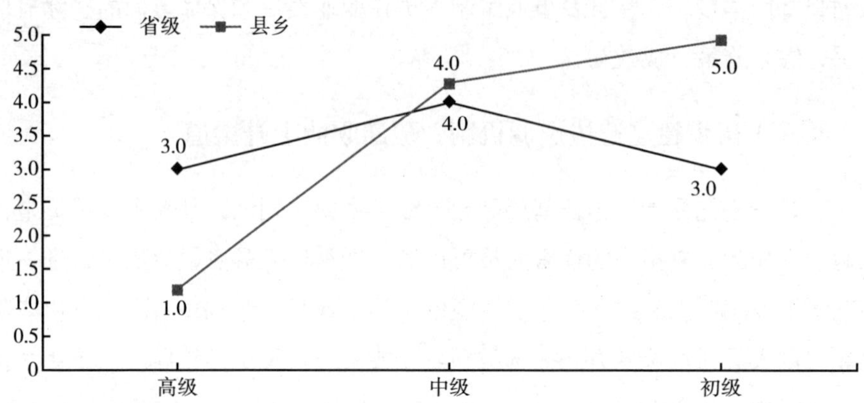

图3　省级、县乡事业单位专业技术岗位设置比例对比

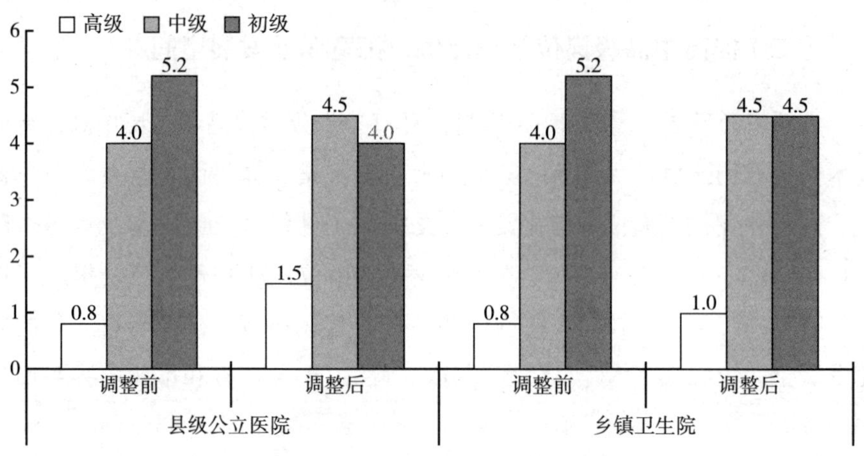

图4　基层卫生专业技术岗位结构比例

得超过总分值的50%；卫生基层专技系列将常见病、多发病诊治以及专题报告、诊疗总结、健康教育开展等作为业绩条件。三是下放副高级职称评审管理权限。首次在基层卫生系列探索建立“定向评价、定向使用”的评审机制。鼓励各市州制定地方评价标准，单独设立基层评审组等措施，评审限定在县以下使用的基层专业技术资格，并兑现相应待遇。目前，已有西宁市、果洛州、海南州、海西州4个地区开始试行。

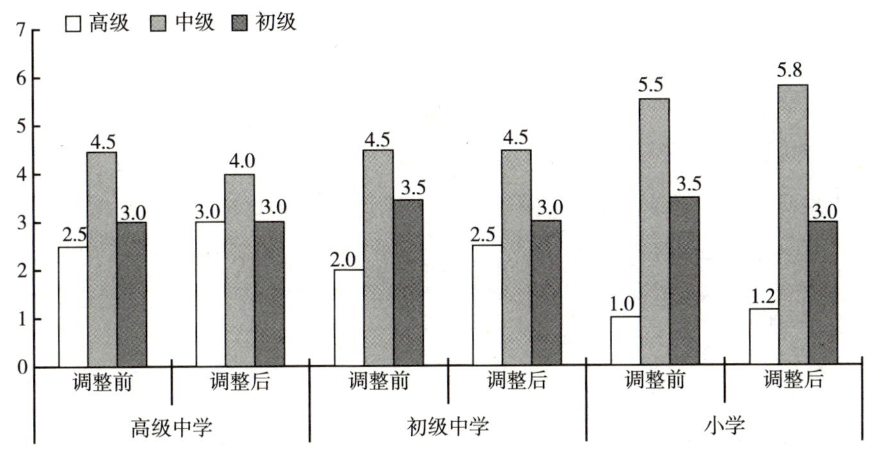

图5 全省中小学专业技术岗位结构比例

（四）探索建立工资水平稳定增长机制

一是提高改革性、奖励性补贴。2006年工资制度改革后，青海结合省情，在规范公务员津贴补贴过程中，率先在全国同步规范了事业单位津贴补贴，加大统筹力度，相应提高了事业单位工作人员的改革性、奖励性补贴，有效调动了县乡事业编制人员的积极性。二是实施高海拔地区折算工龄补贴制度。自2013年起对在海拔3500米以上地区工作的，按不同海拔区间发放折算工龄补贴。截至2017年底，全省有161个乡镇的事业编制人员享受了高海拔折算工龄补贴，月补助标准610元。三是建立乡镇工作补贴制度。自2013年起对全省乡镇工作人员实施乡镇工作补贴制度，月人均发放岗位补助500元。四是落实乡村教师生活补助制度。人均月补助440元。五是推进事业单位绩效工资制度。相继出台了义务教育学校、公共卫生与基层医疗事业单位绩效工资实施办法，引导事业单位合理拉开收入，搞活内部分配，发挥绩效工资的激励引导作用。

通过以上综合措施，县乡事业编制人员工资增长较快。纵向看，2013年到2017年全省县乡事业编制人员年均工资增长21.38%①（见图6）横

① 该增幅较大的原因，除实际增长因素以外，还需考虑自2015年起全国县乡工资统计口径变化。

向看，县乡工资水平高于省直、市州及全省事业单位平均工资水平（见图7）。

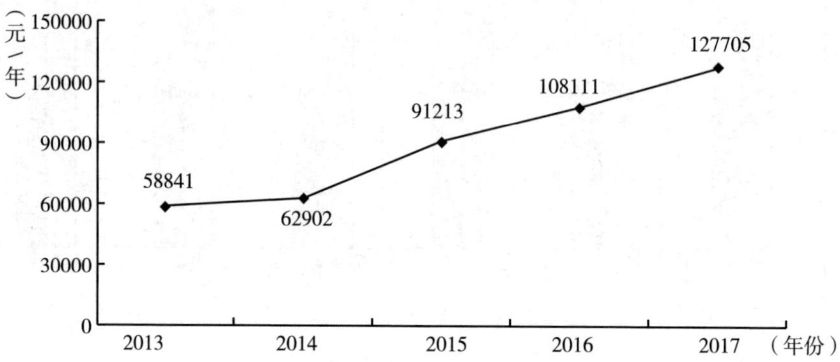

图6　2013～2017年青海省县乡事业单位工作人员平均工资增长变动情况

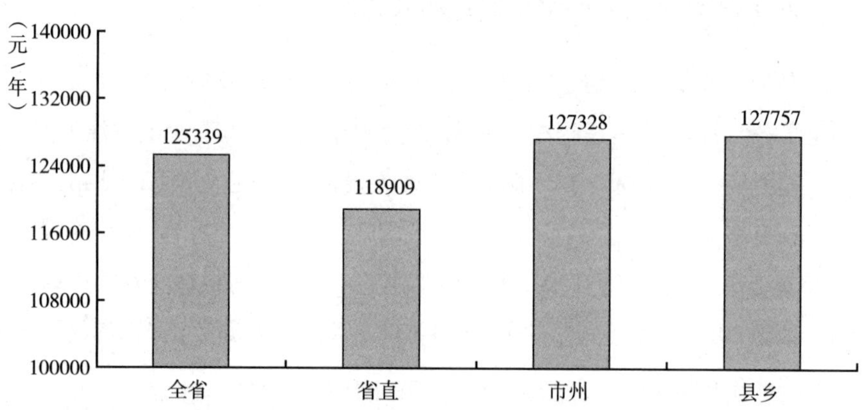

图7　2017年全省、省直、市州、县乡事业单位工作人员平均工资情况

二　当前县乡事业编制人员职业发展和保障方面面临的困惑及问题

在调研过程中，广大县乡事业编制人员集中反映在职业发展和保障待遇方面仍面临一些困惑和问题，影响他们扎根基层、服务一线的热情和动力。

这是县乡事业编制人员通过手机微信问卷直接反馈的问题（见图 8、图 9）。对这些反馈问题调研组从 7 个方面进行了梳理剖析。

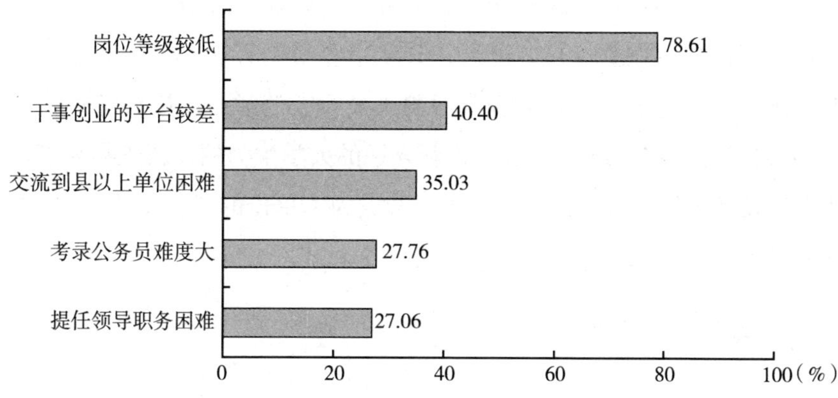

图 8　制约县乡事业单位人员职业发展的主要因素

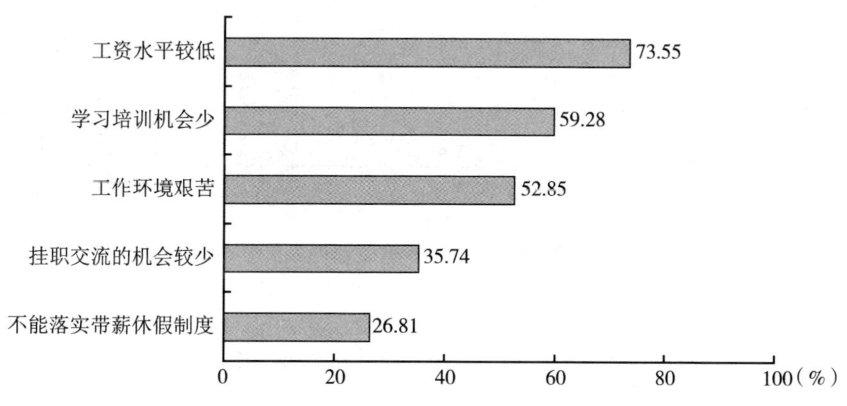

图 9　制约县乡事业单位人员保障水平的主要因素

（一）管理岗位的职级规格过低

按照事业单位岗位设置的有关规定，事业单位管理岗位最高等级的设置是按照机构编制部门核定的机构规格和隶属关系来确定的。实际上，绝大多数县乡事业单位的机构规格相当于股级（最高管理岗位等级只能设 9 级职员），只有少数单位的设置相当于科级规格。与此相比，省和市州两级事业单位的机构规格均为科级以上，以处级为主，还有个别厅级。据统计，截至2017年底，全省县乡事业单位管理人员7481名，其中九级、十级职员（分别相当于科员、办事员）占76.6%；七级、八级职员（分别相当于正、副科级）占23.4%（见图10）。可见，县乡事业编制管理人员的职业发展空间十分狭小。对此情形，县乡事业编制人员无奈地说：“抬头碰到‘天花板’，伸腿就是‘终点线’。”以一名新入职的大学生为例，新进县乡事业单位就应在九级职员岗位，奋斗一辈子，若成为本单位的“一把手”，岗位等级很可能还是九级，到头来还是原地踏步。

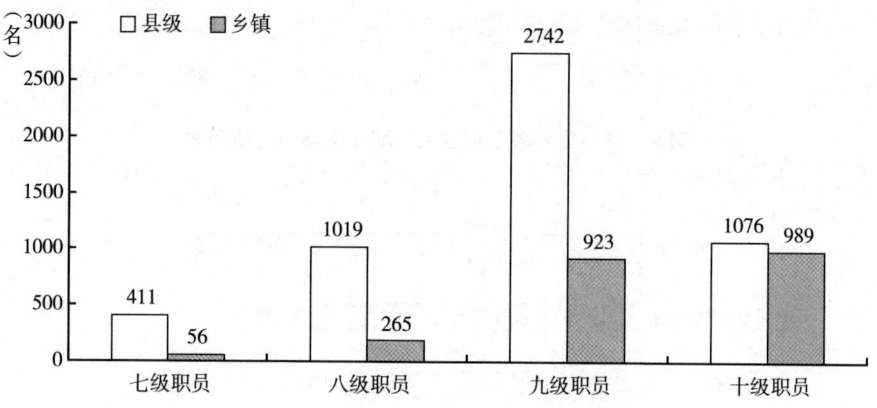

图10　2017年全省县乡事业单位管理人员分布情况

（二）管理人员与同级公务员的工资水平差距大

2017年，青海县乡年平均工资：公务员为139782元，事业编制人员为127757元，事业编制人员比公务员年平均低12025元，其中，事业管理人员更是低22174元（见图11）。在同一个地区，同为基层公职人员，实际工资收入出现明显落差，难免造成心理失衡。分析其原因，首先，自2015年起，县乡公务员实施职务与职级并行、职级与待遇挂钩后，有18.12%的人员享受了职务与职级并行待遇，形成职务与职级两个晋升通道，享受处级、科级、科员级干部待遇的比例为13.4∶58.9∶27.7，而同属于县乡的事业编制管理人员至今仍未实行相应的职员等级晋升制度，享受处级、科级、科员级干部待遇的比例仅为 0∶22.7∶77.3。其次，机构规格、岗位等级原本偏低，也是县乡事业编制管理人员工资水平受限的重要原因。

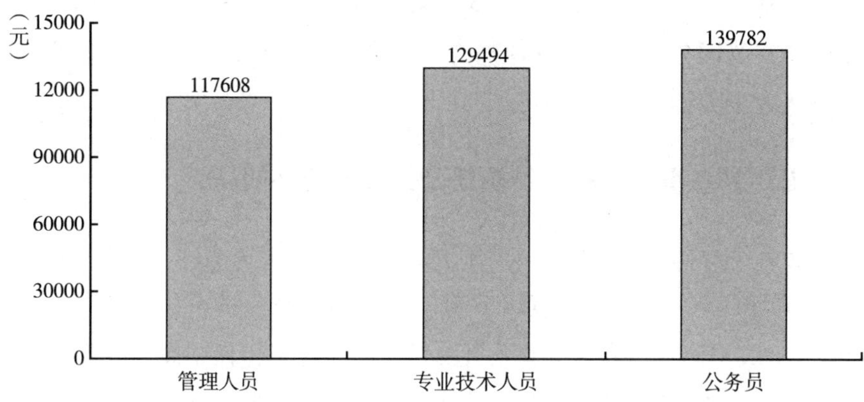

图 11　2017 年县乡事业单位工作人员（管理人员、专业技术人员）与县乡公务员工资水平对比情况

（三）专业技术岗位聘任存在结构性矛盾

从青海县乡专业技术岗位结构比例设置的整体情况来看，经过连续几年的调整提升，岗位设置总体可以满足聘任需求。但是不同地区、不同行业无岗可聘和有岗无人的现象仍同时存在，职称评聘中存在一定的结构性矛盾。一方面，这属于岗位管理政策的正常现象，中高级岗位的适度紧缺，有利于引入竞争机制，提高事业单位的工作效率，另一方面，也与省内各地在经济社会发展、人才队伍结构、人事管理效率等方面存在差异以及历史遗留问题等综合因素有关。如西宁市未聘人员主要集中在教育行业，有未聘人员 2157 人，占全市未聘人员总数的 90%；果洛州未聘人员主要集中在卫生和农牧行业，分别占未聘人员总数的 71.4% 和 21.4%。

（四）对基层专技人员的选拔培养力度不够

近年来，青海在实施高层次人才选拔培养项目中，虽对长期在基层一线、贡献突出的专技人员予以倾斜，但截至目前，省级层面无专门针对基层人才的选拔培养项目。县乡专技人员在同省和市州的同台竞争中，很难脱颖而出。据统计，2013 年以来，县乡事业单位专技人员，有 5 人被评为青海省优秀专业技术人才，占7%；有3 人被评为青海省优秀专家，占5%；有3人被评为享受国务院政府特殊津贴专家，占6%；有 21 人入选青海省“高端创新人才千人计划”，占 8%。

（五）县乡事业编制人员调任公务员的条件偏高

部分县乡反映，现行公务员调任政策不太符合基层实际，《公务员调任规定（试行)》（中组发〔2008〕6 号）中，对调任年龄、任职年限等要求偏高，比如，“专业技术人员调入机关任职的，应当担任副高级专业技术职务2 年以上，或者已担任正高级专业技术职务。调任科级领导职务的，原则上不超过40 周岁”。但在青海的县乡事业单位，40 岁之前很少有聘任到副高职称的，绝大部分经验丰富、德才兼备的专业技术人才因年龄等条件限制过严而没有调任机会，感到提职无望、调任无门。2016 年调任统计中，西宁市大通县（全省人口大县）只有 1 名事业单位人员符合日常调任条件。

（六）县乡事业单位公益性明显，绩效工资增收潜力小

受经济发展水平影响，青海县乡事业单位创收能力普遍很弱，大多数单位只能维持经费正常运转，用于收入分配的经费十分有限。如 2017 年，青海开展公立医院薪酬制度改革试点工作，允许医疗卫生机构突破现行事业单位工资调控水平，允许医疗服务收入扣除成本并按规定提取各项基金后主要用于职工收入分配。但从实际情况看，除省和市州的中心医院外，80%的县乡医疗卫生机构没有收支结余，无法核增兑现绩效工资，绩效工资政策的激励效应难以发挥。

（七）自然条件艰苦，疗养保障机制不健全

1. 高原性疾病多发

全省 76%的县乡海拔在 3000～5000 米，大部分地区海拔高，气候差，

高寒缺氧。据相关健康调查数据，青南藏区（指省内平均海拔最高的玉树州、果洛州、黄南州三个地区）干部职工患病率高达80%以上，其中近50%兼患3种以上高原疾病。加之交通不便，医疗水平较差，救治不及时，早逝猝死现象易发。据统计，2010～2015年，果洛州在职干部死亡78人，平均每年超过15人，其中77%是高原性疾病和车祸造成的。一些干部出于对健康的考虑，不愿留在高海拔地区工作，想方设法调离。

2. 带薪年休假制度落实难

据统计，2017年全省机关事业单位未休假的人数为29.9%，未休满假的为15.9%，其中，县乡以下工作人员未休假的为31.3%，未休满假的为17.6%，比例均高于全省平均水平。主要原因是近年来县乡基层工作量大幅增加，单位人手紧张，多数人员因工作脱不开身无法休假，还有部分单位领导对职工休假重视不够，对落实年休假制度未能统筹安排，督促落实，甚至将休假制度束之高阁。

3. 辞职现象较多

部分公职人员因上班路途遥远，交通不便，无法照顾家庭，以及身体健康等提出辞职。比如，果洛州甘德县由于自然环境艰苦、气候条件恶劣，2013年以来全县辞去公职的人员就达22人（2017年该县公职人员总数为1095人）。

4. 疗养机制不健全

受经济发展滞后，地方财力限制，对县乡事业编制人员无法建立疗养保障机制。

三　进一步提升县乡事业编制人员职业发展和保障待遇的对策建议

（一）推行县乡事业编制人员职员等级晋升制度

国家从2015年起实行县乡公务员职务与职级并行制度，提高了长期在基层工作的公务员的工资待遇，拓宽了基层公务员职业发展空间，受到广大基层公务员的欢迎。近年来，在县乡一起共事的事业编制人员一直翘首期盼事业单位的职员等级晋升制度，以享受与县乡公务员基本对等的职级工资待遇。因此建议国家尽快推行县乡事业编制人员职员等级晋升制度。

（二）适当提高县乡事业管理人员的职级规格，统筹专业技术职称评聘关系

建议参照公务员序列设置副主任科员、主任科员等非领导职务的做法，允许在县乡事业单位管理岗位设置一定比例的7级、8级职员，适当提高县乡事业单位管理人员的职级规格，给予县乡事业单位管理人员必要的职业发展空间，适当抬高压在县乡事业单位管理人员头顶的“天花板”，使之在职级待遇上有空间、有盼头。同时，事业单位人事综合管理部门按照国家和省的有关要求，尽快研究制定县域内专业技术高等级岗位的统筹使用办法，盘活用足现有岗位资源，统筹“评”“聘”关系，缓解评聘矛盾，调动县乡事业单位专技人员积极性。

（三）加快深化职称制度改革，完善职称评价机制

加快国家有关职称改革政策落地见效，发挥好职称政策对专技人才的“指挥棒”作用。一是健全制度体系。尽快将未设置正高级职称的职称系列均设置到正高级，并结合实际适当调整正高级岗位比例，拓宽基层专业技术人才职业发展空间。二是创新评价方式。尽快建立差别化评价机制，加快实施副高级职称“定向评价、定向使用”试点。同时加大对青南基层的倾斜激励力度，比如，将“青南县以下连续工作10年以上的基层专业技术人员，可参照高海拔工龄折算政策计算服务年限”纳入基层卫生专业技术高级职称评价标准。并在总结经验的基础上，进一步向中小学、农牧等领域推行。三是完善评价标准。以职业属性和岗位需求为基础，分类修订职称评价标准，进一步克服唯学历、唯论文倾向，突出以品德、能力、业绩和贡献为主的评价导向，提高基层人才实践能力、工作业绩、工作年限等方面权重。

对在艰苦边远地区和基层一线工作的专业技术人员以及申报初级职称者，不做论文和科研成果要求。对实践性、操作性强的职称系列，允许以专利成果、项目报告、工作总结、工程方案、设计文件、教案、病历、调研报告等替代论文和科研成果。

（四）完善县乡事业编制人员培养选拔和交流任用机制

一是建议组织部门结合县乡干部队伍建设实际，在乡镇换届、人员调任等环节中，明确规定一定比例或一定数量的县乡事业编制优秀人才进入乡镇或县属部门领导班子，进一步打通县乡事业编制人才的直接晋升通道。二是建议适时修改《公务员调任规定（试行)》，适当放宽公务员调任年龄等资格条件限制，对那些能干事、干成事的县乡事业编制人才，不拘一格，及时提拔使用，进一步打通县乡事业编制人员与公务员的交流渠道，形成互动互通的人才流动机制。三是加大县乡事业编制人员的选调挂职力度。全面实行省、市州事业单位定向县乡事业编制人员招聘政策，建立事业编制工作人员定期选调制度，将达到一定基层服务年限并且表现优秀的县乡事业编制人员选调到市州以上事业单位，选调时注意加大对工作实绩的考察权重。四是从省级层面设立专门针对县乡基层专技人才的定期评比表彰项目。同时适当提高县乡基层专技人才在各类人才评比表彰项目中的占比，引导支持各类人才扎根基层、功成基层。

（五）健全收入分配制度，建立关心关爱机制

持续推进事业单位工资收入分配制度改革，强化激励导向。一是结合正在推进的事业单位分类改革工作，科学划分事业单位类型，给予合理经费保障，增强单位造血功能。对招聘高层次人才、急需紧缺人才的基层事业单位，在核定绩效工资总量时予以倾斜。通过完善绩效工资分配政策，逐步实现县乡事业编制人员收入分配的科学化和规范化，稳步提高收入。二是适时提高乡镇工作补贴标准。结合青海实际，调整优化乡镇工作补贴标准，对条件艰苦的偏远乡镇和长期在乡镇工作的人员给予适当政策倾斜，逐步缩小地

区间工资收入差距。三是深入贯彻国家和省关于进一步引导和鼓励高校毕业生到基层工作的有关意见，鼓励引导高校毕业生到基层和艰苦地区工作，继续对新进四类以上艰苦地区县乡事业单位的高校毕业生，实行级别工资高定档次政策。四是完善带薪年休假制度，控制未休假人数比例，建立有效的监督检查措施，督促单位严格落实带薪年休假制度。同时，鉴于青海实际，建议国家制定休假资金补偿机制。五是建立定期体检疗养制度，关注关心县乡事业编制人员的身心健康，建立健康定期检查治疗和疗养制度。对长期奋战在一线、工作地点偏远的人员，建立必要的生活关怀机制，帮助解决家庭实际困难，让他们放心工作、一心为民。六是加大必要投入，保障和改善县乡事业编制人员的办公、住宿、食堂、卫生等基础条件，优化工作生活环境，不断增强岗位荣誉感。

ℝ.52

新疆乌鲁木齐市事业单位人事管理制度改革创新

李　博*

乌鲁木齐市地处我国西北边陲，作为新疆的首府，也是第二座亚欧大陆桥中国西部桥头堡和我国向西开放的重要门户。

乌鲁木齐市自2001年在新疆维吾尔自治区率先进行事业单位人事制度改革，积累了许多宝贵的经验和做法，实施改革的事业单位现已成为乌鲁木齐市教育、卫生、科技、文化等各领域的基础骨干力量，分布广泛、技术集中、人才聚集，为乌鲁木齐市的社会稳定和发展提供了社保、就业、教育、医疗等公共服务，为改善人民生活、促进地区经济发展提供了保障。

一　乌鲁木齐市事业单位概况

截至2018年底，乌鲁木齐市共有事业单位1557家，正式在册工作人员59115人，机关工勤人员936人。

（一）事业单位分布概况

乌鲁木齐市事业单位分布在25个行业中，涉及的行业多、范围广。其中，教育331家，卫生87家，文化39家，科研6家，体育10家，信息与咨询19家，广播电视12家，社会福利32家，技术推广与实验46家，公共设施与管理157家，法律服务11家，经济监管事务18家，其他服务726家等。

* 李博，新疆维吾尔自治区乌鲁木齐市人力资源和社会保障局。

（二）工作人员分布概况

乌鲁木齐市事业单位工作人员59115人，女性36945人，占62.5%；少数民族16397人，占27.7%。从学历结构看三类岗位人员分布，管理人员与专业技术人员大部分学历均为本科，本科学历人员分别占到53.9%和73%；工勤技能人员的学历大部分集中在大专和高中及以下。人数相对较多的专业技术人才队伍中，大专以上学历的人员占到97%。

（三）近五年乌鲁木齐市事业单位人员情况

2014～2018年来乌鲁木齐市事业单位三类岗位在岗人数总体是呈增长趋势的，且2016～2018年的数量增长明显，2018年底的人数比2014年增加了近1.3万人，增长幅度近27.6%。但各岗位间趋势不一，像工勤技能岗位人员在逐年缩减，管理岗位人员2018年增长显著，专业技术岗位人员稳中有增，数量一直在三类人员数量中保持着绝对优势，是事业单位人员中的主力军。

二　乌鲁木齐市事业单位人事制度改革经历的阶段

长期以来，新疆维吾尔自治区的事业单位改革起步比起东部城市相对较晚，为加快西部地区事业单位发展，激发工作人员的积极性和创造性，满足人民群众日益增长的对社会公共事业优质服务的需求，乌鲁木齐市作为新疆首府城市，根据国家及自治区的总体要求和乌鲁木齐市委市政府的统一部署，自2001年起正式启动事业单位人事制度改革。

（一）起步阶段

乌鲁木齐市根据中央及自治区有关文件精神于2001年10月起接连印发了《乌鲁木齐事业单位人事制度改革实施意见》《乌鲁木齐市事业单位实行聘用制的暂行规定》《乌鲁木齐市事业单位工资分配制度改革意见》《乌鲁

木齐市事业单位工作人员考核暂行规定》《乌鲁木齐市事业单位未聘人员管理暂行规定》（市党发〔2001〕27 号）等五个配套文件，明确了乌鲁木齐市要以全面实施合同聘用制度和岗位管理制度为重点来推行事业单位人事制度改革，指明了乌鲁木齐市作为西北首府城市开展这场改革要把握的整体方向和总体要求。

（二）企业化改制阶段

2003 年 8 月，乌鲁木齐市制定了《乌鲁木齐市经营性事业单位企业化改制试行办法》（市党发〔2003〕10 号），促使全市 28 家事业单位改制成企业，确保乌鲁木齐市事业单位改革工作顺利开展、逐步深化。两年后的 2005 年 8 月，随着市委市政府印发的《〈乌鲁木齐市经营性事业单位企业化改制试行办法〉补充修订意见》（市党发〔2005〕16 号）出台，乌鲁木齐市事业单位企业化改革框架基本形成。随着办法的逐步实施，生产经营性事业单位企业化改制工作基本完成。

（三）全面推行阶段

在企业化改制的同时，乌鲁木齐市还相继印发了《关于中小学新增教师实行合同聘任制管理的意见》、《乌鲁木齐市中小学人事制度改革实施意见》和《乌鲁木齐市中小学校教职工未聘人员安置暂行办法》等关于教育体制改革的文件，揭开了乌鲁木齐市教育系统中小学校改革的新篇章。2004 ~ 2006 年分别出台《关于对乌鲁木齐市各级党政机关及依照（参照）公务员制度管理的事业单位新增工勤人员实行聘用制管理的通知》《乌鲁木齐市事业单位聘用合同鉴证办法》《关于乌鲁木齐市事业单位实行全员聘用制度若干问题的通知》《关于在全市开展事业单位聘用合同鉴证工作有关问题的通知》《关于规范撰写乌鲁木齐市事业单位岗位说明书的通知》《乌鲁木齐市事业单位岗位设置指导性意见》《乌鲁木齐市事业单位竞争上岗暂行办法》等政策性文件。至此，一场破除事业单位人员身份界限、全员推行聘用合同制度的事业单位人事制度改革在乌鲁木齐市全面开展。

（四）改革创新阶段

2007年12月，乌鲁木齐市出台了《关于印发〈乌鲁木齐市事业单位岗位设置管理暂行办法〉的通知》《关于规范乌鲁木齐市事业单位工作人员考核工作的通知》《乌鲁木齐市事业单位聘用人员培训暂行办法》（市党办〔2007〕127号）等三个文件，其深远影响一直作用至今。文件当中大量实用、可操作的措施依然适用于现在，并且其大胆创新、先行先试，在全国首创行政领导职系和行政事务职系两个序列的管理岗位，以缓解管理人员职级少、晋升缓的现实问题。可以说这三份文件奠定了乌鲁木齐市事业单位人事管理架构的基础。

（五）深入推进阶段

2008年，乌鲁木齐市印发了《关于使用新版乌鲁木齐市事业单位聘用合同书和新版聘书的通知》和《关于在全市各级事业单位使用〈乌鲁木齐市事业单位岗位管理手册〉的通知》；2010年《关于在全市事业单位建立岗位设置管理工作中推行信息化管理的通知》也相继出台，预示着事业单位人事管理进入信息化管理时代；2012年《乌鲁木齐市中长期人才发展规划纲要（2011~2020年）》在经历了多次修改和论证后出台问世，对乌鲁木齐市近十年的发展进行了宏观布局，并明确要求事业单位人事制度改革要在体制机制上实现创新；2014年《乌鲁木齐市事业单位岗位设置管理向县乡（镇）基层倾斜有关政策规定》和《关于乌鲁木齐市乡村中小学教师职称评聘及岗位设置有关问题的通知》两份文件相继印发，开启了事业单位法治化改革的进程；而2017年9月印发的《关于事业单位人员聘用工作有关问题的通知》更是从细节上和现实的变化对乌鲁木齐市事业单位人事管理体系的结构进行了更新和完善，填补了管理体制缺失环节的空白项，使事业单位更加高效运行。上述政策及配套措施的完善为深化乌鲁木齐市事业单位人事制度改革和构建现代事业单位管理体制指明了方向，提供了政策依据和理论支持。

三　乌鲁木齐市事业单位人事管理制度体系

乌鲁木齐市始终坚持将转换用人机制和搞活用人制度作为核心，打牢岗位设置这个基础，辅以公开招聘的抓手，重点加强制度建设，全面实施合同聘用制度，稳慎推进乌鲁木齐市事业单位的人事制度改革进程。在实行精细化、规范化管理的过程中，乌鲁木齐市慢慢摸索出了一套符合西部边疆地域实际，针对事业单位三类岗位人员特点，适应乌鲁木齐市稳定发展目标的五项管理制度。

（一）岗位管理制度

打破人员身份限制，将传统的身份认定变成科学的岗位管理。乌鲁木齐市事业单位在核准的人员编制和三类岗位的结构比例限额范围内，坚持统筹规划、科学设置、高效实际的原则，根据事业单位的行业类别、职责任务、机构规格、规模数量和发展方向等要素，结合事业单位三类岗位特点按需设置自己单位的岗位数量和岗位说明书。岗位说明书明确各岗位的名称、类别、职级、责任、上岗条件等，根据岗位要求匹配符合条件的人员进行聘用，实行“因事设岗、按岗聘用、人随岗走、以岗定薪、岗变薪变”。建立了事业单位岗位设置、岗位聘用宏观调控动态管理的机制，提高了科学化管理水平。

（二）人员分类聘用制度

对管理岗位按照职员等级进行聘任，每个等级的职员岗位都充分反映出作为管理人员的综合素质、管理才能、工作技能和岗位需求等。对于专业技术人员，根据其专业技术职务系列的不同专业，采取差异化的评聘方式。对考试类专业技术职务像经济、会计等，专业技术人员只要通过国家考试取得专业技术资格，就由单位进行自主聘任；而对评审类专业技术职务实行评聘分开的竞争机制，个人自愿申报专业技术职务资格，由社会评价机构根据申报人员从事专业工作的时间来进行任职资格的评审工作，最终单位根据岗位需求进行聘任。而工勤技能岗位的聘用，则主要依据技能水平和工作需要建立符合工勤专业特点的岗位等级，严格控制总量进行聘任。

（三）竞聘上岗制度

围绕岗位管理这个核心，通过在一定范围内进行公开、公平、公正的选拔任用，打破各类人员原有的身份、资历等界限的限制，不拘一格选拔使用人才，营造竞争激烈的工作氛围。乌鲁木齐市事业单位在科学设岗的基础上，公开发布岗位要求、竞聘上岗程序。单位的竞聘上岗工作方案应经职工大会或职工代表大会讨论通过，采取考试、考察、民主评议等方法，单位和个人双向选择，优中选优。竞聘上岗制度是激发事业单位工作人员积极活力和开创人员创新创造动力的重要举措，也是事业单位人事制度改革的有力抓手。在人事管理中引入竞争上岗机制无疑给事业单位注入一剂强心针，有利于优秀人才脱颖而出。

（四）未聘人员分流安置制度

《乌鲁木齐市事业单位未聘人员管理暂行规定》确立了以各事业单位自行消化、自然减员为主的原则，结合系统或行业内部调剂与个人自谋职业等交叉进行的方式，建立有效可行的未聘人员分流安置制度，包括离岗培训、转岗聘任、待聘、退休退职、自谋职业等。

（五）公开招聘制度

从 2005 年起，乌鲁木齐市率先在西部省区实行事业单位面向社会公开选拔招聘工作人员制度。乌鲁木齐市事业单位公开招聘工作人员一律实行“凡进必考”，统一组织考试，统一招聘录用，防止通过各种非正常途径向事业单位安排人员，以此来遏制人事腐败现象的滋生蔓延，提升事业单位人员整体素养，规范了事业单位进人程序和做法。把好选人用人关有利于推进乌鲁木齐市事业单位人事管理的规范化建设。事业单位实行公开招聘工作标志着乌鲁木齐市沿用了几十年的人事派遣、大中专毕业生统分统配制度的终结。

回顾乌鲁木齐市十几年的事业单位改革历程，主要把握了以下几个重点环节。一是着眼全盘，统筹谋划，制定了翔实具体的、切实可行的改革实施方案。二是政策配套，措施得当，研究制定了具有前瞻性和预判性的政策。三是程序规范，操作合理，引入公平竞争机制。四是加强协作，有力配合，处理好改革过程中机关与事业单位之间的关系、各类型事业单位之间的关系、事业单位与企业之间的关系、改制的事业单位与工作人员之间的关系。

ℝ.53

新疆克拉玛依市教育人事制度改革探索

张增勇*

为深入贯彻党的十九大及十九届二中、三中全会精神，牢固树立以提升品质为核心的教育发展观，克拉玛依市紧紧围绕推进教育治理体系和治理能力现代化的总要求，为加速现代学校制度建设，加速推进教育转型跨越，大力提升教育发展的品质和综合服务水平，办成极具特色和有吸引力的一流教育提供管理干部人才队伍保障，积极探索和实施教育干部人事制度改革。克拉玛依市教育局不断完善管理体制，改革用人机制，鼓励竞争，促进交流，充分调动学校干部教师的积极性和创造性，增强中小学校的活力和自我发展能力，不断办出学校特色，全面推进素质教育。

一　市委、市政府高度重视，高位推动教育领域综合改革，各项人事制度改革相继出台，有利推动了市教育事业的发展

（一）实施中小学校专业技术职务评聘分开制定，形成有效激励竞争用人机制

2012年以来，为加强市教师专业技术人才队伍建设，改进教师专业技术人才评价方式，深化教师专业技术职务评审和聘用工作改革，逐步建立双

* 张增勇，新疆维吾尔自治区克拉玛依市教育局。

向选择、竞争上岗、择优聘用的人才管理体制，形成“好中选好、优中选优”的激励竞争用人机制，充分调动广大教师的工作积极性、主动性和创造性，市教育局依据《克拉玛依市事业单位人事制度改革实施意见》（新克党办〔2008〕6号）和《克拉玛依市事业单位岗位设置管理实施意见》（新克党办〔2008〕7号）的规定，结合教育实际，制定了《克拉玛依市中小学校专业技术职务评聘分开实施细则（试行）》。克拉玛依市中小学校专业技术人员采取评聘分开的原则实施专业技术职务评聘管理。学校在上级部门核定的编制和岗位职数内，本着“精干、优化、高效”和因事设岗的原则，科学合理设置学校内部专业技术职务岗位，按照德才兼备、任人唯贤和公开、公平、竞争、择优的原则实施双向选择竞聘上岗，并按聘用的专业技术职务岗位确定专业技术人员相应的工资待遇。全市5000余名专业技术人员通过竞聘，被聘任到相应岗位上，有39人高职低聘。评聘分开的实施，彻底打破了以前评上职称，就可以终生享受其待遇，干好干坏都一样的局面，在很大程度上调动了教师们的积极性，形成了激励竞争的格局。

（二）开展中小学绩效（绩效工资）考核工作，发挥绩效考核分配正向激励作用

根据《新疆维吾尔自治区义务教育学校教师绩效考核实施意见》（新教人〔2008〕53号）、《克拉玛依市义务教育学校绩效工资实施办法》（新克政发〔2009〕45号）、《关于市属事业单位工作人员绩效考核有关问题的通知》（克人社发〔2015〕88号）等文件精神，市人社、教育、财政部门联合下发了《克拉玛依市中小学绩效考核实施意见》（克教发〔2017〕53号），在全市中小学全面实施绩效（绩效工资）考核制度。绩效（绩效工资）考核工作坚持“尊重规律、以人为本；以德为先，注重实绩；激励先进，促进发展；客观公正，简便易行；科学定岗，效能优先”的基本原则，由市区教育局统筹指导，各校结合学校实际，充分尊重教师主体地位，自主依规制定绩效（绩效工资）考核方案，建立起科学、合理的绩效考核和收入分配机制。考核和分配充分向教学一线、业务骨干和做出突出成绩的教师

倾斜，体现“科学、多劳多得、优绩优酬”的绩效分配原则，在很大程度上调动了教师工作积极性、主动性和创造性，切实发挥绩效（绩效工资）考核分配的激励导向作用。

（三）简政放权，学校依法自主办学的局面初步形成，极大地激发了学校办学活力

2014 年以来，克拉玛依市为深入推进教育管办评分离改革，扩大学校办学自主权，陆续制定了《市教育局关于进一步简政放权的实施意见》（克教发〔2014〕7 号）、《关于进一步下放中小学办学自主权的实施意见》（新克党办发〔2016〕43 号）。两个意见出台后，学校用人自主权得到进一步扩大，学校被赋予自主招聘的权利，建立起由校长负责的教师招聘机制，学校可以通过多种渠道招聘应届毕业生、骨干教师和高端人才，尤其是实施“雇员制”教师招聘制度，教师得到有效补充，教师结构和质量得到不断优化；学校在编制范围内自主进行机构和岗位设置工作，学校组织机构服务学校办学目标的能力不断提高，学校的用人效益不断提升；政府为学校设置人才和事业发展专项经费，主要用于优秀拔尖人才的引进、培养、奖励，兼职专业人才和专家的聘用，学校课程资源研发，特色学科建设等方面，对于促进学校提升教育品质，促进学校内涵发展发挥了积极的作用。下放办学自主权，解除了校长办学的束缚，校长办学的积极性显著提高，有效促进了学校优质、特色发展。

（四）在中小学全面实施中小学校长职级制改革，有利促进了校长的专业化发展

2017 年，为加速中小学校长专业发展，充分调动中小学校长的积极性和创造性，增强中小学校的活力和自我发展能力，加快培养和造就一支有理想、懂教育、擅治校的高素质教育家型校长队伍，市委、市政府下发《克拉玛依市中小学校长职级制实施意见（试行）》（新克党办发〔2017〕116 号），在全市中小学推行校长职级制改革。2018 年 7 月，市教育局下发了

《关于组织开展克拉玛依市首次中小学校长职级评审认定工作的通知》（克教发〔2018〕6号）并组织实施，截至10月，全市高中初级校长职级评审聘任工作全部顺利完成。首次实际参加评审认定的校长共计72人，最终全市评审出高级校长15人、中级校长32人，确认初级校长25人。全市中小学（幼儿园）实际评审出校长高、中、初级职级结构比例为2∶4.5∶3.5。职级评审工作的顺利完成，标志着学校去行政化进一步推进，“官本位”意识进一步打破，校长专业成长的阶梯初步建立，符合校长成长规律的选拔使用管理机制初步形成，“职务能上能下”的局面已然形成。职级评审的专业性、竞争性和动态管理机制，使校长切身感受到压力和竞争，有利于校长形成危机意识，促使校长正视职级制改革给他们带来的变化，开始自觉研究和思考职级制下校长的专业发展和成长路径。

二　学校积极探索和实施人事制度改革，有效促进了学校转型发展

在市委、市政府的坚强领导和政策引领下，各校积极探索，因地制宜，与时俱进，建立健全人事聘任、职级评定、薪酬分配、绩效考核、人才激励等配套措施，在破解学校发展的人事管理体制机制的瓶颈问题上有所突破。

（一）实施组织机构变革，提升治理能力

坚持党组织领导下的校长负责制，学校实行去行政化管理。学校对内部组织机构设置和人员（岗位、职级）聘任拥有自主权。学校通过以分权分责、师生需求、教育质量为导向的组织机构变革，完善学校内部治理结构和内部管理制度，实现由“层级式、集权式”传统管理方式向以“扁平化、联邦制、分布式、制衡型”为特征的现代学校管理方式的转变。学校形成决策、执行、监督相对分离、相互制约的运行机制，推进学校科学化、民主化、精细化管理，构建起多元主体参与治校的机制，不断提升教育发展的生机和活力。

（二）多措并举，践行用人自主权和薪酬分配自主权，加强教师队伍建设

1. 建立完善由校长负责的教师招聘机制，多渠道、多方面、多层次引进优秀人才

制定教师招聘和人才引进办法，深入落实市委关于进一步下放中小学办学自主权和“10＋1”人才新政的精神和举措，大力实施人才强校战略。

2. 建立和完善以聘用制为基础的用人制度

实行双向聘任制。坚持公开、公平、公正、尊重双方意愿的原则，在充分保障学校各部门均衡发展的基础上，在学部、部门开展教师和职员的聘任工作，确保把合适的人放到适合的岗位上。实施去行政化管理，学校对中层干部具有选拔任用的自主权。中层干部由学校聘任，并报主管部门备案。

3. 建立人才培养机制

学校成立课程研究院、教育家书院和名师工作室（坊），通过课程资源研发，建立学习型、研究型组织，为培养青年教师和卓越教师搭建平台，促进人才专业化发展。

4. 建立并完善校内职级制度

根据教师业绩和现实表现，聘任校内职级，兑现相关待遇，调动教师工作积极性。

5. 建立重贡献、重实绩的薪酬分配激励机制

学校在现行基本工资制度框架内，统筹规划基本工资和绩效工资分配。学校通过优化薪酬分配结构，形成体现教师岗位特点，向优秀人才和关键岗位倾斜，并与学校岗位设置、双向聘任、校内职级制度改革相适应的工资分配方式，充分体现岗位职责、工作量、工作成效等关键要素在工资薪酬分配中的作用，实现先岗后人、以岗定薪、薪随岗变、绩优酬高的聘任和分配原则。

通过改革和创新形成一批可借鉴、可推广的改革成果，起到了以点带

面，推动中小学人事制度改革不断深化，促进学校转型发展的积极作用。克拉玛依市将以全国教育大会精神为指引，践行“创办适合每一位学生发展的教育；让所有的孩子接受更好的教育，让所有的孩子享受幸福的人生”“崇尚一流，追求卓越”的核心价值观，努力为克拉玛依人民创办一流的教育。

R.54

新疆阿克苏地区事业单位岗位设置管理创新

孙启文*

在全面深化改革的大背景下，随着社会主义市场经济体制逐步完善和人事人才工作的不断深入，事业单位人事制度改革在国民经济中的地位将越来越重要。加强对事业单位人事制度的管理，完善事业单位的用人体制，优化人才资源配置，实现事业单位人事管理的法制化、科学化显得尤为迫切。

一　事业单位人事制度改革的核心内容

自2007年以来，事业单位人事制度改革的主要内容是：通过实施聘用制度和岗位管理制度等核心制度，促进事业单位管理范式向有利于事业单位的改革，有利于在用人方式上实现向跨越式发展的方向转变，实现事业单位用人由政府用人向单位用人转变，由固定用人向合同用人转变，实现事业单位人事管理由身份管理向岗位管理转变，形成政事职责分开、单位自主用人、人员自主择业、政府依法管理、配套措施完善的科学分类的管理体制；更好地建立一套适合科教文卫、农林水牧、广播电视、新闻出版等各类事业单位特点，符合专业技术人员、管理人员和工勤技能人员各自岗位要求的具体管理制度，从而形成一个人员能进能出、职务能上能下、待遇能升能降、优秀人才能够脱颖而出、充满生机与活力的用人机制，即“科学设岗、竞聘上岗、按岗聘用、以岗定薪、岗变薪变、全员聘用、合同管理”的机制；

* 孙启文，新疆维吾尔自治区阿克苏地区人力资源和社会保障局。

通过制度创新、配套改革，充分调动各类人员的积极性和创造性，促进优秀人才成长，增强事业单位活力和自我发展能力，实现事业单位人事管理的法制化、科学化。

二　阿克苏地区推行事业单位人事制度改革的基本情况

阿克苏地区地处新疆维吾尔自治区（简称“自治区”）中部、天山山脉中段南麓、塔里木盆地北缘，地处南疆中部，总面积13.13万平方公里，辖八县一市，总人口254万，是一个以维吾尔族占主体的多民族聚居区。

从2007年底开始，自治区全面开展了事业单位人事制度改革暨岗位设置管理制度实施工作，阿克苏地区按照自治区的改革部署要求，坚持“整体启动、同步实施、配套推进、确保稳定”的方针，积极稳妥地推进改革实施工作，取得了良好成效。截至2009年6月，全地区2588个事业单位全部完成岗位设置方案核准、岗位设置实施方案审核备案、聘用人员岗位等级确定、聘用合同认定及岗位工资兑现等工作，47220名事业单位工作人员参加全员聘用。

随着岗位设置管理制度入轨和全员聘用制推行，地区各级各类事业单位的用人机制发生了明显转变。人员身份终身制被打破，人员管理由身份管理向岗位管理平稳过渡，人员能上能下、待遇能高能低的管理机制初步确立，激发和调动了广大事业单位工作人员的积极性、创造性。

截至2018年底，阿克苏地区共有事业单位3182个，按隶属关系划分，地直204个，县直1196个，乡（镇）1782个；按行业划分，教育系统1067个，卫生系统265个，文化系统122个，其他1728个；按经费性质划分，全额2892个，差额112个，自收自支178个。

全地区事业单位编制及岗位设置总数62154个，其中，管理岗位10019个，专业技术岗位47550个，工勤技能岗位4585个，分别占岗位总量的16.12%、76.50%、7.38%。全地区事业单位工作人员总数6.61万人，按年龄划分：35岁及以下2.98万人，占比45.08%，36~40岁1.11万人，占比16.80%，41～50岁1.83万人，占比27.67%，50～60岁0.68万人，占比10.29%；按学历划分：博士研究生11人，占比0.02%，硕士研究生880人，占比1.33%，本科29882人，占比45.21%，专科27330人，占比41.35%，中专5360人，占比8.11%，高中及以下2599人，占比3.93%。年平均工资64306元。全地区专业技术人员总数50615人，正高级职称205人，占比0.41%；副高级职称2770人，占比5.47%；中级职称10365人，占比20.48%；初级职称20861人，41.22%；员级16414人，占比32.43%。

三　阿克苏地区事业单位岗位设置管理制度和全员聘用制的创新做法

（一）抓住核心要素推进事业单位岗位设置管理制度有效运转

在推行岗位设置管理制度过程中，阿克苏地区坚持“科学设岗、因事设岗、竞聘上岗、按岗聘用、以岗定薪、岗变薪变、全员聘用、合同管理”的制度导向，加强宣传培训，强化督促指导，严格政策界限，确保岗位设置管理制度稳步推进、有序运行，推进了事业单位用人机制的转变。阿克苏地区于2009年初完成了全地区事业单位工作人员全员聘用制推行和岗位设置管理制度入轨工作，同步实施了以3年为周期的聘期聘用工作。

在地区事业单位首次全员聘用人员的过程中发现，部分事业单位对副高级、中级岗位内部的3个小等级岗位人员聘用中，出现分别聘满专业技术五级、六级、八级、九级岗位再聘七级、十级岗位人员，以及对助理级岗位内部的2个小等级岗位人员聘用中，出现聘满专业技术十一级岗位再聘十二级岗位人员的倒挂现象。这种聘用方式不利于以后全员聘用中更好地贯彻落实“竞聘上岗、能上能下”聘用机制。例如，在某医院，专业技术五级至十二级岗位设置数分别为18个、35个、35个、67个、90个、67个、234个、234个，聘用人数分别为18个、33个、14个、67个、56个、46个、230个、41个；在某歌舞团，专业技术五级至十二级岗位设置数分别为3个、7

个、7 个、16 个、22 个、16 个、23 个、23 个，聘用人数分别为 3 个、5 个、1 个、16 个、22 个、1 个、23 个、14 个。

为从政策上规范岗位设置管理、全员聘用工作，防止出现岗位聘用倒挂现象，切实体现事业单位人事制度改革的核心精神，即“科学设岗、因事设岗、竞聘上岗、按岗聘用、以岗定薪、岗变薪变、全员聘用、合同管理”，促进事业单位工作人员特别是占 70% 以上专业技术人员职务能上能下，待遇能升能降，优秀人才能够脱颖而出，充满生机与活力用人机制的实现，2011 年，阿克苏地区人社局在《关于做好地区事业单位全员聘用第二个聘期有关工作的通知》中明确：事业单位在本单位岗位设置数量限额之内，采取竞聘上岗和综合考评相结合的方式，对专业技术正高级、副高级、中级各等级岗位拟聘人员之间的比例须保持与各等级岗位设置数量之间比例的一致性。专业技术正高级、副高级、中级岗位，在岗位设置数量限额内分别按实际人数的 3∶7、2∶4∶4、3∶4∶3 的比例进行聘用，专业技术正高级、副高级、中级岗位内部较高等级岗位聘用人数可小于等于可聘用的岗位数量，相应的，较低等级聘用人数可大于等于可聘用的岗位数量。阿克苏地区事业单位中级以上职称人员较少，大部分人员的职称为初级职称，为避免出现挫伤初级职称人员积极性的现象，文件同时明确，专业技术助理级岗位内部十一级、十二级岗位可不受核准岗位数的限制聘用人员，十一级、十二级岗位拟聘用人员之间的比例须保持 5∶5 的比例。事业单位工作人员聘用等级确定完全由事业单位确定，人社部门只审核聘用资格和聘用数量、聘用比例是否符合政策要求。

在 2011 年底 2012 年初审核地区事业单位全员聘用第二个聘期聘用工作时，地区人社局认真贯彻文件确定的聘用比例，有效地杜绝了岗位聘用倒挂现象，既保证了岗位设置管理制度的科学运转，又有效提升了专业技术岗位人员的工作积极性。在全员聘用第二个聘期聘用工作结束后的三年聘期内，对三类岗位进行动态管理，对符合正高级、副高级、中级、初级岗位聘任条件的专业技术人员，在正高级、副高级、中级、初级各层级岗位空缺的前提下，分别聘任到每个层级岗位的最低级，即专业技术四级、七级、十级、十二级岗位，专业技术其余岗位不晋升人员。同时，岗位聘用向基层倾斜，县市及以下事业单位工作人员取得正高级专业技术职务任职资格不受岗位限制可聘任到专业技术四级岗位；地直事业单位取得副高级及以上专业技术职务任职资格，在其取得相应资格满五年或距离退休年龄5年内没有空缺岗位聘用的，可聘任到专业技术四级、七级岗位；县市及以下事业单位取得副高级、中级专业技术职务任职资格，在其取得相应资格满五年或距离退休年龄5年内没有空缺岗位聘用的，可聘任到专业技术七级岗位、十级岗位。

在之后的2015年、2018年初，阿克苏地区继续完善了第二个聘期确定的按比例聘用政策，分别完成了全员聘用第三、第四个聘期的聘用工作。在审核聘期聘用材料时，阿克苏地区人社局改变前两个聘期各县市携带大量聘用材料到地区人社局办公场所审核的状况，派出骨干业务人员巡回各县（市）审核聘期聘用结果，极大地减轻了各县市人社局的工作量，提高了审核工作效率，缩短了晋升岗位人员兑现岗位工资待遇的时限，促进了岗位设置管理制度的有效运转。

（二）以全员聘用续聘（变动）为抓手，完善事业单位工作人员聘用合同衔接机制

2009年初，阿克苏地区2588个事业单位47220名工作人员完成全员聘用后，地区人事局派出5人工作小组巡回所属八县一市，历时近1个月，对工作人员签订的141660本事业单位聘用合同书，对照已审核的聘用花名册进行了认定。2012年初，阿克苏地区在完成全员聘用第二个聘期聘用等级审核工作后，采取整体安排事业单位续订合同书、抽查续订工作完成情况、兑现岗位工资的做法，基本完成了地区事业单位工作人员聘用合同书续订工作。

根据2009年和2012年事业单位全员聘用第一、二两个聘期聘用工作实践，聘用合同管理中存在的突出问题是：事业单位工作人员在签订聘用合同后，所签订的三份聘用合同书分别存放在本人、事业单位和本人档案处，当聘用岗位、聘用期限发生变化时，对三份聘用合同书作相应的变更及认定工作非常困难。

为了破解聘用岗位、聘用期限发生变化而引发的聘用合同变更及认定困难的现状，阿克苏地区在2014年底开展事业单位以3年为周期的全员聘用第三个聘期聘用工作时，解放思想，在认识上明确了事业单位聘用合同书是确认事业单位工作人员身份的凭证，即赋予事业单位聘用合同书与公务员登记表同等作用；在《关于做好地区事业单位全员聘用第三个聘期有关工作的通知》附件中，修改了“阿克苏地区事业单位岗位续聘（变动）人员审批表”，加入本单位全员聘用聘期起止时间、本人签字、法定代表人签字或盖章三项，并在审批表底端注明“此表及时归入个人人事档案，与聘用合同同等效力，阿克苏地区人力资源和社会保障局制表”字样。

在事业单位工作人员个人聘用审批表完成审核流程的同时也意味着个人聘用岗位等级和聘用期限记载的完备性得到保证，使聘用合同变更实现了无缝衔接，有效解决了变更聘用合同书相应内容不易操作的问题。

四　工作中的几点思考

（一）关于全员聘用聘期

根据《事业单位人事管理条例》，事业单位与工作人员订立的聘用合同，期限一般不低于3年。组织实施全员聘用工作，地、县市人社部门，事业单位主管部门，事业单位需要投入大量的人力来完成工作任务。受区位因素和工作因素的影响，阿克苏地区全员聘用聘期是以3年为期限的。全员聘用期限在条件成熟的地、市或事业单位，可以考虑缩短为2年或1年，在岗位聘用工作中实行全员竞聘上岗，建立健全重实绩、重贡献、向优秀人才和关键岗位倾斜、岗位能上能下、待遇能升能降、优秀人才能够脱颖而出、充满生机活力的用人机制。

（二）关于聘后管理

事业单位实施岗位设置管理制度和全员聘用制，要加强聘后管理。完善平时考核、年度考核、聘期考核制度，把考核结果作为续聘、解聘、奖惩、晋级、增资的依据。通过建立和完善聘后管理，为新的聘期全员岗位聘用提供依据，体现贯彻落实尊重劳动、尊重知识、尊重人才、尊重创新重要方针，保证岗位设置管理制度和全员聘用制度的实际效果，充分调动各类人员的积极性和创造性，让各类人才的创造活力竞相迸发，聪明才智充分涌流，增强事业单位活力和自我发展能力，完善公共服务体系，提高民生水平，增强人民获得感、幸福感，决胜全面建成小康社会。

ℝ.55

新疆喀什地区事业单位人事管理实践

王月英*

喀什地处祖国西部边陲、新疆西南部，总面积16.2万平方公里，总人口465万人。喀什地区是以维吾尔族为主的多民族聚居区，有13个主体民族。喀什区情有五大特点。一是历史悠久。喀什古称疏勒，有文字记载的历史2000多年。在15世纪海路开通之前，喀什是“古丝绸之路”的交通要塞。二是文化多元。历史上中华文化、印度文化、阿拉伯文化、希腊文化融汇于此，多种宗教并存，文化底蕴深厚。三是区位独特。喀什连接中亚、西亚、南亚，周边与巴基斯坦、塔吉克斯坦、吉尔吉斯斯坦、印度、阿富汗五国接壤，边境线长888公里，有六个对外开放口岸，是我国进入中亚、南亚、西亚以及欧洲的国际大通道。四是资源富集。喀什光热水土资源条件得天独厚，全区有5大河流，是全国五大灌区之一。喀什矿产资源、旅游资源十分丰实，石膏、蛇纹岩、石油、天然气、玉石、铜、铁等矿产丰实。五是民族特色浓郁。喀什是维吾尔民族文化发祥地，维吾尔民族特色和民俗风情保存完整。

喀什地区人口数量大，单位机构数量多，事业单位机构设置主要分布在教育、卫生及农林牧渔等行业；全地区现有事业工作人员约9万人。按照《新疆维吾尔自治区事业单位岗位设置管理试行办法》总体比例设置为1∶3∶6，即高级岗约占1/10，中级岗约占3/10，初级岗约占6/10。

喀什地区事业单位人员聘用按照“公开、平等、自愿、协商一致”的原则和国家有关法律法规开展。聘用单位和受聘人员签订聘用合同，确定聘

---

* 王月英，新疆维吾尔自治区喀什地区人力资源和社会保障局。

用关系，明确双方权利和义务，并对签订的聘用合同进行鉴证。2017 年以来，根据《新疆维吾尔自治区人力资源和社会保障厅关于调整下放自治区事业单位工作人员聘用合同认定权限有关问题的通知》（新人社发〔2016〕138 号）精神，地区人社局不再承办事业单位工作人员聘用合同认定工作，地区直属事业单位工作人员聘用合同由事业单位与工作人员签订，认定工作由事业单位主管部门人事（组织）部门负责，各县（市）事业单位工作人员聘用合同认定权限由人社部门自行研究确定，聘用合同原则上一签 3 年。全地区事业单位年人均工资约 9 万元，扣除国家规定的社会保险和住房公积金后，实际年人均工资仍可达 6 万元。

近五年来，喀什地区共招聘事业单位工作人员达两万余名。为进一步规范全地区机关事业单位公职人员招聘工作，地区组织、人社、纪检监察部门共同制定了招聘工作操作规程，统一规范了资格审查、面试、体能测试、体检、考察政审等每一阶段的工作。严格按照公平、公正、公开的原则，精心组织，科学管理，严肃纪律，切实抓好每一个环节的组织和落实，妥善处理好各种矛盾，全过程实现“零差错”，受到社会各界的认可和好评。在招聘岗位的设置上，坚决杜绝“萝卜招聘”“因人画像”问题。凡是需要设定条件的岗位，均向上级人社部门专门请示，合理设置招聘岗位。

喀什地区通过赴全国高校专场招聘、赴全国多省市引进人才、特岗教师招考、“三支一扶”招募等多种途径，在数量上充实了人才队伍，通过落实自治区向南疆倾斜的各类评价政策，在结构上优化了人才队伍。喀什地区作为全国确定的深度贫困“三区三州”之一，也是反恐维稳斗争的前沿阵地和主战场。对此，喀什地区认真落实“三区三州”人才战略，采取多种积极有效的引才招聘措施，不断拓展渠道，为喀什地区各级事业单位不断输送干部人才，为打赢脱贫攻坚、反恐维稳两场硬仗提供有力的人才保障。首先，按照国家、自治区的统一部署安排，喀什地区认真执行中央、自治区“特岗教师”招聘计划、普通高中教师招聘计划和定向公费师范生计划，补充了大量新教师。其次，制定自主招聘教师政策，拓宽农村教师补充渠道。喀什地区高度重视汉语教师招聘工作，各县（市）利用援疆资金和自有财力，采取同岗同酬的方式，兜底引进各县（市）所需汉语教师，基本保障了各学段推进汉语教学所需师资。最后，做好关心关爱，保障教师各项待遇落实。制定下发《关于加强新招聘教师管理工作的指导意见》，对新聘教师安置、管理服务、考核等作出明确要求。对新录用教师采取由县（市）财政先行垫资支付工资的办法，确保新录用教师工资待遇及时兑现。2018 年解决教师住房 11809 套，配齐生活设备，对偏远学校新聘教师住宿解决两套房（农村 1 套，县城 1 套）。2019 年地区计划建设 4198 套公租房，缓解乡村教师住宿困难问题。

根据《关于印发自治区事业单位岗位设置管理向县乡（镇）基层倾斜的若干政策规定（试行）的通知》（新人社发〔2013〕132 号）和《关于自治区乡村中小学教师职称评聘及岗位设置有关问题的通知》（新人社发〔2014〕26 号）文件精神，招聘工作人员向乡镇倾斜，对基层单位招聘工作人员放宽条件，尽量做到基层单位有人去、留得住。喀什地区县（市）所属事业单位专业技术岗位结构比例由原来的 1∶3∶6 调整为 2.5∶4∶3.5，乡（镇）事业单位专业技术岗位结构比例调整为 2∶4∶4。县、乡镇事业单位结构比例调整后极大地改善了基层人才职级待遇，科学有效地解决了基层事业单位在岗位聘任中存在的“有资格，没有岗”和“有岗，没资格”的问题。落实了自治区乡村中小学教师职称评聘及岗位设置倾斜政策，全地区所属的乡村中小学按在册正式职工人数核定单位岗位总量，将政策性超编教师全部纳入岗位基数，解决了超编教师聘任专业技术岗位的问题。事业单位岗位设置管理向基层倾斜政策的贯彻落实，极大地调动了基层事业单位工作人员的积极性，使他们在工作中有了动力，工作效率提高，效果十分明显。

为加强喀什地区医疗卫生队伍建设，以深化改革为契机，打破人才队伍发展瓶颈。自中央、自治区统筹推进医疗人才“组团式”援疆工作以来，地区人社局深刻认识到开展医疗人才“组团式”援疆工作对喀什医疗卫生事业发展的重大意义，真正把医疗人才“组团式”援疆工作摆上重要议事日程，提高思想认识，强化责任落实，确保涉及人社部门的职责任务落到实处，深化用人制度改革，加大引才育才等人才培养引进力度，以实际行动推进医疗卫生系统专业技术人才提升综合能力，服务喀什各族群众。首先，在地委组织部的统筹协调下，出台《关于喀什地区四家受援医院专业技术职务岗位结构比例设置意见》《关于下放喀什地区四家医疗人才“组团式”援疆受援医院人才招聘自主权的意见》，明确四家受援医院以专业技术人员缴纳社会保险人数为基数，确定本单位专业技术职务岗位比例。将地区第一、第二人民医院高、中、初级岗位设置比例调整为2.5∶4.5∶3；将地区肺科医院（结核病防治所）、妇幼保健院的高、中、初级岗位设置比例调整为2∶4∶4。其次，下放人才招聘自主权。受援医院可自行组织招聘引进特殊紧缺专业技术人才或本科及以上学历应届医学毕业生，但须制定科学合理的人才招聘引进方案，在招聘工作启动前向地委编办、地区人社局、地区财政局进行报备，由地区人社局实行事中事后监管。监督指导地区第一、第二人民医院科学合理制定人才招聘引进方案，经向地委编办、地区人社局、地区财政局报备后自行组织招聘，引进特殊紧缺专业技术人才或本科及以上学历应届医学毕业生29人。再次，引育并举，带动培养本土专业人才。推荐地区第一人民医院引进的3名高级职称专业技术人才申报2017年自治区高层次人才引进工程人选，其中1人入选，获得40万元经费支持，2018年拨付第一期经费支持20万元；地区第一人民医院1人入选自治区第二期“天山英才”工程第一层次培养人选，培养三年周期内，每年获得6万元特殊津贴支持；推荐8名专业技术人才申报非教育系统西部地区特别人才培养项目、“西部之光”访问学者、留学回国人员科技项目择优资助和创业启动支持项目；组织实施“西部明珠英才”人才培养援疆统筹项目4个，其中医疗卫生项目2个。最后，以平台建设促人才培养，有序推进博士后创新实践基地建设。2013年以来，推荐地区第一、第二人民医院申报自治区博士后创新实践基地（科研工作站）并获批，8名医学博士到地区第一人民医院进站工作。推荐地区第一人民医院申报自治区博士后创新实践基地及2名优秀博士后研究人员经费资助，获得经费资助14万元。

为推进喀什地区事业单位人事制度改革向纵深发展，逐步在事业单位建立人员能进能出，职务能上能下，待遇能高能低，优秀人才脱颖而出，充满生机活力的人事管理制度，进一步规范完善科级干部选拔任用程序，强化监督，注重干部任用向“访惠聚”干部队伍，双语支教干部队伍，驻村管寺、维稳一线干部队伍倾斜，充分激发干部活力。对不适应当前工作新常态、不胜任岗位职责的工作人员采取降低岗位等级、转岗、轮岗和能力提升培训后分流等形式调整工作岗位，为干部队伍打一支强心针，解决干与不干、干好干坏一个样的桎梏。近年来，喀什地区积极适应工作新态势，探索干部管理新模式，着力解决干部一聘定终身，能上不能下，能进不能出的问题，初步取得成效。

虽然事业单位人事管理方面取得一些成绩，但也存在一些问题和困难。由于喀什处于维稳的前沿，维护社会稳定任务艰巨，基层干部长时间处于“5+2”“白加黑”的工作状态，基本休息得不到保障，身心得不到调整，人员流失严重；很多重要岗位都出现人员紧缺、人手不足的情况，干部身兼数职，1个人要承担2个或多个人的工作任务，工作任务重，身体和精神压力大，难堪重负；地、县财政负担过重。喀什地区为了保证各项事业的发展，全面推行汉语教育，夯实乡镇执政基础，充实维稳力量，确保“三不出”，面向社会和内地招录（聘）了大量汉语教师、乡镇公务员和公安辅警，需要地方财政予以供养保障，压力很大；干部职工正常休假和相关待遇难以落实。因各单位要抽调大量干部参与基层维稳、群众工作，所剩干部只有加班加点才能完成本单位的全部工作。加之地方财力有限，不能按照《劳动法》相关规定兑现落实不能正常休假的待遇；部分乡镇领导干部存在工作作风简单粗暴，对干部批评指责多、表扬鼓劲少，对干部压担子安排工作多、教方法传帮带少，挫伤了干部的信心和进取意识，逐渐形成干部不求有功但求无过的消极状态。很多从疆外招录的年轻干部刚参加工作来到喀什，还没适应环境和工作，就直接投入一线工作；很多干部夫妻都在村里，孩子无人看管等。诸多针对干部的关心关爱机制落实不到位，干部的困难诉求不能很好化解，导致干部目标方向丧失，造成人才流失；尽管在中央和自治区的大力支持下，喀什地区为基层乡镇充实了大量干部，但是现有工作机制和人员管理机制很难适应当前新形势、新任务、新要求。

管理探索篇

R.56 中国科学院物理研究所人才建设实践与创新

傅琦　周长柱*

基础研究是提升我国自主创新能力的关键和突破口。习近平总书记多次强调，要在独创、独有上下功夫，提出更多原创理论，作出更多原创发现，力争在重要科技领域实现跨越发展。中国科学院物理研究所（以下简称“物理所”）90年的历史积淀，坚守物理学基础研究和应用基础研究领域，推动一项项重大原创性成果，一个个物理学大师和学术“新星”不断涌现。

国际化的研究机构。物理所现有3个国家重点实验室、7个院重点实验室、3个北京市重点实验室、1个所级重点实验室、1个公共技术支撑平台、8个所级研究中心。物理所被授予“科技部国际科技合作基地”和“海外高

* 傅琦、周长柱，中国科学院物理研究所人事处。

层次人才创新创业基地”荣誉称号。

杰出人才的聚集地。优秀的科研成果离不开优秀的人才。物理所能够取得今天的成就，是因为物理所会集了大量的优秀人才。截至 2018 年底，物理所共有两院院士 15 人，百人计划入选者 66 人，千人计划入选者 4 人，青年千人计划入选者 17 人，杰出青年基金获得者 37 人，优秀青年基金获得者 16 人，万人计划领军人才 12 人，万人计划青年拔尖人才 4 人。

物理所之所以能够会集优秀的人才，最大的优势和最弥足珍贵的，就是良好的人才发展环境。以下从人才引进和人才培养两方面介绍物理所的人才工作。

一 人才引进工作

（一）加大国际招聘宣传力度

为加大海外优秀人才的招聘力度，物理所定期到海外知名大学和研究机构，以及大型国际学术会议的现场组织物理所海外人才专场招聘会。

自 2008 年起，物理所每年在美国物理学年会三月会议上组织物理所人才招聘会和专场人才答辩会。该年会可以说是物理学领域全球最大盛会，聚集了世界各地物理学领域的研究人员近万人。参加物理所人才招聘会的人数从最初的 200 多人，到 2018 年已经增加到 600 余人。物理学年会三月会议招聘会已经成为物理所的品牌招聘会，其他高校也争相效仿。

2018 年，物理所还分别在斯坦福大学、德国物理学会春季会议、马普固态化学物理所、国际磁学会议、新加坡国立大学、美国化学学会年会、荷兰代尔夫特理工大学、英国帝国理工、剑桥大学、大阪大学、东京大学举办 10 余场“国际人才招聘会”，累计参与人才千余人。物理所的招聘活动得到了海外学生学者的广泛关注，每次学校招聘会参加人数都在 30 人以上。

海外招聘会建立了物理所科研人员与海外人才面对面沟通的平台，有力地宣传了物理所的“一村三湖”规划、人才招聘政策和各方面的优势条件，并为物理所积累了大量海外人才资源。

同时，物理所也积极维护和完善通过海外招聘等渠道建立起来的人才种子库，与人才保持联络，密切关注他们的动态，在招聘季对他们发出邀请。

（二）设立多层级人才梯队

1. 以国家“千人计划”、科学院“百人计划”为依托，吸引海外高层次人才

物理所从科研布局需求出发，以国家“千人计划”长期项目和青年项目，中国科学院“百人计划”为依托，引进海外高层次人才进入物理所工作，并通过他们的辐射和示范作用，凝聚和培养更多在世界上有显示度的优秀科学家。

2. 设立物理所“百人计划”招揽青年人才

自2005年起，物理所设立了所属层级的“引进国外杰出人才”计划，即物理所“百人计划”，充实了物理所青年科技人才队伍。以院、所两级“百人计划”为载体，引进各类有国外工作背景的人才，实现人才层次多元化发展。

2015年，中国科学院开始施行“率先行动百人计划”等系列人才计划。借此契机，物理研究所制定了更有力度的海外人才引进政策，并出台《中国科学院物理研究所引进人才管理办法》。新政策中，引进人才主要包括三种：百人计划Ⅰ类、百人计划Ⅱ类、关键技术人才。物理所每年春、夏、秋季进行三次招聘，由专门人才委员会评审，并且明确规定，新入所研究人员6年内不需要接受任何考核，工资为年薪制，使他们不必为了考核、经费而被动改变研究方向。入选者获得的国家级和院级人才项目中的支持可叠加，与所内提供的各种待遇条件不冲突。

3. 实施“国际青年学者”计划，吸引海外优秀青年科学家到物理所开展中长期研究

物理所于2010年起实施“国际青年学者”计划，旨在吸引有海外科研经历的青年人才到物理所作为博士后工作1~3年，以壮大流动的科研队伍。“国际青年学者”计划有力地补充了固定队伍，推动了物理所发展成为国际化研究机构。

4. 实施“岗位博士后者”制度

为充分发挥博士后制度在培养高层次创新型青年人才中的作用，将博士后制度与青年人才引进培养工作有机结合，物理所 2018 年出台了岗位博士后政策。入选人员享有 20 万 ~30 万元/年的高薪，优秀人员结束项目后将有机会留在物理所。岗位博士后制度是物理所落实“一村三湖”战略布局的新举措，也是吸引海内外优秀博士毕业生，培养一批高水平青年人才的重要途径。岗位博士后日后将作为物理所人才队伍补充的重要来源。

同时，物理所加强和国际顶尖机构联合培养博士后和博士生的工作。很注重对所内硕士和博士的培养，博士生在就读期间有很多出国参加学术会议与合作研究的机会，注重学生科研素质的培养。等待他们学成归国，物理所往往是他们最佳的选择。

长期有系统的人才引进工作，使物理所引进了各类海内外优秀人才。截至目前，物理所的青年学术骨干大部分是通过上述人才引进计划回所工作的，他们在物理所的发展中起到了不可替代的作用。

（三）成立平台吸引人才

1. 成立国际量子结构中心吸引国内外同专业的优秀人才

国际量子结构中心定位于学科交叉、面向国际层面、高水平深层次的科研合作平台。国际量子结构中心核心成员由海内外从事低维物理和纳米科学及相关领域研究的青年科学家组成。中心国内成员全部为“百人计划”、“长江学者”、“求是”基金获得者和国家杰出青年基金获得者；海外成员在国际上处于相关领域的学术领导地位，同时绝大多数是海外杰出青年基金获得者。国际量子结构中心的“不求所有，但求所用”的发展模式获得了学术界广泛认可。日本国立材料研究所、香港大学等国内外研究机构在此之后均以类似形式尝试发展。

2. 建立国际合作研究中心吸引国外凝聚态物理学界杰出青年人才

为凝聚与物理所各学科相关人才，更广泛地吸引国外凝聚态物理学界各个层次的杰出青年人才，物理所于 2010 年设立了国际合作研究中心，邀请相关人才到物理所进行短期访问或开展合作研究，并参与组织各前沿领域的研讨会和论坛，让海外人才有机会实地了解物理所的发展状况和科研氛围，创造更多机会建立海外人才和物理所科研人员的联系，为人才日后来所打下基础。国际合作研究中心面向所有积极参与研究的优秀国际青年科学家，特别是获得长期聘用资格的助理教授、副教授或教授，以及取得优秀研究成果的博士后等。

3. 设立“海外教授学术休假”项目吸引海外教授利用学术休假时间来所交流

为实现进一步迈向国际化的战略目标，加强和扩大国际合作与交流，不断提升整体科研水平，促进研究所的可持续发展，物理所设立“海外教授学术休假”项目，鼓励和吸引海外教授利用学术休假时间来所从事深入的科研工作。

除此之外，物理所与众多世界知名高校和研究机构有着紧密的合作和交流。物理所先后与美国、英国、德国、法国、日本等国家顶尖科研机构开展合作，建立起了长期、稳固的友好合作关系。目前，每年来访的海外学者达500余人，出访的在700人次左右，国际影响力不断提升。

（四）招聘委员会“火眼金睛”，认可自己的判断标准

物理所坚持自己的引才标准。人才只有通过物理所人才引进评审会，才能被推荐参加“千人计划”和“百人计划”评审，但只要通过物理所评审，入职即可获得充足启动经费，拥有独立开展科研的基本条件和科研资源。有些人才因为一些原因未能入选青年“千人计划”或者科学院“百人计划”，但只要通过物理所的答辩，所享有的所有待遇都与其他人才一样。

二　人才培养工作

（一）稳定支持与团队支持

物理所建立健全了科学评价考核机制，保障人才潜心科研。新入所研究人员，6年内不需要接受任何考核，工资为年薪制，不必为了考核、经费而

被动改变研究方向。物理所建立稳定的科研经费支持机制，减少各种名目繁多的评估，避免人才被“帽子”“头衔”扰乱心神。

物理所为人才配齐配强科研团队，给予长期“千人计划”若干招收院级“百人计划”的指标，给予院级“百人计划”若干招收所级“百人计划”的指标，并且6年不考核团队。

在物理所有力的稳定支持与团队支持下，引进人才回所后继续取得突破性科研进展。比如，物理所青年“千人计划”入选者程金光于2012年加入物理所。在物理所期间，得益于物理所有利于科研产出的管理机制和评价机制，程金光团队发现锰基和铬基材料的超导电性，在高压物理和材料领域做出卓越贡献。程金光研究员已经与其他几位引进人才一起成立自己的课题组，继续参与开发高压设备，并参与物理所在怀柔建设的综合极端条件实验装置项目。

物理所青年千人入选者 Carlos Palma 于2016年底加入物理所，在不到一年的时间内就搭建起了仪器设备，并组建了自己的研究团队。物理所的科研机制和科研环境为新引进的人才顺利高效开展科研工作提供了有力的保障。

（二）职称评定看重工作本身

物理所的职称评审和任期考核不数文章、不看影响因子、不看经费数量，破除唯论文数量、只看刊物级别倾向，而是强调成果质量和价值，看是否做到国际前沿、是否解决了重要学术难题、是否具有重大原创性突破、是否符合国家发展战略需求。

得益于物理所的科学评价机制和“出大成果”导向，很多科研人员可以认真踏实做自己感兴趣的事，实现自己的科研梦想，享受追求科学本质以及与国际同行竞争的喜悦。而一些重大突破性成果，也就随之“静悄悄”地诞生。比如物理所在铁基超导、拓扑绝缘体、量子反常霍尔效应、外尔费米子等领域取得一大批重大原创性科研成果。

（三）以开放包容的学术氛围激发人才创新活力

对于基础研究而言，科学家自身的兴趣和好奇心是推动科研创新的原动力。

激发兴趣和维系好奇心的关键是宽松、公平、开放的学术环境。基础研究既要埋头苦干，也要闲聊天，灵感不可或缺，好的环境不可多得。物理所秉持“穷理、有容、唯才、同德”理念，大力为人才营造开放包容的学术氛围。

新建物理所大楼时，大家说，展板可以少一些，但黑板一定要到处都有，让研究者能随时随地把灵感记录下来。物理所的咖啡厅在圈内享有盛誉，这里不仅有好喝的咖啡，还有各路“科学大咖”在这里产生思想的“火花碰撞”。物理所没有“山头”、没有“学阀”，提倡百花齐放、百家争鸣。无论学术泰斗，还是刚入所的学者，在科学问题面前人人平等，几代科研人员共处一室，公开辩论的场面随处可见。物理所建立完整的学术交流体系，设立“公共技术讲座”“崔琦讲座”“中关村凝聚态论坛”“凝聚态物理前沿讲座”“科学之家学术漫谈”“明理时空”等系列学术交流活动，发挥学术交流在人才培养支持上的重要作用。

一个典型的所内合作例子是 2017 年三重简并费米子的观测。物理所青年科学家翁红明团队理论预言在一类具有碳化钨晶体结构的材料中存在三重简并的电子态；石友国团队制备出碳化钨家族中的磷化钼单晶样品；钱天团队在上海光源“梦之线”和瑞士保罗谢勒研究所经过几个月的实验测量，成功解析出磷化钼的电子结构，观测到其中的三重简并点。这样，理论预言、样品制备和实验观测三个环节通力合作，首次观测到三重简并费米子。该发现是拓扑物态研究领域的重大突破，为固体材料中电子拓扑态研究开辟了新的方向。这三位科学家都是物理所近几年引进的青年人才。

总结物理所的人才工作，科学家自身的兴趣和好奇心是推动科研创新的原动力，应该遵循科学发展规律和人才成长规律，以有利于出大成果的评价机制引导人才踏实做事，坚持不问出身、公平竞争，以开放包容的学术氛围激发人才创新活力。

“细推物理须行乐，何用浮名绊此生。”着眼于加快迈向世界一流科研机构行列，中科院物理所将继续深化人才发展体制机制改革，完善人才培养、使用、激励、保障机制，以好的机制、好的环境，促进人才创新创造活力迸发、成果泉涌。

R.57

北京人民艺术剧院绩效管理改革的探索实践

贾　波*

北京人民艺术剧院（以下简称“北京人艺”或“剧院”）担负事业单位绩效管理改革试点任务以来，认真贯彻落实国家和北京市关于事业体制文艺院团转换机制、增强活力的方针政策，坚持目标导向、问题导向，深化内部机制改革，强化绩效管理意识，在实施绩效考核与工资激励方面进行了积极探索。试点实践中，采取调研座谈、个别访谈等多种形式广泛听取干部职工意见，及时对绩效考核办法进行修正，加强规范化管理。通过系统性梳理和研究，试点工作在创建绩效管理机制上取得了一定成效，即“四化”：绩效考核目标化、工资体系规范化、激励管理质量化、公益职能突显化。同时，经过深入思考和研究，也能看到在管理创新和机制优化上还存在深层次的发展空间。

一　绩效考核目标化

长期以来，北京人艺按照固有的艺术生产规律进行管理，演职人员也是按部就班地开展工作，形成了最为传统的院团管理与运营模式。由于这种模式缺乏目标导向和压力传导，致使内部活力不足，不能形成有效的激励机制。为此，剧院在改革中坚持目标导向，强化绩效考核的管理权重，采取分类考核、逐级实施的方法，把目标责任进行有效传导，逐步建立起绩效考核评价

* 贾波，北京人民艺术剧院人事处。

体系，与此同时，做好绩效考核与工资分配的紧密衔接，达成绩效一致。

在年度工作中，由上级主管部门结合任务要求向剧院下达年度绩效目标责任书，其中涵盖了艺术创作、演出经营、党建工作、内部管理、公益服务和人才评价等多项绩效指标，通过年度绩效考核来推进剧院目标落实与事业发展。剧院要对照绩效目标责任书，依据部门职能分别设立牵头主责、相关责任和协助责任等三类权重，要求各部门对标相应责任抓好工作落实。剧院对部门的绩效考核采取了季度考核把控进度、年度考核总体评价两种模式。部门绩效考核结果与部门负责人绩效以及部门内部的绩效总量直接挂钩，使绩效考核有效传输到部门层面。部门对普通职工的绩效考核由部门负责人组织实施，按照岗位职责、业务体量、工作贡献等多项指标进行考核，给予部门一定的绩效分配自主权限，增强了部门管理实效性。

经过近一年的改革实践，从剧院主体到部门和职工个体，基本形成了绩效考核目标化、团队协作一体化的管理模式，为绩效管理发挥有效的激励作用打下了坚实的制度基础。

二　工资体系规范化

2006 年事业单位实施绩效工资制度以来，剧院对工资架构、执行标准进行了相应调整，但同多数事业体制文艺院团一样，北京人艺在绩效工资分配的规范化方面还存在很多问题，如一事一议的情况、重复绩效的问题等。改革中，剧院把绩效分配看作绩效考核管理体现激励成效的“最终端”，因此要把绩效分配这一工具用好用足。在国家和北京市规定的事业单位绩效工资政策框架下，结合剧院工作实际，本着“保基本、优结构、重团队”原则，以绩效管理为标尺合理设计工资架构。

一方面，鉴于文艺院团是以专业技术人员为主体的事业体制，且其工作人员中的编剧、导演、演员、设计以及舞美等岗位均为不坐班属性，其他如行政管理、工勤技能岗位为坐班制属性，因此，在设计中从岗位属性入手，依据岗位贡献的不同制定绩效工资。基础性绩效工资是“保基本”的重要体现，即与考勤和周期性在岗情况直接挂钩，是职工参加工作付出的基础性工资保障。奖励性绩效侧重于职工完成工作的质量，既包括工作量的价值体现，实现多劳多得，还包括根据工作成效、贡献大小而设定的质量绩效。部门季度绩效能够反映一个周期的团队协作成果，是“重团队”原则的体现，在部门管理中也形成了一荣俱荣、一损俱损的鞭策效应。年度绩效是体现职工全年工作成效的主要激励方式，因此在实践中将不断加大年度绩效与年度考核工作的衔接力度。

另一方面就是规范津补贴，加强绩效工资的统筹设计，达到“优结构”。依据国家和北京市相关规定，对保留性津补贴和政策性补贴进行统一规范。同时，对剧院自定的各类一事一议的绩效补贴进行全面清理规范，相应的工作贡献全部纳入绩效工资管理范围，加强绩效工资的统一性，避免产生重复绩效。

三　激励管理质量化

在激励机制建设中，事业体制文艺院团在绩效工资设计上往往突出工作量而忽略工作质量，如演员只跟演出费和场次挂钩，编剧、导演只跟创作量和职称级别挂钩，而与话剧作品的舞台呈现、观众口碑、业内评价以及社会反响没有什么关系，精品导向作用没有真正得到体现。因此，在一年多的改革实践里，剧院对质量的要求逐步增强，通过激励手段引导演职人员在工作质量上下功夫，在剧目建设的精益求精上下功夫。

对剧目质量的评价直接体现到演职人员的质量绩效中。在每一轮剧目创作和演出中，艺术管理部门发挥主要的监督考核作用。由剧院艺术处负责对剧目的整轮演出进行质量考核，考核指标包括演出日志、票房环比、专家评价以及观众满意度等多个因素，考核的结果将对剧目质量绩效、排演资质等产生直接影响。据了解，这一举措是剧院在行业管理中的一项创新，也是把剧目质量与绩效激励有机结合的成功案例。

由剧目质量评价机制的建立出发，激励机制建议延伸到剧院建设的方方面面，进而充分发挥各级的主观能动性，推进剧院事业向前发展。在部门职能发挥方面，剧院倡导积极开展职能创新，促进工作实效，提高工作标准，职能创新也被纳入部门绩效的考核指标中。这一举措进一步调动了全院职工干事创业的活力，传承和发扬北京人艺特有的“一棵菜”精神，为更好地服务创作、优化管理和提升事业水准作出自己的贡献。

四　公益职能凸显化

习近平总书记在文艺座谈会上指出，一部好的作品“应该是把社会效益放在首位，同时也应该是社会效益和经济效益相统一的作品”。这为事业体制文艺院团的未来发展指明了“强化社会效益”的改革方向。基于北京文化品牌、全国文化中心建设重要阵地的定位，北京人艺必须不断强化和发挥其公益职能，在推出精品力作服务人民的同时，还应在以文化人、提升国民文化素质方面下功夫。

为此，剧院把公益服务作为年度绩效考核的一级指标。在干部职工中不断强化公益职能的重要性，要求演职人员积极参加公益性服务活动，并将此纳入绩效考核评价体系。剧院实施改革以来，公益职能作用得到了前所未有的凸显：一是在全年的演出任务中，通过调低票价实现惠民举措，增加学生公益场和票价面值10～40元学生低价票的数量，加强学生观众群的培养和戏剧影响；二是立足资源优势，与北京市教委联手合作，大力开展“戏剧进校园”活动，在戏剧教育方面给予专业保障；三是通过多种形式开展戏剧普及教育公益性活动，比如“剧本朗读活动”，既能使青年演员的台词能力在实践中得到锻炼，又能使观众在免费欣赏中体会戏剧的魅力。菊隐剧场定期举办的戏剧讲座和群众性戏剧活动，使之成为北京人艺开展戏剧宣传和普及活动的重要平台。

虽然北京人艺的绩效管理架构已基本形成，但通过深度思考和研究，能够看到其在绩效管理的细节构建上还有不够完善的地方，在事业体制与行业特点的机制融合上还需进一步加强。下一步，将在以下三个方面进行重点研究。

一是绩效目标的精细管理。要全面梳理和整合部门职能和岗位职责，进一步优化绩效目标实施的主体结构，形成剧院、部门、岗位三级联动关系。在剧院总体的绩效目标基础上，加强部门与岗位的绩效目标责任权重的细化分解，做到责、权、效一体化管理。

二是质量导向的机制完善。现行的质量考核与绩效管控还有很多不完善的地方，比如，如何将质量考核范围扩展到艺术创作与生产的全程，考核性指标还需要进一步细化；质量监管与问责体系还应向科学高效上推进；部门职能作用如何纳入质量考核范围，进一步完善部门绩效的考核评价办法。

三是绩效分配的动态管理。一方面，深入研究岗位绩效评价机制，对艺术人员参与创作演出以外的公益性活动，通过加强量化绩效的动态管理，以鼓励其积极参与社会公益事业。另一方面，根据国家现行政策，事业体制文艺院团的工资总量由政府部门管理调控。实施绩效管理后，在绩效目标与工资管理有效对接的基础上，还要进一步研究完善部门周期性考核与绩效分配的动态化调整机制，使内部绩效管理全面实现多劳多得、绩优多得的良好激励氛围，进而推动剧院事业更好发展。

ℝ.58

农业科研院所创新团队建设的探索实践

陈 洁　蚁秀清*

农业科研院所是我国农业发展和农业生产的引导者和推动者，是构建国家农业创新体系的重要基地。人才是农业科研院所科技核心竞争力的关键因素，人才队伍是农业科研院所科技事业发展的关键，是落实“创新驱动”“人才驱动”发展战略和建设科技强院（所）的重要支撑。农业科研院所创新团队建设决定着人才队伍建设，是提升农业科技综合竞争力的核心因素，对于推动国家的科技创新发展有着重要的作用和意义。

一　加强农业科研院所创新团队建设的形势和重要性

近年来，随着我国农业科技创新投入力度不断加大，农业科研院所科技创新水平和服务“三农”能力得到显著提升，农业科技应用转化率也在稳步提高。据测算，2015 年的农业科技进步贡献率已经超过 56%。随着国家经济发展进入新常态，农业产业面临转型升级和结构调整，对科技持续创新能力提出更高要求，加强农业科研院所创新团队建设是适应新时期农业科技创新要求的新模式，是整合创新资源、加强联合攻关的有效途径，对于推动科技创新发展有着重要的作用和意义。

农业科研与其他研究工作不同，研究对象具有特殊性、约束性和区域性，研究周期长，受自然规律和生物规律影响比较大，存在一定的研究风险，较难从研究中获得经济报酬。大多数农业科研院所属于非营利性单位。

* 陈洁、蚁秀清，中国热带农业科学院。

农业科研院所从事研究的经费主要来源财政拨款以及承担国家、省部级项目。科研机构的团队建设所需的经费除了承担各类科技项目外，还包括团队自身的人才建设、开展课题研究的科研启动及配套费用、学术交流合作费用、机构运行管理费用等。拥有一批具有较强实践能力和创新精神的团队，拥有一批站在学科前沿的拔尖团队带头人，是农业科研院所保证科研课题和项目成功率，确保优势领域创新性和重点项目的可持续性以及在行业内占据话语权的关键。

近年来，国家科研经费投入逐年加大，但有些科研院所重大科研项目及重大成果偏少，需要紧紧围绕当前农业发展形势，为产业结构调整解决难题，搭建平台，集中优势和力量，优化配套学科与平台建设，加强项目库建设及重大科技项目、成果策划，同时借助国内外优秀团队及其先进的技术和科研理念，指导或合作研究解决科研面临的技术瓶颈或理论创新，提升科研院所科技项目顶层设计与项目实施成效。因此，整合多方资源，加大项目支持力度，开展大项目联合攻关，建立一支学科专业布局合理、整体素质能力高、自主创新能力强的创新团队是农业科研院所面临的重要课题。

二　农业科研院所创新团队的建设现状

（一）团队运行管理机制有待健全

农业科研院所现行的研究团队几乎是根据学科布局设置，并明确了团队带头人，有些学科有交叉，造成科研团队划分过于分散。有的院所未建立完善的责任框架，团队体系的岗位职责不够明确，责任意识不强，造成团队分工得不到有效实施。此外，没有配套完善的团队建设规章制度，在一定程度上影响了团队工作的积极性和创造性的发挥。

（二）高水平的学科领军人相对缺乏

高层次的领军人才相对较少。领军人才是科研创新团队的领导者，学术造诣深，在学科建设方面具有创新性构想和战略性思维，在达到团队人员配置最优化以及完成科研创新团队最终目标过程中，起着决定性作用。在科技创新团队建设中，尽管拥有不少这样的团队带头人，但整体数量仍然偏少，尤其是新兴的学科，缺乏高层次的领军人才，在学科建设方面较难有突破性的科研进展，较难形成学科的区域优势，团队建设也必然缺乏领域内的竞争优势。此外，部分团队负责人是科研经验较为丰富的专家和教授，但是在管理方面的经验并不一定丰富，因此在带领队伍、激励员工以及任务分配等方面存在不同程度的问题，限制了科技创新团队建设的发展。

（三）团队梯队建设不够完善

一个优秀的科研创新团队并不是简单地由几个“最优秀”的人才组成，除了拥有富有开拓创新的年轻生力军，也离不开做辅助工作的人员和技术人员，因此，团队梯队建设尤为重要。由于近年来科研院所引进人才多强调高学历，致使科辅人员缺乏或编制外科辅技术工人稳定性差，难以形成合理的团队梯队。部分团队带头人专注科研或将更多的精力和时间花在科研项目的争取上，忽略了对团队的建设，在管理及运行方面没有充分发挥作用。部分科研团队的人才队伍梯队尚待完善，尤其是新兴学科的团队，成员多为年轻人员，缺乏高端人才和技术骨干，人员队伍无法长期稳定，科技创新能力和成果转化能力不强。

（四）团队激励机制不够突出

农业科研院所在团队运行机制方面还存在一些不足，对科研绩效的评价，往往注重发表论文或出版专著数量、科研经费、承担课题数目等量化指标，忽视成果的转化率、转化效果、应用推广等质量指标，容易造成团队的急功近利及科研评价的短视性，限制了科技创新的效果，难以出现有重大价值的成果。此外，在一个团队中，人才的能力大小有所不同，这需要一个有效的人才激励机制，使那些能力不足的人才可以不气馁，通过努力把自身的价值发挥到极限，而那些能力强的人可以不骄傲，也将才能充分发挥出来，大家共同为团队做贡献。

三　推进农业科研院所创新团队建设的对策及建议

（一）健全团队运行机制

一是从管理层面，必须要加强对科技创新团队建设的重视，完善创新团队管理办法、激励机制等制度。管理好团队的日常行政事务，为科研人员提供更多的便利，简化办事的流程，为科研工作创造良好的外部条件。二是要以科研人员为中心，满足团队的发展需求。每个团队可以设置一名科研秘书，负责团队的一些日常事务的管理，如信息表格等材料的填写，减少科研人员在日常事务耗费的时间和精力，让科研人员全身心投入科研工作，提高科研人员的积极性和主动性。三是实行“院—所—团队—个人”的管理模式（见图1），对团队实行宏观管理，以团队为基本单元，研究所负责团队的定位、方向、考核等方面的部署，团队负责人负责团队的建设及内部的管理。同时要提高团队带头人的管理能力和组织协调能力，加强团队带头人的考评考核，除了明确个人能力和业绩成果外，应明确团队建设的效果评价指标，加强团队建设的考核和评估。

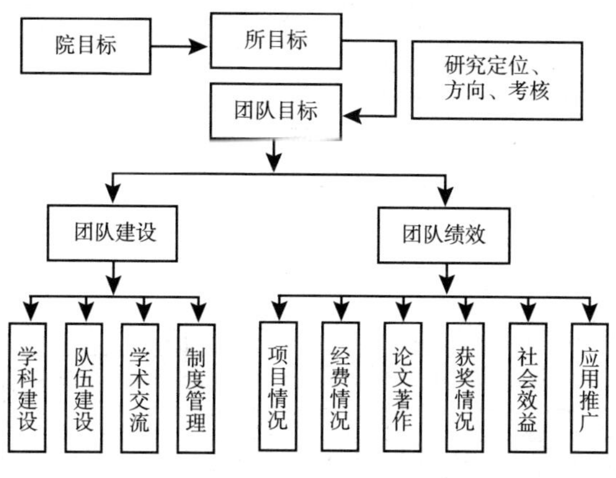

图1　科研院所创新团队管理模式

（二）构建合理的人才梯队结构

人才梯队结构是指构成团队的人员比例关系和组合方式，包括人员的年龄、数量、才智、比例配置以及相互之间的关系等。创新团队的构建必须有利于团队优势的充分发挥，使不同知识层次、不同能力的成员能够在团队中相互协调补充、扬长补短，减少人才的浪费或不足。为有效发挥人才的最大效能，应正确处理团队内部和外部的各种关系，优化人才梯队，构建合理的团队人才梯队，将团队成员的职称、学历、荣誉以及岗位等要素作为团队建设的构建序列，建立以下三种类型：以岗位为主线形成的人才梯队，称为“专家人才梯队”；以学科为主线，以职称、学历为辅线的人才梯队，称为“学科人才梯队”；以人员的荣誉称号为主线，代表不同发展阶段优秀人才中的带头人，称为“拔尖人才梯队”（见图2）。一个合理、稳定的团队梯队要由团队带头人在学科建设中逐步引导，日臻完善。团队带头人根据成员的情况，通过引进、培训及进修等方式，不断优化队伍，逐步形成人员配置合理、梯队科学和积极向上的团队。如：在岗位方面，理想状态下的团队梯队，应当是自上而下单金字塔形，即“1个顶尖专家（正高级岗位人员）+2～3名资深专家（副高级岗位人员）+若干业务骨干（中级岗位人员）+科辅人员（初级或工勤岗位人员）”的搭配所形成的团队（见图2）。

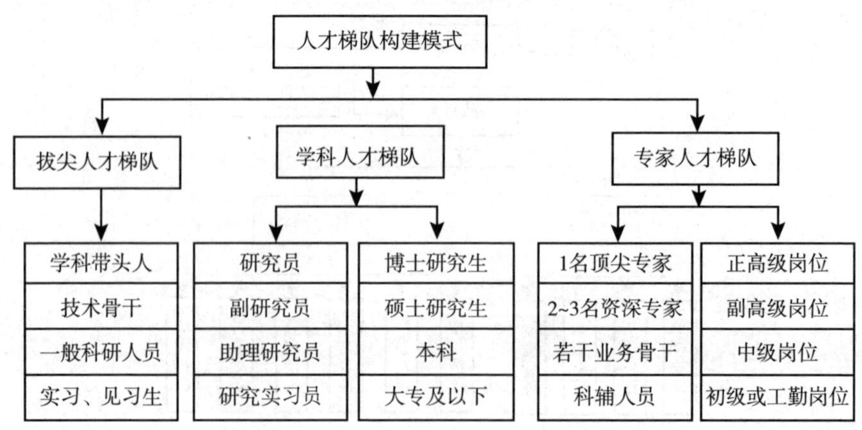

图2　创新团队人才梯队构建模式

（三）完善团队评价激励机制

一是建立科学合理的评价制度。根据科研团队的特征建立科学的绩效评价制度，设置以业绩贡献为导向的考核评价指标，引导团队向重点产业领域、重点科研课题聚焦。同时，根据研究内容确定考核周期，可适当延长评价周期，采取个体与团队考核相结合的方式，通过年度考核或中期考核等评估方法，降低考评频率，有力促进大科研成果的出现。二是建立目标激励机制。对团队每一个成员，要达到的目标是因人因事而异的，目标激励机制可以从团队和成员的实际出发制定目标，使目标更具科学性、可行性和指导性，同时，可以保证目标考核工作的针对性，实现对团队成员的动态管理。三是建立待遇激励机制。在各尽所能、按劳分配的基础上，根据团队对社会的贡献度及行业对其需求程度，在待遇分配上倾斜，调动团队的积极性，更好地激励其为社会做出贡献。四是建立精神激励机制。通过给优秀科技人才授予荣誉、对其宣传表彰等方式，提高其知名度，扩大其影响力，使其在社会的广泛认可中得到满足，促使其保持工作积极性。

（四）加强团队文化建设

一是弘扬团队精神。与其他行业科研工作相比，农业科研周期长，产出少，风险大，工作环境较差。许多农业科研单位地处偏僻的农村或城市郊区，文化建设的物质条件薄弱且基础设施落后。创新团队文化是团队有效运行和团队工作能力培养的关键因素之一，因此，在实践探索过程中要不断提炼与升华团队文化，引导团队创新，弘扬团结协作、取长补短和协同创新的团队精神。二是加强团队带头人的培养，大力宣传优秀的科技创新团队和人员，为其他团队和人员树立良好的榜样。提升科技人员及团队的价值观，加强团队成员间的协作与交流，为团队成员提供自由和宽松的工作环境，增强团队内部凝聚力和向心力。三是建立交流制度，营造良好的学术文化氛围。定期召开“科技沙龙”交流会等活动，为科技人员提供展示自我和学习交流的平台；邀请农业经济研究领域专家做讲座，对科技创新相关政策、法规进行宣传，贯彻执行，加强工作思考，及时调整科研方向，提高科技成果与产业需求、经济发展契合度；通过邀请老专家做学术报告、参加课题研究评审等方式，有效发挥“传帮带”作用，传承老一辈科技工作者的科研精神和科研思路，激励、引导和教育新人成长。

参考文献

余仲华：《年度考核中主观评价存在的问题及改进策略》，《人才资源开发》2010 年第 3 期。

于文静、王宇：《我国农业科技进步贡献率将超过 56%》，http：//news. xinhuanet. com/fortune/2015 - 12/27/c_ 1117592182. htm。

秦焱、赵会薇、刘敬宗：《推进农业科研单位人才队伍建设的思考》，《产业与科技论坛》2014 年第 13（11）期。

程琳琳、王旭、田维敏等：《浅析农业科研单位学科建设》，《农业科技管理》2016 年第 35（2）期。

吴林妃、傅庆林：《农业科研单位科研创新团队的建设与管理研究》，《农业科技管理》2012 年第 31（2）期。

武静：《浅析科研院所科技创新团队的建设》，《黑龙江科技信息》2016 年第 34 期。

李超、刘伟娜、陈红磊：《浅论科研人才的激励机制》，《科技资讯》2015 年第 16 期。

张琨、毛佳、苏志强等：《事业单位专业技术岗位人员遴选探讨》，《科研管理》2016 年第 37 期。

辛艳伟：《美国科研评估体系对我国科研管理的借鉴》，《农业科技管理》2009 年第 4 期。

辛红霞、华秀红、万云龙等：《新时期省级农业科研院所青年人才队伍建设刍议》，《农业科技管理》2016 年第 35（3）期。

R.59

上海交通大学医学院附属仁济医院人事制度改革与探索

陈 蕊 汪 慧 牟 姗 王 争*

上海交通大学医学院附属仁济医院，作为上海开埠后的第一所西医医院，自1844年建立以来，一直秉承传承历史、踊跃创新的理念，凭借着鲜明的学科特色、雄厚的综合实力和优质的医疗服务，正努力建设成为具有一定国际知名度和影响力的国内一流医疗中心。

在习近平总书记“实行更加积极、更加开放、更加有效的人才政策，培养造就一大批具有国际水平的战略科技人才、科技领军人才、青年科技人才和高水平创新团队”的思想指引下，依托上海“人才30条”等系列人才政策软环境，医院以学科发展为重点，以人才建设为主线，围绕职称晋升、人才引进与培养等开展了一系列创新举措，逐渐形成打造学科高地及人才高峰的新局面。

一 打破高级职称终身制，建立“能上能下”的职称聘任制度，为青年人才拓宽上升空间

为调动专业技术人员的积极性，促进学科人才队伍的培养，医院在召开职工代表大会、学科调研会、各类人才座谈会广泛听取意见的基础上，形成了比较科学、系统的考核聘任工作方案，对获聘医师系列、医学研究系列高级专业技术职务人员开展考核续聘。依据市卫生行业工作实绩基本要求内容，

* 陈蕊、汪慧、牟姗、王争，上海交通大学医学院附属仁济医院。

结合医院实际情况设置续聘考核标准及权重。由医院学术委员会牵头，制定出台综合医疗、教学、科研等方面评价的具体考核方案，开展考核续聘工作。

考核续聘根据医师职业发展规律，结合实际情况，鼓励在临床、科研、教学方面形成各不相同的个人特色。尤其是坚守在急、危、重临床一线的医技人员，更加强调临床业绩以及医疗服务和质量考核。考核工作秉承公开、公平、公正的原则，全程在纪委监督下进行。尤其对学术评价上更为慎重。如果本人对评价结果存在异议，可以向医院学术委员会提出复议。经复议确实存在能力和岗位要求有差距的高级职称人员坚决予以降级聘用。这一举措的实行，打破了长期以来高级职称终身制的“神话”，杜绝在医疗技术快速发展的当下，存在无新技术、无教学、无科研的“三无”高职人员。10%的淘汰率既保持了高级专业技术队伍的先进性，同时也为医院青年人才拓宽了职业发展空间。

二　细分学科定位，分类归纳高级专业技术职务推荐建议，实施有序过渡

为更好地完成医院“十三五”建设目标，医院对专业技术人员进行了整体能级追踪，归纳晋升高级专业技术职务的医院参考意见：除符合卫健委标准外，晋升主任医师者结合个人职业发展特点，在医疗、教学、科研上需取得较为领先的实绩工作。2017 年，医院在重点学科先行先试，目前已经在院内其他学科有序推开，最终在高级专业技术职务岗位胜任能力上实施统一要求。另外，晋升副主任医师者，需具备一年以上国际化培养经历，积极鼓励具有国际竞争潜力的青年人才优先推荐。

三　国际化培养政策与晋升政策相互支持，加强人才培养制度体系建设

晋升与出国培养挂钩，并非不切实际的空想，而是经过多年实践后的共

识。在十二五期间，为了进一步加强学科与人才队伍建设，促进优秀中青年学术骨干的成长，医院出台了一系列出国培养计划，例如，《公派出国访学计划》《专项技术人才培养计划》《科主任、科副主任出国计划》《管理进修计划》《国际护理能力提升计划》等，把出国培养目的聚焦在培养中青年人才卓越的临床、科研、教学能力上，尤其重视创新意识和能力的锻炼与提升。

医院尤其重视医疗青年人才培养的顶层设计，对于35岁以下青年医师推出《“青年医师全周期培养计划”实施办法》。对住院医师入院3年内的培养计划进行全方位部署，并将海外培养完成情况与住院医师规培、专培无缝衔接，国际化培养成绩与副高晋升挂钩，从而使得国际化人才培养制度成为一项切实可行的长效机制。

四　依托破格晋升平台，不拘一格降人才

2017年，上海交通大学医学院附属仁济医院对教师、研究、实验技术系列的高级专业技术职务，在原有职称聘任的框架下，新增破格聘任。这对于医疗机构科研人员无异于一股春风，给优秀青年人才辟出了“绿色通道”。

1985年出生的干细胞中心青年研究员朱博士是当年参加破格正高申报人员中最年轻的一位。对于能够破格晋升正高，朱博士表示，“破格晋升政策，极大地激发了青年科研人员的工作热情，让青年人员看到年龄资历不再是主要的考核标准之一，只要年轻人有科研创新思想、研究能力和好的学术成果，价值就能很快得到认同和体现”。

像朱博士这样的专职科研人员在仁济医院还有很多。随着干细胞研究中心、中澳个体化免疫中心、分子医学研究院、基础临床创新研究中心平台建设，以及一系列配套政策的落实，一大批科研人才纷至沓来。医院以此为契机，将搭建临床与科研长效联动机制平台，进一步探索专职科研队伍与临床常态化合作的可行途径和机制，以推动临床学科发展和人才的建设。

ℝ.60

江苏省农业科学院人才发展机制实践与创新

还红华*

人才是创新的第一资源。党的十八大以来，党中央国务院、省委省政府高度重视人才工作，以激发人才创新创业活力为目标，深入推进人才政策改革和创新机制改革，赋予用人单位更大自主权，为各类人才发挥聪明才智创造良好条件，营造宽松环境，提供广阔平台。江苏省农业科学院深入学习领会习近平新时代“人才观”，坚决贯彻落实省委省政府决策部署，大力推进实施“人才优先”发展战略，按照扩大人才总量、盘活人才存量、提升人才素质能力的思路，从人才发展机制各环节着力，优化制度设计、创新工作机制，强化政策举措的衔接、叠加和配套，初步形成了寻觅人才求贤若渴、发现人才如获至宝、举荐人才不拘一格、使用人才各尽其能的工作局面。

一 引进人才注重精准性

（一）加强人才队伍分析研判，建立预警机制

在“财政供养人员零增长”的政策要求下，突出人才招聘计划的靶向性。围绕重点人才、重点学科、重要平台和重大成果产出需求，加强人才预测预警，绘制“高精尖缺”人才需求图，并按图索骥，精准编报进人计划、推进人才招聘，防止出现人才断层或者同类人才扎堆情况。

---

* 还红华，江苏省农业科学院人事处处长。

（二）优化公开招聘方式，科学引进人才

坚持公平、公正、公开原则，在江苏省人力资源和社会保障厅的大力支持下，对招聘岗位要求为博士学历的专业技术岗位，探索考核的评价方法，由用人单位自主选才。让专业的人做专业的事，提高对应聘者的知识背景、专业技能、职业素养评价的权重，强化对人才综合素质能力的评估把关，提高人才的适岗性。

（三）创新招才引才方式，转“等人上门”为“上门选人”

积极参加江苏省、北京市专项引才活动，吸引北京大学、清华大学、中国农业大学等国内顶尖高校人才来院工作。同时，面向国内外重点院校，自主开展“校园行”活动。除了开展常规性的招聘推介会外，还根据目标高校优势学科团队情况，以研究所为单位开展丰富的学术交流活动。

（四）坚持需求导向，加大“高精尖缺”人才吸引力度

面向高端人才和急需紧缺人才，不断优化调整人才引进政策，实行“一人一策”。根据引进的人才学术水平和创新能力，双方协商确定引进工作条件和相关待遇。聚焦发达国家院士、国际学术组织负责人等战略人才，建立特聘研究员制度，建立灵活高效的柔性引才机制。

二　培养人才注重针对性

（一）科学设计人才继续教育培训工作

结合不同岗位员工的成长规律、工作职责和业务能力发展需求，分年度设计全院各类人才培训方案，构建完善“公共 + 特色”的模块化课程体系和相对稳定的专家师资队伍，积极应用考察观摩、研讨交流线上学习教育、技能训练情景学习等多种类型培训方式，建立培训考核评价机制，促进不同

层级、岗位人员知识更新，提升履职能力。对新进职工，每年定期组织培训。培训班用一周左右时间进行脱岗培训，开展特色党日活动，使人才尽快融入农科院的文化氛围和创新环境。

（二）拓宽人才国际化视野

面向国际一流科教单位或者一流科学家实验室，选派优秀青年科技骨干出国访学，开展合作研究，学习专业知识，参加国际学术会议，不断提升人才国际化思维能力，推进人才参与国际竞争与合作。2011 年以来，江苏省农业科学院先后与美国加州大学戴维斯分校、美国密西西比州立大学、英国诺丁汉大学、韩国京畿道农业技术院、泰国农业大学、南非夸祖鲁纳塔尔大学等签署了人才培养和合作研究协议，先后选派访学人员 139 人，联合培养博士后 30 人，培养博士研究生 9 人。

（三）项目化培养青年干部

着眼全院事业发展需要，创新青年干部培养方式。通过外派挂职、学术兼职、岗位培养、多岗锻炼、能力培训等项目化管理机制，明确目标任务，统筹项目资源，强化过程管理，建设一支政治素质过硬、理想信念坚定、业务能力优良、工作作风扎实、廉洁自律严格的年轻干部队伍。2018 年，全院先后选派 26 人赴国家部委和地方挂职锻炼，选派 5 人赴联合国粮农组织、国际农业研究磋商组织、国际原子能机构等任职，帮助青年干部人才开阔眼界思路、提高政务能力、提升管理能力。

三　使用人才注重适岗性

（一）高效利用编制资源

人岗相适、人事相宜才能最大限度地发挥人才的潜力。江苏省农业科学院现有 2200 名左右的工作人员，其中一线科技人员占约七成。科技人员众多难免会出现人岗不相匹配的情况。为充分释放人才活力，高效使用珍贵的编制资源，于2017年成立了职业发展中心，打造人才职业发展贯通机制，建立35岁以下青年人才院内自由流动机制，营造专技人才成长的良好环境。科技人员进入职业发展中心前6个月内享受原岗位待遇，同时通过提供院内优先招聘、专业技能培训、推荐岗位试用等方式，引导优秀人才向重点或新兴交叉学科集聚，促进人才资源最大化、最优化利用。

（二）规范在职职工创新创业和兼职管理

积极贯彻落实从严管理干部和“大众创业、万众创新”精神，制订出台了《关于进一步加强和规范在职职工创新创业和兼职管理工作的意见》，对处所级干部、专业技术人员、管理服务人员、编外人员实施分层分类管理，规范科技人员创新创业和兼职管理，鼓励支持专业技术人员利用专业知识服务产业发展，推进科技成果转移转化，防止出现新的“吃空饷”情形出现。

四　留住人才注重发展性

（一）加强职业规划引导

2015年以来，江苏省农业科学院先后实施了三级重点人才计划和“国”字号人才培养计划，建立了院所两级人才培育体系。三级重点人才计划以研究所为实施主体，建立院统筹协调、研究所具体负责的工作机制，在“十三五”期间遴选10名左右的领军人才、30名左右的中青年学术骨干和100名左右的青年拔尖人才进行重点打造，确立职业规划与发展目标，量身订制成长路线图和时间表，为其提供稳定支持。“国”字号人才培养计划由院统筹实施，以获得国家杰出青年科学基金项目、优秀青年科学基金项目等重点人才项目为目标，每年从青年拔尖人才中遴选最有冲劲、最有潜力、创新能力最强的人才，实行以“人才”为核心的培养方式，由院统筹资源力量进行重点培育；赋予“国”字号人才培养对象招聘自主权，加快组建导师组，给予稳定的科研经费支持、倾斜支持项目推荐等。

（二）构建“四位一体”奖励性薪酬体系

奖励性绩效工资总量与考核结果挂钩，用足国家和省科技管理部门政策，合理发放科研绩效，落实国家促进科技成果转化有关规定，加大对科技人员的激励力度。此外，对主持重大项目，获得重大科技成果，发表高水平论文著作，获得高质量品种、专利、工艺技术和产品的人才给予重大业绩成果奖励，提高科技人员获得感，使其工作生活得更体面。在此基础上，建立重点人才薪酬调增机制，以科技创新人才作为确定薪酬水平的核心要素之一，调整薪酬制度和绩效考核计划，制定了高端杰出人才、“国”字号人才培养对象、三级重点人才新增薪酬工作协议，明确工作目标和薪酬待遇，调动人才的工作积极性和主动性。

五　评价人才注重科学性

（一）调整评价导向

针对现行农业科研人才评价中存在的服务农业科技进步创新导向不够鲜明、原创性和高质量的产出引导力度不够突出、人才成长和团队建设规律遵循不够充分等突出问题，在科学分类的基础上，积极构建符合农业科技人才职业发展和岗位要求的评价标准体系，推动评价指标由单一学术评价向综合评价转变。

（二）调整评价指标

摒弃“重数量、轻质量”的倾向，杜绝低水平重复性成果，积极引导高质量、标志性和突破性科技产出，推动评价质效由重复性、低水平产出向高质量、标志性成果产出转变。

（三）调整评价重点

适应农业科技协同创新和跨学科、跨领域发展等特点，进一步完善农业科技创新团队评价办法，实行以合作解决重大科技问题为重点的整体性评价，推动评价方式由注重个人评价向注重整体性评价转变。

（四）调整评价周期

坚持遵循农业科技人才成长发展规律，破除人才评价唯考核、多头考核、频繁考核的现象。科学合理设置评价考核周期，推动评价周期由短周期评价向长周期评价转变。

六　服务人才注重配套性

（一）积极发挥博士后科研重要补充作用

通过设立博士后培养专项经费、建设博士后公寓、稳步提升博士后薪资、保障博士后各类待遇等方式，博士后规模逐步增长并保持较高水平。自建立博士后工作站以来，已累计招收博士后 266 人，其中与国外高校联合培养 31 人，累计出站 177 人。

（二）积极发挥研究生科研重要支撑作用

坚持立德树人，创造条件，搭建各种平台，开展丰富多彩的学术、文体活动，如研究生学术论文评选及优秀论文报告会、优秀研究生及优秀研究生干部评选、研究生暑期社会实践、拓展训练以及羽毛球比赛等丰富多彩的文体活动。2004 年以来，累计培养研究生 1083 名，现有在读研究生 200 多名。

（三）积极发挥学会服务科技工作者作用

作为江苏省农学会的理事长单位，江苏省农业科学院积极推进学会秘书处的实体化运行，发挥学会在学术交流、科研成果评价、农业科技奖励、农业科普、为农服务平台、政府智库等方面的作用，同时加大自身建设和管理服务能力提升，被评为全国科协系统先进集体标兵等多项荣誉称号。

（四）积极发挥干部人事档案保障作用

根据中共中央办公厅《干部人事档案工作条例》要求，切实增强干部人事档案作为新时代党的重要执政资源意识，着力完善管理体制，健全工作制度，细化工作标准，创新工作方式，积极推进干部人事档案的数字化处理、智能化保存和信息化利用，确保干部人事档案信息完善真实准确，进一步发挥干部人事档案“活字典”效用，使干部人事档案工作质量有效提升。

下一步，江苏省农业科学院将在认真贯彻落实国家及省有关人才建设新要求的基础上，进一步加强人才工作的探索和实践，进一步逐步完善人才相关制度体系，积极营造德才兼备和能人辈出的良好氛围，为服务和支撑江苏乡村振兴走在全国前列做出积极贡献。

ℝ.61

苏北航务人才开发与管理现代化的创新探索

秦晓蕾*

我国的公益事业单位承担着国家赋予的公共服务职能，如何强化公益属性，提升服务质量和服务效能是公益型事业单位改革攻坚期的首要命题。在公益服务不断智能化的现代化背景下，创新人才开发与管理体制是突破口，如何实现事业单位岗位科学配置、激发人才活力，让人人都有成长成才、脱颖而出的通道，成为公益类事业单位人才开发与管理创新亟待解决的议题。苏北航务管理处（简称“航务处”）作为公益类事业单位，隶属于江苏省交通运输厅，是具有行政管理职能的事业单位，担负京杭运河苏北段及中运河、里运河航道航政管理、航道养护、船舶过闸管理、船闸养护和船舶过闸费征收管理职能。近年来，随着我国经济发展日新月异，京杭运河苏北段航运发展迅猛，成为继美国的密西西比河、德国的莱茵河之后世界排名第三的内河航运中心。目前苏北航务管理处邵伯等船闸货运日通过量位于世界前列，并且日通过量不断创造新纪录。苏北运河已成为名副其实的全世界运输最繁忙的内河航道之一。同时，苏北航务管理处以习近平总书记关于“长江经济带”建设和“大运河文化带”建设重要指示精神为指导，积极把苏北运河打造为“绿色航运示范区”和“大运河文化带”。航运事业的飞速发展和品牌建设都需要人才队伍的支撑。

一　苏北航务管理处人才开发与管理困境

苏北航务管理处航运业务快速发展的核心竞争力是一支过硬的人才队

* 秦晓蕾，南京师范大学公共管理学院教授。

伍。目前，苏北航务管理处进入由人工调度向智能化调度转型的历史关键时期，管理职能更加明显，专业技术要求越来越高，建设一支过硬的人才队伍是苏北航务管理处人才发展的迫切需求。然而，近年来，受传统体制机制等因素制约，苏北航务管理处的人才管理规划及各项人才制度相对滞后，如岗位的动态调整和实际需求脱节，人才晋升通道狭窄，人才激励机制不活等问题成为阻碍苏北航务管理处公共服务发展的管理瓶颈。

（一）岗位设置结构跟不上组织发展对人才的需求

苏北航务管理处岗位设置是经过主管部门核定的刚性架构，并在一段时期内相对固定，然而，岗位设置本身则要求与单位功能和未来发展密切相连，并适应单位未来发展的需求。随着苏北航务管理处现代化转型，相对固定的岗位数和不断发展的人才需求成为一对矛盾，形成岗位设置管理与人才需求之间的部分背离。随着航务事业的发展，专业技术、工勤技能类的岗位配置结构特别是高级岗位数量不能适应苏北航务管理处对人才队伍建设的需求。目前苏北航务管理处的在岗人数大多数基于单位岗位管理的历史沿革、长期的管理惯性等因素设置。外部运河航务环境的变化以及内部信息系统、人员结构等组织环境变化对基层单位岗位编制架构提出了新的要求，管理处目前缺乏既适应运河航运发展趋势，又能让苏北航务管理处成功转型的岗位配置结构。

（二）岗位分类管理的激励缺乏均衡

苏北航务管理处是一个以行政管理职能为主的正处级事业单位，管理岗位职级从五级到十级，只有 6 个层级，领导职数限制让锥形金字塔式的晋升通道变得狭窄。因为领导职数太有限，很多职工在航务处工作一辈子只能停在十级职员，最多升到九级（股级）职员。晋升通道狭窄打击了一部分人才的工作积极性。另外，单位中低管理岗位责任很大，任务重，要求素质高，但是工资收入与专业技术人员工资横向比较不平衡，管理岗位相关的薪酬相对较低。在岗位上升空间狭窄的情况下，待遇如果过度依赖于岗位，而没有其他辅助的薪酬激励措施，将在很大程度上影响专职行政人员的内部公平感和工作积极性。例如，单位 B 职工的工资走专业技术序列，同时承担副科长的领导职务。其管理岗位每月工资是 5331 元，而按照高级工程师核算，每月工资是 6445 元。同一个人八级职员的行政管理序列比高级工程师每月工资低 1114 元。同等资历下，职员序列工资显著低于专业技术序列工资，于是，管理干部“双肩挑”的现象非常普遍，但是管理干部“双肩挑”同样会带来专业技术岗位管理的混乱等问题。

（三）专业技术人才“拥堵现象”严重

苏北航务管理处专业技术岗的结构性失衡造成了苏北航务管理处严重的专业技术人才“拥堵现象”，突出表现为职称评聘之间的矛盾。一方面，专业技术类岗位只要达到主管部门规定的职称评审的年限、学历以及其他要求就可以申报职称。苏北航务管理处每年都会有相当数量的高级、中级工程师或政工类中高级职称评审通过。财务、经济类通过社会考试获得专业技术职称，并希望单位能及时聘用，工作平台能更上一层楼，薪资待遇也得到提升。另一方面，根据苏北航务管理处非常稀缺的高级技术岗位数远远不能满足苏北航务管理处职工专业技术职务晋升的需求，在岗位既定的情况下，通过江苏省人力资源和社会保障厅职称评审但不能聘用成为最常见的现象。一等再等的问题长期困扰着职称晋级队伍中的“排队者”，严重影响了专业技术人才的积极性。

（四）青年人才队伍缺乏职业生涯上升机制

青年人才是航务处发展的后备资源，是支撑苏北航务管理处未来发展的必然力量。加快建立和完善有效的青年人才职业生涯机制，留住青年人才，在组织管理中有着举足轻重的地位。特别是苏北航务管理处目前人员年龄结构偏老化，有些基层单位平均年龄在 45 岁以上，培养青年人才队伍就显得更为重要。苏北航务管理处转型定位为以管理岗为主的公益类事业单位后，通过事业单位招考招聘了一批品学兼优的大学生，为单位人才队伍梯队建设增添了力量。苏北航务管理处留住这些青年大学生主要依靠事业单位体制内这一吸引力、基层单位领导感情留人和在很小空间内的职位调整等因素。但是苏北航务管理处缺乏让优秀大学生在单位脱颖而出的制度设计，特别是缺乏让大学生从一线操作岗到管理岗，从基层单位到机关的选拔机制。单位层面上缺乏对这些青年人才队伍的激励机制，单位年轻有活力的青年人才看不到清晰的职业生涯成长路径。

二　苏北航务管理处人才开发与管理现代化战略构建

（一）理论架构

本研究认为，以公共服务为导向的苏北航务管理处人才管理与开发战略创新是以效率、公平、择优、规范为价值导向的现代型管理系统。它通过规范具有前瞻性的岗位设置结构盘活苏北航务管理处人才队伍，通过创新均衡的岗位分类激励制度提升苏北航务管理处管理人才队伍的积极性，通过创新专业技术人才聘期考核制度提升专业技术人才的整体素质和活力，通过创新青年人才职业生涯设计提升苏北航务管理处人才队伍的可持续发展能力。通过现代型人才管理模式构建，实现组织战略目标与员工个体激励的良性互动，全面提升苏北航务管理处的执行能力与服务回应性，促进苏北航务管理处成为规范高效充满活力的公益类事业单位（见图 1）。

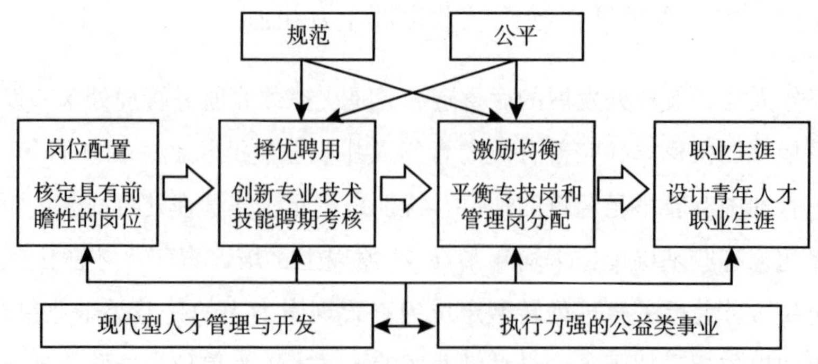

图 1　苏北航务管理处人才管理与开发战略

（二）实施路径

1. 核定具有前瞻性的岗位配置结构

苏北航务管理处岗位设置目标是组织—岗位匹配，即根据单位发展战略，按照岗位控制总量、限制增量、盘活存量、发展服务的原则，在岗位总量、结构上与单位发展战略相匹配。在对目前航务管理处岗位及任职人数进行梳理的基础上，在主管部门核定岗位总额内，根据政府相关文件规定，船闸管理所实际船舶通过量，管辖航道里程，保障中心任务量，岗位是否需要上夜班、值夜班等工作性质，对岗位设置是否合理及岗位实际需要在岗人数进行充分论证；再根据单位每个岗位的工作量、工作繁简难易程度、岗位未来发展趋势等综合情况，经过和岗位任职者本人、基层单位领导、管理处机关人事部门等多轮讨论、商榷，核定苏北航务管理处岗位配置结构。有些在岗人数超出配置的岗位通过自然减员的方式减少到规定数量，在岗人数不够的岗位通过内部调配、公开招考的方式增加到规定数量，最后达成岗位配置结构的相对平衡。

2. 实施专业技术岗位聘用考核和择优录用

苏北航务管理处实行岗位聘任制，打破终身制，坚持平等竞争、按需设岗、合约管理的基本原则，严格执行专业技术岗位聘用任期制。三年聘期任满后，经上级领导、群众测评等对其专业技术能力及工作绩效进行360度全面的考核。考核通过的与单位继续签订下一个聘期合同。在聘期任满之后，人力资源部门要对员工进行聘期考核，如果考核没有通过，单位考虑内部高职低聘来调整岗位，员工通过再学习培训等待下一个聘期的竞争上岗，以此实现苏北航务管理处专业技术聘用终身制向合同制的转变，对苏北航务管理处专业技术岗位人才队伍进行合理配置，形成良好的竞争机制。制定打破终身聘用制过渡期方案，让专业技术岗位聘用制度在苏北航务管理处的实施平稳过渡，员工能在心理上逐步接受并认可这项制度，激发真正能干的优秀人才的工作热情。

3. 实现职员工资与专业技术人员待遇基本平衡

坚持工资制度的公平性与激励性，逐步实现职员工资与专业技术人员工资的基本平衡。职员工资体系划分为基础工作和岗位绩效工资两部分，基础工资根据职员职级确定，岗位绩效工资按照职员个人的工作能力和工作业绩等实现差异化分配，在职级数量有限的情况下，适当增加绩效工资的比重，通过精确测算，达到和专业技术岗位的基本平衡。比如目前航务处七级职员（部门或基层单位正职），其基本工资低于高级工程师，可以通过提高绩效工资的方式让七级职员基本工资加绩效工资和高级工程师持平，体现“按劳取酬、优劳优酬”的原则，激励职员提高工作质量和效率。通过精准的工资测算让七级职员和高级工程师待遇基本持平，推进部分领导管理岗和专业技术岗“双肩挑”向“单肩挑”转型，让管理岗位七级职员只走管理序列，让出专业技能岗位，缓解专业技术“人才拥堵”压力。

4. 组织层次上支持青年人才的职业发展

单位和青年之间应该建立相互信任的心理契约，让青年人才清晰地看到自己良好的发展机会。只有开展职业发展规划并给予必要的支持，才会让青年将自己成长与单位发展紧紧联系在一起，让一些优秀的青年人才脱颖而出，主动地创造性地开展工作，成长为单位发展新的栋梁。苏北航务管理处根据青年自身特点，定制职业发展规划，指导青年开展个人职业发展规划，在苏北航务管理处定期举办“十大青年航务标兵”“青年航务之星”“青年岗位能手”等评比活动，让优秀的青年人才脱颖而出，树立青年人才标杆。同时，通过基层单位推荐方式，选拔优秀青年员工进行后备人才培训，一方面加强党性教育、文化建设等综合素质培训，通过培训强化青年人才组织认同度；另一方面加强专业技术技能培训，通过培训提升青年人才专业技术。

三　公益型事业单位人才开发与管理现代化创新的几点启示

（一）人力资源规划以强化公益型服务效能为导向

公益类事业单位是我国一种特殊的政治组织形式。承担国家以公益性为目的的事业，是公益类事业单位存在的基础，因此，在我国进行行政体制改革的大背景下，公益类事业单位的人才开发与管理制度的改革，需要不断强化公益性意识和服务意识。因此，公益类事业单位人力资源管理规划必须在全面把握公益性事业单位服务管理导向下，加强技术人才特别是高级专业技术人才培养、搞活干部晋升制度等。经过认真地利弊权衡对人力资源管理规划合理取舍和布局，不能把关注点放在简单地压缩编制和削减人员上。人力资源管理规划方向应该是建立起一个能够与现代化经济发展速度相适应、满足公共服务需要、科学合理、精简高效的现代型人力资源管理体系，促进单位强化公共服务属性，建立有竞争力的人才管理调节机制，促进大量优秀人才脱颖而出，推动人才合理流动。

（二）岗位管理以组织需求为导向

事业单位岗位设置首先要根据组织需求进行核定。一是要清晰掌握单位的发展愿景，对单位未来发展进行预测性分析，预测岗位总量变化；二是要在现有人力资源条件下广泛开展岗位设置调研、科学论证，对人力资源需求做规划；三是要根据预测分析和规划对岗位设置进行调整核定。接下来是岗位分析和岗位评价，通过岗位评价小组或第三方评价机构，根据岗位的工作内容、工作关系、任职资格、责任分配等因素，对岗位的刚性边界进行清晰界定和梳理，并在此基础上，通过岗位评价，确定岗位在单位中的贡献度和核心价值，进行岗位调配。但是，由于国家层面强调了岗位设置管理，要达成国家的岗位设置管理要求与岗位分析、岗位评价工作之间没有什么关系，因此这两项工作便不被事业单位重视。这就导致事业单位这两项基础的岗位管理工作普遍处于不足状态。

（三）激励机制以能力和实绩为导向

事业单位普遍存在“双重身份”，例如，管理岗位工作人员不仅承担管理的职责，而且同时兼任技术岗位。特别是技术性要求高的下属单位，很多技术骨干同时也是核心管理层。如何激励这个单位的核心团队，将直接关系到他们积极性、主动性的发挥，关系到单位的发展和建设。目前事业单位绩效工资向专业技术岗倾斜，双肩挑的岗位基本上是就高不就低，行政管理序列岗位待遇明显处于劣势。特别是以行政管理为主要职能的公益类事业单位，管理类岗位压力大，任务重，激励机制应该向行政管理类岗位倾斜，但是基于目前整体事业单位激励机制的约束，行政管理岗位的激励只能通过浮动的绩效工资平衡其和专业技术岗位的工资。作为公益类事业单位人才管理制度创新的核心机制，激励制度可以实行基于个人能力和绩效考核的浮动绩效工资分配制度，充分体现核心岗位对单位的贡献度，拉开岗位收入分配差距，对关键岗位的技术和管理骨干、承担重点工程和科研项目带头人、全行业过硬的金牌技能团队带头人加大绩效奖励力度，甚至可考虑实行协议工资，允许档案工资与实际收入相分离。

参考文献

熊通成：《规范、活力与治理：事业单位岗位管理的反思和优化》，《中国人事科学》2019 年第 1 期。

谢宇、王福春：《聘用制改革背景下的事业单位岗位设置管理》，《湘潭大学学报》（哲学社会科学版）2015 年第 11 期。

ℝ.62

浙江省水利河口研究院深化人事管理和科技体制改革探索

叶永棋*

浙江省水利河口研究院（浙江省海洋规划设计研究院，以下简称“浙江省水科院”）成立于1957年，系公益一类科研事业单位，由钱塘江河口研究站（隶属水利部）和浙江省水利厅水利科学研究所两个单位发展、沿革而成，是国内较早从事河口、海域等相关科学理论及工程技术研究的专门机构之一。在浙江省人力资源和社会保障厅等上级部门的指导与支持下，经60余年砥砺前行，浙江省水科院已发展成为占地380亩，建筑面积4.8万余平方米，科技成果丰硕的科研院所，在职职工已从2000年的247人增加至1300余人（科技人员占84%），单位基础管理和战略管理水平与效能不断提高，综合实力跃居全国省属水利科研院所前茅，荣获全国文明单位、全国水利科技工作先进集体等荣誉，被推选为全国省级水利科研院所联席会秘书长单位。

一　单位基本概况

浙江省水科院隶属于浙江省水利厅、浙江省科技厅，主要从事河口海岸、近海海洋、防灾减灾、水资源水环境、岩土工程、信息自动化、水工水力学、水土保持等研究及咨询；开展水利水电工程、海洋与市政工程等规划、咨询、勘察、设计、监理、代建、造价等技术服务和工程安全监测与鉴

* 叶永棋，浙江省水利河口研究院（浙江省海洋规划设计研究院）。

定、河海地形测绘、海洋水文测验、防汛抢险技术支持等工作；承担浙江省水利水电工程质量仲裁检测等技术服务。

浙江省水科院拥有凤起东路院本部、复兴路测绘院、杭州六堡试验基地和萧山江东农水试验基地等多处办公、试验场所，具有不同专业、等级的各类资质36项，其中甲级21项、乙级8项，业务涉及咨询、中介、服务、承包、代建等范围，服务对象涵盖水利、农业、海洋、交通、能源、环境、城建等多个领域。其内设河口研究所、海岸与海洋研究所、钱塘江研究中心、水工水力学研究所、水利工程安全研究中心、水资源水环境研究所、农村水利研究所、岩土工程研究所、水土保持研究所、环境评价研究中心、自动化信息技术研究所等11个科研部门，下属1家公益一类事业单位（浙江省河海测绘院）和2家国家级高新科技企业（浙江广川工程咨询有限公司、杭州定川信息技术有限公司）。其同设国际泥沙研究培训中心杭州河口海岸实验研究基地、浙江省河口海岸重点实验室、浙江省水利防灾减灾重点实验室、博士后科研工作站、浙江省水利水电工程质量检验站、浙江省水库大坝安全监测中心、浙江省灌溉试验中心站、浙江省水电测试中心、水利部浙江省检索查新工作站、浙江省水利厅科技情报站、《浙江水利科技》编辑部等机构。

建院以来，全院着力开展科学研究和科技服务，广泛参与杭州湾跨海大桥、秦山核电站、曹娥江大闸、舟山跨海大桥等一批特大型工程的前期科研、规划、选址、工可等科技咨询工作。近十年来每年的服务对象投资总量达700亿元，为浙江的水利事业和经济社会发展作出不可或缺的重要贡献。

二　科研体制改革历程及发展

科研体制改革是随着经济体制改革逐步开展的，在不同阶段和时代背景下具有不同的历史使命，为科研院所发展带来新的机遇和挑战。浙江省水科院同全国大多数科研单位一样，自1978年全国科技大会召开后开始改革尝试，在先行先试的过程中，不仅给自身注入生机与活力，同时也积累许多改革有益经验，多次被浙江省科委评为省属科研院所改革试点先进单位。浙江省水科院的科技体制改革历程主要分为四个阶段。

（一）事业经费包干改革阶段（1985～1994年）

自1985年开始，浙江省实行科研事业费包干，由国家固定拨给事业经费的办法改为按项目核定经费，生产建设性项目实行向委托单位收费。与此同时，科研事业经费划拨省科委管理，科研院所开始出现纵向课题不带经费、大型仪器设备经费渠道不畅、科研经费严重不足的局面。面对形势，浙江省水科院积极进行探索。一是多渠道为社会提供科技服务，从内部挖掘潜力，发挥技术、设备和人才优势，积极开展勘测设计、工程建设监理等工作，努力通过创收来缓解科研经费不足的问题。二是在管理上积极推行技术经济责任制，以产值进行考核，打破奖金面前人人平等的旧观念，调动科技人员积极性。据统计，1994年，浙江省水科院横向收入达794万元（占全年总收入的68%），成功跨出科技走向市场、科技为经济建设服务的第一步。

（二）减拨事业费改革阶段（1995～1997年）

1995年，浙江省水科院与浙江省科委签订省级科研单位综合改革试点协议，开展逐年减拨事业费改革，探索朝着“一院两制”科技体制改革方向发展，试行院长负责制，改革经费管理分配和奖励制度。此时，刚从科研事业经费包干的困境中走出的浙江省水科院，面对改革压力极大。在清醒分析自身优势和不足后，逐步讨论形成一条“科研为主、综合经营、外联内包”的改革思路。一是拓宽服务领域。在水工、土工、材料结构、农田排灌4个业务室的基础上，新设电测自动化室、设计室和工程建设监理部等机构，并在深圳设立分院，既强化科研，又拓展综合经营。二是改革内部管理制度。对业务室实行经费承包责任制，对行政室实行分片包干责任制，在确保纵向任务完成的前提下，努力承接横向任务。经过努力，1995～1997年科技服务收入合计2230万元，提前超额完成试点协议任务，不但抵补减拨事业费，还紧密了科研与市场关系，扩大科研服务范围，不断增加科研投入，职工收入相应提高。

（三）“一院两制”改革阶段（1997年至今）

1997 年，浙江省政府继续将浙江省水科院列入深化科技体制改革试点单位，实行科学研究体制和科技经营体制并存的、相互促进的“一院两制”。同年 9 月，浙江省政府《关于浙江省水利水电科学研究院深化改革试点方案的批复》（浙政发〔1997〕171 号）等文件，将浙江省水科院的改革和发展引入新阶段。2000 年，省政府印发《关于省属科研院所总体改制方案的批复》（浙政发〔2000〕35 号），要求浙江省水科院深化“一院两制”改革，完善“科研促进产业，产业反哺科研”机制。改革实施方案中明确提出“经过3～5年时间的改革，力争建成具有鲜明专业特色的国内先进水平的省级科研院。在强潮河口泥沙研究的某些领域达到国际先进水平”。

按照“优化机构、分流人员、完善机制、狠抓科研”的指导思想，浙江省水科院多措并举推进改革。一是优化机构设置。按照浙江省水利厅保留 1 家公益类科研机构的原则，将浙江省河口海岸研究所和浙江省水利水电科学研究院合并成立浙江省水利河口研究院（现单位名称）。升格成立院属事业单位浙江省河海测绘院，设立浙江广川工程咨询有限公司、杭州定川信息技术有限公司，增挂“浙江省海洋规划设计研究院”牌子，拓展“三定”职能。二是改革人事管理制度。干部实行聘任制，坚持“公开、公平、竞争”的原则，开展双向选择和竞争上岗，积极分流人员；改革考核分配制度，实行经济技术与职责目标责任制，对经营服务部门实行企业化管理，加强经济核算，对职能部门按岗位系数考核分配；改革技术职务评聘制度，组建职称评定委员会和学术委员会，根据专业技术人员的业务能力、技术水平和综合表现进行严格评审聘任。三是狠抓学科发展。整合科研资源，在保留部分传统优势学科的基础上，增设水资源水环境研究所、农村水利研究所、防灾减灾研究所等科研部门；建立院长科学基金，每年按全院年收入一定比例资助各类课题研究，“十二五”期间自筹投入反哺科研经费 9227 万元，为“出成果、创效益”输入源源动力与活力；建立 ISO9001 质量管理体系，完善规章制度建设，保证科学研究和科技经营成果质量不断提高；提升资质至 36 个，拓展类别至咨询、中介、服务、承包、代建等，为科技服务社会奠定准入基础。至此，浙江省水科院进入蓬勃发展的快车道。

据统计，“十二五”期间，浙江省水科院累计完成含国家专项的科研计划项目 237 项，获国家和省部级科技进步奖 57 项。仅 2016 年，全院科技服务收入超 5 亿元，较 2000 年增加 1220%，科技服务收入成为支撑单位运行的主要经费来源，成果、效益、资产等主要指标均较 2000 年实现“十倍以上增长”，综合实力跃升全国省级同类科研院所之首，成为浙江经济发展的重要科技支撑力量。

（四）深化改革试点阶段（2017年至今）

2017 年 8 月，经省政府研究同意，根据《浙江省人民政府办公厅关于浙江省水利河口研究院（浙江省海洋规划设计研究院）改革试点方案的复函》（浙政办函〔2017〕57 号）、《浙江省科学技术厅 浙江省水利厅关于印发〈浙江省水利河口研究院（浙江省海洋规划设计研究院）改革试点方案〉的通知》（浙科发条〔2017〕139 号）等文件精神和要求，浙江省水科院以岗位管理为基础，以竞争择优为导向，以信息化管理为手段，转变人事管理机制，激发人才创新活力，逐步形成了行政管理、劳动人事管理、项目质量管理、信息档案管理等一套较为完整、高效、规范的管理制度体系，重点从战略布局、平台搭建、机制保障、理顺关系、活力激发等不同方面推进改革试点工作，已取得一定成效。

1. 应用型研究与科技服务产业齐头并进的生态系统初具雏形

一是以内部机制引导和保障科技人员有效破解科研与市场“两张皮”问题。研究出台《优秀成果奖评审办法》《技术标准编制项目管理规定（试行）》等系列文件，引导和保障科技人员主动开展科技研究，专注提供公益服务，积极面向市场转化应用，敏锐捕捉技术难题，形成“从公益和技术服务中发现研究课题、在课题研究中提炼成果，再到技术服务中转化应用成果”的协同创新与转化应用生态链。2018 年，参加公益服务专家 71 人（比

2016年增长82%），全院合同额6.39亿元（比2016年增长18%），顾客满意率高达100%，荣获省“‘千万工程’和建设美丽浙江突出贡献集体”。二是基本理顺院部与院属企业关系。厘清在“一院两制”框架体系下设计的院与院属企业机构重叠、人员混编混岗等问题，明晰院部和院属企业的职责定位，形成《院属企业分配考核管理实施办法（试行）》《关于要求离岗创新创业科技人员按规定辞去领导职务的通知》等系列文件，建立以资本为纽带的产权关系，完善企业经营者的激励机制、风险机制和约束机制，促进企业持续、稳定、健康发展。有41名高科技人才离岗至院属企业开展创新创业，并在该企业缴纳社会保险，17名人员按规定辞去领导职务（职级）。三是推动院属企业发展为更具活力的高新技术企业。指导和推动企业编制《2018～2027发展战略规划报告》《战略环境与业务定位研究报告》《体制改革与运营提升研讨报告》等成果，明确提出发展的战略目标、愿景思路和发展规划。探索混合所有制改革，成立由广川公司控股51%、民间资本参股49%的浙江广川生态环境工程设计有限公司。明确主要业务范围划分管理，院部主要保留公益服务、科学研究和成果应用的职能，院属企业强化高新科技产业发展，将市场化程度较高的防洪影响评价、占用水域论证等职责全部从院部划至企业，支持院属企业做大做强。目前院属企业均已成为国家级高新技术企业。

2. 初步构建体现科研院所特质的运行机制体系

一是建立以岗位管理为基础的人事管理制度。以体现工作能力的代表业绩、体现专业水平的创新成果、体现聘期考核的综合评价等内容为考核要点，以岗位设置工作为抓手，建立人才考评机制和竞争择优的岗位聘用机制。2018年，包括院领导、离岗创新创业人员等在内的职工全体下车，竞争上岗，有多名具有教授级高级工程师、高级工程师资格人员低聘。二是建立薪酬分配管理机制。搭建分级分类的分配激励管理模式，深化“绩效工资+X”薪酬激励新机制，坚持精准激励倾斜，印发《院薪酬分配管理办法（试行）》，在兼顾国家、集体和个人利益的前提下，将职工的薪酬分配权大幅下放给部门。根据职工实绩和贡献，淡化资历年龄、人员身份、学历职称等因素，重点向关键岗位、业务骨干、科研一线、绩效突出的人才倾斜，让科技人员得到合理回报。每年均有一批科技骨干全年收入超过院领导、中层干部。三是全面推行经费预算管理。通过综合信息管理系统平台，全面实行预算总额控制和系统流程化管理，预算与权责相当，为推进以事定费、以费养事和购买服务、专项补助相结合的财政补助管理机制奠定坚实基础。

3. 积极贯彻落实创新创业和人才发展政策

一是搭建科技成果转移转化与技术支撑服务平台。成立科技成果转化领导小组和科技成果转化中心，明确职责分工、工作要求和工作流程，有效提升科技成果转化速度和体量。二是完善科技成果转移转化制度体系。对接各级政策要求，研究印发《促进科技成果转化管理办法（试行）》《科研项目经费管理办法》《横向项目经费管理办法（试行）》《风险控制程序》等系列文件，不断严谨、优化和完善工作流程与规则，促进科技成果在经济建设活动中的转化应用，及时向上级部门报备或报告相关工作。2018 年申请专利和著作权 127 项（比 2016 年增长 102%），发表 SCI、EI 等收录论文 39 篇（比 2016 年增长 390%），当年签订转化合同额 5515 万元（比 2016 年增长 69%）。三是谋划建立高层次人才激励机制。提出《高层次科技人才择优培育及引进管理办法（试行）》初稿，对照行业需求和单位改革发展需要，分析提出高层次人才的范围分层、结构规模、培育目标、引进计划和实施步骤，制定薪酬激励、职称评聘、职务晋升、车牌补助、子女就学、交通出行等倾斜激励政策，为高层次人才潜心科研创造条件和环境。曾剑被评为第六届全国水利青年科技英才（全国共 10 人），为浙江省水利系统首次获此荣誉，潘存鸿获第十三届钱宁泥沙科学技术奖（全国共 3 人），为浙江省水利系统首次获此荣誉。

改革实践证明，科研体制改革有利于公益性事业科研单位持续发展，适应时代的发展需求。2004 年，时任浙江省省长吕祖善视察浙江省水科院时指出，浙江省水科院的改革是成功的。时隔十年，2014 年，时任浙江省省长李强视察浙江省水科院时表示，浙江省水科院是为数不多、发展势头强劲的浙江省属科研院所代表，在“一院两制”改革的推动下，综合实力获得了跨越式发展，在水利事业发展中贡献很大。

三 科研体制改革思考及建议

科研体制改革是一个很复杂的过程，也是一项艰巨的任务。有科学的顶层设计，才有合理的改革路径；有明确的系统谋划，才有扎实的改革举措。当前正处于科研体制改革与事业单位改革交错推进的特殊历史窗口期，回顾思考浙江省水科院在改革过程中遇到的问题，建议如下。

（一）实行依章程管理，明确科研事业单位功能定位运行机制

习近平总书记强调要“明确企业、高校、科研院所创新主体在创新链不同环节的功能定位，激发各类主体创新激情和活力”。当前，科研院所既有从事基础研究的，也有从事应用研究的，既有从事咨询服务的，也有从事生产经营的，有的甚至囊括了从基础研究到生产经营的全过程。这些都是计划经济时期科研院所小而全、大而全模式的体现，不仅导致政府对科研院所考核评价的困难和管理界限的模糊，院所本身也因为身份不明、职责不清、方向模糊而难以确定适合自身发展的战略，对院所发展带来不利影响。2018 年 6 月，中共中央办公厅与国务院办公厅的“三评”文件明确确立章程在科研院所管理运行中的基础性制度地位，提出科研事业单位要实行章程管理，要求在章程中明确规定单位的宗旨目标、功能定位和业务范围等内容。这是一个完善科研机构管理的重大举措，不但有利于科研院所明确自身定位，培育和增强核心竞争力，而且为科研院所发展提供了稳定的政策保障环境。

下一阶段，建议加快推进科研院所的章程管理工作。按照建设国家创新体系的总要求，强化科研体制改革政策的延续性，创新并完善政府对科研院所管理的法律、法规和制度体系，形成并严格执行层次明晰、重点突出、相互联系、相互制约的法律制度体系，以此来加强和规范政府对科研院所的管理，使科研院所能够在稳定的政策环境内平稳有序地不断改革、不断完善、不断发展。

（二）落实法人自主权，明确政府与科研事业单位管办职责

习近平总书记在中国科学院第十九次院士大会、中国工程院第十四次院士大会上强调“转变政府科技管理职能是实施创新驱动发展战略至关重要的体制保障”，指出科技研发领域存在一些不合理的规定。比如，将科研事业单位视同一般事业单位进行管理，用管理行政人员办法管理科研人员；研究人员要开展正常学术交流，首先要提前用数倍于交流的时间，来走各种报批程序，管得太多，卡得太死，条条框框太多，致使办事难、耗时长、成本高。目前政府部门对科研院所的管理基本按照一般事业单位趋同化甚至“一刀切”管理，存在主体杂多、政策面广、职责交叉重复等问题，在较大程度上存在部门利益冲突，政策连续性、协调性不强，政策规定相互“打架”等问题。科研院所管理和运行的行政化趋势加强。科研事业单位名义上是法人，却无法人自主权，像木偶一样被现有体制机制的各条绳索牵扯着，不断走进“不敢为”、“不能为”，最后成为“不想为”的恶性循环，极大束缚了科研院所的发展和活力释放，严重缺乏内生动力。许多中央对科技人才、科研院所的激励政策也因此沦为“文件空转”，长远发展战略难以形成，对科研院所的持续发展带来不利影响。

下一阶段，建议清晰认识到科研院所有区别于一般事业单位的特质和属性，在章程管理的基础上，根据科研院所运行管理的规律与特点，加快推进科研院所政事分开、管办分离改革进程。一方面厘清政府与院所之间权责界限，对章程明确赋予科研事业单位管理权限的事务，赋予单位充分自主权。特别是中央和省委、省政府多次强调的机构编制、选人用人、薪酬分配、经费使用、成果处置、职称评审、设备采购、学科设置等方面自主权，切实由单位自主独立决策、科学有效管理，政府部门少干预或不干预。另一方面坚持权责一致原则，在行业主管部门的指导下，科研事业单位细化自主权的行使规则与监督制度，明确重大管理决策事项的基本规则、决策程序、监督机制、责任机制，形成完善的内控机制，保障科研事业单位依法合规管理运

行。切实发挥单位党委（党组）把方向、管大局、保落实的重要作用，坚决防止党的领导弱化、党的建设缺失。

（三）建立绩效评价制，明确科研事业单位激励与约束机制

科研机构绩效评估工作对科研院所的科研活动起到指挥棒作用，关系科研人员和机构的切身利益，一直为科技界高度关注。当前，我国科技评价活动中还存在一些不符合科研规律和人才成长规律的问题，在绩效评价结果与科研管理机制的衔接上不够充分客观。广大科研人员对此反映强烈，要求从体制机制上进行改革。

下一阶段，建议由政府牵头，切实建立以科技创新绩效为核心的中长期绩效评估制度和评估结果应用机制，充分发挥绩效评价的激励约束作用。制定科研院所的绩效目标和分类指标，评价指标体系由共性指标和分类指标构成。评价内容包括绩效目标的设定情况、绩效目标的实现程度、实现绩效目标的管理效率、创新活动与成果的影响；绩效目标涵盖职责定位、科技产出、创新效益等。

一个国家的进步，镌刻着科技的足迹；一个民族的未来，寄望于创新的动力。浙江省水科院将深入贯彻党的十九大精神和浙江省委、省政府科技创新驱动发展要求，把单位发展的梦想，融入国家和民族的梦想，按照“创一流院所，出一流成果，育一流人才”的目标，科学管理、踏实苦干，积极进取、锐意创新，让科技创新再次迸发活力，早日实现一流科研大院的建设目标，为谱写新时代中国特色社会主义浙江篇章作出新的更大贡献，为“美丽中国”建设不断添砖加瓦。

ℝ.63
浙江省疾病预防控制中心岗位设置管理工作实践与创新

于 村 黄学敏 于迪迪*

实施岗位设置管理制度是深化事业单位人事制度改革的重要内容，对于事业单位转换用人机制、实现由身份管理向岗位管理转变、充分调动事业单位各类人员的积极性和创造性、促进事业单位的可持续发展，具有十分重要的意义。2006 年，原人事部出台《事业单位岗位设置管理试行办法》及实施意见，正式拉开了事业单位岗位设置管理改革的序幕；2007 年，原人事部和原卫生部印发了《关于卫生事业单位岗位设置管理的指导意见》，对卫生事业单位如何做好岗位设置管理工作提出了明确的指导意见；随后，浙江省于 2009 年印发了《浙江省事业单位岗位设置管理实施办法》，原国家卫生计生委于 2015 年印发了《疾病预防控制中心岗位设置管理指导意见》——一系列岗位设置管理工作指导性文件的出台，为浙江省疾病预防控制中心（以下简称“中心”）有效开展岗位设置管理工作奠定了基础。

中心是直属于浙江省卫生健康委员会的公益一类事业单位，自 2010 年开始启动岗位设置管理工作。中心按照岗位设置管理的相关政策规定，结合实际情况，对具体实施方案进行多次讨论与制订。经职代会审议通过，中心岗位设置实施方案于 2012 年修订后正式实施。近几年来中心以优化岗位设置管理制度为目标，在工作实践中不断探索创新，逐渐形成了一套行之有效的岗位管理模式，在转换用人机制、岗位精细化管理等方面取得了显著的成效。

---

* 于村、黄学敏、于迪迪，浙江省疾病预防控制中心。

一　岗位设置管理工作实践创新的主要做法

（一）抓好制度建设，坚持制度先行

岗位设置管理工作涉及广大职工的切身利益，建立起公平、公开、公正的制度是做好岗位设置管理工作的首要任务。中心领导高度重视岗位设置管理的制度建设，主要领导主管，分管领导抓落实，在浙江省人力资源和社会保障厅（以下简称“省人力社保厅”）和浙江省卫生健康委指导下，中心每年根据最新的文件政策精神和管理创新经验，并结合实际工作需要，不断对《职工岗位聘用考核实施办法》（以下简称《实施办法》）进行修订与完善。目前已制定了涉及岗位任职条件、破格和越级规定、年度绩效考核、聘期考核、自主评聘方案等附件 6 个，字数 3.28 万字，整体上形成了一套比较规范、稳定的岗位设置管理制度。

中心将“公开平等、竞争择优、按需设岗、竞聘上岗、岗位准入、专业匹配、绩效优先、奖惩分明”32 字作为职工岗位聘用考核的工作原则，同时明确工作组织管理要求。由中心成立专门的职工岗位聘用领导小组负责指导工作，并由中心纪检监察部门对整个岗位聘用考核工作实施监督。《实施办法》对职工岗位设置、岗位竞聘、岗位考核等各方面均作了相应的规定。岗位等级根据中心岗位比例和结构的变化实行动态管理，三年聘期内，在有关的岗位等级有空缺的情况下，每半年对符合条件人员的岗位等级进行调整。《实施办法》体现了中心推行岗位精细化管理的工作要求，规范了管理、专业技术、工勤技能等各类岗位的晋升条件、程序和考核等相关内容，并分别对非卫生专业技术四、七级岗位的聘用推荐，由省卫生健康委统一组织的专业技术二、三级岗位竞聘，根据中心《卫生高级专业技术职务评聘工作实施方案（试行）》进行的卫生专业技术四、七级岗位自主评聘等工作做了相应的规定。另外，《实施办法》规定副处级、科长岗位聘用与考核按中心《干部选拔任用考核管理办法》执行，但其专技岗位等级竞聘仍需按《实施办法》执行。

（二）做好岗位设置，实行因岗择人

科学合理的岗位设置是整个岗位管理模式得以建立的立脚点。中心根据省人力社保厅核准的三类岗位总量、结构比例和等级，以中心现有岗位设置为基础，以完成政府交付工作和中心发展需求为重点，结合中心人力资源现状，确定各岗位名称、等级与职数。开展职工岗位竞聘工作时，中心提前公布岗位职数和岗位说明书，明确岗位职责、聘用条件、岗位等级等事项，做到以责设岗、因岗择人。

在具体岗位等级比例方面，中心在省卫生健康委和省人力社保厅核准的岗位设置基础上，经过充分调研和征求意见，根据各处所职责任务，将专技岗位比例分别按正高级、副高级、中级及以下岗位层级进行设岗，经中心人事管理部门审核，报中心岗位聘用领导小组审定，其中专业技术二级、三级岗位由中心统一调控。高级岗位超过结构比例时，由中心进行调整。各处所的岗位层级中，在上一级岗位没有符合条件的人员时，其指标可以用于下一级岗位。这样也能尽量满足更多职工的岗位等级晋升需求。同时，中心也规定层级之间不能低职高聘。

（三）实施岗位竞聘，激励优秀人才

中心职工岗位聘用实行竞争上岗，通过设置差异化的竞聘条件，初步实现了评聘合一、“能上能下”的用人机制。

第一，制定“职工岗位任职条件”，明确相应岗位竞聘条件。“职工岗位任职条件”涵盖了管理岗位、专技岗位（不包括二、三、四、七级岗）以及工勤岗位等各级各类岗位的任职条件，对各岗位的学历、资质、工作能力、专业水平和科研业绩等条件分别作了有关规定；对于专技二、三级岗任职条件制定了《专业技术二、三级岗位聘用考核办法（试行）》；对于专技四、七级岗任职条件制定了《卫生高级专业技术职务评聘工作实施方案（试行）》。除了专技二级岗任职条件执行省人力社保厅有关规定外，其他专技岗位任职条件包括科研立项、获奖、标准制定、论文发表、专利及成

果转让、专家、人才、荣誉表彰，以及业务工作等方面，均由中心自行制定。当竞聘人数超出同级岗位等级职数时，按照任职年限、近五年符合任职要求条款数、近五年年度考核结果、工作年限等顺序进行优先推荐，择优聘用。

第二，为激励优秀人才，除了三年正常晋升途径外，中心还专门制定了《专业技术岗位破格、越级竞聘规则》，允许工作业绩特别优秀的专技人员进行破格、越级竞聘。破格竞聘是指在原岗位聘用满一年而不满三年，申报高一等级岗位的竞聘；越级竞聘是指在原岗位聘用满三年，跨岗级申报的竞聘，其最多只能越一级。该规则将近五年获年度考核优秀、民主评议党员优秀两次及以上作为必备条件，同时设定了四条破格、越级条件，涉及科研奖项、科研项目、科研论文及荣誉等方面，符合其中一条及以上的可与正常晋升的一起参加竞聘，同时规定竞聘对象不能同时申请破格或越级竞聘；中级至副高、副高至正高，每个阶段内最多只能破格或越级竞聘一次。

第三，通过相关举措缩短高学历人才晋升副高的年限。中心人员总体学历层次较高。截至2018年底，中心硕士与博士学历人员占比分别为50.53%和11.38%。高学历人才是中心的业务骨干。为更好地激励他们，缩短晋升年限，中心针对高学历人才取得中级职称后的入岗问题，专门制定了六个条件，规定硕士（博士）学历人员符合两条及以上条件的，可直接参与专技九级岗竞聘；博士学历人员申报1项国家级课题、主持1项厅局级以上课题或省部级课题立项排名前3，且符合三条及以上条件的，可直接参与专技八级岗竞聘。通过该项制度，可以缩短取得一定业绩的高学历人才晋升副高的年限，对优秀的年轻人才也能起到很好的激励作用。

（四）开展分类考核，统筹考虑业绩

为加强中心职工岗位绩效考核管理，客观、公正地评价职工工作表现，充分调动职工的工作积极性和主动性，中心建立了月度考核、年度考核和聘

期考核等一整套系统科学的考核机制。

第一，在月度考核方面，中心给予了处所足够的自主权。月度考核主要考核职工月度岗位工作完成情况，其考核办法由处所制定，考核也由处所自行组织，考核结果报中心人事管理部门审核备案。

第二，针对年度考核，中心专门制定了《职工年度岗位绩效考核指导意见》，建立了综合指标（30 分，含 9 个二级考核指标）、业务指标（50 分，含 3 个二级考核指标）、其他工作指标（20 分，含 10 个二级推荐考核指标和各处所可根据岗位特点自行增加设定的指标）的岗位年度考核指标体系，并设立了年度产出绩效清单。在中心年度考核指标体系中，统筹兼顾科研业绩指标与工作业务指标，鼓励中心职工在各岗位上保持科研工作和业务工作之间的平衡。各处所成立考核小组，按照指标体系中的职工岗位业绩考核要求，组织对处所职工年度岗位绩效进行考核；职工根据岗位职责及年度工作任务指标要求，做好个人年度工作总结，梳理个人年度工作绩效业绩点，并在处所会议上进行汇报；处所考核组对职工进行综合打分，提出每位职工考核等次。

第三，为做好聘期考核工作，中心建立了岗位聘期考核制度。制度规定岗位聘期考核一般为 3 年一次，所有岗位人员统一考核，其中，专业技术二、三级岗位按照实际聘期进行聘期考核，由省卫生健康委统一安排。中心对不同岗位的聘期考核要求不同。对于高级专业技术岗位人员，中心专门制定了“高级专业技术岗位聘期考核指标”，分别从科研和业务两个方面进行考核，并对业务处所和职能处室的高级专技人员提出差异化的考核指标。所有岗位人员的聘期考核工作均采取个人述职与组织考核相结合的方式进行，考核对象撰写述职报告，所在处所采取绩效分析、内部评议、服务对象满意度调查等多种考核方法，进行综合考核，最后由中心进行综合评定，确定考核等级。聘期考核结果作为调整岗位、工资待遇的依据。对于聘期考核不合格的，下一聘期降级聘用，并且聘期内不能申请晋级，在下一轮岗位竞聘中不得竞聘高于原聘岗位等级的岗位。

二　取得的主要成效

（一）岗位设置日益规范，管理制度大体稳定

中心岗位设置管理模式通过七年来的实践，特别是近三年的不断完善，已日趋合理规范。在岗位设置过程中，通过科学合理设置岗位结构，极大满足了人员配置的要求；通过“能者上、庸者下”的竞争性用人机制，保证优秀人才有岗、有位、有为，促进了中心人员的合理有序流动，人员与岗位更加匹配。同时，近年来中心也大体保持了岗位设置管理制度的稳定，有利于该项工作可持续地推进。

（二）职工观念发生转变，工作热情提高

中心较早地实现了职称和岗位聘用的衔接，职工的观念逐渐从职称聘用向岗位聘用转变，也能更好地支持中心岗位管理工作的开展，避免了一些不必要的矛盾；另外，中心通过逐步推行优胜劣汰、“能上能下”的岗位动态管理新模式，保持岗位管理流动性，并始终坚持公平、公开、公正的岗位竞聘制度，使职工们意识到通过自己的努力有机会达到自己期望的目标，压力意识和本领意识增强，职工们的工作热情与积极性提高了，中心的竞争力和活力也得以增强。

（三）人才梯队日趋合理，科研水平显著提高

中心通过岗位设置管理，出台了一系列对科研、人才的倾斜政策，激励了一大批科研骨干和优秀人才，在适合自己的岗位上更好地发挥才能。中心人才队伍得到稳定，各类人才不断涌现，每年均有优秀业务骨干入选省级或市厅级人才培养工程，人才梯队日趋合理。中心科研水平也显著提高，科技产出逐年增长。2018 年中心各项科研产出在全国省级疾控机构中名列前茅，2016～2018 年中心在研科研项目数连续三年居全国省级疾控机构首位。

三　经验体会

一是制度要做到公开透明。所有涉及岗位管理的聘用条件、程序、规定等应在事先充分征求职工意见，经单位职代会审议通过后实施；在执行过程中程序到位，不随意更改规则，公正、平等地对待每位职工，做好政策解释工作，减少误解与矛盾，让职工有足够的信任感、有明确的奋斗目标。

二是岗位设置管理模式不是一成不变的，由于各种外因、内因的影响，需要实施全程动态管理，岗位任职条件的设置需不断完善和优化，管理方式也要不断创新，制度设计应更加健全。岗位设置管理制度要以激励单位职工、增强单位活力为目的，如对专技岗位竞聘中业绩的认定，除专技二、三级岗位外，中心均只认职工近五年取得的业绩，这样可以使职工始终有紧迫感、危机感，有不断取得业绩、前进的动力。另外在聘期考核中，也可探索建立直接续聘机制，即满足特定考核条件的优秀职工，可以直接予以续聘，不用再参加下一轮岗位竞聘。这样也能激励职工不断提升自身能力和竞争力。

三是由于事业单位都存在各自的实际情况，在具体实施过程中，或多或少存在各种问题，需要与主管部门和人事综合管理部门建立有效沟通，积极寻求他们的支持与帮助。例如，针对高学历人员多、晋升难的问题，中心通过积极沟通协调，得到省卫生健康委和省人力社保厅的支持和理解，出台了相应的文件，提高了中心高级专技岗位比例；另外，针对评聘矛盾的问题，通过沟通，上级部门也帮助指导建立破格、越级相关规定，下放卫技自主评聘权限，使中心在专技岗位聘用上逐步实现评聘合一。中心也一直注重与其他兄弟单位之间的沟通交流，实现取长补短、互通有无，来促进中心岗位设置管理制度进一步完善。

R.64

杭州电子科技大学人才人事工作探索与实践

邵根富　张立升　王海南　徐毅鹏　陈上宝*

杭州电子科技大学（简称“杭电”）是浙江省首批重点建设高校。目前学校拥有教职工2400余人，专任教师1700余人，正高职称300余人，具有博士学位教师1200余人。近年来，学校认真贯彻落实习近平总书记人才工作重要指示精神，深入贯彻落实浙江省委关于人才强省的工作方针，紧紧围绕学校“十三五”发展规划和“省重点高校建设计划”提出的目标任务，坚持党管人才原则，坚持“育引并重、外引内培”，深入推进“人才强校”战略，全力实施“2213人才工程”和“5512人才工程”，按照“用好现有人才、稳定关键人才、引进急需人才、培养未来人才”的思路，不断深化岗位聘任、职称评审、人才育引等方面的人事制度改革，建立以目标任务为导向的绩效分配机制，努力营造重才爱才的工作环境，激发各类人才活力，在人才培养、科学研究、社会服务、文化传承与创新等方面不断取得重大成果。2018年世界大学学术排名（ARWU）榜上，杭电跻身世界潜力高校500强，并在2018中国软科学术影响力排名中位列全国第85；其计算机学科首次入选ESI全球排名前1%，工程学进入前5‰。

一　顶层设计强校战略，科学谋划人才工程

习近平总书记指出，“人才是第一资源”。学校党委时刻秉承这一理念，

* 邵根富、张立升、王海南、徐毅鹏、陈上宝，杭州电子科技大学人事处。

把人才工作作为“一号工程”来抓，多年来在学科建设、人才培养、科学研究、国际化提升等方面，树立了强烈的人才优先意识，营造全校重视人才、举荐人才、用好人才、服务人才的新格局。

（一）坚持人才强校战略

学校党委一以贯之地在制定重大方针战略方案时，始终强调“人才强校”战略，突出人才队伍建设对学校发展的重要战略意义。2013 年是杭电“人才建设年”，学校召开了人才工作大会，提出紧紧围绕建设高水平教学研究型大学的目标，遵循“突出重点、稳定队伍、优化结构、提高水平”的原则，构建定位明确、层次清晰、衔接紧密的人才引进和培育计划体系，完善优秀人才成长的有效机制，促进师资队伍整体水平和创新能力显著提升。会议研究制定了《杭州电子科技大学“2213 人才工程”实施办法》，提出通过 5 年左右的建设，引进和培养 20 名左右国内具有影响力的领军人才，建设 20 个左右面向重大任务或科学问题的创新研究团队，培养和引进 100 名左右省内具有知名度的拔尖人才，支持 300 名左右支撑学校未来发展的青年创新人才，即“2213 人才工程”。随后，2016 年，学校制定《杭州电子科技大学“十三五”事业发展规划》，明确指出到“十三五”末期，学校要建设一支更加优秀的高水平队伍，拥有院士 5 名，长江学者特聘教授、国家杰出青年基金获得者、国家“千人计划”人才等国家级人才 50 名左右，省部级优秀人才 100 名左右，优秀骨干教师 200 名左右，即“5512 人才工程”。

（二）落实人才工作职责

通过多年来的分工合作，齐抓共管，学校已形成了由党委统一领导，组织人事部门牵头抓总，相关职能部门各司其职、密切配合，学院和学科团队具体落实，全员教工广泛参与的人才工作新格局。将人才工作责任落实到位，首先就是健全人才工作领导机构。杭电自 2013 年以来就成立了以书记、校长为组长的人才工作领导小组，同时成立与人才工作密切相关部门组成的校人才工作小组联席会议制度，定期研究学校人才工作的重要政策和重大事项。其次是建立了“校院两级联动”的人才工作责任制和“各司其职、协调高效”的协同工作机制，确立学校与学院、学科团队在人才工作中的职责分工和权责分配。最后，学校还建立了以产出贡献为导向的人才工作考核机制。学校以二级学院绩效考核为抓手，把人才工作作为考核学院工作的重要指标，并与学院经费划拨相挂钩。同时，学校将人才工作目标与中层干部三年任期目标考核相结合，将人才育引的数量与质量指标化，与职能部门、各学院领导签订三年工作任期目标责任书，直接与任期责任挂钩，坚持产出导向，强化绩效考核。

二　挖掘内力培养为先，优秀人才唯才是重

学校围绕队伍建设“高端、青年、国际化”的时代主题，全面落实人才队伍发展规划，实施“2213 人才工程”和“5512 人才工程”，着力构建全方位的师资队伍培育体系。

（一）培育选拔高端人才

高层次人才是师资队伍中的核心力量，而培育选拔校内高端人才是建设高水平师资队伍的关键所在。学校坚持“育引结合，以育为先”的工作方针，切实落实优秀人才培养培育体系的建立，积极做好各项人才计划的组织推荐工作，因此，自主培养的国家级、省部级人才不断涌现，呈现出良好发展态势。陈畴镛、李晓钟成为国家社科重大项目首席专家；俞俊、罗国清入选国家优秀青年科学基金项目；王高峰、罗国清入选国家“百千万人才工程”；俞俊、颜成钢教授入选教育部人才奖励计划青年项目等；另有 7 人入选省“万人计划”，16 人入选浙江省“钱江学者”特聘教授，7 人入选浙江省优秀教师，72 人入选“151 人才工程”，60 人入选浙江省高等学校中青年学科带头人培养等。2017 年，学校还获批了省级院士专家工作站。

（二）助力培养青年教师

拥有青年，就是拥有学校的未来和希望。学校主动搭建青年教师的成长平台，设计多层次的青年教师培养体系，从进校一开始就注重提升教师队伍整体素质。学校出台《杭州电子科技大学青年教师助讲培养制度实施办法》，实施青年教师培养导师制、助教制，提高青年教师教学科研能力；学校启动校杰出青年、优秀青年培育专项，造就一批进入本学科学术前沿、具有一定国内外知名度的优秀青年学者。截至目前共有 27 人入选校杰出青年、优秀青年培养专项。此外，学校定期化、常态化举办青年学者学术沙龙、科技创新论坛、学术能力提升训练班、学术交流合作宣讲拓展会等系列活动，全面提升青年教师创新能力，增强青年人才厚积薄发和可持续发展的能力。

（三）推进师资队伍国际化

学校先后制定了《杭州电子科技大学优秀教学骨干和双语教学教师出国进修计划实施办法（试行）》《杭州电子科技大学教师队伍国际化能力提升实施办法》，推动师资队伍国际化建设。通过国家留学基金委面上项目、青年骨干教师出国研修项目、地方合作项目、省“151 人才工程”、学校选派资助项目、个人学术进修等渠道选派教师出国访学进修，选派教师含优秀教学骨干、双语教学和中青年骨干教师等多种类型。近年来学校在教师队伍国际化建设方面每年投入近千万元。学校注重教师访学过程管理及跟踪服务，对于期满考核优秀者给予额外奖励，同时，将教师海外进修访学经历与专业技术职务评定相结合。从 2018 年起，要求申报高级专业技术职务教师必须有连续 1 年及以上的海外进修访学经历。截至 2018 年底，具有 3 个月及以上海外研修经历专任教师 680 人，专任教师国际化比例已达 40%。

三　海纳百川为我所用，不拘一格广聚贤才

学校以“立足浙江、依托行业、面向世界、服务社会、支持国防”的

办学指导思想为指引，紧紧围绕省重点高校建设和学校中长期发展规划，不断创新引才工作举措，着力高端人才，助力青年骨干，聚力创新团队，引进了一批学术领军人物、学科带头人和中青年博士，实现了人才总量的稳步增长、人才素质的大幅度提升，在高层次人才队伍引进上结出了丰硕的成果。

（一）进一步完善了人才引进的政策和制度

学校逐步实施和完善了更富有竞争优势的人才引智政策。出台了《引进高层次人才认定办法》《引进人才特殊待遇实施办法》《特聘教授岗位实施办法》《外籍专家管理办法》等文件，目的是集中力量，整合资源，聚焦引进国内外高端人才，并坚持为其提供富有竞争力的学科支撑平台、薪酬制度体系和工作生活条件。近年来，学校师资队伍结构明显优化，专任教师净增400余人，正高职务教师净增100余人，年均引进具有博士学位的教师100余人，具有博士学位的专任教师比例提高到近70%。

（二）进一步创新了人才引进的形式和机制

学校积极贯彻“全职引进为主，柔性引进为辅”的工作方略，多举措多渠道大力吸引海内外“高精尖”人才来校工作，不求所有，但求所用。学校实施《讲座教授岗位制度实施办法》，不断加大海外高端人才引进力度，利用校内外资源引进国外高层次人才来校进行长期或短期聘用工作。获批浙江省首批重点建设大学以来，已柔性聘请国内外4名院士领衔的研究团队、2名澳大利亚院士、2名中国工程院院士，以及国家杰出青年科学基金获得者、长江学者、IEEE Fellow等60余位海内外优秀人才来校工作，助力学校发展。在杭电中外学者的共同努力下，杭电在2017年获批国家“111计划”学科创新引智基地。

（三）进一步拓展了人才引进的渠道和方式

学校以学术论坛形式，积极为海外青年学子搭建学科交流平台，助力优秀人才来校发展。2018年、2019年，学校连续两年召开IT青年科学家论坛，共有来自欧洲、美国、加拿大、澳大利亚、日本、新加坡等国家和地区近200位著名高校和研究院所的青年学者参加论坛，有力促进学校引才国际化。同时学校在人才引进中积极探索团队模式引进，促使他们早出成果、多出成果、出大成果。如骆建军微电子创新团队、张雪峰创新材料研究团队、俄罗斯圣光机大学波波索夫教授团队等科研团队，已陆续为学校带来了一批积极有效的教学科研成果，为服务浙江地方经济建设发展作出了贡献。

（四）进一步加强了人才引进的服务和保障

按照“以才引才，以智引智，全员引才”的工作思路，学校发动全校教职员工和校友等参与人才引进工作，设置人才举荐奖，奖励为学校高端人才引进工作做出贡献的人员；人事部门积极配合学院、学科主动上门邀约商谈，建立了校、院、学科三级快速人才评价和引进决策机制；实施《党政领导直接联系服务专家制度》，建立党政领导与高层次人才对口联系、跟踪服务等制度，做到专职负责、专项跟进、专人落实的周到服务。

四　深化人事制度改革，营造干事创业环境

学校不断深化人才体制机制改革，在岗位聘任、职称评审和薪酬制度方面加大改革力度，不断推进“一流能力一流岗位、一流人才一流待遇、一流贡献一流报酬”的人事综合改革方案。

（一）深化岗位聘任改革，建立岗薪匹配体系

学校进一步深化师资队伍分类管理，结合绩效工资改革，优化岗位聘任制度。学校打破了原来以“工作量为主”的聘任模式，按照“目标引导，按需设岗；分类管理，分级聘用；岗薪挂钩，岗变薪变；竞聘上岗，公正公平；以人为本，保证重点”的基本原则，实行竞聘上岗，做到“能上能下”。同时以岗位为抓手，建立履行岗位职责，完成岗位任务，享有岗位薪

酬的协同机制，并以岗位目标任务为导向，赋予学院自主设岗、自主聘用和自主考核的人事管理权力。在2016年新一轮岗位聘任中，学校共有2142人聘任上岗，其中专业技术岗1589人（含双肩挑），管理岗464人，工勤岗70人；全校有26人低职高聘（高聘到正高级岗位5人，副高级岗位21人），有22人高职低聘（正高到副高岗位2人，副高到中级岗位20人），无一人投诉，真正体现出“能上能下、各尽其用”。

（二）深化职称制度改革，拓展人才成长通道

在省属高校中，学校率先开展专业技术职务自主评聘工作，破除“唯论文、唯帽子、唯学历”的痼疾，倡导“凭贡献、凭成果、凭实力”的导向，相继出台《专业技术职务评聘实施办法（试行）》《岗位设置与聘任实施办法》，将职称改革加入推进完善高校人事管理制度的“改革链”中，与岗位设置、考核聘用、绩效管理等人事制度形成衔接配套，激发不同类型的教师发挥自身优势，为学校发展作出贡献。如ACM“金牌教头”刘春英因教学和竞赛成绩优异，被破格晋升为教学为主型教授。该事情在广大青年教师中产出积极影响，并受到社会广泛关注，得到中国日报网、光明网、《浙江日报》、《杭州日报》、《钱江晚报》、《都市快报》等媒体相继报道。

（三）完善薪酬激励机制，释放创新创业活力

学校按照“注重业绩导向，兼顾公平保障，实行岗薪挂钩，强化绩效激励，加强绩效考核，规范分配秩序”的原则，不断健全体现岗位绩效导向、岗位分类管理和岗位优绩优酬的薪酬分配和考核体系。学校出台了《高层次人才年薪制改革的若干意见》等系列文件，逐步探索以任务为标准，以贡献为依据，以业绩为导向的薪酬划拨和分配机制，鼓励广大教师作出高水平、有影响力的突出成就与贡献。学校更是在制度机制上鼓励促进教师、科研人员在完成本职工作的基础上，积极参与创新创业和成果转化，为浙江经济社会发展服务。据统计，学校近三年发明专利转让率近20%，在省属高校、科研院所创新绩效评估的“成果转化率”指标上名列前茅。国

家千人计划专家任永坚，浙江省千人计划专家骆建军、严义教授、徐铭恩教授等所孵化的多个公司已经在新三板上市或即将上市。

自 2013 年以来，学校人才队伍建设取得重大成效，新引进博士 643 人；新增全职院士 3 人；新增国家千人、国家百千万人才工程等国家级人才 26 人，青年长江等“四青人才”5 人；新增省“万人计划”、省“钱江学者”特聘教授、省新世纪“151 人才工程”等省部级人才项目入选者 57 人；新增省高校高水平创新团队 3 个。学校高层次人才队伍建设工作受到省委人才工作领导小组表彰，2017 年获浙江省重才爱才先进单位。

下一步，杭电将主动抓住党的十九大、省委“两个高水平建设”所带来的发展机遇，围绕全省“高教强省”战略，进一步深化人事制度改革，发挥学校信息学科特色和人才优势，助力浙江省“数字经济”一号工程，作出杭电更大的贡献。

ℝ.65

青岛正阳路小学教师评价制度创新与实践

王许丽*

青岛市城阳区正阳路小学作为一所街道小学，其教师的知识结构、教学水平不均衡，自我成长与自我发展意识相对薄弱，工作积极性不高。这些都成为制约学校发展的阻力。

为提高人事管理水平，学校提出了“科学实施发展性评价，全面提升管理水平”的创建项目，积极探索规范管理与学校实际相结合的人事工作思路，制定实施了《正阳路小学教师发展性评价方案》。

一　新评价方案的实施内容

该方案以全面提高教师的整体素质为宗旨，以促进教师专业化发展为主线，遵循全体、全面、全程和公平、公正、公开的原则，注重过程性评价，并将过程性评价与终结性评价有机结合，力求客观公正地体现全体教职工工作的质和量。

该评价体系着眼全体教师，涵盖学校教育教学工作的方方面面，分为领导干部评价、班主任评价和任课教师评价三大板块，具体制定实施《教学常规评价制度》《出勤制度》《教学质量评价制度》《教科研评价制度》《领导干部考核方案》《教师民主评议方案》《绩效工资实施方案》等十几项制度。学校召开教代会，对所有考核制度进行讨论交流，广泛征询意见与建

* 王许丽，青岛市城阳区正阳路小学。

议，并按照民主集中制、少数服从多数的原则，表决通过各项制度。

在方案的具体实施上，各部门明确分工，严格落实评价标准。校长室负责领导干部评价，对共性部分及分管工作分学期评价。教导处负责任课教师评价，共分为出勤、工作量、教学常规、教学成绩、民主评议五项内容，分别按相应制度核算打分。大队委负责班主任评价，包括班级管理和班级教学成绩，也按相应标准打分。

评价结果的运用，一方面，与奖惩相结合以提高评价的实效性，诸如结合教师年度考核、职称晋升和绩效工资的发放等。另一方面，引导教师纵向比较，从中发现自己的优点与不足，注重引导教师分析具体原因，提高教师的自我反思和总结能力，最大限度地发挥评价的激励引导作用。

二　新评价方案的实施步骤

评价实施过程中，各部门分工负责，全体教师、学生参与，严格落实评价制度。

（一）任课教师评价

该评价范围是所有担任学科教学的教师，主要由教导处负责，分别从出勤、工作量、教学常规、教学成绩、教研组、教科研、民主评议评价等七个方面，按相应制度核算量化打分。

1. 出勤评价

以构建和谐校园为目的，坚持以人为本，遵循公平、公开、公正的准则，采用不打卡、有事请假、满勤奖励方式，实行当日记录、每周公布、每月汇总的过程性量化积分评价，作为教师月绩效工资发放和年度考核出勤得分依据。

2. 工作量评价

以国家规定的课程计划和《山东省普通中小学管理规范》作为教师工作量评价的依据，实行绝对性评价。周工作量量化核算由学科教学工作量、兼职工作量、工作量奖励及岗位津贴组成，作为教师月绩效工资发放和年度考核工作量得分依据，以促进在全体教师中形成“多劳多得，少劳少得，不劳不得”的公平竞争理念。

3. 教学常规评价

以《山东省课程实施水平评价方案》和《教学工作常规》为评价的依据，由教学常规、听课和课堂评价组成。其中教学常规评价涵盖教学计划、个人专业发展规划、备课、上课、作业批改、课外辅导、考试常规、教学总结等多项常规，分别在期初、期中、期末进行评价、量化、反馈；听课评价旨在引导教师互相学习交流，在每学期期中、期末进行评价、量化、反馈，这两项通过过程性评价，随时矫正问题，规范教学行为，使全体教师能静心备课、安心上课、虚心学习。但这仅仅是外在的形式上的评价，其教学效果如何不得而知。因此，课堂评价项大胆创新，以教育对象——学生作为评价主体，学生对每位教师教学的每个环节了解得最清楚、最全面，最有发言权。课堂评价实行学生问卷调查确定好课标准、期末各班分组评价学科教学、按学生喜欢度排序计分的评价流程。

4. 教学成绩评价

以上几项评价在发展教师、提升教师素质方面分别发挥着不同作用，有其独立性和准确性，但也存在主观性和抽象性，且不能直接反映教学质量的优劣。因此，学校依据《山东省普通中小学管理规范》和《山东省普通中小学考试管理规定》，制定《教学成绩评价方案》，实行个人学科教学成绩与所教班级及教研组整体成绩相结合的相对性量化评价，按满分 100 分先核算出教师个人校内得分，即教师个人教学成绩校内得分 =（教师所教班级合格率/年级合格率 ×60%）+（教师所教班级高分率/年级高分率 ×20%）+（教师所教班级平均分/年级平均分 ×20%）。在此评价之上，核算出教师个人总得分，即教师个人总得分 =（教师个人校内得分 ×50%）+（教研组得分 ×50%）。标准侧重于合格率和教研组得分，很好地处理面向全体、夯实基础与培优之间的关系，使评价具有很强的导向作用、激励作用，提高了教师的教学质量意识、合作意识，营造了竞争的氛围，提高了教学成绩，促进了教学学分评价、教科研评价向实处发展。

5. 教研组评价

《国家中长期教育改革与发展纲要》指出，21 世纪的教师不仅要有竞争意识，更要注重合作。因此，学校实施教研组评价，从制订学科教研计划、开展教研活动、学科教研总结三个方面分别在期初、期中、期末进行过程性评价，对教研组活动及时进行鉴定和调控，以期末成绩或全区统一抽测成绩作为学科组终结性评价的依据，将过程性和终结性评价的成绩结合，计入全学科组每位教师的年终绩效和年度考核成绩中，以此凝聚全学科组教师的力量，激发教师之间合作与交流的动力。

6. 教育科研评价

《小学教师专业标准》要求，教师要不断提升教育教学专业化水平，具有终身学习与持续发展的意识和能力。学校以此为依据，以“情境育人”为载体，以市课题“通过多元评价促进学生合作发展的策略研究”为依托，从业务学习、教科研培训、教学论文三个方面进行量化评价。每学期组织教师进行赛课活动，外出培训学习，对教学论文评选优秀者进行表彰，并将评价计分纳入年度考核。

7. 民主评议

评议内容涉及德、能、勤、绩、廉五方面，分为优秀、合格、基本合格、不合格四个等次，由领导班子评议、部门内教师互评、家长学生评议组成，充分发挥评价的导向、激励作用，促进全体教师职业道德和专业水平的不断提升。

以上评价构成了教师发展性评价的主体，每项评价既具有独立性、过程性，分别发挥着导向、激励、鉴定、调控作用，促进教师在学校工作的各个方面的发展；又具有整体性，学期末将每项评价得分按一定权重汇总为教师发展性评价总成绩，作为教师年度绩效发放、考核评优、晋升职称的重要依据。

（二）班主任评价

班主任是班级学习和管理的主要责任人，因此其评价在任课教师评价（同上）的基础上又加上班级学习成绩评价（见上述教学成绩评价）和班级管理成绩。班级管理评价以“育人为本，德育为先”为管理理念，由教导处、少先队等部门根据本部门重点工作进行评价，实行量化积分制，进行过程管理，实行日记、周评、月总，以每月发放流动红旗和“集卡争娃”为抓手对班级进行奖励，并建立年级组长会议、班主任例会和班主任论坛等长效机制。学期末将三项评价内容按一定权重进行整合，其中对班级学习成绩和管理成绩按照 1.1 倍加权，作为班主任的发展性评价成绩，以突出班主任工作的重要性。

（三）领导干部评价

该评价由校长室负责，其内容主要包括德、能、勤、绩四个方面，重点考核工作业绩。德，主要考核政治思想和职业道德素质；能，主要考核适应本岗位的工作能力以及创新能力；勤，主要考核工作态度、工作作风和敬业精神；绩，主要考核履行职责情况，完成工作任务的数量、质量和效率等。领导干部考核总成绩 = 素质测评总成绩（其中出勤评价占 10%，工作量评价占 40%，教学常规评价占 25%，教学成绩评价占 20%，教育科研评价占 5%）×50% + 管理测评（其中领导小组评议占 40%，教师评议占 40%，家长评议占 20%）×50% ×1.1。采用过程管理与终结性管理相结合，民主评议与工作实绩结合，全面反映领导干部的业绩和贡献，对领导干部全面、客观、公正地进行综合评价。

三　新评价方案的实施效果

第一，由于新方案增加了透明度，分类合理，教师对评价项目及其所占比重也非常清楚，加之评价过程中对有些如出勤、上课、常规检查等项目结果随时公布，使教师对评价的信赖度大大增强。

第二，教师作为评价的主体，由过去的被动评价逐渐变为主动参与评价，评价项目也由过去的模糊繁杂逐渐变为清晰透明。严格遵循公平、公正、公开原则，有效避免了一些不良情绪的滋生，稳定了教师队伍。

第三，新方案给学校的可持续发展注入活力。学校教学研究的氛围越来越浓厚，教师自我发展愿望明显增强，职业道德与业务素质明显提高，已逐渐形成了积极向上、爱岗敬业、团结协作的教风。

第四，对领导干部的评价，直接带动了学校管理水平的提升。各部门分工明确，责任到人。学校管理团队求真务实，不断创新工作思路，部门负责人对所分管任务不扯皮、不推诿，大局观念明显增强。

R.66
福州大学教师队伍建设的探索与实践

商光美*

习近平总书记在全国教育大会上强调，坚持把教师队伍建设作为基础工作，建设社会主义现代化强国，对教师队伍建设提出新的更高要求，也对全党全社会尊师重教提出新的更高要求。《中共中央 国务院关于全面深化新时代教师队伍建设改革的意见》指出，坚持兴国必先强师。多年来，福州大学坚持“六个突出”，全面推进教师队伍建设改革，进一步强化引才、育才、用才，有效激发人才活力，切实营造“人尽其才、才尽其用”的良好局面，初步建成一支素质优良、结构合理、充满活力的师资队伍。

一 队伍建设：突出“严把关口”

（一）严把政治关口

坚持学院考核、小组论证、学校审核“三级联动”，严把人才引进“政治首位关”。一是实施学院考核“双签字”制度。学院在引进人才审核环节，实行学院党委书记、院长双签制，党委书记负责引进人才的思想政治表现、意识形态有关情况、遵纪守法及奖惩情况、道德品行及协作精神等方面的考察；院长侧重于引进人才的学术、教学水平的考评。在职称评聘中，成立以学院党委书记为组长的考核推荐小组，对通过

* 商光美，福州大学。

“教授会”评议的参评人员进行思想政治表现和师德师风方面的综合考核，提出考核推荐意见，考核合格者推荐到学部委员会评审。二是实施小组论证“协同化”机制。成立了由校长任组长，分管人事、教学、科研、研究生院的校领导及相关职能部门负责人组成的工作领导小组，负责研究拟定学校人才引进规划，指导和督促各类人才引进计划的实施，协调校内各部门在人才引进工作中各司其职、相互配合，形成上下联动、协调高效、整体推进的人才工作运行机制。三是实施学校审核“一把手”工程。贯彻落实中共中央办公厅《关于坚持和完善普通高等学校党委领导下的校长负责制的实施意见》，加强党对人才工作的领导，凡涉及人才队伍建设的重要事项、建设规划、重大政策等都由党委常委会作出部署，进行顶层设计、战略决策。对拟引进的省级以上重点人才，党委“一把手”考核、进行面谈。

（二）严把师德关口

坚持“德才兼备、以德为先”，把师德师风建设作为选人、用人、留人、育人的首要内容，贯穿教师入职、聘岗、培养、考评等各个环节。一是健全规章制度。制定《关于加强和改进师德师风建设工作的实施意见》等文件，健全教师任职资格准入制度，完善师德师风的建设、考核、状况调研、舆情反应等机制，建立师德师风档案。二是狠抓教育引导。将师德建设纳入政治理论学习、精神文明创建、各级各类培训、职称聘任、职务晋升、项目申报、评优评先中，严格落实师德“一票否决制”。三是选树先进典型。开展新教师座谈会、教职工风采展等系列活动，凝聚“比、学、赶、帮、超”的师德师风教育合力，营造重师德、为师表、讲奉献的浓厚氛围。四是严格监督管理。发挥教代会、学术委员会、教授委员会、学位评定委员会、教学督导委员会、家长委员会、学生社团、学生评课、大众媒介、社会舆论等作用，构建学校、教师、学生、家长和社会“五位一体”的师德监督体系。

二　人才引进：突出“高精尖缺”

（一）加大宣传力度

加大海外引才引智宣传力度，在海内外权威媒介发布人才招聘信息，在海外设立人才工作联络站，并多次赴海外招聘。

（二）拓展引才渠道

坚持“引育并举、唯才是用”，举办“国际青年学者论坛”和新加坡高层次人才引进宣讲会，加快引进高层次拔尖人才，进一步提升教师队伍层次，着力建成一支结构合理、层次分明、富有创新活力和较强学术竞争力的高层次拔尖人才队伍。

（三）优化服务体系

制定《高层次人才“秘书式”服务试点工作实施方案》，强化人才项目预申报、标志性成果奖励，配备服务团队，帮助解决配偶就业和子女入学问题等保障，进一步健全高层次人才服务体系。

（四）创新引智模式

探索“高端外国领军人才+高端外国专家团队+国际化科研平台”的引智模式，采取项目带动、点面结合、长短期并重的引智新模式，优选引才与引智、引进与输出相结合的引智新机制，会聚了一批高水平外国专家及其团队。

三　人才培育：突出“项目孵化”

（一）贯通人才项目

树立“梯队衔接、结构有序”的理念，积极拓展人才项目，构建“国家级－省级－校级”项目紧密衔接的“阶梯式”人才队伍建设体系。一是面向35岁以下教师设立实施“旗山学者”奖励支持计划（含校内遴选、海外引进），培育国家杰出青年科学基金项目、长江学者的“后备人才”。二是面向45岁以上教师以及省级以上高层次人才项目到期教师设立实施“嘉锡学者”特聘教授奖励支持计划，打通人才发展通道。

（二）增强国际素养

实施“人才队伍国际化建设计划”，强化教师海外访学研修的考评管理，开阔教师的国际视野，提升国际化办学水平。一是根据教师海外访学研修的国家项目、福建省项目、学校项目等类别，分别围绕课题研究、学科建设、课程拓展等“国标”“省标”“校标”，有侧重、针对性地进行分类管理与考核评价。二是将评聘正高级职称的教师海外访学研修经历要求由半年提高至一年，有效发挥职称评聘的导向作用，进一步增强教师队伍的国际素养。

（三）强化专业水平

实施“青年骨干教师重点培养计划”，加强教师的学习研究、进修培训，进一步提升教师的职业素质和专业水平。一是开展师德师风、各级党校、教学达标等岗前培训，进一步提升教师的职业素养。二是开展教学科研、管理服务、学历提升等技能培训，进一步夯实教师的专业基础。三是开展对口交流、联合培养、专项访学等学历教育，积极支持、鼓励教师攻读博士学位，进一步提升教师的学历层次。四是开展各类专家、英语口语、科技文艺等业务培训，进一步增强教师的综合素质。

四　人才使用：突出“教学本位”

（一）提高业绩奖励

实施绩效工资改革和职称聘任改革，鼓励、支持、引导教师为本科生上课。修订《福州大学绩效工资实施办法》，深化以实际贡献为评价标准的绩效工资改革，完善以增加知识价值为导向的分配激励政策。实行小班化、精细化教学，鼓励公共基础课教师多上课、上好课，提高公共基础课教师职务业绩奖励。增设“教学科研岗位奖”，给予教学科研人员普惠奖励，鼓励教师潜心教学。

（二）增设专项岗位

修订《专业技术职务聘任工作实施方案》，强化同行评议、教授治学、质量导向、协同发展，构建多元化的职称聘任机制，实行教学质量综合考评“一票否决”。在原有学部基础上新增教学为主型教师系列职务，突出对教学业绩的考评，鼓励教师全身心投入教学工作。

（三）强化评优支持

全国“宝钢优秀教师奖”“卢嘉锡优秀导师奖”，福建省“杰出人民教师”“先进工作者”，福州大学“杰出青年教师励志奖”“阳光奖教金”“福能奖教金”等评选项目向教学科研一线人员倾斜，形成群体示范效应。组织教学一线人员，参加全国高校青年教师教学竞赛、福建省高校青年教师教学竞赛等。专门面向教学人员，设立“教学名师奖”“教学优秀奖”“最佳一节课”等奖项，激励教师扎根教学一线，潜心教书育人。

五　人才发展：突出“科研支撑”

（一）支持发挥优势

坚持“科研反哺、科研支撑”的理念，进一步深化师资队伍建设并有效提升教学质量。在对理工学部、数理信息学部、工程学部、人文社会科学部等 4 个学部进行分类考评的基础上，充分考虑建筑类、艺术类、体育类等学科的特殊性，在相应学部中单列任职条件。理工学部更强调考核教师的教学科研能力，工程学部更注重考核教师的社会服务能力。新增教学为主型教师、成果转化与技术推广系列职务，鼓励教师全身心投入教书育人、技术攻关工作。海外引进的优秀人才，可不受任职年限限制，根据其学术水平直接评聘相应专业技术职务。

（二）鼓励潜心教研

坚持发展性评价方向，对新进具有博士学位的青年教师实行“三年保护期”制度。新聘博士头三年免工作量，所取得的科研成果算作超工作量，让年轻教师专心培训备课、潜心科学研究，避免心浮气躁、急功近利。根据教师的岗位类型、人才类别以及专业技术职务等，明确聘期科研任务，提升其科技创新能力和综合学术实力。试行岗位绩效工资制度、协议工资制和年薪制等多种分配形式，对国家级、省级、校级人才实行年岗位奖金制，进行聘期考核，其超出的年度科研工作量和教学成果工作量参与教学科研人员职务业绩奖励及标志性成果奖励分配，鼓励高层次人才潜心研究，多出标志性成果。

六　人才评价：突出“多元导向”

（一）成果互相替代

根据各类岗位职务的特点，合理界定相应类别职务业绩考评指标范畴。在评价时，合理设置学历、资历等基本条件，针对应聘人员的能力和业绩进行综合评价，把论文、著作、研究项目、发明专利、成果转化效益、标准制定、应用咨询报告等作为重要评价指标，全面考量其工作实绩和水平。不拘泥于对学术论文、奖项等单纯要求，而是规定部分成果之间可以适当替代，让应聘人员有较大的选择空间。如文件中规定获国家授权发明专利、出版学术专著、获得相关行业资质证书、指导学生参赛获奖、举办个人音乐会（画展）等可视同发表相应级别的论文。

（二）体现差异评价

坚持按学科门类差异，分学科、系列制定相应的评聘条件。特别是针对教师岗位职责和职业发展的不同进一步细化分类，将教师岗位分为教学为主型、教学科研型、科研为主型和成果转化与技术推广型等四类岗位。在各类晋升条件的设置中，更多地体现差异化评价，教师可根据自己的岗位和专长，选择适合自己的系列参加评审，实现优势突破。例如，在教学为主型教师的职称评审中，淡化对论文的要求，将教研教改项目、精品课程、出版教材、教学获奖、指导学生竞赛等方面的业绩作为主要考评条件；对于成果转化与技术推广型教师，论文仅作为代表作送审的需要，重点考察科研成果应用和社会服务能力，特别是科研成果转化所产生的经济和社会效益；对艺术、体育类等实践性较强的学科，注重对艺术设计作品、指导学生参加体育比赛的考量。

（三）设立绿色通道

坚持按以工作实绩和成果质量为主要内容进行考评，强化质量导向，对引进的海外高层次人才、急需紧缺人才和“引进生”等各类优秀人才，可突破任职年限等限制条件，以直评、直聘方式参加评聘。对业绩特别优秀人员采取破格方式评聘，学历、任职年限、海外研修经历等不再作为限制性要求，突出考评具有显示度和标志性的成果。例如，在“化学科学与工程”一流学科建设群正高级职务直评条件中，鼓励发表“大文章”，在 *Science*、*Nature*、*Cell* 上发表 1 篇论文，对论文篇数不做要求并适当放宽其他业绩成果要求直接参评。

ℝ.67

安徽农业大学教师岗位管理的改革与实践

朱立军*

推进高等教育内涵式发展，关键是要建设一支高素质的师资队伍。近年来，安徽农业大学坚持以业绩为导向，以强化岗位管理为主线，以完善分类评价、考核激励机制为关键，大力推进教师精细化分类管理，激发了教师教书育人、科学研究和社会服务的积极性、创造性，有力地支撑了学校事业的快速发展。

一 教师队伍的现状及存在的问题

作为一所地方农业院校，安徽农业大学（简称“安徽农大”）教师队伍建设中存在的突出问题主要集中在四个方面，即数量不足，质量不高，结构不优，机制不活。

第一，数量不足主要体现在教师的编制数、岗位数以及岗位结构比例不能满足学校发展的需要。学校教师编制1230个，生师比达到20∶1左右，个别专业达到30∶1。副高以上的专业技术岗位数远远不能满足需要，教师职业发展空间受限。

第二，质量不高主要体现在教师高层次人才、领军人才匮乏，高水平科研成果、教学成果缺乏，教师科研能力不强与教学能力不强同时存在。教师能力水平的提升跟不上科学技术的快速发展。

* 朱立军，安徽农业大学人事处。

第三，结构不优主要体现在教师队伍结构与学科发展要求不相适应。为适应高等教育大众化的要求，学校增设了一批人文经济管理类专业，招聘了一大批相关专业的师资和学历层次不高的师资，虽然满足了扩招后的教学需要，同时也造成了教师结构、质量与学科发展不相吻合的现实。

第四，机制不活主要体现在激发教师爱岗敬业、创新创造的办法不多，举措不多，人尽其才、才尽其用的机制不活，教师评价考核、激励奖惩机制不完善，“能进能出、能上能下”的机制难以形成。

这些突出问题，既有政府政策层面的问题，也有学校自身制度设计方面的问题。破解这些发展中的问题，需要学校从办学治校层面做好顶层设计、系统规划。人事管理工作的基点是要激发人力资源活力。由于地方院校资源条件的约束，需要激发活力的政策举措更精准、更有效。因此，深化地方高校教师岗位管理改革，必须围绕“精准”和“活力”这两个关键来系统考量，做到精准施策、活力迸发。而做到这一点，实施科学分类管理是基础。

二　教师岗位管理的实践及成效

作为一所有着 90 年办学历史的地方农业院校，提高办学质量和水平，推动内涵式发展，是安徽农大奋进新时代面临的首要任务。实现这一目标的关键，就是要不断激发教师教书育人、科学研究和社会服务的活力。为此，学校紧紧围绕激发活力这个根本，自 2009 以来实施了以岗位管理为基础的分类管理改革，初步形成了合同管理、分类评价、考核、激励的机制，构建了教师分类发展的体系，有效缓解了学校人力资源的困境，激发了教师爱岗敬业的活力。

实施分类管理关键是要以岗位管理为基础，以促进教师职业发展为目标，围绕学校办学定位，分类设计、规划教师职业发展路径，最大限度激发教师立足岗位、干事创业的潜能，推动学校事业的发展。安徽农大教师分类管理的改革与实践，大体分成两个阶段，第一阶段是以事业单位改革为契机，大力推进岗位管理，实现了从身份管理到岗位管理的转变。第二阶段是在教师岗位管理上，依据学校事业发展需要和教师个性特征，制定教师分类评价标准，构建分类考核激励机制，积极推进教师岗位的分类管理，激发教师潜能，促进教师分类发展。

（一）全面推行岗位管理，着力构建以聘用合同为依据的灵活用人机制

学校以实施岗位管理为契机，积极推行教职工的合同管理。按照最大限度满足专业技术岗、压缩工勤岗、严控管理岗的思路，全面开展了定编、定岗、定责工作，构建了各个岗位的工作职责和聘期目标任务。以岗位职责和目标任务为依据，在教职工中全面实施了合同管理，为构建“能进能出、能上能下”的用人机制奠定了基础。学校制定了《返聘退休教职工暂行办法》《高级专家延退工作暂行规定》《教职工兼职兼薪及离岗创业办法》等制度，采取人事代理、外聘、返聘、劳务派遣等多种方式，有效缓解了编制岗位的压力。同时，学校还制定了《教职工校内岗位转岗聘用暂行办法》《教学科研岗特任岗位实施办法》《管理岗特任岗实施办法》《党务和思想政治工作人员职称晋升实施办法》，构建了人力资源有效利用的制度“立交桥”，拓展了各类人员的职业发展空间，努力做到人尽其才、才尽其用。

（二）实施分类管理改革，着力构建教师分类发展的制度体系

学校积极推进教师的分类管理，不断完善分类评价机制和体系，引导教师走分类发展的职业道路，最大限度激发教师的创造活力。2016 年，在第三轮聘期中，学校依据学科发展定位和各学院的实际，按照 4∶14∶1∶1 的比例在教师队伍中设置了教学型、教学科研型、科研型和推广型四种岗位。依据不同学院的办学定位，将四种岗位按照不同的比例设置到各学院，并制定了岗位设置条件、岗位职责、聘用条件和目标任务，引导教师结合自身特长，在教书育人、科学研究和社会服务上做出更大的贡献。同时，修订了教师系列专业技术职务评审条件和评审办法，明确了四种类型教师职称分类评

聘标准，完善了教师分类评价的标准和分类发展的途径，初步构建了教师队伍分类管理、分类考核、分类评价、分类发展的政策体系。

（三）完善考核奖惩机制，着力激发人力资源活力

学校以加强年度考核和聘期考核为关键，把考核结果与职务晋升、绩效工资、奖励政策相结合，不断完善教职工考核办法、奖励办法以及绩效工资办法。以严格奖惩、“真考、真兑现”来不断强化岗位管理，激发创造活力。自 2009 年以来，学校有 66 人次因考核为“基本合格”或“不合格”等次，被减发或停发考核性绩效津贴；有 37 位教师因履责情况较差、不能完成聘期科研目标任务被低聘和转聘；有 71 位同志因出国逾期未归等不能正常履责被解聘；有 304 名教师和 54 名专业技术辅助人员因履责情况较好被高聘；有 60 名教师与专业技术辅助人员因业绩成果特别突出，被跨级聘用。2017 年，学校在对新进人员实行分级奖励的基础上，又全面推进了合同管理，若不能如期完成合同任务的人员，将解除聘用关系。这一系列措施在教职工中引起了很大的反响，彻底扭转了“干与不干一个样”的现象。

（四）实施人才特区政策，着力提高教师队伍质量

学校按照“强优势、出特色、补短板”的思路，制定了《引进高层次人才（团队）实施办法》《高层次人才管理与考核办法》《神农学者培育计划》等一系列文件，大力实施人才精准引培工程，打造人才建设特区。形成了“党委领导、校院协同、部门协调、学院主体”的人才工作机制，构建了“校、院、系”三位一体的人才引培工作体系和责任制；建立了“一人一策”的引人机制、“1 对 1”的人才培育机制和校领导联系高层次人才制度；实行校内人才与引进人才同等待遇，推进人才“引培一体”机制建设，广泛会聚各类人才；设立“人才引进特别贡献奖”，建立引进人才工作联动机制，落实引才工作“一站式”服务，完善人才的全过程跟踪、培养和服务机制，不断优化人才成长发展的制度环境。近五年来，引进培养了国家级人才 20 人、省级人才 113 人，会聚了 22 个省部级以上人才团队，形成

了以国家级人才为引领、省级人才为主体、校级骨干人才为补充的人才队伍。

（五）深化校院两级管理改革，着力激发学院的办学活力

为进一步明晰学院的办学主体地位，激发办学活力，2015 年，学校在 7 个学院进行了校院两级管理改革的试点，2016 年在学校全面实施。通过明确校院两级的责权利体系，构建目标考核体系与激励机制，激发了学院办学育人的积极性。在学校层面，制定了《校院两级管理试行办法》《教学单位目标考核试行办法》，通过分类确立学院的年度目标任务、实施目标考核和绩效奖励，强化目标导向，实现了对学院从过程管理向目标管理的转变。在学院层面，将学校对学院的目标任务与教职工的年度工作任务进行了有效对接，构建了“校—院—个人”三级目标任务体系和“学校考学院、学院考职工”更有针对性的考核体系，进一步扩大学院在薪酬分配、职称评比等方面的自主权，创新监管和服务方式，有效催生了学校的办学活力。

安徽农大教师岗位管理改革还处于起步阶段，尤其是如何进一步做到精细化的分类，如何进一步完善分类的标准，等等，都需要在实践中不断修正和完善。同时，如何加强管理岗、实验技术岗、专业辅助岗和工勤岗的岗位管理，还需要在实践中大胆探索，积极推进。

R.68

中国科大附一院人才管理探索与创新

余　蕾*

医院人才管理是确保医院拥有足够数量和质量的人才，满足医院目前和未来业务发展和优先发展需求的重要举措。2017年12月，安徽省立医院并入中国科学技术大学（简称“中国科大”），成为其直属附属医院，掀开医院发展的新篇章。在融入中国科学技术大学的一年多时间里，医院不断创新人才管理理念，出台了一些新举措，现总结如下。

一　建立“人才双聘”机制，依托中国科大海外招聘会和墨子论坛，引进海内外高层次人才

医院与中国科大一起制定了《中国科学技术大学附属第一医院生物医学人才引进双聘管理暂行办法》，校院在薪酬、科研启动经费配套、实验条件等方面相互补充，学校在教职岗位、职称聘任、子女入学入托、周转房等方面进行大力支持。建立优秀人才库，医院人事处实行一对一沟通联系，了解回国意向，提供人才政策咨询。

二　通过人才团队引进模式，快速提升学科综合实力

在安徽省卫生健康委员会（简称“省卫健委”）、中国科大支持下，2018年引进博士或副高级以上人才65名。其中3名国家级高端人才担任医院领导班子成员，其团队成员都已在院工作（其成员全部为博士，共计10名）。

* 余蕾，中国科学技术大学附属第一医院（安徽省立医院）人事处。

三　在中国科大生医部统领下，推进各类人才培养制度建设

（一）对标高端人才，探索高层次拔尖人才培养办法

医院与中国科大生命科学与医学部（简称“生医部”）经过多轮讨论，制定了《中国科学技术大学生命科学与医学部高层次拔尖人才培养暂行管理办法》（生医部发〔2018〕5号），整合学校和附属第一医院的资源优势，在经费资助（250万~1000万元）、研究生指标、学术团队建设以及科研项目等方面给予高层次拔尖人才支持。

（二）探索博士后管理工作，促进医院科研团队建设

获批设立安徽省博士后科研工作站，并与生医部经过多轮讨论制定了《中国科学技术大学生命科学与医学部支持附属第一医院博士后培养管理暂行办法》（生医部发〔2018〕3号）、《中国科学技术大学生命科学与医学部访问学者管理暂行办法》（生医部发〔2018〕4号）。医院将依托中国科大搭建博士后研究人员科研平台，创新博士后科研人员队伍建设，启动“双聘博士后”“联合培养在职博士后”“访问学者”项目。遴选12名中国科大流动站导师、52名工作站导师，目前已经招收41位博士后科研人员。

四　本着“不求为我所有，但求为我所用”原则，坚持全职引进与柔性引进并举

制定《安徽省立医院特聘专家聘任与管理暂行规定》，在签订协议前充分调研特聘专家与学科匹配度，2017~2018年签约特聘专家35人，有力促进医院与国内外学术界的交流与合作，充分发挥院外知名专家的指导作用，提高医院在国内外学术界的声望。

五　探索科研主任制度，助力医院科研实力快速提升

医院聘鲍坚强同志任妇产科生殖中心科研主任、孙成副教授任器官移植免疫实验室科研主任、张洪教授任健康管理中心科研主任。下一步将充分利用“人才双聘”制度，不断充实临床、医技科室科研主任人才队伍，快速提升学科整体科研水平，提高医院在各类排行榜的排名。

六　推进医院“四类人才”队伍建设，完善后备人才库

制定并出台《安徽省立医院学科、亚专科带头人后备人选选拔和培养管理办法》，制定并出台《安徽省立医院第二届百名杰出中青年人才选拔及培养方案》，通过提供经费资助（5 万 ~ 10 万/年）、组织培训交流、选派海外研修、推行导师制等方式促进“四类人才”队伍建设。截至目前医院共计选拔了 13 名学科带头人后备人选、10 名亚专科带头人后备人选、57 名杰出技术骨干、71 名青年技术骨干。

七　境外研修工作扎实推进

不断拓展出国培训渠道，除了争取政府因公出国项目外，还积极与相关学会合作开展培训。2017 年，医院与国际应急管理学会签订了战略合作协议，为人才出国培训提供新渠道。2018 年至今累计派出 83 人次赴国（境）外参加国际交流，其中安徽省外专局因公出国项目 18 人次，省卫健委中德交流项目 7 人次，国际应急管理学会项目 44 人次，学科经费、课题经费、人才项目经费 14 人次。

ℝ.69
赣南师范大学动态岗位聘用机制的创新与实践

曾建国*

赣南师范大学深入推进事业单位人事制度改革，在2016年开展的第三轮岗位聘用工作中，勇于打破“一聘定终生、能上不能下”的固定用人模式，探索建立竞争择优的动态岗位聘用机制。在参与岗位竞聘的1149名教师中，有168人因聘期考核不合格低聘到下一级专业技术岗位，占总人数的14.6%，实现了能者上、庸者下的改革目标，有效调动了各类人员的工作积极性。主要做法如下。

一　加强政策宣讲，营造良好的改革氛围

学校采取多种形式，广泛宣传事业单位人事制度改革和岗位管理制度有关政策精神，深入分析建立动态岗位聘用机制对于学校发展和教师自身发展的益处，引导广大教职工转变思想观念，变“要我改”为“我要改”，为顺利开展第三轮岗位聘用工作营造了良好的舆论氛围。

二　坚持问题导向，认真开展前期调研

该校根据改革目标和教师队伍现状，提出了第三轮岗位聘用工作面临的三个主要问题：一是如何分类制定科学的专业技术人才考核评价办法；二是

* 曾建国，赣南师范大学人事处。

如何使落聘人员理解和接受竞聘结果；三是如何处理管理岗位人员“双肩挑”问题，为一线教师空出更多的专业技术高级岗位。学校有关职能部门带着这些问题，分层次分类别地开展调研工作，对有关人员情况进行了模拟测算，提出了有针对性的解决方案。

三　积极回应各方关切，科学制定实施方案

在实施方案草拟过程中，学校充分发扬民主，多次征求广大教职工意见，寻求改革大局与个人权益的“最大公约数”。最终确定的实施方案设计较为科学，较好地回应了各类人员对自身利益的关切，既坚持动态岗位聘用的改革方向，亦有一些人性化的考虑。比如，不进行跨级低聘，让落聘人员在感受压力的同时又能体会到学校对其历史贡献的肯定；对下一个聘期内即将退休人员续聘原岗位可不作业绩要求；对于原来兼任管理岗位和专业技术岗位的“双肩挑”人员，如果其主动让出专业技术岗位，则在下一个聘期继续按原专业技术岗位兑现绩效工资待遇等。

四　切实把好“四关”，确保岗位聘用顺利实施

在实施过程中，学校有关职能部门严格按照实施方案进行操作，切实把好岗位申报关、资格审核关、业绩考核关和结果公示关，力求把人考准、把绩考实，确保结果公平公正，从而获得群众公认。在操作细节上，学校也力求尽量简便化和人性化。比如，采取考核标准提前告知制和定期提醒制，在每个聘期开始前告知全体专技人员本轮考核的业绩指标；在每个学期开始时，要求各教学单位开会提醒教师对照指标找差距、补短板。又比如，通过科学设计工作流程，按照竞聘、续聘、低聘、转聘等分类设计申报表格，让每位教职工只填一个表格就完成申报，极大地提高了工作效率。

在学校的精心谋划和全体教职工的大力支持下，赣南师范大学平稳、顺利地完成了第三轮岗位聘用工作，并在建立动态岗位聘用机制方面做出了有益的探索。

R.70

甘肃张掖市农业科学研究院改革实践与探索

刘建勋　李锟　徐娅梅*

一　单位基本情况

张掖市农业科学研究院（以下简称“研究院”）始建于1955年。全院现设党委办公室、行政办公室、院士专家服务办公室、计划财务科、科研管理科五个科室及玉米、蔬菜、经济作物、生态高值农业、绿洲农业种质资源五个研究所。全院现有在职职工94人，其中专业技术人员57人（研究员6人，副研究员和高级农艺师30人，助理研究员和农艺师19人），享受政府特殊津贴的专家4人，省优专家2人，省级跨世纪学术带头人4人。全院建有国家油料产业体系张掖综合试验站、国家糖料产业体系张掖综合试验站等公益性、基础性、长期性试验站11个。单位建立以来，共育成各类农作物新品种131个，获国家、省、部级奖励117项。收集保存小麦、玉米、胡麻、谷子、蓖麻、豆类、油菜、红花等作物种质资源1.46万份。

二　深化体制机制改革，促进创新创业

（一）明确了科研工作理念

在广泛调研的基础上，提出了“为自己搞科研、为企业搞科研、为农

* 刘建勋、李锟、徐娅梅，甘肃省张掖市农业科学研究院。

民搞科研”和“能力用项目成效证明、水平以农民增收检验”的科研工作人才理念，确定了“下放权力、搞好服务、强化监督”的工作机制。从2012年11月1日起，各研究所在人、财、物管理方面享有充分的自主权，新争取的经费全部实行自主管理。院党委、院委会及机关各科室的职能定位为搞好服务、强化监督。

（二）深化改革，下放权力，出台了“一五六”工作制度

首先提出“二流制度强于一流人才”的理念，将制度建设放在工作的首位。认真解读国家相关政策法规，在法律范畴内，按照“下放权力、搞好服务、强化监督”的改革思路，提出“一五六”科研工作机制，即“一个自由流动”：支持科技人员双向兼职，促进了科技人员向企业的流动；“五个打破”：打破了干部工人界限、学历与年龄界限、职称界限、学科界限及课题组界限，解决了论资排辈及工作方向、工作兴趣相矛盾的问题；“六个百分百”：在科技资源配置、科研方向与选题、科研经费支配、课题组人员组成、成果排名与奖金分配、成果合法转化收入上100%由市场和课题组决定，把权力最大限度地下放到课题组长，将为自己搞科研、为企业搞科研、为农民搞科研有机地统一结合，充分激发了科技人员干事创业的主动性和创造性。

（三）实行双向兼职

鼓励科技人员在参加完成单位上的科研推广任务及各项党务活动、义务劳动及其他集体活动的同时，带项目、带成果到乡村和企业工作，创办、协办或领办科技企业，创建科研基地，开展科技成果转化。单位任何一个科技人员如果想去涉农企业工作，只要签订三方协议就可到企业“双向兼职”（副科职务以上人员必须先辞去职务），同时，也可随时申请回单位工作。研究院已有1名副科级干部辞职后去企业工作，有3名双向兼职技术人员已回到单位上班。双向兼职人员兼职期间，在工资发放、职称晋升、岗位晋级、劳动福利、评先评优等方面与纯搞科研的人员享受完全一样的待遇，不同之处在于其大部分工作时间不受单位考勤制度的限制。目前，全院有35

名技术人员双向兼职（占全院技术人员的59.3%），共创办、协办或领办种子企业8家，其中，注册资金在千万元以上的有7家。有一家为育繁推一体化企业，解决了150余人的就业，年均推广新品种34个、新技术7项，年均培育种子面积10万亩，实现年产值3亿元以上；生产的优质玉米种子占全国大田用种量的5%，甜糯玉米种子占全国鲜食玉米用种量的10%。全院90%的科研成果转化取得的经济效益是由“双向兼职”人员完成的。每年700万元经费用于科技创新，占用全院约30%的财政经费，完成全院70%的科研创新及科技推广任务，创造全院90%以上的社会效益。根据企业需要，共选派了6名技术人员到甘肃省育繁推一体化种子企业——甘肃金源种业股份有限公司参与项目合作。近5年，研究院共合作实施国家农业科学实验站建设、省重大专项、省青年基金、陇原青年创新人才等科研项目11项；合建玉米育种原始创新基地268亩，年创制玉米准单倍体材料30万份以上、精准鉴定DH系5000份以上；创建了玉米抗病育种室、单倍体育种室和国家数字中心张掖联合实验室；有5项科研成果获省市奖励（1项获省科技进步一等奖）；培育玉米新品种21个（国审2个），在玉米单倍体育种、抗性育种研究方面达到省内领先水平。其中，培育的金凯2号玉米新品种在省内外已推广618.6万亩，新增经济效益43302万元。

（四）鼓励创建个人科研工作室

最大化利用国家、地方的相关优惠政策，鼓励科技人员创新、创业，多渠道促进科技创新与成果推广。全院4名科技人员共创办3个个人科研工作室，已收集、创制各类农作物种质资源7000余份，占全院收集种植资源总数的近1/3；挽救并扩繁黑芒稻、白芒稻这2个本地特色乌江贡米品种资源，并开展黑芒稻、白芒稻原始有机栽培模式的示范推广。

（五）推进量化考核

按照工作职责和功能定位，制定了《张掖市农科院内设机构量化考核办法》，细化考核指标，分季度、半年、全年进行考核评价，然后综合评分排出名次，张榜公布。对前7名分等兑现奖励，第8、9名不奖不罚，对第10名进行处罚。人员考核：院领导班子成员按照分管工作科室考核成绩的平均数，确定工作成效并兑现奖罚。其他人员按照“五项创新指标”（制定标准、审定品种、成果、专利和论文）、“四项创业指标”（领办合办企业、已办企业发展为省级以上高新企业或育繁推一体化企业、企业商标或产品认定为省级以上著名商标或名牌产品、创建个人科研工作室）等细化指标和具体任务进行年度考核。对年度考核排名倒数第一的部门负责人进行诫勉谈话，且其部门全体工作人员第二年不得评优、不得晋升职称、不得晋升工资，连续两年排名倒数第一的部门负责人就地免职。对院分管领导，如分管部门的综合成绩加权平均后为倒数第一的，分管领导要在全院职工会议上做检查或者说明，并将结果上报市委考核组。

三　主要工作成效

（一）创新成果倍增

综合科技创新能力提高了2~4倍。与2012年前相比，近6年来培育新品种43个，年均7.1个（原年均1.93个），年均增长257%；年均完成科研成果8项（原年均1.58项），年均增长406%，其中有29项成果获得省（部）、地厅级奖励（含省科技进步一等奖2项，省部级二、三等奖5项）；制定甘肃省地方标准10项，获国家授权发明专利7项、实用新型专利73项，不但实现了零的突破，而且位居省内市州农科院（所）前列。实施的各类研究项目由2012年的17项增加到2013年的43项、2014年的56项，两年内增长229%。2016~2018年，年均实施科研项目56项左右。

（二）促进产业提质增效

自2011年以来，围绕张掖市现代农业产业发展，共引进、培育国内外杂交谷子、玉米、小麦、琉璃苣、甜菜、油菜等优良品种568个（国外品种82个），其中，研究院培育出的“金凯3号”“甘甜糯2号”玉米及甜菜、琉璃苣、白粒胡麻等品种在市内外累计示范面积30.508万亩，推广应用面积600多万亩，新增社会经济效益约6亿元。转化推广的“张农1号技术”（集单粒精量播种、水肥一体化、机械化等技术于一体的技术）节本增效明显，在玉米制种、甜菜、油菜、马铃薯等作物上应用，实现用种减半，每亩节水20%、节肥20%，节省用工2~4个，节本增效360~550元的目标。其创新的“杂交玉米制种满天星授粉技术”“自然晾晒风干种子脱水着色技术”“4380半膜平铺节水灌溉技术”在张掖玉米制种基地推广普及率90%以上，大幅度提升了张掖玉米种子质量和产量，使得与周边地区相比，农民亩均纯收入提高250~300元，年增效2.5亿~3亿元。开展的甜菜原料产地转移示范推广，将甜菜种植区延伸到高海拔贫困山区，使甜菜产量增加5%~10%、含糖提升0.5~1个百分点，农户亩均收入达1800~2200元，成为山区精准扶贫的特色产业。

（三）不断加强人才队伍建设，人才保障作用有效发挥

研究院始终将人才培养作为发展首要任务，根据中央、省、市人才工作相关政策并结合实际分别于2014年和2016年出台了《市农科院关于加强人才工作的意见》《市农科院关于进一步加强人才工作的意见》，最大限度放权，努力营造“天高任鸟飞、海阔凭鱼跃”的人才成长环境。2014~2018年来先后有6人晋升为正高级专业技术职务，18人晋升为副高级专业技术职务，培养研究生2人、技师14人，158人（次）先后获国家、省、市及相关部门的表彰奖励，其中国务院奖励3人、省委省政府奖励15人（次）、市委市政府奖励46人（次）、厅局级奖励35人（次）、市直部门奖励47人（次），有2名专业技术人员享受政府特殊津贴，有1人获“省优专家”称号，有4人获“市管专业技术拔尖人才”称号。

（四）得到上级部门及领导的肯定

2016年，研究院被甘肃省科技厅、农牧厅等五部门确定为甘肃省第一批

“种业人才发展与科研成果权益改革”两个试点单位之一。2017 年 5 月，实行的“一五六”工作机制被农业部确定为全国种业人才发展和科研成果权益改革 12 个典型案例之一；2017 年 9 月 16 日，甘肃省政府向全国人大常委会《中华人民共和国种子法》执法检查小组汇报的材料中，将研究院的“双向兼职”工作机制作为全省的典型进行了汇报；2017 年 10 月，张掖市委主要领导在向甘肃省委组织部汇报张掖市人才工作的汇报材料中，以“在人事管理上赋予用人单位自主权”为标题的论述中，对研究院的“六个百分百”进行了专门的说明。

四　典型案例

（一）甘肃金源种业股份有限公司

该公司是由研究院 8 名“双向兼职”人员创办的股份制企业，是甘肃省仅有的两家农业部认证的“育繁推”一体化种子企业之一，是甘肃省“育繁推”一体化种业企业的唯一民营企业，先后培训玉米新品种 18 个。近年来，累计投入科研资金 2000 多万元，与农科院合建了 268 亩的玉米新品种协同创新基地，并在黑龙江、吉林、河南、海南等地建有 1083 亩的育种基地，利用不育花、单倍体、辐射育种等方法年配置杂交组合 4 万份左右，玉米育种技术及研究规模走在了全省前列。2014 ~ 2018 年，该公司获省科技进步一等奖 2 项、二等奖 1 项，市厅级一、二等奖 6 项，在玉米育种技术及研究规模方面已达到省内一流。

（二）建国个人育种科研工作室

为充分发挥科技人员在种业创新方面的积极性，经多方积极争取，2015 年，研究院科技人员石建国、郑超美夫妇创建了张掖市首家个人科研工作室——建国个人育种科研工作室。石建国同志为院经济作物研究所党支部书记、研究员、市管拔尖人才、全国优秀科技特派员，郑超美同志为院经济作物研究所研究员、市管拔尖人才，现任张掖市政协常委。工作室立足张掖玉米制种产业，为省内外玉米育种专家搭建了科研合作交流的平台，是甘肃农业大学学生实习基地，常年在此实习的硕士生、博士生及省内外玉米专家有20人；工作室积极开展玉米原始创新研究，建有玉米育种基地67亩，共收集整理保存玉米种质资源7000余份。这两位科技人员是国内收集、保存玉米种质资源最多的个人之一。

（三）赖良——农作物种质资源收集保存第一人

农业科研单位的老年科技工作者由于经验丰富，是种业科研上的最宝贵资源。现年88岁的赖良为研究院退休人员、研究员，现任退休支部的支部书记。赖良从参加工作开始到退休后的30多年，从未间断进行农作物种质资源的收集及研究工作。研究院每年对他的科研工作都给予了适当的补助。截至目前，已向国家种质资源库上交552份鹰嘴豆、110份红花种质资源，收集保存胡麻种质资源3210份、红花种质资源230份，引进藜麦、构木等种质资源350份，是“农作物种质资源收集、保存的第一人”。赖良先后多次获得省市和单位授予的老年优秀科技工作者、优秀共产党员等荣誉称号。2016年12月，他被中国老科学技术工作者协会评选为2016年度“突出贡献奖”获得者。此奖全国只有10人受奖，赖良同志为甘肃唯一获奖者。

实践证明，农业技术人员不深入农村和企业，不与农民接触，不与生产接触，就不可能成为一名“懂农业、爱农村、爱农民”的合格农业科技工作者，更不可能在科技创新与成果转化方面有所作为。张掖市农业科学研究院推行的“双向兼职”等运行机制，不仅让农业科研与生产有机结合，还成了促进科研成果转化的加速器。这些举措在科研院所服务地方科技创新发展，破解科技成果与产业发展需求脱节、农业科技服务“三农”“最后一公里”的痼疾，促进科技成果转化等方面做了有益而富有成效的探索，实现了个人收益、对单位贡献和社会效益的“三赢”。

R.71

甘肃会宁一中“118一体化育人”人才培养实践与创新

张贵荣*

面对新时代教育的迅猛发展，为了满足人民群众对公平而有质量教育的需要，落实立德树人根本任务，甘肃会宁一中秉承“以人为本，质量立校，以特色创优势，以创新促发展”的办学理念，坚持“育人为本，培育英才”，以教书育人、管理育人、服务育人、环境育人、活动育人，其根本是育人。课程承载着党的教育方针和教育思想，规定着教育目标和教育内容，是国家意志在教育领域的直接体现，是学校实现育人目标的主要载体，在立德树人中发挥着关键作用。为此，学校积极探索和优化课程设计，着力落实课程育人的全员化，精心打造承载育人精髓的学科精品课程，用心总结课程育人的经典范式，已逐步构建起“118一体化育人体系”，即一个根本任务，立德树人；一个德育教育系统；八类课程育人实体。该模式有效完成了传统育人方式的蜕变，奠基了学校新时代学校管理和人才培养工作。

一　一个根本任务：立德树人

（一）育人之道，在于立德树人

为了培养“全面发展+突出特长+创新精神+高尚品德”的一代新人，学校坚持以德为先，做到全员育人、全面育人、全程育人。通过入学教育、

---

* 张贵荣，甘肃省会宁县第一中学。

周一升旗、励志宣誓、成人礼暨高考誓师、主题演讲比赛、禁毒宣传等活动，教育学生坚定理想信念，厚植爱国主义情怀，加强品德修养。通过行万里路、假期夏令营、军训、应急疏散演练、急救技能培训等活动，增长学生知识见识，培养学生奋斗精神，增强学生综合素质。开展全域无垃圾活动，实行校园卫生值日生制度，安排学生承担力所能及的卫生打扫任务，弘扬劳动精神，净化美化校园。

（二）一切为了学生，一个也不放弃

不同学生的智力水平、接受能力、自我约束能力、控制力水平是不一样的，因此学生的学习能力、学习水平也是参差不齐的。但每个学生的潜力是无限的而且可塑性很强。学校注重学生发展性评价，善于发现学生身上的闪光点，建立学生成长档案和素质评价手册，记录学生成长历程。召开优秀学生表彰大会，发挥榜样激励作用。召开主题班会，有针对性地解决阶段性问题。召开家长会，形成家校教育合力。组建各类社团，让各类人才各显其能、各得其所。开展各类兴趣活动，提供一展才艺、张扬个性的平台。学校关注特殊群体，关爱孤儿、单亲、残疾、特困、学困和患病的学生，从学习、生活、心理、资助等方面提供援助，使其能够感受到集体的温暖、社会的爱心，从而重拾信心、点燃梦想。助力学生树立了“特别有思想、特别讲文明、特别懂规矩、特别能读书”的良好形象。

二　一个德育教育系统：全员育人

（一）同舟共济扬帆起，乘风破浪万里航

良好的教育效果依赖于团队的力量。学校建立一个德育教育中心，锻造了年级部、备课组、班集体三支管理团队，发挥三大育人协作组的作用。德育教育中心设主任一名，由德育副校长兼任；副主任一名，由政教主任兼任；成员若干名，由各年级德育主任组成。中心的工作职责是：遵循“培养核心素养，

实现立德树人”的办学宗旨，立足学生实际，着眼学生未来，关注习惯养成，促进生命成长，发挥协同融通作用，负责德育课程设计，实现学校育人新突破。

为了让育人工作落到实处，由学校德育中心牵头，建立三大育人协作组：学科课程育人组（由语文、数学、英语、物理、化学、政治、历史及地理的学科备课组长组成）、校本课程育人组（由学校各社团指导老师组成）、实践课程育人组（由德育中心成员、通用技术组老师、相关年级班主任组成）。协作组的主要职责就是研究和挖掘课程育人功能，并积极落实。

三　八类课程育人实体：以文化人

（一）学科课程“渗透育人”

课程育人的质量，决定学校育人的质量。学科育人的效果如何，直接影响立德树人这一根本任务能否实现。学科育人是以学科知识为载体，深入研究和挖掘学科内在的精神价值的过程。任何一门学科其知识都是有层次的，表层为数字、文字、图表、专业术语等，中间层为学科思维方式、方法及过程，内层为学科的情感、态度与价值观。教师在充分渗透表层与中间层的基础上，深入挖掘每门学科的情感、态度与价值观，依托学科知识引导学生理解和感悟本学科的内在精神价值所在，然后再将学科知识与日常生活融为一体，真正实现学用相长的目的。学科育人全程不见生硬的说教，而是像春风细雨一般润物无声。一堂课下来，学科育人的种子却悄然播撒，只待来年繁花遍野，硕果累累。这才是真正的亲其师则信其道的学科育人理念。当然，每一位学科教师要达到这种程度，并不是一朝一夕的易事，所以学校充分发挥学科课程育人组的引领作用，让教师先根据德育教育中心在学科育人上的具体要求，认真吃透教材和教参。特别是每门学科的教师教学用书，它将本门学科如何落实育人、如何提升学生综合素养等结合本门知识交代得很清楚。学科育人教研组的老师再带领本学科备课组的老师一起认真研读教材和教参，深入细致地分析每一章节如何设计教学案例，如何充分体现学科育人的功能。大量的实践证明，一个周期下来，学校不仅打造出很多学科精品课程，同时也树立了很多学科育人的典型，让学科教师与班主任老师一起关注、关心、关爱着每一位学生的健康成长。这样一来，课堂气氛活跃了，班级关系和谐了，师生情感交融了，学生学业提升了，学生品行端庄了，学科育人的目的也慢慢地实现了。

（二）体艺课程"走班育人"

学校为了实现学科育人的成果，逐渐尝试体育艺术课走班制度，面向高一学生开设管乐、器乐、声乐、播音主持、舞蹈、葫芦丝、素描、设计、剪纸等走班课，面向高二级学生开设了篮球、足球、排球、乒乓球、健美操、武术等体育走班课。让学生根据自己的兴趣爱好及特长择优选报，学校在规定时间里专人授课，一学期下来学生找到了存在感、幸福感。这就是我们提升学生的幸福素养而探索出的艺术走班课程。学生幸福素养包括身心基础、品行修养、参与能力三方面和健康、自信、坚毅、友善、乐学、善思六个要点。通过艺术走班课可以触及学科育人无法触及的地方。现在艺术课程育人已成为学校育人的一种特色，深受学生喜欢。

（三）社团课程"校本育人"

校本课程的开发和实施，凸显一所学校的办学特色与理念。根据学校的实际情况，以学校当前开设的学科课程为主体，以学科知识体系为基础，以艺术走班课程为特色，学校又积极探索落实校本课程的开发，在理论深化和实际应用两个维度上适当拓展，着眼于帮助学生完善知识体系，开阔学生知识视野，培养学生创新能力。其主要涉及数学、物理、化学、生物、政治、历史、地理等学科，重点开设学科竞赛、学科补充、科学研究等课程。兴趣活动方面，学生自主组建了英语角、勤工俭学站、奥林匹克竞赛、播音主持、绘画、机器人、文学、民族文化、球类俱乐部、青年志愿者、器乐、摄影、声乐、太极拳、雷锋志愿者、语言文化艺术、舞蹈、书法等 34 个社团（校本课程），发展了师生特长，活跃了校园文化，全面推进了素质教育。

（四）德育课程“活动育人”

学校德育教育中心是实施德育课程育人的主要机构，为了落实立德树人根本任务，学校创新德育课程形式，依托主题班会课程化，本学期学校主要开展了“收心”教育、“3·5”学雷锋青年志愿者宣讲、励志教育、诚信教育、法制教育、防校园欺凌班会、防治碘缺乏宣讲、远离溺水珍爱生命等主题班会。同时开展“成人礼”暨高三级毕业生誓师大会、“艺术节”活动、“科技节”活动、“体育节”活动、心理健康教育活动、道德讲堂等德育课程。这些课程的有效实施不仅调整了学生的学习心态，增强了学生的信心，为学校落实“学会做人，学会学习、学会生活”的培养目标发挥了重要作用。同时也锻炼学生组织协调、沟通交流、语言表达等各种能力，特别是道德讲堂着力推进未成年人思想道德建设，培养学生知荣辱、讲正气、做奉献、促和谐的良好风尚。以社会公德、职业道德、家庭美德、个人品德等“四德”建设为重点，推动“知行合一”的道德实践，营造“崇德向善”的浓厚氛围，强化宣传教育，引导学生“积小善为大善”“积小德为大德”，自觉成为道德的传播者和践行者。

（五）实践课程“生活育人”

陆游有一句诗：“纸上得来终觉浅，绝知此事要躬行。”人们越来越深刻地认识到，当今时代孩子们欠缺的不是知识，不是技能，而是创新精神和实践能力。越来越多的老师、家长认识到，仅有书本知识的学习，不是真正的完整的教育。所以实践课程的开设和育人功能也不是别的课程随意可以替代的。学校内开设的是通用技术实践课，让学生通过动手做一些小制作，达到熟练所学知识的目的，真正要让学生感悟学以致用，体验理论与实践的关系，还让学生走出课堂，走向大自然。为此，学校精心打造的实践课程有学农教育、研学旅行、假期社会实践等，目的就是让学生通过徒步旅行磨砺意志，感受历史，激扬青春，亲近自然，放飞梦想；让学生用双手去触摸，用双脚去体悟，用智慧去思考；让学生懂得行是知之始，知是行之成，人生是走出来的，思想是撞出来的，命运是闯出来的。最后，让实践课程带学子们飞过认知的围墙，看中国观世界，溯历史展未来。愿每一个学生在实践课程中用心去探索、去发现、去思考、去感悟、去触摸真实的世界，去唤醒自我的潜能；望每一个学生在实践课程中能有所收获，收获知识，收获成长。

（六）美丽校园“环境育人”

学校历来重视校园环境建设，发挥环境育人的功效。会宁一中教学区、活动区、生活区建筑整体布局科学合理，校门磅礴大气，设计融入“五常六艺”传统文化、会宁教育金色文化和红军会师红色文化；博雅楼顶端的校训醒目大方；在原有“人文日新”雕塑的基础上，增添了由县教育局赠送的孔子雕像，在学校一角安放了“寸草心”基石和毕业生赠予母校的“承露石”；新建成了标准化体育场，在体育场的主墙面上，镶嵌“我运动、我健康、我快乐”的醒目标语，体现学校落实全民健身，健康快乐学习生活的体育教育理念；对学校楼体建筑分别命名为“博雅楼”“文萃楼”“启秀楼”“静得楼”“正心楼”“闻馨园”等，并在各教学楼及学生餐厅的门厅柱上制作了永久性楹联，蕴含建筑功能和学校促进学生全面而又有个性发展的办学理念。

校园绿化达到了“三季有花，四季常绿”要求，并在花园内建造了“读书长廊”和两座六角凉亭，花树掩映，绿意萦绕；设计了安全、节水、卫生、爱护花草等标牌，布置于校园固定位置；在主教学楼楼道内设计制作了文化长廊，主要包括教育格言、师生寄语等，图文并茂，内涵丰富，色彩和谐，成为学校文化建设的亮点工程；每个班级统一制作了班牌，内容包括课程表、班主任寄语、班主任生活照和班集体照片等，教室外墙创造性地布置了班级文化墙，每个教室内布置眼保健操示意图、学习园地栏、各类专栏、放置盆花等，充满了生机和情趣；每个宿舍都制作了宿舍牌，内容包括舍名、舍训、宿舍成员集体照等。这些别具特色的创意无不体现着他们每一个人的梦想和追求。

（七）人文积淀“文化育人”

学校在长期文化传承中，形成了良好的“一训三风”，校训是“诚明博雅臻善致远”，校风是“刻苦求实，严谨创新”，学风是“博学笃行，志存高远”，教风是“教书育人，追求卓越”，师生广泛学习宣传，其丰富内涵深入人心；学校领导班子在精诚合作中形成了“苦干、实干、担当精神”，形成了每一位班子成员“上一门主课，工作满量；带一个班级，爱生奉献；管一个年级，精细高效；做一个课题，科学调研”的良好风气；所有教职工在工作面前不拈轻怕重，在潮流面前不随波逐流，不求地位，不逐名利，安贫乐教，先公后私，在工作中从不抱怨，只要是学生需要的老师们会在所不辞；学校重视每一位学生的养成教育，培养学生良好的学习习惯和道德品行，使他们很好地融入会宁一中这个学习成长的乐园，为母校争光。

学校设计了会宁一中校徽，并作为学校网站、学生校服、校刊《耕耘》的标识；沿用《会宁一中校歌》，体现学校校风、教风、学风和师生积极向上的精神风貌，全校师生皆会吟唱；努力办好“一网”即“槐花飘香”校园网，“一报”即《会宁一中报》，“一站”即校园广播站，“一刊”即校刊《耕耘》等，加强师生交流学习，营造积极健康向上的校园文化氛围。

（八）精细管理“制度育人”

学校坚持推行精细管理、人文管理，坚持过程管理与绩效管理相结合。“高强度、快节奏、大容量”加强学生常规管理。细化养成教育，规范学生行为。实行值周责任制，值周组、年级组与政教处协调配合，坚守“校园三条红线”，长期开展校园安全大检查、星级宿舍验收等活动。多措并举，提高了德育质量。

结　语

太上立德，其次立功。新时代对教育有了新期待，时不我待，唯有奋斗，才能落实立德树人的根本任务，才能完成培育一代新人的光荣使命。“教育兴则国家兴”的时代强音可谓嘹亮，“学有所教、人人出彩”的育人画卷已是金碧辉煌，“桃李满园、书韵飘香”的课程育人百花园已是硕果累累!

花团锦簇丹青绘，书声乐声伴舞传。徜徉优美的校园环境，沐浴着和谐的文化气息，满载着成绩与梦想，在新时代的今天，会宁一中将在继承传统的基础上，不断创新，努力实践，沿着育人的道路不断前进，朝着优质教育的彼岸扬帆远航……

ℝ.72

甘肃平凉市妇幼保健院职称评审制度的实践创新

程明辉*

平凉市妇幼保健院是平凉市一所集保健、临床、科研、教学、预防于一体的医疗保健机构，承担着全市妇女儿童保健的规划、实施、监督指导和辖区内妇女儿童的医疗保健、计划生育和计划免疫工作。该院现有在职职工325人（正式职工152人，临聘人员173人）。为公平、公正地规范高、中级专业技术职务评审、聘任推荐工作，科学合理地评价人才、使用人才，充分调动专业技术人员的工作积极性，平凉市妇幼保健院制定了《平凉市妇幼保健院高、中级专业技术职务评聘量化推荐办法（暂行）》。

一　量化条件

将职业道德综合考核、年度考核、学历、专业年限、任低一级职务年限、科研成果、学术论文、论著、荣誉奖励、附加分作为量化评分条件，各项设置8～20分的总分，每项内设几个档次，各赋分值。院内工作人员根据自身条件计分后进行排名，通过分值对各人的条件进行量化，使对人员的评价更加具体到位。中、高级的评分项目有所区别，高级的评分项目增加了科研成果、论著分，以体现高级职称的科研导向。

* 程明辉，甘肃平凉市人力资源和社会保障局。

二　完善程序

通过建立完善的推荐程序，体现公平、公正、平等、竞争的原则。

（一）科室推荐

由拟晋升职称人员写出书面申请，所在科室根据推荐条件及本人工作能力、工作业绩、工作态度、团队协作、职业道德、组织纪律和临时性任务完成情况等几方面进行客观、公正的考核，如实加注推荐意见，上报办公室。

（二）资格审查

办公室根据推荐条件，在科室同意推荐的基础上，对拟晋升高、中级专业技术职务人员进行资格审查。主要审查是否符合职称评聘的条件和有关文件规定，是否符合岗位设置的要求，聘任专业是否与现从事专业一致等。

（三）职能科室考核

由医务科对临床、医技科室拟晋升职称人员从技术水平，开展新业务、新技术，工作数量，完成医院指令性工作等方面进行考核；质控科对拟晋升职称的临床人员从病历管理方面进行考核；感染科对拟晋升职称的临床、医技人员从医院感染病例上报、遵守医院感染管理制度等方面进行考核；药械科对拟晋升职称的临床人员合理用药、规范用药情况进行考核。

护理部对拟晋升职称的护理人员从护理管理、护理工作质量、护理安全、服从护理部临时调派等几个方面进行考核。以上职能科室要严格履行管理职责，对符合推荐条件的人员认真考核并加注考核推荐意见。

（四）民主考核测评

第一，召集院专业技术职务评聘考核推荐领导小组成员熟悉职改政策、量化考核依据及打分标准。

第二，办公室向考核推荐领导小组通报单位高、中级职称结构比例情况及岗位设置情况。

第三，办公室会同职称评聘考核推荐领导小组成员根据申报材料，按照院“职称评聘量化推荐打分标准”对每一个申报人员进行量化打分，最终得分占总分值的60%。

第四，组织职称评聘考核推荐领导小组成员对拟晋升职称人员的职业道德、履职能力、工作业绩等综合表现情况进行推荐打分，统计得分占总分值的40%。

第五，办公室对以上两项量化考核得分汇总排名，提交院领导班子会议，提出综合意见。

（五）公示上报

公示的内容为：单位最终确定上报的拟晋升高、中级职称人员排名情况（量化打分结果）及被推荐人员基本情况（可以用简表形式）。公示方式采取发布公示、医院电子宣传屏公布等形式。公示时间为3天。公示结果无异议的，由院办公室写出书面推荐报告，随同个人评聘材料按程序上报平凉市卫生健康委员会和平凉市职称改革办公室。

三　注重导向

为体现职称评审的正面导向作用，在单位营造风清气正的氛围，在制定评审条件时，注重适当向临床一线和业务骨干倾斜。对圆满完成“万名医师支农”、精准扶贫服务或其他下基层服务者，完成健康扶贫、公共卫生服务、医疗保障等工作者，给予附加分。

推荐办法制定以来，有效解决了以往职称评审推荐评价标准不明确，随意性大，人情因素重的问题，取得了较好的效果，得到了单位职工的好评。

R.73

宁夏回族自治区人民医院人事薪酬制度改革的探索实践

李福军　李军红　张彦杰　许祝愉　吕金捍*

随着《国务院办公厅关于城市公立医院综合改革试点的指导意见》（国办发〔2015〕38 号）、《关于开展公立医院薪酬制度改革试点工作的指导意见》（人社部发〔2017〕10 号）等文件出台，建立符合公立医院特点的人事薪酬制度成为医药卫生体制改革的重要任务目标，也是破除公立医院逐利机制，切实发挥公立医院公益性质的重要途径。作为宁夏回族自治区公立医院薪酬制度改革试点医院，2016 年下半年开始，宁夏回族自治区人民医院认真学习领会习近平总书记在全国卫生与健康大会上重要讲话精神，紧紧围绕“两个允许”，按照“试点先行、先易后难、分步实施、逐步覆盖”的原则，以岗位绩效薪酬制度改革为切入点，推动医院人事薪酬制度改革，实践做法得到国务院深化医药卫生体制改革领导小组调研推广。

一　医院概况

宁夏回族自治区人民医院创建于 1934 年，是一所集医疗、教学、科研、预防、保健、康复、急救于一体的三级甲等医院，下设院本部、西夏分院、宁夏医疗急救中心、宁夏眼科医院和宁南医院五个院区，占地面积近 600 亩，建筑面积近 29 万平方米，总床位数 2400 张，现有职工 3399 人，设 43 个临床医技学科，87 个护理病区。医院是西北民族大学第一附属医院及第

* 李福军、李军红、张彦杰、许祝愉、吕金捍，宁夏回族自治区人民医院。

一临床医学院、宁夏医科大学附属自治区人民医院及第三临床医学院和“宁夏人民医院医疗集团”核心单位，是宁夏外科学院士工作站、宁夏眼科学院士工作站依托单位，是宁夏公立医院薪酬制度改革试点单位和国家开展建立健全现代医院管理制度试点医院。

二　主要做法

（一）创新岗位设置管理模式，探索建立具有医院特色的岗位设置体系和岗位分级评价标准

1. 自主设置医院各序列岗位

遵循“以事设岗”的原则，突破现行事业单位岗位设置标准，结合公立医院公益性定位和行业特点，按照“核心层、骨干层、基本层”岗职标准要求，自主设置医疗、医技、护理、管理和保障5个序列岗位体系，其中，医疗、医技、管理和保障设置3岗8级，护理设置4岗10级。根据岗位设置情况，收集各科室岗位信息，以过去三年业务指标数据测算岗位任务，并经专家及同行论证，为每个岗位编制说明书，明确各级各类岗位职责、任务和薪酬标准。

2. 建立新型医师组织模式和护理病区模式

在岗位分类分级评价的基础上，打破现行科室医师配置模式，将医院现有全部医师按岗位要求，优化配置组合成立诊疗组，将诊疗组作为基本管理单元和核算单元，构建“学科－诊疗组－岗位”三级管理体系，释放医师资源活力。全面推行以疾病为主的专科病区向护理病区管理模式转变，实施“医护分开、科床分离”。全院床位除儿科、妇产科、ICU等特殊学科外，向所有学科、诊疗组开放，激活床位资源。建立“病人随着床位走、诊疗组随着病人走”的医疗团队式新诊疗模式，提升护理病区综合服务能力和成本控制中心作用。

3. 实行全员竞聘上岗、能上能下的岗位管理制度

根据医院五个序列岗位设置体系，按照“评聘分开、强化聘任”原则，

从“技能要素、责任要素、工作性质、管理强度”4个一级指标16个二级指标对全院各岗位开展岗位价值评估和岗位分级评价，实行全员公开竞聘、择优上岗。全院四批综合改革试点公开竞聘学科主任41人，学科副主任61人，护理主管9人，医技主管1人，亚学科带头人88人，诊疗组长277人，管理组长77个，保障班组长12个，其中，68人高职低聘，25人低职高聘。

（二）优化公立医院薪酬结构，探索建立符合医院特点的新薪酬制度体系

结合医院公益性定位、工作特点和自身实际，突破现行人事工资、奖金分配制度，自主建立符合医院特点的以岗位绩效工资为主、档案工资与实际工资相分离、体现以知识价值为导向的薪酬制度。个人及单位缴纳的“五险两金”仍按档案工资为基数缴纳，法定的晋升工资进入个人档案。在现行岗位绩效工资制度的基础上，整合优化职工岗位工资和绩效工资结构比例，其中，岗位工资属于保健性固定薪酬，占70%，月初固定发放；绩效工资属于激励性浮动薪酬，占30%，次月考核发放。岗位工资中基本薪酬占总薪酬的45%，主要反映每个岗位的责任大小、技术难度、风险系数、职称和年资要求；政策性薪酬占总薪酬的25%，主要指根据国家、自治区及医院相关规定发放的政策性福利薪酬，具体包括取暖费、民族团结奖、政府效能奖等项目内容。绩效工资中奖励性薪酬占总薪酬的30%，主要反映实际岗位工作业绩和贡献大小，具体包括月度绩效、年度绩效、节假日加班费等项目。

（三）合理确定公立医院薪酬水平，建立动态调整机制

医院坚持“总量控制、优化结构”原则，在现有薪酬水平基础上，结合医院的实际情况，实行总额控制、结构调整、动态管理的人员薪酬总额核定机制。2018年和2019年度分别按照人员经费占医院支出35%和36%的比例进行总额预算，核定职工人均目标年薪为18万元和20万元（含医院及个

人缴纳的五险两金及个税），人员经费总额分别参照“2016 年和 2017 年宁夏城镇在岗职工年均工资”的 2.65 倍和 2.75 倍核定。

（四）落实医院分配自主权，科学核定不同岗位薪酬总额

医院在自治区人社、财政部门核定的薪酬总量内自主进行分配，结合医院薪酬总额、岗位总量及结构，确定医疗、医技、护理、管理和保障岗位薪酬分配权重系数为 1.45∶1.05∶1.00∶1.10∶0.85，核定目标薪酬分别为 23.1 万元、16.7 万元、15.9 万元、17.5 万元、13.5 万元，充分体现不同岗位差异。同时，随着各序列岗位等级上升，薪酬总额和基本工资标准呈递增趋势，突出向关键岗位、一线岗位、风险岗位、紧缺岗位倾斜，体现医务人员知识、技术、劳务、管理等要素的价值，注重医务人员的长期激励，合理拉开收入分配档次。

（五）合理确定主要负责人薪酬水平，提升公立医院管理水平

依据自治区公立医院管理委员对医院主要负责人的年度考核结果、个人履职情况、职工满意度等因素，结合个人岗位价值评估，核定医院主要负责人目标年薪为 45 万元，扣除医院及个人上缴的五险两金和个人所得税后实发工资总额 30 万元，为医院在岗职工人均薪酬的 2.5 倍，与本院领导班子、临床一线及全院职工薪酬水平保持合理关系。同时，在个人薪酬体系中设置年度管理绩效，根据上级主管部门对医院主要负责人的绩效考核结果在年终进行一次性核发，考核等次依次为优秀、合格、基本合格、不合格，发放标准分别是 120%、100%、50%、0%，充分体现激励约束机制。

（六）建立健全以公益性为导向的绩效考核评价体系，维护公立医院公益性

结合医院实际，动态核算绩效发放总额。按新财务制度预算管理要求，采用“预算比例法”，打破目前以经济指标考核为主的院、科两级绩效核算办法，切断医务人员个人收入和科室收入直接挂钩的关系，切断医务人员个

人收入与处方、检查、耗材收入间接挂钩的关系，全面转向以公益性为导向，以服务效率、服务质量、成本管控、群众满意度、科研教学质量等关键指标为主，实行综合绩效和单项绩效结合，月度绩效和年度绩效互补，并结合诊疗组、护理病区管理新模式，实行医疗、医技、护理、管理、保障5大序列相互独立的绩效考核体系，依据考核结果发放绩效薪酬，建立“院－科－诊疗组”三级管理和“院－科－诊疗组－岗位”四级考核新机制，体现多劳多得，优绩优酬。其中诊疗组长考核基本合格但排名末位或考核不合格的，则取消诊疗组长资格。

（七）着力搞活医院内部分配机制，着力体现医务人员技术劳务价值

结合医疗行业培养周期长、职业风险高、技术难度大、责任担当重等特点，坚持“向关键岗位、高层次人才、稀缺人才、临床一线业务骨干和作出突出贡献的工作人员倾斜”的分配原则，设置特殊津贴发放项目和标准，涵盖医院首席专家、学科带头人、学术带头人以及国家部委、自治区党委、政府或自治区厅级部门授予的各类高层次人才项目人员等。特殊津贴分为基础津贴与奖励津贴，其中基础津贴占比50%，按月直接发放；奖励津贴占比50%，根据年度考核结果一次性发放，考核等次依次为考核合格、基本合格和不合格，发放标准分别是100%、50%、0%。

三 取得的成效

（一）医疗服务质量效率提升

2018年，医院总诊疗人次201.3万，同比增长7.3%；出院患者9.09万人次，同比增长0.44%；手术台次3.2万人次，同比增长1.2%；平均住院日9.30天，同比下降6.06%；核算收入7.89亿元，同比增长3.95%。医疗服务质量效率进一步提升。

（二）实现“医药”回归“本质”

2018 年，医院门诊次均费用 278.35 元，同比下降 4.18%；住院次均费用 12828.19 元，同比下降 6.45%；药耗占比 53.88%，同比下降 3.19 个百分点。实现了公立医院回归公益、医生回归看病本职、药品回归治病功能的三个“回归”。

（三）医务人员获得感明显提升

医院参与改革的职工人均薪酬水平较改革之前提升 31%，职工对于新的薪酬制度满意度由改革前的 10% 提高到 86%。新的薪酬制度合理体现了医务人员技术劳务价值，充分调动了医务人员的积极性。

（四）实现编制内外人员同岗同薪同待遇

新的薪酬标准和薪酬分配管理办法打破原有事业单位工资制度，编制内外人员薪酬待遇统一标准发放，实现了真正意义上的编制内外人员同岗同薪同待遇，提高了收入分配的科学性和公平性。

（五）患者满意度不断提高

薪酬制度改革遏制了医务人员“不合理创收”的冲动，实现了医务人员收入的阳光化，坚持了公立医院的公益性。2017 年、2018 年、2019 年，患者综合满意度均在 90% 以上，患者就医感受不断改善，医患关系不断和谐。

四　体会

（一）推行全面预算和全成本核算是公立医院薪酬制度改革的有利保障

公立医院推行全面预算管理，规范收支运行，强化预算约束，提高医疗资源利用效率。加强成本核算控制，合理控制医院运行成本。按照“保、压、控”原则，压缩水电气等运行成本，管控药品、耗材开支，改善收支结构，从而有效保障人员经费。以严格预算管理和成本核算控制来刚性约束公立医院规模化发展的旧思路，建立科学精细化管理的新理念，实现真正意义上的“总量控制、结构调整、腾笼换鸟、科学管理”目标。

（二）建立以知识价值为导向的分配政策是公立医院薪酬制度改革的总体方向

公立医院薪酬制度改革就是要建立符合医疗行业特点，体现以增加知识价值为导向的分配政策。结合自身实际，坚持“价值导向、分类施策、长期激励、服务发展”的原则，把人才作为政策激励的出发点和落脚点，探索年薪工资、协议工资、项目工资或一次性奖励等多元化薪酬体系，通过薪酬模式的创新，完善公立医院内部分配制度和分配机制，合理体现医务人员技术劳务价值。

（三）构建科学的绩效考核评价体系是公立医院薪酬制度改革成功的关键

公立医院应当以公益性为导向，突出岗位职责履行、实际贡献，综合考虑工作数量、工作质量、技术能力、医德医风、患者满意度和科研教学等因素、该院以诊疗组模式和护理病区模式为最新核算单元，构建“院－科－诊疗组－岗位”四级考核指标体系，考核结果直接与岗位聘任、薪酬待调挂钩，从而充分发挥绩效考核的“指挥棒”作用。

参考文献

李爱芳、金鹏、张彬等：《建立公立医院薪酬水平调控机制探索》，《中国卫生经济》2019年第38（1）期，第19～22页。

魏子柠：《建立符合公立医院特点的医务人员薪酬制度——对福建省三明市公立医院年薪制的调研与思考》，《中国研究型医院》2016 年第 3 期。

《宁夏方式——破解公立医院薪酬制度改革难题的探索与实践》，中国卫生人才网，2017 年 2 月 10 日，http：//www. 21wecan. com/rczz/YX/201807/t20180727_ 6547. html。

《人力资源社会保障部财政部国家卫生计生委国家中医药管理局关于开展公立医院薪酬制度改革试点工作的指导意见》，中华人民共和国人力资源和社会保障部，2017 年 1 月 24 日，http：//www. mohrss. gov. cn/gkml/zcfg/gfxwj/201702/t20170210_ 265996. html。

秦永方：《公立医院薪酬制度改革探索研究》，《中国卫生经济》2018 年第 37（7）期。

《宁夏回族自治区财政积极贯彻落实自治区人民政府〈城市公立医院改革补偿（暂行）办法〉》，中华人民共和国财政部，http：//www. mof. gov. cn/mofhome/mof/xinwenlianbo/nixiacaizhengxinxilianbo/201708/t20170807_ 2667780. htm。

《宁夏实施以增加知识价值为导向的分配政策》，中华人民共和国人力资源和社会保障部，2018 年 1 月 18 日，http：//www. mohrss. gov. cn/SYrlzyhshbzb/dongtai xinwen/dfdt/gzdt/201801/t20180118_ 287023. html。

张甄、唐胜辉、夏瑜等：《公立医院薪酬分配制度改革实践探讨——以 C 医院为例》，《中国总会计师》2017 年第 7（168）期。

R.74

新疆维吾尔自治区公路管理局岗位设置实践与创新

郭庆磊*

结合实际，就是按照事物本来的发展规律和客观面貌来对一些普遍或有共性的情况进行概括和综述，进而形成初步的工作思路，接受实践的考验并不断提炼、总结和完善。

一 结合单位工作实际，做好首次岗位聘用

新疆维吾尔自治区公路管理局是隶属于自治区交通运输厅（简称“自治区交通厅”）的全额拨款事业单位，采取三级垂直管理，下属 16 个驻地（州、市）公路管理局、97 个驻县公路管理分局和 5 个直属事业单位，核定编制总数为 13539 人。截至 2018 年，自治区公路管理局系统管理公路养护里程 24582 公里，其中：国道 24 条 15246 公里、省道 81 条 7198 公里。

自治区公路管理局公路养护职工总数 11352 人，其中县级公路养护机构人数 9820 余人。系统内专业技术人员的技术职务资格以公路工程为主，以机电工程、经济系列、会计审计系列等专业为辅；工勤技能人员则以公路养护、汽车驾驶和筑路机械等技术资格为主。

2008 年 6 月，自治区公路管理局在自治区交通厅的统一安排下，根据自治区事业单位改革的总体要求和部署，对岗位设置方案和首次岗位聘用工作做了初步安排。由于单位工作实际人员结构等方面距离自治区的要求还有

* 郭庆磊，新疆维吾尔自治区公路管理局。

差距，首次岗位聘用工作的推进在细节上存在诸多需要完善之处，因此向自治区人力资源和社会保障厅（简称“自治区人社厅”）申请进一步做好前期准备工作后，再开展全员首聘工作。2015 年 9 月，自治区公路管理局在自治区人社厅的大力支持下，重启了首次岗位聘用工作。

二　厘清工作思路，明确方向重装上阵

作为全疆事业单位现有编制人数最多的行业，全员首次岗位聘用工作能不能顺利完成对于全疆的事业单位人事制度改革整体工作推进是至关重要的，也是势在必行的。为此，自治区交通厅派干部（本人）到人社厅事业单位人事管理处跟班学习，除了学习国家和自治区的相关政策、法规外，还通过协助受理其他行业、部门的首次岗位聘用工作来总结好的经验做法。他山之石可以攻玉，虽然行业不同，但是经验做法值得借鉴。在自治区人社厅事业处的大力支持下，自治区公路管理局首先对系统内当前的人员结构比例进行分析，对照首次岗位聘用条件，结合公路养护的行业发展规划，重新调整科学可行的岗位设置方案。

（一）选定试点单位先行

自治区公路管理局在首次岗位设置管理工作中始终坚持各级党组织与干部职工的直接参与，坚持改革和稳定相结合的原则，增加工作各环节的透明度，按照公正、公平、公开的原则开展首次岗位聘任工作。在制定聘用指导意见时，秉着以人为本、结合行业实际的思想，让所有干部职工都参与其中，行使他们的知情权和监督权。同时要做好宣传工作，尽可能得到他们的理解和支持。

结合所属单位多、政策又必须统一的实际，选定了哈密公路管理局作为试点单位，一是可以通过试点单位实施，检验首次岗位聘用指导意见的可行性，在后续的工作中不断完善；二是通过试点总结提炼出行之有效的工作程序和方法，为其他单位高效、顺利完成首次岗位聘用工作提供参考样板；三是通过边试点边推进的方法，培养一批人事业务干部，以点带面帮助其他兄

弟单位完成此次任务。

哈密公路管理局2015年在职职工1224人，管养公路里程1969公里。试点工作组按照单位人员年龄、取得的相应资格、在现岗位聘用情况等条件进行分类。诸如，对于取得高级技术等级资格的，建议结合近三年考核结果，全部予以首聘入岗；对于已聘任在专业技术七级岗位的人员，将近三年和五年内考核评优结果纳入专业技术六级和五级的竞聘范围，再通过公开竞聘和民主测评的方式确定岗位的最终人选。

（二）以试点成果推全局

在完成哈密公路管理局首次岗位聘用工作后，自治区公路管理局对工作中发现的问题及时完善，提炼总结经验做法，确保“首聘条件要求一致，全局上下共同推进”。随后分别在喀什公路局和塔城公路局召开南北疆单位首次岗位聘用推进会，通过介绍试点单位的工作经验和做法，统一思想，明确目标。2015年10月，全面推开公路管理局系统首次岗位聘用工作，实施中，一是通过宣贯岗位设置政策、公开竞聘办法等方式，让基层干部职工明白实施岗位设置工作的意义，做到全员参与、稳步推进；二是倒排工期计划，将工作任务落实到每个月，每个单位都有工作目标和时限；三是用全员首聘工作开展顺不顺利、干部职工满不满意去检验各单位首次岗位聘用的成果。

（三）建立健全长效机制

2015年9月至2016年3月，在自治区人社厅和交通厅的支持帮助下，顺利完成了局系统16个驻地（州、市）公路局和4个直属事业单位共计10532人的首次岗位聘用工作。经过首次岗位聘用后，各单位严格规范岗位说明书，对岗位职责要求和聘用条件加以明确，使专业技术人员明确了解相关岗位等级应具备的聘任条件，不是干多干少都一样（聘在同一个专业技术等级），实现专业技术队伍的协调有序发展；工勤技能人员清楚了等级晋升不再是以前的论资排辈、按年龄大小排队的聘用方式，而是和个人的工作表现以及业务能力挂钩，极大地促进了一线职工的积极性。

三　加强首聘后的日常管理，树立正确导向性

首次岗位聘用工作完成并不代表岗位设置工作就可以马放南山、刀枪入库了。结合公路系统“点多、线长、面广”这个工作实际，在《首次岗位聘用指导意见》的基础上，自治区公路管理局严格按照自治区现行的事业单位人事管理的政策，结合单位工作实际和人员情况合理分析岗位，制定了《岗位聘用管理指导意见》。该意见以岗位设置为依据来优化岗位日常管理，以岗位设置管理服务行业发展及日常工作任务，合理配置各单位、各岗位各类人才，实施公正、公平、公开原则，提高干部职工业务能力和素质，激发聘用人员工作的积极性，为单位创造更多的价值；合理设置各岗位等级聘用条件，激发高层次人员，同时督促落后人员，关注中间人员，尽量使日常岗位管理的聘用条件设置既兼顾大众又突出行业特点。

（一）规范各业务科室专业技术职务资格

由于会计、审计以及经济类专业技术资格属于考聘结合，在基层日常业务繁重的情况下，各专业技术人员在职务资格评审和等级晋升方面存在发展不平衡现象。为此，在征求所属单位的意见基础上，规范各业务科室专业技术职务资格，明确哪个业务应当使用什么专业进行等级晋升，适当对考评结合的岗位在等级晋升时政策倾斜，充分发挥出岗位设置的导向性作用，优化调整专业技术结构，合理配置人才，做到“事岗相宜、岗人相适”。

（二）鼓励优秀人员到一线、到基层

2016 年自治区公路管理局党委为促进南疆公路养护日常管理再上新台阶，在系统内分批次组织驻北疆地州公路管理局的管理人员和专业技术人员“援南”。为此，对于参加自治区“访惠聚”、“支教”和“援南”干部，在岗位等级晋升中，同条件下予以优先考虑。既鼓励优秀人才到一线去，树立学习典型和标杆意识，又消除了这部分干部的后顾之忧。

（三）建立完善的竞争和考评机制

岗位设置所遵循的一个重要的原则就是“因事设岗”。将合适的人安置在适合的岗位上，尽可能做到才尽其用。不同的岗位采用不同的考核方法，例如：对于晋升到专业技术高级以上的人员，在满足等级年限要求外，还必须通过公开竞聘和民主测评相结合的方式。对于工勤技能工作人员，鼓励向先进学习，大力弘扬工匠精神。对于取得省部级荣誉称号的一线职工及时晋升等级，在竞争机制和考评机制相互作用下，充分发挥主观能动性和干事创业积极性，在自身的工作岗位锐意创新、不断进取。

四　结合实际，不断完善岗位管理配套制度

岗位管理作为当下事业单位管理工作中的重要内容，直接关系到一个单位，乃至一个行业系统是否能高效运行。这不仅需要国家、自治区及时完善相关配套制度建设，还需要各行业、各单位以自身特点为依据加强岗位设置的日常管理。目前，部分单位存在“只重视制度建设，缺乏科学管理”的现象，在相关制度印发后，各级管理层和具体工作人员没有重视日常管理的重要性，还是按照以往的工作方式按部就班，导致制度没有达到预期的效果；个别单位运行机制建设不够完善，缺乏有效的考核、激励与处罚机制，职工安于现状，进取、创新、奉献的动力不足，竞争意识不够。结合单位岗位日常管理实际和行业发展愿景，下一步将做到如下几点。

（一）结合行业发展完善管理制度

公路养护的日常工作为公路养护大中修、预防性养护、路网结构改造及应急抢险修复工程等内容。要想充分发挥出全体人员的积极性，必须要以岗位设置的导向性和有效性为前提，构建适合自身发展的岗位日常管理制度，并在保证工作正常开展的前提下，结合国家、自治区相关政策以及行业发展的需要不断完善。

（二）结合岗位实际引入竞争机制

行业的发展需要在建立健全制度的基础上，打破以往的平均主义思想，改革和创新现行的岗位聘用模式，树立鲜明的竞争意识。在岗位等级晋升上要重水平、重能力，不搞“照顾分配大锅饭”，改变以往“岗位等级终身制”的现状，鼓励干部职工投入竞争，建立能上能下、能进能出的长效机制并落到实处，从而激发那些想干事、能干事、干成事的干部职工积极性，使自己的价值得以体现，营造“靠自己工作能够实现自身价值”的良好氛围。

随着全面深化改革工作的稳步推进，新时代的新疆公路养护管理改革持续聚焦新疆社会稳定和长治久安总目标，聚焦人民群众日益增长的美好生活需要和不平衡不充分发展之间的新矛盾，聚焦建设人民群众满意交通、交通强国交通强区建设，目前，公路养护单位的岗位设置和有效管理作用也越来越重要，这就要求必须发挥岗位设置在事业单位人事管理中的正确导向，不断优化人员结构，调动全体干部职工的创造性与主动性，为交通强国、交通强区的建设提供有力支持，为交通事业发展做出自己的贡献。

R.75
新疆农业科学院建立岗位聘用“能上能下”的探索实践

宋 杰*

事业单位岗位聘用是人事制度改革的一项重要基础工作，其不但规范用人机制和完善分配机制，还蕴含先进的竞争激励机制，能有效调动人才的积极性，提高个人与单位的工作效能。长期以来，事业单位人事管理趋于行政化，用人机制不灵活、身份终身制、工作效率不高等问题普遍存在，“职称一到手，工资跟着走，评过就要聘，能上不能下”意识固化，很多事业单位人员把评聘高级职称作为毕生追求和事业发展的终极目标，导致单位的高级岗位只能“论资排辈”，不能适应新时代人才队伍建设的要求。

新疆农业科学院作为新疆维吾尔自治区人民政府直属的综合性农业科研事业单位，在自治区人力资源和社会保障厅（简称“自治区人社厅”）大力支持下，人事制度改革进程走在前列。2009 年 6 月，率先开展以岗位设置管理和全员聘用制为重点的人事制度改革，实行首次岗位聘用工作，实现人员管理由身份管理向岗位管理转变；2013 年 8 月，完成了第二次全员岗位聘用工作；2017 年 5 月，开展了第三次全员岗位聘用工作。

第三次岗位聘用工作打破常规，将所有人员的现聘岗位推倒重来，实行“岗位清零，重新竞聘”的办法，真正打破论资排辈，吃“大锅饭”等固有现象，建立以绩效量化考核为主、以定性测评为辅的岗位竞聘机制，实现了“岗位能上能下，待遇能高能低，人员能进能出”，不断激发干部职工队伍的生机和活力，促进了农业科研事业的发展。

* 宋杰，新疆维吾尔自治区农业科学院。

一　加强领导，认真部署，明确实施方法和步骤

院党委高度重视第三次岗位聘用工作，成立了岗位聘用工作领导小组，主要领导担任组长，院属各单位主要负责人担任成员。领导小组多次听取工作汇报，对岗位聘用工作进行研究部署，明确岗位聘用的方法步骤。一是深入开展摸底调研，科学进行岗位设置。通过对各单位管理岗位、专业技术岗位、工勤技能岗位的结构比例进行摸底调研、讨论和征求意见，结合研究所与试验场（站）的不同特点，对研究所的高级专业技术岗位比例给予倾斜，对试验场（站）中级专业技术岗位比例给予倾斜，进行科学合理设置岗位，确保岗位设置结构符合不同单位的具体实际。二是认真研究制定实施方案。召开专题会议，分别就岗位聘用的基本原则、编制岗位说明书、岗位职责、任职条件以及竞聘上岗程序、确认岗位聘用结果、签订聘用合同、完善考核制度等内容，认真进行研究讨论，形成了符合该院实际的岗位聘用实施方案。三是加强岗位聘用政策的宣传。坚持群众路线，采取集中学习、宣传栏宣传、新媒体宣传等多种宣传形式，认真组织职工学习岗位聘用相关政策、要求，广泛听取群众意见建议，确保岗位聘用工作公开、公平、公正。

二　周密组织，完善机制，突出单位聘用自主权

岗位聘用工作涉及广大职工的切身利益，但由于涉及面广、政策性强、情况复杂等诸多原因，在实施岗位聘用过程中要加强管理、规范程序，确保岗位聘用工作顺利实施。一是注重程序的规范性。院属 31 个事业单位按照《新疆农业科学院第三次岗位聘用实施方案》要求，结合本单位实际，制定本单位《第三次岗位聘用实施方案和聘用办法》，在规范聘用程序的基础上，制定以绩效量化考核为主、以民主测评为辅的岗位竞聘机制，并经院组织人事处审核后组织实施。二是突出用人单位岗位聘用自主权。按照《关于深化人才发展体制机制改革的意见》精神，该院在岗位聘用工作中，明

确了实施主体在用人单位，做到“三个自主”，即自主制定岗位任职条件和考核办法，自主实施人员竞聘上岗，自主开展人员岗位考核，充分发挥用人单位的自主权。

三 量化考核，竞聘上岗，建立岗位“能上能下”新机制

建立以绩效量化考核岗位的竞聘机制，将工作中的“软指标”变为“硬杠杠”，把思想政治、学历年资、科研成果、工作业绩等进行客观量化，按完成情况赋予相应的分值，并将量化积分结果作为岗位聘用的重要依据，让每个人都能“跳起来摘桃子”，解决“干多干少一个样”的问题，实现了“能者上、平者让、庸者下”的用人导向。

（一）岗位量化评价，突出实绩成果

各单位成立岗位聘用工作小组，召开职工大会，动员部署岗位聘用工作，公布岗位设置方案和岗位说明书，明确岗位聘用条件和要求。职工根据岗位说明书申报应聘岗位，并提供上一个聘期的业绩成果佐证材料，经岗位聘用工作小组审核后进行量化打分，在岗位限额内重新开展竞聘上岗，并按照绩效量化总分高低逐级聘用。对考核分值靠后的，可继续竞聘低一级别的岗位，以此类推，降岗幅度可以从正高级降至副高级或中级，实现岗位聘用的“重新洗牌”。

（二）强化结果运用，实现“能上能下”

新疆农业科学院所属 31 个事业单位实有 948 人。根据第三次岗位聘用结果，聘用管理岗位 116 名、专业技术岗位 758 名、工勤技能岗位 74 名。其中聘用专业技术人员中，聘用正高级岗位 78 名，占专业技术人员总数的 10.3%；聘用副高级岗位 239 名，占 31.5%；聘用中级岗位 320 名，占 42.2%；聘用初级岗位 121 名，占 16.0%。

按照绩效量化考核的原则，保持原聘岗位等级 362 名，晋升岗位等级 536 名，降低专业技术岗位等级 17 名，越级聘用专业技术岗位等级 14 名，打破专业技术任职年限聘用 3 名，跨岗位类别转岗聘用 16 名，彻底打破了事业单位岗位聘用“能上不能下”的单向通道怪圈。

（三）落实工资政策，做到“以岗定薪、岗变薪变”

按照“以岗定薪、岗变薪变”原则，重新确定人员工资福利待遇，真正使业绩突出的有荣誉，业绩一般的有压力，业绩较差的有危机，让人才始终处于职业生涯的进取状态。

根据聘用结果，按照岗位等级变动审批权限办理岗位聘用审批手续，并于次月兑现其工资待遇。对 536 名职工按照常规的岗位等级变动调整了岗位工资，在 17 名降级人员中，1 人从专业技术岗位三级降至专业技术岗位四级，月降低工资 745 元；1 人从专业技术岗位四级降至专业技术岗位五级，月降低工资 1060 元；1 人从专业技术岗位六级降至专业技术岗位十级，月降低工资 1695 元；6 人从专业技术岗位七级降至专业技术岗位八级，月降低工资 730 元；1 人从专业技术岗位八级降至专业技术岗位十级，月降低工资 625 元；等等。

同时对业绩优秀的青年科技人员，实现了专业技术岗位越级聘用，例如，1 人从专业技术岗位十级越级聘至专业技术岗位六级，月增资 1695 元；2 人从专业技术岗位七级越级聘至专业技术岗位五级，月增资 825 元；6 人从专业技术岗位十级越级聘至专业技术岗位八级，月增资 625 元；2 人从专业技术岗位十一级越级聘至专业技术岗位八级，月增资 1030 元等，真正实现了“岗位能上能下、待遇能高能低”的岗位聘用工作机制。

四　转变机制，优化结构，促进科研工作取得新成效

量化考核竞聘上岗，明确了专业技术人员的岗位职责、目标任务，与用人、工资晋升等激励机制直接挂钩，解决了岗位聘用“干多干少一个样”

和论资排辈走形式的弊端，真正激发了科技人员的工作活力与创新能力，也较好地促进了科技事业的发展。

2018 年，该院共执行各类科技计划项目 663 项，新上项目 258 项。新上项目国拨合同总经费 1.49 亿元，到位经费 8861.85 万元，较上年新上项目经费数分别增长 18.64% 和 26.24%。全年主持、参与国家重点研发计划课题（任务）17 项，合同经费总计 2934.38 万元，较上年增长 8.48%。组织完成各类项目验收 250 项，组织完成成果登记 19 项。获国家科技进步二等奖 1 项，省部级科技进步奖 12 项，全年发表论文 236 篇，其中 SCI、EI 收录 32 篇。获授权专利 62 件，其中发明专利 17 件，获计算机软件著作权 43 项，审认定品种 32 个，植物新品种权授权 5 项，发布自治区地方标准 19 项，打造了一支讲政治、懂农业、爱农村、爱农民的科技队伍，为自治区乡村振兴战略提供了强有力的科技支撑。

“木受绳则直，金就砺则利”。通过建立事业单位岗位聘用绩效量化考核机制，在一定程度上实现了让合理的“上”提升干事创业的“动力”，常态的“下”传递从严管理的“压力”，但岗位聘用工作涉及广大干部职工的切身利益，不可能一蹴而就。该院将以第三次岗位聘用为契机，切实把岗位动态管理与建立健全岗位聘期考核制度结合起来，强化建立工作推进机制，进一步加强政策宣传，转变思想观念，努力形成能者上、庸者下的用人机制和激励先进、鞭策后进的良好氛围，为推动自治区农业全面升级、农村全面进步、农民全民发展做出应有的贡献。

ℝ.76

新疆大学高层次人才引进探索与实践

杨　巍*

高层次人才是当前高校建设发展的重要支撑，在人才培养、学科发展、科学研究、社会服务等方面起着至关重要的作用。随着“一流大学”建设号角的吹响，高层次人才流动日益频繁。作为西部地区高校，新疆大学在高层次人才引进方面做出了一定的探索与实践。

一　明确自身定位及人才需求

新疆大学位于祖国西北边疆，无论是从地域环境还是从经济发展、薪资收入等方面都处于人才引进末端。为此，学校深度挖掘自身优势，制定高层次人才引进政策，开展人才引进工作。

明确界定高层次人才类型，具有博士学位或高级职称、在专业领域具有一定建树的人才是学校重点关注的高层次人才群体。学校将高层次人才分为六种类型，即学术领军人才、杰出学者、学术带头人、拔尖人才、优秀博士、博士等。考虑到前三种类型人才引进成本高，引进难度大，学校专门制定了《新疆大学天山学者管理办法》，采取柔性引进的方式，鼓励高水平专家学者采取弹性工作制，帮助学校开展教学科研、青年教师队伍建设等工作。2018 年 12 月，学校出台《新疆大学“天山学者”学科带头人主讲教师实施办法（试行）》，由 12 所对口支援高校选派优秀专家学者到校工作，助力学校学科建设、人才培养。重点引进拔尖人才、优秀博士、博士三个层面

* 杨巍，新疆大学。

的高层次人才，鼓励各教学科研单位积极吸收引进具有高级职称的双师型人才到校工作。

二　充分了解人才诉求，制定人才政策

通过内地人才招聘，调查研究，综合分析了高层次人才的具体需求，并就相关需求制定了相关人才引进政策。

（一）薪资待遇

薪资待遇是高层次人才引进首要关注的问题。针对此，学校综合分析了高校尤其是同层次高校高层次人才引进相关待遇。“一流大学”在人才引进方面对青年博士需求度已经降低，重点引进人才是具有海外经历或国内较为成熟学者。部分地方院校人才引进薪酬待遇较高，但难以消化过多高层次人才。经综合考虑，学校提出引进期津贴加工资待遇的薪酬形式，青年博士在引进期内薪酬待遇为10万~22万元。

（二）住房要求

考虑到学校现有住房紧张，学校就高层次人才住房保障方面出台了以下政策。对青年博士根据人才类型发放20万~40万元的安家费。在尚未购买住房之前，针对愿意在校租住公租房的高层次人才，学校对其住房进行统一装修，配备基本家具家电，保障人才拎包入住，三年内免收房租；针对因公租房面积较小，愿意外出租房的高层次人才，报销两年的租房费用。

（三）办公实验场地及设备

为引进的高层次人才按照人才类型及学科特色优先保障办公实验场地。充分利用“一流大学”建设经费，保障高层次人才实验设备。为青年博士提供5万~40万元的科研启动经费。

（四）团队建设

对引进的学术带头人、学科带头人，根据现有师资和专家本人需求配备教学科研团队。对引进的青年博士根据研究方向及需求，分配校内合作专家。

（五）个人发展

针对青年博士，学校制订了“3+3”的培养模式，即3年引进期、3年培养期的培养模式，为青年学者成长成才提供充足的薪酬保障。对已有职称人员，到校后兑现相关职称待遇。对优秀青年博士，到校后聘为校内副教授，在职称评审时计划单列。对已有硕导、博导资格人员，到校后聘为硕导、博导。对优秀青年博士，到校后聘为硕导。

（六）配偶及子女

学校出台《新疆大学高层次人才配偶待遇调整方案》，对高层次人才配偶学历在本科及以上学历人员，采取同工同酬形式予以聘用。学校附小、附中遴选优秀师资，开设教师子女班，为高层次人才子女教育保驾护航。

三　充分挖掘现有高层次人才潜力，做好校内人才队伍建设

第一，2019年1月，学校在原有基础上，进一步修订出台了《新疆大学教师在职学习进修管理办法》，鼓励教师到国（境）内外知名大学和科研院所学习进修，以提升教师教学科研水平。学习进修期间，工资基础性津贴正常发放，学校承担学费、住宿费、交通费等相关费用。在职攻读博士人员，博士毕业后，学校给予10万元博士津贴并按照博士期间科研业绩给予5万~20万元的博士科研启动经费。2019年，共78名教师申报在职读博。

第二，多方利用国家和自治区人才政策，加大高端人才队伍建设力度。

2018年，共32名专家学者依托该校申报教育部长江学者。2017年，该校37名教师入选自治区天山英才工程。2018年，该校57名博士获批自治区“天池博士计划”。

第三，积极开展内部分配制度改革，在原有高层次人才岗位津贴的基础上开展重点建设学科薪酬分配制度改革。在化学化工学院、数学与系统科学学院、信息技术与工程学院、马克思主义学院率先开展岗位工资制试点。2019年1月，出台《新疆大学专职科研队伍管理办法（试行）》，实行年薪制，打造一批高水平专职科研队伍。

四　存在的困难及应对措施

（一）人才引进难问题依然存在

新疆地处边远少数民族地区，经济发展相对滞后，尽管自治区对教育投入的比例逐年增加，但与内地高校相比仍有较大差距。学校办学经费紧张，现有教学科研条件有限。在引进人才待遇方面，与国内同层次或相近层次高校相比，仍处于中等偏下水平，对人才吸引力不高。鉴于大学财力、物力，很难在现有待遇上再做提升。

（二）人才流失问题较为明显

近年来，人才流失现象较为明显，具有博士学历或副高级职称以上的高层次人才流失更为明显。主要原因为高校加大人才引进力度，对引进的成熟人才在薪资待遇、住房安置、科学研究、团队建设等方面提供更好的条件，造成部分该校高层次人才流失。

理论研究篇

R.77

浅谈机关公务员和事业单位工作人员享受政策的差异

彭航清*

一 引言

公务员是指依法履行公职、纳入国家行政编制、由国家财政负担工资福利的工作人员。国家机关中除了工勤人员以外的人员都是公务员身份，都属于公务员编制，包括国家机关、共产党机关、民主党派机关、人大机关、政协机关、检察院和法院等。事业人员主要指事业单位工作人员。事业单位是指为国家创造或改善生产条件，增进社会福利，满足人民文化、教育、卫生等需要，其经费一般由国家事业费开支的单位，主要有科研单位，教育单

* 彭航清，赣州市南康区人力资源和社会保障局。

位，文化单位，新闻、广播、出版单位，卫生单位，体育单位，勘察设计单位，农业、林业、水利和气象单位，社会福利单位，环境保护单位，交通、城市公用等其他事业单位。另外，还有一种行政事业单位，是指具有行政管理职能的事业单位，其履行的是执法监督和社会一些管理职能，如部门所属的执法监督、监管机构等，其工作人员属于行政事业编制。行政事业单位目前参照公务员法管理，随着事业单位分类改革的推进，将来很多行政事业单位将纳入公务员序列。当前，公务员和事业单位工作人员在享受政策和工资待遇上还存在一定的差异，分析对比机关公务员与事业单位工作人员享受政策的差异，对于促进事业单位改革具有重要意义。

二 职务与职级并行制度

职务与职级并行制度是我国公务员制度上的一次重大突破。它有利于改变“官本位”的陈旧观念，有利于净化政府机关的权力运行过程。2015 年 1 月 15 日，中共中央办公厅、国务院办公厅印发《关于县以下机关建立公务员职务与职级并行制度的意见》，决定在全国县以下机关实行职务与职级并行制度。2018 年 12 月 29 日，第十三届全国人民代表大会常务委员会第七次会议审议通过了《中华人民共和国公务员法（修订草案）》，国家主席习近平颁布第 20 号主席令，宣布修订后的《中华人民共和国公务员法》（简称“公务员法”）自 2019 年 6 月 1 日起施行。新修订的《公务员法》明确规定国家实行公务员职务与职级并行制度。这意味着职务与职级并行制度范围由县以下机关扩大到全国。推行公务员职务与职级并行、职级与待遇挂钩制度，是党的十八届三中全会作出的重大改革部署，目的是调动广大公务员的积极性、主动性和创造性，完善公务员制度机制，推进公务员分类管理，加强专业化建设，拓宽公务员尤其是基层公务员职业发展空间，实现对公务员的持续激励，有利于解决非领导职务设置存在的属性界定不清晰、设置不科学不合理等问题。

建立公务员职务与职级并行制度，是完善公务员制度和深化收入分配制度改革的重要内容，应该在全国执行，但事业单位没有这样的制度和政策，无疑是不公平的。一方面，人为划出等级，制造隔阂，建起屏障，不利于团结；另一方面，单一无望的晋升渠道，导致很多人一辈子都在同一个岗位等级，挫伤了人员工作积极性，造成大面积低效率工作状态，十分不利于工作的开展和落实。例如，受职数限制，事业单位管理岗位人员严重积压，县级基层事业管理人员多数只能停留在九级职员岗位，甚至到退休依然还是九级职员，一辈子就领着微薄的收入，没有什么奔头。特别是现在养老金并轨后，养老金与工资收入匹配，到退休的时候，退休待遇差距可能更大。不过，令人欣慰的是，国家已经看到公务员管理制度的弊端，逐步在全国范围内推行，开始撕开不公平不合理的人员晋升管理的一角。但还要看到除了公务员的管理晋升存在不合理、历史滞后问题外，事业管理岗位方面也存在问题，尽早解决事业管理岗位人员晋升积压的问题，给予事业单位工作人员更多的发展空间，创造更加公平的干事创业环境。

三　公务用车制度改革

2014 年 7 月，中共中央办公厅、国务院办公厅印发《关于全面推进公务用车制度改革的指导意见》（中办发〔2014〕40 号）和《中央和国家机关公务用车制度改革方案》（中办发〔2014〕41 号），中央和国家机关本级用车制度改革（简称“车改”）启动。2015 年 4 月，中央车改领导小组会议研究通过了《关于地方公务用车制度改革总体方案制定与报送有关事项的通知》，地方车改工作正式进入实施阶段。从地方各省的车改方案来看，在参改人员范围上，参改人员基本限定为在编在岗的党政机关中公务员编制和参公事业单位中参照公务员法管理的事业编制人员，其他事业编制人员不属于此次改革的范围。按照节约成本、保证公务、便于操作、简化档次的要求，合理确定各职级工作人员公务交通补贴标准。公务交通补贴属于改革性补贴，列入财政预算，在交通费中列支，按月发放，用于保障公务人员普通公务出行。2015 年 12 月，中央公务用车制度改革领导小组办公室（简称“中央车改办”）印发《中央事业单位公务用车制度改革实施意见》（中车改〔2015〕35号），明确将事业单位参改人员范围严格限定在原配备公务用车保障的岗位和人员，实行以按规定报销公务交通费用为主的办法，个别特定岗位确需发放公务交通补贴的应从严从紧核定。通过实报实销及其他社会化方式保障公务出行的人员，按照原有方式继续执行。同时，要求事业单位要在实现节支的前提下推进公车改革，不出现财政为事业单位车改再另外增加支出的情况。但考虑到事业单位情况较为复杂，一些事业单位的特定岗位确有需要按照领取补贴方式进行车改的，可以按相关程序进行认定。虽然公车改革的指导意见和政策近年来在中央基本落实，但是在地方和事业单位中仍然是一块难啃的“硬骨头”，其涉及的范围更加广泛，对象更加复杂，利益协调更加困难。按理来说，党政机关工作人员和事业单位工作人员应同等对待，避免出现事实上的不平等。但目前，除参公事业单位外，其他事业单位大部分工作人员并不能和公务员一样按月享受交通补贴。这就出现了在同一个地方、同一个部门，甚至是同一个单位，有些有车补，有些没有，有的事业单位工作人员经常要下乡，比如，基层农林水事业站所，反而没有车补。这种不公平现象的出现，在一定程度上挫伤了事业单位工作人员的工作积极性和创造性。

四　退休制度

根据《公务员法》第三十九条规定，公务员符合下列条件之一的，本人自愿提出申请，经任免机关批准，可以提前退休：（一）工作年限满三十年的；（二）距国家规定的退休年龄不足五年，且工作年限满二十年的；（三）符合国家规定的可以提前退休的其他情形的。然而，事业单位的工作人员不能和机关公务员一样享受提前退休的政策，国家也未出台相关的政策规定。这意味着同等条件下，事业单位工作人员要比公务员工作更长时间才能退休。这对于有退休意愿想提前退休的事业人员来说却无可奈何。全国事业编制人员3000多万人，如果也能够享受提前退休政策，并补充年轻血液，这对于提升事业单位的活力、效率和创新能力都有积极的意义。

五　死亡一次性抚恤金

2011年11月，《民政部 人力资源和社会保障部 财政部关于国家机关工作人员及离退休人员死亡一次性抚恤金发放有关问题的通知》（民发〔2011〕192号）下发，自2011年8月1日起，国家机关工作人员及离退休人员死亡，一次性抚恤金发放标准调整为：烈士和因公牺牲的，为上一年度全国城镇居民人均可支配收入的20倍加本人生前40个月基本工资或基本离退休费；病故的，为上一年度全国城镇居民人均可支配收入的2倍加本人生前40个月基本工资或基本离退休费。发放一次性抚恤金所需经费仍按现行渠道解决。但事业单位工作人员和离退休人员死亡一次性抚恤标准并未进行调整，目前仍按人力资源和社会保障部、民政部、财政部《关于事业单位工作人员和离退休人员死亡一次性抚恤金发放办法的通知》（人社部〔2008〕42号）规定执行，从2004年10月1日起调整：因公牺牲为本人生前40个月基本工资或基本离退休费，病故为本人生前20个月基本工资或基本离退休费。从2006年7月1日起，事业单位离退休人员死亡一次性抚恤金计发数调整为：本人生前最后一个月享受的基本离退休费，即离退休时计发的基本离退休费和离退休后历年按国家规定增加的基本离退休费之和。按照上述文件规定，事业单位退休人员死亡一次性抚恤金标准是按本人生前最后一个月享受的基本退休费标准发放。由于执行的文件不同、标准不同，机关、事业单位工作人员和退休人员的一次性抚恤金标准差距过大，事业单位干部职工的家属对此反映强烈，甚至因此而出现了不少信访问题。希望国家能出台相关政策，尽快调整事业单位工作人员和离退休人员的死亡一次性抚恤金标准，以便化解这一突出矛盾，体现政策的公平。

六　结束语

机关公务员和事业单位工作人员享受的政策差异，不仅体现在职务与职级并行制度、公车改革、退休制度和死亡一次性抚恤金上，还存在其他一些方面的差异。希望国家和政府有关部门能高度重视当前存在的问题，尽快出台相关的政策，解决机关公务员和事业单位工作人员享受政策存在的差异问题，保障政策的公平性，促进收入分配的合理性，进一步调动事业单位工作人员的积极性、主动性和创造性。

参考文献

李颜伶、索志林：《论基层公务员职务与职级并行制度》，《人才资源开发》2015 年第 18 期。

张志刚、郝慧慧：《事业单位车改面临的难题和路径选择》，《中共银川市委党校学报》2016 年第 3 期。

祁德川：《关于尽快落实事业单位车改的提案（摘要）》，《中国经贸导刊》2018 年第 6 期。

ℝ.78

浅谈如何做好事业单位人事监管工作

刘德荣*

事业单位是社会主义现代化建设的一支重要力量，是建设创新型国家的主力之一。我国专业技术人员60%以上集中在事业单位，事业单位人事管理工作是事业单位壮大发展的重要保障。多年来，事业单位人事管理工作始终贯彻党管人才、党管干部的原则，始终贯彻依法管理的方针，取得了很大的成绩。但随着改革开放进程的不断加快，社会主义市场经济的不断推进，事业单位人事管理工作不适应形势要求，不能满足人民群众和事业单位工作人员的需求和期盼，管理不到位等问题还不同程度地存在。

一 事业单位人事管理中存在的问题

《事业单位人事管理条例》规范了事业单位依法管理的基本原则、内容、管理权限，《中共中央 国务院关于分类推进事业单位改革的指导意见》（中发〔2011〕5号）（以下称“中央5号文”）明确了事业单位人事制度改革的指导思想、原则和目标。应该说以上法规和文件是依法实施人事管理的依据。当前，事业单位人事管理工作实践中遇到的困难和问题主要表现在以下几方面。①在如何处理政府宏观管理与事业单位自主管理上，还没有完全厘清各自的职责、工作机制和相应的工作程序，也就是说，在“放管服”方面做得不够，或者说政事不分、管办不分的改革目标还没有完全实现。②在落实事业单位人事管理三项基本制度上还存在不少问题。在选人用人方

* 刘德荣，安徽省人力资源和社会保障厅。

面，个别单位在公开招聘中仍然有“萝卜招聘”的事发生。“竞聘上岗”等用人制度在有些事业单位还没有真正开展起来，组织竞聘上岗的单位也存在不规范问题；超上级岗位空下级岗位，不会用、不愿用现行的制度管人用人，沿用老一套的思维方式和办法选人用人，在一些单位不同程度地存在；个别单位超职数、超岗用人，有些单位有编不用，编外用人。在“聘用制度”这一基本的用人制度落实上，不依法用人在一些单位依然存在。编内、编外混合使用，行政编制用人与事业用人混合使用，在制度上不加以区分，造成内部矛盾突出，群众上访；依据合同管理流于形式，不进行聘期考核，不进行合同变更、解除和终止等。③在遇到问题的处理上还存在责任不清、程序不清等问题。经常遇到事业工作人员在人事（劳动）关系处理、工资待遇、奖励考核、处分等信访问题的处理上，层级区分不清，部门区分不清，互相推诿扯皮，把小问题拖成大问题，把短时间就可以在基层和单位解决的问题拖成长期解决不了的问题，造成群众对政府的不信任。

以上问题与中央 5 号文件规定的事业单位人事制度改革要达到的目标，即“以转换用人机制和搞活用人制度为核心，以健全聘用制度和岗位管理制度为重点，形成权责清晰、分类科学、机制灵活、监管有力，符合事业单位特点和人才成长规律的人事管理制度，实现由固定用人向合同用人转变，由身份管理向岗位管理转变”还相差甚远。

二　问题产生的原因

一切事物存在、发展都是有原因的，只有认真分析，找准产生问题的根源，才能找到解决问题的办法。根据笔者的工作体会，认为主要有以下原因。一是管理体制机制上存在问题。国家对事业单位管理实行“分级管理，分级负责”的原则，同时明确人事综合管理部门、事业单位主管部门、事业单位都有人事管理的职能。工作实践中存在在同一个层级有不同部门共同管理，在同一个部门又存在不同内设机构多头管理的现象。管理职能交叉重叠造成在事业单位人事管理上，一样的法律、一样的政策不论是管理，还是执行，政出多门，从政策设计到执行出现不一致现象，造成工作矛盾。好事抢着干，难事绕着走。因为多部门管理，平时只能结合日常的工作，各管一块，形不成有效的合力和机制，只能是就事论事，就问题堵漏洞。二是法律法规不健全。目前国家除《事业单位人事管理条例》以及配套的《事业单位工作人员处分规定》《事业单位工作人员奖励规定》已出台外，其他配套的法律法规还没有出台。很多工作无法可依，造成工作上的被动。三是管理思想跟不上制度设计的要求。在事业单位人事管理法规宣传、学习上做得不够，造成管理者仍然按旧有的理念和方式在管理，被管理者仍然按旧有的方式在接受管理。是以计划为主配置人力资源，还是以市场为主配置人力资源，有时候有些单位从政策落实上不会加以区分。当在执行新的制度遇有现实矛盾时，不是想办法去克服和解决，而是就事论事，甚至想着旧制度的好处。当新旧制度在工作实践中产生矛盾时，就出现迷茫、埋怨和不理解，甚至把新的制度说成设置不科学、不实用。此类情况我们听到看到的太多。例如，岗位设置管理制度，有不少部门和单位不愿意做艰苦细致的管理工作和思想政治工作，当高级岗位不能满足某些单位和个人要求时，总是在抱怨制度设计错了，给他们高级岗位太少了。而没有想为什么要搞岗位设置管理制度？一个团队的集体作用是什么？专业技术岗位不仅是岗位和待遇，而且是职务，当一个单位全是领导没有兵时，整体作用能不能得到有效发挥？还有，当在新老制度衔接上还没有明确的指向时，不能从新的用人制度上、制度设计的本质要求上找到我们前进的方向。例如，人员“聘用制度”在安徽省已经实行十几年了，《事业单位人事管理条例》也出台好几年了，但事业单位至今仍然不能区分人员调动和流动的区别，一边抱怨计划经济在配置人才上的缺陷，一边继续做着出力不讨好的事情。可以说是人事综合管理部门在做违背制度设计初衷的事。是沿用计划经济时期那套程序，还是重新设计符合新的用人制度的新办法，缺少系统研究，以至于产生不少人事管理上的新矛盾。

产生问题的原因应该是多方面的，以上只是从人事管理的角度，从制度、法规、认识三个方面找了部分原因。要落实好事业单位人事管理工作，没有综合配套的政策体系是不行的。事业单位分类改革中，应将“法人治理、编制、财政、养老”等改革与人事制度改革同步、协调推进。在其他改革政策不能完全到位的情况下，事业单位人事管理工作改革单兵突进要想取得好的成效是比较难的。

三　做好事业单位人事监督工作的依据、意义

事业单位人事监管工作一直在做，但笔者认为做得不深入、不全面、不到位。其更多的只是结合日常的管理工作在做，没有作为专项工作去做，只是以我为主在做，没有调动大家去做。做好此项工作确是事业单位人事管理工作综合部门和管理者的职责。

《事业单位人事管理条例》第三条规定：“县以上地方各级事业单位综合管理部门负责本辖区事业单位人事管理。事业单位主管部门具体负责所属事业单位人事管理工作。”第四十一条规定：“事业单位违反本条例规定的，由县级以上事业单位人事综合管理部门或者主管部门责令限期改正；逾期不改正的，对直接负责的主管人员和其他直接责任人员依法给予处分。”以上两条从法律上明确了事业单位管理的法律责任。2019 年 5 月出台的《干部选拔任用工作监督检查和责任追究办法》第四条规定：“党委（党组）及其组织（人事）部门按照职责权限，负责干部选拔任用工作的监督检查和责任追究，纪检监察机关、巡视巡察机构按照有关规定履行干部选拔任用工作监督职责。中央组织部负责监督检查和责任追究工作的宏观指导，地方党委组织部和垂直管理单位组织（人事）部门负责指导本地区本系统的监督检查和责任追究工作”。另外《中共中央 国务院关于分类推进事业单位改革的指导意见》对事业单位人事管理的目标和责任讲得比较明确，就是要建立“权责清晰、分类科学、机制灵活、监管有力”的人事管理体制、机制。对于“监管有力”，以上法规和文件虽对事业单位人事监管工作有了明确规定，但实际工作中有谁去监管，怎么才能有力，笔者认为我们有责任去研究和落实此项工作。

现阶段做好事业单位人事监管工作的意义：笔者认为有以下几点：一是在事业单位体现党管人才党管人事工作的纪律需要，二是依法依规实施人事管理工作的需要，三是对权力运行的制约和监督，四是保证人事管理政策得到有效落实的必要方法，五是坚持正确选人用人的导向，保障事业单位及其工作人员合法权益的需要，六是事业单位综合管理部门的责任。

四　如何做好事业单位人事监管工作

（一）提高认识，增强做好监管的动力

管理工作是一个经常性、系统性很强的工作，人事管理工作更是一个政策性、敏感性很强的工作，其工作质量关系到党的事业，关系到事业单位的成长壮大，关系到事业单位工作人员的切身利益，关系到人民群众的幸福。任何一项法律从制定到实施，到有效落实，都有一支队伍在进行专门的监管。监管工作虽然难做，但人事管理人员有责任去做，只有切实认识到做好这些项工作的意义和重要性，才能增强做好这项工作的动力和责任。

（二）加强领导，提供有效的组织保障

事业单位人事管理工作牵涉多部门、多单位。人事监管工作按照《事业单位人事管理条例》和《干部选拔任用工作监督检查和责任追究办法》的要求，既有人事综合管理部门的责任，又有事业单位主管部门的责任。按照干部管理的有关规定，还有纪检部门的责任。在当前人事管理法律法规不健全的情况下，更需要强有力的组织领导，否则，部门与部门之间，综合管理部门与主管部门之间就难以形成合力，工作就难以得到有效落实。

（三）明确主体，落实监管责任

在现行党委和政府的人事管理体制不变的情况下，在现行的纪检监察、编制、财政管理体制不变的情况下，应进一步细化监管的主体责任。做到被

监管单位不漏，监管事项不漏，形成既有分工又有合作，既有主管又有协管，既有综合又有分管的责任体系。在人力资源和社会保障部门内部的机构设置上，特别是市以下的事业单位人事管理机构设置上尽量以集中管理为主，避免分散和碎片化，在减少行政成本的同时，达到集中力量管好职责内工作的目标。

（四）明确监督内容，做到有的放矢

事业单位人事管理内容很多，在实施监管的过程中，应突出重点进行监管。按照党管干部原则，重点监督检查是否按照干部管理权限由党委（党组）履行干部选拔任用责任，是否按照民主集中制和党委（党组）议事规则、决策程序讨论决定干部任免事项。看是不是按照“公开、公平、竞争、择优”的原则选人用人，是否按各项工作规定的程序开展工作。在制度执行上主要是监管三项基本制度的执行情况，看是不是依法设岗，按程序和要求配备人员，是否有超岗、超职数配备人员的现象。看在用人上是否有违背条例和劳动法用人，在公开招聘工作中有没有违规进人现象，在处理矛盾和纠纷上能不能认清责任，区分内外，将人事争议、法律途径解决与利用人事管理的有关规定内部解决的问题，既加以区分又很好地结合起来。

（五）建立监管制度，确保规范长久

为了保证监管合法、长久、有效，按照国家现已出台的相关的监管规定，确保监管工作落实到位，建立健全干部选拔任用工作组织监督、民主监督机制，把专项检查与日常监督结合起来，将监督检查贯穿干部选拔任用工作全过程。要将上级党委检查、本级党委检查与人事管理部门检查有机结合起来。根据工作实际将重点工作检查与日常管理监督结合起来，要与相关部门研究细化相关的监督管理规定，要拓宽监督渠道，提高监管工作信息化水平。

（六）明确奖惩措施，力争有效落实

要保证监管工作的有效开展还必须建立相应的奖惩办法，要按照《干

部选拔任用工作监督检查和责任追究办法》及其他法律法规的有关规定，依照“对违规选人用人问题，党委（党组）负全面领导责任，领导班子主要负责人和分管的班子成员承担主要领导责任，参与决策的领导班子其他成员承担领导责任。组织（人事）部门、纪检监察机关、干部考察组有关负责人和其他责任人员在各自职责范围内承担相应责任”的要求，对此项工作开展考核、讲评。对开展工作好的、工作质量高的给予奖励。对于违反条例规定、监管不到位的给予批评教育。失职的应当给予惩处。

R.79

推进“县管校聘”管理改革均衡教育资源分配

向立 李鹏 徐萌*

教育均衡是社会公平的基础，是关系到当前和今后一个时期中国教育发展和人事管理的整体战略问题。2014 年，教育部、财政部、人力资源和社会保障部（以下简称“人社部”）联合下发了《关于推进县（区）域内义务教育学校校长教师交流轮岗的意见》，首次提出要全面推进义务教育教师队伍“县管校聘”管理改革，目的就是要大力促进义务教育的均衡发展。随后，江苏省积极响应，明确提出省内各地要根据义务教育学校实际，推进教师队伍“县管校聘”管理体制改革。目前，南京市的秦淮区、江宁区，镇江市的句容县，常州市的武进县、溧阳县，南通市的如皋市等地已全面进入“县管校聘”管理模式。扬州市所属各县（市、区）在推行“县管校聘”方面也有不同程度的探索。本文借扬州市所属各县（市、区）“县管校聘”推行的现状着重分析推行“县管校聘”的成效和面临的难点问题，思考并提出应对的办法，为该项改革全面推行和深入实施提供参考和依据。

一 “县管校聘”的内涵

什么是“县管”？“县管”是指县级的教育行政部门对其所属中小学教师的公开招聘、职称评审、聘用管理、培养培训、考核奖惩、绩效分配、交流轮岗、档案管理等实行统一管理。什么是“校聘”？“校聘”是指学校在

---

* 向立、李鹏、徐萌，扬州市人力资源和社会保障局。

教育部门统筹下与教师签订聘用合同，开展教学工作。简单地说就是教育部门具体负责区域内教师的人事管理，学校则主要专注日常教学管理。

需要注意的是“县管校聘”改革不是简单地将人事关系收归于县级教育行政部门统一管理，而是要通过人事关系收归，解决影响现有教师流动中的关键因素，破解现实问题。其改革的主要内容体现在五个方面：一是教师身份，由“学校人”变为“系统人”；二是学校编制和岗位，由“以校核编、以校核岗”变为“编制，人社部门核定总量，教育部门自主分配”；三是教师流动，由“学校内部流动”变为“县域内自由流动”；四是教师工作体制，由“铁饭碗”变为“以能力和业绩为导向，落聘者科学转岗退出”；五是教师待遇，由同等级教师“同校同酬”变为“同县同酬”。厘清“县管校聘”的主要内容，深刻理解“县管校聘”的内涵，能够更加明确“县管校聘”的实施目的以及实现目标。

可以说，“县管校聘”这一创新型制度，对于统筹规划县域内义务教育优质教师资源合理配置、化解教师资源配置不均衡矛盾、解决结构性短缺困难、推进教师交流顺利实施、促进教育均衡有着重大意义。

二　扬州市“县管校聘”推进的现状及成效

目前，扬州市下辖的六个县级行政区域，分别是宝应县、高邮市、仪征市、江都区、广陵区、邗江区，共拥有义务教育阶段初中、小学教师编制21490名，在编教师22357名。教师编制和人数分布情况如图1、图2所示。

由于教师队伍人员多，结构杂，如何优化师资配置、有效开展管理是各地普遍关心的共同问题。而“县管校聘”提供了一个全新的解决方案，各地也不同程度地进行“县管校聘”管理模式的探索。

（一）教师交流日趋常态化

教师交流是促进教育均衡的关键点，也是“县管校聘”的核心内容。近年来，各地教育部门普遍将教师交流列为一项重点工作，常抓不懈，编

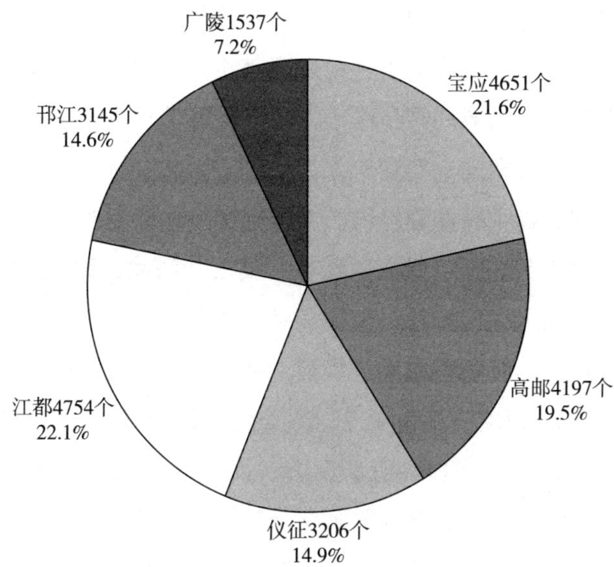

图 1　教师编制分布情况

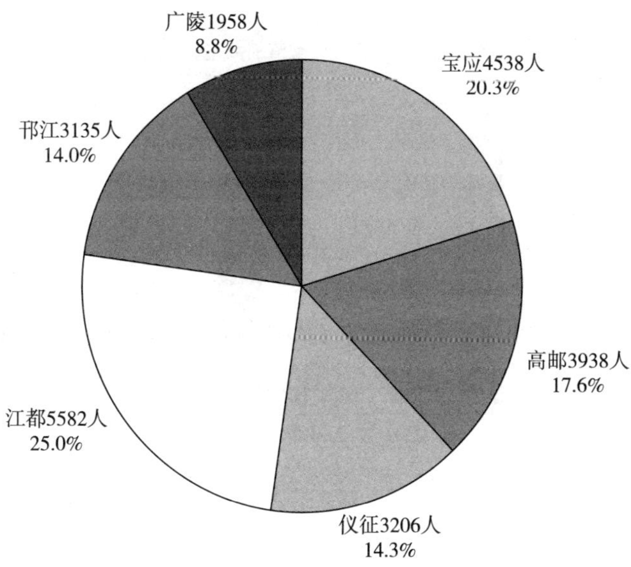

图 2　教师人数分布情况

制、人社、财政等部门也通力协作，为提高教师交流的积极性，出台了多项鼓励措施，交流的形式也呈现多样化。高邮市对教师申报职称、岗位竞聘、参评综合表彰奖励、提拔局管干部等方面，均要求具备交流任教经历。城区教师到农村学校交流期间，享受支教补贴待遇，在农村学校支教满 3 年经考核合格可以参加农村学校职称竞聘。宝应县实行柔性与刚性交流相结合。柔性交流上，组织骨干教师“带教、送教、支教”活动，290 名城区骨干教师对应 290 名农村优秀青年教师，采取一对一辅导，每月开展活动。刚性交流上，要求教师评聘高级职称或提拔局管干部必须参加交流或具有农村或薄弱学校 2 年以上从教经历。江都区一方面以选派校长到发达地区挂职锻炼、县区内部交流的方式激发管理队伍新动力，另一方面通过对口交流、镇内交流、跨镇交流、结对交流、骨干教师交流等形式激发教师队伍新活力。仪征市、广陵区、邗江区在教师评聘中高级职称时，将交流作为必备条件，在教师评先晋级时，将交流作为优先条件。通过卓有成效的交流举措，各县（市、区）教师平均年交流数达到 2291 人。总体情况如图 3 所示。

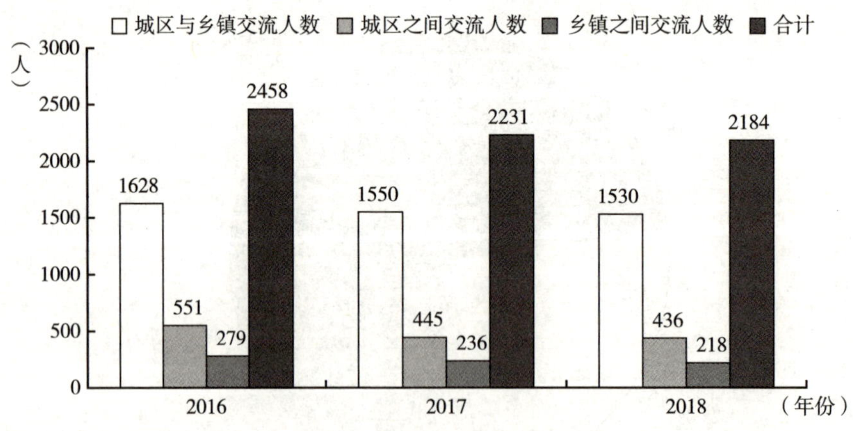

图 3　2016～2018 年交流人数总体情况

（二）编制和岗位壁垒逐渐被打破

创新编制和岗位的管理模式是保障教师交流的重要手段，也是“县管校聘”的基础环节。按照“县管校聘”的内涵，实现县域内教师编制、岗位自由流动，是统筹用好教师资源的一次新的探索与实践。在这方面，部分县（市、区）已经进行了大胆尝试。高邮市、仪征市、邗江区、广陵区的教育、人社、编制部门通力合作，打破“按校定编”“按校定岗”的传统编制、岗位管理办法，即教师编制和岗位不再按学校核定，而是改由编制和人社部门根据全县教育事业的发展和各学段学校办校规模核定全县教师的编制和岗位总数，再由教育部门根据各学校办学需求自主分配，实现教师编制和岗位统一核定、定期调整、动态管理。在这种新的管理模式下，不会再出现一些学校编制和岗位不够用，另一外些学校编制和岗位用不完的问题，教师的交流也不再受编制和岗位的制约，能够充分发挥现有编制、岗位资源的最大效益，从源头上促进师资的均衡配置，实现城乡教师的合理有序流动。

（三）教师活力进一步激发

提升办学水平，激发教师活力，是“县管校聘”的成效体现。首先，在“县管校聘”管理模式探索阶段，教育部门行使了部分教师分配协调职能，分担了学校管理压力，为潜心办学提供了有力保障。教师的交流也有利于学校不断引进新的教育理念，提升办学水平。其次，教师从乡镇学校交流到城区学校，面临教学强度的增加；普通学校交流到重点学校，倒逼教学手段的提升；城区学校交流到乡镇学校，需要适应新的环境，可以说是对教师的全方位锻炼。最后，在促进教师流动的同时，各地也在积极完善与之配套的聘用办法，形成了以能力和业绩为导向的竞聘体系，淘汰不符合标准的教师，促进优秀教师脱颖而出，激励教师加强学习、提升素质，激发教师队伍总体活力。

三　解决“县管校聘”的难点问题

（一）配套政策不完善

一方面，指导意见未出台。“县管校聘”作为需要教育、编制、人社、财政部门共同参与的管理模式，至今国家和省级层面上都没有出台全面细致的指导性意见，影响了该项工作的覆盖范围和推进速度。另一方面，配套制度尚不健全。“县管校聘”作为一项复杂的工程，需要有岗位管理、编制管理、交流程序、激励保障等配套制度的支持，但目前，这些配套制度还处于研究探索阶段，需要进一步细化。

（二）推进制度不平衡

由于制度要求不明，推进力度不一，实际情况各异等，目前扬州市各县（市、区）在“县管校聘”推进过程中存在明显不平衡之处，一是交流人员分布不平衡。从2016～2018年各地交流情况（见图4），可以看出各地城乡交流、城区交流、乡镇交流人数差异大。有的地区只注重城乡交流，忽略了城区交流、乡镇交流，有的地区则城乡交流不够活跃。二是编制、岗位管理模式不一致。高邮市、仪征市、邗江区、广陵区已实行“编制、岗位统一核定，教育部门自主分配”，宝应县、江都区则仍按校核定编制和岗位。

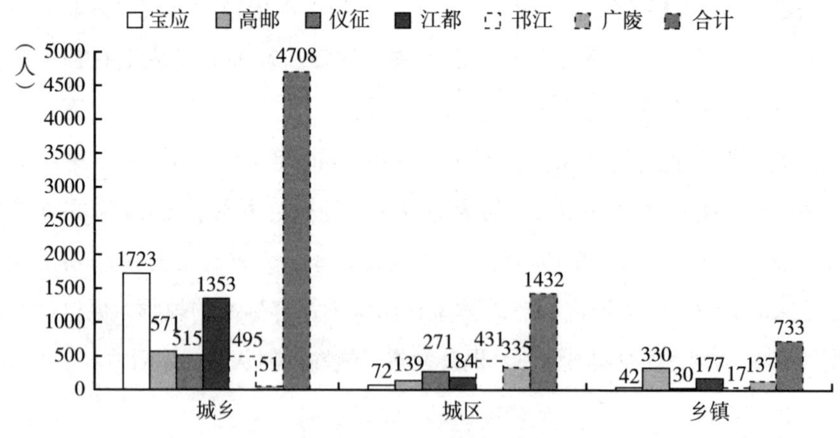

图4　2016～2018年各地交流分布情况

（三）学校主动性不足

一是学校本位思想作祟。部分学校管理者仅仅关注到一校之荣辱兴衰，以自身的发展与升学率为重，为留住优秀教师及骨干教师，在选派教师参加交流时会想方设法多派教学能力一般或承担“副科”课程的教师。此种交流只会加重教师资源的“马太效应”，好校更好，弱校更弱。二是学校管理权威下降。在“县管校聘”管理模式下，教师的人事关系不再由学校管理，导致学校在教学管理中失去抓手，加之教师交流有一定周期性，交流结束就会离开，使交流教师更加不畏惧学校权威，学校出现更多不服管理、不听指挥的老师。三是管理难度进一步加大。工作环境对教学工作有着很大的影响。教师在一个学校待了比较长的时间，在生活、教学之间达到一种稳定的状态，处在一种良好的工作氛围和人际关系环境中。而“县管校聘”实行以后，教师工作环境不固定，使教师在融入新的工作环境、建立新的人际关系过程中会遇到诸多新的矛盾，增加学校的管理压力。

（四）教师主动意愿较低

一是城乡学校差异影响交流积极性。目前，扬州市还是一个城乡教育二元结构的城市，城乡学校差异十分明显。虽然部分地区在鼓励城乡教师交流方面采取了发放乡村补贴、给予交通补助等激励举措，但大部分城区教师仍出于乡村生活条件相对落后、交通不便、学校生源相对较少等原因不愿交流到乡村学校。同时，也有少数乡村教师由于城区学校课业压力大、拿不到乡村补贴等原因不愿到城区学校交流。二是校际资源不均影响交流积极性。除了城乡差异之外，城区学校之间、乡镇学校之间也存在资源分布不均的问题。少数名校、重点学校掌握了大量的优质资源，往往绩效工资系数较高，在这里教师收入较高、待遇较好、发展空间也更大。这一部分处于优势地位的教师为了维护自己已有的利益，也会抵触参与交流。三是归属感不足让交流教师难适应。缺乏心理归属感的人会对自己的工作缺乏激情，责任感不强，并且缺乏兴趣爱好，社交圈子狭窄。充分的“县管校聘”实施后，教师便不再属于原来的学校，而是属于县级教育部门统筹调配，可能面临频繁地交流调动，这样的多次调配，会使教师有漂泊不定的感觉，造成归属感不足，在一定程度上影响教育教学的质量。

四　深入推进“县管校聘”对策建议

（一）完善制度设计，健全管理组织架构

一是出台指导意见。任何一项制度的推行都是从制度设计开始的。“县管校聘”模式虽在各地有不同程度的探索，但由于没有具体的指导政策，导致覆盖范围不全、推进力度不足、部门协同不力、执行标准不一。要想“县管校聘”全面深入推进，还需由国家、省级教育、编制、人社、财政部门出台专门的指导意见，提出总体目标要求，明确部门职责分工，梳理编制岗位管理细则，规范教师交流程序期限，让各地在执行时有据可依、有章可循。二是建立联动机制。“县管校聘”需要教育、编制、人社、财政部门共同参与，教育部门统管教师，编制管理部门保障编制，人社部门配置岗位，财政部门提供资金，四方缺一不可。且教师管理工作牵涉人多面广，涉及教师切身利益，必须加强沟通和协调，才能准确把握问题需求和资源供给之间的关系。各地应当建立教师管理联席会议制度，定期研究教师管理中的各种问题，为教师管理工作建立一种既稳定又具弹性的常规协调机制。三是成立管理机构。目前，扬州市下属各县（市、区）在编教师人数平均为5000人左右，要想对这样一个庞大的人员队伍实行统管，没有一个专门的工作机构恐怕难以实现。可以参考溧阳县、武进县等地的经验，在县域范围内成立性质为事业单位的教师管理专职机构，配备专职人员，行政上隶属于县级教育行政部门，业务上接受编制、人社、财政等部门的指导，专职负责县域内教师的人事关系、工资待遇、教育培训、考核奖惩等管理工作，形成教师管理工作的有效合力。

（二）完善相关机制，促进教师自由流动

从实际情况看，不少教师已经形成共识，要想晋升职称都要经过交流，但是交流后有交通补贴、乡镇补贴的地区推进教师交流会更加顺利一些。

一是要完善交流激励机制。在具体政策的完善上，除了保持原有的评优评先、职称评定、岗位聘用倾斜政策外，还需加大对交流教师的专项资金投入，提高交流教师与非交流教师的收入差距。对交流到乡村、偏远地区的教师给予交通补贴、乡村补贴，通过特别奖励吸引特别优秀的教师进农村、薄弱学校，对连续长时间交流到乡村、薄弱学校的教师给予一定的补偿，从而达到较好的激励效果。

二是完善交流保障机制。教师流动尤其是到较为偏远的农村学校，遇到的最现实难题就是交通不便、住宿不便。因此，可尝试开通教师校车，接送往返城乡之间的交流教师，也可在乡村安排交流教师宿舍解决他们的住房问题，帮助交流教师消除后顾之忧。

三是完善教师培训机制。教师交流不仅是优秀人才的空间转移，而且要通过流动来盘活整个人才资源的工作状态。因此，需要基于岗位交流建立健全教师培训机制，帮助教师了解当地学校环境、教学氛围等方面的内容，并根据不同的生源质量来调整自己的教学方案和课件，以求达到快速融入新环境的要求。同时，加强校际教学互动，通过组织“教育教学研讨会”“集体备课评课”“名师牵手”等互动活动，起到以老带新、以强带弱的效果，促进教师队伍整体能力提升。

四是完善竞聘上岗机制。从管理学讲，任何组织的岗位等级结构都是呈梯形结构的，合理的等级结构是发挥组织整体功能的重要因素，通过竞聘上岗有助于形成能上能下的岗位激励机制，激发教师队伍整体的活力和潜力。一方面，可根据学校具体的条件成熟度将全部岗位等级或者新空出的岗位等级拿出来进行竞聘上岗，以 3 ~ 5 年为一个周期进行岗位等级的聘用；另一方面，可将目前的校内竞聘扩展到学区竞聘、跨学区竞聘，形成梯次竞聘模式，校内竞聘落聘者可参加学区竞聘、学区竞聘落聘者可参加跨学区竞聘，由此推动教师交流范围逐步扩大。

五是完善考察评价机制。为了保证交流教师工作质量，需要科学完善的交流教师考察评价机制，对交流教师的工作任务作出明确的界定，对其教学工作情况开展跟踪考察，定期作出评价。对评价不合格者，给予提醒、警告，取消交流激励待遇。对连续两年不合格者，可解除聘用合同，从而避免出现“应付式交流”，保证交流取得实效。

（三）注重宣传引导，营造均衡教育环境

一是提高教师的思想认识。积极向广大教师宣传推行“县管校聘”的重要意义，引导教师树立全局观念，从区域内教育均衡发展乃至社会和谐发展大局的角度看待“县管校聘”，积极主动地参与教师交流，为教育均衡发展、缩小城乡教育差距奉献自己的一份力量。

二是发挥名师的示范作用。只有名师带头参加教师流动，才能真正起到引领作用，只有更多的优秀教师走进乡村、薄弱学校才能促进教育均衡。为此，教育部门要顶住名校品牌、升学目标等多种压力，建立名师目录，按照规定的交流周期，优先进行交流，让名师们不再是少数重点学校的私有财产，在交流工作中起到带头示范作用。

三是打造均衡的硬软件设施。不断加大乡村和薄弱学校的资金投入，统一学校楼房、场馆、设备、器材等硬件基础设施标准，逐步达到“城区学校有的，乡村学校也有”的目的。在待遇上，统一工资待遇，平衡绩效系数，从校内“同岗同酬”逐步达到县内“同岗同酬”。在教学上，积极打造教学资源共享信息平台，让各校和教师都能享受一样的资源。通过打造一系列均衡硬软件条件，逐步实现教育均衡。

参考文献

曾志：《“县管校聘”理论与实践研究——以成都为例》，四川师范大学硕士学位论文，2016。

姜超、邬志辉：《“县管校聘”教师人事制度改革的政策前提与风险》，《四川师范大学学报》2015 年第 6 期。

夏仕武、姚计海：《试点区县义务教育学校教师流动政策实施的实证研究》，《教师教育研究》2016 年第 3 期。

R.80

加强事业单位人员交流规范管理的政策建议

刘小群　崔祥民　周文魁*

事业单位人员顺畅有序流动对于优化人力资源配置、提高事业单位公益服务水平具有重要意义。本研究通过对当前事业单位人事管理实践的分析，发现我国事业单位人员流动中市场化配置和行政化调配并存，呈现流动易、交流难的“半导体现象”，在剖析其产生原因的基础上，提出了建立和完善事业单位人员交流规范化管理的思路目标、治理方式和技术路径，为促进事业单位人员顺畅有序流动、激发事业单位人才创新活力提供有力的决策信息支撑。

改革开放以来，随着事业单位人事管理制度改革的不断深入，以市场配置为主体的人才流动机制已基本建立，但在事业单位人员交流方面，仍然存在不同组织类型政策不协同，相关配套政策不衔接，具体操作细则不明确，恶性人才竞争现象较普遍等问题。党中央高度重视人才流动工作，习近平总书记在党的十九大报告中，提出要“破除妨碍劳动力、人才社会性流动的体制机制弊端”。2019 年 1 月，人力资源和社会保障部印发《关于充分发挥市场作用促进人才顺畅有序流动的意见》，提出要“健全党政机关和企事业单位人才流动机制”。破除事业单位人员流动的体制机制障碍，需要从国家层面进行整体性制度安排，通过不同人事制度人员流动的政策协同，促进人员的跨系统、跨体制、跨区域流动。

---

* 刘小群、崔祥民、周文魁，江苏省人才学会。

一　事业单位人员流动历史演变的特点

（一）事业单位人员流动逐步走上市场化、法制化的发展方向

去行政化、破除行政隶属体制、获得独立法人地位是事业单位改革的方向，其人事管理也逐渐由计划式管理向市场化管理转变，由身份管理向岗位管理转变，由行政管理向法制化管理转变，事业单位人员流动市场化、法制化是发展趋势与方向。市场化配置利用公平、竞争、择优机制达到供需平衡，从而实现人才资源优化配置；法制化则是通过政策条款、程序的方式对人员流动做出制度化安排，从而为人员流动提供制度保障。

（二）事业单位人员流动管理由审批式管理向分级分类分步管理转变

事业单位涉及教育、科研、医疗卫生、体育等领域的近百个类别，在同一类别的事业单位内也存在专业技术、管理、工勤三种类别人员。不同领域、不同类别事业单位人力资源具有不同的特点和成长规律，在人员流动管理上也逐步由审批式管理向分层分类分步管理转变，初步形成了以分层授权、分类管理为核心的事业单位人员流动管理制度。事业单位可在制度允许范围内自主确定岗位设置、岗位标准、岗位类别，逐步实现事业单位用人自主权。

（三）事业单位人员流动呈现流动易、交流难的“半导体现象”

当前，事业单位人员流入方式存在市场化配置和行政化配置并存的局面。在市场化配置方面，以公开招聘制度为主体、以人员交流制度为辅助的人员流动机制基本建立，流动渠道畅通无阻；在行政化配置方面，国家政策性安置、行政化调配等政策刚性约束力不断减弱，组织实施难度不断加大，政府统筹能力有下降趋势。两种不同配置条件下人员流动难度的差异，导致现阶段事业单位人员流动呈现流动易、交流难的“半导体现象”。“半导体

现象”体现出国家人事制度市场化改革的积极意义，但也在一定程度上影响了国家对义务教育阶段教师交流、医生基层挂职交流、教科文卫跨区域支援、退役军人工作安置等的行政化配置能力。

二　事业单位人员交流中存在的主要问题

（一）缺乏顶层制度安排，存在不规范流动现象

在机关、事业单位、企业三种用人制度建立以后，国家宏观层面上一直缺乏统筹三种用人制度之间人员流动的制度安排，客观上导致人员流动存在体制机制障碍，实施层面难以衔接。跨身份人员交流缺乏明确政策，模糊化的制度安排为人员不规范流动提供了空间，相关领导权力较大，存在权力寻租的风险。

（二）基层人才流失严重，公益服务质量难以保证

边远基层事业单位薪酬待遇较低，发展空间较小，大量基层一线人才向沿海发达地区、城市流动，致使边远基层人才匮乏。根据 2011 ~2014 年甘肃省 231 家科研单位的调查数据，专业技术人才调出人数是调入人数的 2. 52 倍，其中高级职称人才调出人数是调入人数的 7. 89 倍。基层事业单位人才流失严重，导致技术要求较高的服务项目无法提供，公益服务质量难以保证，人民群众对公益服务满意度较低。

（三）恶性竞争现象突出，中西部高校人才外流

部分事业单位为追求短期绩效，通过超额待遇方式招聘人才。这种现象在教育领域尤为突出，部分高校为了加强“双一流”建设，展开了新一轮的人才大战，拥有“千人计划专家”“长江学者”“国家杰出青年科学基金资助获得者”等称号的人才成为竞相争夺的对象，其薪酬、安家费、科研经费也随之不断攀升。在高薪诱惑下，中西部高校日益被“挖空”，区域教育资源差距进一步拉大。

（四）退出机制不完善，事业单位发展缺乏活力

目前，我国大部分事业单位仍然实行身份管理，定编到人，这种实质意义上的终身制用人方式，使即使岗位不胜任人员也难以有效退出，导致事业单位人员流动出口不畅。“人员只能进不能出”一方面导致人员流动量较小，新鲜血液难以及时补充，“近亲繁殖”现象突出；另一方面则导致人员冗杂、年龄老化，影响事业单位发展活力。

三 事业单位人员交流问题的原因剖析

（一）改革不到位，人员流动相关制度衔接不畅

虽然我国推行了事业单位聘用管理制度、岗位管理制度，但以编制为核心的身份管理并没有发生根本变化，从而导致“能进不能出”“能上不能下”等流动障碍仍然存在。当前，机关、事业单位、企业三种用人制度衔接不够，三种类型人员交流缺乏规范性的制度安排，三种类型人员职级、工资、职称难以衔接，造成跨组织类型的大交流障碍；不同区域的职称制度、社会保障制度衔接不够，不同区域的交流审批部门沟通机制不畅，造成跨区域交流障碍；管理、专业技术、工勤三种岗位相关聘用制度与条件不衔接，造成跨岗位类别的小交流障碍。

（二）已有政策落实不到位，部分制度流于形式

当前，我国事业单位人事制度改革仍是行政管理占主导，事业单位在用多少人、怎么用人等方面，还受传统的集中统一的编制管理、固定用人思想的影响。事业单位人事管理政策存在落实不到位现象，主要表现为两点。一是现有“编制”数量无法满足事业单位服务公益事业的需要，导致医院、高校等事业单位不得不聘用大量“编制”外工作人员，岗位管理没有得到真正落实，人员聘用制度流于形式。二是部分事业单位薪酬管理不够灵活，

没有真正体现不同行业的特点，对岗位职责、工作业绩、实际贡献等缺乏评价标准，导致事业单位内部的竞争力不强，工作人员缺乏上进心。

（三）社会化的行业自治机制尚未建立

行业自治组织通过内部机制的运行，规范其成员行为，维持其专业共同体内的秩序，并使其专业共同体内秩序与法律秩序相协调、相补充。在发达国家，专业人才的行业化管理是一种常态，如医师、教师、律师、工程师、会计师等，通过行业性、现代化的自治组织，在学术自律、流动规则、薪酬规范等方面形成规范化的行业自律管理。我国行业自治组织起步较晚，规范成员行为的手段有限，自治自律能力不强，对人员流动过程中出现的恶性竞争、无序流动现象无法起到有效的自律和约束作用。

四　加强事业单位人员流动规范管理的对策建议

加强党对事业单位人员流动工作的领导，以促进事业单位人员顺畅有序流动、激发事业单位人员活力、提高事业单位人力资源使用效益为目标，以规范事业单位人员流动体制机制为重点，充分发挥市场、政府和行业组织的协同作用，破除事业单位人员跨身份、跨区域、跨组织、跨岗位流动的体制机制障碍，努力形成人尽其才、才尽其用的良好局面，为社会公益事业发展提供高质量的人才支撑。

（一）构建多主体协同的人员流动治理体系

一是充分发挥市场在人员流动中的主导作用，深入推进事业单位用人制度市场化改革，充分发挥市场供求、价格和竞争机制，突出市场评价、市场发现、市场流动、市场激励的主导作用。二是更好发挥政府在人员流动中的统筹作用，加强顶层设计和政策协同，强化政府对事业单位人员流动的宏观管理和监督保障职能，加快推进事业单位人员管理体制改革，营造高效便捷的流动环境。三是强化行业组织在人员流动中的自治作用，推动教育、卫生等行业建立自治组织，探索制定行业人员流动规则程序和纠纷协调机制，发挥自治组织的服务支撑作用。四是发挥事业单位在人才流动中的主体作用，全面落实用人单位自主权，加强事业单位用人管理制度化建设，进一步将聘用人员权限交给用人单位，推动用人单位通过竞聘上岗等方式，实现用人机制转换。

（二）建立畅通有序的事业单位人员流动渠道

一是大力发展事业单位人才市场，依托政府或行业，探索建立行业型事业单位人才市场，并依据事业单位人员流动方式与行业人才特点，建立人才市场体系和运行机制。二是破除事业单位人员流动制度障碍，进一步消除户籍、身份、学历、人事关系等流动障碍因素，建立和完善流动前后薪资待遇、社会保障、职务层级的衔接办法，消除交流人员的后顾之忧。三是鼓励事业单位专业技术人才流动，建立事业单位高层次人才信息库，完善事业单位人员交流公示制度和差序交流公开选拔制度，进一步畅通事业单位专业技术人才流动，充分发挥高层次人才作用。四是建立事业单位人员退出机制，改革传统按编制管理拨款方式，实施以事定费的财政拨款制度，消除闲人闲岗现象，规范事业单位人员退出标准、退出程序，建立退出人员就业服务体系。

（三）打造规范合理的事业单位人员流动秩序

一是探索建立两类合同管理制度，可在公益二类事业单位实行劳动合同与聘用合同并行制度，对初入职的公益二类事业单位人员实行劳动合同管理制度，实行完全市场化的人员流动管理机制，对合同期满人员签订长期聘用合同，纳入事业单位聘用管理体系。二是建立限制流动补偿制度，对技术骨干和核心员工等公益服务的中坚力量，在员工与事业单位协商一致基础上，可签订限制流动条款，事业单位按月支付员工一定数额的费用作为限制流动的补偿。三是实施边远与基层工作补贴制度，提高边远与基层事业单位工作人员工资待遇，增强边远与基层事业单位人才吸引力，扭转边远与基层事业单位人才短缺局面。四是建立招聘费用与薪酬总额封顶制度，由上级主管部门核定年度招聘费用总额和薪酬总额上限，禁止事业单位挪用其他费用变相用于招聘与发放薪酬，限制高校等事业单位恶意挖人。

（四）构建精准高效的人才流动管理服务体系

一是实施差异化交流审批制度，对顺向流动简化审批流程，调入、调出单位达成一致即可办理调动手续；对横向流动在调入、调出单位达成一致的基础上，可直接办理交流手续并报上级部门备案；对差序交流原则上必须实行公开选拔制度。二是强化事业单位人员管理监督，对事业单位人员编制、人员绩效、聘用合同落实等情况进行监督检查，严格查处“占编制、不上班、吃空饷”人员，对违法违规行为，从严追究单位领导和有关人员责任。三是完善信用管理体系，建立事业单位人员诚信档案，将事业单位人员诚信记录作为考核、任用、流动和奖惩的重要依据，将违规办理流入手续、恶意人才争夺等行为记入诚信档案并向社会公布。四是完善管理信息系统，将事业单位人员信息纳入“事业单位人事管理系统”，推动编制、组织、人社、财政等部门实现互联互通、信息共享、共同使用，最终实现事业单位人员流动手续网上办理。

ℝ.81

新时期医院人才培养新探索

邢凯 陈兰凤 凌薇 张璐 韩丽平 钱鹏 鞠香琦*

现代医院竞争实质上是人才的竞争。发现、引进和管理人才已成为医院发展的核心，建设一支具备高超学术与专业水平，能够引领学科发展和专业技术方向的专业技术人才队伍，对于全方面提高医院的人才质量、创新能力与核心竞争力有十分重要的意义。因此，医院人才培养的方式逐渐成为医疗领域的重要议题，也是医院从事人力资源管理的工作者面临的亟待解决的首要问题。

一 目前医院人才培养存在的问题

（一）对人才培养重要性的认识不足，忽视管理人员的作用

医院行政管理部门“为人才服务”的意识不足，认识不到人才培养对于医院长期发展的重要作用和在提升医院的整体形象方面的重要意义，仅仅把人才视为普通的员工进行管理，并没有对其进行针对性的培养。对于医院管理人才的培养容易忽视，一般只重视临床医务人员、专业技术人员的培养，从而导致了优秀管理人才的缺失。

（二）专业构成及岗位分类单一，人才梯队尚不健全

医院医疗专业和医生岗位在人才中占据多数，而医技、护理及管理专业

* 邢凯、陈兰凤、凌薇、张璐、韩丽平、钱鹏、鞠香琦，江苏省泰州市人民医院。

和岗位的高职称、高学历人员相对较少，人才结构尚需进一步优化。老中青人才梯队建设不合理，人才梯队出现断层，高学历人才所占比例不够高，高端人才、领军人才数量稍显不足。年龄结构不合理，高年资人才占据大多数，青年人才缺乏，人才年龄构成呈现“倒三角”分布。大多数科室的主任、副主任及科室业务骨干专业能力有待提升，区域影响力不大，科研创新能力不足，尖端人才、知名专家匮乏，等等。

（三）重视临床使用，忽视后续培养

医院的专科性很强，相同专业的人才相对有限，造成卫生专业技术人才市场供需紧张，医院之间人才竞争激烈，可招录和引进的人才较少，因此，医院将工作重点都放在临床诊治上，对于科研和人才的继续再教育重视不足，从而忽视了对人才的进一步培养。近几年，随着医院患者的不断增多，医护人员工作量加大，长期超负荷地工作也导致医护人员没有多余的时间和精力给自己充电。同时，医护人员的收入与其工作量、科室效益直接挂钩，自然其工作的重心也更偏向临床诊疗。

（四）缺乏有效的激励机制

马斯洛的需要层次理论提出人的需求分为五层，当一个人最基本的生存安全需要得到满足后，便会有更高一级的自我实现的需求，一旦无法满足，将会造成人员的失意进而导致人才流失。人的激励状态取决于其当前的需求是否得到满足。目前很多医院的人事管理还处于传统的人事管理阶段，强调以“事”为中心，把人视为管理对象，很少关注人内在需求的变化以及成长的需要，抑制其内在潜能的发挥。

（五）人才培养方案不健全

引进人才，培养人才，这是一套完整的人才培养流程。如果医院只重视引进人才，缺乏人才后续培养的相关方案和人才培养机制，没有制订明确的人才培养的长远规划，长此以往也会导致人才发展滞后甚至停滞不前。同时

医院在人才培养方面的投入不足，也在一定程度上影响了新技术和新项目的引进、开展和推广。

二 对策措施

（一）构造良好的人才发展环境，加强管理人员培训

人才培养需要循序渐进，不可能一蹴而就，因此必须建立一套制度化、规范化、长效化且符合医院岗位要求、适应医院专科发展需要的人员培养机制，保证专业技术人才能够得到知识、技能提升的培训机会，通过专业培养、进修学习、继续教育培训等多种形式，辅以科学的业绩评估，进而在全院范围内形成一股科室与科室之间、人与人之间比专业知识、比业务能力、比医疗质量的良性竞争风气，为医院的长远发展提供充足的动力。一是医院领导层要加强对人才培养的重视，制定长远的人才发展战略，“十年树木，百年树人”，依靠自身壮大人才队伍是最科学可靠的发展路线；二是医院内部营造良好的学术氛围，形成知识竞争、教育赶超的良性势态和人才培育环境；三是在医院管理过程中，还要上马相应的人才引进、人才使用激励机制。

江苏省泰州市人民医院领导鼓励管理层各级干部参加各种医院管理培训班，通过各种业务研讨、技术交流、项目培训等，提升医院的管理水平与决策能力。医院管理部门实行人员轮岗制度，新入职的年轻管理人才要在行政科室进行两年的轮转，通过不同科室、岗位和角色的实践锻炼，形成了一支高尖端的全面管理人才队伍，为后备人才队伍建设打下了坚实基础。

（二）合理构建人才梯次，形成科学合理的人才培养队伍

人才的合理梯次主要是把老、中、青人员进行科学分配，可以有效避免发生人才换代断层现象。泰州市人民医院重点抓好博士、硕士以及高级职称人员的梯队建设，把人才分为领军人物、学科带头人和学科骨干共三个层

次，分层细化管理。针对不同人才，采取不同的培养方式，大力鼓励和支持人才涌现，提供必要的物质和精神条件，满足人才对于提高自身专业技能、科研水平的需求，使优秀的医学人才能引领和带动整个医院以及本学科的全面发展。与此同时，要有针对性、有计划地选派一部分未来有发展潜力的中青年学科骨干出国留学、进修，进行广泛的学术交流。实行“引进来，走出去”战略，设立专项资金用于人才培养，支持拔尖人才到国际知名大学或知名的研究机构学习进修，开展新技术研发，参与新项目。学成回国后，学以致用，将学习成果迅速转化为临床应用，填补学科空白，提高学科医疗水平。

（三）做好人才招聘和引进工作，加强专业技术人才后续培训

招聘是医院引进人才最直接和有效的方法和途径，医院在泰州市人力资源和社会保障局、泰州市卫生健康委员会的指导下，通过面向社会公开招聘的方式，选拔优秀的人才，同时加大力度引进国内的高层次、高学历、高职称人员，壮大人才队伍，形成科学合理的人才梯队结构。当然，招聘和引进人才不能只重量不重质。单纯的人员扩张不能给医院带来质的飞跃，人才选拔要更加注重内涵和整体素质。

医院在人才招聘引进之后，更要重视后续的培养。医疗作为医院的核心和主体，临床医疗人才的培养显得尤为重要。泰州市人民医院为此制定了一整套卫生人才培训方案，从培训的理念、方式和对象、课程的安排、动态监管以及效果评估等每一个环节都进行严格的把关和掌控，做到科学合理，保质保量，达到提升卫生人才的整体素质，合理化专技人员的知识结构，为今后培养全面发展的人才打好地基的目的和要求。

（四）完善薪酬体系，实行科学公正的绩效考核激励机制

激励使员工在日常工作中更能发挥主观能动性，更容易实现自我价值和人生价值的追求。医院和员工之间互惠互利，医院为员工提供一个发展的平台，员工利用这个平台施展自己的能力，反过来推动医院向更高的水平发

展。泰州市人民医院在留住人才方面采取了用工制度留人、职业发展留人、薪酬待遇留人、工作环境留人、医院文化留人等多种形式，做到物质激励与精神激励相结合、事业激励与感情激励相结合相统一。取消了对引进的高层次人才在编制和年度增人计划等方面的限制，解决夫妻两地分居等实际问题，解除他们的后顾之忧。

在物质激励方面，该院采用多种方式对薪酬体系进行完善。第一，把高层管理者的薪酬待遇与医院的总体绩效联系在一起；第二，在新的薪酬体系实施之前，对现存薪酬体系的公平性、竞争性与激励性做一个全面评估，确定薪酬改革的重点。该院也充分使用好薪酬待遇这一“杠杆”作用，提高医院的整体绩效，提升员工的幸福感和满意度，以此来吸引和引进高学历、高职称以及高素质的人才。

物质激励的另一种办法是实行科学公正的绩效考核激励机制。在实施考核标准时必须与医院学科发展需要、实际工作紧密联系，考核既要有面的涵盖也要有培养目标的侧重点，能够反映出其真实的能力水平。实施考核绩效成绩的公示或评价，及时做好反馈沟通工作，既让培养对象回顾总结和自我完善，也能起到促进人才进步和群众鞭策监督作用。

（五）坚持培养和引进相结合的方式

培养和引进相结合的方式可以为医院提供充足的人才储备。泰州市人民医院正确处理了学历与人才之间的关系，在注重引进博士、硕士等高学历的人才的同时，更加看重人才的实际工作能力、自身素质和医德医品。大量地引进医学人才，却在日常工作中不重视对人才的后期培养，是医院长期发展所不可取的。不仅从根本上无法解决医院的可持续发展问题，同时也会打击员工的工作积极性。因此，在引进高层次高水平人才的同时，日常工作中注重培训学习非常重要。现代医院应该是医、研、教全面发展的医院。同时，该院也十分重视管理人才的引进和培养，坚持专业技术人才和管理人才齐头并进。医院管理作为一门新型交叉学科，是管理学和医学的重要组成部分。科学开展医院管理工作，对医院的整体发展和医护人员个人都有举足轻重的意义。该院高度重视行政管理工作，近几年面向全国各大高校招聘和引进一大批医院管理学专业毕业的硕士研究生。在后期的培养方面，该院制定了行政新进人员轮岗制度，每位管理学研究生需在医院主要行政科室轮转两年方可定岗。同时，轮转科室需要对轮转人员定期进行考核评价并上报院办。从真正意义上做到了专业技术人才与管理人才两手抓，两手都要硬。

参考文献

徐磊:《人员培训与开发——简析医院人才培养》,《百家论坛》2019 年第 1 期。

宫博娟:《探析新时期医院人才培养新模式》,《新教育时代电子杂志（教师版）》2016 年第 8（31）期。

崔丹:《探析新时期医院人才培养突出问题和对策》,《经济师》2016 年第 9 期。

陈方:《从人力资源管理浅析医院人才培养》,《继续医学教育》2017 年第 31（8）期。

段奕群:《医院人才培养存在的问题及对策研究》,《卷宗》2017 年第 16 期。

陈京民、韩松:《人力资源规划》，上海交通大学出版社，2006。

林良增:《新时期医院人才培养新模式》,《人力资源开发》2015 年第 10 期。

ℝ.82

新时代推进西部地区党校高层次人才引进工作的对策

周戬云*

“治国经邦，人才为急。”人才是最宝贵的资源，谁拥有人才谁就拥有核心竞争力。党的十九大报告提出，人才是实现民族振兴、赢得国际竞争主动的战略资源。要实行更加积极、更加开放、更加有效的人才政策，以识才的慧眼、爱才的诚意、用才的胆识、容才的雅量、聚才的良方，把党内和党外、国内和国外各方面优秀人才集聚到党和人民的伟大奋斗中来，鼓励引导人才向边远贫困地区、边疆民族地区、革命老区和基层一线流动，努力形成人人渴望成才、人人努力成才、人人皆可成才、人人尽展其才的良好局面，让各类人才的创造活力竞相迸发、聪明才智充分涌流。习近平同志在全国党校工作会议上指出，教学是党校的中心工作，队伍建设是党校事业发展的关键，教师队伍建设是党校可持续发展的根本保证。在党校所有资源中，优秀教师和优秀人才是最急需的资源。党校要办好，必须有一大批名师。同时，西部各省（区）对党校工作也提出了新的要求和更高的标准，面对新时代条件，西部地区党校受其自身条件和所处环境的制约，如何结合地域和自身优势，理性制定高层次人才引进策略，是需要思考的现实问题和热点问题。

一 西部地区党校高层次人才引进存在的主要问题及原因

（一）主要问题

通过调研和分析，目前人才引进主要存在以下几个方面问题。一是缺乏

* 周戬云，青海省委党校。

人才价值意识。人才引进只对应聘者的学历、专业、技术职称以及年龄提出刚性要求，侧重考核应聘者的论文发表和科研项目主持情况，而对人才的实际水平、发展潜质考察不够，尤其是忽视了对人才政治方向、团队精神、心理素质的考察。人才评估时存在“重硬轻软”现象，即唯“高学历、高文凭”，轻视人才的综合素质与思维创新特征，缺乏人才价值意识。二是人才引进总量偏小，高级人才短缺。高层次人才特别是教学科研急需的领军型人才短缺，具有国际前沿水平的高级专家和国内知名专家甚少。三是人才引进结构性矛盾比较突出。专业结构不尽合理。如党史党建、社会学等专业高层次人才相对其他专业急需紧缺，现有专业技术人才主要集中在教研系统，而教辅、行政部门需要的高层次专业人才奇缺。年龄结构不尽合理，主要表现为高层次中青年人才缺乏。四是人才引进、培养、流失之间矛盾比较突出。受自然条件、历史原因、经济发展状况等因素制约，一方面，西部地区党校引进人才特别是引进高端人才效果不明显；另一方面，经过多年培养的中青年高层次专业技术人才流失现象比较突出。流出人员中绝大多数为年富力强、有丰富实践经验和一定学术造诣的中青年骨干，年龄多在 30～45 岁。同时，西部地区党校重点在外校培养的攻读博士及从事博士后研究人员，毕业后大都留在外地工作，返回西部地区党校的很少。

（二）主要原因

一是人才观念陈旧。在市场经济条件下，地区发展的核心是竞争力，竞争力的关键因素是人才。西部地区党校对人才资源管理的重要性虽然有一定的认识，由于受党校职能和现实情况等的制约，还不能充分利用人才资源。面对地方经济发展滞后，将人才外流归因于客观因素，对高层次人才带来的巨大变化还认识不深刻，对人才外流没有良好的对策，任其自然。归根结底，落后的人才观念影响了人才奉献的热情，掣肘了人才引入。二是历史原因。20 世纪 80 年代以来国家长期奉行适度倾斜、梯度推移的区域经济不平衡发展战略，将发展的重点放在东部沿海省份。国民经济发展的重要力量如大量经济资源相对集中于东部相对发达的地区。这一方面大大加快了东部地区的发展速度，另一方面也相对削弱了西部地区的经济发展进程，进而使发达的东部地区与落后的西部地区的经济发展差距逐步拉大。经济资源和人力资源逐步流向相对强势的地区。西部地区，这种资源的流动正是高层次人才引进困难的重要原因。三是地理原因。西部地区相对偏僻，山高路远，海拔较高，气候恶劣，自然环境相对较差，直接影响到人们的生活质量，这正是人才外流的最原始最直接的因素。经济基础薄弱，创业条件相对较差，留住人才、引进人才先天不足。这种不利的特征无疑成为西部地区党校引进人才的瓶颈之一。四是经济原因。人才流动与经济发展之间是相互作用和依存的。良好的经济环境可以使人才资源的发展获得轻松、舒适的条件，从而激发其活力，促使其内在的潜能和智力得以充分发挥和提高。落后的经济环境则会影响和阻碍人才资源的开发。西部地区党校地处偏僻，信息闭塞，自然物质条件相对较差，外地的人才引不进，本地人才向外流，人才长期处于短缺状态，严重制约经济社会发展。经济社会发展落后，又对人才缺乏吸引力，影响人才的引进。这样就形成了一种人才缺少、发展落后，发展越落后，人才越缺乏的恶性循环。五是政策措施效果不明显。为了改变在人才争夺方面的劣势，西部地区党校也参照东部地区党校做法，制定出台了一些吸引人才的政策。一些优惠措施虽然在本地区看来有所突破，但与东部地方相比，力度不够，缺少新意，并且由于起点低、力度小、吸引力差，没能收到较好的效果。因而在全国市场经济大趋势的拉力下，西部地区面临人才引进困难和人才外流的困境。

二　西部地区党校高层次人才引进具备的优势条件

（一）国家、省（区）和西部地区党校的重视

国家非常重视西部地区的发展。西部大开发、“一带一路”等重大举措，为西部地区发展过程中人才引进提供了有力的保障。西部各省（区）也相继出台深化人才发展体制机制改革的实施意见和人才计划实施方案细则

等制度政策，进一步加大了高层次人才的吸引力度。同时，西部地区党校结合实际，修订了人才引进培养办法，制定了人才培养工作办法等，为高层人才引进科研启动、生活补助、培养管理、能力提升、平台环境等提供了一系列保障措施。

（二）较低的进入门槛

我国西部地区人口数量众多，但人才质量总体不高，高层次人才较少。正因为高层次人才的大量缺乏，所以进入西部地区的高层次人才门槛相对东部地区有所降低。这又为西部地区党校高层次人才的引进提供了又一优势。如近年来在招聘博士过程中，结合西部地区人才招聘的情况，对人才年龄、第一学历要求、就职方式、户籍地域等条件进一步放宽，以吸引更多的高层次人才。

（三）广阔的发展空间

党校是党委直接领导下培养党员领导干部和理论干部的学校，是党委的重要部门，是培训轮训党员领导干部，培养党的理论队伍重要阵地，是干部加强党性锻炼的熔炉，是党的哲学社会科学研究机构。无论从部门的重要性，还是从对象的特殊性、职责的光荣性等，相对于其他高校具有独特的优势，对个人能力提升、成长和获得自豪感方面有着优越的环境。近年来，西部地区党校在教学科研上分别出台了教学科研咨询等相关激励制度措施，其实施分别在教学、科研和咨询上取得了较好的成绩。这些政策措施成绩为引进高层次人才提供了广阔发展空间和条件。

三　西部地区党校高层次人才引进需把握的原则

（一）党性为先

党性就是普遍性，个性就是特殊性。党性是个性的内在根据，个性是党性的外在表现。党校引进高层次人才，首先，应以党性为先，把党性作为人才是否引进的先决条件；其次，看专业水平是否突出、业绩才能是否优异，是否符合党校教学科研咨询工作的需求。也就是说，在价值追求多元、崇尚个性张扬的当今社会，高层次人才引进，应该把个性置于党性之下来考虑，以党性为先，使个性与党性相统一，防止不良的个性侵蚀原则底线。

（二）刚柔并进

高层次人才引进方式一般分为刚性引进和柔性引进。西部地区党校应从优化高层次人才引进环境入手，破除编制、工资薪酬障碍，坚持刚性引进和柔性引进相结合，深化人才发展体制改革和引进计划实施，为高层次人才提供优质服务，打造人才引进的“洼地”。在刚性引进方面，始终坚持稳定的原则，不断拓展人才引进渠道，把刚性引进作为基础性工作来做，扩大人才引进工作的开放性、交互性。在柔性引进方面，始终坚持所用的原则，用其知、用其智、用其技、用其能，重点引进党校重点学科、紧缺专业等学科带头人和优秀拔尖人才。

（三）精准灵活

矛盾的普遍性是指矛盾存在于一切事物的发展过程中，每一个事物的发展过程中都存在自始至终的矛盾运动。矛盾的特殊性是指具体事物在其运动中的矛盾及每一个矛盾的各个方面都有其特点。同样，在高层次人才的引进过程中，也存在人才引进的共性和特性。这就要求在高层次人才引进工作中既要坚持人才引进的标准，也要兼顾高层次人才的个体需求；既要制定人才相关规定，规范人才引进程序，保障公平公正，又要结合工作实际，做到人才引进灵活精准，实现人才引进效率最大化。

（四）科学理性

感性是指感觉、知觉等心理活动。理性是指判断、推理等活动。感性认识和理性认识是认识过程中的两个阶段，其中感性认识是认识过程的低级阶段，理性认识是认识过程的高级阶段，理性认识是由感性认识发展而来的。这里的感性与理性在高层次人才招聘工作主要体现为克服“要面子不讲需求”“要引进不要统筹”“要所有不要共有”三个不良倾向。

四　推进西部地区党校高层次人才引进工作的对策

（一）树立科学人才观

习近平总书记指出，要树立强烈的人才意识，人才是第一资源。西部地区党校作为培养党员干部的摇篮，自身人才队伍建设尤为重要，要加强人才队伍建设，必须牢固树立科学人才观。一是把推动西部地区党校事业发展作为人才工作的根本出发点，形成人才就是财富、人才就是竞争实力、人才就是发展动力和发展后劲的共识。二是认清国际国内人才竞争的激烈态势，清醒认识西部地区党校人才工作的优势和劣势，充分发挥人才的第一资源作用，切实增强抢抓人才的紧迫感、责任感。三是高层次人才的稀缺性导致其竞争的激烈性，西部地区党校在高层次人才的引进中，要充分考虑人才的需求和愿望，通过调查研究分析影响人才引进的观念因素，积极规避不利因素，以主动态度去引进人才。

（二）拓宽引才渠道

在高层次人才引进工作中，西部地区党校对高层次人才信息的获取量小，高层次人才对西部地区党校需求的信息量了解不足。因此，西部地区党校要加大宣传力度，拓宽引才渠道。一是利用“互联网＋”主动与高端创新人才信息平台对接，发布招聘信息，详细介绍党校学科建设、专业需求及引才政策。重视发挥新媒体作用，构建高层次人才需求全媒体信息渠道，实现人才引进工作线上与线下的有效互动，拓展引才空间。二是围绕党校教学和科研重大项目，充分发挥重大项目的舞台效应，把人才引进纳入项目顶层设计，吸引聚集一批紧缺急需的优秀人才。三是举办人才交流会、学术会议、国内外学术论坛等，邀请国内外人才来校交流，吸引优秀人才到校工作。四是借助政府人才部门、教育部门等平台扩大宣传，积极参加政府部门组织的团体招聘等活动。五是充分发挥西部专家学者、高层次人才专业影响力大、人才接触面宽、识才本领高、引才能力强等优势，延伸人才吸引链条，实现以才引才和“连锁”引才。同时，设立“伯乐奖”，通过巧打“亲情牌”“家乡牌”“本土牌”，发动党校教职工推荐高层次人才。

（三）确保引才质量

高层次人才引进要紧紧围绕西部地区党校长远发展、学科和人才队伍建设的需求，对引进人才进行科学评价，进行有效管理和激励，确保引进人才的质量。一是选择合理的人才引进模式。以教学为中心，对于基础相对薄弱的学科领域实现跨越式发展，直接引进领军人物，用高于现有师资水平的人才来重组现有师资，重新整合资源，直接进行“开荒”。对于师资力量相对较强的学科，进行补充式、梯队建设式的引进，达到“补网”的效果，以期学科实力的进一步提高，避免重复引进和资源浪费。二是实现人才引进的规范化流程。规范招聘流程，做到招聘各个环节相互衔接和统一，避免因为出现纰漏而影响人才引进工作的成效，确保人才招聘工作的公平。三是进一步完善人才评价与考核机制。坚持定性和定量评价结合，建立包含知识结构、学术水平、科研能力等方面，同时综合考虑人才的政治素养、道德水准以及人际交往等能力的科学人才评价体系，将高层次的人才真正选择出来。完善考核机制，确保高层次人才引进的效益。在条件允许的情况下尽量满足高层次人才的合理需求，同时对高层次人才在教学、科研、人才培养、学科建设等方面提出明确的目标，制定个性化的考核方法。明确奖惩制度，按照按劳取酬、绩效优先的原则，通过奖惩与创造力开发，使人才获得更大的事业发展空间，进一步增强西部地区党校对高层次人才的吸引力和凝聚力。

（四）加强合作交流

西部地区党校在激烈的人才竞争态势下，要改善和消除区域系统间的不良人才竞争，加强彼此合作，共同面对来自外部的竞争威胁。一是加强与国内兄弟党校、省（区）内大学等之间的区域合作，使高层次人才在党校系统和省（区）域内合理流动。二是在策略的制定中要充分利用特色学科和专业及教研上取得的优势吸引人才，加强与国内各院校的交流合作，扩大西部地区党校在学科和专业上的影响，吸引国内外的高层次人才。三是通过引进讲座教授、特聘教授、兼职教授，共同培养研究生，合作开展学术研究及访问讲学等方式，实现人才的资源共享，互惠互利。采取租借人才的方式将东部地区及本地区等已退休的高层次人才以返聘的形式引进，以低成本换来高层次人才。积极探索与影响大、信誉好的知名人才中介机构、猎头公司建立合作关系，通过第三方专业机构提高引才针对性、有效性等。

（五）创造良好环境

习近平总书记指出，充分激发各类人才的创造活力，在全社会大兴识才、爱才、敬才、用才之风，开创人人皆可成才、人人尽展其才的生动局面。党校作为培养党员干部的主阵地，应营造良好的校园环境和文化氛围。一是建立良好的制度环境。建立和完善人才的各项制度，逐步形成完整统一的人才制度体系，让人才、知识、资金都在良好的制度保障下发挥更好的作用。二是建造良好的人文环境。大力弘扬科学精神，培养刻苦钻研，争创一流的研究精神，创建相互尊重、相互支持、学习交流、和谐双赢的团队工作环境。注重营造崇尚学术、鼓励创新的学术文化氛围。改善人才的生活环境和生活条件，正确对待人才，用其所长，宽容失败，严格要求，及时帮助，激励人才有效开发自己的智慧和潜能，使他们有实现自身价值的自豪感，得到社会承认和尊重的荣誉感。三是正确处理外部引进人才与现有人才关系。做到既关注引进人才，又要兼顾现有人才；既关注教研高层次人才，又重视后勤保障实用人才；既重视已有成就的人才，又关注具有潜能的人才。公平对待高层次引进人才和现有人才，提供公平竞争的平台，实施相同的奖惩机制等，同时搭建高层次人才与现有教研团队的沟通平台，建立良好的融合机制，充分发挥高层次人才的带动作用和教研团队的基础作用。

高层次人才引进工作是一项系统工程，西部地区党校应根据自身的定位和特点，明确引才目标，与时俱进，探索完善符合自身发展需求的高层次人才引进工作思路和办法，为党校建设提供人才保证和智力支持。

参考文献

《习近平在中国共产党第十九次全国代表大会上的报告》，《经济参考》2017 年 10 月 28 日。

《习近平总书记在全国党校工作会议上的讲话》，《求是》2016 年第 9 期。

《中国共产党党校工作条例》，2008 年 10 月。

付强：《北京市属高校高层次人才引进现状及策略研究》，北京工业大学硕士学位论文，2014。

董世竹：《互联网 + 背景下后发展地区人才引进的策略研究》，《科技资讯》2017 年第 2 期。

王惠：《中西部地区引进人才存在的问题与对策——以宁夏回族自治区为例》，中国矿业大学银川学院硕士学位论文，2012。

吕梦旦：《学科建设视域下的高校人才引进模式探析》，《科技创新导报》2013 年第 34 期。

刘选卫：《陕西地方院校高层次人才引进策略研究》，《宝鸡文理学院学报》2016 年第 171 期。

董李锋：《浅议基层党校“人才强校”的“三个支撑”》，《中共伊犁州委党校学报》2016 年第 3 期。

司华：《党的十八大以来高层次人才选拔培养工作综述》，《中国组织人事报》2016 年 9 月 6 日。

ℝ.83

江西抚州市乡镇事业干部队伍建设实践探讨

刘前进　陈 韬*

乡镇干部工作、生活都在第一线，直接面对广大人民群众。这支队伍建设得如何直接关系广大人民群众切身利益，关系政府形象，关系党的执政基础。他们面对的工作千头万绪，遇到的问题错综复杂，在当前基层工作难度和压力加大的情况下，保护好、调动好、发挥好基层干部的积极性，营造“解放思想、敢于担当、团结实干”的政治生态，是落实党的十九大精神，提升基层治理能力的关键。抚州市人社局调研组通过召开座谈会、个别访谈、实地走访、查阅资料等方式对乡镇事业干部队伍建设进行了调研和分析，现将调研情况报告如下。

一　全市乡镇事业干部队伍基本情况

抚州地处赣东，辖 9 县 2 区和 1 个高新区，共设 154 个乡镇（其中 95 个镇，58 个乡和 1 个民族乡）。截至 2018 年 6 月末，全市共有乡镇干部 8535 名（不含学校、卫生院），乡镇干部主要包括两种身份的人员。一是公务员编制人员。现有人员 3275 名，占比约 38.4%。二是事业编制人员。现有人员 5260 名，占比约 61.6%。两种人员的情况各有不同，公务员按职务

* 刘前进、陈韬，江西省抚州市人力资源和社会保障局。

职级管理；事业编制干部按岗位聘用管理，分为管理岗位①、专业技术岗位②和工勤技能岗位③三种类别。根据此次调研所掌握的数据，全市乡镇干部基本情况如下。

截至2018年6月末，全市乡镇事业单位个数为860个。根据市委办、市政府办2011年下发的《抚州市深化乡镇机构改革的实施意见》，乡镇事业站所一般设有5~7个，主要有财政所、劳动保障所、农业技术推广站、林业站、水利所、社会事务服务中心等站所。这些站所由原来的“七站八所”改革而来。部分县区设有一个或两个副科级事业单位。

截至2018年6月末，全市乡镇共核定事业编制4881个，实有事业单位工作人员5260人，超编379个，其基本情况见图1。

1. 性别结构

其中男性3577人，占比约68%；女性1683人，占比约32%。

2. 学历结构

研究生及以上学历13人，占比约0.2%；本科学历827名，占比约15.7%；大专学历1639名，占比约31.2%；中专及以下学历2781名，占比约52.9%。

3. 年龄结构

51岁及以上956人，占比约18.2%；41~50岁2218人，占比约42.2%；31~40岁1428人，占比约27.1%；30岁及以下658人，占比约12.5%。

4. 岗位分布结构

管理岗位人员④2097人，占比约39.9%。其中管理岗位八级职员260名，占管理岗位人数比约12.4%；九级职员及以下1837名，占管理岗位人

---

① 管理岗位指担任领导职责或管理任务的工作岗位。

② 专业技术岗位指从事专业技术工作，具有相应专业技术水平和能力要求的工作岗位。

③ 工勤技能岗位指承担技能操作和维护、后勤保障、服务等职责的工作岗位。

④ 管理岗位分为10个等级，即一至十级职员。事业单位现行的科级副职、科员、办事员依次分布对应管理岗位八至十级职员岗位。

数比约87.6%。

专业技术岗位人员[①] 1878人，占比约35.7%。其中聘任高级人数20人，占专业技术岗位人数比约为1.1%；聘任中级人数458人，占专业技术岗位人数比约为24.4%；聘任初级人数1400人，占专业技术岗位人数比约为74.5%。

工勤技能岗位人员[②] 1285人，占比约24.4%。其中工勤技能岗位人员聘任技师人数26人，占工勤技能岗位人数比约2.0%；聘任高级工人数763人，占工勤技能岗位人数比约59.4%；聘任中级工人数370人，占工勤技能岗位人数比约28.8%；聘任初级工人数126人，占工勤技能岗位人数比约9.8%。

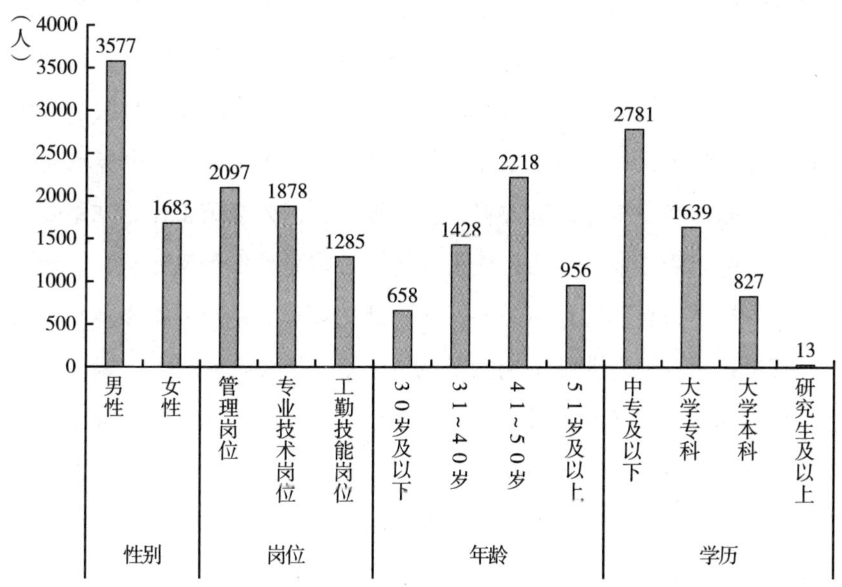

图1　全市乡镇事业单位人员基本情况

① 专业技术岗位分为13个等级，包括高级岗位、中级岗位和初级岗位。高级岗位为一至七级；中级岗位为八至十级；初级岗位为十一至十三级。

② 工勤技能岗位分为5个等级，即一至五级。一级为高级技师，二级为技师，三级为高级工，四级为中级工，五级为初级工。

二 基层事业干部队伍建设存在的突出问题及原因分析

调研发现，乡镇事业干部晋升空间相对狭窄，相关激励机制不够完善等诸多因素，导致乡镇事业干部的发展受到限制，福利待遇较低，在“名、利”两大“利空”因素的影响下，部分乡镇事业干部存在干劲减退、得过且过情况，在一定程度上影响了工作的积极性和主动性，“怕、慢、假、庸、散”现象不同程度地存在。

（一）整体素质有待进一步提高

主要体现有“三低”。一是整体学历层次低。全市乡镇事业编制干部中专及以下学历2781名，占比约52.9%；研究生及以上学历13人，占比仅为0.2%。其中黎川、宜黄、金溪、资溪、广昌等县区，乡镇事业编干部中没有具有研究生学历人员。乡镇事业干部中53%是2000年前大中专毕业分配到乡镇工作的，24.3%是通过安置、招工等方式进入乡镇工作。二是专业技术人才占比低。受专业、学历、政策宣传、评审条件等因素影响，多数乡镇事业工作人员不符合职称评审条件，无法评定职称，造成乡镇专业技术人才缺乏。其中黎川乡镇专业技术岗人员为41人，占该县乡镇事业编制人员比为11.9%；金溪乡镇专业技术岗人员为43人，占该县乡镇事业编制人员比为10%；东乡乡镇专业技术岗人员为29人，占该县乡镇事业编制人员比为7.6%。三是培训机会少、层次低。通过实地走访了解，近年来，部分地区虽然加大了对乡镇干部的教育、培训力度，但往往注重乡科级以上干部的培训，忽视对一般干部的培训，而实际开展工作的是一般工作人员，出现培训对象与实际工作者不对等的现象，使一般工作人员长期得不到科学、系统的业务培训，知识更新慢。现有次数不多的培训又是学理论多、学技能少，重讲授、轻实践，造成干部素质能力跟不上形势需求，出现“想干不会干”的问题，而导致“越不会干就越不想干”。

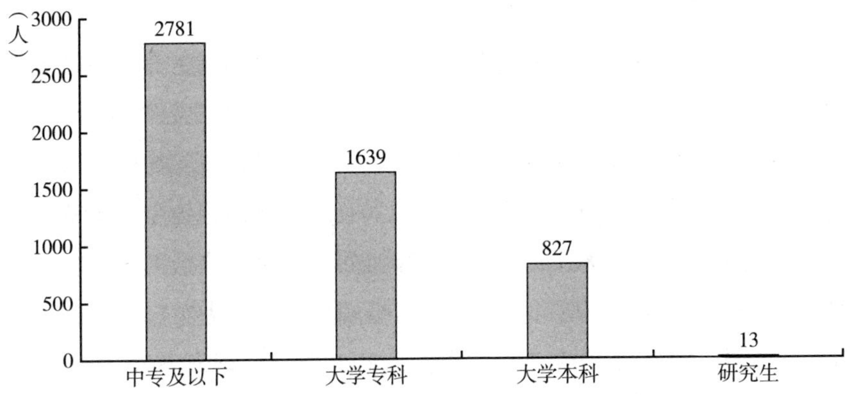

图 2　乡镇事业编制人员学历层次分布

（二）发展空间有待进一步拓展。

主要体现有“三难”。一是职务晋升难。目前，公务员可通过晋升职务、担任非领导职务或职级并行等途径，享受相应的待遇。而事业单位管理岗位未设置非领导职务，且目前尚未出台职务职级并行政策。经调研，现有的 1～2 个乡镇事业单位副科级岗位还面临被清理的处境，如维稳信息员、综治办主任等事业副科都改成公务员副科了。很多事业干部到退休都是一般干部，“天花板”问题较为突出。据统计，截至 2018 年 6 月末，抚州市乡镇事业编制干部管理岗位 2097 人，其中副科 260 名，占管理岗位人数比约 12.4%；九级职员及以下 1837 名，占管理岗位人数比约 87.6%。二是转为公务员难。目前，抚州市事业编制人员进入公务员队伍只有三种途径，第一种是调任。目前抚州市对乡镇事业干部调任公务员要求需同时满足“40 周岁以下、大专以上学历、任副科 2 年以上”3 个条件，此外，规定一个县每次调任不超过 1 人，每年不超过 6 人。许多事业干部难以通过调任途径进入公务员队伍。据统计，2015 年至 2018 年 6 月末，全市乡镇调任公务员人数 161 人，占乡镇事业干部总人数的比约 3.06%。第二种是参加由全省统一组织实施的从优秀乡镇事业干部、大学生村官和优秀村干部中选拔乡镇领导班子成员考试（简称“三类人员考试”）。三类人员考试从 2011 年开始，每 5

年一次，2011 年和 2016 年全市三类人员考试共录用 201 名，每个乡镇 1 名左右。第三种是通过全省公务员考试。大部分事业编制人员受年龄限制或因学历等因素竞争力不够无法报考。三是职称晋升难。由于职称评聘受职数、层级等因素限制，再加上乡镇事业编制干部的人才结构、工作内容与职称评定的条件存在背离，各地专业技术人员以聘任在初级岗位为主，具备高级资格的专业技术人员寥寥无几，事业编干部通过职称来提高收入待遇较难。其中黎川、崇仁、乐安、资溪、东乡聘任高级职称人数均为零。据统计，截至 2018 年 6 月末，全市乡镇专业技术岗位人员 1878 人，聘任高级人数仅为 20 人，占专业技术岗位人数比为 1.1%；聘任中级人数 458 人，占专业技术岗位人数比约 24.4%；聘任初级人数 1400 人，占专业技术岗位人数比约 74.5%。

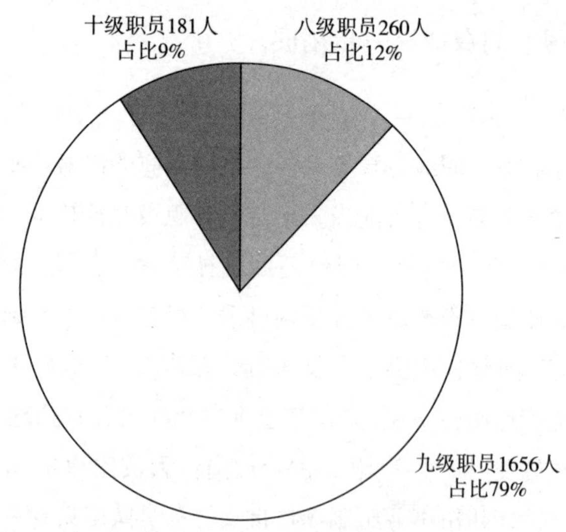

图 3　乡镇事业单位管理岗位人员分布

（三）队伍活力有待进一步激发

主要体现有“三少”。一是队伍年轻干部少。据统计，目前全市乡镇事业干部年龄结构分布情况：30 岁及以下的 658 人，占比约 12.5%；31～50 岁的 3646 人，占比约 69.3%；51 岁及以上的 956 人，占比约 18.2%。从总体上

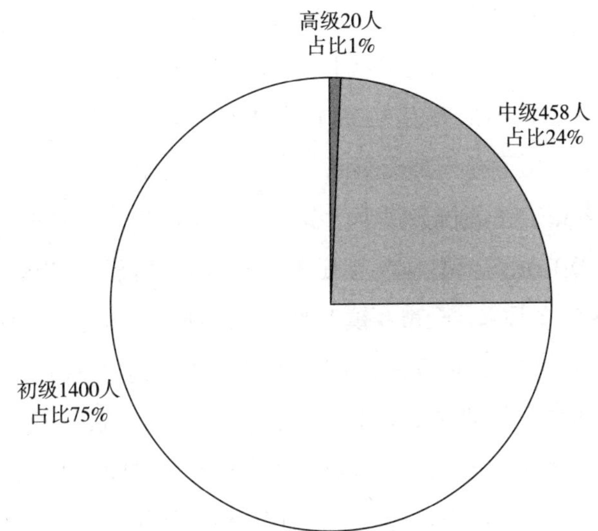

图4　乡镇事业单位专业技术岗位人员分布

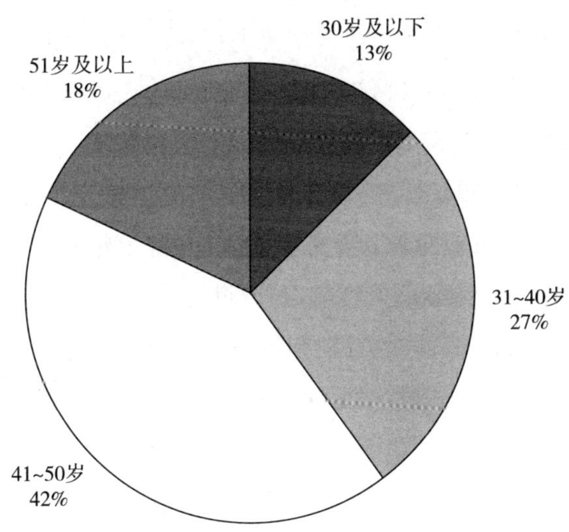

图5　乡镇事业编制工作人员年龄分布

看，乡镇事业干部队伍存在后续缺人的潜在风险。目前乡镇事业干部中53%的是2000年前大中专毕业分配到乡镇工作的，乡镇的年轻事业干部主要是近几年事业单位公开招聘、新转入的大学生村官、“三支一扶”及退伍安置人员。其中，事业单位公开招聘478人，占比约9.1%；村官安置人数195人，占比约7.5%；“三支一扶”安置人数195人，占比约3.7%；定向生安置127人，占比约2.4%。二是轮岗交流机会少。当前，乡镇公务员的交流较容易，但乡镇事业干部受编制、身份等因素制约，能够交流到县直单位、县城周边乡镇工作的机会很少。多数乡镇事业编干部长期在同一个部门工作，甚至可能在一个乡镇一直干到退休，工作热情极易出现匮乏。经统计，2015年至2018年6月末，全市乡镇事业干部调到县直事业单位为132人，占乡镇事业干部总人数的比重只有2.5%；交流到本县其他乡镇总人数为97人，占乡镇事业干部总人数的比重为1.8%。三是与公务员横向对比收入少。首先，自2015年1月起，县以下公务员开始实行职务与职级并行制度，而事业干部却不能享受到这一政策。此外，自2016年3月起，机关单位公务员实行公务用车改革。改革后，参改人员每人每月均能领取不少于500元的车补，而事业单位公务用车改革尚未到位，事业单位工作人员也未能享受公务交通补贴。通过对全市机关事业单位收入情况进行分析比较发现，县（区）直公务员年人均工资水平高于县（区）直事业单位工作人员年人均工资水平；乡镇公务员年人均工资水平高于乡镇事业单位工作人员年人均工资水平。在其他待遇保障方面，事业单位工作人员与公务员存在较大差距，如公务员去世后抚恤金为生前40个月的基本工资或基本养老金加上年度全国城镇居民人均可支配收入的2倍，而事业单位工作人员去世后抚恤金仅为生前20个月的基本工资或基本养老金。另外，笔者在调研中了解到，目前大学生村官都未办理缴纳“五险一金”，在一定程度上也影响了该群体的工作积极性。

三　激发乡镇事业干部积极性的几点思考和建议

激发干部积极性是一个复杂、系统的工程，要坚持系统谋划、综合施策，将政治教育、思想引导、待遇保障、人文关怀等贯通起来，作出整体性部署、制度化安排，多角度多层面体现对基层干部的关心，进一步带动干部提振精气神。

（一）夯实理想信念教育

一是强化理想信念教育。理想信念是共产党人的精神之钙，要进一步突出理想信念教育，把深入学习习近平新时代中国特色社会主义思想作为首要任务，经常学、反复学，尤其要把学习和实践有机结合起来，牢固树立“四个意识”，坚定“四个自信”，拧紧理想信念“总开关”。同时全面开展新录用公职人员宣誓活动，切实增强公职人员的荣誉感和责任感。二是创新学习教育方法。江西省委书记、省长刘奇同志在2018年第三次省委中心组集体学习时讲到：“发挥我省得天独厚的红色资源优势，扎实开展‘不忘初心、牢记使命’主题教育，创新方式方法，讲好红色故事，培育红色文化，开展红色教育，传承红色基因，让党的光荣传统家喻户晓、代代相传。”这为抚州如何做好思想政治教育指明了方向。抚州红色资源丰富，可充分开发运用，把理论灌输与贴近实际相结合，开展多形式主题活动，增强教育实效。三是加大先进典型宣传力度。注重培养乡镇干部先进典型，对工作实绩突出、做出重要贡献的乡镇干部，要按照有关规定及时予以表彰奖励，给予应得的荣誉和称号，增强基层干部的荣誉感和获得感。充分运用报纸、广播、电视、网络等媒体，用群众喜闻乐见的形式大力宣传乡镇干部中作风扎实、埋头苦干、甘于奉献的先进典型，树立乡镇干部良好形象，在全社会形成重视、尊重、支持乡镇工作的良好氛围。

（二）完善政治激励机制

抚州市共有乡镇事业干部5260人，其中41～50岁2218人，占乡镇事业干部总数的42.2%；中专及以下的2781人，占乡镇事业干部总数的52.9%，已超过乡镇事业干部一半。这些土生土长的干部，对乡镇工作非常熟悉，善于做群众工作，善于化解矛盾，又年富力强，是基层的中坚力量。按目前调任规定和公务员招录办法，他们失去了进入公务员队伍的机会，这无疑将挫伤他们的工作积极性。为此，建议省委组织部、省人力资源和社会保障厅一是修改基层调任办法，放宽条件，加大调任乡镇公务员力度。年龄条件可由过去的40周岁以下修改为原则上不超过45周岁，学历要求由过去的大学专科以上修改为中专（高中）及以上。二是定向招录，拓宽事业编制人员进入公务员渠道。在每年全省公务员考录中，设置专项名额面向乡镇事业编制人员报考，可拿出乡镇招考计划数的30%左右，条件设置为“40周岁以下，中专（高中）学历及以上，乡镇工作10年以上，专业不限”，定向招录乡镇事业编制人员，同时规定录用后需在乡镇最低服务10年。三是提高“三类人员考试进入乡镇领导班子”的频率和名额。由过去的每五年组织一次考录改为每两年一次，并适当增加录用名额。同时，在公务员调任中，向乡镇事业人员倾斜，进一步激发基层工作动力。

（三）强化经济激励机制

一是抓紧推进事业单位公务用车改革。按照国家及省相关部门安排及部署，实施事业单位工作人员公务用车改革，建立健全事业单位公务交通保障机制。二是探索实施事业单位管理岗位职务与职级并行制度改革。建议建立和完善相应的职员制度，对事业单位管理岗位做一些过渡性的丰富和完善，研究探索类比县乡公务员职务职级并行的制度，尽快实施事业单位管理岗位工作人员实施职务与职级并行制度改革，开辟更畅通的职员等级晋升通道，提升事业单位管理岗位人员工资水平。三是合理调整事业单位绩效工资水平。建议统筹考虑事业单位收入水平、当地财力状况、物价消费水平等因素，对事业单位绩效工资水平进行合理调整。例如，在核定乡镇事业单位绩效工资水平时适当倾斜，在财力允许的情况下，探索按不高于县区同类事业单位绩效工资水平的10%～20%予以调整。另外，建议相关部门对大学生村官“五险一金”缴纳进行评估研究，进一步加大大学生村官保障力度。同时，在现行财政体制保障的前提下，建议加大财政转移支付力度，确保基层机关事业单位工作人员各项待遇落实到位。

（四）创新人才评价机制

实行岗位设置及聘用制以来，事业单位工作人员提高待遇主要靠晋升岗位等级，以岗定薪，岗变薪变。一是加大政策宣传力度。可通过电视、报刊和网络等媒体，加大职称政策宣传力度，提高专业技术人员对职称政策的知情权，增进专业技术人员对职称政策和工作程序的了解。同时，可通过举办专题培训班的形式，帮助具体业务从事人员提升业务能力水平。二是提高服务意识。努力提高服务意识和服务水平，对有能力走职称道路的，要助其打开职称渠道，做好职业规划。优化基层人才的职称评审服务，建立职称评审信息化平台，打造“互联网 + 职称服务”模式，实现网上申报、审核、评审、查询验证的“一条龙”服务，使基层人才参加职称评审更便利、更高效。三是改革职称制度。目前基层的职称评价执行全省统一的模式，评价标准针对性不强，方式也较为单一，与基层的需求存在一定程度的脱节。乡镇专业技术人员往往受学历、专业、论文等条件的限制，难以评到职称。建议对乡镇专业技术岗位工作的人员申报职称时，可不受专业的限制，学历适当放宽。对基层专业技术人才采取不同于一般方式的评审，实行单独分组、单独评审，并侧重考察工作业绩和能力贡献，增加工作年限、考核等次等方面的权重。

（五）健全干部交流机制

一是加大基层事业干部交流轮岗力度。加大乡镇与乡镇、乡镇与部门之间的干部交流力度。对长期工作在边远乡镇的事业干部，要能有机会交流到县区直属事业单位或县城周边的乡镇工作，让工作表现好、成绩突出的中年事业编制干部有“盼头”。比如，对在乡镇工作累计满 20 年且表现优秀的基层事业干部，可安排到县区直属单位或县城周边的乡镇工作。让县直事业单位和县城周边乡镇有能力、拟重用的年轻干部交流到边远地区乡镇工作，让他们在多岗位锻炼中尽快成长成才。二是规范借调行为。应当出台相关规定，统一确立借调的基本制度，对借调人员类别、借调时间、借调期间管理考核等进行规范；因工作特殊需要短期借用的，经同级党委、政府同意，由组织人事部门统一借用人员。如遇特殊情况，确须抽调、借用人员的，须经同级组织人事部门同意、备案，并严格按照规定程序，履行抽调、借用人员手续，工作结束后，抽调、借用的干部、工作人员须及时返回原单位。三是拓宽基层干部上行渠道。进一步加大公开遴选力度，优化干部队伍结构。推进公开遴选常态化、制度化，作为县（区）直及以上机关补充人员的主渠道，拓宽基层优秀人才成长通道。例如，遴选考试每年组织一次，实行差额考察，从具有五年以上乡镇工作经验的工作人员中选用。这样，一方面可以让年轻干部养成良好的学习习惯；另一方面也可调动基层工作人员的工作积极性和主动性，有助于树立“到基层去，从基层选”的激励导向。

（六）提升干部能力水平

正如抚州市委书记肖毅同志在市委四届四次全体会议中讲到“转作风、抓落实最基本的是提升能力，能力是成事之基”。加强乡镇干部队伍建设，关键的一点就是保障知识与时俱进，促进基层干部进一步解放思想、开阔视野，提升工作能力，破除干部“本领恐慌”之忧。一是拓宽培训范围，突出广泛性。一般干部往往承担了大量具体的工作，是一个单位干事创业的主力军。针对一般干部培训机会较少的现状，应逐步加大对具体从事工作的一般干部的培训力度，实现教育培训的全覆盖，帮助干部更新知识，拓展能力，避免工作出现力不从心的现象。二是丰富培训内容，突出针对性。分层次、分批次进行集中轮训，按照“干什么学什么，缺什么补什么”的原则，开展具有针对性的专题培训，着眼于解决现实工作中的理论和实践问题。如针对乡镇工作特点，重点将基层建设、民生问题、矛盾纠纷化解、社会治理、农村政策法规、产业技能等作为培训主要内容。同时，立足行业、岗位和工作实际，围绕提升本领实行差别化培训，由行业主管部门组织开展专项业务培训，突出培训内容专业化，进一步提升干部做好本职工作的专业化水平。三是创新培训模式，突出实践性。年轻干部最缺基层工作经验，为了让年轻干部进村后“进得了门”，可有组织地实施新老干部“传帮带”，充分发挥各年龄段干部的优势和作用。如组织有经验的“老乡镇”到各个乡镇根据自身体会传授经验，开展情景教学、案例研讨等培训。同时，可组织年轻干部到同类先进岗位进行现场观摩或见习锻炼，“感同身受不如身临其境”，切实增加年轻干部的实际工作能力。另外，乡镇工作内容丰富，涉及面广，可将主要业务编辑成手册，方便乡镇干部随身携带进行“能力充电”。

（七）坚持从严管理监督

在提高乡镇干部待遇的同时，管理上也要动“真格”，坚持严字当头，干部管理宽严并重，敢于动“真格”。一是坚持考核评价从严。建立完善与岗位职责、实绩考核、民主评议相结合的绩效考核机制，实行分级考核、分类考核，并作为晋职、奖励、惩处等的重要依据，让干得好、付出多、贡献大的干部有较高的收入。用绩效工资拉开收入差距，树立正确导向，破解“干好干差一个样”“鞭打快牛”问题，切实发挥好考核“指挥棒”作用。二是坚持制度约束从严。从严管理干部，制度是根本。要建立健全源头防范、日常监管、重要岗位和重点领域干部管理、责任追究等方面的制度，形成事前严防、事中严管和事后严处的干部管理监督链。加强廉政风险防控体系建设，全面建立权力清单和负面清单，把制度的笼子扎紧扎实。三是坚持作风建设从严。以当前深入开展的“进一步解放思想、深入调查研究、切实改进干部作风”活动为契机，着力解决“怕、慢、假、庸、散”等突出问题。营造风清气正、干事创业的政治生态环境，形成积极向上的工作导向。坚决贯彻落实中央八项规定精神，纠正“四风”，大力弘扬清廉、敬业、和谐、务实、创新、学习“六种风气”，为抚州市乡镇事业发展、建设小康新抚州激发正能量，聚集正能量，增加正能量。

R.84 事业单位工作人员从事或参与营利性活动问题浅见

汪绪永*

事业单位工作人员从事或参与营利性活动，是指事业单位工作人员在履行岗位职务以外利用专业知识、职业技能、个人劳务或私人资产等从事或参与营利性活动获取收益的行为，具体表现为兼职兼薪、经商办企业、入股分红、金融投资以及房产出租等方式。

目前，对公务员和参照公务员法管理事业单位工作人员从事营利性活动的定性和处理因有明确的规则界定，相对比较容易。而对参照公务员法管理以外的事业单位工作人员从事营利性行为，因问题复杂或规则缺失，甄别起来较为棘手。实际案例中各种概念交叉关联，从被举报对象看，有领导干部、党员、专业技术人员或普通职工；从具体行为看，有兼职兼薪、经商办企业或金融投资等；从适用条文看，有党纪条规、国家政策或行业规定等；从处理依据看，有倡导性规定、限制性规定和禁止性规定。

本文从梳理事业单位工作人员从事或参与营利性活动的相关规定入手，对实际工作中几种常见情形进行了分析，并尝试提出建议。

一 事业单位领导干部从事或参与营利性活动如何定性

为了规范党政干部兼职兼薪问题，2013 年 10 月，中国共产党中央委员

* 汪绪永，湖北省武汉市人力资源和社会保障局。

会组织部（简称“中组部”）印发《关于进一步规范党政领导干部在企业兼职（任职）问题的意见》（中组发〔2013〕18号）。其第一条规定“现职和不担任现职但未办理退（离）休手续的党政领导干部不得在企业兼职（任职）”，第三条规定“按规定经批准在企业兼职的党政领导干部，不得在企业领取薪酬、奖金、津贴等报酬，不得获取股权和其他额外利益”，第八条规定“参照公务员法管理的人民团体和群众团体、事业单位领导干部，按照本意见执行”。

各地也相应出台了相关规定，如武汉市委组织部对清理对象进行了明确，规定“这次清理的主要对象包括：所有公务员和参照公务员法管理人员中担任领导职务的人员，也包括担任非领导职务的人员。国有企业、国有金融企业等单位及其内设机构和子公司的领导人员，以及未列入参照公务员法管理的事业单位及其内设机构的领导人员，应当参照中组发〔2013〕18号文件规定进行清理和规范”。

2018年8月，中组部印发《关于改进和完善高校、科研院所领导人员兼职管理有关问题的问答》要求对高校、科研院所领导人员与党政领导干部实行分类管理，并对高校、科研院所领导人员兼职兼薪的情形、程序和管理等方面进行了详细规定。

为加快推进“大众创业、万众创新”，2016年7月，国务院批复武汉系统推进全面创新改革试验方案，将事业单位担任六级以上管理岗位领导职务的专业技术人员辞去领导职务后离岗创业列为武汉市争取国家授权先行先试的25个重大改革项目之一，要求武汉市在2～3年内积累总结出可复制可推广的改革经验。

2016年10月，武汉市人民政府出台《武汉市事业单位专业技术人员离岗创新创业实施办法》，规定“事业单位领导人员按照干部人事管理权限，经主管部门同意后，可以辞去领导职务以专业技术人员身份离岗创新创业。对担任事业单位内设机构领导职务（含管理六级及以上领导职务）的，经单位同意后，可以辞去领导职务以专业技术人员身份离岗创业”。随后武汉市再次发文，规定“担任公益二类事业单位领导职务且从事科研教学工作的人员，经本单位批准，可以在不受本人职务影响的企业兼职，可依法获得现金、股份或者出资比例等奖励和报酬”。

可以看出，事业单位领导干部兼职兼薪和经商办企业的政策口径参照党政机关领导干部，总体上实行严格管理、规范管理。同时考虑到事业单位部分领导干部同时又是专业技术人员这一实际，允许地方或部分行业灵活探索管理方式，释放专业技术人员创新潜能。因此在甄别事业单位领导人员兼职兼薪和创办企业问题时，应根据中央和地方文件，结合禁止性规定（如不得在企业兼职或经批准兼职但不能兼薪）、倡导性规定（如专业技术人员可以离岗创新创业）和限制性规定（如两类任职人员未经批准兼职）进行综合分析，据此对案件进行定性和处理。例如，事业单位纯管理岗位领导干部从事或参与营利性活动，或未经批准擅自兼职兼薪，等等，这些行为都是违反规定的。

二　事业单位专业技术人员从事或参与营利性活动如何定性

一直以来，国家总的政策基调是鼓励事业单位专业技术人员创新创业，并先后出台一系列文件。

1985 年 3 月，中共中央发布《关于科学技术体制改革的决定》，提出“科学技术人员在做好本职工作的情况下可以适当兼职，以促进知识交流和充分发挥潜力”。

2003 年 12 月，中共中央、国务院印发《关于加强人才工作的决定》（中发〔2003〕16 号），提出要“制定完善专业技术人员兼职兼薪的管理办法”。

2016 年 11 月，中共中央办公厅、国务院办公厅印发《关于实行以增加知识价值为导向分配政策的若干意见〉的通知》（厅字〔2016〕35 号），提出“允许科研人员和教师依法依规适度兼职兼薪”“科研人员在履行好岗位职责、完成本职工作的前提下，经所在单位同意，可以到企业和其他科研机构、高校、社会组织等兼职并取得合法报酬，经所在单位批准，科研人员可以离岗从事科技成果转化等创新创业活动”。

2017 年 3 月，人力资源和社会保障部印发《关于支持和鼓励事业单位专业技术人员创新创业的指导意见》（人社部规〔2017〕4 号），为发挥事业单位在科技创新和“大众创业、万众创新”中的示范引导作用，激发高校、科研院所等事业单位专业技术人员科技创新活力和干事创业热情，分三个部分提出“支持和鼓励事业单位选派专业技术人员到企业挂职或参与项目合作”“支持和鼓励事业单位专业技术人员兼职创新或者在职创办企业”“支持和鼓励事业单位专业技术人员离岗创新创业”的指导意见。其中第二条“支持和鼓励事业单位专业技术人员兼职创新或者在职创办企业”规定：“支持和鼓励事业单位专业技术人员到与本单位业务领域相近企业、科研机构、高校、社会组织等兼职，或者利用与本人从事专业相关的创业项目在职创办企业。”

事业单位是知识密集型社会组织，工作人员 70% 为专业技术人员，蕴藏着巨大的创新创业潜能，因此，国家的顶层设计一直以来是鼓励事业单位专业技术人员创新创业，合理释放这种潜能，而不是出台禁止性的规定。对此类案例的定性和处理，有明确依据的，可依据各层级文件倡导性规定、禁止性规定（如武汉市规定中小学和医疗卫生机构两类民生机构工作人员不得离岗创新创业等）和限制性规定（如单位批准、创办企业应与本人专业相关等）来分析判断；对没有明确规则对应的案例，特别是无禁止性规定的案例，则可根据国家政策的精神要义在定性和处理时从宽、从无。

三　事业单位党员身份工作人员从事或参与营利性活动如何定性

事业单位党员身份工作人员从事营利性活动的分析处理依据，首先要考虑党纪条规。《中国共产党纪律处分条例》（下简称《条例》）第九十四条对“违反有关规定从事营利活动”列举了六种情形，其中第一款就是“经商办企业的”情形，另规定“违反有关规定在经济组织、社会组织等单位中兼职，或者经批准兼职但获取薪酬、奖金、津贴等额外利益的，依照第一款规定处理”。

根据《条例》第九十四条规定，对事业单位党员身份工作人员从事营利性活动的性质认定，关键要看是否“违反有关规定”。这是定性的关键构成要件。

这里的“有关规定”，可以从单纯角色（即仅仅是党员这个角色）和双重角色（有的党员同时又是领导干部或专业技术人员）两个角度去寻找相关依据。如果事业单位党员身份工作人员同时又是领导干部或者专业技术人员，那么“有关规定”就要考虑事业单位领导干部或者专业技术人员从事或参与营利性活动的相关规定。这种双重角色“违反有关规定”，应结合《条例》和相关规定综合定性和处理。

如果仅从单纯角色看，事业单位党员身份工作人员从事营利性活动首先要考虑其行为是否违反党纪。《条例》提出违纪构成前提性要件是“违反有关规定”。对此处“有关规定”的理解，适用的是《事业单位工作人员处分暂行规定》(下简称《规定》)。《规定》第十八条规定“违反国家规定，从事、参与营利性活动或者兼任职务领取报酬的”，视情节给予警告直至开除处分。因此，准确理解此处的“违反国家规定”，对事业单位党员身份工作人员从事或参与营利性活动的定性分析具有重要意义。按照刑法解释，“国家规定”是指全国人民代表大会及其常务委员会制定的法律和决定，国务院制定的行政法规、规定的行政措施、发布的决定和命令。因此，事业单位党员身份工作人员从事营利性活动是否违规，首先要看是否违反前述这些“国家规定”。

其次，笔者认为，事业单位党员身份工作人员从事或参与营利性活动的定性分析应考虑党纪严于国法这一原则。除了《规定》中的“国家规定”外，对《条例》中“有关规定”的理解，还应该延伸到党员所在地区、行业领域、系统甚至是单位内部关于工作人员从事或参与营利性活动的相关规定。如笔者梳理的如下“相关规定”。

2003 年 6 月，中国科学院印发《关于科技人员兼职的若干意见》，规范科技人员兼职活动的管理。

2009年10月，原新闻出版署出台《新闻记者证管理办法》（新闻出版署令第44号），规定“新闻记者不得从事与记者职务有关的有偿服务、中介活动或者兼职取酬，不得借新闻采访工作从事广告、发行、赞助等经营活动，不得创办或者参股广告类公司”。

2010年9月，国家测绘局印发《关于清理整顿事业单位所办企业的通知》（国测财发〔2010〕23号），规定“事业单位人员未经批准不得在企业兼职，经批准在企业兼职的人员，不得在企、事业单位同时享受双重待遇”。

2015年8月，教育部印发《严禁中小学校和在职中小学教师有偿补课的规定》（教师〔2015〕5号），对在职中小学教师有偿补课出台了禁止性规定。

2016年10月，武汉市人民政府出台《武汉市事业单位专业技术人员离岗创新创业实施办法》（武政规〔2016〕24号），规定中小学校和医疗卫生机构工作人员不在离岗创新创业范畴。

2017年2月，原国家卫计委出台《医师执业注册管理办法》，对注册医师多点执业进行了规定。

2017年12月，湖北省人民政府印发《关于鼓励社会力量兴办教育促进民办教育健康发展的实施意见》（鄂政发〔2017〕62号）第十三条规定“允许公办高校教师经所在单位批准，在民办高等学校从事多点教学获得合法收入”。

可以看出，对事业单位党员身份工作人员从事或参与营利性活动，从党纪条规、国家规定、部门规章到行业规定甚至是单位内部规定，都可以成为监管条文，约束面更广，要求更严，符合锻造党员先进性、纯洁性的原则。对实际案例的定性和处理，有规可循者依规办理，若经严格审查仍无禁止性条款，则在定性和处理时可考虑从宽从无。

四　事业单位工作人员从事或参与营利性活动定性的原则和建议

实际上，除了以上分析的三种情形外，事业单位工作人员从事或参与营利性活动还有其他情形，如从对象看，参与营利性活动的是领导干部、党员或专技人员以外的普通职工；从营利性活动形式看，涉及兼职兼薪和经商办企业以外的金融投资、房屋租赁等其他形式。对这些情形应如何定性？

笔者认为，对事业单位工作人员从事或参与营利性活动问题的分析，包括对以上情形定性，应该综合考虑以下因素。

一是单位性质。事业单位运行规律与机关不同，主要从事支持保障、公益服务，不承担行政职能，较少运用公权力，其人事管理呈现机制相对灵活、自主权相对较大等特点。

二是角色定位。营利性活动的相关规定主要是规范行使公权力的公职人员利用职权或者职务影响为个人谋取利益的行为，因此查处的重点应当是党员领导干部、公务员或者事业单位领导干部，而非提供知识、技术和咨询等服务类工作的事业单位工作人员。

三是政策倾向。如前所述，事业单位是知识密集型社会组织，工作人员70%为专业技术人员，蕴藏着巨大的创新创业潜能。国家政策导向是要合理释放这种潜能，规范引导专业技术人员创新创业，而不是出台禁止性的规定。

因此，对事业单位工作人员营利性行为的定性和处理，应结合以上三个因素，坚持“分级分类、依法依规”的原则，具体问题具体分析。

一是分级分类。分级即区分对象层级（领导干部、党员、专业技术人员和普通职工）寻找适用规则、指导案例分析。例如，关于兼职兼薪问题，对事业单位工作人员而言，中组发〔2013〕18号文只限定事业单位领导干部参照执行禁止性规定，湖北省和武汉市亦未将事业单位专技人员和普通职工纳入清理和规范范围。分类即应区分事业单位分类改革前后情况，分类改革前承担行政职能的事业单位基本上参照机关管理模式，因此工作人员从事或参与营利性活动政策总体口径应从严，经营性事业单位管理模式基本上企业化、市场化，政策总体口径可从宽，公益类事业单位则依法依规处置。分类改革后，事业单位由三类变为两类，工作人员从事或参与营利性活动依法依规处置。

二是依法依规。依法依规是案例定性和处理科学性、公平性的保证。目前看来，实际案例呈现具体化、复杂性特点，而规则层面则呈现原则性、碎片化特点，甚至根本没有对应规则。除了经验和智慧之外，办案人员或综合管理部门主要还应依法依规，既依据规则条文，也依据规则的精神要义来指导办案工作。“法无禁止即可为”和“法无授权不可为”是保障私权利和约束公权力的两条法理名言，对甄别处理事业单位工作人员从事或参与营利性活动亦有指导意义。实际案例如果没有规则可以指导，则留下了自由裁量空间，此时可根据法律的精神要义、国家的政策导向，将事业单位工作人员视为普通公民，适用“法无禁止即可为”的原则。总而言之，有规可循者严格依法依规，对经反复审查没有发现禁止性规定的案例，无论是哪一类对象或者哪一种营利活动形式，定性和处理均可从宽、从无。

ℝ.85

优化完善事业单位工作人员离岗创业政策的建议

王晓云*

2015年4月，《国务院关于进一步做好新形势下就业创业工作的意见》指出，“探索高校、科研院所等事业单位专业技术人员在职创业、离岗创业有关政策。对于离岗创业的，经原单位同意，可在3年内保留人事关系，与原单位其他在岗人员同等享有参加职称评聘、岗位等级晋升和社会保险等方面的权利”。2017年3月，《人力资源社会保障部关于支持和鼓励事业单位专业技术人员创新创业的指导意见》指出“要解放思想，大胆创新，结合本地区本部门实际，细化相关政策，研究具体措施，做到真正切实管用”。该意见在各章节内容中对事业单位专业技术人员离岗创业政策进行了细化。根据这两个意见，全国一些省市相继出台了事业单位工作人员创新创业的政策、办法及配套制度。

本文在充分考量事业单位工作人员离岗创业政策主体、政策客体和政策环境，系统分析政策制定、执行、监控等过程及问题的基础上，秉持系统思维，对优化完善该政策提出建议，进一步强化政策的整体性、协调性和连贯性，增强公共部门责任意识和专业能力。

一 调整政策范围对象，增强政策合法性

政策合法性有两个层面，即实质合法和形式合法。事业单位工作人员离

* 王晓云，中共甘肃省白银市委党校。

岗创业政策在这两个层面都是不足的，要严格按照“上位法”要求，不能与现行法律法规和政策相冲突。应将政策的实施范围从所有事业单位调整为以高校、科研院所为主，其他事业单位具有技术优势、创新创业能力和合适的创业项目的优秀人才也可以申请，但不作为主体和重点。特别是高校作为重要的科技创新主体，应该是重中之重。我国高校每年科技成果真正转化为现实生产力的只占10%左右，与美国、日本等发达国家50%的高转化率相比差距甚大。

二 加大政策执行投入力度，综合运用政策手段

任何一项公共政策在执行过程中都需要投入各种资源，资源配置越优化，越有助于政策目标的实现。事业单位工作人员离岗创业政策的实施并没有设置专门的机构，没有安排专项经费和办公场地，主要依靠党政相关部门和事业单位现有工作经费和人员，其投入有限。在专职人员和经费投入无法增加的情况下，只有通过创新组织形式和工作方式，努力提高工作效率。一是要优化部门和人力资源配置。虽然没有专职人员负责创办（领办）人员日常管理，但是可以根据该工作的需要，量化任务，明确党委组织部门、政府人社部门、人才服务中心分管领导和具体负责人员。特别是在人才服务中心选择1~2名高素质、责任心强的人员主要负责创办（领办）人员的日常管理，对一些阶段性集中性工作，临时增派工作人员共同做好有关工作，减少政策执行阻力，协调各种利益关系，提高创办（领办）人员的满意度。在此基础上，每季度可以召开一次创办（领办）工作联席会议，相关部门、领导和具体工作人员共同研究新情况、新问题。二是优化信息资源配置。要健全各相关部门信息沟通与反馈机制。在政策执行过程中需重视来自各相关部门的信息反馈，无论是政策执行部门、政策目标群体，还是社会公众，顺畅的信息流动渠道、及时高效的信息决策对于政策的执行效果至关重要。如今社会已经迈入信息化时代，信息资源显得尤为重要，掌握信息资源意味着占据优势，不仅需要传统的正式信息传递方式，如文件通知、汇报、电话

等，更需要用好QQ、微信等互联网即时交流工具等载体，保证传递信息的每条高速路畅通无阻，这样才能更好地将政策宣传到位，落实到位。要加强政策的宣传，特别是针对事业单位主要领导，让他们认识到专业技术人员创办（领办）科技型企业的重要性，支持这项政策。研究发现，很多创办（领办）人员实际上对国家、省市的创业政策并不了解。这说明，在政策宣传上要进行有针对性和实效性的宣传，让所有事业单位专业技术人员都知道和支持这项政策。三是要综合运用政策手段。事业单位工作人员离岗创业政策需改变传统公共政策执行中单一的行政手段的方式，运用经济手段、法律手段等。如在创办（领办）科技型企业期间保留原单位工资待遇问题上，过去行政手段直接确定为创办（领办）人员发放全部工资待遇，后来政策调整后定为只发基本工资，但是都达不到很好的激励效果。在这种情况下，可以综合使用经济、社会、法律等手段。吉林省的做法值得借鉴。他们规定创业人员在本辖区内每一个年度缴纳的个人所得税超过本人原单位档案工资的2倍及以上的，原单位可发放其档案工资。这在一定程度上也能够有效避免政策执行主体凭主观因素评判离岗创业效果的情况，同时有利于激励创办（领办）人员更加努力创新创业。

三　构建多元主体参与机制，重视并优化政策评估

治理能力和治理体系现代化的要求之一就是要促进多元主体共同参与。在传统公共政策系统中，政策主体是各级党政机关及其工作人员，并没有把社会组织和公众纳入政策过程。随着形势变化，公共事务越来越复杂，对政策主体专业化要求越来越高。在这个过程中，政策主体的单一化容易导致现有主体无法承担较大工作量，其敷衍塞责影响政策制定、执行和目标的实现，也会打击社会组织和公众参与公共政策的热情。因此，传统政策主体党政机关应该大胆放权，将多元主体纳入政策全过程。社会组织的组织性和公共服务性能够为社会公众参与公共政策提供良好的平台，也更接地气，更贴近公众。政策的制定及执行会涉及多方利益群体，在制定政策时，应当注意

聆听各方面意见，便于在制定过程中综合考虑和权衡各方面的利益得失。忽略任何一方的意见都不严谨，制定出的政策方案也容易因为先天性不足而执行受阻。这往往是决策失误的最直接原因。而广泛吸收社会组织和相关利益群体参与，能够获得更加充分的信息和诉求，增强各主体对政策方案的认识，及时协调政策利益相关群体的冲突，为政策执行提供良好的思想认识基础，减少政策阻力，实现多方利益平衡，达到协商合作的目的，促进政策有效执行。在推行事业单位工作人员离岗创业政策时，根本在于理顺党、政、事、企、社几个方面的关系，构建多元主体共同有序参与政策活动的格局。要从政策制定、执行、监控等每个环节建立健全多元主体参与的硬性制度和要求，搭建多方参与的平台和载体，同时积极营造全社会参与公共政策制定、执行、监督的良好舆论环境。另外，要高度重视、切实加强政策评估工作，改变政策评估流于形式甚至评估环节缺失的现状。在政策评估的方式选择上，要采取正式评估和非正式评估相结合的方式，特别是可以委托第三方机构针对事业单位工作人员离岗创业政策进行系统科学的评估，并将评估结果作为政策调整和优化的依据。

四　加强政策主客体监督，严格考核和问责

一方面，要强化对政策主体的监督。政策实施发生偏差很大原因是对政策主体缺乏监督。要防止滥用权力，就必须把权力关进制度的“笼子”里。尤其是在中央政府大力推进简政放权背景下，地方政府在处理本地区事务上拥有更大的自主权，这就为其追逐自身利益提供了条件，必须在制度上强化自上而下和自下而上的监督体系。目前，党和国家纪检监察体制大刀阔斧推进改革，从宏观和中观上构建更加有效的纪检监察体制机制，提高监督地位，确保监督主体能充分行使其监督权力。但是微观层面，具体到对一项公共政策的监督还缺少相应的制度设计，必须进一步完善。现有事业单位工作人员离岗创业政策已实施若干年，内部监督流于形式，外部监督成效不明显，应结合政策评估，开展一次由中央或省级部门自上而下的专项督查检

查，同时还应该对市、县、园区政策运行情况进行督查检查。另外，充分发挥好舆论媒体和公众的监督作用，及时发现和处理政策执行中的违纪违规违法行为。另一方面，也要加强对政策对象的监督管理。由于创办（领办）科技型企业人员综合素质各不相同，争取自身利益的手段也不尽相同。通过问卷调查发现，在已经审批的创办（领办）科技型企业人员队伍中存在"钻政策空子""吃空饷"行为。因此，必须加强政策对象日常管理和考核工作，约束个体行为，建立公开公示、组织惩罚、承诺约束、信用约束等制度，增加"搭便车"的成本，减少负面影响。加强对政策主体和政策客体的监督，其目的是营造良好的政策执行环境，减少政策执行阻力，更好地实现政策目标，要实现监督目的，就不能因为监督而监督，其落脚点要与严格的考核和有效的问责相结合，加大责任追究和惩罚力度，只有这样才能对政策主体产生威慑作用，促进公共政策的有效实施。

五　建立健全其他配套政策，发挥政策合力

促进创业的制度是一个制度体系，需要从构建创业制度体系的角度来设计和实施创业制度，而不是单项推进。事业单位工作人员离岗创业政策要取得更大实效，必须与其他相关制度规定同向发力。创办（领办）科技型企业90%以上都是中小微企业，所以要建立健全促进中小微企业发展的各项利好政策。深入推进"放管服"改革，简化行政审批程序，提高政府有关职能部门在宣传、鼓励、指导等方面的全程服务水平，为科技型中小微企业提供更加全面周到的服务。围绕激励中小微企业创新的目标，加大财政扶持力度并规范财政补贴制度；完善促进中小微企业研发创新的税收激励政策体系；优化金融支持政策，增加创新、创业活动的资金来源渠道；完善知识产权保护和使用制度；建立和完善政府、企业、高等院校和其他科研机构等构成的"官产学研"体系。

另外，可以为创办（领办）的科技型中小微企业提供个性化服务，借鉴学习美国对中小企业进行全方位服务的经验，为初创企业提供1名理论研

究方面的专家和1名成功企业家进行一对一的指导和帮助；借鉴加拿大政府将扶持中小企业重点放在能力素质提升培训上的经验，对不同企业提供多样化服务。通过各项政策的协同实施，发挥政策合力，更好地实现白银市委党校事业单位工作人员离岗创业政策的目标。

再者，事业单位工作人员离岗创业政策在具体实施中存在动力不足的问题。一方面，事业单位工资水平总体偏低，分配体制机制不健全，私营企业常在事业单位以更高的待遇挖掘人才，事业单位留人难。另一方面，事业单位管理层不愿意员工离开本职岗位创办企业，因为工作骨干离岗，很难及时补充优秀人才，容易造成单位工作脱节。要从根本上改变这一现状，就要进一步推进事业单位人事制度改革，完善事业单位人才评价、绩效考核、收入分配等制度，激发事业人员特别是专业技术人员工作积极性和创造性。

ℝ.86

事业单位转企改制后的绩效管理探讨

聂学臣　姜鹏宵*

事业单位（Public Institution）是指由政府利用国有资产设立的，从事科技、教育、文化和卫生等相关活动的社会服务组织。企业单位（Enterprise Unit）一般是指从事生产的相关单位。转企改制后，事业单位的发展目标和运营已经发生改变，企业内部的绩效管理也要进行相应调整，为企业自身提升管理水平和长远发展提供保障。本文针对上述内容进行分析研究。

一　事业单位转企改制后绩效管理的必要性

（一）经营方面的压力要求强化绩效管理

转企改制后的事业单位，应遵循社会主义市场经济规律，按照《公司法》的相关规定，设置法人治理结构，实施企业化管理。在市场经济制度的约束下进入市场参与竞争，这表明转企改制后的事业单位要改善绩效管理，切实增强自身竞争力。例如，完成改制后的国企，通过提升内部管理水平和加强运营管理，在实现社会责任的条件下进行自负盈亏。一系列相关组织部门在自身管理、绩效评估、监督和评测上也借鉴市场企业的经验做法，提高自身管理水平并综合自身实力承担相应社会责任，维护自身经济利益达到可持续发展。

（二）发展方面的需求要求强化绩效管理

事业单位转企改制符合社会主义市场经济发展趋势。事业单位工作内容

* 聂学臣，河北省人力资源社会保障科学研究所；姜鹏宵，河北经贸大学公共管理学院。

和国有企业相似，企业产品和生产对象要满足双重属性。现代化的市场经济主体要在注重经济效益的同时兼顾社会效益，并且当两者取其一的关头，经济效益要绝对服从社会效益。所以，企业在实施绩效管理的过程中，要将自身的独特性和外部环境的普遍性有机结合起来，立足长期可持续发展。例如，国家烟草专卖局，从创造企业效益的角度出发要大力销售烟草，提高销量创造利益。而从立足于社会效益角度来看，应严格控制烟草销量，维护国民身体健康。所以改制后的企业在注重自身绩效管理的同时兼顾社会良好发展和社会效益，提高绩效管理的科学性。

（三）员工个人发展要求强化绩效管理

改制后的事业单位要面临市场经济的极大压力。过去的人事管理制度已经不符合现代化的市场环境，相关单位迫切需要改变内部员工“铁饭碗”的意识和观念，要在外部市场经济条件下有规律并快速地改变传统人事管理模式，使其更加契合市场环境，为企业员工的个人职业发展和规划提供强有力的管理制度支持。从本质上看，事业单位在转企改制后更加偏向现代市场中的企业组织，这种企业组织往往在用人制度上遵循“把合适的人放在合适的位置”。企业通过完善后的绩效管理，调动员工的积极性，不仅满足组织的发展需求，更有利于员工自身能力的培养和提高，完善自身发展。

二　事业单位转企改制后绩效管理的可行性

转企改制后的事业单位可能还缺乏适于推行绩效管理的制度和体制。绩效管理过程中可能出现的偏差，尤其是不公平会导致人们对绩效管理效用的怀疑。但绩效管理作为现代化社会发展的大方向，仍具有以下三方面可行性。

（一）有利的外部环境正在形成

在当今社会主义事业不断改革的形势下，任何有利于国家长治久安、可持续发展的改革都会得到大力支持。现代化的政治和社会环境要求事业单位改变之前行政化、人员结构臃肿的面貌，朝着实现自身利益和社会利益相统一的目标前进。在这种推动作用下，改制后的事业单位就要将绩效管理提到日程上来。在实施绩效管理过程中所需的人、财、物等得到落实后，绩效管理也就顺其自然地开始进行。另外，社会、人民和政府越发重视自身权利，要求事业单位不仅要注重经济利益，更要注重社会效益，并对事业单位的绩效评估进行有力监督，促使其加快自身绩效管理建设。同时，内部员工也会更加重视自身绩效水平，以实现个人职业更好发展，而一些明智的领导将绩效评估视为对下层实施管理和控制的有效手段。所以说，随着事业单位改革的进一步深入，绩效观念将深入人心，这为开展事业单位绩效管理营造了良好的政治环境和社会环境。

（二）绩效管理理论基础深厚

不管是借鉴西方国家不断成熟的管理理论和方法还是继承我国从古至今的管理学思想，现如今的绩效管理理论已经相当完善，在我国政府和现代化企业中应用尤为广泛。有些国家已经用立法形式明确了绩效评估制度，例如，美国的《政府绩效与结果法案》。所以，这些可结合我国实际国情和事业单位的实际情况加以运用。相关专家指出，从外部环境中汲取、借鉴已获得成功的经验、理论和方法是最明智的选择，也是将风险降至最低的策略。但借鉴吸收的同时要具体问题具体分析，不能盲目照搬，应结合自身优劣互补，合作共赢。因此，丰富的绩效管理理论是事业单位进行绩效管理的可行性之一。

（三）现代化技术支撑力度强

现代信息技术、分析技术和预测技术的发展为企业的绩效管理起到了支撑作用，现代化的绩效评估系统离不开网络技术、计算机技术的有力支持。想要对企业内部各项目、各部门和大量的不同层级员工进行绩效考核和评估，就要有强大的信息系统作为根基。当今计算机技术的飞速发展和网络时代的到来使改制后的事业单位能在绩效管理上实现考核信息数据存储、分析和查询一体化，在保证绩效考核快速、科学的同时解放了人力资源，提高了企业绩效管理效率，降低了成本。此外，准确、快速的绩效管理信息化在考核结果分析上，为考核不理想的项目、部门和员工提供了科学的原因分析并提供建议，大大减轻了评估人员和上级领导的压力。

三　事业单位转企改制后绩效管理面临的问题

（一）内部管理冲突

首先，对于以往有编制的事业单位内部员工来说，改制后其对现代化市场环境的适应能力不足，技能相对落后，自身调整能力较差，人力资源配置呈现“逆淘汰”的现状。首先，一方面，有编制的员工具有能力低、业务素质差的特点，但这部分员工占据了组织部门的大部分岗位。另一方面，真正有能力、思想积极的优秀员工由于没有编制保障从而流出组织，对企业自身发展产生了不利影响。其次，部分单位在人事管理上依然停留在旧思想和旧观念中，导致用人思维固化，机制狭窄，人力资源管理过程中存在引进、培养、激励和配置等诸多方面的具体问题。一方面，企业内部存在大量员工，但其能力和潜力不足；另一方面，组织在创新变革过程中无人可用，阻碍了组织发展。最后，员工之间存在利益冲突，有编制的老员工和无编制的新员工在组织内部产生矛盾，难以协调，成为组织变革与发展的重大压力。

（二）干部职工老龄化

大量各地区资料证明，有 40% ~50% 的事业单位在计划经济时期成立，其内部管理模式尤其在人事管理上还在采用老一套的管理机制，企业行政部门臃肿，人员更新换代慢，老龄化问题突出。同时由于一部分事业单位在改制后能受到国家资源、政策扶持，对自身盈利收支不够重视，对相关问题的执行处理态度松懈，不够重视，会导致员工丧失工作积极性，对自身成长发展产生阻碍作用。此外，职工之间薪酬水平差距小，员工竞争意识不足，缺乏危机感，等等，在这些因素的综合作用下，转企改制后的事业单位绩效管理实施难，变革进程慢。

（三）绩效考核缺乏针对性

绩效考核是绩效管理过程中的重要环节，考核机制不完善或者考核目标不明确，绩效管理也没有存在的实际价值和意义。事业单位在之前的发展阶段中绩效管理制度相对简单，主要仅针对企业工作、财务业绩考核，而忽视对员工自身能力和专业素质管理进行考核。另外在年度个人业绩考核过程中仅按照上级机关规定进行程序化考核，考核方式简单粗放，针对性较弱，在考核过程中仅仅进行单一性评价，并无实际意义，缺乏现代化层次性的考核方式，不能准确评估和测定员工个人对企业的实际贡献和真实绩效。员工自身评先评优完全依靠年度考核结果，在薪酬分配、技能改进和提升自身业务水平等方面作用发挥有限。

四　事业单位转企改制后绩效管理问题的解决方法

（一）拟定管理框架

事业单位改制转成企业后，应尽快确定自身的目标追求、社会职责和内部职责，然后依据绩效管理制定管理框架，并在企业内部的部门、团队和员工之中层层分解指标、落实责任，实现公司上下追求一致目标。例如，通过实施渐进式管理制度，在统一的管理系统下将所有员工纳入其中，在企业部门中挑选试点，认真规范考核制度和方法。科室干部可随时变动，以此提高员工工作积极性。业务办理科室的薪酬和绩效管理可制定并依据如下标准：绩效考核中分为四个等级，在绩效考核结果等级中，身处“优秀”级别的员工，除了发放固定薪酬，还要增加5%～10%的绩效奖励。这样的员工实际薪酬在超出固定薪酬的范围多增加了弹性奖励薪酬。绩效考核结果等级处于“良好”等级的员工，除了给予基本固定薪酬之外，还要增发3%的奖励，使其拥有固定的奖励薪酬。绩效考核结果等级处于“一般”等级的员工，严格按照基本的薪酬标准发放，其没有额外奖励。而绩效考核结果等级处于“较差”等级的员工，应在基本固定薪酬上降低2.5%作为惩罚，使基薪酬达不到固定薪酬待遇。同时，绩效管理工作在一个固定框架下开展，对于绩效良好的人员给予升职、加薪等优厚待遇，对于绩效较差的人员给予批评、降职等相应处罚，激发员工的工作积极性，实现竞争的公平性。

（二）渐进式的管理

改制后的企业亟须提高自身管理水平，构建体系制度，要切实加强引进并实施现代化管理理论。部分事业单位转企改制后，需要在不断探索中前进，工作效率和管理效率都需要不断提升。在此环境条件下，现代管理理论的价值和作用更加明显。如，被称为“日式管理法”的目标管理法，意在指出企业在开展工作前要充分明确目标，在工作开始前拟定目标，综合员工、部门、组织等各方面进行落实执行。以环卫部门为例，城市企业应为内部员工制定合理绩效目标，要求每位员工努力满足“城市卫生标准”的要求目标。完成该目标的员工可得到固定薪酬和相关津贴奖励，同时能够参与“年度优秀环卫工人”评选活动，评选通过后能够额外获取年终大奖。而无法达到“城市卫生标准”绩效目标的员工，应按照工作具体情况具体分析。此外，为提升各项工作的有效性，相关组织还可以应用PDCA管理法等现代理论，将绩效管理计划作为指导，在推行过程中分析问题，寻求解决方式，全面提升改制后企业的绩效管理水平。

（三）明确薪酬制度

转企改制后的事业单位，应摒弃以往企业绩效管理中的个人业绩评估法、上级领导评估法等传统方法，立足实际采用弹性薪酬制度，优化薪酬管理模式。应严格落实按劳分配原则，从而实现多劳多得，少劳少得，不劳不得的目标，同时要与组织的战略目标和发展理念相结合。坚持实行组织内部各部门团队区别对待。对那些经济效益突出但社会效益低下的项目，要设立以考核社会效益为主的关键评价指标，降低利润等指标的重要程度。而对那些社会效益高而经济效益差的项目，组织上应给予补贴并鼓励，在支持该项目创造利润的同时仍应兼顾社会效益。针对能够创造效益的部门和项目，要综合评价两种效益，找寻合适的契合点，将二者进行融合。该类项目考核针对其经济效益进行，能够满足组织设定的绩效管理目标，即可认定目标完成优秀。

为提高绩效管理水平，使考核措施更具有针对性，应建立更为完善的绩效考核体系。要从制度建设抓起，从以下几方面进行改善。一是拓展考核范围。不仅考核组织业绩，还要考核个人业绩，要实现考核企业高层至基层员工全覆盖。二是制定考核周期。应实现月月小考，年年大考，年度考核要立足在月度考核结果的基础上，严格落实考核周期的持续性。三是丰富考核方式。要实行不同项目部门的区别对待，实行差异化的考核办法，例如，运用目标管理法来考核销售类岗位，采用关键绩效指标法（KPI）定性与定量结合的方式来考核管理和专业类岗位等。四是落实绩效考核结果。首先，将考核结果同薪酬直接挂钩，组织绩效结果与相关部门薪酬总额挂钩。其次，考核结果与工资标准调整、优秀评选和职位晋级挂钩，评先评优人员名单要严格按年度考核结果的排名确定，具备岗位晋升及工资标准调整资格的人员考核等级必须达到 B 级及以上。最后，将绩效考核结果作为重要参考标准，各级管理人员应与下属进行绩效面谈，制定绩效改进计划，并给予培训课程和未来发展相关建议。

综上，事业单位转企改制后的绩效管理不仅十分必要，还具有可行性。此前事业单位绩效管理方面缺乏针对性，既不规范也不严格。完成转企改制后，经营方面、发展方面的压力以及员工个人发展需求等其他方面都要求相关组织加强对组织的绩效管理。方法上，企业可以先拟定管理框架，之后应用现代管理理论、完善考核监督指标体系，使绩效管理工作能够不断改进，为企业和员工发展提供更多助力。

参考文献

王永：《转型时期国有企业管理创新动因、目的、内容之间内在关系研究》，《科技与管理》2012 年第 5 期。

吴军红：《经济转型时期的企业社会责任研究》，南京师范大学博士学位论文，2012。

王燕芳：《试论我国国有企业经济转型时期的管理》，《行政事业资产与财务》2012 年第 22 期。

王婉：《转型期我国企业管理的创新特征与动力机制研究》，《哈尔滨师范大学社会科学学报》2014 年第 4 期。

江诗松：《转型经济中后发企业创新能力的追赶路径和机理：所有权视角》，科学出版社，2015。

廖冰、张铄、赵庚：《加强认同与鼓励创新——经济转型期国有企业员工管理新思考》，《开发研究》2013 年第 2 期。

王艳：《行政事业单位预算管理中预算绩效管理问题》，《财会学习》2019 年第 14 期。

陈甘洁：《事业单位预算绩效管理体系构建探析》，《财经界》（学术版）2019 年第 8 期。

杨倩倩、崔文刚：《试论如何优化事业单位预算绩效评价工作》，《中外企业家》2019 年第 10 期。

戴林、杨宁：《事业单位加强绩效考核的思路探讨》，《行政事业资产与财务》2019 年第 7 期。

ℝ.87

事业单位绩效考核初探

刘增禧*

一　绩效考核的目的与意义

事业单位是提供公共服务的重要力量，在促进社会建设、提升人民群众生活水平等方面起到了重要作用。《中共中央关于深化党和国家机构改革的决定》中提出，要推进事业单位改革，理顺政事关系，推进事企分开，完善事业单位党的领导体制和工作机制等要求。而事业单位的绩效考核，是提升事业单位效率、促进事业单位健康发展、推动事业单位改革的重要手段。

事业单位绩效考核是指事业单位依据干部管理权限，按照一定的规章制度与绩效测量标准，全面、系统地考察和评价干部职工的政治素质、工作业务表现、行为能力、工作成果等方面的过程。绩效考核的结果通常会作为事业单位工作人员奖惩、岗位变动、工资增减、辞退等管理活动的客观依据。

绩效考核既有理论渊源又有法律渊源。从理论渊源来看，中国自古以来就有对公务人员进行绩效考核的传统。《韩非子》中曾提出："计功而行赏，程能而授事，察端而观失。有过者罪，有能者得。"明清时期建立了"四格八法"的考核体系，考察"守、政、才、年"四项内容，以"贪、酷、不谨、浮躁、疲软、才力不及、年老、有疾"八条为考核标准。当代企事业单位所实施的绩效考核体系来自计件工资制度的创造者弗雷德里克·W. 泰勒。他设立的这种考核体系，将员工的薪酬与绩效挂钩，鼓励员工将组织的利益与个人利益相结合，进而促进组织的良性发展。公共选择理论认为，基

* 刘增禧，天津市河西区人力资源和社会保障局。

于“理性经济人”的假设，人们是理性的、追求自身利益最大化的行为体。因而，需要通过外在的监督管理体系对人的行为进行约束监督，并进行正向引导。绩效考核体系应运而生。激励理论认为，通过制定绩效评估体系并予以奖惩，能够提升职工的士气与积极性。而在法律渊源方面，1995 年印发的《事业单位工作人员考核暂行规定》和 2012 年中共天津市委组织部、人力资源和社会保障局制定的《天津市事业单位工作人员考核办法试行》为天津市的绩效考核提供了政策依据。

此外，绩效考核结果是事业单位工作人员绩效工资分配的主要依据与重要前提。一方面，绩效考核制度为绩效工资的制定提供参考标准；另一方面，绩效工资也是绩效考核体系的具体化。建立事业单位绩效考核体系有利于充分调动干部职工的积极性与创造性，减少工作失误，提高事业单位的效率与公平性。绩效考核为绩效工资更好地体现实绩和贡献、更好地发挥激励功能提供有力保障。

总体而言，绩效考核体系起到了价值导向、工作激励、管理监督等作用。科学有效地实施绩效考核是提高干部职工队伍整体素质、促进事业科学发展的关键环节，对于充分调动广大工作人员的积极性、主动性和创造性，具有重要的导向作用。绩效考核有利于形成积极向上的工作氛围，促进形成“多劳多得”的观念，推动职工不断提升自身工作的能力与水平。在新形势下，随着改革的不断推进，事业单位需要进一步完善绩效考核体系。

二　绩效考核存在的问题

（一）考核体系不够完善

我国的事业单位在绩效考核体系建设方面仍然处于转型期，在考核体系方面仍有待提升。首先，在绩效考核指标设置方面重定性、轻定量。许多事业单位通常以“德、能、勤、绩、廉”等定性指标为主要的考核标准，缺少定量的考核标准，标准化水平不足。此外考核指标的制定存在与具体地区、具体单位、具体工作脱节的现象，在一定程度上影响了绩效考核体系的全面性，不利于单位全面充分地对干部职工进行考核。其次，在考核的监督体系方面不够完善。在一些评估活动中，领导的主观印象起到了主导作用，接受服务的群众和其他职工的评价通常对考核结果的影响有限，社会参与性不足，影响了考核的科学性。最后，职工在考核体系当中的可参与度不足。在指标设置方面，通常考核指标由上级部门制定，职工较难参与到相关考核指标的制定当中，容易引发职工的抵触心理；从考核结果来看，单位与干部职工的交流反馈不足，没有结合考核结果的发展规划或建议，导致职工无法参照考核结果改进自身工作，提升技能，削弱了考核体系对完善工作的作用，使绩效考核流于形式。

（二）激励机制有待提升

在一些事业单位中，由于传统管理观念的影响，绩效考核机制更多地被当作一种监督和控制职工的手段，忽视了职工的发展需要，导致绩效考核与激励机制的脱节，进而减弱了绩效考核在调动职工积极性方面的作用。这在某些场合还可能导致职工产生对管理者的对立情绪。另外还有一些事业单位在绩效工资等激励机制的建设上存在滞后性，仍然存在“平均主义”的现象，职工的创造性与独创性没有办法通过收入、晋升等激励机制进行正向反馈，不利于激发职工的积极性和独创性，导致绩效考核流于形式，不利于单位自身的发展以及职工的成长。

三　绩效考核的改进方法

（一）树立科学的绩效考核观念

领导干部应当树立科学的绩效考核观念，不能将绩效考核简单地看作“支配”职工的手段和工具。而是应当树立新型的科学管理观念，将绩效考核看视为促进职工发展和促进本单位发展的“双赢”手段。应该增强对绩效考核的宣传和教育，提升事业单位领导干部的管理水平和管理能力。同时，提升领导干部对绩效考核对事业单位长远发展重要性的认识，加强其与职工的交流与沟通，加强职工对绩效考核体系的认知和认同程度，减少职工与管理者之间的对立和抵触心理。同时，应当积极倾听职工、群众对考核体系的意见和建议。

（二）完善绩效考核体系

在指标设置方面，事业单位应当在相关法律和规章的基础上，结合本行业的特点及本单位的实际情况，制定与本单位实际运行有关的考核指标。各主管部门要发挥行业主管作用，制定适合本行业、本单位特点的绩效考核指导意见。可以尝试设置二级、三级的评估指标，制定多方面、多角度、多层次的绩效考核体系，提升考核的全面性、科学性与创新性。评估的指标既可以包括工作态度、工作水平等内容，也可以包含工作风格、组织协作等方面的内容。应当注意不能将考核指标设置得过细，导致考核的成本上升。同时，也应当重视职工在考核指标制定等方面的积极性和作用。在制定考核指标时可以加强与职工之间的联系与沟通，既能够促进职工对绩效考核的理解，同时也能够群策群力，吸收职工们的意见，完善绩效考核的方式和方法，提升绩效考核的权威性和民主性。

在监督机制方面，应当加强绩效考核的前期、中期和后期的监管机制，提升绩效考核的公正性和公平性，减少主观性因素在绩效考核中的影响。事业单位在制定本单位绩效考核方案的过程中，应当充分征求本单位工会、职代会的意见，积极吸纳单位职工、群众等主体参与到绩效考核当中。同时应当规范考核机制，并且设立事后的申诉机制。如果职工对相关绩效考核存在不同意见，可以提出对考核结果进行复核。做到实事求是、民主公开，科学合理、程序规范，讲求实效、力戒烦琐。

在反馈方面，应当加强绩效考核的事后反馈，应当让职工能够充分了解相关评估指标的价值意义，了解其自身的优势、不足以及今后进一步改进的方向和措施。将绩效考核与职工职位变动、职业培训等方面挂钩，发挥绩效考核的价值导向作用。

在分配方面，要建立与绩效考核相配套的合理的分配机制和激励机制，保护职工的创造性与积极性。对于德不配位、懒散怠惰的职工应当予以相应的处罚；对于做出贡献或者在创新方面表现突出的职工应当予以职位、薪酬等方面的奖励。要根据专业技术、管理、工勤等岗位特点，实行分类考核。充分体现多劳多得，优绩优酬，绩效工资分配要向关键岗位、业务骨干和突出成绩的工作人员倾斜。

在考核频率方面，应当控制绩效考核的频率，不能过度频繁或者久久不考核一次，降低绩效考核的权威和作用。

总之，要科学确定绩效考核，要根据各岗位的工作项目、工作数量、工作质量、职业道德等内容，按“德、能、勤、绩、廉”进行考核，并明确各部分在考核中的比重。要从实际出发，围绕考核内容，建立健全科学完善的绩效考核指标体系。指标体系的建立要符合行业发展方向，正确发挥对工作人员的激励导向作用，充分体现考核指标的激励性和约束性的有机统一。

（三）加强交流借鉴

事业单位之间应当加强交流借鉴，特别是经验交流，互相借鉴实践中所形成的成功经验成果，着重总结这些经验的普遍性与特殊性，寻找事业单位绩效考核的共性与个性，结合本单位的具体情况加以调整。同时，也应当积极吸取国外的先进管理经验，“洋为中用”，着重了解国外绩效考核体系形成的背景、运行机制以及实际效果，吸取其先进的经验为我所用，提升事业单位绩效考核的水平。

（四）重视绩效考核结果的合理运用

绩效考核结果要作为绩效工资分配的主要依据。单位主要领导考核结果由单位绩效考核和个人绩效考核两部分组成，绩效考核结果为优秀、合格、基本合格、不合格四个等次。单位主要领导完成上级部门规定的工作任务，则对其按月发放基础性绩效工资，而其奖励性绩效工资，根据单位主要领导的考核结果确定。工作人员履行了岗位职责、完成了单位规定的工作任务，则对其按月发放基础性绩效工资，再结合绩效考核结果按照奖励性绩效工资的分配办法发放奖励性绩效工资。

工作人员对考核结果有不同意见，可以通过正常渠道向考核工作组织和主管部门申诉。

四 天津市河西区在事业单位绩效考核方面的探索

河西区自实施事业单位绩效工资以来，不断在事业单位绩效考核方面进行探索。河西区共有244家事业单位，因行业不同承担的工作职能不同，无法采取统一的考核评价方式。针对行业特点，区人力资源和社会保障局（简称“区人社局”）指导行业主管部门对本行业内的事业单位进行梳理，建立有秩序的绩效考核激励机制，调动工作人员积极性，逐步形成在竞争中发展的良性局面。事业单位实施绩效考核有利于真正地突出以人为本的理念，体现了重实绩、重贡献、向优秀人才和关键岗位倾斜的分配制度改革目标。进行人事制度改革的同时，把按劳分配和按要素分配结合起来，坚持“绩效优先、兼顾公平”的原则。实行绩效工资分配制度无疑是增强核心竞争力的有效方法。

2018年，河西区借着公立医院薪酬制度改革的东风，在区妇产科医院率先引入绩效考核管理系统。通过现代化信息系统，依据客观性、可比性、重要性、可操作性原则科学制定了考核体系，量化考核指标，制定考核流程。创建信息平台，架起了沟通桥梁。每一名职工都参与到绩效考核体系之中。职工日常的工作积累，由计算机系统采集到考核评价平台上并根据最初确定的分值将工作量较好地体现出来，从而实现了既有定性考核又有定量考核的目的，考核结果更具有客观性、公平性、公正性，单位领导也可以在考核平台上及时了解职工的思想动态以及工作状态，从而提高了医院的管理效率，节省了管理成本。

目前，河西区卫生系统正在逐步推开妇产科医院的绩效考核管理办法和管理手段，为其他行业建立绩效考核管理体系提供可借鉴的经验。

参考文献

马姝：《事业单位绩效考核方案改进研究》，《现代营销（信息版）》2019 年第 6 期。

钮莹菡：《浅析事业单位绩效考核存在的问题与对策》，《行政事业资产与财务》2017 年第 36 期。

谭仕荣：《浅析事业单位绩效考核存在的问题及对策》，《群文天地》2011 年第 8 期。

唐果、袁红清：《提升事业单位员工绩效考核的成效研究》，《云南社会科学》2010 年第 2 期。

邢瑞芬：《事业单位如何进行人力资源管理与绩效考核》，《当代经济》（下半月）2007 年第 9 期。

衡霞：《公务员绩效考核的基础理论研究》，《理论界》2007 年第 5 期。

R.88
建立绩效考评制度 改善公共服务环境

赵金玺*

医院的医疗服务到底是好是差，学校的综合水平是高是低，公共交通和水电气供给是否到位，各种社会保障是否落地——这些关乎国计民生的公共服务，不仅与所有社会成员的一生相连，而且关系到经济发展和和谐社会环境的营造。一个区域、一个行业、一个服务单位，其工作质量、服务水平、工作效率的好坏优劣，一直以来是“公说公有理，婆说婆有理”，缺乏一个客观公正的评价，成为政府在公共管理方面的难题。

举办社会公益事业，提供社会公共服务，是市场经济条件下政府的基本职责和维护社会公平的重要体现，也是建设服务型政府的重要内容。长期以来，由于体制机制方面的原因，我国社会事业发展相对滞后，公共服务供给总量不足，供给方式单一，资源配置不尽合理，质量和效率不高，已经在一定程度上影响到经济社会的协调发展和民生改善。特别是部分行业的事业单位对部门利益和个人利益的追求，严重偏离了公共机构的基本价值取向，影响了公益事业的健康发展。

绩效考评作为一种先进的管理方法，不仅是企业管理的重要工具，而且被国外政府部门广泛应用。近年来，我国积极借鉴国外的先进经验，把绩效管理引入政府管理中，有的地方，特别是沿海开放地区和经济社会较发达省份还延伸到公共服务领域。

党的十九大报告提出，要“完善公共服务体系，保障群众基本生活，

---

* 赵金玺，山西省事业单位绩效考核指导服务中心。

不断满足人民日益增长的美好生活需要”，明确到2035年，我国“基本公共服务均等化基本实现”。国家“十二五”“十三五”时期基本公共服务均等化规划纲要，制定了基本公共服务体系建设的目标、任务和标准，提出要加快政府职能转变，持续推进简政放权、放管结合、优化服务，提高政府效能，激发市场活力和社会创造力；加大教育、文化、卫生等公共服务领域改革力度；加强绩效考核，探索建立政府绩效第三方评估机制，努力提高政府行政效能。

为能按时完成党的十九大提出的公共服务目标任务，营造良好的生产生活和经济社会发展环境，不断满足人民群众日益增长的美好生活需要，如期实现“两个一百年”奋斗目标，应当充分认识政府公共服务管理的重要性，充分重视绩效考评在公共服务管理当中的重要性，充分运用绩效考评的科学手段大力提高公共服务效能和水平。

一　要有明确的指导思想和基本原则

建立公共绩效考评制度，要深入学习贯彻习近平总书记新时代中国特色社会主义思想，以塑造美好形象、实现振兴崛起为指引，坚持国务院提出的“推进简政放权、放管结合、优化服务改革”的总体要求，推进公共服务领域监管体制改革，加快构建事中事后监管体系，促进公共服务效能建设，提高公共服务水平和均等化程度，优化经济社会发展环境，为经济社会持续健康协调可持续发展创造条件。通过公共服务绩效考评，对存在效率不高、群众反映强烈、政府监管缺失等问题的社会民生领域，强化事中事后监管，促进公共服务提质增效，民生事业和经济社会发展环境不断改善。

公共服务由各级政府举办或者购买，以满足社会公共需求为目标，不以营利为目的，是政府的四大基本职能之一。公共服务绩效考评应坚持创优环境、服务发展，社会参与、规范公平，综合平衡、客观公正，统筹实施、有序推动的原则。创优环境、服务发展的原则是由公共服务的性质和在经济社会发展中的作用决定的，开展公共服务绩效考评的重要目标，就是创造更加有利的发展环境；社会参与、规范公平的原则是把服务对象和社会公众纳入绩效考评的主体当中，运用统一的方法和程序，对公共服务进行公开评价；综合平衡、客观公正的原则是运用科学的指标体系，对不同行业、不同性质单位进行客观的评价和比较；统筹实施、有序推进的原则是全省统一，先易后难，分步推进。同时，公共服务绩效考评还要遵循绩效评价的一般规律，确立正确的总体目标。要通过标准化、可衡量的考评方法，从效率、效果、效益和公平四个维度，对公共服务绩效进行全面、科学评价。

二　合理确定组织机构和考评主体

按照对象层次划分，绩效考评分为对个体考评和对组织考评。对个体考评属于微观层面，主要是具体单位的内部事务。这里讨论的是对组织考评，具体地讲，是对行业部门、事业单位以及市县的考评。根据行业的重要性、可操作性，本着有序推进的原则，应确定适当的实施范围。比如，城乡公共交通和设施、教育、公共卫生和医疗、社会保障、公共就业、科研、文化、体育等行业和领域。横向为相关行业和领域事业（企业）单位，纵向为省、市、县（区）三级。

由于绩效考评内容复杂，覆盖面较广，涉及多个职能部门及社会公众，因此，必须由各级政府直接组织，由相关部门联合实施。政府成立公共服务绩效考评委员会，行政首长担任主任，成员由办公厅（室）、发改、教育、科技、财政、人社、交通、文化、卫计、体育、统计等部门组成。还要吸收部分专家学者。绩效委下设办公室，负责绩效考评的日常工作。各成员单位要有明确的职责分工，承担绩效考评工作中的相关任务。

绩效考评主体应该包括单位、内部职工、主管部门、服务对象及社会公众、专门机构、组织机构。也可邀请省人大代表和政协委员参与相关工作。其中，服务对象、社会公众、第三方机构在考评过程中应该占有较大权重。

三　科学设置考评内容和考评指标

考评内容和考评指标的设计是绩效考评工作的核心部分，也是考评结果信度和效度的关键所在。考评内容应该包括三个方面。一是区域内公共服务发展规划情况，政府年度公共服务发展目标及相关部门、单位年度工作任务完成情况，行业工作标准要求执行程度。二是公共服务单位内部管理和服务水平。三是公共服务效果。

考核指标的设计要综合运用绩效考评的各种科学方法，既能全面地反映考评内容，又能形成一个完整的体系。应以平衡记分卡框架为依托，综合目标管理、质量管理、标杆管理、KPI、360 度绩效反馈、行为量表评估等方法，坚持突出重点、客观稳定、易于获取、定性定量相结合，构建考核评价指标体系，包括一级指标、二级指标、三级指标和四级指标。其中一级指标和二级指标相对固定，三级指标可根据行业特点和单位性质适当调整，四级指标由具体单位进行细化。一级指标包括公共服务效能、满意度评价、公共服务投入度三个指标。计算方法：公共服务绩效 = ［公共服务效能 × 权重比 + 满意度评价 × 权重比］ ÷公共服务投入度。

（一）公共服务效能

该指标指作为公共服务提供主体的事业（企业）单位，为满足社会公众需求而生产和提供的公共产品和服务、取得的社会效果，以及内部管理水平和服务能力，包括目标任务完成度、工作标准实现度、综合管理水平、公众权益实现度、可持续发展度、应急处理（加减项）、改革创新（加减项）。其中目标任务完成度指年度目标责任、服务承诺、专项任务（含对外协作）完成度；工作标准实现度指工作职责和规程分解落实情况、服务过程结果标准化程度、工作程序设置规范化程度；综合管理水平指资源配置效率（人力效率、资产利用率、资金使用效率）、勤政廉洁和行业作风建设（党建目标责任落实情况、道德和行业作风建设、违法违纪案件情况）水平；公众权益实现度指服务咨询与引导、信息公开及重要事项告知、投诉渠道及问责和反馈情况；可持续发展度指人才队伍建设（培养、使用、引进）、科研成果情况；应急处理指对突发公共事件应当做出的担当和处理情况；改革创新指公共服务单位的产品、服务或内部管理超越同行，得到上级、权威部门认定的改革创新事项。

（二）满意度评价

该指标指公众对公共服务单位提供的产品或服务的满意程度的评价。满足公众需求是公共服务的最终目标，公众对公共服务的评价是公共服务考评的终极标准。包括：服务对象满意度、社会公众满意度、专家评价满意度。服务对象满意度指公众在使用或享受公众服务产品和服务过程及之后的感知和评价结果，包括对公共服务数量、质量、效率、便捷程度、费用、应知信息公开程度、诉求实现程度的评价等；社会公众满意度指社会公众对公共服务单位及其提供的公共产品和服务做出的评价结果，包括对安全性、有效性、经济性、舒适性、便利性的评价；专家评价满意度指聘请专家、学者对公共服务效能五个方面从专业性角度做出的客观评价结果。

（三）公共服务投入度

该指标指政府对公共服务给予的财政、政策、土地等资源的投入力度，包括：预算增加度、政策投入度、土地资产价值增加度。预算增加度指政府对公共服务单位财政投入的增长与区域经济发展的同步性；政策投入度指政府对公共服务单位财政政策的支持程度；土地资产价值增加度指各公共服务单位在为社会提供服务时，所占用的国有土地资产价值的年增长度。

四　加大考评过程管理和结果运用力度

对考评过程进行严格管理是绩效考评工作顺利进行的根本保证。首先，省政府应制定统一的考评办法；各市、省直相关行业主管部门制定本区域、本行业的实施方案；相关单位根据行业实施方案制定绩效考评任务白皮书。其次，全省在年末统一部署绩效考评工作，考评委和办公室具体组织实施。通过数据采集汇总、抽查印证、分析论证的程序，得出考评结果，确定考评等次。

考评结果运用是绩效考评过程的最后一环，充分运用考评结果，对于鼓励先进、鞭策后进、促进公共服务整体绩效的改进具有重要作用。第一，结果公示。考评结果要在政府网站和新闻媒体上公示，包括：各市公共服务绩效考评综合排名情况，省级行业公共服务绩效考评排名情况，省级行业内部同类单位公共服务绩效考评排名情况。第二，绩效奖惩。省政府对确定为优秀等次的市、行业、单位予以表彰奖励，对确定为较差等次的通报批评，并把考评结果作为项目审批、财政资金支持、绩效工资核定、领导干部使用和评先评优的重要依据。

我国正处在决胜全面建成小康社会和实现社会主义现代化的重要历史阶段，经济转型和人民群众对公共服务的要求不断提高。我们要把公共服务绩效考评作为改善公共服务、履行政府职责、营造良好环境、转变社会风气的重要举措，作为强化服务意识、塑造良好形象、加强公共管理、提升绩效水平的有效手段，加快建立公共服务绩效考评制度，为经济发展、社会进步、人民幸福创造更好的公共服务环境。

R.89

事业单位薪酬（福利）制度的完善与创新

王宏琼*

事业单位要在知识经济和经济全球化时代获得生存空间，首先必须提高自身人力资源的管理水平，以适应社会竞争的需要，而薪酬体系是现代人力资源管理体系的前提和重要组成部分。完善创新薪酬制度，可以吸引、留住、激励和凝聚优秀人才，使他们的能力得以充分和持续地发挥，进而为事业单位的可持续发展奠定坚实的基础。薪酬体系是员工个人行为导向的目标和工作动机产生的源泉，因而也是决定事业单位人力资源激励有效性的关键。因此，事业单位薪酬制度的完善与创新对事业单位经营发展发挥了非常重要的作用。

一　薪酬福利制度对事业单位发展的重要作用

与传统的人事管理理论不同，新型的人力资源理念开始把人力看作一种资本和资源，在对薪酬福利问题的认识上，不再简单地把薪酬福利看作劳动用工所应当支付的报酬，更多地把薪酬福利看作劳动者基于个人自由意志而向事业单位出售劳力和智力所应当获取的对价，看作一种吸纳人才、调动员工积极性的主要手段。

薪酬福利制度对事业单位的重要作用可以从多个角度来考察。首先，公平合理的薪酬是事业单位吸纳员工、留住员工、减少劳资纠纷、激励员工工作积极性、实现事业单位战略发展所需要的核心竞争力的关键。客观、公

* 王宏琼，甘肃省华池县人力资源和社会保障局。

正、合理地向每一个为事业单位发展做出贡献的员工支付报酬，能给员工带来自我价值的实现感和被尊重的喜悦感，增加员工的归属感和对事业单位发展战略的认同和支持。

其次，科学的薪酬制度是事业单位实施成本控制的重要措施。这里所讲的成本控制并非指靠降低员工薪酬待遇来人为压低成本，实质意义在于：在支付合理薪酬之后，控制员工（特别是经营管理层）的在职消费，控制员工（主要指生产管理和生产操作一线）的人为资源耗费（即人为浪费）就具备了合理性。我们知道，如果事业单位的薪酬福利水平偏低，员工又看不到在声誉、职业培训、职位升迁、股票期权等方面得到弥补的可能，要么选择退出、离开，要么选择自我激励。这种退出和离开就是员工辞职。自我激励，对于管理阶层，因为其负有一定职权，多数表现为侵占事业单位利润、侵吞事业单位资产、追求过度的职务消费；对于普通员工，多表现为消极怠工、损害设备、浪费原材料等行为。合理的薪酬是抑制这种不良心态和行为、避免无用消耗、实现成本节制的前提。

最后，科学的薪酬制度本身就是事业单位制度建设的重要一环，关系到事业单位文化建设和事业单位外部舆论形象。如果事业单位能为员工提供合理而又有竞争力的薪酬，就能增强事业单位凝聚力，形成人人为事业单位尽责、人人关心事业单位命运和前途的良好事业单位文化氛围。员工在为事业单位尽力服务的同时，也会有意或无意地对外宣传事业单位薪酬，对事业单位树立正面事业单位形象，提高知名度，吸纳人才和资源有非常积极的意义。

二　薪酬福利制度完善与创新的必要性

不断地完善和创新事业单位薪酬制度的必要性在于事业单位内外形势的变化。我们设计和建立薪酬福利时的依据主要是当时的现实情况，随着世界的推移，现实情况会发生这样那样的变化。这种变化，主要体现为员工素质和能力的提升、社会人力资源供求情况的变化、事业单位经营理念和战略目标的调整、社会整体物价和消费水平的变动等。固定成型的薪酬福利制度，在这些变化面前越来越表现出刚性和滞后性，越来越脱离实际。首先是现行薪酬制度已经不能准确而客观地反映员工工作的质和量，员工对个人所获薪酬的满意度降低，以至于频繁离职。其次是事业单位在产品质量和经营业绩方面的波动和下滑。最关键的是事业单位发现自己在经营稳健型、市场竞争力方面逐渐失去优势。

三　薪酬(福利)制度完善与创新的发展趋势

（一）日益重视薪酬的全面性

薪酬是内在薪酬与外在薪酬的有机结合。狭义地理解薪酬就是货币性工资，或者简单地把精神奖励替代货币薪酬，都是片面的做法，反映出不正确和不全面的薪酬理念。员工都有物质上的基本需要和对更高的享受的追求，也有精神上的被需要、被尊重、被爱护等自我满足感。将合理的物质奖励与充分的精神鼓舞结合起来，让员工觉得工作得既有意义，又有趣味、有奔头，还有收获和成就，就能使薪酬制度的效益最大化，并让事业单位的薪酬的成本收益比最小化。

（二）将薪酬与员工绩效紧密挂钩

过去那种过于稳定甚至僵死的薪酬制度现在已经越来越少用，代之而起的是与绩效紧密挂钩的、灵活的薪酬制度。这种薪酬制度能激发员工的积极性，使事业单位的利润达到最大化，也能适应瞬息万变的技术升级和事业单位结构转换、创新的需要。

（三）工资等级波段宽化

所谓工资等级波段宽化，就是将工资等级线延长，工资类别减少。一般由原来的十几种工资类别减少到三五种，而且各个类别的工资之间还可以交叉。波段宽化的目的，就是适应事业单位组织结构扁平化需要，使组织结构调整、人员设置、技术创新等更加灵活和宽松。

（四）雇员激励长期化

雇员激励长期化实施对象可以是全员，也可以是专业技术人员，还可以是事业单位高层管理人员。其目的是要留住关键的人才和技术，稳定员工队伍，并激发他们的劳动热情。其方式有员工股票选择计划（ESOP），股票增值权，限定股计划，虚拟股票计划，送、购股计划和股票期权制等。一个事业单位在选择某种方式时，要根据本事业单位的生产经营特点和该制度实施的对象等因素全面考虑。

（五）专门人员的薪酬设计专门化

现代事业单位的分工日益细化，因此，员工之间的工作性质和内容差距也在扩大。这样就要求对其中专门性比较强的岗位设计针对它们的特点而独有的薪酬制度。如市场营销人员的作用巨大，专门技术人员的排他性较强，临时工的身份特殊等，对他们可以设计出别具一格的具有针对性的专门薪酬制度。

（六）薪酬制度公开化，支付方式透明化

员工努力工作为的就是有收获和奔头。薪酬对他们来说既是谋生条件，又是奖励薪酬。如果连自己事业单位奖励的游戏规则都不甚清楚，又谈何投入地参与游戏，为事业单位拼搏呢？虽然保密工资制度可以减少人事摩擦，降低事业单位薪酬管理的难度和成本。但是，这总给人以见不得光的感觉，因此员工也不容易产生公平感。而且真正能做到绝对保密的事业单位在现实中并不多。因为人都有好奇心，尤其是对关系到自己切身利益的事情，更会挖空心思地去打听。保密薪酬制度在一定程度上使薪酬应有的激励作用大打折扣。

（七）使用人本化、富有弹性的福利制度

如今流行的是“自助餐式”的、灵活的福利制度。这样做会增加薪酬

管理者的工作量和难度，却会使员工感到贴心的关怀。为每个员工每年确定一个可以享受的福利的价值范围，至于享有的方式（有薪假期、医疗报销等）和时间（如是年初，还是年底），只要事业单位提供得了，一律都开“绿灯”——随员工本人自由选择。“自助餐式”的、灵活的福利制度，为员工提供了前所未有的自由度，受到广大工薪阶层的欢迎。但是，事业单位在设计这种计划时，要考虑到“逆选择”引起的成本增加等问题。

（八）员工参与工作评估和薪酬定价

这无疑是现代化民主化倾向的体现。其目的也是使薪酬管理更加科学，从而增加员工的公平感，并激励他们朝着自己设定的、比较满意的目标而积极努力。

（九）薪酬管理电算化与网络化

从一个事业单位的角度来说，薪酬管理的高效率源自良好的信息系统。只有最新的、最精确的信息才使事业单位可能把报酬直接与工作表现、质量和顾客满意度结合起来。单位不能等到月底才了解每个人的工作如何然后做出薪酬调整。员工一般不希望有一个特殊的“记分评奖”部门来独立地衡量每个小组的工作情况。

（十）宽带薪酬制度

这种薪酬体系将原来报酬各不相同的多个职位进行大致归类，每类的报酬相同，使同一水平工资的人员类别增加，一些下属甚至可以享受与主管一样的工资待遇，薪酬浮动幅度加大，激励作用加强。一些学者认为，这种薪酬模式突破行政职务与薪酬的联系，有利于职业发展管理的改善，建立一种集体凝聚力，适应组织扁平化造成晋升机会减少的客观现实。当然，由于操作性问题，这种薪酬体系还在接受实践的检验。

（十一）以技能与业绩为基础的薪酬体系

PRP 方案薪酬制度近年来在西方比较流行，其全称是 Performance-related Pay，即与业绩挂钩的薪酬制度。从某种角度来看（譬如在英国），它其实是一种利润分享（Profit-sharing）制度。另外，在中国，我们常常提到的分红制度其实也是一种利润分享。20 世纪 90 年代以来，西方事业单位的技能工资体系和收益分享体系发展迅速。正如美国学者莱芭尼尔斯 1998 年在一篇论文中指出的那样，面对技术人才的独立性，美国各事业单位的对策就是制订有竞争力的薪酬计划来同其他事业单位竞争，吸引更多人才。为了适应新的环境，一些事业单位开始改变传统以职务或工作价值确定报酬的做法，采用以“投入”（包括知识、技能和能力）为衡量依据的薪酬制度，鼓励员工自觉掌握新的工作技能和知识。这种做法适应知识经济的本质与特征。同时，为了更好地激励员工，大量的事业单位也采用了以业绩为基础的收益分享薪酬体系。据调查，美国有 70% 的大型事业单位采用了这种制度，英国的不少事业单位也正在改善和尝试与业绩挂钩的薪酬制度，为高级主管提供奖金和股票期权。这种政策的出发点不仅是为了降低成本，更多的是为了强化员工的归属感和团队意识。

（十二）泛化的薪酬政策

John E. Tropman 提出定制性和多样性整体薪酬计划。他提出应该把基本工资、附加工资、福利工资、工作用品补贴、额外津贴、晋升机会、发展机会、心理收入、生活质量和个人因素等统一起来，作为整体薪酬体系来考虑。而且，这种方法的背后必须把“以业绩为主”的薪酬理念作为基础，在投资和奖励之间实现合理平衡，以满足员工对非现金薪酬成分的要求。这种非常规的薪酬模式刚提出时，没有事业单位敢尝试，后来为“美国薪酬协会”所接受，并逐步得到推广。这说明，非货币薪酬的作用越来越受到西方事业单位的重视。

（十三）一揽子薪酬福利计划

许多事业单位不再把薪酬与福利当作互不相干的两项工作，而是将它们有机地结合在一起，围绕事业单位的目标运行。例如，对适宜货币薪酬的营销等工作，采用货币方式支付；反之对办公室内勤职员，则采用非货币形式支付福利等。

（十四）“自助餐式”的福利计划

该福利计划把事业单位每一个员工的年福利总额设定在一个范围内，而享受福利具体用什么形式由员工根据需要自己决定。该计划可以对事业单位部分员工执行，也可以针对全员；可以是每个人享受同一个标准，也可以将福利总额分等级执行。如，在某事业单位有一种“自助餐厅”式的福利方案，它付给每一位雇员一定金额的福利。一个雇员可以假设各种情况来设计不同的模式。

四　薪酬（福利）制度完善与创新要注意的事项

（一）劳动雇佣关系是基于劳资双方各自的意思自治而形成的契约行为，薪酬是事业单位使用人力资源所支付的报酬

薪酬制度建立、完善与创新不能抛弃员工而由事业单位自为。之所以要着重指出这一点，是因为人口众多是我国的基本国情，当前人力资源供求关系严重失衡，国民整体特别是劳工阶层的整体素质较低，法律意识和权利维护意识较弱，权利受侵害的事情屡屡发生。

（二）要注意杜绝事业单位管理者借薪酬制度创新之名而为的自定薪酬行为

郎咸平教授曾经指出，中国是个缺乏信托责任的国家，“保姆”侵占“主人”财产的现象比比皆是。很多事业单位管理者，自己为自己制定高额薪酬，或大肆进行职务消费，严重损害了事业单位产权所有者的权益。

（三）要注意避免事业单位薪酬福利制度过度频繁的变动

频繁而剧烈地改变薪酬福利制度，就会使其失去稳定性，事业单位在薪

资核算和薪酬管理上会陷入无据可依的局面，导致薪酬管理行为不能准确地评价员工业绩，员工也不能对个人的收入作合理的预期。

（四）控制福利无限膨胀的倾向

福利是具有高刚性的，一旦上去就很难削减下来。所以，一个事业单位中福利的绝对金额和相对比重的大幅度上升，应该引起管理层的重视，否则局面将变得难以控制。

（五）调节福利的具体形式和比例

不同员工有不同的福利需求，如果事业单位管理者不顾员工的需要，而武断、主观地确定事业单位的福利结构，则会花钱不得人心，吃力不讨好。

最后要说明的是，事业单位薪酬福利制度的完善和创新不是一劳永逸的。形势在变化，要不断地进行制度创新。事业单位在设计自己的薪酬体系的时候，不能忽略对社会薪酬水平的理解和把握，而应该把自己的薪酬计划跟社会薪酬水平有所挂钩，从而使事业单位的薪酬水平对外具有竞争力，对内则具有激励性。总之，薪酬福利制度的创新，必须要体现事业单位、员工和社会三方利益。

ℝ.90

基于知识分工的高校教师绩效工资转型研究*

郑崇明**

一 研究背景与研究问题的提出

（一）研究背景

我国有多达600万高校教师。高校教师是一支重要的知识员工队伍，是培养创新创业人才的基本力量。绩效工资是组织激励员工提高绩效的重要管理工具。从2010年开始，我国高校普遍推行了绩效工资，目的是自上而下地分解绩效目标，强化分配制度的激励作用，提高高校教师和高校的绩效。为了赢得办学竞争，高校在提高师资引进标准和工作要求的同时，鼓励高校教师多元化发展，由此，高校教师的职业身份发生了显著变化。其在知识分工层面上逐渐分化为三个相对独立的专业社群：一是以拥有博士学位的新一代高校教师为主的学术研究群体，专注于知识创造；二是以发挥智库作用为主的社会服务群体，侧重于知识应用；三是以人才培养为主的群体，习惯于知识传播。

组织变革管理理论认为，管理主体只有保持管理工具、管理对象和管理目标相协调才能提高组织绩效。高校教师新近形成的知识分工格局代表着管

* 资助项目：海南省高等学校教育教学改革研究项目“高校教师教学激励与保障机制研究”（编号为Hnjg2017－13）；海南大学教育教学改革研究项目“高校教师教学激励与保障机制研究”（编号为hdjy1723）。

** 郑崇明，海南大学。

理对象的变化，需要提高绩效工资的包容性，进而提高三个专业社群基于社会比较的绩效工资满意度，要求管理层推动绩效工资转型加以适应。在现实中，高校教师绩效工资没有及时转型或者转型不成功引发了一系列负面影响，一些高校甚至出现了罢课现象。其本质问题是没有提高三个专业社群的绩效工资满意度。首先，知识传播型教师群体的分配公平感不高，他们认为管理层实际上坚持的是知识创造型教师群体通吃的“丛林法则”，垄断了工作资源和职业发展机会。其次，知识应用型教师群体的边缘化感觉明显，他们认为现有绩效工资针对该群体的开放性不够，对应的激励效价偏低。最后，知识创造型教师群体认为现有绩效工资的绩效目标包罗万象，分散了他们的注意力，不利于他们追求高品质的学术产出。

（二）研究问题的提出

绩效工资由“绩效目标、绩效评价和激励效价”三个维度构成。随着推行绩效工资成为高校管理常态，绩效工资满意度对高校教师的影响日益显著。在组织变革管理的意义上，新的知识分工给管理层推动绩效工资转型提供了“窗口期”，可以通过转型提高不同专业社群高校教师的绩效工资满意度。本文的研究问题是，在高校教师知识分工发生显著变化的现实条件下，高校教师绩效工资应该如何转型？学术界比较关注高校教师收入分配问题，但是在高校教师基于知识分工分化为三个专业社群的条件下，下列问题没有得到充分研究：如何设计高校教师绩效工资的转型目标，如何设计高校教师绩效工资的转型路径。本文将基于比较优势理论和社会交换理论阐述高校教师绩效工资的转型目标，围绕绩效工资的三个维度设计转型路径，目的是提高高校教师的绩效工资满意度，强化他们的工作动机。

二　高校教师绩效工资转型的理论基础与转型目标

就绩效工资三个维度之间的关系而言，绩效目标是导向，绩效评价和激励效价是配套保障。作为一项管理工具，在利益主体之间促进激励相容至关重要，绩效工资既要激励高校教师提高效率，又要改善高校与高校教师之间的社会交换关系，因此，比较优势理论和社会交换理论是适用的理论基础。

（一）比较优势理论与高校教师绩效工资转型目标

比较优势理论源自国际贸易与社会分工领域，该理论认为参与交换的不同市场主体在提供产品或者服务方面各具优势，根据比较优势提供产品或者服务，能够提高资源配置效率。组织内部的每一个专业社群都需要得到尊重和信任，在高校教师分化为三个专业社群的现实条件下，根据比较优势理论为三个专业社群设定绩效目标，可以提高基于专注的效率，促进基于机会的公平。

1. 基于专注的效率

高校是知识型组织，高校教师是知识工作者，扮演着创造、应用和传播知识的角色。随着绩效标准的提高，高校教师的角色逐渐聚焦，最终收敛为主要扮演一种角色。敬业代表着一种积极的工作状态，是重要的内在工作动机。专注是敬业的核心维度，对个体绩效有积极影响，对于知识工作者而言尤为如此，因为他们需要保持注意力高度集中以长期关注特定知识领域。

对于以知识创造为主的专业社群而言，实证研究越来越成为主流，要求研究问题新颖，结论可靠，规范研究要求逻辑严密，涉猎广泛，论证深刻。高校教师处于知识更新速度快和文献数量飙升的环境中，需要关注特定知识领域，紧跟学术前沿，提炼有价值的研究问题。对于以知识传播为主的专业社群而言，随着高校对人才培养质量的要求越来越高，高校教师需要扬弃传统教学理念，在学生多元化时代，人才培养更强调处理好差异与认同的关系。高校教师是学生观念的主要塑造者，同样需要专注并及时捕捉学生需求变化，主动对接学术研究前沿和最新社会需求。对于以知识应用为主的群体而言，企业和政府是社会服务的主要顾客，他们对精细化、个性化和实操化的要求越来越高，浅尝辄止、大而化之、华而不实的社会服务越来越没有市场，提供社会服务的高校教师同样需要保持专注。

2. 基于机会的公平

受行政化的影响，决策层设定高校教师绩效目标的模式与政府常用的“层层发包”相似，习惯于将各种类型的绩效目标堆积到一起，根据管理层的注意力设定绩效目标，存在透明度低和随意性大等问题，不利于在高校和高校教师之间，以及三个专业社群之间建立信任，容易降低高校教师的分配公平感知和程序公平感。

根据三个专业社群的比较优势设定绩效目标可以促进基于机会的公平。第一，可以提供明确的绩效预期。为三个专业社群设置聚焦度更高的绩效目标，可以为他们提供开放而平等的成为“明星教师”的机会，稳定他们的绩效预期，抑制边缘化感知。第二，可以抑制管理层设定绩效目标的随意性。受信息不对称和专业化程度低等因素的影响，管理层在设定绩效目标时具有一定随意性。如果根据不同专业社群的比较优势设定绩效目标可以降低信息不对称程度并提高专业化程度。第三，可以增强绩效的可比性。根据三个专业社群的比较优势设定绩效目标，可以提高各个专业社群内部个体绩效的可比性，客观、准确地比较不同专业社群高校教师的绩效，以专业社群内部的纵向比较替代不同专业社群之间的横向比较。

（二）社会交换理论与高校教师绩效工资转型目标

社会交换理论认为，交换活动能否持续进行的关键是实现参与主体的目标。高校教师具有比较高的职业素养，有着明确的职业生涯发展目标，而不是仅仅关注薪酬，因此，将社会交换理论应用到高校教师绩效工资转型有两个节点：一是实现高校绩效目标，二是实现高校教师职业生涯发展目标。

1. 实现高校绩效目标

一方面是高校绩效目标的多元化。在市场经济条件下，高校处于复杂的社会网络中，政府、企业、校友、高校教师、学生、以基金会为代表的社会组织都是高校的利益相关者。利益相关者的多元化决定了高校战略性绩效目标的多元化，其核心是创造、应用和传播知识。高校教师作为一个整体，需要全面对接高校在学术研究、人才培养和社会服务领域的战略性绩效目标，实现职业生涯发展目标。

另一方面是高校绩效目标的层次性。受办学资源、办学理念和路径依赖等因素的影响，高校在追求多元化战略性绩效目标的同时，还需要根据比较优势做出取舍。师范类高校在人才培养方面具有优势，倾向于追求高层次的知识传播绩效，对高校教师在知识传播方面取得高层次绩效的期望最为迫切。拥有行业办学历史的高校，尤其是以工科为主的高校具有比较明显的工程技术优势，适合追求高层次的知识应用绩效，希望高校教师在社会服务方面取得高层次绩效。以高层次人才为主、坚持国际化办学理念、办学资源富裕的高校，具有明显的学术研究优势，尤其希望高校教师在知识创造方面取得高层次绩效。

2. 实现高校教师职业生涯发展目标

高校教师是一个特殊的知识群体，主要特点是专业化程度高，入职门槛高，职业社群发达，就业流动能力强。在社会网络的意义上，他们同时嵌入组织网络和职业网络，在社会交换中的核心利益是实现职业生涯发展目标。

首先是尊重高校教师的专业化。长期的教育和细分的研究方向提高了高校教师的专业化水平，使高校教师专注于特定绩效目标，因此，管理层在绩效目标设定环节需要为三个专业社群提供开放的职业生涯发展机会，通过调整绩效评价周期和方法提供公平的职业生涯发展环境，通过提高绩效评价的可比性为其提供更具包容性的职业生涯发展保障。

其次是提高高校教师的工作安全感。学术界的共识是，工作安全感可以提高知识型员工的敬业水平或者创新绩效。在绩效目标设定环节，管理层围绕三个专业社群的比较优势设定绩效目标可以提高工作安全感；在绩效评价环节，尊重取得绩效过程的差异性可以缓解工作压力，提高工作安全感；在激励效价环节，提高绩效的可比性和激励效价的合理性可以基于分配公平感提高工作安全感，弱化边缘化感知。

最后是为高校教师提供适当压力。高校教师的核心工作要素是知识。为了实现职业生涯发展目标，他们需要创造性地分析和解决问题，保持好奇心和探索精神。目前，根据绩效或者绩效承诺拨款，已经成为高校配置资源的常态，高校教师只有追求具有挑战性的目标并承担适当的压力，才有机会获取资源，实现职业生涯发展目标。

三　绩效目标的转型路径

本文依据比较优势理论和社会交换理论设计了分层式绩效目标转型路径。其由基础绩效目标和高阶绩效目标构成。

（一）基础绩效目标设计

对于管理层而言，设定基础绩效目标的目的是维持高校的竞争力，确保在基础层面上实现高校的多元化绩效目标。表 1 简要介绍了高校教师在知识传播、知识创造和知识应用领域需要实现的基础绩效目标。

表 1　基础绩效目标

<table>
<tr><td colspan="2" rowspan="2">绩效目标</td><td>知识传播</td><td>知识创造</td><td>知识应用</td></tr>
<tr><td>课堂教学、实验教学、现场教学竞赛指导</td><td>论文、著作、课题立项、专利</td><td>进账经费、开办讲座、担任评委或者咨询专家</td></tr>
<tr><td rowspan="2">评价标准</td><td>定性</td><td>等级</td><td>等次、奖励</td><td>荣誉称号、服务对象的层次和评价等次</td></tr>
<tr><td>定量</td><td>课时量、指导学生人次</td><td>论文篇数、著作数量、项目数量、专利数量</td><td>经费数量、讲座次数、担任评委、咨询专家次数</td></tr>
</table>

高校在设定基础绩效目标时需要坚持两个原则。第一个是“自由组合”。允许高校教师在知识传播、知识创造、知识应用这三个一级绩效目标中自主选择两个，确保高校的多元化绩效目标可以在较低层次上全面实现，避免导致发展失衡。同时，在选定的两个一级绩效目标中再设计若干个二级绩效目标供高校教师自主选择。第二个是“难度适中”，基础绩效目标与高阶绩效目标的区别在于，基础绩效目标具有门槛作用或者底线属性，主要作用是约束高校教师保持一定程度的绩效投入和职业认同。

（二）高阶绩效目标设计

管理层设定高阶绩效目标的目的是提高高校的竞争力。高校教师取得高阶绩效的挑战大，需要集中注意力。管理层在设定高阶绩效目标时需要坚持两个原则：一是开放性，为属于不同专业社群的高校教师提供机会，允许他们根据比较优势选择绩效目标；二是动态性，根据提高竞争力的需要动态调整高阶绩效目标的内容、难度和数量。

首先是知识传播。绩效目标包括：获得省部级以上或者权威机构颁发的教学成果奖，主要是指研发的教学模式、教学方法、案例等教学工具得到同行认可；指导学生参加各类高层次竞赛获奖；指导学生开展学术研究、社会实践活动和发明创造取得成果，并且得到权威机构的奖励或者认可；被权威机构评聘为教学指导专家。

其次是知识创造。绩效目标包括：出版的著作引用率高，被跟进研究或者述评；在知名期刊发表论文，发表的论文引用率高，被跟进研究或者述评；主持国家级或者具有较大学术影响力的科研项目；科技成果的经济社会效益明显；获得省部级以上或者权威机构颁发的学术奖励；被权威机构评聘为学术专家。

最后是知识应用。绩效目标包括：主持政府、企事业单位委托的项目，进账经费多或者社会影响力大，例如，为央企或者国内外500强企业提供管理咨询，为地级市以上级别政府或者职能部门制订发展规划，或者起草立法草案；在地级市以上级别政府或者职能部门、央企、国内外500强企业或者有影响力的社会组织担任高级顾问或者独立董事；提供的政策咨询或者建议被地级市以上级别政府或者职能部门、央企、国内外500强大型企业或者有影响力的社会组织采纳；被地级市以上级别政府或者职能部门、央企、国内外500强企业或者有影响力的社会组织授予荣誉称号。

四　绩效评价与激励效价的转型路径

绩效评价的转型路径是向提高评价对象对评价结果的认同度转型，合理组合评价方法和评价主体。激励效价的转型路径是更加匹配绩效目标，从封闭向开放转型，积极吸纳外部治理主体。

（一）绩效评价的转型路径

目前的高校教师绩效评价在增加绩效产出方面取得了成效，但是也有“另一面”，主要的局限性是评价对象对评价结果的认同度不够高，容易诱发机会主义行为。绩效评价转型的核心是根据绩效目标合理组合评价方法和评价主体。

第一，以客观绩效评价方法匹配基础绩效。客观绩效评价方法匹配基础绩效的原因有两个。一是基础绩效的取得难度小，可复制性强，后续效果的能见度高，评价绩效努力的复杂程度低，不需要评价主体收集背景信息，容易直接转化为量化指标。二是基础绩效对应的激励效价比较小，重要程度低，不容易引发分配公平问题。在评价主体方面，基本上通过既有科层制实施，主要由行政人员操作完成。例如，课堂教学工作量、指导学生数量、发表在一般期刊上的论文数量、提供的讲座数量等。

第二，以主观绩效评价方法匹配高阶绩效。主观绩效评价方法匹配高阶绩效的原因有三个。一是高阶绩效的取得难度大，可复制性弱，后续效果的能见度低，评价绩效努力的复杂程度高，需要收集和理解背景信息，甚至需要开展绩效沟通，不容易转化为量化指标，更为适合采用主观评价方法。二是高阶绩效对应的激励效价大，对高校教师的地位和声誉具有比较大的影响。在评价主体方面，行政人员只能发挥辅助作用，需要组建专业的高阶绩效评估委员会，重视发挥同行评议的作用，激发高校教师的荣誉感。三是采用主观绩效评价方法有助于向评价对象提供高质量的绩效反馈，因为基于任务的积极反馈和消极反馈均有助于提升员工的创新绩效。

（二）激励效价的转型路径

现有高校教师绩效工资的激励效价存在三个问题，一是总体偏低。在养老金并轨改革后，原有绩效工资的一部分被划拨至基础工资，以提高养老保险和职业年金的缴费基数，降低了绩效工资对高校教师的激励强度。二是激励效价的层次区分度弱。没有将基础绩效和高阶绩效的激励效价制度化，容易降低高校教师基于专业社群的分配公平感知。三是激励效价的可用性和开放性不高。可用性低主要表现为管理层经常用科研经费替代先进奖励，既不利于增强高校教师的获得感，也不利于刺激高校强化外部资源汲取能力。开放性低主要体现为来自财政资金之外的社会资金的比例低，不利于提高激励效价，抑制了管理层的自主性，进一步降低了激励效价的可用性。

激励效价的转型路径有两条，一是在制度层面上设定基础绩效和高阶绩效的功能。使基础绩效工资发挥保障和约束功能，在扣除税收和社会保险后，确保高校教师到手的基础绩效工资向高校所处城市相应职级公务员的收入看齐。对应高阶绩效的激励效价主要发挥激励作用，保持高激励强度，能够显著提高高校教师的收入。二是提高高阶绩效激励效价的可用性和开放性。提高可用性的方法是改变以科研经费代替现金奖励的做法，强化高校教师的获得感。提高开放度的方法是通过制定税收优惠政策和荣誉政策大力吸引各类基金会、校友会和大型企业捐款，扩充高阶绩效奖励基金规模。

五　研究结论与讨论

随着作为管理对象的高校教师群体结构发生了显著变化，作为我国高校的一项重要管理工具，绩效工资需要通过转型加以匹配，否则，就会降低高校教师的绩效工资满意度，诱发消极行为。在现实中，高校教师把注意力转向校外兼职甚至诉诸科研成果造假等反生产行为的现象就是证明。本文在以下几个方面推动了高校教师绩效工资研究：一是分析了高校教师群体结构发生的变化对高校教师绩效工资转型的结构性影响；二是根据比较优势理论和社会交换理论分析了高校教师绩效工资转型的目标；三是在整合绩效工资的三个维度、师资结构和高校办学目标的基础上，设计了高校教师绩效工资的分层式三维转型模式。

如表 2 所示，本文围绕绩效目标、绩效评价和激励效价这三个维度设计的分层式三维转型路径符合激励相容理念，能够实现基于比较优势理论和社会交换理论的转型目标。

表 2　绩效工资转型的分层式三维模式

	绩效目标		绩效评价	激励效价
	专注度	挑战性		
基础绩效	中	偏低	客观方法	中等强度
高阶绩效	高	偏高	主观方法	高等强度

第一，可以基于比较优势理论实现转型。在基础绩效层面，为不同专业社群的高校教师提供“三选二”的自由。由于取得基础绩效的挑战性偏小，因此，即使高校教师选择了一个不能够完全发挥比较优势的模块，也不会过多分散注意力。在高阶绩效层面，为高校教师提供了完全自由，提供了更加合理的评价方法，同时，更具可用性和开放性的激励效价使高校教师能够充分发挥比较优势并获得足够回报，更加持续地追求自己最擅长的绩效目标。

第二，可以基于社会交换理论实现转型。在基础绩效层面，为不同专业社群的高校教师设计了人才培养、学术研究和社会服务三个模块，要求高校教师自主选择两个模块并满足各个模块设定的绩效指标。这样既可以全面实现高校绩效目标，又可以为高校教师实现职业生涯发展目标提供相对专业的通道和自由的环境。根据基础绩效的挑战性提供适中的激励效价可以保障高校教师的工作安全感。在高阶绩效层面，允许高校教师自由追求高水平绩效，例如，通过科技攻关获得高额奖励。这样既可以为高校塑造特色和提高影响力奠定基础，又可以为高校教师提高职业声誉和地位提供高强度激励，为实现职业生涯发展目标提供组织支持。

高校教师绩效工资转型属于劳动关系的范畴，劳动关系的发展和变革根源于工作技术系统和社会价值观等方面的变革。随着知识分工在高校的推进，以及高校战略目标的多元化，管理层需要引导高校教师根据比较优势和注意力保持的原则接受差异化的绩效目标及相应的劳动关系契约。本文针对高校师资结构发生的显著变化，在激励相容理念的指导下引入社会交换理论和比较优势理论设计的高校教师绩效工资分层式三维转型路径，可以促进高校和高校教师目标的融合，为高校保持和取得竞争优势提供可靠的人力资源保障。

参考文献

沈文钦、王东方、赵世奎：《博士就业的多元化趋势及其政策应对：一个跨国比较的分析》，《教育学术月刊》2015 年第 2 期。

李军良等：《高校绩效工资改革管理理论与实践：基于一般地方本科院校的视角》，西南交通大学出版社，2014，第 27 页。

马超：《教师教育实践的创新：教师专业社群》，《教师教育研究》2011 年第 6 期。

宣勇：《大学变革的逻辑》（上），人民出版社，2009，第 37 页。

张松茂：《多元文化视角下的教师继续教育研究》，《广西民族大学学报》（哲学社会科学版）2015 年第 37（4）期。

〔美〕乔纳森·R. 科尔：《大学之道》，冯国平、郝文磊译，人民文学出版社，2014，第 83 页。

巩振兴、张剑：《同事反馈与创造性绩效的关系：情感的中介作用》，《湖南社会科学》2016 年第 1 期。

张荆、赵卫华：《高校教师收入分配与激励机制改革研究》，社会科学文献出版社，2014。

郭志刚、刘昌宇：《国外劳动关系发展变革及其对我国的启示》，《理论与改革》2017 年第 1 期。

Joris van der Voet.（2014）The Effectiveness and Specificity of Change Management in a Public Organization：Transformational Leadership and a Bureaucratic Organizational Structure，*European Management Journal*，32（3）：373－382.

Hiranya K. Nath，Lirong Liu，Kiril Tochkov.（2015）Comparative Advantages in U. S. Bilateral Services Trade with China and India，*Journal of Asian Economics*，38（1）：79－92.

Martine R. Haas，Paola Criscuolo，Gerard George，Robert C. Liden.（2015）Which Problems to Solve? Online Knowledge Sharing and Attention Allocation，*Academy of Management Journal*，58（3）：680－711.

Rebecca A. Thacker.（2015）The Application of Social Exchange to Commitment Bonds of Pro-union Employees：Cognitive Calculation of Reciprocity，*Human Resource Management*

Review，25（3）：287－297.

Maureen F. Dollard，Arnold B. Bakker.（2010）Psychosocial Safety Climate as a Precursor to Conducive Work Environments，Psychological Health Problems，and Employee Engagement，*Journal of Occupational and Organizational Psychology*，83（3）：579－599.

Jeremy L. Schoen.（2015）Effects of implicit achievement motivation，expected evaluations，and Domain Knowledge on Creative Performance，*Journal of Organizational Behavior*，36（3）：319－338.

ℝ.91

新时代高校绩效工资差别化分配机制的构建*

王运锋　陈丹生**

2011年3月，中共中央、国务院印发《关于分类推进事业单位改革的指导意见》，明确提出要积极推进高校等其他事业单位实施以分配激励约束机制为核心的绩效工资制度；同年，国务院办公厅印发《关于深化事业单位工作人员收入分配制度改革的意见》，指出要加快建立健全符合事业单位特点、体现岗位绩效和分级分类管理的工作人员收入绩效工资制度。然而，由于绩效工资改革涉及的人员和单位众多，配套政策缺乏体系化，财政补贴来源不同，评价机制不健全，岗位聘任执行难等问题，很多高校在改革的进程中一直在纠结到底选择一级分配还是二级分配，到底哪种分配方式既能保证绩效工资的合理合规使用，又能最大限度体现激励和约束。新时代，我国高等教育伴随“五位一体”战略迈入内涵式发展的新阶段，差别化的绩效工资分配机制既顺应高校人员和岗位类型多样化特点，又能充分体现工作人员个人表现、绩效等差别，有利于充分激发各类人才的创造活力，实现对高校教师的分类考核、分类聘任及动态化管理，符合中国特色现代大学制度要求。

* 基金项目：2018年度广东省高等学校人事管理研究会课题“新时代高校三位一体教师薪酬分配体系的构建与实践”（编号为2018C10）。

** 王运锋、陈丹生，韩山师范学院。

一　差别化绩效工资分配的时代意蕴

（一）背景及意义

工资差别化理论最早由英国古典经济学家亚当·斯密提出，该理论系统分析了不同职业、雇员之间工资差异的主要原因，认为企业内外部都存在工资差异。2016 年，国务院印发《关于激发重点群体活力带动城乡居民增收的实施意见》，明确提出将推出差别化收入分配激励政策，对不同类型的群体实施差别化的激励计划。

作为以绩效、贡献大小作为分配依据的绩效工资来说，需要差异化的分配来体现差异化劳动的效率精神。差异化的绩效分配制度强化收入分配政策激励导向，分类型施策，持续激发全体劳动者的积极性和创造性，其核心要义在于针对不同的群体表达不同的激励政策诉求。同样，对于高校来讲，针对机构、岗位繁多，人员类型多，层次多样，职能多而全的特点，尤其需要建立健全多要素、差别化的收入分配机制，因人、因岗精准施策，做到既能激发高层次人才创造热情，调动青年教师的工作积极性，又能鼓励引导基层行政教辅人员扎根基层，服务创新。

面对高等教育发展的新要求、新使命，深入推动高等教育各领域体制机制改革成为新时代中国特色社会主义建设的重要组成部分，其中就包括深化新时代教师队伍建设，建立差别化绩效工资分配机制。新机制力在解决瓶颈障碍，强化多元多层次评价，突出社会公平正义。

（二）时代特征

时代是思想之母，实践是理论之源。差别化工资理论深深植根于新时代中国高等教育发展实践的土壤，不仅具有广泛的实践基础，而且具有深厚的时代根基和丰富的时代内涵。差别化工资分配制度最显著的时代特征就是坚持按劳分配为主体，多种分配方式并存的分配制度。党的十九大报告指出，中国特色社会主义进入新时代，在分配方式上应坚持按劳分配原则，完善多种生产要素参与分配的体制机制，促进收入分配更合理、更有序。高校要实现内涵式发展，第一问题就是人。人的第一问题是体现激励的绩效工资分配机制。新时代的绩效分配不仅要具有差异性，更要把高校教师引导到尊重知识、劳动的价值方向上来，强化以增加知识价值为导向的分配思想。从工资职能上来看，分配方式不仅要具有传统的保障职能、激励职能，更需要凸显补偿职能、增值职能和调节职能，以满足不同类型、层次人才发展的需要，从人才资源效用最大化上推动高校体制机制创新。新时代高校绩效工资，在坚持差别化工资理论支持的前提下，应具有与特定时代相适应的岗位、教师、薪酬关系的基本状态和由社会主要矛盾所决定和反映的基本特征。具体反映如下。

1. 立足时代，明确差别化分配的总原则

中国高等教育进入内涵式发展的新时代，是我国高等教育发展新的历史方位。为了贯彻公平正义的方针，高校仍将坚持以按劳分配为主体，多种分配方式并存的分配制度。对当代世界高等教育人力资源管理方式进行分析和反思，是新时代我国高校差别化薪酬分配机制形成的重要依据。我国高等教育正处在争创“双一流”，加快内涵式发展的新时期，高效的人力资源管理体系仍是发展所急。我们要坚持从高等教育办学实际出发，树立开放眼光，更好地把学校发展与开放的人才发展激励机制统一起来，把教师利益同学校发展利益结合起来，不断提升自身内涵，以更加开放、更具活力的薪酬分配机制来促进人才队伍的健康有序发展，驱动创新，增强服务动力。

2. 与时俱进，构建现代化的高校薪酬分配体系

新时代高校差别化绩效工资分配机制，不仅是差别化工资理论中国化最新成果，而且把差别化工资理论推到新高度，指明了新时代我国高校教师薪酬分配体系应坚持的方向，增强为实现现代化高校薪酬分配体系应有的理论自信与实践自信。

二　差别化绩效工资分配的两大抓手

绩效工资制度起源于西方的企业管理制度，最终目的是提高员工绩效。差别化绩效工资制度在专注效率的同时，提出应根据岗位性质、人员类型与层次的不同，建立科学、适应性强的分类评价方式。因此，差别化绩效工资分配的关键抓手在于正确处理好两大内外部关系，即效率与公平的关系、内部考核与外部评价的关系。

（一）平衡效率与公平的关系

2016 年 5 月 16 日，习近平总书记在中央财经领导小组第十三次会议的讲话中提到，把按劳分配和按生产要素分配结合起来，充分体现按劳分配原则，多劳多得，少劳少得，不劳不得。同时，无论是劳动、资本、土地，还是知识、技术、管理，都应该按各自贡献获得相应回报。多劳多得，前提是劳动是有效的。习近平总书记的讲话深刻阐明，分配不仅要体现公平，也要衡量劳动是否有效，甚至是高效。

关于公平与效率的关系，美国经济学家阿瑟·奥肯认为："社会面临着选择：或者是以效率为代价稍多一点的平等，或是以平等为代价稍多一点的效率。"照此观点，两者之间是一个难舍的抉择。目前，虽然我国高校都已陆续开始实施绩效工资制度，但几乎都有一个共同点，有其表，无其实，"表里不一"，效率仅靠量多量少来体现，倾向于均等分配的相对结果公平。

高校是一个智力劳动高度集中的机构，发展成果必须依靠教师们的劳动来体现。但是教师在智力、教育程度、工作心态上的差异，必然导致用人成本、劳动结果的差别。如果仅仅将劳动成果均等分配，虽然从量上实现了相对公平，暂时稳定了队伍，却阻碍了教师工作的积极性、人才创造的驱动力，影响了效率。相反，根据人才智力差异、发展的多样化需求，适当拉开收入分配差距，进行差别化分配，就可以鼓励勤者多劳，能者善劳，形成你追我赶的竞争局面，激发人才干事活力，提高了效率。就如习近平总书记所说，既要坚持社会公平正义，排除劳动者参与发展、分享发展成果的障碍，又要努力让劳动者实现体面劳动、全面发展。

（二）科学规范的内外部考核评价

差别化分配，顾名思义，即多样化的分配方式，而实现多样化的依据主要来自差别化的绩效考核体系。人力资本工资差别理论认为，在其他因素不变的情况下，人力资本投资是造成劳动者收入差异的主要原因。劳动者文化知识背景与技术能力层次等自身条件不同，对劳动者的人力资本投资就会存在差异。自身条件差者其竞争力低，工资所得也必然低于自身条件好者。那问题就在于如何评价劳动者知识背景、技术能力等的好坏。这是决定差异化分配成功与否的关键。对高校来讲，差别化绩效工资分配的前提和保证就是一套科学高效、针对性强的绩效考核评价体系。工资是考核评价结果的运用方式和最终体现之一。针对高校普遍存在的“一刀切”现象，考核评价不应只是简单依据工作量多少、学生评价好坏的单一考核评价方式，而是应在人员、岗位“差别化”上做文章，分类细化多级考核指标体系。如教学人员，可设置同事间评价、领导评价、进修培训类型与时间、对外服务形式及成果、教授为本科生授课时数、青年教师听课时数、聘期履约情况、合同约定外业绩完成情况、科研成果转化情况、科研经费使用效率等指标标准；行政管理人员可针对服务对象和工作实绩设置指标，如服务对象评价、外部业务对口单位同行评价、业绩创新度（有无相应的科研成果、被学校或上级采用的咨询建议等）、院校间相关业务成果对比评价等。一个好的考核指标体系不仅要大而全，而且要针对性强，符合新时代教师队伍内涵式发展的需求。

另外，高校是从事高等教育活动的社会服务组织，社会服务是其基本职能之一。因此，高校绩效分配应与外部绩效考评挂钩，评价结果作为核定预算、负责人奖惩与绩效分配等的关键依据。外部考核的标准主要来源于高校对外社会服务内容，如毕业生就业、校地协同、成果转化、智力输出、地方经济社会发展急需的人才引入比例等。这些都可以成为核定高校绩效工资总量的有力依据，实现高校间绩效工资的差别化分配。

三　多维度构建差别化绩效工资分配机制

新时期，习近平总书记在多个场合提到应认识收入分配制度改革的重大意义，万事要从实际出发，始终坚持按劳分配为主体、多种分配方式并存的分配制度。由此，结合新时代中国特色社会主义对高等教育发展提出的新要求，从津补贴规范化管理、中国特色现代大学薪酬分配制度、人才是第一资源等三个方面挖掘符合中国特色现代大学制度的绩效工资分配制度，构建差别化绩效工资分配机制。

（一）津补贴规范化管理

在基本工资之外设置绩效工资，主要就是结合高校财政收入来源方式、岗位结构和人力资源管理需要，最大化激发内部分配活力，使教师收入与岗位职责、业绩和贡献大小挂钩，强化激励功能。那绩效工资的含义是什么，哪些项目应该划归到绩效工资总量范围内。事实是至今没有一个政策文件对高校绩效工资的具体范畴进行过归类细化，业务人员普遍对其也是似懂非懂。划归的依据是什么，到底是按资金来源分，还是依使用方式来分，似乎没有一个肯定的答案。这也给高校的绩效工资总量核定和分配带来困扰，最直接的体现就是当前高校绩效工资的发放项目都是形同神似，没有体现出差别化，区别度过低，不符合高等教育百花齐放的要求。按功能划分，绩效工资中最能体现差别化分配的就是奖励性绩效工资。奖励性绩效工资分配的痛点在于津补贴的多样性与规范性，因为其主要功能都是体现工作量多少和贡献大小。在核定的绩效工资总量范围内，学校可以自主确定津补贴发放项目、标准和分配方式，由此，津补贴的规范化管理凸显其必要性。

要分清哪些津补贴应该纳入奖励性绩效工资，首先应该明确津贴和补贴的定义。通俗地讲，津贴是特殊岗位工种才有的，具有技术含量，以鼓励为主，差别化工资理论称之为“补偿性工资差别”，如岗位津贴、保健津贴、政府特殊津贴等；补贴是特意为一件事或者特殊人群发放的带有长远目的的经费，如生活补贴、餐费补贴、交通补贴等。从津补贴规范管理的角度来讲，绩效工资分配的首要工作是根据上级规定和学校人才建设总需求，设定符合学校发展实际的津补贴项目，包括国家统一设定的和学校依规自行设置的津补贴。明确发放目的和人群，再依资金来源、使用方式等来分类，将如工作性津贴、改革性补贴等国家明文规定的强制性津补贴单列，剩下的具有激励导向作用，体现多劳多得、优绩优酬原则的津补贴归入奖励性补贴范畴。不管津贴还是补贴，都具有明显的差别性、指向性和目的性，这也与差别化考核评价体系的多样指标相呼应，对差别化绩效工资的体系化、制度化、规范化实施具有导向作用。因此，绩效工资分配的关键还是要弄懂事业单位津补贴的前世今生，理顺、规范学校所有的津补贴项目，从该不该发、能发什么的角度指导构建差别化绩效工资分配机制。

（二）中国特色现代大学薪酬分配制度

2017 年 3 月 31 日，教育部等五部门联合印发《关于深化高等教育领域简政放权放管结合优化服务改革的若干意见》（以下简称《意见》），《意见》特别提出要健全符合中国特色现代大学特点的薪酬分配制度。中国特色现代大学特点，首先就是中国特色，即坚持社会主义办学方向和扎根中国大地办大学；现代大学，即管办分离，政校分开，办学自主权得到充分保障，健全教职工代表大会、学生代表大会、学术委员会等议事规则制度，特别是要全面实行聘任制度和岗位管理制度，坚持差别化用人，确立科学的考核评价和激励机制。据此理解，中国特色现代大学薪酬分配制度，应该是以有利于提高竞争力为宗旨，符合大学自身特点和创新性人才发展需求，收入平衡充分，重点突出，动态调整，拥有更大分配自主权的多种分配方式。其核心在于，高校可根据所属地经济发展水平和发展需要核定绩效工资总量，保证学校之间绩效工资总量的有效级差；在总量内，自主确定本校绩效工资结构和分配方式，保证校内各层次、类别人员绩效工资的合理级差，差别化绩效工资分配是中国特色现代大学分配制度的核心，可以从以下三个方面实现这种差别化分配。

1. 内涵式发展（总量控制）

高等教育的内涵式发展，将我国高校发展方向分成两大类，“双一流”大学和应用型大学。“双一流”大学，以中国特色、世界一流为核心，以支撑创新驱动发展战略、服务经济社会发展为导向，通过一流大学和一流学科建设，志在提升中国高等教育综合实力和国际竞争力，努力成为世界高等教育改革发展的参与者和推动者。应用型大学，是以应用型为办学定位，教学和科学研究以服务地方为宗旨，培养具有较强社会适应能力和竞争能力的高素质应用型人才，需要有良好的政策和外部环境支持。对比可以发现，两类大学在自身特点和发展需求上是有所区别的，特别是在人才队伍建设上，一个突出世界高精尖，另一个强调区域社会服务，其绩效工资总量的核定考量要有相应区别。“双一流”高校注重绩效工资总量外奖励性项目的设置，适当转移内外分配比例，突出分配向关键岗位、高层次人才和做出突出成绩的工作人员倾斜。应用型大学综合考虑区域经济社会发展和多样化人才队伍建设需要，总量核定注重队伍结构的合理性与适应性，强化人才分类、分层考量，重点加大双师型、导师型、教学创新型教师倾斜力度，强化分配指标区别度，最大化实现绩效工资总量的差别化核定。相关统计数据显示，我国目前“双一流”高校占比仅为4.7%，面对如此悬殊的比例差，如何推动两类高校内涵式发展、区别式发展，成为一项重要课题。从薪酬分配上顺应时代潮流，强化、完善绩效工资的激励功能，充分激发内部用人活力，深化高校用人体制机制改革，促进人才、学校的差别化发展，是高等教育内涵式发展的必由实现路径。

2. 理顺分配关系（岗位管理）

要理顺内部收入分配关系，首先要保证岗位结构比例的合理适当。高等教育“放管服”改革，不仅强化竞争机制的建立，更鼓励高校自主设置内设机构，自主管理岗位设置，自主管理岗位聘用，自主建立有利于竞争的分配机制。可以说，岗位与薪酬是环环相扣、互相制衡的，在扩大自主权的同时，对人事管理的最后一环——薪酬合理分配提出了更细要求。以岗定薪、岗变薪变、级变薪变的工资分配制度是高校岗位聘任的基本原则。如粤东某地方师范院校，在“放管服”改革过程中，为了服务学校发展定位，实现对岗位的高效、精准管理，在调整各类型岗位比例的同时，尝试将部分专业性较强的行政管理岗位纳入专业技术管理，并结合各岗位特点、工作要求等建立了差别化的绩效分配制度。特别是纳入专业技术管理的行政管理岗位，分配不仅要体现专业技术的特性，更要符合管理岗位工作的要求，不简单地选择是按专业技术职务还是按管理职务兑现薪酬待遇。这才是兼具公平和激励的有效分配关系。该校新的薪酬分配方式，一是体现了多劳多得，优劳优绩，优绩优酬；二是符合应用型高校建设需求，体现了对双师双能型人才的支持；三是通过项目、成果激励，卓越教师评选，绩效总量外单列奖励等措施，激发了青年教师和高层次人才创新创业的活力、热情，规范了教师的育人行为，形成了良性循环的教学科研工作促进机制。

3. 释放用人活力（引人用人）

受限于体制机制障碍，高校长期形成的“大锅饭”现象极大地限制了教师的主动性和创造性的发挥，使本来活力无限的教师队伍在很大程度上失去了活力。因此，高校要提升竞争力，体现内涵，就必须挖掘特色和释放活力，就必须根据高等教育发展规律和外部环境要求，建立开放的引人用人机制。在常规的绩效工资分配方式外，可采取协议制、项目制、年薪制等多种更具活力、突出向重点群体倾斜的绩效分配形式和分配办法。在灵活性引人用人方面，比较具有代表性的就是广东某“211”大学，除了常规的事业编制人员，建立了系统的编制外用人管理和薪酬分配机制，如人事代理制、年薪制、科研项目制、辅助性用工制、协议制、非全日制等方式。每种方式配套个性化的引进、报酬分配政策，让各类型、各层次教师都学有所用、用有所长，尽显个人优势，有效促进了各岗位职能的发挥。

（三）人才是第一资源（人才资源的开发利用）

管理学理论认为，组织的资源主要包括人、财、物、信息、时间和空间。同样，高校作为一个组织机构，也同样包含这六大资源。人是最特殊的资源，因为其他五种资源的获取、传播、分析和评价，都需要人来把控，而资源把控的质量，又需要对人的行为价值作出合理的评价，并依靠劳动回报等激励机制进一步提升人的价值行为。因此，人才资源效用的发挥，需要一套与劳动价值付出相适应的差别化绩效分配机制。

2018年3月7日，习近平总书记在两会期间参加广东代表团审议时强调，发展是第一要务，人才是第一资源，创新是第一动力。中国的强大要靠创新，创新要靠人才。针对高校内涵式发展，潘懋元教授认为，实现高等教育内涵式发展的本质是提高大学的办学质量，大学教师的发展是质量建设的基础。而要实现高校人才资源的高效发展，就需要关注教师的个人发展，建立长期且不断改革完善的激励机制、多元的薪酬分配管理制度，以体现教师的科研创新能力与个人价值，并持续激励教师的学习动力、创新活力和奉献热情。薪酬分配是人力资源开发利用的重要内容之一，深化高校薪酬分配制度改革，需要从人事管理制度创新、人才发展投入、差别化绩效分配等三方面齐头并进。

第一，根据高校优质人才资源相对集中、类型与层次多元的特点，充分利用人员总量管理、职称评聘、岗位聘任等办学自主权，加快建立符合高校特点的学校自主引人、自主用人、自主分配等一系列配套措施完善的人事管理新制度，让制度与人才资源的适应性更强。要围绕高层次人才、专业技术人员、行政管理人才、教辅人员、工勤人员队伍建设，建立各具特色的分类管理制度，重点支持有干事欲望、创新型、“双师双能”型人才的引进和培养，侧重德行、业绩、突出贡献等的人才评价方向，鼓励教师创新创业，支持教师多元发展，强化自由竞争的用人理念。

第二，以人才资源发展为着力点，扩展对外合作方式，增加人才发展项目资金投入，鼓励教师“走出去”，推动人才资本不断增值。对人力资源的资本投入，不仅能满足高校内涵式发展需求，而且能减缓新时代教师日益增长的价值提升需要与发展不平衡不充分之间的矛盾。这种人才发展的投入远胜单一的物质报酬，价值溢出率高。

第三，以搞活用人制度为导向，强化多层次激励，建立差别化的绩效分配机制。激励是现代人力资源开发的核心，同时也是绩效工资分配的有力抓手。人才第一资源效用的发挥与人才激励方式和力度息息相关。高校在引人用人过程中，要深入研究差别化工资理论与人力资本投入的关系，以学校建设发展为引领，以人的需求为出发点，将绩效工资分配与岗位需求和业绩的匹配度挂钩，鼓励教学、科研、管理与服务等多种要素参与绩效分配，盘活人力资源，实现人尽其才。

四　结语

工资理论自诞生以来，就随着劳动生产和经济发展方式的变革而不断发展与丰富，因此，工资理论具有明显的时代性。面对新时代高等教育体制机制改革步伐的不断深入推进，从新时期高校工资理论的时代意蕴和特征出发，建立更符合高校内涵式发展需求的差别化绩效工资分配机制，将从根本上激发人才的外部与内生动力，并率先扛起破除束缚人才发展的体制机制障碍的大旗，助力中国高等教育的内涵式发展。

参考文献

彭松森、陈海燕、崔永刚：《人力资源开发与管理》，山东人民出版社，2007，第56～58页。

瞿兆松：《时代是思想之母　实践是理论之源》，http：//www. qstheory. cn/laigao/2017－10/27/c_ 1121868385. htm。

朱晓波：《我国渐进式改革中公平与效率问题研究》，西南财经大学硕士学位论文，2006。

教育部：《关于公布世界一流大学和一流学科建设高校及建设学科名单的通知》，http：//www. moe. gov. cn/srcsite/A22/moe_ 843/201709/t20170921_ 314942. html。

王培军：《“放管服”对高校行政管理提出哪些新要求》，《光明日报》2017年8月8日第13版。

毛俊：《员工流失的原因及其组织对策》，《企业改革与管理》2008年第10期。

潘懋元、贺祖斌：《关于地方高校内涵式发展的对话》，《高等教育研究》2019年第40（2）期。

ℝ.92

天津市北辰区区级机关事业单位编外用工管理调研报告

董学琛*

当前，随着“放管服”改革的深入开展，区级各部门承接的工作任务不断增加。在机构编制只减不增的控制原则下，很多部门通过招聘编外用工补充人员缺口。各单位编外用工量逐年递增，财政供养压力逐年加大，编外用工的严格管控和规范管理已成为人力资源和社会保障部门面临的重要课题之一。本文从天津市北辰区编外用工基本情况、问题分析、意见建议三个方面，对编外用工情况进行简要分析。

一　基本情况

天津市北辰区人力资源和社会保障局（简称“北辰区人社局”）通过采取发放问卷、实地调研和召开座谈会等方式分三个阶段进行了调研：第一阶段以发放调研问卷的形式，全面了解各单位编外用工数量、岗位、收入等情况；第二阶段以座谈的形式，赴12家用人单位进行实地调研，同时，还组织召开了两场专题座谈会，与11个主管委局、镇街相关负责同志就编外人员的使用和日常管理进行了深入交流；第三阶段进行分析汇总，对问卷发放和调研座谈收集上来的共性问题进行分析研究，同时，学习外省市和兄弟区县的管理办法，在此基础上提出工作意见，具体情况浅析如下。

* 董学琛，天津市北辰区人力资源和社会保障局。

（一）长期用工情况

经调研，北辰区70%以上的机关事业单位存在编外用工，编外用工年支出费用约5.8亿元（含单位担负的保险、公积金）。从数量分布、岗位分布、进入渠道、工资待遇、福利保障等五个维度分别进行统计分析发现，从数量分布看，委局编外人员占61.9%，镇占22.3%，街占15.8%（见图1）。从岗位分布看，从事社会事务等工作的管理辅助岗约占40.1%，从事教育卫生等工作的专技辅助岗占35.3%，从事后勤保障等工作的工勤辅助岗占24.6%（见图2）。从进入渠道看，通过公开考录、政策性安置等渠道进入的约占47.6%，单位自行聘用占52.4%（见图3）；从工资待遇看，根据不同岗位，月人均实发到手收入3000元以下的占26.2%，3000~5000元的占56.7%，5000元以上的占17.1%（见图4）；从社会保障情况看，上述人员五险参险率约96%，公积金缴存率约71%，享受防暑降温费的占87%，享受取暖补贴的占79%，享受带薪休假的占70%；合同签订率约99%（见图5）。

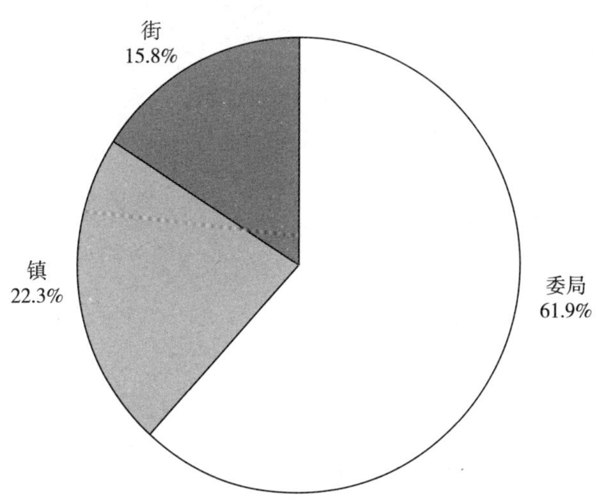

图1　编外人员增量分布

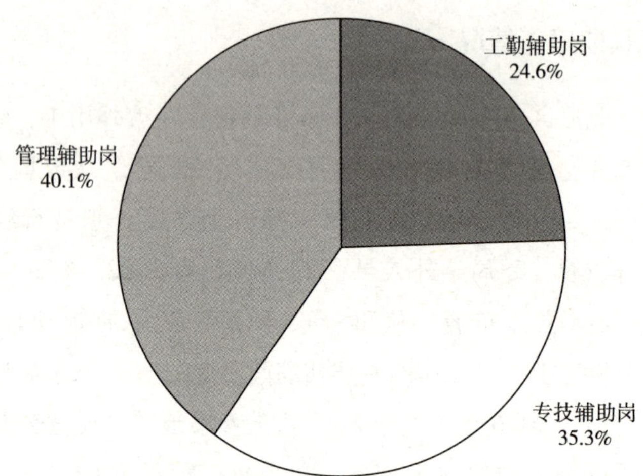

图2　编外人员岗位类别分布

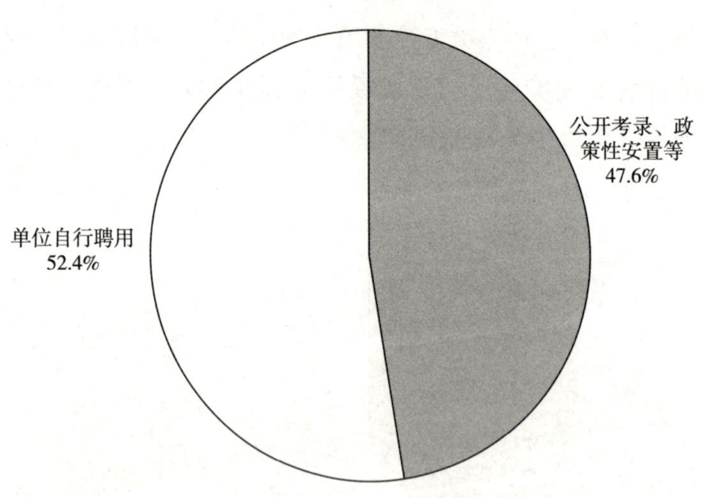

图3　编外人员进入渠道分布

（二）政府购买服务用工情况

经调研，北辰区机关事业单位购买服务用工主要集中在食堂、保洁、保安等岗位，全区政府购买服务年支出费用约 2.5 亿元。

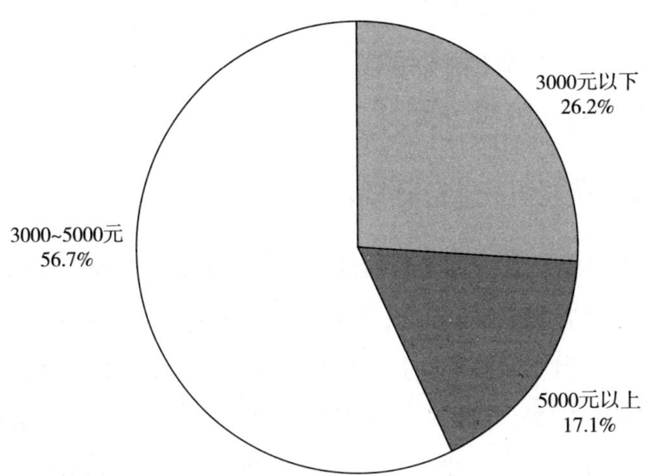

图 4　编外人员实发工资分布

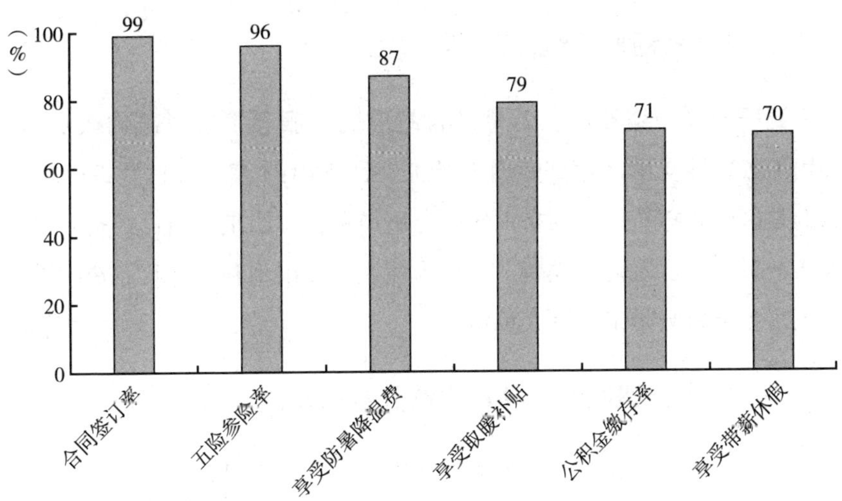

图 5　社会保障情况

二　问题分析

机关事业单位编外用工在弥补编制不足、搞活用人机制、引入良性竞争、减少财政支出、缓解就业压力等方面发挥了一定作用，但由于长期以来对编外用工缺乏政策规范和有效监管，管理上的漏洞和引发的矛盾问题也逐步凸显，主要表现在以下几方面。

（一）素质参差不齐，行政风险高

部门编外用工队伍都是多年形成的。由于历史原因，这支队伍人员聘用时间有早有晚，文化程度有高有低，进入渠道五花八门，履行程序宽严不一，造成这部分人员素质参差不齐。相当一部分人员不能适应新时代新形势下对岗位提出的新标准、新要求。特别是从调研情况看，75%的编外人员集中在管理辅助岗和专技辅助岗，其岗位职责和工作内容与编内人员区别不大，但在政治觉悟、组织纪律、政策把握、责任担当等方面存在较大差距，易增加行政风险，影响政府形象和公信力。

（二）队伍臃肿，财政负担重

经调研测算，编外用工总量（含政府购买服务）超过编内人员总量，编外用工工资性支出已达到编内人员工资性支出的37%。这些编外用工支出有的是区财政担负，有的挤占部门公用经费，有的是从项目经费支出，但从大口径看用的都是财政经费。这种隐性人员支出不利于财政经费的科学运行，也给各级财政带来了巨大负担。

（三）工资待遇偏低，对人才吸引力不强

目前，纳入北辰区员额管理的编外用工按主管部门和类别分别执行相对统一的工资标准，月人均到手收入约3200元，由市、区两级财政负担；大部分未经批准使用的编外用工，没有被列入财政预算管理，他们的工资福利支出只能挤占单位的办公经费或其他项目经费，因此工资福利待遇往往由单位依据自身的经费承受能力自主确定，缺乏科学合理的薪酬管理机制和标准，从几百元到几千元不等，与在编人员收入存在差距，影响其工作积极性，导致队伍不稳定，特别是高学历、能力强的编外用工流失率较高。

（四）人员类别繁杂，管理层级交叉

各镇街编外用工种类多样，仅各委局派驻的就十几类岗位。这些岗位管理部门不同、招聘条件不同、工资待遇不同，人员综合素质差异大。加之管理权与使用权分离，缺乏统筹规范的管理制度和绩效考核制度，形成管理上的“两张皮”，给镇街带来很多困扰和问题。

（五）依法管理意识淡薄，制度机制不健全

部分单位在劳动合同签订、缴纳五险一金，发放防暑降温费、取暖补贴、带薪年休假等方面没有依法保障到位，违反了劳动法律、法规，投诉举报情况时有发生，给政府部门形象造成了负面影响。同时，大部分单位合同约束机制和考核奖惩机制不规范、不健全，导致对编外用工管理上失之于宽，失之于软，存在出口不畅的问题。

（六）管理职责不清，缺乏有效的制约把控

目前，在编人员管理部门比较明确，编制部门负责编制控制和实名制管理，组织人事部门负责组织指导监督招聘，财政部门负责拨付经费。但在编外用工方面，除纳入员额管理的人员外，其他部门自行聘用人员一直未明确管理部门、工作程序和工作要求，造成编外用工数量不受制约，随意性强。有的用人甚至未经集体决策，滋生了用人上的不正之风；有的单位未履行考试、政审等程序，在人员素质上把关不严。

三　意见建议

为规范编外用工管理，控制编外用工数量，保障编外用工的合法权益，根据有关法律法规和政策规定，结合调研具体情况，就编外用工管理提出以下建议。

（一）严控队伍规模，调整工作思路

1. 缩小使用范围

深入开展岗位调查工作。用人单位要结合职责任务和编制数量情况，本着“从严从紧，统筹精干”的原则，按照“辅助、服务岗位精简使用，技术、管理岗位稳慎使用，执法、涉密岗位严禁使用”的标准，全面梳理编外用工岗位，该清理的清理，该整合的整合，确保从规模上只减不增。在全面清理整合的基础上，各单位要重新提出编外用工岗位需求及理由，科学合理统筹安排现有人员，实现人员使用的最大效益。

2. 精简清退冗员

按照“精干高效，不养闲人”的原则，以用人单位为主体对编外用工进行认真梳理，重点对六类人员进行清退：一是因临时性、阶段性、突击性工作任务而聘用人员，现工作任务已完成的；二是劳动合同到期且不符合续聘要求的；三是整合任务不饱和岗位富余的人员；四是严重违反用人单位管理制度，或工作消极、不能胜任岗位要求的人员；五是有违法犯罪记录且政治不合格的人员；六是其他不符合国家有关法律法规和市、区有关政策要求的人员。要通过召开专场招聘会等形式，积极为清退人员开辟再就业渠道，政府购买服务项目要优先吸纳清退人员。

3. 统筹层级管理

对目前各部门招聘且派驻各镇街的人员，条件允许的，将派驻人员下放镇街管理，实现招聘权、管理权、调配权“三统一”。今后各职能部门交办镇街工作任务，要由原来的“给人”转变为“给事”，职能部门负责业务指导、监督考核，各镇街负责人员配备和日常管理，避免多部门管理引发的扯皮和管理漏洞。

4. 转变用人方式

变“花钱养人”为“花钱办事”，减少财政供养人员。探索多元化用工途径，结合岗位特点，将用工方式向项目管理、劳务派遣、服务外包转变，还可通过创建高校毕业生就业见习基地、用足惠民政策、设立公益岗、适当吸纳符合条件的困难家庭人员和城镇失业人员等方式，缓解用工需求，解决就业难题，减轻财政负担。

（二）强化部门责任，规范工作程序

1. 明确管理部门

为进一步加强监管，从根本上扭转编外用工随意性较强问题，切实避免形成管理上的盲区、财政支出上的“黑洞”，建议建立组织、巡察、编制、人社、财政、审计等部门相互配合的联动管理机制，明确职责分工和管理要求，定期进行监督检查。对有欺骗瞒报、“吃空饷”、不按规定程序进人等行为的，一经发现，按有关规定对相关负责人进行处理。

2. 严把人员入口

对经批准使用的编外用工进行补充，要严格按照“民主决策，优化结构，程序规范”的原则进行，即在动议上，将编外用工纳入单位选人用人集体研究范围；在人员条件上，原则上不低于本科（特殊岗位适当放宽）；在招聘程序上，按照相关规章制度要求，实行公开招聘；在风险防范上，组织人事部门要对招聘方案和工作程序进行监督指导，各单位要着重对招聘人员政治素质进行严格审查，确保政治安全。

（三）树立法治思维，健全完善机制

1. 严格依法用工

要高度重视编外用工的社会保障问题，严格执行《劳动法》《劳动合同法》《社会保险法》等法律法规，认真落实最低工资标准、“五险一金”、带薪休假、防暑降温费、取暖补贴等法定待遇，切实保障编外用工合法权益，避免出现违法违规用人情况。同时，要加强对承包外包业务用人单位的资质审核，对不遵法守法的单位，依规解除承包或外包合同。

2. 强化考核奖惩

用人单位要建立健全编外用工日常管理制度和考核奖惩制度，加强日常管理和考核，按照“谁使用、谁管理、谁考核”的原则，严格落实编外用

工管理责任。要对编外用工的工作绩效进行定期考核，考核情况作为确定劳动报酬和续订劳动合同的重要依据。对工作表现突出的，及时给予奖励，对不符合岗位要求的，予以辞退。

3. 规范薪酬管理

对上级业务部门有明确薪酬标准的，原则上按要求落实，对无统一薪酬标准的，由人社、财政等部门按照“分类管理、体现激励、以人为本、量力而行”的工作原则，结合不同岗位特点和区财力情况，分别提出薪酬指导意见。

R.93

河北省事业单位绩效管理优化对策研究

邢明强　杨 平*

引 言

事业单位是极具中国特色的公共组织，是我国社会的一种特殊阶层，为我国卫生、科学、教育、文化等诸多领域的建设以及发展提供公益服务，为我国社会以及经济发展做出了巨大贡献。绩效管理作为实现组织战略目标的重要手段，已经越来越受到事业单位管理者的高度关注与重视。然而，随着我国社会主义市场经济体制改革的不断完善与发展，事业单位绩效管理层面也暴露了一些问题，如很多人对绩效管理缺乏全面、正确的认识，导致事业单位绩效管理水平低下，未能充分发挥绩效管理的职能和作用等。因此，在新时期下，全面剖析绩效管理前、管理过程中、管理后的现状和特点，建立符合事业单位特殊性质的绩效管理体系，已成为当前和未来事业单位人力资源管理的重点。

一　河北省事业单位绩效管理现状

（一）绩效管理政策法规

河北省为构建现代化人力资源管理体系、促进事业单位绩效管理工作的有效开展、提高事业单位员工的工作积极性，积极颁布一系列政策法规，为

* 邢明强，河北省人力资源社会保障科学研究所；杨平，河北经贸大学公共管理学院。

事业单位绩效管理提供统一的参照依据。2010 年，颁布《河北省事业单位实施绩效工资意见》，对规范事业单位收入分配、完善分配激励机制、做好实施绩效工资工作等做了具体说明，对事业单位绩效管理建设起到了宏观引导作用；2015 年，颁布《河北省调整事业单位工作人员基本工资标准实施办法》，对基本工资标准做了规定，同时将部分绩效工资纳入基本工资标准内，进一步推动了事业单位绩效管理的进程；2017 年，颁布《河北省省直机关目标绩效管理实施意见》，对省直事业单位绩效管理的事前、事中、事后等实施工作做了相应的部署，进一步明确事业单位绩效管理的重点；2018 年，颁布《关于 2018 年事业单位工作人员年度考核工作的通知》，对事业单位工作人员考核内容、考核结果的划分标准等做了详细阐述，为事业单位绩效管理建设起到了积极推动作用；2019 年，颁布《关于全面实施预算绩效管理的实施意见》，对政府预算、部门预算、政策和项目预算的绩效管理作出了宏观的部署工作，进一步强化激励约束作用，推动了事业单位绩效管理规范化发展。

（二）绩效管理监督

事业单位绩效管理的监督是指监督部门在绩效考核前对考核计划目标制定的监督管理、对考核过程中的考核流程进行的全面监督、对考核结果进行的调查分析，并确定考核结果及其过程是否符合本单位绩效管理标准的要求等。目前，河北省事业单位绩效管理的监督主要侧重于对绩效考核前监督和对绩效考核过程中的监督。绩效考核前的监督主要是监督单位考核计划的制定是否符合河北省事业单位绩效管理相关政策的规定、是否符合本单位实际发展的需要；考核过程中的监督是以事业单位内部监督为主，主要监督考核过程中是否存在违规违纪现象、是否严格按照流程规定执行考核等。

（三）绩效管理考核

河北省事业单位大多采用“德、能、勤、绩”的考核模式，通过设定

“德、能、勤、绩”的考核内容，根据员工在每一项内容的具体表现，对其进行打分。除此之外，员工通常需在年终递交工作总结，交由人事处负责收集整理，考核小组根据员工综合表现进行测评，并撰写相应的考核结果报告，实施相应的奖惩工作。河北省事业单位绩效管理主要考核项目与内容如表1所示。

表1 河北省事业单位绩效管理主要考核项目与内容

主要考核项目	主要考核内容
德	思想政治表现、职业道德表现、社会公德、组织纪律等
能	业务能力、创新能力、表达能力、分析能力、组织能力等
勤	出勤率、工作效率、工作态度等
绩	工作数量、工作质量、工作贡献等

（四）绩效管理反馈

通常在年终考核之后，考核小组将考核成绩分为优秀、合格、基本合格、不合格等四个档次，作为干部选拔任用、评优评先及其他奖励的依据。各单位考核管理部门会结合河北省绩效管理相关政策和本单位制定的相应奖惩制度，对员工进行奖励或处罚：对考核优秀的员工多采用物质奖励和精神奖励相结合的手段，给予年终绩效奖金、一次性奖励性绩效、加薪、荣誉称号等；对考核不合格的员工通常采取该年度不计算任职年限等做法。具体河北省事业单位绩效考核结果的应用内容如表2所示。

表2 河北省事业单位绩效考核结果的主要应用内容

等次	应用范围
一次性奖励的发放	优秀人员、合格人员、基本合格人员
调整工资级别	考核结果为基本合格及以上人员于第二年元月起增加相应范围的薪资
职务晋升与聘任	专业技术人员连续三年被评为优秀等次的，具有优先聘任上一个专技岗位职级资格；管理人员连续三年被评为优秀等次的，具有优先职务晋升资格
惩戒	考核结果为基本合格以下等次的人员本年度不计算为现任岗位的任职年限

二　河北省事业单位绩效管理问题

（一）对绩效管理认识程度有待加深

由于目前事业单位的绩效管理还处于探索阶段，受传统管理理念的影响，当前人们在观念上对绩效管理的认识程度不够深入，相当一部分人没有透彻了解绩效管理这门科学，如把绩效考核等同于绩效管理。实际上，绩效考核只是绩效管理中的一个环节。对事业单位来说，不仅仅要把绩效考核这一环节做好，对绩效管理的每一个环节都应该完善。另外，由于缺乏不同形式的绩效管理培训和宣传，管理者和员工都缺乏对绩效管理的认识。对于事业单位来说，绩效管理尚且需要很多探索。

（二）绩效管理监督力度有待加大

绩效管理的监督是对绩效考核前、考核过程中、考核结束后的全方位监督。目前，河北省事业单位绩效管理的监督主要侧重于对考核前的监督和对考核过程中的监控。这对事业单位的绩效管理起到了一定的积极作用，但同时存在一些问题。一方面，监督内容和体系有待完善。河北省多数事业单位未能重视对考核后的监督，考核后的监督包含对考核结果的审查、对优秀者奖励范围的监控、对未合格者惩戒措施实施力度的检验等。虽然多数事业单位在内部设置了监督评议的相关制度，但仍存在监督内容不具体、监督标准模糊、监督执行力较弱等问题，未能构建起完整的监督体系。另一方面，监督主体的范围有待扩大。河北省事业单位的监督主体是内部人员，负责监督考核计划和考核过程等事项，缺乏群众性参与措施，或群众的参与形式往往是通过投票、服务评价等，参与程度有限，在多数情况下无法真正参与到事业单位的绩效考核中，监督主体范围有限。

（三）绩效管理考核过程有待完善

首先，考核指标设置有待完善。河北省多数事业单位采用的“德、能、勤、绩”的考核标准，针对每一个项目下设具体考察内容，多采用定性的方法进行考核和评估，导致考核结果的主观性较强，缺乏科学的考核指标体系，且考核周期往往是年度或月度，缺乏临时考核设置。其次，在考核实施过程中存在执行偏差。由于缺乏科学的考核指标设置，无法实现量化评价，考核人员所得到的数据并不全面，依靠考核人员的主观意识对员工的工作情况进行判断的比例较大。且在考核过程中缺乏信息化、智能化工具的应用，导致对相关数据进行分析的时候有失偏颇。最后，绩效考核范围窄，没有层级划分。事业单位绩效考核主要是针对技术人员考核，针对管理人员考核的极少，对考核部门缺乏层级上的划分。

（四）绩效管理沟通反馈应用有待规范

反馈是绩效管理过程中的最终环节，是对前期工作的总结梳理并及时进行沟通、查漏补缺的过程。首先，一些事业单位注重考核过程，而往往忽略对考核结果的评价，如存在员工升职加薪与绩效考核的结果联系不紧密等现象。其次，一般事业单位考评结果主要分为“不合格”“基本合格”“合格”“优秀”四大类，而其中“优秀”的人数占总人数的15%以下，而“不合格”人数基本没有，在“合格”层次上的人较多。这种绩效考评结果显然无法准确、有效地区别绩效差别，在很大程度上挫伤了员工的工作积极性。最后，在考核结果的反馈上，缺乏有效的沟通。一些事业单位管理者没有与员工进行深层次的交流和探讨，导致一些员工对事业单位考核结构理解有偏差或感到不公等；没有进一步对数据进行挖掘，形成考核结果的原因、可能存在的问题和改进办法。绩效考核更多时候只是成为组织奖惩的工具，脱离了最初以组织战略目标为导向、帮助组织和员工共同发展进步的目标。

三　河北省事业单位绩效管理优化对策

（一）更新观念，科学理解绩效管理作用

首先要转变观念，充分认识理解绩效管理的重要意义，以及其在组织实

现战略目标中起到的关键作用。一方面，要把绩效管理放在组织战略伙伴的角度去看待，对待绩效管理的态度由形式化的被动执行转变为具有主观创造性地落实推进。另一方面，要理解绩效管理与绩效考核是不同的两个概念。可以说绩效考核是实现绩效管理的重要环节之一，应准确认识二者的含义、区别和关系，通过转变绩效管理理念，加深对绩效管理的理解。绩效考核的重点是考核，管理者的角色是“裁判”。而绩效管理着眼于职工绩效的改善，在绩效管理中，管理者的角色是“教练”，主要目的是通过管理人员和职工持续的沟通、指导、帮助或支持职工完成工作任务，从而实现职工个人和单位整体的“双赢”。因此，单位管理者在推行绩效管理的过程中首先要转变工作思路，将原有检查评估的工作方式调整为“以事前计划执行为基准、以事中沟通辅导为核心、以事后反馈改进为关键”的工作思路，为发展总目标的实现打下基础。

（二）加大绩效管理的监督力度

对绩效管理的监督是对计划、实施、反馈的全过程监督。河北省事业单位应提升自身的监督能力和监督效率。首先，应当完善监督内容和体系。完善监督内容，制定合理清晰的监督标准，提升监督的执行力，加强对绩效反馈环节的监督，构建完整的监督体系。其次，提升监督主体的专业技能，拓宽监督主体的范围。事业单位内部要成立专门的监督小组，并定期对监督小组的成员进行技能水平的培训，提升其监督的专业化水平和能力，保障其在监督中能够更好地开展工作，保证结果的公平性和客观性。要积极拓宽群众参与渠道，使群众能够真正参与到监督过程中，更好地反映群众诉求。

（三）完善绩效管理的考核过程

首先，做好岗位分析，使绩效考核程序更为明确。一方面，要对绩效考核的程序加以明确，确保绩效管理拥有良好的工作环境，采用定量和定性的分析方法明确岗位职责，使考核具备科学的依据。另一方面，要优化考核程序，成立专门优化小组，适时监督考核工作的开展，确保考核程序的实效性。其次，要设置科学的考核指标体系。理念上要清晰地认识到绩效管理的内涵，要谨记绩效考核指标的提取一定要符合关键的、能够促进目标达成的核心原理，如运用业绩指标法、平衡计分卡、关键成功因素法等先进的绩效指标设计方法，将关键指标融入事业单位各个部门的各个岗位中。对于绩效考核和制度规范无法涵盖的内容，要求事业单位管理者提升自身的领导力以解决问题，适应和深化事业单位现阶段的各项改革。最后，要建立有效的竞争机制，提高员工活力、工作积极性和工作效率的同时，适当地实施末位淘汰制、末位惩戒制等措施，在职工中形成良好的优胜劣汰竞争机制，促进职工在一定范围内的合理流动。

（四）规范绩效管理的沟通反馈应用环节

规范性的反馈机制的建立不仅体现在评估结果的反馈环节，还体现在绩效管理目标、系统的设计与实施、系统改进等各个环节。一方面，要拓宽考评结果的应用范围。考评结果的应用应遵循以正激励为主、以负激励为辅的模式，将考评结果与员工的职业发展相联系，应用于职位晋升、轮岗交流等各个方面。对于优秀人才事业单位应给予其更广阔的发展平台，充分发挥优秀员工的价值。对于连续考评结果为不合格的员工，进行约谈，情节严重者进行调岗处置，并将考评结果更好地应用于薪酬，划分薪酬和绩效工资的等次，实施差异化管理战略。另一方面，要加强反馈环节的沟通，提升员工在反馈环节的参与度，通过沟通及时发现问题并解决问题，营造良好的工作环境和人际氛围，同时拓宽沟通渠道，完善反馈面谈、反馈申诉等程序，使反馈环节更加高效、合理、有效。

参考文献

王筝：《大数据背景下事业单位人力资源绩效管理创新》，《环渤海经济瞭望》2019年第3期。

《中山市开展市属事业单位绩效管理的探索》，《中国机构改革与管理》2019 年第 1 期。

徐瑶：《事业单位企业化管理后的绩效管理方式研究》，《时代金融》2018 年第 17 期。

杨皎玉：《人事管理中绩效管理应用及相关问题研究》，《现代国企研究》2018 年第 10 期。

韩宏维：《对事业单位预算绩效管理问题的研究》，《财会学习》2018 年第 5 期。

胡建飞：《浅谈地勘事业单位绩效工资制度改革中存在的问题及建议》，《金融经济》2017 年第 18 期。

ℝ.94

关于内蒙古包头市拟定事业单位岗位设置方案的意见和建议

暴雁城*

事业单位岗位管理制度是事业单位人事制度改革中的一项基本人事制度，其中岗位设置又是岗位管理制度中的一个重要环节。近年来，内蒙古自治区包头市98%以上的事业单位进行了岗位设置并开展了岗位聘用工作，为每名在编在岗的事业单位工作人员都确定了具体工作岗位，迈出了事业单位工作人员由“身份”管理向“岗位”管理的重要一步。

一 事业单位进行岗位设置的重要意义

岗位设置管理是指事业单位为实现组织目标、完成工作任务，根据单位性质和工作特点，对其职能和任务进行合理分工，科学设岗，明确岗位的职责、权限和任职条件，按岗选人用人的动态过程。事业单位岗位设置是否科学、规范，对保障事业单位高效运转、提高事业单位工作人员的工作积极性都具有重要意义。

（一）岗位设置是推行事业单位聘用制的前提

聘用制是事业单位的基本用人制度。事业单位中除依照或参照国家公务员制度进行人事管理的单位外，都要推行人员聘用制度，即用人单位和事业单位职工个人通过签订聘用制合同的方式确立人事关系，明确双方与工作关

* 暴雁城，内蒙古自治区包头市人力资源和社会保障局。

系有关的权利和义务。聘用制的核心就是按岗聘用。所谓岗位就是指事业单位根据其社会功能、职责任务和工作需要设置的工作岗位，应具有明确的岗位名称、职责任务、工作标准和任职条件。只有设置合理的岗位，才能按照岗位规定的条件、标准进行人员聘用，确定每名工作人员的工作岗位，按照所聘岗位核定相关工资待遇。如果没有合理的岗位设置，就难以聘用人员，最后使聘用制流于形式。

（二）岗位设置是事业单位岗位管理制度的重要环节

岗位管理制度也是事业单位的一项基本人事制度，主要内容包括制定岗位设置方案、竞聘上岗办法、公开招聘办法、辞聘解聘办法和考评考核办法等，其中岗位设置方案是其他所有工作内容的基础。没有科学合理的岗位设置，就无法实施竞聘上岗、公开招聘、辞聘解聘、考核评价等相关工作。因此，事业单位岗位设置是实施竞聘上岗的前提，是实现以岗定酬的依据，是形成择优竞争、“能上能下”用人机制的基础，科学合理的岗位设置对事业单位建立和完善岗位管理制度起着至关重要的作用。

（三）岗位设置是事业单位收入分配制度改革的依据

事业单位收入分配制度改革就是要建立符合事业单位特点、体现岗位绩效和分级分类管理的收入分配制度，贯彻按劳分配与按生产要素分配相结合的原则，建立与岗位职责、工作业绩、实际贡献紧密联系和鼓励创新创造的分配激励机制，使工作人员的工资收入与他们的岗位职责、工作业绩、实际贡献以及成果转化所生产的效益直接挂钩。因此，收入分配制度改革的核心就是以岗定薪，岗变薪变，也就是只有有了明确岗位职级，才能确定岗位工资，有了明确的岗位职责，才能科学制定绩效考核办法，合理确定绩效工资。

二　当前事业单位岗位设置中存在的问题

自 2008 年以来，按照自治区的部署和要求，包头市认真贯彻国家和自治区相关政策规定，全面总结推行事业单位全员聘用制的经验，紧密结合包头市实际，围绕转换事业单位用人机制，在全市事业单位全面推行了岗位设置管理工作，事业单位岗位管理工作初见成效。但实际来看，在岗位设置具体工作中还没有真正实现“因事设岗”的原则，各单位缺乏具体细致的岗位设置方案，部分单位岗位设置流于形式，具体表现如下。

（一）事业单位三类岗位没有很好体现“因事设岗”

按照《事业单位岗位设置管理试行办法》，事业单位岗位分为管理岗位、专业技术岗位和工勤技能岗位三种类别。每个事业单位在编制部门批复“五定”方案时，都明确过单位提供的社会公益服务是以社会事务管理、专业技术还是技能维护、工勤服务为主体，但好多单位为了增加专业技术岗位数量，减少设置管理岗位和工勤技能岗位，导致好多实际从事管理工作或工勤工作的人员无岗位聘任。同时专业技术岗位设置时应设置与单位开展工作相适应的专业技术资格，但一些单位工作人员有什么样的专业技术资格便设置什么样的专业技术岗位，因人设岗现象依旧存在。

（二）岗位设置与聘后岗位管理结合不够紧密

目前各单位在岗位设置方案中只体现各岗位的数量，没有根据工作任务和发展的需要进行科学规范的岗位评估与分析，没有制定包含岗位名称、职责任务、工作标准和任职条件的岗位说明书。因为缺少任职条件、职责任务、工作标准，所以不能与下一步的竞聘上岗、合同签订、考评考核工作结合起来，使聘用制的推行流于形式。

（三）缺乏动态的岗位管理制度

按照有关规定，在各地区、各部门在各类岗位控制的总体比例内根据工作需要实行岗位动态管理制度。各类事业单位因机构撤并，职能调整，领导职数、编制员额和人员结构等事项发生变化时，需及时办理岗位设置调整工作。一些单位岗位设置长年不变，没有根据单位的变化及事业发展的需要适时调整。

以上种种表现，归根结底还是思想认识不到位，没有从单位自身发展和生存高度去认识岗位设置工作的重要性，认为岗位设置是人事、编制部门管的事，只要按照编制、依照上级粗泛的指导意见去做就行了，认为设岗聘用不过是搞形式。职工缺少危机感和竞争意识，单位缺乏有效的竞争激励，岗位设置和聘用工作存在形式主义倾向，聘用制度变成一纸“形式合同”。有的事业单位和职工没有树立按需设岗、按岗聘用的理念，把岗位聘用视为人人有份的“福利”，没有充分考虑岗位要求、事业发展需要和为人才成长预留空间，岗位设置管理工作应有的导向和激励作用不能得到充分发挥。

三　科学拟定岗位设置方案的意见和建议

事业单位岗位设置应紧紧围绕单位职能，以有利于高质量完成工作，提升公共服务能力，充分调动工作人员积极性为要求，根据三类岗位的不同特点，科学合理地设置每一个工作岗位，努力实现事业单位人事管理由固定用人向合同用人、身份管理向岗位管理的转变。

（一）岗位设置的基本原则

一是按编设岗的原则。各事业单位应严格以编制部门核定的编制数及三类人员结构、领导职数为基础依据，合理确定三类人员岗位数量。各岗位的名称、数量、职能、责任、权利及岗位的任职条件等与本单位的类别、工作性质和任务相符。

二是因事设岗原则。各事业单位应根据单位的职能、所承担的工作任务及事业发展的需要，科学合理地设置岗位，尤其是在设置专业技术岗位和工勤技能岗位时要把整体事业职能任务合理分解，分类细化，明确每个岗位的工作内容、工作量、工作要求等。

三是优化结构原则。岗位设置要体现出对各类岗位的业务素质、工作技能、人员配备、目标考核等方面的要求。个别辅助岗位可以由主体岗位兼职的不再进行单独设置。通过分析不同岗位的工作特点、技术要求和责任大小，合理确定各类岗位人员的结构比例，并要形成阶梯效能。

（二）三类岗位设置具体意见和建议

1. 共性意见和建议

一是岗位设置方案应广泛听取本单位职工对岗位设置方案的意见和履行单位负责人员集体讨论等程序。

二是三类岗位人员结构应严格按照编制部门批复的三类人员数额进行设置，不得随意转换。

三是每个岗位均应制定岗位说明书。各单位在设置每个岗位时都应制定有岗位名称、职责任务、工作标准和任职条件的岗位说明书。比如七级职员人事科长、专业技术五级中小学语文高级教师、二级工汽车驾驶等不同岗位应履行的职责任务、完成任务的工作标准及任职条件都需在岗位设置方案中予以明确。

2. 个性意见和建议

（1）管理岗位设置方面

管理岗位是指担负领导职责或管理任务的工作岗位，对于主要承担社会管理职责的事业单位，应保证管理岗位占主体，一般应占单位岗位总量的一半以上。

管理岗位由领导岗位和一般管理岗位两部分组成，岗位设置也分领导岗位设置和一般管理岗位设置。其中领导岗位（八级职员以上）应严格按照编制部门核定的领导职数、内部机构数及实际工作的需要进行设置；一般岗位（由九级职员以下）应综合考虑单位工作和人员实际从事工作，确需设置的应及时予以设置，可由专业技术人员兼职开展工作的可以不予设置。

（2）专业技术岗位设置方面

专业技术岗位是指从事专业技术工作，具有相应专业技术水平和能力要求的工作岗位。对于主要以专业技术提供社会公益服务的事业单位，应保证专业技术岗位占主体，一般应占单位岗位总量的70%以上。专业技术岗位设置是实行专业技术职务聘任的基础。

一是应合理确定岗位总数。专业技术岗位总数由编制部门核定的专业技术人员数和批准的兼职岗位数进行确定。其中按照“事业单位工作人员原则上不得同时受聘于两类岗位”的规定，一般事业单位原则上应不设置兼职岗位，个别专业技术工作含量较高的事业单位中领导人员确实需要兼职从事专业技术工作的，在设置兼职岗位时应严格按照包头市兼职岗位比例规定进行设置。

二是应合理区分主辅岗位。设置专业技术岗位应切实根据本单位的职责、规模、所承担的任务等要素，合理确定主体岗位、辅助岗位职称序列。主体岗位职称序列必须是开展工作所符合的主要专业技术，不得因现有人员实际取得的专业技术资格随意增减。部分辅助专业技术岗位可由主体专业技术岗位兼任的建议也不再单独设置。

三是应合理确定结构比例。专业技术岗位设置应符合市规定的高、中、初三级总体结构及内部等级机构比例，应很好体现专业技术人才队伍建设的阶梯效能，逐步实现专业技术职务聘任与岗位管理的有效衔接。尤其是对于设有多个专业的主体岗位（或辅助岗位）的情况在核准的层级和等级数量内也需根据工作需要有每个专业的数量区分，形成科学的结构层次，使每一专业岗位之间任务明确、配合有序，让每个专业技术岗位均发挥最大效益。

四是合理确定特设岗位。事业单位经批准可以设立特设岗位。特设岗位是非常设岗位，主要服务于聘用急需的高层次人才，促进人才的合理引进和流动，推动人才和事业健康发展。

（3）工勤技能岗位的设置方面

工勤技能岗位是指承担技能操作和维护、后勤保障、服务等职责的工作岗位。对于主要承担技能维护、服务保障等职责的事业单位，应保证工勤技能岗位占主体，一般应占单位岗位总量的一半以上。

一是严格控制数量结构。工勤技术人员岗位的三级工以上设岗比例应严格按照国家规定的比例执行。除汽车驾驶以外的工勤岗位应结合工作开展实际需要予以设置相应岗位工种，并在岗位总量内合理确定每一工种具体数量。

二是鼓励工勤岗位社会化。按照事业单位改革发展方向，鼓励事业单位后勤服务社会化，逐步扩大社会化服务的覆盖面。对已经实现社会化服务的一般性劳务工作，应不再设置相应工勤岗位，并积极教育引导已经聘任在工勤岗位的人员通过组织创造条件，个人自身努力逐步向其他岗位转换。

ℝ.95

关于甘肃临夏县事业单位信息化建设的思考与建议

方明明*

临夏县事业单位信息化应用管理工作还相对滞后。无论是互联网的应用，还是新媒体平台的应用，都为事业单位的信息化管理提供了条件。信息化管理在事业单位的管理工作中发挥着重要的作用，是事业单位工作的重要组成部分。人事管理部门的工作职责就是协调各部门做好信息数据的管理统计备案等工作。事业单位信息化管理给领导决策提供了数据支撑，信息化媒体宣传也是信息化建设中重要的组成部分。为了更好地应对时代发展，提高工作效率，进一步规范人事管理，进行事业单位的信息化建设是事业单位人事制度改革中不可缺少的重要环节。

一　目前事业单位人事管理信息化的建设问题

（一）信息化观念落实不到位

将信息化观念落实到实际的工作中去，是进行事业单位信息化建设管理的第一步。很多事业单位的人事管理工作仍采用传统的工作模式，工作方式受老旧的管理方式影响，信息化观念存在一定的渗透难度。信息化的人事管理工作问题体现在以下几个方面。

1. 信息管理共享理念不够

随着人事制度管理越来越规范，各个部门都不同程度地实施了信息化管

* 方明明，甘肃省临夏回族自治州临夏县人力资源和社会保障局。

理。作为县一级人力资源和社会保障（简称“人社”）部门，对乡镇、县直部门每年实施信息采集，工作量相对比较大。对于编制委员会办公室、财政等与人社部门联系比较紧密的单位，同样也有类似的问题。并且，三部门的数据出现不同程度的差异。对于人员信息管理来说，人员的部分信息是共用的，审核之后，数据确保不变。其他信息更改是根据部门的管理权限而变，不涉及的部门不需要对其进行维护。但在现行阶段中，同样的数据要有很多部门重复维护，造成数据不一致、报送部门工作任务多的情况。

2. 宣传信息平台滞后

现阶段人事工作中，发布招聘、公告、职称评聘结果等信息任务多。作为县一级人社部门，没有自己的网站和公众平台，公示还使用发文、张贴公告等形式，相较互联网方式，宣传效果范围小，群众知晓度小。

（二）人事管理人员的工作技能有限

信息化系统对使用者的综合素养要求较高。一方面其需要拥有专业的计算机信息技术基础，还需要本行业的业务知识；另一方面需要具备动态思维，将实际业务工作流程结合信息技术，提升工作水平。但人事管理工作人员在实际工作过程中，经常会出现心有余而力不足的工作状态。官方网站在县一级维护困难，缺少专职人员，信息更新较慢，群众关注度低。

一方面，老旧的人事管理工作习惯对人事管理人员造成了一定的拖累。另一方面，接受信息化工作模式还需要一个循序渐进的过程。这样就影响了事业单位人事管理信息化建设工作的工作效果。

人事管理工作内容复杂，涉及范围较广，信息变化快。在工作执行时需要其他部门配合，并给予一定的工作支持。然而，各部门的工作计划独立，工作时间紧迫，并不能拿出过多的时间和精力配合人事管理部门进行信息化建设管理。这样就影响了人事信息化管理的工作进程。

（三）缺乏有效的人事管理信息化系统

临夏县事业单位的人员信息管理系统是在原公务员信息系统基础上多加

几栏项目而运行的。考虑到事业单位专技人员占比较高的工作人员结构，实际系统开发不完备，后期管理系统一直也未维护。开发效果不理想。信息系统的开发工作需要一个磨合的阶段和循序渐进的适应过程，要了解事业单位的人事管理工作模式。由于近年来职称改革不断深化，职称评审系统已经逐步开始运行，管理方式不断改进，工作效率不断提高，工作程序不断简化，部门配合不断紧密。通过不断探索，信息化建设越来越完善，逐步实现高效办公。

（四）事业单位对信息化建设工作的关注程度不够

事业单位都会配有相关的计算机工作设备，但容易将信息化建设和网络使用的概念相互混淆。对各部分工作的相关工作职能区分不够彻底，导致信息化建设轨迹出现偏离，造成信息化建设工作管理混乱，难以提升人事管理工作的信息应用效果。

二　加强事业单位人事管理信息化建设的几点思考

（一）开发应用人事信息管理资源

从关键点着手进行事业单位的信息化管理建设工作。建立健全信息管理资源数据库，开展信息录入、信息建档等工作。信息化系统的应用就是为了工作的高效，提高准确性、规范性。

通过建立庞大的信息管理数据库，提升事业单位的人事管理效果。人事管理工作包括人员的任免以及工作的自然减员，管理方式是多种多样的，管理手段也并非一成不变的。这就需要事业单位具有长远的发展眼光，紧跟时代发展潮流，不断调整人事管理信息化的建设内容，结合事业单位的实际发展策略，优化发展空间，保证信息建设的实用性、适应性和信息性。

（二）加强事业单位的信息硬件设施建设

事业单位想要进行信息化建设就需要拥有自己专属的网络信息工作平

台。网络信息技术已经是信息时代的代名词，事业单位通过网络平台加强信息化的人事管理工作也是无可厚非的战略工作目标。硬件设施为这一工作提供必要条件。

事业单位内部的局域网信息建设是基本条件。局域网的高效应用可以帮助事业单位更好地实现信息资源共享功能，满足信息时代化的发展要求。从单位内部着手，建立科学的网络信息管理体系，综合运用网络管理智能，实现人才储备、绩效考核、工作测评等人事管理工作职能。

建立科学的人事管理工作团队，提高事业单位的人事管理水平，保证其独特的竞争优势和发展需求。通过网络的应用让人事管理信息化的工作朝着多元化的方向发展。事业单位重视网络信息技术，发挥网络建设的整体作用。

（三）战略性的信息人事管理模式

预测事业单位的发展目标，帮助事业单位建立良好的人事管理体系。人事管理的信息化建设不是一成不变的，需要随着事业单位的发展不断提升，帮助事业单位解决工作管理难题，实现可持续发展的战略目标，为事业单位引进更多的网络信息技术人才，提升网络平台的综合管理水平。总结人事管理工作经验，建立适用于事业单位的人事信息网络管理平台。

三　结束语

科技在发展，事业单位响应时代的号召，将人事管理信息化的建设工作提上日程。人事管理的信息化建设工作并不是一成不变的，而是循序渐进的过程，需要一个追寻探索的过程才能完成。人事管理的信息化建设是未来事业单位的一个重要发展目标。总结过去的管理经验，展望未来的科技发展，提升人事信息化的管理功能。

ℝ.96

新疆高校高层次人才流动问题研究

竺向阳*

高校高层次人才是指教学科研能力强，能够起到推动学校学科发展、人才培养，提升社会服务等能力的高水平人才。高校高层次人才流动既是高层次人才实现个体发展的需要，也是高校通过人才队伍建设保障长远发展的需求。随着“双一流”高校建设的号角吹响，高校高层次人才流动更为频繁，更为平常。影响高层次人才流动的因素很多；制约因素越多，人才逆流程度就越高；制约因素越小，人才吸引程度就越强。作为新疆高校，本就属于高层次人才流动的末端，如何应对高层次人才流动，成为当前新疆高校人才队伍建设的重要内容。

一 新疆高校人才流失现状

新疆本科高校的高层次人才流动严重，流失频率较高，特别是中青年骨干教师和学科带头人流动频繁。中国智库网的一份 2014 年调查数据显示，在随机调研的 835 名新疆高校教师中，约 1/3 的教师曾有过职业流动经历，这一比例明显高于中东部高校的平均值[①]。多数教师的流动类型是向内地高校流动。新疆本科高校的高层次人才有多种流动类型，各流动类型所占比例相差也较为明显。根据中国人力资源网公布的数据，2009 ~ 2015 年超过 80% 的新疆高校教师选择向内地高校流动[②]。

* 竺向阳，新疆大学。

① 中国智库网，http：//www. chinathinktanks. org. cn/。

② 中国人力资源网，http：//www. hr. com. cn/。

高校教师流向与地区经济发展呈现明显的正相关性。新疆地处我国西北，由于历史、地理等因素，发展水平落后于中东部地区。新疆不缺乏劳动力，而是缺少高端人才。人才的缺乏造成许多企业发展的瓶颈。结合调研数据进一步分析，新疆高校目前的高层次人才流动以国内跨地区性流动为主，以疆内流动和国外流动为辅。从高层次人才流入区域来分析，从中部地区流入新疆的占比最多。从高层次人才流向区域来分析，疆内地区间流向占比最多，其次为向西部地区流出。

人才流动是国家人力资源通过市场机制进行资源有效配置的一种表现形式，是积极的、有利的。但是，随着东西部差距的日益拉大，西部高校高层次人才的流动处于一种无序和不公平状态。一方面，自己校内现有的高学历、高职称人才留不住，纷纷向东部发达地区流动，自己培养的硕士、博士拿到学位后不愿回原单位，尤其是一些地方出台的“三不要”（即不要户口、不要档案、不要行政工资介绍信）政策，导致部分高层次人才常常不辞而别。[①] 另一方面，西部高校为了应对挑战，出台了一系列的优惠政策和措施，加大人才的引进和稳定力度，但并没有从根本上解决高层次人才的流失问题。这种在人才竞争中出现的恶性循环，给西部地区高校师资队伍的稳定特别是高水平教师的稳定，带来了巨大压力，使学校的教学、科研、学科建设等各方面工作受到严重影响。与此相反，一些地处东部发达地区的高等院校，凭借其雄厚的办学基础和充足的财政支持，从中西部高校挖走大量的高层次人才，达到优化人力资源结构、提高办学实力的目的。全国范围内的高层次人才抢夺战使本已薄弱的西部高校师资队伍建设雪上加霜。西部高校高层次人才的流失，使西部高校的办学实力受到严重削弱，导致与东南沿海发达地区高校的差距越来越大。

人心思动，流动意愿明显。中国社会科学网的调查结果显示，2009～2014年，西部地区大学具有流动意向的教师比例接近四成（38.6%），中部

① 兰俏梅：《试论民族地区高校人力资源开发战略》，《中共福建省委党校学报》2004年第6期。

地区达到25%，东部地区比例最低为17.9%[①]。调查分析指出，这与地区经济发展水平以及待遇水平存在很大关系。有竞争力的薪酬、良好的福利及个人发展条件对高层次人才流动有极其重要的影响。新疆由于其特殊的地理位置，属于偏远的边疆地区，在经济发展上缺乏优势。

高层次人才的特性也决定了他们的流动性意愿水平。他们往往会选择有利于自己成长的环境。很多高层次人才无法适应新疆高校的环境，当其他环境优越的高校向他们抛出橄榄枝时，就会选择“东南飞”。这也使新疆高校面临人才流失的问题。

二　新疆高校高层次人才流动问题产生原因

（一）社会层面的原因

1. 社会环境的影响

在2009年以后，新疆的发展以及社会稳定受到“三股势力”的影响，社会长期处于高压状态。这样的发展形势不利于新疆高校高层次人才的引进以及留住。[②] 长期科研以外的压力使新疆高校的高层次人才感受不到科研的快乐，成为不了真正的科研人，而是一直游走于科研与日常维稳任务之间。其次，新疆现行的社会工资水平较低。新疆和内地的同级别岗位之间的收入差距非常大。同样的能力，在内地能获得更好的待遇，从而造成很多年轻人不愿意待在新疆，更多的新疆骨干专业人才愿意去往内地。待遇的巨大差别不仅吸引不了外面的人，同时还造成了本土的人才往外走。

2. 社会成本的制约

为了吸引高层次人才，一些地方高校不惜花重金引进人才，承担着如科

① 中国社会科学网，http：//www.cssn.cn/。

② 王秀丽：《影响新疆社会稳定的因素分析及“维稳”路径探讨》，《克拉玛依学刊》2011年第4期。

研启动经费、安家费、住房补贴、学历补助费、配偶工作安置费等多项高层次人才引进的费用。[①] 地方高校办学经费有限，人才引进经费过多，造成引进人才培养经费严重不足。培养开发一旦跟不上，一方面，随着时间的推移，新人辈出，引进的高层次人才无法满足当前发展需要；另一方面，外部条件不能满足高层次人才自我提升的需求，大大增加其流失的风险。

人才培养方式有失偏颇，重视校外培养而轻视校内培养。很多的地方高校设立进修专项基金，支持中青年优秀教师到国内外的知名学府、重点科研院所去攻读学位或访问学习。然而，由于经费限制，这项措施仅满足了极少的中青年骨干教师外出研修，并不是所有的优秀教师有外出进修的机会。伴随地方高校扩招而导致的师资紧张，高校也进一步减少了很多优秀中青年骨干教师出外学习的机会。这种重视校外培养而轻视校内培养的策略，只能使极少部分人才的学历层次、教育教学能力或科研水平有所提升，大部分的骨干教师则可能因为扩招教学、科研任务的繁重丧失了机会。因此，充分重视高校人才内部培养，无疑是地方高校比较切合实际的选择。

科研经费也是影响拔尖人才脱颖而出的重要因素。我国教育经费占的比重处于世界较低的水平，不足以支撑亿人口大国的教育和人力资源实现可持续发展与开发。[②] 新疆的科研资助比例较低，对比内地发展较快省份，无论是在资助单位队伍还是在资助金额上，都存在差距。这样的差距势必会引起科研工作者的不满，促使他们转行，同样也将有意向留疆的人才拒之门外，吸引高层次人才更加困难。

3. 市场机制的失效

由于高层次人才的稀缺性，社会上的企事业单位及高校之间的人才资源“抢夺”及无序竞争也是高校人才流动的直接原因，而对人才资源的竞争行为尚缺乏有效的制度层面的约束及引导。[③] 一些单位以高年薪、高住房福利

---

① 刘长伦：《对高校引进人才的思考》，《中国成人教育》2006 年第 7 期。

② 胡鞍钢、王磊：《全社会教育总投人：教育发展的核心指标》，《教育文化论坛》2011 年第 1 期。

③ 郑尤：《当前高校高层次人才引进工作的问题分析及对策研究》，《湖北经济学院学报》（人文社会科学版）2015 年第 9 期。

等为吸引力从其他高校“挖”人。然而当高层次人才到高校之后，随着住房、家庭支出、子女入学、个人学习进修等问题的显现，在经济捉襟见肘的状况下，其就愈发不安于现状。根据马斯洛的需求层次理论，衣食住行这些物质上的需求在人的需求层次中是最基本的，也是最迫切需要解决的需求。[①] 高层次人才要获得更高需求满足最直接的途径则是跳槽到更高收入的就业地区或岗位。此时，高校的人才引进则毫无价值可言。

其次，高校人才劳动力市场不规范。目前，不少新疆高校人事部门对人才流动的重要性和必要性存在模糊认识，对高校人才市场的任务及其自主、开放、完整的特点不甚了解，导致高校人才市场管理机关化，或是对人才放任不管。高校人才在长期计划经济体制下形成了“固定职工”这一根深蒂固的观念，反对高校人才商品化、资本化，认为一旦流动，成为商品后，高校人才会丧失国家和学校的主人翁地位。这些错误的观念严重制约了高层次人才的合理流动和高校人才市场的形成。

（二）高校层面的原因

1. 同一把尺子衡量不同学科和学校是人才流失外部原因

由于历史和现实的原因，当前，无论是教育行政部门对大学校长的评价，还是大学对人事处处长、学院院长的评价，包括国家和社会对不同学校、不同学科的评价，在人才队伍评价方面实质上都是看重带“称号”的师资，这也就导致了高校竞相争夺带“称号”的教师，在人才计划申报上不惜血本，做足功夫，进一步促进了人才的跨地区流动和校际流动，使人才引进成本不断攀升。事实上，不同地区、不同类型的学校，不同类型的学科，其发展阶段和建设水平存在差异是正常现象，国家和社会要允许高校根据自身条件和学科建设、人才培养、科学研究等实际需要去引进和培养合适的人才，不能单一地通过带“称号”的人才数量来评价其办学水平。

---

① 郭卜乐：《马斯洛的需要层次理论》，《教师博览》2005 年第 9 期。

2. 待遇不设上限是人才流动的直接原因

迄今为止，国家并没有对高校教师岗位待遇设置上限。不同地区、不同类型高校之间相同岗位级别的教师待遇差别较大，尤其是东西部高校高层次人才的年薪标准更是差别很大。[①] 例如，获得国家杰出青年科学基金资助人员的年薪，在部分东部高校达到100万元甚至200万元，而新疆高校一般仅为40万~60万元。这些都导致人才的非正常流动。据调查，美国和加拿大等国均设有大学教师的最高收入标准，且不同地区的收入差距相对较小，从客观上降低了大学教师因收入大幅差距而产生流动的动机，也减少了大学以优厚福利待遇为诱饵进行人才不正当竞争的机会，有利于教师队伍的稳定。[②] 无论与国际大学比较，还是与国内其他知识密集行业对比，我国教师群体，特别是青年教师群体的平均薪酬待遇还是相对较低的，这在一定程度上驱使他们产生了“向钱看”的念头，致使引才难、稳才更难。

3. 同质化办学促使高层次人才竞争白热化

当前，新疆及全国高校同质化现象比较突出，一些大学特色不鲜明，办学目标定位模糊，学校组织结构、专业设置、人才培养目标和方向、办学理念甚至校风校训等“千校一面”。同样的学科专业在多个大学“遍地开花”，毫无特点新意，客观上也加剧了相同学科的优秀人才紧缺和高校间对人才的恶性竞争。有的教学型大学不满足于教学型，盲目向研究型大学拔高，也不遗余力“掺和”对研究型人才的抢夺，哄抬了人才市场价格，对大学之间人才的异常流动起到推波助澜的作用。

4. 高层次人才计划各自为政导致人才盲动

目前，各高校给予各类人才计划入选者的薪酬水平、科研支持经费、家属安置等待遇和条件都比普通教授高出很多，具有无法抵御的诱惑。[③] 但

---

① 周少靖、李生有：《新疆与东部地区经济发展的差距与对策》，《中共乌鲁木齐市委党校学报》1996年第2期。

② 胡咏梅、易慧霞、唐一鹏：《高校教师收入不平等——基于中国和加拿大高校教师工资性年收入的比较研究》，《中国高教研究》2016年第11期。

③ 张力：《从薪酬制度改革入手解决科研经费使用问题》，《中国人才》2014年第17期。

是，国家“千人计划”仅面向海外引才，各级地方政府设立的人才计划仅面向省外引才，各高校设立的人才计划仅面向校外引才，国内外、省内外、校内外教师不能平等参与这些人才计划（“万人计划”虽然面向国内人才，但竞争非常激烈，且基本集中在少数特别优秀的国内人才）。人才计划的这些申报条件的局限性，也导致了国内人才设法出国“镀金”、曲线自救；省内人才积极到外省申请人才计划；校内人才竞相到外校申报人才计划。这些都成为高层次人才跨地区、跨省区和校际异动的重要诱因。

5. 传统僵化的人才观念忽视人才发展

大多数的地方高校尤其是新疆高校仍以教学型为主，培养的人才以应用型为主，而并非理论或研究型为主。[①] 高层次人才的领先作用不仅是在教育、教学领域，在科学研究领域也同样重要。

对新疆高校的发展而言，本身就有地理位置和地方经济发展水平的局限，办学条件和办学档次都不具有优势，在办学理念、引才观念和竞争意识等方面也存在一定的差距，显然不能与部委属高校、重点高校相提并论。再加之受高等教育大众化发展的影响，高校对自身的定位也陷入一些误区，在学校发展理念上盲目扩大规模，提升档次，却忽视自身人才队伍质量和实际水平，导致了人才层次和结构均不合理。尤其是受市场经济一些不良习气的影响，很多高校过分强调市场，一味追求经济效益而忽视了教育和教师本身的发展规律，这将严重影响到人才队伍的建设和可持续发展。[②] 特别是还残留着一些不适应形势要求的观念，如文人互轻、互不尊重、缺乏团队精神，担心改革触动原有的利益格局，习惯于旧体制下的科研成果相互封锁、科研设备追求小而全，这些都严重阻碍了学术交流和科研效益的提高。有时还存在强烈的论资排辈思想。在这样一个落后、腐朽、封闭、保守、专制的环境中，拔尖人才是无法脱颖而出的，只会让拔尖人才的智慧之花萎缩，创造才思的源泉闭塞、消亡。

---

① 汪天友：《应用型人才培养与高校教学改革问题探究》，《高教学刊》2017 年第 6 期。

② 王广忠、李国杰：《关于市场经济下高校教师队伍建设的几点思考》，《现代教育管理》1993 年第 6 期。

6. 学校管理体制不健全导致人才缺乏归属感

一方面，高层次人才难以参与到学校的发展战略、政策制定、决策咨询中。另一方面，高校虽有工会、人事处、教务处等与高层次人才密切相关一些组织，但都只是限于一些事务性的上传下达，或是一些常规性活动的开展。随着教职工数量的增多，高层次人才所在二级教学科研单位对其关心亦不够全面，对于高层次人才的成长及教学科研团队组建，教学理念的研究等更缺乏专门的组织来关心及帮扶。

7. 激励措施欠缺造成人才稳定性较差

在新形势下，很多高校对高层次人才缺乏有效的内在激励。① 尽管有些高校采用情感手段去激励高层次人才，但大部分高校一提到稳定高层次人才，自然就会从待遇和工作条件方面激励，忽视了情感激励在稳定高层次人才过程中的特有功能。② 由于设计激励机制本身的复杂性，一些高校人力资源部门不愿意在此方面多下功夫，不愿意放弃习以为常的自上而下的管理方式，不愿意花费时间和精力强化与高层次人才在思想、工作、生活上的接触，使情感激励效果并不明显。有相当一部分高校是因为情感激励不当而导致高层次人才流失。丰厚的待遇对稳定高层次人才确实重要，但只靠丰厚的待遇不一定能使高层次人才队伍稳定。

（三）个体层面的原因

内因是事物发展变化的根本原因，个人因素则是高层次人才离职的内因。如果高校无法给予高层次人才良好的学术氛围、必要的科研条件和发展空间，高层次人才为实现自身价值需要则会去寻求与其研究方向更匹配的学术团队，去依托更令其满意的科研平台。

1. 逐利观念驱使个体追求价值实现

各地区之间以及学校与其他单位之间工资待遇存在差距，导致了高校教

① 董薇：《高校教师内在激励及对策初探》，《学理论》2013 年第 2 期。

② 朱祝武、刘先贵、国虹：《我国高校高层次人才激励问题研究》，《学术探索》2012 年第 3 期。

师频繁地流动。高校教师虽说是人类灵魂的工程师，但他们也和其他人一样，对物质条件的需求具有“经济人”的一面。为了体现自己的社会地位与价值，高校教师势必会流向经济发达、收入高的行业和地区。[①] 这些迹象表明，在经济利益的驱动下，有能力的高素质人才必然会流向能体现他们价值的地方。这样，就造成了高校之间和地区之间师资力量配置的不平衡、不合理。

人的自身“公平感”的心理因素也使高校高层次人才趋于流动。[②] 公平理论认为，人们会对自己付出的劳动和所得报酬与他人付出的劳动和所得报酬进行横向比较，也会对自己现在付出的劳动和所得报酬与过去付出劳动和所得报酬进行纵向比较。[③] 通过比较，如果发现横向比较或者纵向比较的收支比例相等时，便认为是公平的，因而会安心于本职工作。相反，如果发现横向比较或者纵向比较的收支比例不相等时，就会产生不公平感，影响工作积极性，从而造成工作不认真，甚至有可能离职。同样，对高校教师而言，他们会将自己和其他同级别教师的投入与产出，以及现在和过去的投入与产出进行权衡，换言之，会对自己和其他同级别教师的产出与投入之比，以及对现在和过去的产出与投入之比进行比较。当感到自己的产出与投入之比与其他同级别教师不均衡时，或者过去工作时产出与投入之比与现在不相等时就会产生不公平感。

2. 非理性投机行为诱导

社会信用体系的缺位和教师道德感的缺失也是人才流失的诱因。由于我国建立市场经济体制的时间短，加之缺乏诚信监督体系，一些不诚信的行为不可避免地对高校教师的思想、行为产生影响。对经济利益的最大化追求，成为高校教师流动的“潜流”。[④]

---

① 熊岚：《人本取向的高校教师评价的价值追求》，《淮阴师范学院学报（哲学社会科学版）》，2007 年第 4 期。

② 吴承卓：《浅析高校人才流动的影响因素》，《山西农经》2017 年第 23 期。

③ 翁文艳：《西方教育公平理论述评》，《教育科学》2000 年第 2 期。

④ 王勇明、顾远东、彭纪生：《职业发展视角下的我国高校教师职业流动研究》，《南京农业大学学报（社会科学版）》2007 年第 4 期。

随着教师自身的诚信缺失，人才流动成为市场经济的必然产物。在当前的高校人才流动过程中，部分教师将自身利益最大化、极端化，从而导致教师诚信缺失。有的高层次人才引进时，不是考虑如何发挥自己所长，为学校的学科专业发展服务，而是首先考虑自己的经济待遇及职位，甚至提出一些不合理的要求。有的教师利用学校提供的各种学习、培训机会进行学习提高，当取得教授职称、博士学位后，不是考虑回报学校，为学校的发展添砖加瓦，而是以此为筹码，以调动相威胁，与学校讨价还价等。

三　完善新疆高校高层次人才工作的路径机制

（一）社会路径："重保障"

一定时期人才资源的总量是固定的，应实现合理的人才流动使人才资源得到优化组合和合理配置。但是，当前高校为了争夺人才，"八仙过海，各显神通"，个别甚至到了不择手段的程度，亟须国家健全人才流动机制，以此对个人价值选择作正确引导，对单位的无序竞争进行规范，甚至对一些弱势单位要有适当的保护政策。否则，对某些高校只是起到锦上添花作用的人才引进，对偏远弱小单位而言却会是釜底抽薪，甚至使一个学科遭遇颠覆之灾。[①] 同时，高校在进一步推进聘任制改革的同时，要健全和完善民事仲裁机制，推进民事合同争议处理的法制化进程，要加强和规范合同管理。

1. 政策保障机制：增强高校人才流动政策效力，充分发挥政策辐射力

适度的高校人才流动可以带动思想、研究、资源和成果的交流，斩断学术近亲繁殖的路径，促进学术创新和发展繁荣。一项基于 27 所高校教师的调查显示，我国大学教师平均流动率明显低于发达国家和主要发展中国家。然而，在我国相对不高的人才流动性背后，隐含着流动集中、恶性挖人、急

① 刘西忠：《健全人才畅通流动机制的路径选择》，《群众》2016 年第 5 期。

功近利等问题。这不仅是教育问题，更是政治、经济和社会问题，它涉及国家中西部发展战略和东北地区振兴计划的实现。[①]

地方高校不仅要确立高层次人才在高校事业发展中的战略地位，不断完善人才队伍建设规划，创新高校高层次人才引进和培养机制，加大人才培养力度，实现人才效益最大化，还要综合考虑创新型国家建设和自身发展的现实需要，建立以人为本的管理体制。与此同时，要不断优化人才队伍考核评价体系，建立合理的考核、评价机制和评价、报酬体系，形成有效的激励机制；要特别重视营造良好的高层次人才成长环境、工作与发展环境，构建区域性集聚海内外人才的政策体系。[②] 学校层面成立领导小组和办公室，负责根据学校总体规划推动全校高层次人才队伍建设工作。

建议国家通过政策引导各级地方政府和高校改变人才计划工作思路，提高中国在国际人才市场中的吸引力和竞争力，积极营造良好的人才工作政策制度环境、社会环境和学术环境，打消国（境）外人才回国或来华工作的后顾之忧。[③] 同时，对于西部地区，国家应在评审条件不降低的前提下，设立单独、具体、有针对性的评审指标及“西部地区专项人才津贴”等。

针对目前国内出现的不同地区、不同高校高层次人才年薪标准悬殊的实际情况，建议相关部门出台针对各类人才计划入选者年薪标准的指导意见，明确厘定不同地区各类人才的年薪标准及上下浮动范围，引导用人单位在科研投入、平台建设和团队建设等方面下功夫吸引和支持人才工作。[④]

2. 实施保障机制：降低高校人才流动的成本，促进人才合理流动

完善各项社会保障制度，建立全国统一、连续、标准的社会保障体系，使人才在单位之间、行业之间流动，其社会保障不受影响，免除后顾之忧。并根据人才工作方式特点，对人才实行暂住证和工作证制度，实现人才的柔

---

① 海川：《人才争夺战与城市高质量发展》，《新经济导刊》2018 年第 3 期。

② 刘阳：《大学如何吸引和培育高层次科技人才》，《中国高校科技》2018 年第 3 期。

③ 谷晓瑞：《高校综合改革背景下的创新型人才培养模式研究》，青岛大学硕士学位论文，2017。

④ 刘芳：《云南高校高层次人才年薪初探——以云南大学为例》，《云南开放大学学报》2017 年第 4 期。

性流动，制定适应市场经济规律的新户籍管理法规。

3. 市场保障机制：完善人才流动市场，推动高校人才有序流动

首先，制定国家宏观管理人才市场及中介组织的法规，明确市场各当事人所必备的权利、义务、责任等；制定人才市场竞争法规，反对不正当竞争，从制度上规范人才市场的行为。其次，制定、出台人才产权保护法，树立人才产权意识，制定人才产权制度，让人才真正成为人才市场的主体，实现人才资源配置市场化、社会化。再次，明确人才、单位、社会之间的责、权、利关系。根据各类人才的特点，分类建立不同的人才市场。充分利用计算机技术和网络信息技术，实现人才资源信息的无缝隙管理与人才资源配置效益的最大化。

（二）高校路径：“重转变”

人员流动是市场经济背景下优化配置人力资源的必然结果，是社会发展的必然趋势，是绝对的。作为高校管理者，一方面，应树立正确的人才流动观，尊重个人意愿和选择，另一方面，面对当前高校普遍存在的高层次人才流动问题，管理者应变被动应对为主动预警，要对人才流动原因做分析研究。此外，还应运用经济的、行政的、法律的手段，适时调整改革管理体制和用人制度，创造各种有利于人才使用和成长的条件，在人才为我所用的同时促进人才自身发展。

1. 观念转变：正确处理高层次人才稳定与流动的关系

首先，个性化界定高层次人才。1998 年教育部颁布的《面向 21 世纪教育振兴行动计划》中将高校高层次人才体系分为三个层次。虽然这种高层次人才体系的界定只是针对“985”和“211”工程院校而言的，但地方院校以此为参照，导致实践中的混乱。事实上，地方高校大多属于应用型院校，对高层次人才的界定应该是学科带头人和优秀青年教师。[①] 虽然可以通

① 吴华刚：《我国典型地区科技人才工作的经验概述及启示》，《科技和产业》2016 年第 12 期。

过投入大量的人力和物力向学术型院校逐步靠近，以提高学校的实力和声誉，但不可偏离应用型院校的定位。高层次人才引进的最终目的只是更好地满足自身发展的实际需要。鉴于各地方高校的定位千差万别，对高层次人才的界定也应有所不同。

其次，协调高层次人才引进与培养。地方高校在高层次人才引进与培养十分困难的同时，还出现了严重的人才流失。地方高校用人机制、约束机制不完善以及学术腐败和“小圈子”行为加剧了人才流失。

终身制与任期制并存，做到即稳定。任期制通常用于初级职位，如果教师在任期内得到学生和学校管理者的好评，可继续签订长期聘用合同或申请终身聘用。终身制主要用于高级职位。任期制教师“非升即走”，促使教师流动，终身制教师“终身不变”，又保证了骨干教师队伍的稳定。[①]

2. 工作转变：完善人才流动管理机制，积极创造条件吸引人才留住人才

建立高校内部流动的分层次管理机制。根据不同层次人才的流动特点制定不同的流动性管理策略，以更好地留住人才和吸引人才。[②] 理想的大学教师队伍应该是由相对稳定层、流动层与半流动层所构成。只有对不同层次进行合理、科学地加以规范，才能保证流动的有序性和管理的实效。

人才资源的流动有两种状况，一是人体流动，整体人才资源随之流动，二是人体不流动，一定意义上的人才的“才力”“智力”资源流动。随着现代科技的发展，后种形式的流动已经成为现实。[③] 因此，高校要改革重“引人”轻“引智”以及引进人才方式单一化的做法，认识到人才的流动最重要的是“智力流动”而不是“人员流动。”

建立“柔性化”的人才流动机制。人才流动不一定非把人才垄断。引进人

① 姚亮：《高等教育发达国家教师聘任制实施现状分析——基于美国高校聘任制的经验分析》，《经济研究导刊》2017 年第 5 期。

② 王艳梅、徐明祥：《基于多元学术观的高校教师分类分层管理机制》，《大理大学学报》2017 年第 9 期。

③ 胡钦太：《高校信息化人才队伍建设的机制创新与实现路径研究》，《中国教育信息化》2016 年第 13 期。

才，不一定非把人才的产权买断，只要能为我所用，而归谁管理并不重要。[①] 正是在这种新理念的支配下，形成了一种人才流动“活水”新机制——人才柔性流动。这种灵活的人才流动和使用方式不仅为西部人才资源的开发建设提供了一个良好的契机。变“刚性流动”为“柔性流动”，构建了开放的人才流动模式。

目前，高校教师的收入主要包括工资、岗位津贴、其他津补贴三大部分，其中工资收入比例最低，岗位津贴比例最高，但岗位津贴依据“在岗原则”发放，无法纳入退休待遇。收入分配的保障、激励和调节功能出现了失衡，保障部分比例过低，激励部分比例偏高，调节部分作用微弱，教师被导向“为了生活而挣钱”，而不是“为了学术理想而创新”。[②] 要大幅度提高教师保障性收入及其占比，减轻高校教师经济压力，使教师“著书不为稻粱谋”、过上体面和有尊严的生活，使全社会回归对教师的尊重，进而吸引更多真正高水平的人才到高校工作。

（三）个体路径：“重理性”

在认知机制上，大学高层次人才作为人类知识文明的传承和创新者、社会思想的风向标。要着眼于社会，用深刻的思想影响公众，以正确的价值观引领社会发展，向人类社会传递文明与正义的精神，搭建公众和政府的沟通渠道，弘扬先进的文化，构建社会主义核心价值观，做文明的传承者和思想文化的启蒙导师。要传承和创新人类文化，通过每一名教师的努力，汇聚成一股巨大力量，帮助社会文化水平的提高，人民公众思想和文化的进步。[③] 在大学高层次人才的流动中，不能单纯依靠人的内在修养和社会责任的自觉履行，而要辅之以相应的制度，着重建立高层次人才诚信意识与责任意识培养制度，实现个人利益与社会责任的平衡，通过培养制度的建立，引导大学

① 钱海婷：《柔性管理：高校教师管理的重要机制》，《职业时空》2014 年第 11 期。

② 闵韩：《高校教师收入问题与“学术保护区”的设立》，《黑龙江高教研究》2017 年第 11 期。

③ 章筱茜：《高校高层次人才引进的若干思考》，《黑河学刊》2017 年第 5 期。

高层次人才加强自身在四个方面的提升。一要涵养师德情操，回归教育本位，培养社会各界优秀人才；二要注重专业发展，回归知识逻辑，探求人类世界高深学问；三要强化意识，平衡个人自由与社会责任关系，投身社会服务；四要树立良知道义，克服功利浮躁，引导社会精神文化。

在决策机制上，对个人而言，为解决待遇问题，或寻求更好发展平台，选择流动是其合法权益个人待遇问题是人才流动的重要因素。“在市场经济条件下，人才作为一种资本，像其他资本要素一样，具有趋利性，会不断寻求增值的机会，哪里有‘利益’存在，人才就向哪里流动”，但应克服短期功利心理，不仅要站在个人角度，也要考虑到单位的利益，慎重考虑，权衡利弊。个人的成长离不开单位的长期培养，不能把流动看作获取个人利益的砝码和跳板。金钱诚可贵，事业亦重要，品格价更高。[①] 即使离开原单位也应信守诺言，善始善终，要妥善地配合和处理好离校手续问题。如果是个人违约应主动承担相应责任，有困难和问题尽可能协商解决。

① 国建文、傅淳华：《“少数民族高层次骨干人才计划”的人本性价值反思——基于理性化的视角》，《研究生教育研究》2018 年第 2 期。

大 事 记

ℝ.97

大事记

2018年（7～12月）

7月4日 中共中央办公厅、国务院办公厅印发《关于深化项目评审、人才评价、机构评估改革的意见》。

教育部办公厅发布《关于开展新时代高校党建示范创建和质量创优工作的通知》。

7月6日 中央全面深化改革委员会第三次会议审议通过《关于开展县以下事业单位管理岗位职员等级晋升制度试点工作的实施意见》。

7月18日 国务院印发《关于优化科研管理提升科研绩效若干措施的通知》。

7月26日 科技部、财政部、税务总局发布《关于科技人员取得职务科技成果转化现金奖励信息公示办法的通知》。

8月7日 教育部办公厅发布《关于开展人工智能助推教师队伍建设行

动试点工作的通知》。

8月17日 国务院办公厅印发《关于进一步调整优化结构提高教育经费使用效益的意见》。

8月26日 中共中央发布《中国共产党纪律处分条例》（2018修订）。

8月27日 全国医改工作电视电话会议在京召开，孙春兰副总理出席会议，国务院总理李克强作出重要批示。

8月28日 国务院办公厅印发《深化医药卫生体制改革2018年下半年重点工作任务》。

8月31日 人力资源和社会保障部印发《打赢人力资源社会保障扶贫攻坚战三年行动方案》。

9月1日 中共中央、国务院发布《关于全面实施预算绩效管理的意见》。

9月17日 教育部发布《关于实施卓越教师培养计划2.0的意见》。

教育部、农业农村部、国家林业和草原局发布《关于加强农科教结合实施卓越农林人才教育培养计划2.0的意见》。

教育部、工业和信息化部、中国工程院发布《关于加快建设发展新工科实施卓越工程师教育培养计划2.0的意见》。

教育部、中央政法委发布《关于坚持德法兼修实施卓越法治人才教育培养计划2.0的意见》。

教育部、中共中央宣传部发布《关于提高高校新闻传播人才培养能力实施卓越新闻传播人才教育培养计划2.0的意见》。

教育部、国家卫生健康委员会、国家中医药管理局发布《关于加强医教协同实施卓越医生教育培养计划2.0的意见》。

9月25日 国家卫生健康委员会印发《关于第五批卫生健康行业经济管理领军人才选拔面试的通知》。

9月26日 国务院印发《关于推动创新创业高质量发展打造“双创”升级版的意见》。

10月15日 科技部、教育部、人力资源和社会保障部等联合印发《关于开展清理“唯论文、唯职称、唯学历、唯奖项”专项行动的通知》。

11月2日 国家卫生健康委员会办公厅公布第五批卫生健康行业经济管理领军人才培养学员名单和开展集中培训的通知。

11月6日 教育部开展师德建设长效机制贯彻落实情况专项督查。

11月7日 教育部开展清理“唯论文、唯帽子、唯职称、唯学历、唯奖项”专项行动。

11月8日 教育部发布《关于印发〈新时代高校教师职业行为十项准则〉〈新时代中小学教师职业行为十项准则〉〈新时代幼儿园教师职业行为十项准则〉的通知》。

教育部发布《关于印发〈中小学教师违反职业道德行为处理办法（修订）〉的通知》。

教育部发布《关于印发〈幼儿园教师违反职业道德行为处理办法〉的通知》。

教育部发布《关于高校教师师德失范行为处理的指导意见》。

11月9日 国家卫生健康委员会办公厅、国家中医药局办公室发布《关于优化医疗机构和医护人员准入服务的通知》。

11月12日 中组部印发《关于进一步发挥全国党建研究会党建高端智库作用的意见》。

11月25日 人力资源和社会保障部发布《关于在工程技术领域实现高技能人才与工程技术人才职业发展贯通的意见（试行）》。

11月28日 中共中央办公厅印发《干部人事档案工作条例》。

11月30日 国务院办公厅转发人力资源和社会保障部、财政部关于调整机关事业单位工作人员基本工资标准和增加机关事业单位离休人员离休费三个实施方案的通知。

12月10日 教育部办公厅发布《关于公布首批全国党建工作示范高校、标杆院系、样板支部培育创建单位名单的通知》。

12月18日 中共教育部党组印发《关于进一步激励教育部直属系统广大干部新时代新担当新作为的实施意见》。

中共中央组织部、人力资源和社会保障部印发《事业单位工作人员奖励规定》。

国务院办公厅印发《文化体制改革中经营性文化事业单位转制为企业的规定》和《进一步支持文化企业发展的规定》。

12月24日 财政部印发《关于印发〈中央行政事业单位国有资产配置管理办法〉的通知》。

12月26日 财政部印发《关于进一步加强和改进行政事业单位国有资产管理工作的通知》。

12月26日 国务院办公厅印发《关于抓好赋予科研机构和人员更大自主权有关文件贯彻落实工作的通知》。

12月27日 人力资源和社会保障部、应急管理部印发《国家综合性消防救援队伍消防员招录办法（试行）》。

2019年（1~6月）

1月7日 中共中央办公厅印发《中国共产党纪律检查机关监督执纪工作规则》。

1月15日 中共中央宣传部、人力资源和社会保障部等4部委联合印发《国有文艺院团社会效益评价考核试行办法》。

1月16日 国务院办公厅印发《关于加强三级公立医院绩效考核工作的意见》。

1月18日 中共中央印发《中国共产党政法工作条例》。

中共中央组织部办公厅、人力资源和社会保障部办公厅印发《事业单位工作人员申诉案件办理规则》。

1月31日 中共中央发布《关于加强党的政治建设的意见》。

2月16日 财政部、国家税务总局、中共中央宣传部颁布《关于继续实施文化体制改革中经营性文化事业单位转制为企业若干税收政策的通知》。

2月23日 中共中央办公厅、国务院办公厅印发《加快推进教育现代化实施方案（2018～2022年）》。

2月28日 党的十九届三中全会审议通过《中共中央关于深化党和国家机构改革的决定》。

3月17日 中共中央印发《党政领导干部选拔任用工作条例》（2019年修订版）。

3月26日 文化和旅游部印发《2019年全国基层文化和旅游公共服务队伍培训工作计划》。

3月28日 国家自然科学基金委员会、财政部印发《关于进一步完善科学基金项目和资金管理的通知》。

3月28日 中共中央发布《关于加强和改进中央和国家机关党的建设的意见》。

3月29日 财政部发布《关于修改〈事业单位国有资产管理暂行办法〉的决定》。

4月13日 财政部、教育部发布《关于下达2019年现代职业教育质量提升计划专项资金预算的通知》。

4月15日 中共中央印发《中国共产党党组工作条例》（2019年修订版）。

4月21日 中共中央办公厅印发《党政领导干部考核工作条例》。

4月26日 中共中央组织部办公厅、农业农村部办公厅下达2019年农村实用人才带头人和大学生村官示范培训计划。

5月15日 国家卫生健康委、国家中医药管理局印发《关于推进紧密型县域医疗卫生共同体建设的通知》。

5月18日 国务院印发《关于推进国家级经济技术开发区创新提升打造改革开放新高地的意见》。

5月21日 中共中央印发《中国共产党党员教育管理工作条例》。

5月23日 国务院办公厅发布《关于印发深化医药卫生体制改革2019年重点工作任务的通知》。

6月10日 国家卫生健康委员会、国家发展改革委员会等10部委联合发布《关于印发促进社会办医持续健康规范发展的意见》。

图书在版编目(CIP)数据

中国事业单位发展报告. 2019 / 余兴安主编. --北京: 社会科学文献出版社, 2020. 3
ISBN 978-7-5201-5864-0

Ⅰ. ①中… Ⅱ. ①余… Ⅲ. ①行政事业单位-研究报告-中国-2019 Ⅳ. ①D630. 1

中国版本图书馆 CIP 数据核字 (2019) 第 278928 号

中国事业单位发展报告 (2019)

主　　编 / 余兴安
副 主 编 / 熊通成

出 版 人 / 谢寿光
责任编辑 / 宋　静

出　　版 / 社会科学文献出版社 · 皮书出版分社 (010) 59367127
地址: 北京市北三环中路甲 29 号院华龙大厦　邮编: 100029
网址: www. ssap. com. cn
发　　行 / 市场营销中心 (010) 59367081　59367083
印　　装 / 天津千鹤文化传播有限公司

规　　格 / 开 本: 787mm × 1092mm　1/16
印 张: 42. 5　字 数: 646 千字
版　　次 / 2020 年 3 月第 1 版　2020 年 3 月第 1 次印刷
书　　号 / ISBN 978-7-5201-5864-0
定　　价 / 198. 00 元